FRANZ THEUER · TRAGÖDIE DER MAGNATEN

EIN BÖHLAU SONDERBAND

Tragödie der Magnaten

Die Verschwörung von Muray bis zum Ödenburger Reichstag

Ein historischer Bericht

von

FRANZ THEUER

1979

HERMANN BÖHLAUS NACHF. WIEN - KÖLN - GRAZ

Gedruckt mit Unterstützung der Burgenländischen Landesregierung

ISBN 3205 07150-6
Copyright © 1979 by Hermann Böhlaus Nachf. Gesellschaft m. b. H., Graz
Druck: R. Spies & Co., 1050 Wien
Buchbinder: Hörmann und Mozga, 1050 Wien

Inhaltsverzeichnis

Bildnachweis: Bildarchiv der Österreichischen Nationalbibliothek (3), alle übrigen
Archiv des Verfassers

Die Schlacht von Mogersdorf

Mogersdorf, 1. August 1664. Verstummt war das schwere Feuer der niedergekämpften türkischen Batterien, das trefferreiche Abwehrfeuer der österreichischen und französischen Kanoniere und das schockauslösende, vernichtende Salvenfeuer aus den Musketen der alliierten Infanterieregimenter. Aber es schien, als gefiele der Natur das schaurige Lärmen, denn der Schlacht folgte ein Wärmegewitter, und das dumpfe Rollen der schweren Donnerschläge wollte kein Ende nehmen. Unaufhörlich fuhren Blitze zuckend vom Firmament zur Erde und abermals setzte schwerer Regen ein. Dieser machte das Bergen der Verwundeten, die überall herumlagen, noch schwieriger. In den Scheunen der umliegenden Gehöfte wurden die Blessierten von den Feldscheren der Regimenter versorgt, so gut es ging. Im Hohlweg, wo die Janitscharen unter den Reichsvölkern ein Blutbad angerichtet hatten, an den Zäunen der den Ort umgebenden vielen Obstgärten, im Dorf und vom Dorfrand bis zur Raab und im Wäldchen des Flußbogens lagen die Leichen Tausender Gefallener. Deutsche, Österreicher, Franzosen und Türken.

In der Stube eines Gehöftes hatte indessen Montecuccoli, dem als Generalfeldmarschall der Oberbefehl über das alliierte Heer übertragen worden war, die Siegesmeldung geschrieben, und dem französischen Obristen Mahuré wurde die Ehre zuteil, diese dem Kaiser Leopold I. zu überbringen. Noch in den Abendstunden fuhr der Kurier mit seinem Adjutanten, einem jungen Leutnant, nach Wien ab. Er hielt die Siegesmeldung in den Händen, die bald darauf das ganze christliche Europa in einen Freudentaumel versetzen sollte.

Nachdenklich blickte Mahuré aus dem Fenster der Kutsche in die Nacht hinaus. Obwohl der Ausgang der Abwehrschlacht anfangs an einem seidenen Faden gehangen hatte, war es noch ein großer Sieg geworden. Am Vormittag, zwischen zehn und zwölf Uhr, waren die im Zentrum eingesetzten Reichsvölker, die aus der Enge zwischen dem Wäldchen im Flußbogen und dem Hohlweg oberhalb des Dorfes herauskamen, noch bevor sie sich zu Kampfformationen entfalten konnten und dichtgedrängt anrückten, unerwartet von starken Verbänden, vom Gros der in der Nacht unbemerkt über die Raab gekommenen Janitscharen, die Ismail Pascha kommandierte, angegriffen worden. Mit dem tausendstimmigen Schlachtruf „Allah! Allah!" waren sie mit größter Wucht in den dichtgedrängten Kern der Masse der deutschen Regimenter gestoßen und fügten diesen sich kaum zur Wehr setzen könnenden

Verbänden schwerste Verluste zu, schlugen sie in die Flucht und brachen, die grenzenlose Verwirrung im Zentrum nützend, durch, stießen bis ins Lager der Reichsvölker vor, vernichteten deren Troß, eroberten das kaum verteidigte Dorf und das ganze Wäldchen des Flußbogens und begannen sich sofort einzugraben, indessen ständig neue Verstärkungen über die Raab heranbringend. Das Zentrum des christlichen Heeres war zerschlagen, das Heer in zwei Flügel aufgespalten. In panischem Schrecken hatten indessen das 1. schwäbische Infanterieregiment des Obristen Franz von Fugger, das kurbayrische Infanterieregiment des Obristen Puech, das niedersächsische Infanterieregiment des Obristen von Ende, das 2. schwäbische Infanterieregiment des Obristen Pfalzgraf von Zweibrücken, das westfälische Infanterieregiment des Obristen Waldpot-Wierich und einige Esquadronen der Reichskavallerie auf ihrer Flucht auch die ihnen nachfolgenden kaiserlichen Regimenter Schmid, Nassau und Kielmannsegg mit sich gerissen. In der Mitte der christlichen Armee klaffte eine tiefe Bresche. Montecuccoli und Coligny erkannten aber sofort die äußerst kritische Situation und setzten von beiden Flügeln her mit einem massiven Gegenangriff ein. Sie stießen jetzt ihrerseits in die Flügel der Osmanen, wodurch es Graf Hohenlohe, der inzwischen den Rest der nicht durchgegangenen Reichsvölker sammeln konnte, gelang, zur Rückeroberung von Mogersdorf anzusetzen. Graf Waldeck gelang es mit zwei Esquadronen fränkischer und kurbayrischer Reiterei den von Mogersdorf inzwischen bereits nach Norden heranrückenden Feind niederzureiten und ins Dorf zurückzuwerfen, in das bereits Hohenlohe mit zwei Bataillonen Infanterie und vier Esquadronen Kavallerie eindrang. Die Janitscharen verschanzten sich in der Kirche und den Häusern, so daß jedes Haus einzeln erobert werden mußte. Bald standen etliche Gehöfte in Flammen, denn die Türken ließen sich nicht heraustreiben und mußten mit Feuer bekämpft werden. In die Häuserkämpfe griffen aber inzwischen über die Raab herangeführte Verstärkungen Ismail Paschas ein, so daß der Ort zum Teil wieder verlorenging und erst im zweiten Sturm, an dem sich die inzwischen ebenfalls herangekommenen Franzosen beteiligten, endgültig zurückerobert werden konnte. Dabei waren alle Gehöfte, etwa 30 Häuser und die Kirche in Flammen aufgegangen. Das französische Infanterieregiment Grancey-Espagnie setzte sich in den Hecken und Zäunen vor dem Dorfe fest, während die Kavalleriebrigade Beauvist, von Feldmarschalleutnant la Feuillade befehligt, über den Hohlweg bis zum Wäldchen des Raabbogens durchstieß. Der Herzog von la Feuillade focht dabei sogar zu Fuß, den Degen in der Faust, mit größter Tapferkeit. Im Laufschritt waren die Infanterieregimenter Fifica-Touraine und Morvas-La Ferté herangefolgt und besetzten Dorfrand und Hohlweg. Alle Versuche der Janitscharen, die immer wieder verbissen anrannten, um das Dorf zu erstürmen, brachen im Feuer der französischen Infanterie zusammen.

Am rechten Flügel versuchte Herzog Karl von Lothringen und Bar erst mit seinem Kürassierregiment allein die Türken zwischen Hohlweg und Wäldchen zur Raab zurückzudrängen. Er konnte aber nur Anfangserfolge erzielen und mußte auf den herbeieilenden Montecuccoli warten, der persönlich das Kürassierregiment des Obristen Franz Freiherr von Schneidau anführte. Dem Feldmarschall auf dem Fuße folgten die österreichischen Infanterieregimenter der Obristen Johann Freiherr von La Corona, Wladislav Graf von Sparr und Albert von Tasso. So konnte Montecuccoli mit fünf Regimentern und Teilen des Regimentes Schmid nicht nur die Grabenstellungen der Türken vor dem Wäldchen erobern, sondern die Janitscharen auch aus dem Wäldchen werfen und auf das ebene Gelände vor dem Fluß zurückdrängen. In dieses erbitterte Gefecht hatten auch die herbeigeeilten österreichischen Infanterieregimenter der Obristen Lukas Ritter von Spieck zu Uibergau und Langenau und Herbert Marchese Pio di Savoya am rechten Flügel Montecuccolis eingegriffen. So wurde von Österreichern und Franzosen der Janitscharen-einbruch im Zentrum wieder abgeriegelt. Von den geflohenen Reichstruppen waren inzwischen das 2. schwäbische Infanterieregiment des Pfalzgrafen von Zweibrücken und alle neun Esquadronen der Reichskavallerie gesammelt und Graf Hohenlohe zugeführt worden, der mit seinen Kräften jetzt wieder zwischen den Österreichern und Franzosen seine Positionen bezog. Die Frontlinie war neu gebildet und stand, und alle Angriffe der Janitscharen wurden von den jetzt erbittert kämpfenden deutschen Regimentern zurückgeschlagen. Die Kämpfe zur Abriegelung der Einbruchstelle hatten bis zu mittag gedauert. Ein Teil der Reichstruppen aber war nicht mehr eingeholt worden und floh bis in die Steiermark. Sie wurden erst dort aufgesammelt und den später bei Oberpullendorf und Deutschkreutz lagernden Verbänden zugeführt. Diese Ausreißer hatten aber die Nachricht verbreitet, daß die christliche Armee bei St. Gotthard vernichtet worden sei, was in den Orten der Oststeiermark sofort zu Abwehrvorkehrungen führte. Auch Elisabeth Galler rüstete sich auf der Riegersburg zur Verteidigung, denn ihr Gemahl, Oberst Kappler, war bei Mogersdorf gefallen. „Es hat wirklich alles an einem seidenen Faden gehangen", sagte Mahuré zu seinem Adjutanten, „und als bei der Generalbesprechung, die erst nach der Abriegelung erfolgen konnte, Kundschafter meldeten, daß der Großvezier auf beiden Flügeln starke berittene Truppeneinheiten konzentriere, um mit seinen Sipahis unsere Flanken zu umfassen und die ganze Armee einzuschließen, waren auch die Gegensätze zwischen Coligny und Hohenlohe bald beigelegt."

„Gegensätze unter den Generalen?" staunte der Leutnant.

„Ja, denn Coligny sagte zu Montecuccoli: ‚Bei so vielen Gelegenheiten dieser Art ich auch war, eine so erstaunungswürdige Wirkung eines panischen Schreckens sah ich noch niemals.' Es gab ganze Regimenter, wo sich die Soldaten die Köpfe herabhauen ließen, ohne aus ihren Gliedern zu weichen und ohne den geringsten Widerstand zu tun. So hatte sie der Schrecken ergriffen. Sie schrien immer nur mit lauter Stimme zur heiligen Maria. Coligny hatte das Versagen der Reichstruppen herausgestrichen und Hohenlohe antwortete gereizt, daß jetzt nicht von geschehenen Dingen zu reden sei, sondern davon, ob man die derzeitigen Positionen nur verteidigen oder den Feind im allgemeinen Gegenangriff mit allen Kräften in den Fluß zurückwerfen solle. Als Montecuccoli und Coligny erst für die Verteidigung plädierten, beharrte Hohenlohe entschieden auf den Angriff. Er führte aus: Wenn der Feind in der gegenwärtigen Stellung über Nacht belassen wird, so wird keiner mehr von uns allen auf den morgenden Tag den Kopf auf den Schultern, sondern in einem türkischen Habersack haben, so viele Verstärkungen wird der Großvezier über die Raab bringen und in den Kampf werfen. Er wisse wohl, daß Coligny nicht mit den leichtfertigen Ausreißern hinweggehen, sondern lieber als ehrlicher Kavalier sein Leben verlieren wird. Wir haben nur eine Möglichkeit, angreifen, und zwar sofort. Der Meinung Hohenlohes schlossen sich dann so viele Herren an, daß man den Angriff doch beschloß. Von den Österreichern waren General Sporck und der Lothringer für den Angriff, von den Reichsvölkern Hohenlohe und der Markgraf von Baden-Baden und von uns der Herzog von la Feuillade. Montecuccoli sagte, als die Angriffsbefehle ausgegeben wurden: ‚Ich sehe nur im eigenen Mute und in den eigenen Armen die Mittel zur Rettung liegen. Wir müssen den Feind mit gesamter Macht angreifen und die äußerste Anstrengung versuchen, um ihn über den Fluß zurückzutreiben. Gelingt dies nicht, so müssen wir festen Stand halten und uns auf dieser Stelle mit Lorbeeren oder Zypressen bedecken, hier den Triumph oder das Grab finden, entweder siegen oder sterben.'"

„Nur eine halbe Meile oberhalb des alliierten Lagers hatten 4000 Sipahis begonnen, die Raab zu überschreiten. Ein Teil war schon am diesseitigen Ufer, ein anderer gerade beim Durchreiten des Gewässers. General Sporck warf sich mit seinem Kürassierregimente, mit sieben Kompagnien des Regimentes Montecuccoli, den Dragonern und Kroaten den Sipahis entgegen. Die österreichische Reiterei ritt eine großartige Attacke und warf die Sipahis, die türkische Lehensreiterei, unter schwersten Verlusten in die Raab zurück. Andere osmanische Reiterei wollte unterhalb des Lagers die Raab überschreiten. Am diesseitigen Ufer aber stand die französische, unsere Kavalleriebrigade Gassion, in der, wie Sie wissen, die ganze Blüte des französischen Adels kämpft. Wir ritten mit den Türken auf gleicher Höhe, so daß sie es nicht versuchten, den Fluß zu überschreiten. Durch diese Flügeloperationen von Sporck und unserer Brigade wurde der gemeinsame Gegenangriff gegen die Janitscharen ermöglicht und abgesichert", pflichtete der Adjutant bei.

Mahuré nickte: „Sporck hat mit seiner Attacke entscheidend zum Siege beigetragen, denn einem geglückten Umgehungsangriff der Türken hätten unsere durch die erbitterten schweren Kämpfe am Vormittag arg mitgenommenen Truppen nicht mehr standhalten können."

„Den großen Gegenangriff habe ich miterlebt", freute sich der junge Mann. „Während Freiherr von Sparr seine Artillerie auf der Anhöhe auffahren und das Feuer eröffnen ließ, traten wir in zwei Treffen zwischen dem Südrand des Wäldchens und dem Raabbogen an und bildeten einen halbmondartigen Bogen, wobei beide Flügel bis zum Flusse reichten. 15.000 Mann der Infanterieregimenter standen in zwei Gliedern. Dazwischen eingeschoben, zu ihrer Sicherung, Reiterei. Als Sparr die Geschütze feuern ließ, gingen wir, wie Montecuccoli es befohlen hatte, vor. Und zwar so, ‚daß die Esquadronen zu Pferd und die Bataillone zu Fuß allesamt fein langsam in guter ordre den Feind angreifen, sonderlich aber von dem Fußvolk allezeit ein Glied nach dem anderen Salve geben und das erste, sobald es geschehen, niederknien, wieder laden und sich hinten anschließen solle, damit die Türken, welche sich nur ihres Säbels gebrauchen und Fußvolk und Reiterei ohne Ordnung untereinander vermengt waren, desto mehr möchten zertrennt und ihnen, sich wieder zu erholen, keine Zeit gelassen werde'. So rückte unsere geschlossene Front in weitem Halbbogen gegen den Feind vor, der sich in acht oder zehn Gräben verschanzt hatte, indem sie feuerte, vorrückte, wieder anhielt, um abermals eine Salve zu schießen, und so fort, wobei das Geschütz- und Musketenfeuer von unserem Schlachtgeschrei noch übertönt wurde. Erst wichen die Türken langsam, noch mit dem Gesicht uns zugewandt, zurück. Als aber unsere Feuerwalze beständig weiterrückte, begann ihr Rückzug in Panik auszuarten, und sie flohen, ohne rechten Widerstand geleistet zu haben. Die ersten stürzten sich schon in das hochgehende Wasser der Raab, als wir auf Schußweite herangekommen waren." Die Erregung des Schlachterlebnisses hatte Mahuré noch nicht losgelassen. An Schlaf war nicht zu denken. „Generalleutnant von Waldeck hat den Kampf so geschildert: ‚Ehe der Feind sich recht resolvieren konnte, auf welche er erst zu gehen gemeinet, man in guter Ordnung mit den Squadrons zu Pferd und den Reitern zu Fuß, welche dazwischen marschierten, auf ihn gemach avancirte und gleichsam wie eine Heerde Schaafe in das Wasser hineintrieb, da dann die Janitscharen von den Pferden vertreten wurden, die Pferde das eine das andere am Schwimmen verhinderte und das Niedermachen der Türken continuirte . . .‘ Bald war der Fluß voller Pferde und Kamele. Dazwischen hielten sich an diesen die Janitscharen fest. Unsere ganze Armee schoß wahllos in diese ungeheure fliehende Masse hinein. Die hohen Uferböschungen zwangen die Türken in das Wasser hinunterzuspringen. Wer nicht getroffen wurde und das andere Ufer erreichte, mußte dort erst die nasse und rutschige Steilwand erklimmen und diente so den Unseren als Zielscheibe. Viele trieb es flußabwärts, wo sich aber bald eine Stauung von Kadavern und Leichen ergab. Am späten Nachmittag war die Schlacht geschlagen, und das ganze Nordufer der Raab war wieder in unserer Hand." Nach einer Weile fragte der junge Offizier den Obristen: „Wie hoch schätzt Ihr die an den Kämpfen beteiligt gewesenen Feindtruppen im Raabbogen ein?"

„An der Raab standen insgesamt etwas mehr als 20.000 Mann Feindtruppen im Kampfe. Davon dürften 12.000 Mann den Fluß übersetzt haben. Nach Schätzungen mehrerer Generale dürften von diesen nicht mehr als 1000 Mann entkommen sein. Aber drüben, am Südufer, standen noch weitere 30.000 Mann, die der Schlußphase der Schlacht wie stumme Zeugen zusahen. Sie sind nach der Schlacht in aller Eile abgezogen und haben selbst die Geschütze in den Stellungen zurückgelassen."

„Und die eigenen Verluste?" forschte der junge Offizier.

„Die meisten Verluste hatten die Reichsvölker. Die genauen Zahlen sind aber noch nicht bekannt. Es werden aber an die 2000 Mann gefallen sein, und die Zahl der Verwundeten ist sicher noch weit höher."

„Wie wird es jetzt weitergehen? Setzt unsere Armee über die Raab?" Mahuré schüttelte den Kopf: „Ich glaube es nicht. Noch schlimmer als die Verluste ist der Erschöpfungszustand der Truppen. Denkt an die langen Gewaltmärsche vor der Schlacht, erst zur Murinsel und dann von der Murinsel bis nach St. Gotthard, die mangelnde Verpflegung während der Märsche und die ungeheuren Anstrengungen während der Schlacht selbst. Dazu kommt der Mangel an Lebens- und Futtermitteln, an Pulver und Blei. Diese Umstände zwingen den Feldmarschall zu einer Pause. An eine Offensive glaube ich daher nicht. Wißt Ihr, was Montecuccoli am Schlusse der Siegesmeldung, die ich hier in Händen halte, Kaiser Leopold geschrieben hat? Daß ,dieweilen aber auch auf unserer Seiten vil wackhere Officire und Leuth verlohren worden, also erfordert die hohe Notdurft, das sowohl des Herzogs von Württemberg Fürstliche Gnaden mit allen bei sich habenden Völckhern, als auch die Artiglerie und Munition alsobalden anhero zur Armada komben, sintemalen man sonderlich an Munition ganz entblößt, also das, wan die Armee noch einen solchen Ricontro ausstehen sollte, ich in der Wahrheit nit wüste, was zu thuen wehre'."

Nach dem Verbleib des von Graf Nádasdy geführten ungarischen Korps und der Kroaten Niklas Zrinyis befragt, fuhr Mahuré fort: „Sie standen flußabwärts in der Nähe, beteiligten sich aber nicht an den Kämpfen dieses Tages. Kurz vor unserer Abfahrt erzählte mir ein deutscher Offizier, ,daß die Herren Ungarn gegen abend, da alles geschehen war, einen Officir, der auch teutsch kunde, zu ihr Exzellenz dem Veldmarschall Montecucculi wegen Order, ob sie anmarschieren sollten, geschickt haben. Ihre Exzellenz lacheten und sagten, sie sollen nur da bleiben, es were schon gut'."

Niemand aber hat so lebendig und dramatisch die Konfusion und den

Auftakt zum Untergang der fünf Reichsregimenter zu Beginn der Schlacht beschrieben als der Augenzeuge Johann von Stauffenberg.

„In dem nun der Feind die Wacht, so von vorn, als zur Seithen, gar scharf mit vielen tausend Schüssen flancquirte und canonirte, kunde dieselbe, weither nicht bestehen noch resistiren, sondern muste sich zuruck ziehen, nach den Zäunen, welches so bald der Feind es sahe, und daß sie wiechen, setzte er zu Pferde durch und hawet ihnen nach, wie er dann dieselbe meistentheils nidersäblete.

Und ob gleich ihrer noch nicht viel herüber waren, wagten sie sich doch biß an unser Läger, und was sie antraffen, entkam ihnen schwärlich. Dieses war das erste Gefecht, so der Leser ihm notire, dann ich werde ihm per partes dieses alles gründlich vorstellen und zwar so deutlich, als ich es zu thun vermag und gesehen habe.

Hierauf nun ward im gantzen Läger allarm, wie dann mein Feld Marschall (der Markgraf von Baden-Baden) sich bald zu Pferd satzte, mit etlichen Staabs Officiren und seinen Edel Leuthen, deren er zu Taffel viel, aber in dieser Gefahr wenig hatte. Den General Adjutanten von Lautterburg schickete er geschwind zu des Graffen von Hohenlohe Excellenz, daß er möge avanciren, und zum Succurs kommen. So bald nun der Feld Marschall an die Zäune und Hecken kommen, einen Musqueten Schuß vor unserm Läger, sahe (er), wie der Feind lustig auf die Unsere zuhaue, könde (selber) kaum entkommen, weil damahl noch nicht eintzig Regiment allerd, noch larm geschlagen war, dann es darffte sich keiner understehen, so blind hin larm zu machen.

Hierauff ritte er selber, mein Feld Marschall, in die Regimenter, mit blossen Schlacht Schwerd, welches er damahlen anhängte, da er aufsaß, und ließ die Regimenter heraußrucken. Mich schickte er zum Feld Marschall Montecuculi von dannen.

Es waren aber die Generalen bey der Infanterie, als der Feld Zeugmeister Fucker, der General Wachtmeister Puecher und Ihr Fürstl. Gnaden von Baden-Durlach bald fertig. Diese alle turnierten unter die Musquetirer, ehe sie sie herausbringen könten, daß sie sich stelleten.

Unsere Meinung war gut, zum geschwindesten den Feind zurück zu treiben, dann wir praesumirten, je länger wir uns aufhielten, je stärcker würde er sich durchziehen. Und was war natürlicher, als das geschwindeste Mittel an die Hand zu nehmen und den posto mit der Armad zu recuperiren, den die Wacht verlohren.

Dahero gieng es und war ein Geschrey da: Sa, sa! March, march! Feind, Feind, heraus, heraus! Hundert tausend sacrament, heraus, heraus!

Obr. Wachtm.: Adjutant, stelt, richtet Picken in die mitte! Allarm, allarm! Tambour, schlag larm, larm, der Feind ist über, der Feind ist über. Sa, sa, hau, stich, stoß, schlag, schmeiß die Hunde, sa, sa!

Die Officier theils lieffen von ihren Matratzen: Lacquai, Furierschütz! Tambour! mein Stiffel, mein Schuch her! Corporal, auf, auf, larm, larm.

Meinen Dienern rueff her! Hola, da heraus, heraus! Sattle mein Pferdt, wo ist mein Degen, wo seynd meine Pistolen, Lad, span, Pulver auf die Pfan.

Und ehe er halb angezogen, rieff vor Schröcken: Heraus, heraus, ruckt auß, ihr Hunde in tausend Teüffel Nahmen! Heraus, schlag, prigel, hau, stich! Corporal, Adjutanten, Wachtmeister, Leütenant, setze, richte, mache regen (Reihen), mache Glieder, 5 hoch, 6 hoch, kurtz Gewöhr, halb vor, halb hinders Regiment!

Viel wolten nicht diß mal umb den Verzug spielen, oder disputiren. Wer in fronte von officiren marchiren wolte, hette leücht Erlaubnus.

Biß Herr General Wachtmeister von Baden-Durlach Fürstl. Gnaden wacker drauf prigelte und machte sie allerd.

Die Musquetirer schrien nicht weniger: Sa, sa, Lunten her! Pulver, Bley her. Ich hab nur 2 Schuß Pulver. Ich hab nur 3 Kugeln. Ich hab keine Lunten, was sol ich vorm Feind thun. Herr Leütnant, umb Gottes Willen, Pulver her!

Veldwäbel, Cap. de Arm (Zeugmeister)! Pulver, Bley her, ich kan kein Feuer geben. Lunden her! Sa, sa! Brod, ich hab kein Brod in 4 Tage bekommen, ich kan nicht gehen. Malade, mon Capitain!

Man wurd so halb fertig, da rieffen die General Adjutanten: Sa! Gewöhr auf, Tambour, schlag! March, march!

Da führte man die Schaff aufs Jahrmarckt.

Es marschirten die Regimenter mit gantzen Esquadronen, biß an die Zäune, wo eines nach dem andern muste durch ein Enge filieren und einen grossen Weeg so marchirn. Die Generalen waren vorn und in der Mitte, animirten und couragirten die Soldaten bester massen, als Christliche Soldaten redlich zu fechten, und dises zu betrachten, daß sie kein Quartier zu hoffen hetten, derowegen sey es besser, wie ein Soldat redlich zu sterben und das Leben einzubüssen, als sich schä(n)dlicher weise mit der Flucht salviren wollen und den Kopf doch verlieren.

Die Reutter rüsteten sich auch und musten doch theils die ungeschmirte Stiffel anziehen und auffsitzen. Des Hertzogen von Hollstein General Wachtmeisters von der Cavallerie Fürstliche Gnaden ließ ihnen nicht viel Zeit, sondern wie sie selbst geschwinde waren, so muste ihre Cavallerie sich auch nach ihrem Kopff richten. Er rieff: Obrist Wachtmeister, sa, sa! Las aufsitzen. allo sa! sa!

Der Obrist Wachtmeister rieff: Wachtmeister heraus, heraus, sattelt, zäumet, riemet, gürtet, ins Teuffels par Namen! Ihr sacramentische lahme Hunde, sitzet auff, ruckt heraus!

Die Reutter gribbelten und grabelten nach ihren Degen, nach ihren Pistolen, nach Brust-, Stückstücken und Caschet, bis sie einmal fertig wurden.

Es ward so ein klein Corpo in Eyle daselbst formirt, gegen dem durchgebrochenen Feind, bey welchem sich unsere Generalen selbsten einfunden und mit ihrer Person die Soldaten nicht allein encouragierten, sondern auch anführten.

Die Regimenter wurden durch die Büsche durchgeführet, wie auch etliche Esquadronen Reuter. Der Feind stutzte, indem er viel Trummelschall hie und da im Busch höret, wie auch da er die anziehende Reutter und Mußquetierer sahe, und wiche zurück ans Wasser, da er durchgekommen war. Das begab sich eine Stund nach dem ersten Treffen."

Stauffenberg bezeichnet also den Untergang der Wache als das erste Treffen, wobei die Feinde in noch geringer Zahl bis ans Lager schwärmten.

Nun — es mochte etwa gegen 9 Uhr sein, also eine Stunde nach dem ersten Treffen, d. h., nachdem die Wache bereits vernichtet war — setzte das zweite, weit größere Treffen ein. Damit beginnt auch der Zeitansatz Montecuccolis in seinen Relationen, nämlich 9 Uhr morgens, mit dem Großangriff der Türken.

„Das Pleytnerische (Fränkische) Regiment war das erste, Endtische (Niedersächsische) war das andere, besser zur Rechten war das Westphalische unterm Obrist Leütenandt Wierich. Wobey zwey Esquadronen zu Pferde, dann das Fuckerische und Püecherische zu Fueß marchirten ihnen nach, und waren noch nicht völlig gestellet, daß sie einander hetten secundiren können.

Die Reuterey war auch noch theils im March begriffen, denn der Feind ließ uns nicht völlig heraus marchiren. Es ware aber ein zimblicher Theil Türcken schon über, wie dann ihre Fahnen (mit den Halbmonden) gar dick aneinander stunden.

Der Feind fällt die Unsrige spornstreichs so an, mit einem gar schröcklichen Geschrey, davon sie als neüe Leüth so erstarreten, daß ihrer wenig Feüer gaben und ein geringe resistenz und Gegenwöhr thaten. Das Pleitnerische stunde voran, und war der Obriste schon mit einer Kugel in den Schenkel geschossen, der lag auf der Erden und kunde nichts helffen. Hette er sich also fort lassen zuruck tragen, hette er noch den Kopf salviren können. (Stauffenberg erhielt nach der Schlacht dessen ruiniertes, verlaufenes Regiment!)

Den rechten Flügel obgemelten Regiments felt der Feind zuerst an, weil die gegebene Salve ihm keinen sonderlichen Schaden zufügte, hauet gleich auf die eüsserste Glieder, so Musquetier waren, hinein und bricht ein. Die Musquetier wolten sich unter die Picken in der mitten retiriren, aber sie trangten so scharf auf einander, daß sie auch die Pickenierer leicht in confusion brachten und dieselbe verhindert wurden, ihre Picken gegen den Feind zu halten.

Und weil sie die Köpff so springen sahen, warffen die Musquetier ihre Musqueten, die Pickenirer ihre Picken von sich, und wolten sich mit der Flucht salviren, dazu ohne Gewöhr, welches das schändlichste und unverantwortlichste war, und daß der Haubtleuthe etliche selbst ihre

Pardisanen von sich warffen, wie auch etliche Fenderich die Fähnlein theils ihren Führern gegeben, theils zur Erden geworffen, theils mit denen davon gelauffen.

Aber das schändliche Lauffen halff wenigen, denn die nicht in der Flucht erschlagen wurden, blieben hernach archibusiert, oder infarmirt, von was Regiment sie auch waren. Und wie die Pickenirer den Mußquetirern zu Anfangs nicht halffen, da sie die Esquadron hetten umbschlissen können, so drangen dagegen die Mußquetirer dieselbe in confusion, daß sie auch nichts thun kondten, und verderbten die Pickenirer hinwiderumb die Mußquetirer zum andermahl durch die Picken, so sie im Gedrang von sich wurffen; dann eine fiel einem auff dem Kopff, oder auff die Arme, dem andern vor die Knie, dem 3. vor die Füeß, und konden sich nicht mehr aus den Picken herauswickeln. Der eine wolte sie über dem Kopff werffen und arbeitete so damit, der andere wolte darüber steigen und truckte sie nider, und verhinderten einander.

Das Fränckische Regiment flohe unter dem Schutz, den es suchte bey dem nächsthinderstehenden Regiment, welches war das Nider Sächsische, so der Obrist Endten commandirte. Weil aber der Obrist bald mit einer Stuckkugel in den lincken Schenckel geschossen worden (solcherart daß bis auff dem Knochen, wie ein Handbreit, alles Fleisch mit den Flaxen weggehoben ward, und er also, was er wollte und solte, nit thun kunde) ward dises Regiment auch bald in confusion gebracht, so daß da der Feind spornstreichs auff sie jagte, sie wenig resistirten, sondern bald mit den andern die Flucht suchten; der Obrist Leutenandt blieb auch fort vor dem Regiment und auch die meiste hohe Officier.

Das Westphalische Regiment, so zur rechten stund, dises fielen gleichfalls zugleich auch die Spahy an, und nachdem sie es auch in Confusion gebracht hetten, liessen sie den Janitscharn raum, dieselbe zu caputiren, und traffen auff die mehr hintere Esquadronen, als die Fuggerische und Puecherische 2 Regimenter, welche sie auch bald umbrenneten und über den Hauffen wurffen.

Der Veldmarschall hieb und stach in die Flüchtige, konde sie aber zu keinem Stand bringen, und half sein schreien nicht. Er kam endlich selbst getrieben vor eine Enge, allwo er sich nicht heraus wicklen konde, wo nicht der Gen. Adjut. Lauterburg Platz gemacht hette.

Nach der Schlacht lagen theils Regimenter, und sonderlich das Westphalische in Regen (Reihen) und Gliedern ohne Kopff, und ist an dem Orth, wo jedes Regiment zu Fueß gestanden, ein solcher Hauffen todter ohne Köpf liegender Cörper gefunden worden, daß zu verwundern war.

Die Reuter Esquadronen, so unter den Mußquetierern versetzt wahren, theten gleicher weise ihre devoir nicht wol zu anfang, wie sie dann theils dise arme Musquetierer nicht dapffer secundirten, sondern ihnen in der Flucht über das große Schaden zufügten, derer etliche sie nit allein übern Hauffen gerennet, sondern auch unter die Pferdt zertretten, absonderlich in der Enge, da sich die Mußquetier trängten, da brachen die Reutter durch per force, und ward mancher von den Pferdten zertretten, oder so er nicht geschwind durchkame, hieben ihm die Türcken den Kopff ab. Einige seynd so getretten oder getruckt, daß wie sie mit dem Leben noch davon kommen, doch ihr Lebenlang kriechen müssen.

Die Officier von der Reuterey musten die gröste Gefahr in diser anfänglichen furie ausstehen, und bliben, oder wurden derselben fast so viel als der Reuter gequetschet. Ihr Fürstl. Gnaden, der General Wachtmeister von Holstein, wurden gar verlassen, und so nicht ihr Trompeter einen unter andern ihnen gar gefährlichen Türcken, mit dem sie in harten Treffen wahren, erlegt hette (worüber der redliche Trompeter sein Leben einbüssen muste) würden sie, Ihr Fürstl. Gn., nicht entkommen seyn.

Es thaten die meiste Officierer ihr devoir redlich, aber weils zuweit hinein war gegen dem Feind, und die andere Armaden noch nicht auff dem Wahl Platz angelangt, uns zu secundiren, über daß auch die retirada fern müste gesucht werden, köndte es nicht verfangen, was die Officiers thäten, dann wir waren einmal allein zu schwach ohne die andern Armeen.

Dises war ein schräckliche Niderlage der Fünff Regimenter zu Fueß von der Reichs Armada, und ist an dem, daß so viel vornehme Officier auch gebliben, zu ersehen, daß sie an ihrer Seitten nichts haben ermangeln lassen, was ehrlichen Officiren zustehet. Aber wunderlich ists, daß die höchste Officier also bald zu Anfang erlegt worden seyn . . .

Im Anfang diser recontre, so die mehr hindere Regimenter gleich fort secundiret und die Reutter auch teste á teste gefochten hetten, hette man dem Feind möglich resistiren können, weil noch nicht eine so grosse Mänge über war. Aber das überaus grosse Geschrey, so uns(ere) ungewonten und unerfahrnen jungen Mußquetirern, wie auch die Anschauung der wilden Leuthe, veränderte, jagte uns mehr Schröcken ein, als die Türcken selbst schröcklich waren."

Schon am 26. Juli vereitelte die kaiserliche Reiterei, unterstützt von französischer und ungarischer Kavallerie bei Körmend zwei Versuche des Großveziers, die Raab zu überschreiten. Andererseits gelang es Montecuccoli, seine Infanterie und Artillerie zu versammeln. Er ließ seine Streitkräfte auf das linke oder nördliche Ufer übersetzen und nahm die noch in der Gegend von Körmend stehende Reiterei am 30. Juli ebenfalls hieher zurück. In der Flußgabel zwischen Raab und Lafnitz lagerten die Truppen zu beiden Seiten des Ortes Mogersdorf (das damals Großdorf hieß). Geschützt durch diese zwei Flüsse, die gerade jetzt wegen vorhergegangener starker Regenfälle Hochwasser führten, zwang Montecuccoli den Großvezier zur Schlacht, die Köprili vor seinem Einfall in die ungarische Tiefebene annehmen mußte, weil die kaiserliche Armee ansonsten seine Nachschubwege gefährdet hätte. Mogersdorf hatte eine Kirche und etwa 30 Häuser, und St. Gotthard bestand nur aus dem

Zisterzienserkloster und den dazugehörigen Wirtschaftsgebäuden. Der Klosterbereich war von einer Palisade umgeben, und um den Ort Mogersdorf waren viele Obstgärten angelegt gewesen, die mit hohen Zäunen und Hecken eingefriedet waren. Am Westrand des Dorfes befand sich der tiefe Hohlweg, der so hart umkämpft worden war und zur Raab hinunterführte. Die Kriegsvölker der alliierten Streitkräfte, etwa 25.000 Mann, lagerten entlang des Weges nach Weichselbaum jeweils in einer Entfernung von 800 bis 1200 Schritt zur Raab auf einer Strecke von etwa 8000 Schritt. Den rechten Flügel bildeten die österreichischen Regimenter; er reichte bis zum Saubach, der das Feldlager in zwei ungleich große Teile trennte. Von hier an lagerten die Reichsvölker des Zentrums, und den linken Flügel, der sich bis zur Lafnitz erstreckte, bildeten die französischen Truppen. Die Ungarn Nádasdys und die Kroaten des Banus Zrinyi Niklas standen weiter flußaufwärts und bei St. Gotthard, um die von Eckersdorf am Südufer ausgeschwärmten feindlichen Reiter zu beobachten. Köprilis Truppen lagerten dort von Windischdorf über Eckersdorf bis zur Mühle von Unterzeming und hatten samt dem Troß eine Stärke von etwa 120.000 bis 130.000 Mann. Davon waren 50.000 bis 60.000 Mann Janitscharen und Sipahis, also Kerntruppen und Milizen. Am 31. Juli hatten die Türken, unmittelbar am Südufer der Raab, sieben Kanonen aufgestellt und sofort begonnen, das alliierte Heer zu beschießen. Als sie aber durch Musketenfeuer vertrieben werden konnten, weil sie keine festen Deckungen hatten, errichteten sie während der Nacht dahinter Schanzkörbe und bauten neben den zurückgenommenen Geschützen noch weitere acht Kanonen auf. Aus dieser starken Batterie eröffneten sie wieder das Feuer auf das Feldlager der Unsrigen, das aber keine großen Schäden anrichtete. Unbemerkt gelang es während des Artilleriefeuers aber den Janitscharen, im Dunkel der Nacht mit einem 1000 Mann starken Trupp über die Raab zu kommen und einen Brückenkopf zu bilden. Sie benützten dabei eine von den Bauern angelegte Furt. Bis gegen 9 Uhr vormittags konnten sie dann, durch das Ufergebüsch verdeckt, weitere 3000 Janitscharen und 3000 Sipahis über die Raab bringen, den nur 300 Mann starken Vorposten der Reichsvölker vertreiben und Mogersdorf im ersten Angriff erobern. Schon während dieses Angriffes hatte General Sporck mit Dragonern und Kroaten ein Reiterkorps der Sipahis, das ebenfalls die Raab durchreiten wollte, um den alliierten Truppen in die Flanke zu fallen, über den Fluß zurückgetrieben.

Ein erster Überblick ergab, daß 15 Geschütze, viele Standarten, 40 Fahnen, 1000 Pferde und zahlreiches Kriegsgerät der zu Fuß kämpfenden Janitscharen in die Hände der Sieger fielen.

Mahuré war die Nacht durchgefahren, und die Stunden waren in erregtem Gespräche wie im Fluge vergangen. Zu groß und zu aufregend waren die Eindrücke dieser gewaltigen Schlacht gewesen. In Ödenburg wollten sie die Pferde wechseln, um, nach einer Stärkung, über Eisenstadt nach Wien weiterzureisen.

In Wien erfuhr Mahuré, daß auch Generalleutnant Graf Ludwig de Souches an der Nordfront die Festungen Neutra und Lewencz erobert, am 19. Juli die Janitscharen und Tataren des Paschas von Neuhäusl vernichtend geschlagen und am 1. August Parkany erobert und die große Schiffsbrücke nach Gran verbrannt hatte. Souches lagerte jetzt bei Gutta an der Waag und beobachtete die Unternehmungen des Paschas von Neuhäusl.

Trotz der Siege bei Lewencz und Mogersdorf riet aber der kaiserliche Gesandte beim Großvezier, Simon Reninger, zum Frieden, weil der Großvezier ständig neue Verstärkungen an sich zog, sich nicht besiegt fühlte und den Verlust von 5000 bis 6000 Mann, den er bei Mogersdorf erlitten, längst ausgeglichen hatte. Köprili, der von den christlichen Streitkräften bisher überhaupt nichts gehalten hatte, sei jetzt wenigstens zu ernsten Verhandlungen bereit. Dazu konnte Reninger erfahren, daß die Republik Venedig in geheimen Verhandlungen den Frieden anstrebe und daß der Sultan seinen Großvezier angewiesen habe, entweder mit den Venezianern oder dem Kaiser Frieden zu schließen, um mit der geballten Kraft aller osmanischen Heere jenen Staat zu bekriegen, mit dem es nicht zum Frieden komme. Wenn es nicht ehestens zu einem Abschluß der seit langer Zeit geführten Verhandlungen komme, so werde das Haus Österreich die ganze Last eines weit gefährlicheren Krieges zu tragen haben. Überdies hatten die ersten Minister des Kaisers ernste Bedenken, daß bei dem fast stündlich zu erwartenden Tod der königlichen Majestät in Spanien die im Westen zu erwartenden Auseinandersetzungen mit Ludwig XIV. nicht bewältigt werden könnten, wenn der Türkenkrieg im Osten weitergehe. Nicht viel geringer waren die Interessen des Hauses Habsburg in Polen, wo der in hohem Alter stehende König Johann Kasimir ernstlich erkrankte und die Einflußnahme Österreichs auf die Thronfolge gesichert werden sollte. Diese dynastischen Probleme und die unerträglich hohen Kriegsunkosten sowie die geringe Hilfe, die hiefür von den deutschen Fürsten und anderen christlichen Herrschern zu erhoffen war, gaben in den Beratungen des Primados, wie Kaiser Leopold seinen ersten Minister Fürst Portia nannte, mit seinen Ministerkollegen den Ausschlag. Die Kriegsunkosten und der desolate Zustand des an sich kleinen Heeres, dem es an allem mangelte, fielen besonders ins Gewicht. Simon Reninger war, nachdem nach den Kämpfen bei Lewencz und Mogersdorf feststand, daß sich das christliche Europa zu einem gemeinsamen Widerstand gegen die Osmanen aufgerafft hatte, vom Großvezier selbst zum Abschluß der Verhandlungen eingeladen worden. Köprili trug diesen Wunsch über seine Familiares an Reninger heran. Am 8. August war dann der Vertrag im großen und ganzen ausgehandelt. Dieser sah vor, daß das seit dem Frieden von Zsitvatorok übliche „Ehrengeschenk", eine höfliche Umschreibung für Tribut, nunmehr auf Gegenseitigkeit beruhen solle, wodurch es den erniedrigenden Charakter verlor und den Kaiser auf eine Stufe mit dem Sultan stellte. Andererseits sollte im Vertrag der Besitzstand auf der Grundlage des Status quo erstellt werden. Das war, wenn man die Kräfteverhältnisse einander gegenüberstellte, ein Erfolg. Die großen Gespanschaften Szathmár und Szabolcs kamen aus der Rákóczy-Fallite, wurden für den Kaiser gerettet und Siebenbürgen als Wahlfürstentum erhalten. Das wichtige Neuhäusl und das kleinere Neográd aber blieben in türkischer Hand. Dafür durfte der Kaiser eine neue Festung, die den Verlust von Neuhäusl ausgleichen sollte, errichten. Mit dem Bau der Festung „Leopoldstadt" sollte am 20. April 1665 begonnen werden. Auch in den Gespanschaften Szathmár und Szabolcs*) sollten die Festungen ausgebaut und von kaiserlichen Truppen besetzt werden. Vor allem Ecsed, ein von Sümpfen umgebenes, großes Befestigungswerk. Neutra und Lewencz sollten ebenfalls kaiserlich bleiben.

Kaiser Leopold schob die Unterzeichnung des Friedensvertrages immer wieder hinaus. Der dann doch mit 9. September zurückdatierte Vertrag wurde Reninger am 27. September zugestellt. Die Waffenruhe sollte mit 1. Oktober beginnen. In Wien jubelte das Volk indessen über die Siege der kaiserlichen Heere und verlangte nach weiteren Erfolgen. Mahuré berichtete, daß die Unsrigen sich dem Feind „auf einen Musquetenschuß angehengt, also und dergestalt, daß sie fast stündlich einander recontrieren". Die „Miraculische Victori" an der Raab gab den Wienern ein hohes Gefühl, denn sie mußten nun nicht mehr befürchten, daß der Türke bis vor die Mauern der Residenzstadt kommen könne: „Vor diese so haubtsachliche erhaltene Miraculosische Victori haben Ihr Kays.Mayst. den anderen Tag hernach alß in festo Sancti Dominici bey den Herrn Dominicanern daß TE DEUM laudamus singen lassen, und weilen ein Tag hernach, alß den 5. hujus abermahlen ansehnliche Zeitungen von dem Herrn General de Souches auß Ober-Ungarn, durch zwey abgeordnete, alß durch einen Obristen und Rittmaistern Ihrer Kay.Mayst. überbracht worden, daß nemlich Er, de Souches, die Brucken bey Gran ruiniret, Parkan eingenommen, nit weniger auch, daß die Ober'ungern den Abaffy, welcher sich mit dem Bassa zu Groß-Wardein in 6000 Man conjungiret gehalten, bey Tokaj unversehens überfallen, derer in 4000 Mann niedergemacht, alß werden Ihr Kay.Mayst. auff zukünfftigen Sontag abermahlen daß TE DEUM laudamus in St. Stephanskirchen, neben loßbrennung aller Stuck, Gott zu danck und Ehr soleniter halten lassen."

Die großen Hoffnungen der Wiener in die weiteren Kampfhandlungen schienen irgendwie gerechtfertigt zu sein, denn am darauffolgenden Tag traf wieder eine gute Nachricht ein: „Heute bekamen wir abermahl gutte Zeitungen, in deme ein Expresser von Comorn von selbigen Commen-

---

*) Im Nordosten Siebenbürgens an der Grenze gegen Ungarn gelegen.

danten Herren Graffen von Buchheimb bey Ihr Kay.Mayst. mit Bericht ankommen, daß seine unterhabende Guarnison den 3. Augusti in die 300 Wagen mit Proviant, welche der Feind nach Newhäusel abführen lassen wollen, hienweg genommen, die dabey gewesene Confoy geschlagen und alles Proviants zu Comorn eingebracht haben."

„Auß diesen allen so glückseeligen Victorien wil erscheinen die Allmächtigkeit Gottes, welches unzweyfflich durch inbrünstiges Gebett derer so viel seufftzenden armen Christen einßmahls erweichet worden. Der Nahme deß Herren sey gebenedeyet in alle Ewigkeit."

Bei der Hauptarmee sah jedoch gar manches anders aus. Coligny ließ Montecuccoli am 5. August melden, daß Köprilis Bagage raababwärts ziehe. Als am 6. August darauf das Gros des feindlichen Heeres ebenfalls abrückte und in Richtung auf Zala Egerszeg marschierte, folgte Montecuccoli dem Großvezier entlang des diesseitigen Raabufers, wobei Dragoner und Kroaten eigene Marscheinheiten und die Franzosen die Vorhut bildeten. So zogen die Heere, etwa auf gleicher Höhe, von Mogersdorf nach Nordosten. Über die hochwasserführende Lafnitz, den Strembach und die Pinka mußten Brücken geschlagen oder die Gewässer mühselig überwunden werden. Die Täler waren überflutet, und es kam wiederholt zu Stockungen, so daß sich die einzelnen Korps teilen mußten und auf engen Waldwegen über die Berge gingen. Die vordersten waren die Franzosen: „Ihre Pagagie aber, wie auch die so sich dabey befunden Männer und Weiber, musten auff einen Musquetenschuß durch das Wasser alle durchwaten und gienge dasselbe ihnen allen bis unter die Arm. Die Weiber konnten ihren Spiegel nicht verdecken. Sie machtens wie sie wollten. So liessen sie etwas vor oder hinden sehen, wo vor sich schämeten. Es war nicht vonnöthen, ihnen zuzurufen: ‚Du Bayrische Protte, du hast keine'; denn man sahe da bald die Heimlichkeiten, so die Weiber gern in verborgen tragen."

Als Graf Nádasdy meldete, daß Köprili Richtung Pápa ziehe, ließ Montecuccoli die Armeekorps am Strembach, auf der Höhe Körmend—Hagensdorf—Güssing, anhalten und verweilte da bis 10. August, denn es gab hier genug Futter. Weil aber die Türken wiederholt ihre Marschrichtung änderten, beschlossen die Generale der verbündeten Heere am 9. August, sich „an die Pinka und Güns zu setzen und weiter pro re nata an die Donau und Gran zu avanciren". Vorerst blieben die Korps bis 14. August um Steinamanger. Durch aus der Seiermark herangeführte „Ausreißer" konnte hier noch die Infanterie auf 11.000 und die Reiterei auf 7000 Mann gebracht werden. Dazu kamen noch 4500 Mann, die Graf Nádasdy befehligte. Nádasdy und Batthyány, die den Türken auf dem Fuße folgten und deren Nachhut wiederholt überfielen, meldeten Montecuccoli, daß der Türke „in großer confusion nach Stuhlweißenburg marschiere und beabsichtige, seinen Weg nach Ofen zu nehmen". Der Feind stehe jetzt zwischen Raab und Marczal und die Gelegenheit wäre günstig, die durch die Sümpfe der Marczal arg behinderte Nachhut des Großveziers anzugreifen. Als aber Montecuccoli diesen Vorschlag aufgreifen wollte, lehnte dies Friedrich von Waldeck mit dem Hinweis darauf ab, daß die Mattigkeit der Reichsvölker, ihre Schwäche und der Mangel an Brot dies nicht zulassen würden, und auch die Franzosen erklärten, daß dies „nicht ihre Itention sei, zu verhungern; sie wollten gerne dienen und fechten, sie würden den Feind, wenn er an sie käme, tapfer empfangen, aber daß sie ihn mit so großer Ungelegenheit suchen sollten, könnten sie nicht tun". Hierauf wurden nur die Dragoner, Ungarn und Kroaten in Richtung Pápa weitergeschickt. Am 14. August stieß Nádasdy auf die nach Vácsony abrückende Nachhut, verbrannte die Stadt Sümeg samt der Vorstadt, versuchte das Fort zu erobern, was aber nicht gelang, weil er kein schweres Geschütz mit sich führte. Hierauf wurde es Nádasdy erlaubt, am 15. August bei Sárvár über die Raab zu gehen und auf Marczaltö vorzustoßen und den Feind zu beunruhigen.

Das Gros der verbündeten Truppen stand am 12. August bei St. Martin, nördlich von Steinamanger, erreichte am 15. August Lockenhaus, am 16. August Unterpullendorf und am 17. August Neckenmarkt. Im Raume Ödenburg—Deutschkreutz kampierte die Reiterei, die in zwei Wochen wieder einigermaßen kampftüchtig gemacht werden konnte. Auch die 3250 Mann Verstärkungen, die Herzog Ulrich von Württemberg herangeführt hatte, waren am 14. August bei Güns dem Korps Hohenlohes eingegliedert worden. Vor allem waren Kanonen und Munition herbeigeschafft worden. Die Infanterie aber klagte über die ungerechte Platzverteilung: „Weil unseren in der Batallie gewesenen 6 Regimentern zu Fuß nicht mehr als ein einiges Dorff gegeben wurde, in welchem, weiln der Leuth viel, würde alles verunreinigt, und entstund ein solcher Gestanck, in wenig Tagen, daß die Soldaten wie die Mucken dahin fielen. Und sage versicherlich, daß in diesem Dorff in der 14.tägigen Zeit fast so viel geblieben seynd, wie in der Schlacht. Und ist Ober-, Mitten- und Unter Pullendorf warlich ein Kirchhoff, da lauter Teutsche begraben liegen. Und weil die Bauren vermeinten, wir wurden allen Platz auff den Kirchhöfen wegnemmen, sturben sie gleich mit uns, umb daß sie Platz funden, zur Erd zu kommen; gantze Dörffer von Bauren und Baurengesind seynd mit uns ausgestorben. Eine solche infection hat causirt, daß wir so dick aufeinander ligen müssen, da doch das gantze Land voll Dörfer war und wir weit genug hatten können verlegt werden."

Am 30. August brach die Armee wieder auf und zog am 31. an Ödenburg und St. Margarethen vorbei und kampierte in und um das Dorf Gschieß (Schützen am Gebirge). Infanterie und Kavallerie befanden sich in einem so elenden Zustand, und die Bekleidung der Soldaten war zerrissen und zerlumpt. Manches Regiment, das bei Kriegsbeginn 1800 Mann zählte, war auf 150 Leute zusammengeschmolzen. „Wenn man der Armada einen Tag nacheylete, lag hier und dort einer über den anderen todt und die Straß allenthalben voll Krancker." Die Maroden wurden zwar in die nächsten Dörfer gebracht, aber es mangelte an einer ordentlichen ärztlichen Behandlung, denn es gab nirgends Spitäler. Gschieß verwandelte sich in wenigen Stunden in ein Heerlager. Während die Truppen teils in Zelten oder auf ihren Decken auf den Wiesen lagerten, hatten die Stäbe alle Scheunen des Bauerndorfes belegt. Feldmarschall Montecuccoli wurde vom Freiherrn von Osterburg selbst in seinen Thurnhof gebeten, während seine Offiziere im nahen Fekhler-Hof untergebracht wurden. Der Markgraf von Baden-Baden und Fürst Waldeck bezogen im Postgasthaus vor dem Schanzgraben, der esterházyschen Pferdestation, Quartier, Graf Coligny-Saligni, Herzog de la Feuillade und Podvils, der Generaladjutant Colignys, wurden in den Pfarrhof eingewiesen, und die Ungarn, Graf Nikolaus Zrinyi und Graf Nádasdy, nahmen in der Wohnung des Müllers Quartier. Das ganze Dorf bemühte sich um die alliierte Armada, allen voran der Ortspfarrer Paul Borsich, der Schulmeister Felßayssn, der Dorfrichter und der reiche Müller. Außer Futter und Stroh wurde für die Stäbe der einzelnen Korps Wein aus dem Zechkeller der Magdalenenzeche, des esterházyschen Zehentkellers, zwei Dutzend Rinder, Mehl aus der Wulkamühle und der Seemühle, Milch aus den Bauerngehöften und den Meierhöfen und frische Kartoffeln zur Verfügung gestellt.

In den Abendstunden erreichte ein Meldereiter des Grafen de Souches das Dorf und wurde zu Montecuccoli gebracht. Hierauf ließ der Marschall die Korpskommandanten in das geräumige Schulhaus bitten, wo er eine kurze Lagebesprechung abhielt. Hiezu wurden alle Kerzen aus der Kirche herangebracht. Feldmarschalleutnant de Souches meldete, daß Köprili laufend Verstärkungen an sich ziehe und daß ihm Graf Puchheim aus Raab angezeigt habe, daß sich die feindliche Armada in Richtung Gran bewege. Es sähe aus, als ob der Großvezier wie im Vorjahr Oberungarn überfallen oder Komorn oder Raab angreifen wolle, denn seine Reiter streifen bis vor die Mauern der Stadt. Souches erbat den Anmarsch der Armada, weil er sich allein zu schwach fühle, dem ganzen Heer Widerstand zu leisten. Aus Parkany aber melden seine eigenen Leute, daß die Türken begonnen hätten, die von ihm zerstörte Donaubrücke instand zu setzen.

Die Korpskommandanten studierten die Karten und kamen überein, vorerst den Raum um Ungarisch-Altenburg zu beziehen, weil man von dort aus sowohl die Stadt Raab als auch den oberungarischen Raum decken könne, weil es von da aus nicht weit zur Donaubrücke bei Preßburg sei. Am Wege in das Aufmarschgebiet würden weitere Meldungen Souches' einlangen.

Im Dorfe ging es hoch her, denn die ganze Dorfbevölkerung hatte alle Hände voll zu tun, um den Wünschen der Militärs einigermaßen zu entsprechen. Die Bader an der Schwefelquelle wurden am meisten beansprucht und versorgten vor allem die Maroden mit ihrem kräftigen Heilwasser. Schier endlos pilgerte die Kolonne der Wasserträger zur Quelle. Rund um das Dorf brannten zahllose Lagerfeuer, an denen deutsche, französische, ungarische, italienische, spanische und kroatische Weisen erklangen. Das kleine Bauerndorf an der Wulka, wie der von den Kroaten umbenannte Wolfsbach*) jetzt hieß, beherbergte Kriegsvölker aus halb Europa. Am nächsten Morgen zogen die Truppen weiter, und nur die Maroden wurden in das Schulhaus, das für einige Wochen gesperrt wurde, zusammengetragen.

Von Gschieß marschierten die Korps über Donnerskirchen — Purbach — Breitenbrunn — Winden — Jois — Parndorf — Neudorf — Gattendorf — Zurndorf — Nickelsdorf in Richtung Ungarisch Altenburg. Als Kundschafter dem Feldmarschall meldeten, daß Köprili nach Gran gegangen sei, die Schiffsbrücke instand setze und bei Parkany auf das Nordufer der Donau gehe, marschierte Montecuccoli über Deutsch-Jahrndorf und Kittsee nach Deutsch-Altenburg und setzte am 7. und 8. September bei Preßburg über die Donau und zog ohne Verzug bis an die Waag, um dort für den Großvezier, der jetzt von Neuhäusl aus operierte, ein zweites Mogersdorf vorzubereiten. Es wurde befürchtet, daß Köprili über die Waag nach Westen vorstoßen könnte, um, wie der Kaiser, bessere Ausgangspositionen für den Friedensschluß zu schaffen. Montecuccoli wollte mit seiner Marschtaktik aber ebenfalls erreichen, die von Souches zurückeroberten Plätze Neutra und Lewencz zu decken, die Kaiser Leopold unter keinen Umständen an Köprili zurückgeben wollte.

Köprili war über die meisterhafte Manövrierkunst seines großen Gegenspielers sehr verärgert. Montecuccoli kam ihm mit seiner taktischen Strategie immer wieder zuvor und versperrte ihm die Flußübergänge. „Er muß", grollte der Großvezier, „gutthätige Geister bey sich haben, die ihm alle meine Anschläge entdecken, weil er mir in allem was ich thun will zuvorkommt!"

Am 16. August hatte indessen, unter dem Vorsitz des „Primado", eine Konferenz des Hofkriegsrates mit den Reichskriegsdirektoren stattgefunden. In dieser wurde beraten, wie dem großen Anliegen des Kaisers, Neuhäusl doch noch zurückzuerobern, entsprochen werden könne. Man kam überein, daß Graf Sparr den Hauptangriff führen, Generalleutnant de Souches ihn mit seiner ganzen Armee unterstützen und alle Kräfte, die nach der Schlacht bei Mogersdorf herangeführt wurden, in den Kampf geworfen werden sollten. Das gleiche galt für die Ungarn und Kroaten. Aber der Zustand aller Korps war derart erbärmlich, daß die Generalität eine Offensive ernstlich nicht ins Auge

*) Vlk = Wolf

24

fassen konnte. Podvils, der Generaladjutant des französischen Korpskommandanten Coligny-Saligni, schrieb am 31. August aus dem Pfarrhof von Gschieß, dem „Lager bei Eisenstat", nach Paris, daß der Großvezier heute 14.000 Mann frische Verstärkungen erhalten habe und man seine Gesamtstärke auf mehr als 70.000 Mann Kampftruppen schätze. Montecuccoli hingegen verfüge insgesamt aber nur mehr über 20.100 Mann. Der Marsch von Ödenburg nach Preßburg, der Donauübergang und das Vorrücken bis an die Waag haben eine rapide Zunahme der Krankheitsfälle mit sich gebracht. Die österreichischen Regimenter, die diesen Marsch überstanden haben, zählen insgesamt nur einen Stand von 2000 Reitern und 3000 Infanteristen, das Korps der Reichsvölker gar nur mehr 400 Reiter und 900 Mann zu Fuß und die französischen Truppen 1800 Reiter und 1800 Mann Infanterie.

Der vom Steirer Simon Reninger in Eisenburg ausgehandelte Präliminarfriede wurde vom Hofkriegsrat immer wieder beraten und Kaiser Leopold vertagte dessen Ratifikation von Tag zu Tag. Er hoffte, weil der Friede auf Grund des Status quo des Besitzstandes geschlossen werden sollte, daß seine Truppen doch noch einen größeren Sieg erringen würden, nach dem vielleicht bessere Bedingungen eingehandelt werden konnten. Aber sein Feldmarschall berichtete ihm anstatt von Siegen von Schwierigkeiten mit den Verbündeten: „Die Reichsvölker widersetzen sich dem Abmarsch, wann der Proviant nicht rechtzeitig eintreffe und die Franzosen bleiben oft ohne Aviso in ihren Quartieren zurück, obwohl er ihnen verlorene Waffen ersetze, um ihren Kampfwillen zu erhöhen. Er lasse ihnen auch genügend Brot austeilen, aber wegen des ‚grauen Brotes' komme es unter den verwöhnten Weißbrotessern ständig zu Exzessen. ‚Sie werfen das Brot weg und erhielten doch das beste, jedenfalls ein besseres als die kaiserlichen Truppen. Sie bestehen sogar darauf, daß man ihnen das Brot in ihr Lager bringe und sind nicht bereit, es abzuholen, selbst wenn es noch so nahe ist.' "

Am 18. September konnte Montecuccoli die Generalität der Verbündeten doch dazu überreden, Neutra und Lewencz zu entsetzen, wenn Köprili diese Festungen bedrängen sollte. Hierauf zogen die Truppen am darauffolgenden Tag von Vizkellet in nördlicher Richtung nach Groß-Majtheny, um von dort nach Freistadtl (heute: Galocz) zu marschieren, wo die Waag überschritten werden sollte, sobald genügend Lebensmittel eintreffen würden. Am 26. September erfuhr Montecuccoli durch Kundschafter, daß der Großvezier mit seinem ganzen Heere bei Neuhäusl kampiere und Neutra, das am 2. Mai von den Truppen Souches' erstürmt wurde, belagern wolle. Dies veranlaßte Montecuccoli, nach Schintau zu gehen, wo eine so starke Brücke vorhanden war, daß man auch Geschütze über die Waag bringen konnte. Da aber, wie sich bald herausstellte, der Proviant, auf dessen Anlieferung vor allem die Franzosen beharrten, nicht vor dem 30. September eintreffen werde, wollte Montecuccoli am 1. Oktober über die Waag gehen. In den letzten Septembertagen erreichte Montecuccoli aber ein Schreiben Reningers aus dem Lager des Großveziers bei Neuhäusl: „Alle hostilitäten seien bei den Türken eingestellt. Ein Gleiches möge auch bei der kaiserlichen Armee geschehen." An Oberst Paris Spankau, den kaiserlichen Kommandanten von Neutra, schrieb Reninger ebenfalls, daß es mit dem „lieben Frieden" seine Richtigkeit habe. Die Schreiben waren mit 25. September datiert. Morgen oder übermorgen werden die kaiserlichen Ratifikationen ausgewechselt werden. Dies geschah denn dann auch am 27. September im Feldlager vor Neuhäusl und im Beisein vieler hoher Würdenträger und Kriegsoffiziere Köprilis. Köprili ordnete hierauf den Abmarsch der türkischen Heere nach Ofen an. Von dort sollten die Truppen in die Winterquartiere ziehen. Er selbst wollte so lange in Griechisch-Weißenburg (Belgrad) bleiben, bis er sicher war, daß der Kaiser die Vereinbarungen einhalten und die kaiserliche Gesandtschaft mit dem „Ehrengeschenk" für Sultan Mohammed IV. in Gran, also auf türkischem Boden, eintreffen würde. Erst dann wollte Köprili nach Konstantinopel zurückkehren und seinem Sultan melden, daß er sich entschlossen habe, mit dem Kaiser Frieden zu schließen, um sich in den kommenden Jahren mit aller Macht auf die Venezianer stürzen zu können.

Graf Coligny aber schrieb am 30. September aus Tyrnau an seinen Kriegsminister Louvois nach Paris: „Im letzten Kriegsrat am 26. September, debattierte man darüber, ob man den Waagfluß überqueren solle, um die Feinde zu bekämpfen. Und da man bei Kampfbeschlüssen immer auch seine Streitkräfte mit jenen der Feinde messen muß, wurde Herr von Montecucculy gefragt, wieviel Leute die Türken hätten. Er antwortete: Achtzigtausend Mann. Man fragte ihn daraufhin, wie viele Kampfkräftige er zu haben glaube. Er antwortet: Fünfzehn- oder sechzehntausend. Worauf ihm jeder ins Gesicht lachte, denn auf dergleichen Dinge gibt es nichts zu erwidern."

Der Friede von Eisenburg und die Unzufriedenen

Der Friede von Eisenburg (1664), der in der Folge vom nationalen Flügel des ungarischen Adels und den Protestanten so erbittert bekämpft wurde, zu einem Aufstand und letztlich zur Tragödie der Magnaten führte, hatte folgenden Wortlaut:

„Artikel I. Die Plätze und Palanken, welche das kaiserliche Heer in Siebenbürgen besetzt hält, werden dem Fürsten und den Ständen Siebenbürgens zurückgestellt. Die Heere beider Parteien verlassen Siebenbürgen zur gleichen Zeit und ziehen sich von den Grenzen zurück, worauf die besagten Plätze und alle übrigen Orte in Siebenbürgen in ihrem althergebrachten Friedenszustande (ruhigem Stande) verbleiben. Und wenn das Fürstentum vakant wird, können die Stände Siebenbürgens, gemäß ihrer althergebrachten kaiserlichen Kapitulationen, aus ihrer Mitte in freier Weise einen Fürsten erwählen und werden in jeglicher Weise ihre althergebrachte Freiheit, Prärogativen und Gerechtsame genießen.

Artikel II. Die der Geheiligten Kaiserlichen Majestät gehörenden Komitate Zathmár (Szathmár) und Zabolch (Szabolcs), sowie die übrigen Komitate des Königreiches und Landes Ihrer Majestät, mit ihren Ständen, Untertanen, Städten, Festungen, Palanken und Bezirken und allem übrigen Zubehör, insbesondere die freien Haiducken, die ihrer Majestät von altersher zugewandt sind, samt ihren Städten und Kastellen sollen in keiner Art und unter keinem Vorwande, weder von den Türken, noch Siebenbürgern oder deren Fürsten, oder von sonst jemandem mit Ansprüchen, Tributen oder Kontributionen belästigt und soll auch jede diesbezügliche Prätension, die etwa bis jetzt im Schwange war, inskünftig in keiner Weise mehr erhoben werden.

Artikel III. Besagte Geheiligte Kaiserliche Majestät befestigt und besetzt zur Sicherheit ihrer Gebiete, so wie es bisher in anderen Grenzstrichen geübt wurde, die Städte und Festungen, die innerhalb der Grenzen der besagten zwei Komitate liegen, insbesondere Zatthmar (Szathmár), Karoli (Károly), Kalo (Kalló), Eched (Ecsed). Und wenn darüber hinaus nach Belieben noch andere befestigt und besetzt werden sollen, dann dürfen keine förmlichen Heere mit Generälen (als Kommandanten) hineingeführt werden, was in gleicher Weise auch für die Grenzstriche der Türken und Siebenbürger gilt. Um jeden Schaden, der den Gebieten beider Teile daraus entstehen könnte, vorzubeugen, wird das Kastell Zekelhild (Székelyhid) mit allen seinen Befestigungen zerstört und dem Boden gleichgemacht, und es ist keiner der beiden Parteien oder irgendeinem anderen, unter welchem Vorwand auch immer, erlaubt, es jemals wieder aufzubauen, zu befestigen oder mit einer Besatzung zu versehen.

Artikel IV. Der Sohn des Rakoczy (Rákóczy) und der Sohn des Johannes Kemeni (Keményi) oder wer immer es aus Oberungarn auch sei, werden daran gehindert, mit Hilfstruppen nach Siebenbürgen zurückzukehren und neue Unruhen zu stiften, was in gleicher Weise von Seiten der Türken und Siebenbürger für die Gebiete und Komitate Ihrer Kaiserlichen Majestät gilt.

Artikel V. Es ist nicht erlaubt, Malcontenten oder Feinden der beiden Kaiser Aufnahme und Unterstützung zu gewähren.

Artikel VI. Beiden Parteien ist es untersagt, das Fort (fortalicio) bei Canisa (Zrinyivár), das bei Gelegenheit besagter Unruhen errichtet wurde, wieder aufzubauen oder mit einer Besatzung zu versehen.

Artikel VII. Alle, die in den oberwähnten Siebenbürgischen Unruhen zu einer der beiden Parteien ihre Zuflucht nahmen und ihr anhingen, sollen in ihre Güter, Rechte und Ehren wieder eingesetzt und deshalb nicht belästigt werden, und sie mögen ihren Fürsten gehorsam sein und keinen Schaden in ihrem Lande verursachen.

Artikel VIII. Ihrer Kaiserlichen Majestät ist es gestattet, zur Verteidigung ihrer Gebiete, in der Gegend der Waag und des über der Waag (am rechten Ufer) gelegenen Gutta eine neue Festung (fortalitio) zu errichten.

Artikel IX. Nach alledem sollen weder von der einen noch von der anderen Seite Feindseligkeiten und Einfälle ("Streifpartheyen") verübt werden. Zuwiderhandelnde werden strenge bestraft. Die Soldaten beider Parteien werden zu Ordnung und Disziplin verhalten. Beide Teile werden ihre Heere von den Grenzen Ungarns und Siebenbürgens abberufen und nicht mehr dorthin zurückmarschieren lassen, so daß das heimgesuchte Volk in vollkommener Ruhe leben kann.

Artikel X. Zur größeren Festigung des Friedens und der guten Freundschaft zwischen den beiden großmächtigen Kaisern wird beschlossen, daß der Heilige Friede, mit Gottes Hilfe, von gegenwärtigem Tage an zwanzig Jahre lang währen solle und daß er nach vier Monaten, zum Trost und zur Freude des Volkes, durch feierliche Gesandtschaften und Urkunden (zweite Ratifikation) auf feierliche Weise bekräftigt werde. Der Gesandte des Römischen Kaisers wird zum Zeichen der Freundschaft ein freiwilliges Geschenk im Werte von 200.000 Gulden überreichen, was von Seiten der Ottomannischen Pforte auf ähnliche Weise, durch eine feierliche Gesandtschaft mit ebenso würdigen und angemessenen Geschenken erwidert werden wird. Die Auswechslung der Gesandtschaften wird nach alter Gewohnheit in dem herkömmlichen Ort und auf die herkömmliche Weise geschehen.

Darüber hinaus bleiben die Artikel der früheren Kapitulationen, die seit der Zeit des Friedens von Sitvatorok (1606) nicht durch spätere Kapitulationen ausdrücklich aufgehoben oder verändert wurden, alle in Kraft."

Simon Reninger, der bevollmächtigte Resident des Kaisers an der Hohen Pforte, und Achmed Köprili, der Großvezier des Ottomanischen Reiches, tauschten die Urkunden aus. Reninger überreichte Köprili die lateinische Fassung, Köprili Reninger die türkische. Beide Bevollmächtigte sandten die Urkunden an ihre Herrscher zur Ratifizierung. Sie trugen das Datum 9. September 1664.

Im Hofkriegsrate teilte man die Meinung Montecuccolis, daß es an allen Requisiten für die Fortsetzung des Krieges mangle, daß dazu große Summen Geldes gebraucht würden, um die unerschwinglichen Kosten begleichen zu können, daß aber die ausländischen Geldhilfen in keinem Verhältnis zu den Auslagen stehen, die kaiserlichen Finanzen aber bis auf den Grund erschöpft und die eigenen Länder durch vorherige Kriege, Einquartierungen und die Verpflegung der Truppen, bei deren Hin- und Rückmärschen und andere unvermeidbare Unordnungen verödet und verdorben sind und daher künftig nicht in der Lage sind, weitere Belastungen zu ertragen. Es wäre auch vonnöten, große Mengen Proviants, dessen Beschaffung wieder große Unkosten verursachen würde, den Truppen überall hin nachzubringen, wo der Feind sie zu schlagen zwinge oder sich hinbegebe, was besonders dort schwierig ist, wo es keine Flüsse gibt.

Wenn im Kriege Erfolge erzielt werden sollen, so muß das Oberkommando dem Kaiser vorbehalten bleiben, was in diesem Kriege nicht sein konnte, weil der Kaiser nicht über jene Machtmittel verfügte, die er gebraucht hätte, um die ottomanische Militärmacht aufzuwiegen. Die fremde Hilfe, auf die er daher angewiesen war, ist mit vielen schweren und einschränkenden Auflagen verbunden gewesen, was die Kommandoführung sehr erschwerte. Aus dem Verlaufe des Feldzuges kann man ersehen, daß der Kaiser künftig weder von den Ständen des Reiches noch von anderen Potentaten eine ausreichende Hilfe zu erwarten hat. Wo aber Hilfe geleistet wurde, floß sie nicht in die Hände des Kaisers, sondern in andere, so daß man nicht nur mit dem Feinde, sondern auch mit solcher Hilfe seine Sorgen hatte. In Hinkunft sollten nur Geldmittel angenommen werden, mit denen man mehr eigene Truppen anwerben und ausrüsten könne. Zum Kriege braucht man vor allem eines: Geld, Geld und wieder Geld!

28

Alle Minister waren nach dreitägigen Beratungen zur Auffassung gelangt, daß der Krieg nicht länger bestritten werden könne. Was immer man aber für die Richtigkeit des Entschlusses, nach einem Sieg so schnell und unversehens Frieden zu schließen, auch anführen wird, die Stände des Reiches werden ebenso Einwände geltend machen wie die Venezianer und Polen. Die Venezianer schon deshalb, weil sie selbst in Geheimverhandlungen versuchten, die Beendigung des Krieges gegen die Türken im Mittelmeer zu erreichen, und die Stände des Reiches, weil der Frieden den französischen Interessen zuwider läuft und sie fast alle Pensionäre Ludwigs XIV. sind. Polen aber war nicht einmal bereit, Österreich zu versprechen, daß es den Tataren den Paß durch Polen verweigern werde.

Österreich war nach den Kriegsjahren 1663 und 1664 am Ende seiner Kraft. Die Verluste an Mannschaften, Geld und Kriegsrequisit waren enorm und der Staat bankrott. Allein vor Kanizsa, dessen Belagerung Zrinyi Niklas durchgesetzt hatte, waren beim Einsatz durch den Großvezier „soviel Munition, Granaten und Werck-Zeug, darunter auch ein Teil der aus Graz gesandten Geschütze, zurückgelassen worden", daß der Schaden „über eine Million Goldes" ausmachte.

Graf Pötting, der österreichische Gesandte in Spanien, aber wurde von Kaiser Leopold angewiesen, beim König hervorzuheben, daß Österreich vor allem mit Rücksicht auf Spanien und das Hausinteresse diesen Frieden abgeschlossen habe.

In Wahrheit war der Waffenstillstand wirklich die einzige Lösung gewesen, denn die Armee war von den vielen Gewaltmärschen, zur Murinsel und von dort wieder herauf nach Mogersdorf und an die Waag und Neutra, von der Streifung bei Fünfkirchen, der Einäscherung der Draubrücke von Essek, der Belagerung von Kanizsa, der Schlacht bei Mogersdorf und den aus den zahllosen Märschen resultierenden Krankheiten, dem ständigen Mangel an Lebensmitteln und Munition, die einfach nicht in ausreichendem Maße für so starke Verbände mitgeführt werden konnten, ruiniert und stark dezimiert worden. Dazu hatten die langen und sehr schlechten Nachschubwege ebenfalls beigetragen, die in dieser entlegenen Gegend die Versorgung der Truppen beinahe unmöglich machten. Zu spät bekannte sich auch der Hofkriegsrat zur Meinung Montecuccolis, mit der Hauptarmee Gran anzugreifen, es zu erobern, damit man es gegen Neuhäusl eintauschen könne. Dabei hätte die Donau als Nachschubweg dienen können. Jetzt, am Ende dieses schwierigen Krieges, war man wieder beim Konzept des Donaufeldzuges angekommen. Hätte man sich hier geschlagen, wäre der Großvezier gezwungen gewesen, sich in dem für die Verbündeten günstigsten Gelände mit für sie idealen Nachschubmöglichkeiten zu schlagen. So aber hatte der Banus Nikolaus Zrinyi dem Hofkriegsrat seinen Winterfeldzug eingeredet und Hohenlohe hatte sich an diesem zu beteiligen. Ebenso drängte er auf die Belagerung von Kanizsa und versteifte sich, gegen den Rat

Montecuccolis, darauf, sich bei Uj-Serinvár (Neuzrinyburg) und Kanizsa zu binden.

Der Chronist Stauffenberg, der in Montecuccolis Lager weilte, stellte sich die bange Frage, was wohl geschehen wäre, wenn es die Raab nicht zwischen den beiden Heeren gegeben hätte und sich die Verbündeten, unter gleichen Voraussetzungen, auf einer Ebene mit der ganzen Streitmacht des Großveziers hätten schlagen müssen, wo sie doch schon einen ganzen Tag brauchten, um, unter Aufbietung aller Kräfte, nur ein Drittel seines Heeres zu besiegen. Er lobte den Frieden von Eisenburg, weil er den Feldzug mitgemacht hatte und wußte, wie schwierig er gewesen war und daß jetzt die Christen an den türkischen Grenzen auf zwanzig Jahre vor diesem gefürchteten Feinde Ruhe haben werden.

Die Keimzelle der Verschwörung

Murany. Ende September 1664. Betroffen blickte Graf Wesselényi Ferencz Széchy Maria, seine Gemahlin, an, als ihm Marquis de Guitry, ein französischer Offizier, den Generalleutnant Graf Coligny zu ihm gesandt hatte, meldete, daß Simon Reninger, der kaiserliche Gesandte, im Feldlager des Großveziers mit diesem einen Friedensvertrag ausgehandelt und daß dieser Vertrag vom Kaiser, nach mehrwöchigen Beratungen seiner Minister, unterfertigt worden sei. Wesselényi wollte es nicht glauben: „Das kann nicht sein. Ohne die Stände Ungarns, ohne den Palatin und die Magnaten? Ausgeschlossen! Einen solchen Vertrag, in dem auf ungarische Gebiete verzichtet wird, kann der König, ohne die Stände und den Reichstag zu befragen, nicht sanktionieren. Das wäre eine Verletzung der Verfassung, die auch Leopold bei seiner Krönung beschworen hat!"

Sofort sandte Wesselényi Kuriere zum Fürstprimas Graf Lippay György, mit dem er bisher nicht auf gutem Fuße gestanden hatte, nach Preßburg und zu Graf Zrinyi Niklas, dem Banus von Kroatien, der mit seinen Truppen noch immer im Felde lag. In der Zwischenzeit erfuhr der Palatin aber, daß Simon Reninger aus dem Feldlager des Großveziers bei Neuhäusl Briefe an Generalfeldmarschall Montecuccoli und an Oberst Paris Spankau, den Kommandanten von Neutra, geschrieben und in diesen die Waffenruhe mit 26. September bestätigt hatte. Die Empörung des Palatins kannte keine Grenzen. Als endlich Lippay und Zrinyi auf der schwer armierten Burg eintrafen, begannen die Beratungen sofort, und Graf Lippay konnte sogar eine Abschrift des Verfassungstextes mitbringen. „Das ist ungeheuerlich!" erboste sich der Palatin. „Wir, die Ungarn, sind in Ungarn vom Steuerruder des Staates verdrängt worden! Ein Steirer bestimmt, was die Ungarn zu akzeptieren haben! Unveräußerliche ungarische Erde wird preisgegeben, auf zwanzig Jahre und mit dieser das von den Türken okkupierte Gebiet, das sie schon über hundert Jahre besetzt halten! Wir wollen in Österreich auch nicht den Deutschen vorgezogen werden, aber wir dürfen es nicht dulden, daß in Ungarn Deutsche den Ungarn vorgezogen werden! Das ist Zwangsherrschaft, und diese rechtfertigt die Anwendung des Artikels 31 der Goldenen Bulle des Königs Andreas! Man fragt uns nicht einmal, man zieht uns zu den Verhandlungen gar nicht zu. Man findet es in Wien nicht einmal der Mühe wert, mit uns über unser Schicksal zu reden! Man müsse den Ungarn den Federbusch vom Hute und den Zierat von der Kucsma reißen, sagen die ersten Minister Leopolds. Wir sollen unsere silbernen Knöpfe an unseren Dolmans durch steinerne ersetzen und unsere Beine in böhmische Hosen stecken!"

Zrinyi Niklas und der Fürstprimas waren ebenso empört, denn Lippay hatte in letzter Zeit erfahren, welche Vorwürfe ihm Montecuccoli am Hofe mache. Daß er die Gelder für den Ausbau der Grabenanlagen um die Festung Neuhäusl wohl genommen, sich aber um deren Ausbau sehr wenig gekümmert habe, so daß es für Köprili möglich war, die Festung von der Seite anzugreifen und zu bestürmen, auf der es noch gar keine Gräben gab. „Es ist eben nicht schneller gegangen", rechtfertigte sich Lippay. „Man hätte früher mit den Arbeiten anfangen müssen, die Gelder eher bereitstellen! Jetzt geben sie mir die Schuld!"

Zrinyi Niklas war am meisten ergrimmt: „Um Neuhäusl liegen zahlreiche Güter der Magnaten. Wir werden von den Türken drückende Lasten auferlegt bekommen, wie schon im Vorjahr. Aber was kümmert das den deutschen König? Uj-Serinvár, meine Befestigungsanlage am Nordufer der Mur, die ich auf türkischem Gebiet gebaut habe, sie wird geschleift und darf nicht wieder aufgebaut werden, damit ich die türkischen Konvois für Kanizsa nicht mehr stören kann. Wozu waren alle meine Opfer im Winterfeldzug, die Verheerung ganzer Komitate und mein Vorstoß bis zur Draubrücke bei Essek? Wozu habe ich die Brücke zerstört? Wozu bin ich vor Kanizsa gelegen, und weshalb habe ich an den Kampfhandlungen dieses Jahres teilgenommen, mit meinen Truppen, die ich auf eigene Kosten unter Waffen gehalten habe? Noch jetzt liege ich im Felde und scharmutziere mit den Türken! Ohne Neuhäusl lehne ich jeden Frieden ab! Um diesen Platz zurückzugewinnen, haben wir ja die Türken sogar in ihren Winterquartieren angegriffen!"

„Was sollen wir tun?" fragte Lippay enttäuscht.

„Wir werden gegen den Frieden von Eisenburg protestieren", zürnte der Palatin. „Wir werden diesen Protest gemeinsam erstellen, und ich, der Palatin, werde den Protest nicht der Curia regia, sondern dem Domkapitel in Preßburg als einem der höchsten Gerichte Ungarns vorlegen und damit eine Klage der Stände gegen den König Ungarns einbringen! Diese Angelegenheit muß vom Reichstag beraten werden! Wir wollen den Frieden weder im Namen der Stände, deren Mandat wir nicht haben, noch können wir denselben überhaupt annehmen."

„Nádasdy, der von Leopold eingesetzte Landesoberrichter, der in dieser Funktion dem Kurialgericht vorsteht, vor das der Fall eigentlich gehört, darf vorläufig nichts erfahren, zu eng scheinen mir seine Bindungen zum Hof", warnte Lippay, der dem Magnaten nicht traute.

„Wir müssen entschlossen sein", setzte Zrinyi fort, „den Krieg gegen die Türken notfalls allein fortzusetzen und, wenn der König nicht an unsere Seite tritt, uns um die Hilfe fremder Potentaten umzusehen!"

„Das wird man in Wien nicht nur als Verschwörung, sondern als Hochverrat ansehen", gab Lippay zu bedenken.

„Eine Verschwörung soll es auch sein!" bekannte Wesselényi. „Ich frage Sie, Herr Fürstprimas, und ich frage Sie, Banus von Kroatien, sind Sie bereit, mit mir einen geheimen Bund zum Schutze der Verfassung des Königreiches zu begründen?"

„Ich bin es", erklärte Graf Lippay de Zombor feierlich.

„Und Ihr, Zrinyi?" wandte sich Wesselényi an diesen.

„Ich bin dazu bereit, Exzellenz!" gelobte der Banus. Er sah dabei längere Zeit zu dem Bild an der Wand empor, das Wesselényi darstellte und von den Worten „Omnis in ferro salus" umrahmt wurde. Der Palatin folgte seinem Blick und bekannte sich grollend zu seinem Motto: „Alles Heil liegt bei den Waffen!"

„Dann laßt uns jetzt an die Abfassung des Protestes der Stände gehen und den Bundesbrief niederschreiben, in dem wir uns verpflichten, mit Blut und Leben, Ehr und Gut einander beizustehen und uns in keiner Gefahr zu verraten und zu verlassen", drängte Zrinyi.

Die Abfassung des Protestes dauerte mehrere Stunden, denn jeder einzelne Punkt wurde eingehend besprochen. Anschließend wurde der Bundesbrief verfaßt, mit dem die Verschwörung Wesselényis begann. Bei einem gemeinsamen Abendessen wurden Trinksprüche auf das französische Korps ausgebracht, das bei Mogersdorf die Situation rettete, ebenso auf Ludwig XIV., den „Conservator Hungariae". Am nächsten Tag begaben sich der Palatin und der Fürstprimas nach Preßburg zurück, während Graf Zrinyi zu seinen Truppen zurückritt, um mit diesen nach Csakathurn abzurücken. Lippay aber wollte in Preßburg einen großen Abschiedsabend für Graf Coligny-Saligny, den Herzog de la Feuillade und die französischen Offiziere geben und Grémonville, den französischen Gesandten in Wien, zu diesem Abschied einladen. Die Fraternisierung der Ungarn und Franzosen hatte begonnen. Lippay und Wesselényi aber hatten ihre langjährige Feindschaft begraben, weil es das Wohl des Vaterlandes einfach erforderte. „Es wird miteinander schon aller Anstrengung bedürfen, um unsere Sache gegen Leopolds Minister zu vertreten. Stünden wir weiter gegeneinander, hätten wir nicht die geringste Chance", grollte Wesselényi.

Preßburg. Gespannt erwarteten die vollzählig versammelten Prälaten des Domkapitels die Ausführungen Wesselényis.

Würdevoll wurde der Palatin vom Fürstprimas empfangen und nach Austausch der gepflogenen Höflichkeitsformeln begann der Palatin: „Wie dem Domkapitel und meinem Amte bekannt geworden, wurden am 27. September im Feldlager des Großveziers bei Neuhäusl zwischen dem kaiserlichen Gesandten Simon Reninger und dem Großvezier Achmed Köprili die von beiden Seiten am 9. September dieses Jahres ratifizierten Vertragsurkunden über einen weiteren 20jährigen Waffenstillstand ausgetauscht und gleichzeitig die Kampfhandlungen beider Heere eingestellt. In diesem Vertrag, der nach seinem Inhalt auch nach einer Niederlage nicht schändlicher hätte ausfallen können, wurde auf unveräußerliche ungarische Gebiete verzichtet. Trotz des Sieges der kaiserlichen Armee bei St. Gotthard-Mogersdorf sind Neuhäusl, Neograd und Großwardein den Türken überlassen worden. Das befestigte Szekelhyd wird geschleift und Zrinyis Großschanze Uj-Serinvár, die von den Türken zerstört wurde, nicht wieder aufgebaut. Wir wollen diesen Frieden weder im Namen der Stände, deren Mandat wir nicht haben, noch können wir denselben überhaupt annehmen, weil ohne Mitwirken der Ungarn über Ungarn entschieden worden ist. Der König hat damit die Verfassung des Königreiches mißachtet. Ich zitiere aus der Anklage gegen den König, die ich hiemit feierlich erhebe: ‚Ohne Neuhäusl weisen wir jeden Frieden zurück, weil die Sicherheit des größten Teiles Niederungarns vom Besitz dieser Festung abhängt, in deren Umgebung viele Güter des Adels liegen, der von den Türken zu drückenden Lasten angehalten wird. Wir sind entschlossen, den Krieg allein fortzusetzen und uns um die Hilfe des Reiches oder fremder Potentaten zu bewerben.‘ Ich überreiche, weil mir das Curialgericht befangen scheint, dem Domkapitel die Anklageschrift der Stände gegen den König des Landes wegen Verfassungsbruch." Das Dokument trug die Überschrift „Resolution, wie und aus welchen Ursachen die Hungarischen Stände gegen den Friedensschluß mit den Türken protestieren und den Krieg selbst fortzusetzen gewillt sind" und war mit M. Oktober A. 1664 datiert.

Graf Lippay György nahm die Anklageschrift entgegen und erwiderte dem Palatin, daß das Domkapitel unter den gegebenen Umständen die Klage der Stände entgegennehme, daß es den König auffordern werde, den ungarischen Reichstag ungesäumt einzuberufen, und daß es dann dem Reichstag den Protest der Stände zur Entscheidung vorlegen werde. Nach Artikel 31 der Goldenen Bulle des Königs Andreas II. aus 1222 sei der Adel berechtigt, von seinem bewaffneten Widerstandsrecht gegen den König Gebrauch zu machen, wenn dieser die Verfassung des Königreiches und die Privilegien der Stände verletze.

Hierauf verließ der Palatin mit seinem Gefolge das Palais und begab sich auf seinen Amtssitz, die Festung Preßburg, zurück. Wesselényi hatte den Fürstprimas gebeten, abends sein Gast zu sein. Der Palatin wurde in seinen Amtsräumen bereits vom Marquis de Guitry erwartet, der ihm im Auftrage des französischen Gesandten in Wien mitteilte, daß der französische Hof Graf Zrinyi Niklas für seine Verluste in diesem Feldzug eine Entschädigung von 10.000 Talern gewähren wolle. Wesselényi versprach dem Verbindungsoffizier, daß er den Banus von Kroatien, der erst vom Felde heimkehre, hievon in Kenntnis setzen wolle und informierte den Marquis vom Protest der Stände gegen den Eisenburger Frieden und der Klageerhebung gegen den König. Erfreut verabschiedete sich der Franzose, um Grémonville zu berichten.

Als sich bald hierauf der Palatin und der Fürstprimas gegenübersaßen und Wesselényi ihm von der Absicht der Franzosen erzählte, brach es aus Lippay heraus: „Das werden die Minister mit größtem Mißtrauen verfolgen. Zrinyis Winterfeldzug wird von Montecuccoli heftig getadelt. Er sagt, Zrinyi habe den Kriegszug nur unternommen, um sich zu bereichern. Er habe den katholisch gebliebenen Bauern in den durchstreiften Komitaten die Dörfer niedergebrannt, um sie auf seine Murinsel bringen zu können, wo sie ihm fortan als Leibeigene zu dienen haben. Zrinyi habe 12.000 Rinder und 3000 Pferde erbeutet, die er ebenfalls auf seine Insel habe treiben lassen. Sonst sei aber der ganze Winterfeldzug zu früh unternommen worden, denn die türkischen Grenzbefehlshaber hatten noch genug Zeit, die zerstörte Draubrücke bis zum Kriegsbeginn wieder neu zu errichten. Dabei hätten sie dazu drei Monate gebraucht. Mit diesem zu früh unternommenen Vorstoß habe Zrinyi daher in Wahrheit keinen taktischen Erfolg erzielt, sondern nur ziemliche Verluste gehabt. Über die rechtzeitig wieder instand gesetzte Brücke habe Köprili aber sein Entsatzheer für Kanizsa heranführen können, so daß die Belagerung dieser Festung aufgegeben und Kriegsmaterial im Werte von mehr als einer Million Gulden zurückgelassen werden mußte. Die Österreicher geben den Ungarn die Schuld an allen Übelständen. Was mich auch sehr betrübt, ist, daß Graf Paul Esterházy und sein Anhang, das königliche Lager, die Ansichten Montecuccolis teilen.“

Széchy Maria, die Gemahlin des Palatins, war eingetreten, um die Herren zu bewirten. Sie hatte den Ausführungen des Fürstprimas aufmerksam zugehört und bedauerte: „Es ist schade, daß die Ungarn in diesem schönen Lande nach zwei Seiten ziehen. Diesem Übel kommt man nicht einmal mit Gebeten bei. Wer schlagen kann, schlägt. Jeder Ungar sucht die Wahrheit dort, wo er einen Nutzen hat. Darunter wird das Vaterland noch lange leiden.“

„So ist es“, seufzte der Fürstprimas. Széchy Maria aber setzte fort: „Ich verstehe nicht, warum sich der Türke im Vorjahr sechs Wochen vor Neuhäusl gelegt hat. In dieser Zeit hätte Köprili auch Wien erobern können, wenn er an Raab vorbei bis vor die Residenz gezogen wäre. Habt Ihr dafür eine Erklärung?“

Lippay sah den Palatin fragend an, und dieser nahm ihm die Antwort ab: „Dann hätte Köprili das intakte Heer Zrinyis im Rücken gehabt und keiner der türkischen Konvois wäre ungeschoren davongekommen. Montecuccoli aber hätte immerhin seine Armee nach Wien zurücknehmen und auf den Wällen einige Zeit Widerstand leisten können. So ganz ohne Kampf wäre Wien sicher nicht gefallen. Im Vorjahr hat Köprili Neuhäusl zur Kapitulation gezwungen, Neutra, Lewencz und Neograd überrannt und heuer wollte er uns den Todesstoß geben." Széchy Maria reichte den Männern Wein, und Wesselényi fuhr fort: „Es ist wahr, die Ungarn ziehen nach zwei Seiten. Aber auch ich war dem König lange ergeben."

„Schon als Kapitän von Fülek", erinnerte sich Lippay. „Da habt Ihr ja als braver Nachbar eurer Gemahlin ihren beiden Schwägern Illesházy Gabor und Liszti Laszlo, die eurer Gemahlin Murany streitig machten, die Burg weggenommen! Seid Ihr da nicht mit euren Leuten über Strickleitern bei Nacht über die Henkerbastei in die Burg eingestiegen?"

„So war es", bestätigte der greise Held. „Die Schwäger meiner Gemahlin führten sich damals auf, als ob sie die Hausherren wären, und Illesházy hatte nach seinem Übertritt zu Rákóczy György Kuruzzen in die Burg gelegt, um Széchy Maria einzuschüchtern."

„Ich habe den Soldaten an diesem Abend viel Wein geben lassen", lächelte die Gräfin, „und als sie voll betrunken schliefen, haben meine wenigen Getreuen die Strickleitern ausgelegt."

„Es war ein gut geplanter Überfall!" nickte Wesselényi. „Bald darauf haben wir geheiratet."

„In ganz Ungarn und sogar in Wien hat man von diesem Bravourstück geredet", pflichtete Lippay bei. „Eigentlich hat Eure Karriere damals begonnen."

Wesselényi sah einige Zeit vor sich hin: „Ja, Eminenz, damals hat mein Aufstieg zum Nádor begonnen. Ich hatte dem Kaiser eine starke Festung gewonnen, im Handstreich und mit Hilfe meiner stolzen Frau. Und jetzt bin ich, in meinen alten Tagen, zum Verschwörer geworden."

„Es mußte sein", steifte ihm der Fürstprimas den Rücken. „Ihr habt als Palatin, nicht als Wesselényi Ferencz, den König geklagt. Dazu ward Ihr als höchster Beamter des Reiches verpflichtet. Ihr seid der beeidete Hüter der Verfassung, und wir alle stehen, trotz dieses Schrittes, noch immer auf dem Boden des Rechtes. Der ungarische Reichstag wird zu gegebener Zeit beraten und entscheiden, wer im Rechte ist und wer das Recht verletzt hat. Die Wahrung des Rechtes ist noch lange nicht Verrat, denn das Reich ist mehr als der König."

Es war spät geworden, als der Fürstprimas die Burg verließ.

„‚Ohne Neuhäusl weisen wir jeden Frieden zurück', hatten die ungarischen Stände beim Domkapitel in Preßburg deponiert, ,da die Sicherheit des größten Teiles Niederungarns vom Besitz dieser Festung abhängt, in deren Umgebung die meisten Güter des Adels liegen, der von den Türken zu drückenden Leistungen angehalten wird. Wir sind entschlossen, den Krieg allein fortzusetzen, und uns um die Hilfe des Reiches und fremder Potentaten zu bewerben . . .'

Graf Adam Forgách hat am 26. September 1663 kapituliert, nachdem er Neuhäusl sechs Wochen heldenhaft verteidigt hatte, und das, obwohl von den ‚sechs Basteyen' nur ‚drey vollendet und die übrigen drey noch nicht fertig' waren. ‚Auch sahe man', um die Festung, ‚wenig oder gar keinen Graben', was von dem, der die Gräben hätte anlegen lassen und der dafür bezahlt worden war, von Graf Georg Lippay, dem Erzbischof von Gran, eine sehr große Nachlässigkeit gewesen ist, weil ‚derselbe nur das Geld genommen, und sich um das Werck sehr schlecht bekümmert hatte'.“ Generalfeldmarschall Graf Montecuccoli machte mit dieser gravierenden Feststellung während des Kriegsgerichtsverfahrens gegen Graf Forgách den Ungarn schwerste Vorwürfe.

„Achmed Köprili, der Großvezier, erkannte ‚seinen Vorteil gar wohl, er berennete den Ort, forderte solchen auf und leget seine Attaquen gegen die unvollendeten Basteyen an, nahm seine Posten mit dem Fuß-Volck ein, welches alles vereiniget beysammen stund, und durch die Reuterey, so dabey war, bedecket und versichert wurde'. Darauf baute er sechs Batterien, von welchen er unaufhörlich feuerte und über achtzehntausend achtundvierzig-, sechzig- und achtzigpfündige Kugeln hineinschoß. Die Laufgräben der Türken ‚waren überaus tief, und durch eine große Menge Schantz-Gräber, wie krumme Zwecklinien hintereinander gezogen'. Der Türke ‚durchstach den Graben, ließ das Wasser ablaufen, verwüstete die Häuser, beschoß die Basteyen in den Winckeln und Flanquen, zerbrach die Laveten an den Stücken der Basteyen und tödtete die Constabler. Und weil der äussere Polygon ungemein lang war, konnte er mit den Musqueten nicht bestrichen werden, daher der Platz ohne Gegenwehr blieb und die Bresche war so groß, daß man hineinreuten konnte.' Hierauf gruben sich die Türken ‚unten bey der Mauer ein, legten an verschiedenen Orten Minen an, führeten ganze Berge von Erden und Katzen auf, die höher als die Basteyen des Ortes waren und weil solche überdiß den Graben mit ihrem Schutt angefüllet hatten, so machten sie ihnen den Sturm desto leichter. Neben dem baute er Galerien, stürmte viele male und wenn sein Fuß-Volck nicht zureichte, ließ er die Sipahis mit angreiffen, denen er zur Belohnung den gewöhnlichen Sold vermehrte.'

‚Da es Graf Forgách an Volck, an zulänglicher Befestigung und Munition fehlte' und zu allem Unglück ‚dazu noch das Pulvermagazin durch das Versehen eines Musquetiers in die Lufft flog, wobei zwey Obrist-Lieutenants und viele andere Leutte verloren gingen, zudem selbige auch von dem jämmerlichen Geschrey des Volckcks, der Weiber und der anderen feigen Leute bewegt wurden, konnten sie das Capitulieren nicht weiter verschieben'.

Die Festungsanlagen waren durch schweres türkisches Geschützfeuer schwer beschädigt, der Pulvervorrat zu Ende und die meisten Kanoniere gefallen. Durch die allgemeine Situation und durch die blutigen Verluste mutlos geworden, zwangen die eigenen Truppen Graf Forgách und Oberst Marchese Pio, die Waffen zu strecken. Am 26. September wurde Neuhäusl unter ehrenvollen Bedingungen den Türken übergeben und die Besatzung, die nur mehr 2472 Mann zählte, zog nach Komorn ab."

Es war nicht allein die Feigheit seiner Truppen gewesen, die diese gegen ihren Kommandanten rebellieren ließ, sondern die unvorstellbaren Strapazen und Ausfälle in den verzweifelten Abwehrkämpfen. Als auch noch die letzten Pulverbestände durch die Unvorsichtigkeit eines Musketiers in die Luft geflogen waren und die verzagte Bevölkerung gegen ihn aufstand, mußte er die Festung übergeben.

Zudem waren auch die Festungen Neutra, Lewencz und Neograd überrannt worden, und die Tatarenschwärme waren bis an die Waag und über diese bis zur March durchgebrochen und bedrängten die Vorstadt von Preßburg mit Brandpfeilen, so daß keine Hoffnung auf einen Entsatz gegeben war. Das alles hatte in Wien Schrecken und Bestürzung ausgelöst, und Kaiser Leopold warf Graf Forgách zu unrecht ‚Bärenhäuterei und Schelmerei‘ vor. Graf Forgách, der freien Abzug aushandelte, wurde, nachdem er auf seine Güter gegangen war, gefangengenommen und vor das Kriegsgericht gestellt.

Zrinyi Niklas war mit einigen tausend Ungarn und Kroaten von Zrinyivár zum Haupttheer gestoßen, zog von dort auf die Schüttinsel und unternahm mit Graf Puchheim, dem Kommandanten von Komorn, Streifzüge gegen die Türken und fügte diesen beträchtliche Verluste zu. Für Neuhäusl konnte er aber keine Entlastung mehr bringen.

Als sich im Kriegsgerichtsverfahren letztlich herausgestellt hatte, daß Graf Forgách Neuhäusl nicht mehr länger halten konnte und seine Unschuld am Fall der Festung vom Kriegsgericht bestätigt worden war, nahm ihn Kaiser Leopold wieder in Gnaden auf und Montecuccoli überreichte ihm im Beisein des Monarchen wieder den Degen. Graf Forgách war damit voll rehabilitiert, andere aber stark belastet worden.

Der Verzicht auf die „Schlüsselfestung Neuhäusl" im Eisenburger Vertrag sollte bald zu schwersten Differenzen führen.

Österreich und Wien schienen während der Kämpfe und Erfolge der Türken zeitweilig verloren zu sein, denn in Wien befand sich zu dieser Zeit nur eine Stadtwache. Tausende hatten fluchtartig die Stadt Richtung Westen verlassen. Da setzten aber, wie durch eine Fügung Gottes, lange und schwere Regenfälle ein und machten alle Wege und Straßen unpassierbar. Das Wetter und die schon vorgerückte Jahreszeit zwangen Freund und Feind zum Abbruch der Kampfhandlungen. Österreich war wie durch ein Wunder gerettet worden. Hätte Köprili, statt sich sechs Wochen vor Neuhäusl zu legen, Wien selbst angegriffen, so wäre ihm die Residenzstadt zweifellos in die Hände gefallen, denn die Befestigungsanlagen waren in einem desolaten Zustand und die Stadt war von allen Truppen entblößt worden.

Auf die Vorwürfe, die Köprili später in Konstantinopel gemacht wurden, warum er nicht Wien angegriffen habe, das doch von allen Truppen entblößt gewesen war, antwortete er lachend, daß doch kein Mensch annehmen konnte, daß die Residenzstadt so schlecht gerüstet sei.

Wien 1664, Ende September. Mit der Eroberung und dem Ausbau der Festung Neuhäusl und der Besetzung ganz Oberungarns (heutige Slowakei, von den Ungarn zum Unterschied von den Deutschen aber damals als „Niederungarn" bezeichnet) hatte der erst 27jährige Achmed Köprili, der seit 1. November 1662 Großvezier war, für die wieder auf Europa gerichtete Eroberungspolitik der Hohen Pforte die besten strategischen Voraussetzungen für einen Angriff auf Wien und Einfälle nach Mähren und in das Reichsgebiet geschaffen. In Wien, Rom und im Reiche war man konsterniert. Nur unter dem Eindrucke der gegebenen beklemmenden Situation war dem Kaiser am „Immerwährenden Reichstag zu Regensburg" von den deutschen Fürsten das „Tripulum" zugestanden worden, die dreifache Truppenzahl, die das Reich genehmigte und die es bei anderen Kriegen zu stellen gehabt hätte. Die Verhandlungen in Regensburg hatten sich trotz der bedrohlichen Lage vom Feber 1664 bis in den Sommer erstreckt, in eine Zeit also, zu der in Ungarn schon wieder verzweifelt um die Existenz des christlichen Abendlandes gerungen wurde. Mit größter Eindringlichkeit hatte der Delegationsführer der kaiserlichen Gesandtschaft Hocher, der Kanzler des Wiener Hofes und hervorragendste Jurist seiner Zeit, dem ständig versammelten Gesandtenkongreß der deutschen Fürsten diesen, dem Nuntius, und den Gesandten von Frankreich, Spanien und Schweden den Ernst der Lage und die Gefahr für Europa vor Augen geführt: „In Ungarn kämpft Kaiser Leopold I. nicht nur um die Erhaltung Ungarns und um die Sicherheit der Erbländer, sondern um den Bestand des Deutschen Reiches. An den Flüssen Raab und Waag wird sich entscheiden, ob die Niederlagen, welche die christlichen Heere seit 1396 am Balkan erlitten, oder die Siege, die die kaiserlichen Waffen für Europa erfochten haben, fortgesetzt werden. Seien Sie dessen eingedenk, daß der Ruf ‚niemals milde zu sein' den ‚Rennern und Brennern' wie ein lähmender Schrecken vorauseilt und daß daher die Kämpfe, die im Osten ausgetragen werden, niemals mit jenen Auseinandersetzungen verglichen werden können, die die anderen europäischen Herrscher unter sich austragen! An Raab und Waag stehen einander die Lebensformen, Religionen und Geisteshaltungen zweier verschiedener Welten gegenüber. Es ist das Ringen zwischen Orient und Okzident, zwischen Asien und Europa, zwischen Freiheit und Despotie. Unvorstellbar ist die in Jahrhunderten erlittene Grausamkeit der asiatischen Potentaten, die die Völker des Balkans, Ungarns, Österreichs, der Steiermark und Kärntens erdulden mußten. Unermeßlich ist auch diesmal wieder der Schrecken, der vor den Heersäulen der Osmanen durch unübersehbare Tatarenschwärme verbreitet wird, unermeßlich der Blutzoll der niedergeworfenen Völker. Unter blutigen Roßschweifen und flatternden Bannern, auf denen gelbe Drachen, rote Sterne, Sicheln und Halbmonde prangen, stehen unübersehbare Heere an den Grenzen Österreichs. Jede Niederlage gegen einen solchen Feind, den Erbfeind, ist furchtbarer, aber auch jeder erfochtene Sieg ruhmreicher als auf anderen Schlachtfeldern!

Sultan Mohammed IV. betrachtet sich wie Soliman II. als Kaiser der Kaiser, Fürst der Fürsten, Verteiler der Kronen der Welt, Schatten Gottes über beiden Erdteilen, Beherrscher des Schwarzen und des Weißen (Mittel-)Meeres, von Asien und Europa. Er hat seinem Großvezier die grüne Fahne. des Propheten anvertraut, und es ist daher für Achmed Köprili, die Paschas und Khane eine Frage der Ehre, den Halbmond in dem für sie heiligen Krieg im Herzen Europas aufzupflanzen! Im heiligen Krieg gelten aber für die Mohammedaner weder das gegebene Wort noch unterfertigte Verträge. So will es der Koran.

Die Existenz und die Freiheit der Völker des christlichen Abendlandes, die jetzt in diesem Kriege gegen die Ungläubigen verteidigt werden müssen, sind aber auch eine Ehrenfrage für die Elite der europäischen Völker! Und wie der Koran die Osmanen, entbindet auch die christlichen Staaten im Kampfe gegen die Ungläubigen ein Dekret des Konstanzer Konzils aller gegebenen Zusagen. Kaiser Leopold I. fordert, erbittet und erhofft, daß die Fürsten des Deutschen Reiches in diesem Kampfe auf Leben und Tod an seine Seite treten, daß die Rheinische Allianz zum Reiche steht, daß der allerchristlichste König von Frankreich für das bedrängte Abendland zum Schwerte greift und daß Spanien, der Vatikan, Venedig, England, Dänemark, Schweden, Polen und Rußland entweder Truppen entsenden oder mit großen Geldbeträgen dem Kaiser die Unkosten dieses Feldzuges tragen helfen, denn jetzt entscheiden die Einigkeit der Völker Europas, Gewalt, Klugheit und die Stärke der Armeen die Stunde!

In Konstantinopel und im ganzen Osmanenreiche werden jetzt öffentlich Kriegsgebete für die Niederwerfung der christlichen Völker gehalten, und die Muezzins rufen von den Minaretten zum heiligen Krieg. Sultan Mohammed IV. hat die alte Westpolitik der Hohen Pforte wieder aufgenommen, und der Gesandte Seiner Majestät berichtete aus der Türkei, daß Köprili mit mehr als 130.000 Mann und mehr als 100 Kanonen ins Feld ziehen wird. Aber mit unser aller Einsicht und Gottes Hilfe kann das Jahr 1664 ein Jahr der Bewährung der europäischen Völker werden."

Die beschwörenden Worte des Wiener Kanzlers verfehlten ihre Wirkung nicht. In den anschließenden Verhandlungen waren die Teilnehmer übereingekommen, ein Koalitionsheer zu bilden, das aus Kaiserlichen, Deutschen, Franzosen, Italienern, Spaniern und Schweden bestehen sollte.

Papst Alexander VII. griff wiederholt in die Verhandlungen ein und forderte die europäischen Potentaten, an ihrer Spitze Ludwig XIV., auf, als Beweis ihres Eifers für die Erhaltung der Religion Kaiser Leopold I. militärisch und finanziell zu unterstützen. Alexander VII. selbst und König Philipp IV. von Spanien stellten beträchtliche Geldmittel für Rüstungskäufe zur Verfügung. Die Kurfürsten von Bayern, Sachsen und Brandenburg aber warteten die Reichstagsbeschlüsse erst gar nicht ab und entsandten sofort Truppen nach Österreich. Die Rheinische Allianz versprach 5000 Mann zu Fuß und 2000 Mann zu Pferd zu stellen, und der französische Hof war nach mehreren Interventionen des Papstes bereit, 4000 Mann Infanterie und 2000 Mann Kavallerie in Marsch zu setzen. Insgesamt genehmigte der Reichstag in der Folge eine Reichsarmee in der Stärke von 30.000 Mann.

Generalfeldmarschall Montecuccoli bezifferte die Stärke der kaiserlichen Armee mit 21 Infanterie-, 14 schweren Reiter- (Kürassier-), 4 Dragonerregimentern und 1 Regiment berittener Kroaten. Dazu kamen die von den Magnaten Batthyány, Zrinyi und Nádasdy auf eigene Kosten aufgestellten Husaren- und Hejdukenregimenter. Bis Ende Feber 1664 hatten 36.000 Mann zu Fuß und 15.000 Mann zu Pferd unter Waffen gestanden. 12.500 Mann davon mußten allerdings mit größter Eile in die befestigten Plätze Siebenbürgens, in die Bergstädte Oberungarns, nach Komorn, Raab, Preßburg und Altenburg und in die Grenzbefestigungen zwischen Donau und Drau abkommandiert werden, damit diese, auch im Rücken des Feindes, gehalten werden konnten.

Den rechten Flügel sollte die Murarmee, die der Banus Zrinyi Niklas und der kaiserliche General Strozzi befehligten, mit 16.900 Mann bilden. Montecuccoli sollte mit der Hauptarmee von 28.500 Mann im Zentrum, an der Donau, stehen und Feldzeugmeister Graf Ludwig de Souches mit der Nordarmee, 8500 Sachsen und Brandenburgern, in Oberungarn den linken Flügel bilden.

Das Kommando über das Korps der Rheinischen Allianz sollte Graf Wolfgang Julius Hohenlohe-Gleichen führen; es war geplant, gemeinsam mit Zrinyis Murarmee zu operieren. Generalleutnant Graf Jean de Coligny-Saligny und Generalleutnant Herzog de la Feuillade sollten das französische Korps, das bei der Donauarmee Montecuccolis stand, befehligen und das Kommando über die Reichsarmee möge Reichsgeneralfeldmarschall Markgraf Leopold Wilhelm von Baden-Baden und sein Stellvertreter Generalleutnant Graf Georg Friedrich Waldeck innehaben.

„1663", sagte Fürst Wenzel Lobkowitz, der das Konzept der Rede des Kanzlers und die Stärkeverhältnisse von Freund und Feind noch einmal durchgesehen hatte, nachdenklich, „hat das Osmanenreich seine bisher größte Ausdehnung erreicht. 1664, heuer, konnten wir den Türken wieder einige Plätze wegnehmen. Montecuccoli konnte in schier aussichtsloser Lage die kaiserliche Armee, den einzigen Schild Österreichs, retten. Wahr ist, daß die Armee schwerste Ausfälle zu beklagen hatte und ehestens durch Rekrutierungen ergänzt und wieder kampffähig gemacht werden muß. Trotz des schweren Verlustes, der den Kaiser mit Neuhäusl getroffen hat, und an dem die ungarischen Herren gar nicht so unschuldig sind, als sie gerne wahrhaben möchten, ist es Österreich mit diesem Friedensschluß abermals gelungen, sich in Ungarn ein Vorfeld zu seiner eigenen Verteidigung zu erhalten."

„Ein Vorfeld, auf dem seit vielen Generationen blutige Kämpfe toben", setzte Feldmarschall Montecuccoli fort, „und auf dem auch in sogenannten Friedenszeiten der Kleinkrieg unvermindert weitergeht."

„1649 ist die letzte zwanzigjährige Waffenruhe mit den Türken vereinbart worden", überlegte der Kanzler. „Aber sie währte nur bis 1661. Als Seine Majestät Johann Kemény in Siebenbürgen unterstützte, als dieser gegen Achaz Barczay rebellierte, den von den Türken gestützten Mann gefangennahm und hinrichten ließ, war das für die Hohe Pforte Anlaß genug, den Waffenstillstand vorzeitig zu brechen. So geht es seit 1606, seit dem sogenannten Frieden von Szitvatorok, und nur Gott weiß, wie lange sich die Türken an den Vertrag von Eisenburg gebunden fühlen werden."

„So ist es", grollte Montecuccoli. „Wir dürfen daher nicht säumen, die Befestigungsanlagen von Wien auszubauen und die uns verbliebenen und die mit den Komitaten Szathmár und Szabolcs neugewonnenen Plätze so gut zu befestigen, wie wir es nur können, und deutsche Besatzungen in die ungarischen Grenzhäuser zu legen."

„Das wird den Erblanden weiterhin viel Geld kosten", gab Hocher zu bedenken.

„Gewiß", gab Montecuccoli zu. „Jede Rüstung kostet Geld, Geld, mit dem man besseres tun könnte. Aber auch in Kroatien und Slawonien haben wir für die dortige Grenzbevölkerung feste Plätze und Waffen- und Munitionsmagazine angelegt, damit sie sich gegen die ständigen Übergriffe des Paschas von Bosnien selbst zur Wehr setzen kann."

„Geht das in Ungarn nicht auch? Das würde weniger Kosten verursachen, als wenn Ihr deutsche Söldner in 88 ungarische Grenzhäuser legen müßt", wandte der Kanzler ein.

„Bedenkt die politischen und die religiös-kirchlichen Gegensätze in Ungarn. Sie sind uneinig und würden sich mit den Waffen, die wir für sie in den Magazinen hätten, erst gegenseitig und dann uns bekämpfen. Sie haben immer gegen die politischen und militärischen Verpflichtungen rebelliert, die ihnen der Kaiser auferlegt hat", resümierte Montecuccoli. „Der Adel sympathisiert mit den Franzosen und Türken, und das Volk haßt, vom Adel aufgehetzt, die Deutschen im Lande und verweigert ihnen Quartier, Proviant und Pferde für den Vorspann. Bauern haben sich sogar bei meinem Marsch nach Klausenburg als Türken verkleidet und hinter den Regimentern zurückbleibende Soldaten ausgeraubt und erschlagen. Adel und Geistlichkeit wären wohl zum persönlichen Kriegsdienst und zur Stellung von Truppen verpflichtet, aber die Anzahl ist zu gering. Kommt es aber in Zeiten höchster Gefahr doch dazu, daß die Insurrektion angeordnet wird, daß alle waffenfähigen Mannschaften in Husaren- und Hejdukenregimentern aufgeboten werden, was selten genug gelingt, so sind sie, weil sie von Adel und Geistlichkeit weder gut bezahlt noch ausreichend bewaffnet und verpflegt werden, auch nur von sehr beschränktem Gefechtswert. Unsere eigene Sicherheit erfordert daher, daß wir deutsche Söldner in die ungarischen Grenzhäuser legen oder die Ungarn in etlichen Grenzhäusern durch Kaiserliche verstärken. Wir haben keine andere Wahl, wenn wir nicht riskieren wollen, daß der Türke unversehens vor der Residenz steht."

„Die Türken haben wir zum Frieden bewegen können", lenkte der Hofkriegsratspräsident das Gespräch in eine andere Richtung, „ob wir aber die Magnaten und einheimischen Fürsten dazu bringen werden, ihn anzuerkennen, steht auf einem anderen Blatt."

„Von den in Staatsgeschäften erfahrenen Staatsräten darf erwartet werden, daß sie die einzig mögliche Entscheidung, die wir in dieser Situation treffen konnten, bestätigen, denn sie, wenn schon nicht das Volk, wissen um die wahren Kräfteverhältnisse vor dem Waffenstillstand, den wirklichen Zustand der Armee, um die politische Realität in Europa und die kleinlichen Zänkereien im Koalitionsheere", entgegnete ihm der Kanzler.

„Allein der Verlust ihrer meisten Güter, die um Neuhäusl liegen, wird jedwede Einsicht ausschließen", belehrte ihn Lobkowitz. „Sie werden es noch früh genug erfahren."

„Warum haben die Habsburger denn dann wirklich nach der Krone von Ungarn gegriffen?" ärgerte sich Fürst Schwarzenberg.

„Notgedrungen, Exzellenz", gab der Kanzler zu bedenken. „Nach der Katastrophe von Mohacs, 1526, blieb ihnen keine andere Wahl, denn drei Jahre später standen die Türken schon vor Wien. Es ging und geht um das Vorfeld Österreichs im Osten. Und das ist dieser uns verbliebene schmale Gebietsstreifen, der bis an die Raab, die Gran und das karpatische Erzgebirge reicht."

„Wären die Ungarn, wenn man sie in die Verhandlungen einbezogen hätte, nicht auch bereit gewesen, den Eisenburger Vertrag anzuerkennen?" forschte Schwarzenberg.

„Die Geheimhaltung der Verhandlungen war vorrangig", wehrte Lobkowitz ab. „Ungarn konnte darüber hinaus so wenig für seine Verteidigung tun, daß es nicht notwendig erschien, die Magnaten zu den Beratungen beizuziehen. Die Verantwortung haben die zu tragen, die auch die Hauptlast in diesem Kriege getragen haben. Wir mußten entscheiden, ob Montecuccoli mit dieser geschwächten Armee den Krieg fortsetzen sollte oder nicht. Es war unsere Armee, nicht die der Ungarn, über deren

Verhalten wir befinden mußten. Den Magnaten wäre wenig daran gelegen, den schwer angeschlagenen einzigen Schild Österreichs aufs Spiel zu setzen. Verlieren sie jetzt ihre Güter um Neuhäusl, so werden Zeiten kommen, wo wir sie dafür reichlich entschädigen können. Ihr dürft nicht annehmen, daß die Ungarn die Notwendigkeit des Friedensschlusses eingesehen hätten. Ihr wißt aber auch, wie sehr die Republik Venedig den Frieden mit den Türken anstrebte. Die Geheimhaltung war erforderlich, wollten wir nicht in Kauf nehmen, daß die Verhandlungen hintertrieben werden. In diesem Falle stünden die Türken jetzt vor den Mauern von Wien. Mit Hilfe Panajottis gelang es unserem Gesandten, ihr Augenmerk von Wien abzulenken. Zrinyi aber reizte sie so lange mit seinen Überfällen, bis es ihnen zu dumm wurde. Er hat uns den ganzen Krieg eingebrockt. Sie sollen jetzt auch den verursachten Schaden mittragen. Wir werden uns aber Mühe geben, sie von der Notwendigkeit unserer Maßnahmen zu überzeugen, das verspreche ich."

Geheime Besprechungen

Chakathurn*), 18. November 1664. Graf Niklas Zrinyi, der Banus Kroatiens, hatte zur Jagd geladen. Da sich aber andere Herren zu politischen Gesprächen angemeldet hatten, wollte der Ban erst am Nachmittag in die Wälder von Kursanec nachkommen. Der allzu rasche Friedensschluß von Eisenburg hatte viele verstimmt. Zum Mittagessen sollten Vitnyédy Istvan und der junge Bethlen Miklos kommen und dem Ban Botschaften des Fürsten von Siebenbürgen und des französischen Hofes vortragen. Ludwig XIV. zeigte sich vom raschen Friedensschluß sehr betroffen. Seine Minister Colbert und Marschall Turenne schöpften sofort Verdacht, daß Leopold I. sich wegen des zu erwartenden Streites um das spanische Erbe den Rücken frei gemacht habe. Nur unter diesen Aspekten konnte er ja trotz eines Sieges — unter Aufgabe einiger Festungen — diesen Verzichtsfrieden geschlossen haben. Die Waffenruhe sollte zwanzig Jahre währen. In dieser Zeit mußten in Europa wichtige Entscheidungen fallen. In Spanien und Polen zunächst. Der Friede von Eisenburg war daher eine echte Gefährdung der französischen Interessen. Dazu kam, daß die Türken ihrerseits durch diesen Frieden sich ebenfalls den Rücken frei machten, um endlich die ganze Insel Kreta und deren Festung Candia den Venezianern entreißen zu können. Unmißverständlich meldeten die Türken ihren Anspruch auf die Vorherrschaft im Mittelmeere an. Dies aber mußte wieder dem Habsburger zugute kommen, denn Frankreich wollte Venedig nicht im Stiche lassen, weil die Dogenrepublik

*) Festung auf der Murinsel im Drau-Mur-Gebiet.

immerhin dort auch den Degen für Ludwig XIV. führte. Außerdem drängte Rom darauf, daß Frankreich den Venezianern militärischen Beistand leiste, um das Machtstreben des Islams einzudämmen.

Mangels anderer Möglichkeiten, dem Kaiser im Rücken einen Feind zu schaffen, begann der französische Minister für auswärtige Angelegenheiten Colbert sich wieder für die Ungarn zu interessieren. Er wies den Botschafter in Wien an, „goldene Kontakte" zu den Magnatenfamilien anzuknüpfen und deren Abneigung gegen Österreich zu schüren. Graf Coligny-Saligny, der die französischen Truppen in Ungarn kommandiert hatte, sollte von Grémonville als Vertrauensmann verwendet werden und dem Botschafter die Wege ebnen. Das konnte Coligny, weil er mit dem Banus von Kroatien und Graf Nádasdy gemeinsam im Felde gelegen hatte.

Durch die Entsendung eines französischen Hilfskorps hatte Paris seine Beziehungen zum Monolithen am Bosporus schwer belastet. Zwar hatte sich Frankreich dafür gerächt, daß der Botschafter des Königs in Konstantinopel geohrfeigt worden war, aber das seit Franz I., dem „allerchristlichsten König", bestehende Bündnis mit der Hohen Pforte war zunächst nicht wieder zu reaktivieren. Diese Gedanken gingen auch Vitnyédy, dem redegewaltigen geistigen Führer der Protestanten, durch den Kopf. Der Gedanke, daß die Franzosen jetzt auf Ungarn angewiesen seien, beflügelte seinen Haß und die Aktivitäten gegen das katholische Herrscherhaus und die Papisten.

Bei der Tafel nützte Vitnyédy kleine unbedeutende Plänkeleien zwischen der Gräfin und dem jungen Bethlen, bei denen Sophie Löbl ihre deutsche Haushaltsführung vornehm verteidigte, um die politischen Gespräche in Gang zu bringen. Sophie Löbl hatte Bethlen leise dafür getadelt, daß alles, was mit dem Worte Deutsch zusammenhänge, allzu schnell und immer geringschätzig über die ungarische Zunge komme. „Das rasche ungarische Urteil wird von der Gräfin zu recht verdammt", begann der Notar. „Aber unserer Befangenheit steht eine ebenso starke Abneigung der Deutschen gegenüber. Denken Sie nur an Kanizsa, Gräfin. Ihr Gemahl hat dem Hofe die Belagerung der türkischen Festung vorgeschlagen. Aber Wien wartete mit der Antwort so lange zu, bis der günstige Augenblick hiefür versäumt war. Und warum? Nur weil der Hof Ihren Gemahl nicht zum Oberbefehlshaber der Belagerungstruppen ernennen wollte. Es ginge nicht an, verwahrte sich Montecuccoli, daß Graf Hohenlohe, der General der deutschen Allianztruppen, einem Kroaten unterstellt werde."

Zrinyi entgegnete lustlos: „Von Montecuccoli habe ich nichts anderes erwartet."

„Über Montecuccoli sagt man in ganz Siebenbürgen", warf Bethlen dazwischen, „daß er den Fürsten Kemény Janos im Stiche und ganz Siebenbürgen habe verderben lassen. Mit seiner nie zur Schlacht kommenden Taktik, die er anderen als ‚Kriegskunst‘ offeriert, hat er unser ganzes Übel verursacht. Dazu macht er uns selbst jetzt für unsere Notlage verantwortlich."

Zrinyi korrigierte den jungen Schwärmer: „Dieses Übel wurde von Montecuccoli nicht verursacht, mein junger Freund, sondern von György (Georg II.) von Rákóczy persönlich. Ein so großer Fürst, in den auch die Ungarn so viele Hoffnungen gesetzt haben, hätte nicht ohne sorgfältige diplomatische Vorbereitungen und militärische Beistandspakte nach Polen ziehen dürfen, um, ohne Erlaubnis der Hohen Pforte, den polnischen Thron einzunehmen. Sein polnisches Königtum war, obwohl Rákóczy sosehr nach der Krone begehrte, gegen die Interessen der Türken und der Deutschen. Zwischen diesen Mühlsteinen mußte sein Unterfangen mißlingen. Das stand schon fest, als das siebenbürgische Heer Siebenbürgen verließ. Das jetzige Übel des Landes ergab sich aus seinen mangelhaften Vorkehrungen zu diesem Abenteuer und daraus, daß sich sein aus tatarischer Gefangenschaft heimgekehrter Stadthauptmann Kemény Janos auf den Thron gesetzt hatte, obwohl dieser einem anderen versprochen war. Als die Tataren Kemény zum Fürsten machen wollten, schlug er dies aus, als ihn aber dann die Deutschen dazu ermutigten, griff er nach der Fürstenkrone. Kemény vertraute dem Wiener Hofe, aber er wurde von diesem sehr schlecht unterstützt, und das mit großer Verspätung."

Trotz dieser Belehrung durch den Banus schwärmte der junge Gesandte: „Kemény Janos war seinem Volke ein eifriger und sehr virtuoser Herr. Seine Memoiren, die er noch auf der Krim mit gefesselten Händen schrieb, waren für mich eine sehr unterhaltsame Lektüre. Ich habe Siebenbürgen noch zur Zeit seiner Herrschaft, mit seinem Reisebrief versehen, verlassen. Aber als ich jetzt, nach meinen Studien in Leiden und Utrecht, zurückkam, war das Land ein Trümmerhaufen. Es ist ebenso verheert wie Oberungarn. Ich konnte mich auf meinem Wege von Trencsin bis Preßburg davon überzeugen. Und auf dem Fürstenthron Siebenbürgens sitzt Michael Apafy."

„Es ist noch gut, daß Apafy dort sitzt", beruhigte Vitnyédy Bethlen. „Es hat nur an einem Faden gehangen und mit dem Fürstentum wäre es aus gewesen. Die Türken waren nahe daran, Siebenbürgen ihrem Territorium einzugliedern und einen Sandschak-Beg einzusetzen."

„Wahrscheinlich", setzte Zrinyi fort, „hat der Marsch Montecuccolis bis Klausenburg Siebenbürgen gerettet. Kaiser Leopold hat damit den Türken zu verstehen gegeben, daß die Aufhebung des Fürstentums Siebenbürgen für Österreich ein Grund zur militärischen Intervention wäre, also Krieg bedeuten würde. Schade ist nur", kam Zrinyi wieder auf Ungarn zu sprechen, „daß der General aus Wien nur schlechte Befehle erhalten hat. Montecuccoli hätte Ofen oder Gran belagern müssen. Damit hätte er die Türken auch gezwungen, ihre Truppen aus Siebenbürgen abzuziehen. Auf dem langen Marsch nach Siebenbürgen aber gingen seine

Truppen zugrunde, weil es ihnen an Lebensmitteln und Munition mangelte. Anstatt ihre eigenen Fehler einzusehen, werden wir Ungarn jetzt verdammt, weil der Adel den Kaiserlichen weder Getreide noch Futtermittel gegeben hat. Woher aber sollte der Adel das alles nehmen? Die Leibeigenen haben sich als Türken verkleidet und Montecuccolis hungernde Söldner mit Knüppeln erschlagen. Na ja", setzte er erbost fort, „Ihre Majestät ist eben unfehlbar."

Sophie Löbl sah Zrinyi Niklas besorgt an: „Mein lieber Gemahl!"

„Ei was!" brauste er auf, „vor unseren Gästen habe ich nichts zu verbergen. Sie kennen den Text des Eisenburger Vertrages. Montecuccoli hat umsonst gesiegt! Dieser Friedensschluß sieht so aus, als ob er die Schlacht bei St. Gotthard verloren hätte! Neuhäusl, Großwardein und meine Großschanze sind verloren! Alle meine Hoffnungen und Bemühungen sind vergeblich gewesen. Umsonst habe ich auch mein Schicksal gegen mich selbst herausgefordert. Es wäre besser gewesen, als Löwe zu sterben als als Esel weiterzuleben! Bietet Gott mir denn nicht dieses Schicksal an?"

Das Gesicht der Gräfin wurde aschfahl: „Die ganze Welt lobt Euer Gnaden dafür, was Ihr getan habt. Ich bewahre hier einen Brief Seiner Heiligkeit, des Papstes, und das Goldene Vlies, das Euch der König von Spanien über Seine kaiserliche Majestät ausfolgen ließ, auf. Es sind höchste Ehrungen."

„Was nützt das alles?" winkte Zrinyi unwirsch ab. „Was der Mensch sät, das will er auch ernten. Umsonst haben wir zu Jahresbeginn den Türken mehrere feste Plätze in Südwestungarn entrissen, umsonst habe ich die Draubrücke bei Essek in Brand gesteckt, wenn jetzt, im Herbst des gleichen Jahres, alles wieder den Türken gehört! An Stelle der verbrannten Brücke bei Essek ist von den Türken eine neue gebaut worden! Aber wenn es nur das wäre. Meine Großschanze am Nordufer des Flusses habe ich aus eigener Kraft, aus eigenen Mitteln aufgebaut. Jetzt gehört auch dieser Platz den Türken. Wieviel Ausgaben, Mühen und Leiden waren umsonst! Um die Türken zu zwingen, aus der Festung von Kanizsa abzuziehen, damit sie den Platz nicht halten können, haben wir die ganzen Komitate Somogy und Baranya in Brand gesteckt. Überall haben wir das Vermögen und das Leben der ungarischen Bauern verwüstet!" In den Augen des Banus standen Tränen des Zornes, und niemand wagte es, das Thema fortzusetzen. Blaß geworden, verzehrten alle die ihnen vorgesetzten Speisen. Erst nach geraumer Weile, es hingen alle ihren Gedanken nach, versuchte Vitnyédy wieder, das Gespräch in Gang zu bringen: „Wenn auch der sorgfältigste und gründlichste Plan zu nichts führt, kann man nichts anderes tun, als neue Pläne zu schmieden. Es ist wahr", wandte er sich an den Gastgeber, „daß die diesjährigen Kriegsbemühungen Euer Gnaden am Schlusse nicht zum Erfolg führten oder daß der anfänglich große Erfolg, auf den die ganze christliche Welt aufmerksam wurde, nicht zu einem entsprechenden Enderfolg führte. In Eisenburg wurde ein schändlicher, die Existenz des ungarischen Volkes gefährdender Friede geschlossen. Die Knechtschaft der schon so lange versklavten Teile unseres Volkes, das unter türkischer Herrschaft leben muß, wurde auf weitere zwanzig Jahre verlängert. Aber all das, was Euer Gnaden zur Änderung der jetzigen Situation und um das türkische Joch abzuschütteln getan hat, wurde damit nicht zunichte gemacht. Nur ein Teil Ihrer Bemühungen, der Bau von Ujserinvár und der Kriegsruhm des Winterfeldzuges, haben die in sie gesetzten Hoffnungen nicht erfüllt. Ich weiß, daß der Bau einer Burg große Ausgaben und viele Mühen erfordert. Euer Beispiel aber und Euer Draufgängertum bleiben bestehen. Sie werden weiterleben und weiterwirken als Beispiel des Türkenbezwingers wie Euer Buch, das aus der Lethargie zum Kampfe aufruft. Sie haben in diesem Werk unserem Volke eine Reihe strategischer und taktischer Überlegungen geschenkt, und noch spätere Generationen werden das Buch ‚Türkisches Afium' (Opium) zur Hand nehmen, werden den Aufruf Euer Gnaden ‚Es werden Waffen gewünscht und heldenhafte Resolutionen' auf ihre Fahnen schreiben, denn die Knechtschaft endet nimmer. Erst vor wenigen Tagen hörte ich junge Leute singen ‚Waffen und ein tapfres Herz!' Wenn in diesem Jahre auch schwerer Hagelschlag unsere erhoffte Ernte vernichtete, so müssen wir jetzt einen neuen Plan für eine neue Ernte machen!"

„Herr Vitnyédy", entgegnete ihm der Banus kühl, „die Erntezeit in unserm kurzen Leben ist vorüber. Der Friede, der in Wirklichkeit den langsamen Untergang unseres Volkes bedeutet, hilft seit Herrn Bocskays Tagen, also seit 60 Jahren, den Türken. Seit 1606 ist eine lange Zeit verstrichen, das Leben zweier Generationen. Während dieser Jahre ruhten die Türken nicht. Sie haben sich immer mehr ausgebreitet und während der beiden Friedensschlüsse in Szöny, die den Vertrag von Zsitvatorok verlängerten, an 400 Dörfer in ihre Gewalt gebracht und nicht mehr herausgegeben. Was davon kann der Wiener Hof zurückerobern? Nichts! Ich habe nach dem Fall von Großwardein, mit dem Siebenbürgen zu einer schwankenden Provinz wurde, dem Hofe mit Rat und Tat vor Augen geführt, daß sie sich zum Kriege vorbereiten sollen, damit die neuentstehende ungarische Nation die türkischen Fesseln abschütteln kann. Sie wissen auch genau, daß ich persönlich ebenso mein Schicksal herausgefordert habe, weil ich es für ehrenhafter hielt und halte, meinem Vaterlande gegenüber meine Pflicht zu erfüllen, und eher bereit bin, zum größten Schaden des Feindes, für mein Volk zu sterben als den Untergang meiner Heimat mitanzusehen. Nur deshalb ließ ich auf türkischem Territorium, um die Nasen der Türken zu reizen, meine Großschanze am Nordufer der Mur errichten, und ich ließ sie trotz klarer Befehle Wiens nicht schleifen. Ich wußte, daß ich damit gegen die Artikel des Friedensvertrages verstoßen habe. Gerade deshalb bedrängte ich den Hof so lange, bis sie meinem Winterfeldzug und dem Inbrandstecken der Draubrücke zustimmten. Ich begann auch, in der Hoffnung auf die Kriegsanleihe der deutschen Stände, die Belagerung von Kanizsa. Es weiß jedermann, am besten Sie, daß ich diesen Krieg dem Hofe fast aufgezwungen habe und daß ich die Türken auf mich zog. Aus all dem wurde nur Verwüstung und kein Gewinn. Mit dem Frieden gewannen die Türken. Großwardein, Neuhäusl und Kanizsa blieben in ihrer Hand, und meine Großschanze liegt in Trümmern. Trotz der gewonnenen Schlacht zahlt der Hof dem Sultan 200.000 Golddukaten. Nur etwas geschah, wenn das überhaupt gut ist, daß als Gegenleistung die Anerkennung Apafys als Fürsten von Siebenbürgen ausgehandelt wurde und die zwei Hejdukenkomitate Szabolcs und Szathmár von Siebenbürgen weggenommen und dem Königreich Ungarn eingegliedert wurden. Nach dem Fall von Groß-wardein können aber weder Debrecen noch das Hejdukenland bestehen bleiben. Neuhäusl öffnet den Türken den Weg in das Waag- und Neutra-tal bis zu den Reichsgrenzen. Jeder, der von Taktik etwas versteht, weiß, daß das Land nach dieser Grenzziehung verloren ist. Und schon zehn Tage nach der Schlacht wurde dieses Schmachwerk unterzeichnet. Warum diese Eile, obwohl sie doch sonst jahrelang verhandelten? Weil Ungarn für die Wiener nur ein Vorfeld bedeutet, daß sie sich zum Schutze der Erbländer erhalten wollen. Wien bereitet sich auf den Kampf um den leergewordenen spanischen Thron vor. Kaiser Leopold streitet sich mit seinem Schwager Ludwig XIV. um den künftigen Besitz der spanischen Weltmacht. In einem so großen Machtkampf kann man den kleinen unterdrückten Grashalm Ungarn kaum mehr wahrnehmen. Es sieht aus, als ob es Ungarn gar nicht mehr geben würde!"

Vitnyédy zuckte mit den Achseln: „Na ja, deshalb brauchen wir ja einen neuen Plan. Am Türkenkrieg der beiden letzten Jahre beteiligten sich die meisten europäischen Großmächte mit Geld. Nur Frankreich sandte auch Soldaten, 13.000 Mann, die Graf Coligny befehligte. Die Empörung über den Friedensschluß können wir und müssen wir aus-nützen. Sowohl hier als anderswo." Vitnyédy wollte aber nicht weiter-reden, weil auch der Burghauptmann Guzics Miklos und der Burgkaplan anwesend waren. Gräfin Sophie nützte die Pause, stand auf und beendete das Mittagessen. Mit einem knappen „Guten Appetit" verließ sie den Raum. Ihr folgten Guzics und der Geistliche.

Nun waren Zrinyi Niklas, Bethlen Miklos und Vitnyédy Istvan allein, und der Notar fuhr fort: „Unseren jungen Herrn Vetter Bethlen sandte Fürst Apafy in einer vertraulichen Reichssache zu uns. Bei seiner Rück-kehr ins Land überbrachte er einen Brief des französischen Königs aus Paris an Apafy. In diesem Schreiben empfiehlt sich der französische König selbst und sein Bündnis. Apafy möchte jetzt durch unseren jungen Freund erfahren, wie die ungarischen Herren darüber denken, wozu sie sich ent-schließen werden."

„Wer hat dir, mein lieber Neffe, den Brief in die Hand gegeben?" forschte der Ban.

„Marschall Turenne", antwortete Bethlen, „der oberste Chef der französischen militärischen Angelegenheiten."

Zrinyi nickte: „Und mit wem haben Sie noch gesprochen?"

„Mit einem Herrn namens Colbert. Er ist der beliebteste Minister des Königs. Er gab mir, gegen eine Quittung, 100 Gulden Reisegeld. Er fragte viel und erkundigte sich sehr nach den siebenbürgischen Angelegenheiten, über die Türkei und die Walachen."

„Den König haben Sie nicht gesehen?" drang Zrinyi in ihn.

„Gesehen schon, aber nicht gesprochen. Ich sah, wie er am Karfreitag in den Gärten der Tuilerien Kropfkranke mit seinen Händen berührte, damit sie gesund werden. Ich habe viele solche Dinge gesehen, die ich ..."

Zrinyi wehrte ab: „Wann haben Sie den Brief bekommen und wann sind Sie aus Paris abgereist?"

„Ich habe Paris am 24. April verlassen, gleich als ich den Brief übernommen hatte, und ich beeilte mich so, als ob es in diesem Briefe um das Schicksal der ganzen Welt ginge. Ich fuhr Tag und Nacht, so daß ich schon am 1. Juni in Huszt und am 1. September bereits im Feldlager des Fürsten bei Gyulafehervár ankam. Dort habe ich den Brief Apafy vertraulich übergeben, zum Ärger seiner neugierigen Ratsherren, denen ich nichts sagen durfte."

„Der Inhalt ist längst publik geworden", tat Zrinyi ab. „Sei es wie immer, was der französische König angeboten hat, das wurde noch zur Zeit des Waffenganges geschrieben, nicht heute, nach dem abgeschlossenen Frieden. Es ist wahr, aber es wurden auch hier viele Versprechungen gemacht. Hinweise auf das eine oder das andere, Andeutungen von Grémonville. Geschriebene Worte aber nicht."

„Vor wenigen Tagen war ich bei Grémonville", beeilte sich Bethlen vorzubringen.

„In wessen Auftrag?" erkundigte sich Zrinyi.

„Im Auftrage Apafys. Der Fürst entsandte mich nach Wien. Auf seinen Befehl besuche ich die ungarischen Herren auf der Rückreise. Ich habe den Fürstprimas Graf Lippay aufgesucht, Sennyei Istvan, den Bischof von Veszprém, Tököly Istvan, Christoph Batthyány und Széchy György. Aber in erster Linie wurde ich zu Euer Gnaden nach Csakathurn geschickt."

„Wenn Sie Grémonville persönlich gesprochen haben, so ist der Hof bereits informiert", überlegte Zrinyi. „Jeder seiner Schritte wird in Wien überwacht. Ist es eine Sünde, Sie nach dem Inhalt des Briefes zu fragen?" Vitnyédy wollte protestieren, aber Zrinyi fuhr schon fort: „Es könnte ja sein, daß das französische Volk, wenn es seine Interessen notwendig machen, uns zu Hilfe eilen würde. Es ist ein ruhmreiches, kriegerisches und mächtiges Volk. Da wir aber den Deutschen und Türken besser zur

Hand sind, würden uns diese, ehe ein französisches Heer hier sein könnte, die Kehle zudrücken."

Das Gespräch wurde gestört, denn ein Kurier aus Wien brachte Briefe für den Banus. Mit einem dieser Briefe wurde Zrinyi vom Kaiser persönlich zu einer Sitzung der Ratsherren geladen. Es sollte über den Frieden und die Gesandtschaft nach Konstantinopel beraten werden. Stumm reichte der Ban die Einladung Vitnyédy. Er las den Brief und riet: „Euer Gnaden sollten nicht nach Wien fahren. Ihr werdet in Euer Verderben rennen. Deshalb erfolgte die Einladung vom Kaiser persönlich. Man kann nie wissen. Vielleicht sind ihnen die 10.000 Goldtaler des französischen Königs in die Nase gestiegen, die Euer Gnaden von Ludwig XIV. als Ersatz für die Euch verlorengegangenen Güter bekommen haben."

„Ich habe die Golddukaten mit Wissen des Königs in Wien übernommen und viel davon dort bei Gastlichkeiten ausgegeben. Wer die Wahrheit weiß, lacht über die Lüge", rezitierte er lateinisch. „Der Hof hat auch Gelder und Truppen des französischen Hofes angenommen."

„Trotzdem sollten Euer Gnaden nicht nach Wien reisen", beharrte Vitnyédy Istvan. „Wenn es auch noch nicht zum offenen Bruch zwischen Wien und Paris gekommen ist, so hat der Hof derzeit doch keinen gehaßteren Feind als die Franzosen. Die Waffenhilfe Ludwigs XIV. soll Kaiser Leopold aufgedrängt worden sein, und er hat sie auch wegen Rom und der Kreuzzugsidee des Papstes annehmen müssen. Er konnte nicht anders. Wir können aber nicht wissen, ob in der Zwischenzeit etwas geschehen ist. Daß es die Minister des Kaisers sehr eilig hatten, mit den Türken Frieden zu schließen, ist sicher und läßt allerlei Vermutungen zu. Wenn die Würfel gegen uns gefallen sind, so fallen sie auch gegen Euer Gnaden. Man muß abwarten. Eine so persönliche Einladung des Kaisers ist ein böses Omen."

Nach einigem Nachdenken meinte Zrinyi dazu: „Ich habe schon einmal eine Einladung des Kaisers nicht befolgt. Später habe ich mich dann damit entschuldigt, daß der Kurier verlorengegangen ist. Aber dieser ist nicht verlorengegangen. Wenn sie mich vernichten, so werde ich in Ehren für die Wahrheit und für mein Volk zugrunde gehen. Gewiß, diesen schändlichen Frieden habe ich nicht gutgeheißen. Aber jeder aufrechte Ungar hat dasselbe gedacht und getan." Zrinyi blickte eine Weile vor sich hin und wandte sich dann an den Gesandten Apafys: „Ich will Euch ein Märchen erzählen. Kennt Ihr es? Einst wurde ein geiziger Bauer vom Teufel fortgeschleppt. Auf dem Wege kam ihnen ein Pater entgegen. ‚O du Armer‘, rief ihm der Pater zu. ‚Dir geht es jetzt wohl so schlecht, daß es einem gar nicht mehr schlechter gehen kann!‘ ‚Ja, es geht mir schlecht‘, entgegnete der Mann, ‚aber es könnte mir noch schlechter gehen.‘ ‚Wie das?‘ staunte der fromme Mann. ‚Du wirst doch in die Hölle fortgeschleppt und etwas Schlechteres kann einem ja gar nicht passieren!‘ ‚Es ist wahr‘, sagte der

Bauer, ‚die Hölle ist das schlechteste von allen Dingen. Aber du siehst, die Herren Teufel tragen mich. Stelle dir vor, sie würden mich satteln und ich müßte sie auf meinem Rücken zur Hölle tragen. Das wäre noch ärger.‘" Damit erhob sich Zrinyi, sah in die verdutzten Gesichter und beendete die Tafel und das Gesprächsthema. „Kommt, der Reisewagen wartet. Laßt uns hinauseilen zu unseren Freunden, die sich in den Wäldern bei der Eberjagd erholen." Vitnyédy entschuldigte sich, er müsse weiter. Bethlen Miklos aber ahnte nicht, was an diesem Nachmittage noch geschehen sollte. Er begleitete den Ban.

Nachdem der ganze Wald von Kursanec durchkämmt worden war, ließ Zrinyi durch Trompetensignale das Ende der Jagd verkünden. Er selbst hatte sich bereits zum Sammelplatz begeben und hatte in seinem Jagdwagen Platz genommen, als Póka, sein italienischer Jäger, zu ihm trat und ihm meldete, daß er einen starken Eber verletzt, aber dessen Spur im Gebüsch verloren habe. Zwar könne man der Schweißspur folgen, aber allein sei das gefährlich. Sofort nahm der Ban, bewaffnet mit seinem Radschloßgewehr und einem breiten Jagdmesser, die Verfolgung des weidwunden Ebers auf. Tief im Gebüsch aber wurde Graf Niklas Zrinyi plötzlich von diesem angefallen. Der Ban stolperte und fiel zu Boden. Der Eber griff ihn an und verletzte ihn mit seinen scharfen Hauern schwer. Póka, der Leibjäger des Bans, war beim Ansichtigwerden des Ebers auf einen Baum geflüchtet und sah zu, wie sich sein Herr verzweifelt gegen das weidwunde Tier wehrte. Als der Eber endlich von seinem Opfer abließ und das Weite suchte, kroch Póka vom Baum herab und kam seinem Herrn zu Hilfe. Graf Zrinyi aber war tödlich verletzt worden. Der Eber hatte mit den scharfen Hauern die Halsschlagader Zrinyis zerrissen, und dessen Blut schoß unaufhaltsam aus der Ader. Alle Versuche der herbeieilenden Gefährten, den starken Blutverlust zu unterbinden und eine Art Druckverband anzulegen, scheiterten. Der Banus Kroatiens verblutete an Ort und Stelle.

Schwer lastete der Tod dieses einflußreichen und geachteten Magnaten auf dem Nádor, wie die Ungarn den Palatin gerne nannten, und dem Fürstprimas. Der eben erst gegründete Geheimbund zum Schutze der ungarischen Verfassung hatte eines seiner drei Gründungsmitglieder verloren.

Graf Wesselényi und Graf Lippay berieten nach dem Begräbnis Nikolaus Zrinyis, wie es nun mit dem Geheimbund weitergehen solle, und sie kamen überein, den Bruder des verstorbenen Bans, Graf Peter Zrinyi, in den Geheimbund aufzunehmen. Der Einfluß der mächtigen Familie Zrinyi sollte der gemeinsamen Sache erhalten bleiben. Mit Peter Zrinyi, einem tapferen, aber wenig gebildeten Haudegen, sollten noch dessen Schwager Graf Franz Frangepan, der Markgraf der Küstenlande, und Graf Franz Nádasdy, der Judex curiae des Königreiches und Vizepalatin, für ihre Sache gewonnen werden.

Um Peter Zrinyi für den Geheimbund gewinnen zu können, beschloß der Palatin, in Wien vorstellig zu werden und zu verlangen, daß Peter Zrinyi seinem verunglückten Bruder Nikolaus Zrinyi im Amte folgen und mit der Banuswürde ausgestattet werden solle. Peter Zrinyi selbst wurde von Wesselényi aufgefordert, für seinen Bruder die Führung der Delegation der ungarischen Staatsräte in Wien zu übernehmen, weil weder er noch Lippay für den Verunglückten einspringen könnten. Peter Zrinyi ließ sich von der Notwendigkeit dieser ersten diplomatischen Mission überzeugen und vom Palatin entsprechend instruieren. Er war sehr erfreut darüber, daß ihn Wesselényi, der Nádor, zum Banus von Kroatien vorgeschlagen hatte und gelobte ihm Treue und Gehorsam. Er zeigte sich auch bereit, alle anderen Ämter, die sein angesehener Bruder innegehabt hatte, anzunehmen und für die Freiheit und das Wohl Ungarns alles zu wagen.

Peter Zrinyis Gemahlin, Katharina Frangepan, war vom Vorhaben des Palatins begeistert und schloß mit Széchy Maria, der zweiten Frau Wesselényis, herzliche Freundschaft. Beide Frauen beschlossen, ihre Männer anzuspornen, tatkräftigst für das Wohl des Vaterlandes zu wirken.

Széchy Maria, die Frau Nádor, träumte heimlich von einer Krone für ihren geliebten Mann, und Katharina Frangepan, eine heißblütige Kroatin, erhoffte sich für ihren Gatten nicht weniger. Das Haus Zrinyi würde bald zu höchstem Ansehen gelangen und mit ihrem Gemahl würde auch sie diese Ehren genießen können. Wie Wesselényi in Ungarn, so sollte Peter Zrinyi in Kroatien herrschen. Széchy Maria wußte es bereits, daß Peter Zrinyi während seines Aufenthaltes in Wien als Delegationsführer der Staatsräte vom König in diese Würde gehoben werden sollte und daß bei Hof bereits die Ernennungsurkunde geschrieben wurde. Um so größer, dachte sie, wird Katharina Frangepans Freude sein, wenn sie ihr jetzt noch nichts Konkretes sagen würde.

Ende November hatten sich zahlreiche ungarische Staatsräte unter Führung von Peter Zrinyi am Wiener Hofe eingefunden. Der Hofkriegsratspräsident hatte den Kanzler Hocher und Marschall Montecuccoli zu dieser außerordentlichen Versammlung gebeten.

Lobkowitz und Zrinyi kamen in den Sitzungssaal, und der Fürst teilte den schon versammelten Staatsräten mit, daß er und Graf Zrinyi eben vom Kaiser kämen. Leopold I. habe, als König von Ungarn, Graf Peter Zrinyi, dem tapferen Stadtkommandanten von Karlstadt, persönlich die Urkunde überreicht, mit der dieser zum Banus von Kroatien erhoben wurde und Graf Zrinyi habe ab heute als Vizekönig dem in Personalunion mit Ungarn verbundenen Lande vorzustehen. „Ich spreche Ihnen, Ban, zu Ihrer Ernennung nochmals meine Glückwünsche aus. Die Ernennung ist eine Ehrung Ihrer Person und Ihrer angesehenen Familie!"

Die ungarischen Staatsräte stimmten dieser Ernennung zu und brachten zum Ausdruck, daß es ihre Einsicht fände, daß Peter Zrinyi seinem verunglückten Bruder Niklas in diesem hohen Amte folge. Lobkowitz erreichte mit diesem Schachzuge, daß die ungarischen Staatsräte doch nicht mit aller Schärfe gegen den Eisenburger Frieden auftraten. Er versuchte redlich, sie von der Notwendigkeit dieses Friedens zu überzeugen, und erklärte unter anderem: „Durch vertrauliche Informationen erhielt der Kaiser sichere Kunde, daß die Republik Venedig Geheimverhandlungen mit der Pforte führe. Die Bestrebungen dieser Verhandlungen waren, den Frieden zwischen der Pforte und der Republik oder, wenn dieser nicht zustande käme, ein langer Waffenstillstand zwischen beiden Staaten. Wenn auch um die Seefestung Candia auf der Insel Kreta noch immer zwischen venezianischen und türkischen Truppen erbittert gekämpft wurde, so konnte doch der kaiserliche Gesandte in Konstantinopel zweifelsfrei eruieren, daß Mohammed IV. seinen Großvezier Köprili beauftragt hatte, entweder mit den Venezianern oder mit dem Kaiser Frieden zu schließen, um sich dann mit der geballten Macht der osmanischen Heere gegen einen Gegner wenden zu können. Der Zweifrontenkrieg der Pforte hatte bisher zu keinen größeren Erfolgen geführt. Schuld daran war, nach Meinung des Sultans, die Zersplitterung der eigenen Kräfte, die ausreichen würden, jeden einzelnen der Gegner zu zermalmen. Wäre daher Reninger, der Unterhändler des Kaisers, nicht erfolgreich gewesen, so wäre der Eisenburger Friede nicht zustande gekommen. Der Großvezier hätte die zwischen ihm und der Republik Venedig vor dem Abschluß stehenden Verhandlungen abschließen können, und der Kaiser hätte allein dem eroberungssüchtigen Köprili und der gesamten Militärmacht der Pforte standhalten müssen. Dies aber hätte nicht nur den sicheren Verlust ganz Ungarns, sondern auch die Verheerung der Erblande, Innerösterreichs und der böhmischen Länder bedeutet. Dazu kommt aber noch, daß stündlich mit dem Tod des spanischen Königs zu rechnen ist und der Kaiser nicht in der Lage wäre, in den zu erwartenden Erbstreit eingreifen zu können, wenn ihm durch einen Türkenkrieg die Hände gebunden würden. Ähnlich verhält es sich mit Polen, dessen König ein alter Mann ist. Leopold muß bereit sein, Fürst Lubomirsky zu unterstützen, weil nur der die Wahl eines französischen Prinzen zum neuen König von Polen verhindern kann.

Entscheidend aber waren für den Friedensschluß vor allem die ungeheuren Kosten des Feldzuges, die geringe Hilfe aus dem Reiche und die leeren Versprechungen anderer Potentaten gewesen.

Feldmarschall Montecuccoli", setzte Lobkowitz eindringlich fort, „hat auf die weiterbestehende materielle und zahlenmäßige Überlegenheit des türkischen Heeres, den eigenen Mangel an schwerem Kriegsrequisit, den Mangel an Brot und Pulver und nicht zuletzt an die enormen Ausfälle seiner Truppen durch Krankheiten und Seuchen verwiesen und den Kaiser beschworen, die von Reninger ausgehandelten Friedensbedingungen anzunehmen. Die österreichischen Erbländer waren erschöpft, Ungarn, wie Sie, meine Herren Staatsräte, am besten wissen, verwüstet, weil auf seinem Boden der Krieg ausgetragen worden war, so daß es gerade nach dem Abwehrsieg bei Mogersdorf angebracht schien, zu einem Frieden mit der Pforte zu kommen. Der Kaiser wollte aber auch den bedrängten Christen an den Grenzen des Reiches eine zwanzigjährige Sicherheit vor den Türken geben.

Dieser Friede, der von den in Staatssachen nicht erfahrenen Leuten heftig kritisiert wird, muß aber von den in Staatssachen erfahrenen Staatsräten anders beurteilt werden, weil Sie, meine Herren, wohl um die Lage wissen. Kaiser Leopold hofft, daß Sie deshalb die ungarische Nation aufklären werden. Mit diesem Frieden ist aber auch verhindert worden, daß das Fürstentum Siebenbürgen ein türkisches Ejalet wurde und das Wahlrecht der siebenbürgischen Stände im Sinne der kaiserlichen Vorstellungen durchgesetzt werden konnte. Darüber hinaus wurden die Gespanschaften Szabolcs und Szathmár zurückgewonnen, und statt dem verlorengegangenen Neuhäusl wird der Kaiser eine noch stärkere Festung erbauen lassen."

Lobkowitz versuchte aber auch, die ungarischen Staatsräte hievon zu überzeugen, daß der Friede wohl auch mit dem Einverständnis der ungarischen Stände geschlossen worden sei, denn am Reichstage von 1622 hätten sich alle geeinigt, einen Frieden mit der Pforte herbeizuführen. Aus diesem Grunde sei nach seiner Meinung auch die ungarische Verfassung nicht verletzt worden, wenn auch die Verhandlungen Reningers mit dem Großvezier wegen der Gefahr ihres Bekanntwerdens und des zu befürchtenden Vorprellens der Republik Venedig in dieser Sache geheim geführt werden mußten und die Staatsräte erst jetzt mit den Bedingungen konfrontiert und in der Sache konsultiert werden könnten.

Graf Peter Zrinyi, der eben erst zum Banus von Kroatien ernannte Sprecher der ungarischen Staatsräte, erwiderte: „In den von Ihnen, Herr Hofkriegsratspräsident, angeführten Gründen für die weitere Preisgabe ungarischen Gebietes erblicken die ungarischen Stände Scheingründe, denn sie sind der Meinung, daß nach einem so großen militärischen Erfolg günstigere Friedensbedingungen zu erreichen gewesen wären. Die ausgehandelten Friedensbedingungen aber entsprechen nicht jenen eines Sieges, sondern eher denen einer Niederlage. Sogar Ludwig XIV. hatte ein beachtliches Truppenkontingent entsandt, und die Hilfsvölker aus dem Reich sind zahlreich gewesen. Die Nation meint", wandte er sich an Montecuccoli, „daß es nur Ihrem Zaudern, Herr Feldmarschall, zuzuschreiben sei, daß dieses starke, vom Sieg bei Mogersdorf begeisterte vereinigte Heer des christlichen Abendlandes nicht zu weiteren Angriffen geführt worden ist. Inzwischen aber sind die Franzosen abgezogen worden und die Kriegsvölker aus dem Reich haben sich verlaufen. Um das Maß aber voll zu machen, haben Sie, Montecuccoli, die ungarischen Truppen entlassen und in alle 88 ungarischen Grenzfestungen kaiserliche Besatzungen gelegt, die durch ihre andauernden Übergriffe das Land nicht viel weniger schädigen als die Türken. Im Namen der Stände Ungarns habe ich zu fordern, daß Sie, Montecuccoli, in die ungarischen Grenzhäuser wieder ungarische Truppen legen und daß Sie den verhaßten Obristen Cob aus Kaschau abziehen. Seien Sie gewiß, daß die Ungarn ihr Vaterland mit der gleichen Tapferkeit verteidigen werden, wie es die Deutschen wollen!"

Ferner forderte Zrinyi, daß König Leopold den ungarischen Reichstag zur Abstellung der im Lande schwelenden Beschwerden einberufe und sich in Hinkunft auch selbst an die Beschlüsse, die dieser Reichstag fassen wird, halten müsse. Auch der Friede von Eisenburg sei diesem Reichstag zur Genehmigung vorzulegen. Da aber dieser Reichstag noch nicht einberufen worden sei und keine Beschlüsse dieses Forums vorliegen, seien die hier anwesenden Staatsräte allein nicht befugt, den Frieden mit den Türken zu sanktionieren.

Lobkowitz versprach dem Ban enttäuscht, seine Forderungen dem König zu unterbreiten und für die Abstellung der Übergriffe der kaiserlichen Festungstruppen zu sorgen. Auch den Obristen Cob wolle er durch einen anderen Kommandanten ersetzen lassen.

Hierauf eröffnete Montecuccoli, der von Zrinyi persönlich apostrophiert worden war, daß die österreichischen Erbländer für die kaiserlichen Truppen in den ungarischen Grenzhäusern jährlich 300.000 Gulden aufbringen. Dann gab er zu bedenken, daß ein begrenzter Krieg um Neuhäusl, wie ihn eine in Ungarn verbreitete Flugschrift gefordert habe, wegen der Folgen nicht in Erwägung gezogen werden könne. „Ich warne Sie alle vor einer militärischen Unterschätzung der Türkei. Jeder einzelne Potentat und jeder einzelne europäische Staat ist der Pforte unterlegen. Glauben Sie, man soll den Hund nicht aufwecken, wenn er schläft. Keiner von den europäischen Herrschern hat zulängliche Ketten, denselben, wenn er böse geworden, wieder anzulegen, noch solchen Zaubersegen, ihn damit fortzujagen."

Die ungarischen Staatsräte aber mißtrauten den Geheimräten Leopolds und schieden mit mehr Vorbehalten als sie gekommen waren.

Zrinyi Peter nützte seinen Aufenthalt in Wien dazu, um sich vom französischen Gesandten über die Ansicht des französischen Hofes zum Eisenburger Frieden informieren zu lassen.

Grémonville, ein erfahrener Diplomat, verstand es, dem Ban, ohne etwas Konkretes anbieten zu können, zu trösten und ihm das Interesse des französischen Hofes an guten Beziehungen zu den Magnatenfamilien Ungarns zu bestätigen.

Dies hätte er schon bei den Verhandlungen mit dem „erwählten Fürsten von Siebenbürgen", Rákóczy Ferencz, der einer ehelichen Verbindung mit dem Hause Zrinyi zugestimmt habe, bewiesen. Auf diese Weise vermehre sich der Einfluß Zrinyis in Ungarn wesentlich, obwohl die Mutter Rákóczys, die Fürstin Báthory, starke Einwände gegen die beabsichtigte Verbindung geltend machte. Vor allem führte sie die Querverbindungen zu den Protestanten an, die sie Zrinyi und dem Palatin zum Vorwurf machte.

„Sie hat schon meinem Bruder Niklas vorgeworfen, daß der Groß-vezier wegen seiner Überfälle auf die türkischen Nachschubkolonnen für Kanizsa den Feldzug von 1664 eröffnet habe, um die am Nordufer der Mur gelegene Großschanze von den Janitscharen zerstören zu lassen. Dazu kommt, daß die Fürstin eine strenge Katholikin ist und in ihrem Konvertiteneifer die evangelischen Prediger und Lehrer vertrieben hat. Nun hat sie der Ehe aber doch zugestimmt, und ich weiß, daß Sie, lieber Grémonville, dabei auch Ihre Hand im Spiele hatten."

„Ich habe nur die Sorgen Ihrer Familie, Graf, und die Sorgen meines Königs zu den meinen gemacht", erwiderte der geschmeidige Franzose.

Konvertiteneifer

Mitten in den Ländereien der unzufriedenen Magnaten aber lag Neutra. Kaiser Leopold hatte nach kurzer Vakanz dieses Bistum seinem Jugend-freund und Gespielen seiner Kindertage, dem von den Kämpfen um die venezianische Festung Candia auf Kreta heimgekehrten Malteserritter Graf Leopold Kollonitsch, übergeben und ihn zum Bischof von Neutra ernannt. Dem tapferen Kriegsmann wurden zur Unterstützung zwei Jesuiten beigegeben, die für und mit ihm das Wort Gottes verkünden und die Rekatholisierung der Häretiker betreiben sollten.

Graf Kollonitsch hatte sein Amt mit größtem Eifer angetreten, visitierte die Pfarren seiner Diözese gründlichst und begann sofort mit der Reformierung der seltsamen Glaubensansichten und der Verbesse-rung der verfallenen Sitten. Vor allem entfernte Kollonitsch sofort die von diesen lockeren Sitten befallenen Geistlichen und ersetzte diese durch ehrliche Leute. Von seinen harten Maßnahmen waren auch ungarische Geistliche betroffen, die, von ihren Pfarren verwiesen, sich empört an den Fürstprimas wendeten.

Eisern hatte der neue Bischof wieder Zucht und Strenge eingeführt. Er erwarb sich damit aber nur wenige Freunde, dafür aber viele Feinde, unter denen sich auch solche befanden, die über große Macht und be-deutenden Einfluß verfügten. Da Kollonitsch bei wiederholten Versuchen der Magnaten, ihn auf ihre Seite zu bringen, kein Hehl daraus machte, daß er fest entschlossen sei, dem König Leopold absolute Treue zu bewahren, und seine Jesuiten gegen Kalviner und Protestanten ins Feld schickte, hatte er bald die ganze nationale Partei Ungarns sowie die Kalviner und Protestanten zu mächtigen Feinden. Die Jesuiten, die

Kollonitsch nach Neutra mitgebracht hatte, predigten auch auf den Gütern des Palatins im oberen Waagtale, was dieser mit großem Mißfallen verfolgte. Wegen der „im Interesse des Vaterlandes notwendigen Kontakte zu den Kalvinern" ermahnte der Fürstprimas Lippay den Bischof von Neutra zur Mäßigung. Erst später, als Kollonitsch in den Ruf gekommen war, „der Bannerträger der kaiserlichen Tyrannei" zu sein, begriff er, was Lippay mit seiner Ermahnung gemeint hatte. Vitnyédy, der Führer der Protestanten, schürte indessen schon offen den Haß gegen Kollonitsch und versuchte, gemeinsam mit Provokateuren der Magnaten, einen Aufstand gegen den Bischof anzuzetteln. Wesselényi selbst verstand es trefflich, Kollonitsch so entgegenzuarbeiten, daß die meisten seiner Bemühungen im Bistum vereitelt werden konnten. Über Nádasdy wurde Vitnyédy hinterbracht, „daß Kollonitsch der größte Feind aller Lutheraner wäre, daß der Bischof der Störer des religiösen Friedens und der Ruin des Vaterlandes" sei.

Als Bischof von Neutra stand Graf Kollonitsch aber gleichzeitig auch in ständigem Kontakte mit dem Hofkriegsrate in Wien, weil der jeweilige Bischof dieses Bistums auch der Oberhauptmann der Festung Neutra war. Schon Ende Dezember 1667 hatte er daher beim Hofkriegsrate „umb Installirung wegen selbiger Ober-Haubtmanschaft und reparirung des ganz ruinirten posto" Vorstellung erhoben. Und im Juni 1668 hatte er wieder gedrängt „... umb Auswerfung eines gewissen Quanti zur Fortification der Vestung Neutra, Umbfangung der zwei Stättl und Bezahlung der Soldaten von der hiesigen Judenstraff und denen Mitteln der Keresturyschen Verlassenschaft". Auf diese beiden Vorstellungen von Kollonitsch verlangte dann die Hofkammer vom Hofkriegsrate „dero Gemütsmainung oder sonst eine Conferenz" und genehmigte nach Einholung derselben Kollonitsch am 19. September zur Erbauung von Neutra 30.000 Gulden aus der Keresturyschen Erbmasse und zusätzlich je 7500 Gulden für die Ausbesserungsarbeiten an den desolaten Befestigungsanlagen „auf Szathmár und auf Filleckh" aus der Batkaischen Verlassenschaft, die ebenfalls an den König zurückgefallen war. Graf Volkra wollte in vier Jahren die neue Festung Leopoldstadt mit 243.000 Gulden fertigstellen, um die nach dem Verlust von Neuhäusl entstandene Bresche in der Abwehrkette zu schließen.

Da feindliche Einfälle bis zu einer Stärke von 5000 Mann vom Großvezier nicht als Friedensbruch betrachtet wurden, war die Grenze mit den Türken einer ständigen Bedrohung ausgesetzt. Zahlreiche Orte im königlichen Gebiet mußten den Begen der osmanischen Grenztruppen huldigen und laufend Tribute entrichten, wenn sie nicht dauernd von deren Streifscharen heimgesucht werden wollten.

Trotz dieser permanenten Gefahren war aber der Bischof, der jahrelang persönlich gegen die Türken vor Candia gekämpft und sich wiederholt ausgezeichnet hatte, von der nationalen Partei, insbesondere von den mit dem Eisenburger Frieden unzufriedenen Magnaten, heftigst kritisiert worden, weil er die Befestigungsanlagen instand setzen ließ, ohne mit ihnen Absprachen zu treffen. Es wurde ihm somit sogar sein militärisches Engagement gegen den Erbfeind zum Vorwurf gemacht, und seine Gegner schreckten nicht davor zurück, selbst seinen Vize-Kapitän gegen ihn aufzuhetzen, so daß Kollonitsch diesen beim Hofkriegsrate „wegen grosser exzessen und exorbitanzien, so er in denen Streifereyen ungehorsamb wider den Herrn Bischoffen und sonsten in der Vestung verübet" verklagt hat und dessen „Amovirung" verlangte.

Selbst die besten Absichten des Bischofs Kollonitsch wurden so auf ausgesprochen feindselige Weise hintertrieben, und es wurden ihm von seinen Gegnern Schwierigkeiten über Schwierigkeiten bereitet.

Verlobung und Verschwörung

Im Bade Trencsin*) hatte die festliche Verlobung des Fürsten von Siebenbürgen, Graf Rákóczy Ferencz, mit Ilona, der geistreichen Tochter Graf Peter Zrinyis, stattgefunden. Viele befreundete Herren der ungarischen Stände hatten sich zu diesem Anlaß unauffällig zu politischen Gesprächen treffen können. Außer Zrinyi Peter, dem neuen Banus von Kroatien, und seinem künftigen Schwiegersohn waren Graf Georg Lippay, der Fürstprimas von Ungarn, der Palatin des Königreiches, Graf Franz Wesselényi, der Vizepalatin und Landesoberrichter Graf Franz Nádasdy, Graf Tököly Istvan und andere gekommen.

Nach dem Verlobungszeremoniell tagten die Magnaten, und der Palatin begann feierlich: „Wie Sie wissen, habe ich im Namen der ungarischen Stände beim Domkapitel in Preßburg eine Klage gegen König Leopold hinterlegt, mit der ich gegen den Vertrag von Eisenburg Einspruch erhoben habe. Die Ungarn sind in Ungarn vom Steuerruder des Staates verdrängt worden, und die Deutschen werden in Ungarn den Ungarn vorgezogen. Leopolds deutsche Minister verfügen über Ungarn, als ob es zu den Erbländern der Habsburger gehören würde. Sie zwingen uns die Absichten des Wiener Hofes auf. Das ist ein schwerer Verstoß gegen die Privilegien und Freiheiten, die König Andreas II. dem Adel im Jahre 1222 in seiner Goldenen Bulle zugestanden und die auch der jetzige Landesherr bei seiner Krönung feierlich beschworen hat. Dies rechtfertigt erforderlichenfalls die Anwendung des Artikels 31 der Verfassung. Sollte das notwendig werden, so setzt dies voraus, daß sich die mächtigsten Geschlechter des Landes in einem Bündnis zum Schutze der Verfassung zusammenschließen. Nur vereinigt kann sich die Nation in

*) Bad an der oberen Waag.

Wien Gehör verschaffen. Der Fürstprimas und der verunglückte Nikolaus Zrinyi haben sich mit mir zu einer solchen Allianz bereitgefunden, und für den Verstorbenen ist sein Bruder, Graf Peter Zrinyi, an dessen Platz getreten." Die anwesenden Herren waren bereit, diesem Bündnis beizutreten, denn solche Bündnisse waren, solange sie den Boden des Rechts nicht verließen, nicht verboten.

Der Judex curiae, Graf Nádasdy, gab zu bedenken: „Das im Artikel 31 verankerte Recht, das ‚ius resistendi', wird in Wien nur als ‚ius rebellandi' verstanden. Der Banus hat das auch bei der Sitzung des Staatsrates zu spüren bekommen. Wien ist der Meinung, daß der Eisenburger Vertrag in Wahrheit gar nicht so schlecht ist, daß unter den gegebenen Umständen nicht mehr zu erreichen war, und die ungarischen Staatsräte haben das, auf Grund ihrer besseren Einsicht, der Nation plausibel zu machen, Punktum." Wesselényi nickte: „Inzwischen wurde der Großteil der ungarischen Truppen entlassen und deutsche Truppen in unsere Grenzhäuser gelegt. Man mißtraut den Ungarn wie eh und je. Und was den Eisenburger Vertrag betrifft: es wird von manchen Leuten befürchtet, daß uns nicht der ganze Vertragstext, den Reninger mit dem Großvezier ausgehandelt hat, zur Kenntnis gebracht wurde, das heißt, daß geheime Zusatzartikel bestehen sollen."

„Das wäre schlimm", seufzte Lippay, der seit einiger Zeit krank zu sein schien.

Tököly Istvan aber warnte: „Traut dem Jesuiten im Königsornate nicht! Zum Schutze der Verfassung brauchen wir", betonte der führende Protestant, „ein festes Bündnis mit den dreizehn Gespanschaften der Kalviner. Vitnyédy Istvan versucht wie ich, die Unterstützung der katholischen Magnatenfamilien zu gewinnen. Das nationale Interesse erfordert ein Zusammengehen. Allein werden sich weder die Kalviner der Rekatholisierung erwehren noch die katholischen Magnatenfamilien den Eisenburger Vertrag bekämpfen können. Das Wohl des Vaterlandes erfordert es, daß wir zu dieser gemeinsamen Auffassung kommen."

Neuer Fürstprimas

Am 3. Jänner 1666 starb György Graf Lippay de Zombor, der Fürstprimas Ungarns und Erzbischof von Gran (Esztergom). Da Gran seit 1605 von den Türken besetzt war, hatte Lippay in Preßburg residiert. Mit ihm verlor der Geheimbund zum Schutze der Verfassung — nach Nikolaus Zrinyi — sein zweites Gründungsmitglied. Lippay war, im nationalen Interesse, bereit gewesen, die Rekatholisierung Ungarns zu verschleppen, um die Kalviner des Landes für die Absichten der katholischen Magnatenfamilien zu gewinnen. Er war ein sehr umstrittener

Autonomist gewesen. Jacques Brethel de Grémonville rechnete ihn zum Kreise jener „adressati" Ludwigs XIV., auf die die französische Politik in Ungarn zählte, zu den Malcontenten, den mit dem Eisenburger Vertrag Unzufriedenen. Montecuccoli aber hatte ihn offen jener schweren Nachlässigkeit bezichtigt, die 1663 zum Fall der strategisch wichtigen Festung Neuhäusl geführt hatte. Lippay, der für den Ausbau der Befestigungsanlagen verantwortlich gewesen war, habe „nur das Geld genommen und sich um das Werck sehr schlecht bekümmert". Dem Hofkriegsrat war aber auch zur Kenntnis gelangt, daß der Fürstprimas auf einem Gastmahl in Preßburg, das er in Anwesenheit des neuen französischen Gesandten in Wien im September 1664 für die französischen Generale gegeben, den Franzosen für ihre Teilnahme am Türkenkrieg und ihres Einsatzes bei Mogersdorf überschwenglich gedankt und erstmals den Gallierkönig öffentlich als den „Conservator Hungariae" gefeiert hatte. Selbst der Kaiser hatte diese Äußerung mit großem Mißfallen zur Kenntnis genommen.

Für die Verschwörer war der Tod Lippays ein harter Schlag, denn er galt in ihren Kreisen als umsichtiger Politiker, der nicht bereit gewesen war, bei den Vorhaben den Boden des Rechts zu verlassen. Andererseits löste die Nachfolgefrage für den Primas Ungewißheit und Unsicherheit aus und lähmte vorübergehend die weiteren Maßnahmen der Unzufriedenen. Der Kandidat Wesselényis und Nádasdys war Graf Széchényi György, der Bischof von Raab, ein ehrgeiziger Mann, der als Intimfreund Nádasdys, wie dieser, zum nationalen Lager tendierte. Der Kandidat Graf Paul Esterházys und des königlichen Lagers hieß Graf Szelepcsényi György, Erzbischof von Kalocsa und Kanzler des ungarischen Staatsrates. Kaiser Leopold entschied sich für den Vorschlag Esterházys und betrieb in Rom die Ernennung Szelepcsényis für das höchste Kirchenamt Ungarns. Graf Széchényi war darüber tief gekränkt und zürnte vor allem den Ministern Leopolds.

Wesselényi wollte sich der Person Nádasdys besonders versichern: „Montecuccoli redet nicht gut über Euch. Er erzählt jedem, der es hören will, daß Ihr trotz seiner schweren Verluste nicht in die Kämpfe bei Mogersdorf eingegriffen habt, obwohl Ihr mit Euren Truppen raabaufwärts in der Nähe gestanden seid, und daß er Euch, auf Eure Anfrage am Abend des 1. August, ob Ihr mit Euren Truppen anrücken solltet, spöttisch haben sagen lassen, Ihr möget bleiben, wo Ihr seid! Es wäre schon gut! Damit will er Eure Verdienste im späteren Verlauf des Feldzuges schmälern. Habt Ihr schon nachgedacht, warum er so redet? Nein?! Die absolute Fürstenmacht, die Lobkowitz, Hocher und Montecuccoli Ungarn aufzwingen wollen, läßt eine nochmalige Besetzung des Amtes des Palatins in Zukunft nicht mehr zu. So soll denn der Vizepalatin schlechtgemacht werden, damit man zu gegebener Zeit wieder einen dem Hause Habsburg ergebenen Palatin-Statthalter einsetzen kann."

Nádasdy erblaßte. Er war betroffen und fühlte sich tief verletzt. Aber er sah ein, daß die ihm sehr gut bekannten Ansichten der Minister Leopolds über die absolute Macht des Königtums die Einberufung des Reichstages zu einer Palatinswahl nicht mehr erlauben würden, und wußte sich schon aus diesem Grunde dem nationalen Lager verbunden: „Montecuccoli hat mich auf diesen Platz beordert, um ausschwärmende türkische Reiterei zu hindern, die Armee zu umgehen und ihr in die Flanke zu fallen. Ich durfte diesen Platz ohne seine Weisung nicht räumen, um seine eigenen Maßnahmen an diesem Tage der Schlacht nicht zu gefährden. Hätte er mich gebraucht, so hätte er mich herbeigerufen. Aber ich weiß, daß er meint, daß ganz Ungarn nicht imstande sei, auch nur ein bewaffnetes Korps einen Sommer im Felde zu halten. Es ist das alte und tiefe Mißtrauen, das die Deutschen und die Ungarn trennt."

Wesselényi hätte nur zu gerne auch Graf Paul Esterházy und dessen noch immer beträchtlichen Anhang für die Sache der Unzufriedenen gewonnen. Das aber war gefährlich, denn die Esterházy galten als absolut königstreu. Sondierungen in dieser Richtung konnten nur mit größter Vorsicht unternommen werden, um nicht alles zu verraten. Nádasdy war der Schwager Esterházys. Ob er es zuwege bringen würde? „Wir sind wohl viele, die bereit sind, das Wohl des Vaterlandes sicherzustellen. Es fehlen aber noch viele, die auch in unserem Lager stehen sollten."

„Die Gegensätze sind groß, die egoistischen Interessen gehen eigene Wege, und jeder taugt wohl auch nicht zum Bundesgenossen", meinte der Landesoberrichter.

„Wie wird sich Esterházy, Euer Schwager, verhalten, wenn er hört...?" drang der Palatin in Nádasdys Gedanken ein.

„Paul?" fragte Nádasdy nachdenklich. „Er hat sich in der Schlacht bei Mogersdorf unter Montecuccoli ausgezeichnet, und wie man hört, soll er zum Feldmarschall und Oberbefehlshaber im unteren Ungarn ernannt werden. Er ist kaiserlich und würde auch mich den Geheimräten preisgeben, wenn er erführe, daß ich einem Geheimbund beigetreten bin, dessen Ziel es ist, die ungarische Verfassung gegen ihren eigenen König wahren zu wollen, um Ungarn den Ungarn zu erhalten. Er baut jetzt seine Burg in Eisenstadt um und genießt als Hofrat, als Obersthofmeister und Generalmajor das volle Vertrauen Leopolds. Auf ihn dürft Ihr nicht rechnen, Palatin."

„Er ist der einzige der einflußreichen Magnaten, der auf der Seite der Habsburger steht. Wäre er zu gewinnen, dann hätte die habsburgische Partei allen Einfluß verloren."

„Schlagt Euch diese Gedanken aus dem Kopf, Wesselényi!" mahnte Nádasdy ernst. „Mit Esterházy ist nicht zu spaßen!"

„Und dennoch hat er Euch unterstützt, Nádasdy, als Ihr Euch mit dem Freiherrn von Stotzingen um Hornstein und Seibersdorf gezankt und diese Herrschaften Eurem Besitz in Pottendorf einverleibt habt.

Ich hörte sogar, daß er Euch Geld borgte, als Ihr dem Freiherrn von Stotzing 140.000 Gulden Abfindung zahlen mußtet. Das läßt doch darauf schließen, daß er Euch gewogen ist, oder nicht?" forschte der Palatin weiter.

Nádasdy winkte ab. „Er ist mein Schwager! Anna-Julia, meine Frau, ist seine Lieblingsschwester, und solange er mich im königlichen Lager wähnt, wird er mir ebenfalls gewogen bleiben. Er hat die Gelder seiner Schwester geborgt und wird es mir in seiner Habgier nie verzeihen, daß ich mit seinem Bruder László jahrelang wegen der Herrschaft Eisenstadt prozessiert habe. Er ist der Rechtsnachfolger seines gefallenen Bruders und mißtraut mir ebenso wie dieser. Gewiß habe ich es auch seinem Einfluß zu verdanken, daß ich schon zwei Jahre nach meiner Verehelichung mit Anna-Julia königlicher Obersthofmeister und 1664 Landesoberrichter und Obergespan von Zala und Somogy geworden bin und zum wirklichen Geheimrat Leopolds ernannt wurde."

„Um so mehr schätze ich an Euch, Nádasdy, daß Ihr den Mut aufgebracht habt, Euch zu uns zu bekennen, um mit dem Ban und mir den Geheimbund der Magnaten zu erneuern. Gewiß, es ist auch ein Risiko dabei, denn es stünde schlecht um Eure Ämter, wenn Leopold erführe, daß Ihr der nationalen Partei angehört, daß er Euch zu seinen Gegnern zählen muß, aber es wird Euch auch einen inneren Halt geben, wenn Ihr wißt, daß die ungarische Nation auf Euch zählt und Ihr Euch auf die Stärke der Nation verlassen könnt!" versicherte ihm Wesselényi.

„Ich habe alles bedacht. Ich muß, wenn ich Montecuccoli übertrumpfen will, nach Euch Zutritt zum höchsten Amte des Königreiches erhalten. Bleibt mir das verwehrt, zählt alles andere nur wenig. Man rechnet in Wien deshalb mit mir, weil man mit Esterházy rechnet, man überhäuft mich nur deshalb mit Ehrungen, weil Esterházy kaiserlich ist, man verleiht mir Ämter und Würden, weil Esterházy mein Schwager ist, man, man, man . . ."

„Vergeßt in Eurem Zorne nicht, daß Leopold bei den Jesuiten in die Schule gegangen ist!" lachte Zrinyi. „Warum soll Euch Leopold nicht mit Ehrungen überhäufen, wenn Ihr in Lockenhaus und Loretto Kirchen baut und mit Eurer Gemahlin in der Mariazeller Gnadenkirche eine Stephanskapelle aus geschliffenem Marmor errichtet, wenn Ihr Klöster baut für Augustiner und Serviten! Den Jesuiten und dem Jesuiten gefällt's! Dazu kommt wohl noch, daß der reiche Esterházy Euer Schwager ist und Ihr, der Krösus Westungarns, wieder zum rechten Glauben zurückgekehrt seid! Aber verlaßt Euch darauf, Nádasdy, Ihr werdet noch Gelegenheit haben, mit allen Anhängern Leopolds abzurechnen, die Euch beleidigt haben! Auch ich habe noch manche Rechnung zu begleichen! Und wegen Eurer Ansprüche auf Eisenstadt soll das letzte Wort noch nicht gesprochen sein!"

Nachdem Wesselényi und Nádasdy Zrinyi das Versprechen gegeben hatten, zur Hochzeit seiner Tochter Ilona mit Franz Rákóczy nach Sáros-Patak zu kommen, um bei dieser Gelegenheit weitere Schritte zu beraten, trennten sich die Magnaten.

Wesselényi war es abermals gelungen, den Geheimbund zur Wahrung der Privilegien des Adels zu begründen. Er konnte wieder auf große Namen zählen, auf Zrinyi, Rákóczy, Nádasdy . . .

Széchy Maria, seiner politisch so ambitionierten Frau, erzählte Wesselényi nach abermaliger Durchsicht der Prozeßakte Nádasdy—Stotzinger, daß es ihm gelungen sei, Graf Franz III. Nádasdy für den Bund zur Wahrung der ungarischen Verfassung zu gewinnen. „Er wird eine Schlüsselposition in unserem Geheimbunde einnehmen und uns alle vertraulichen Beschlüsse des Hofkriegsrates und der kaiserlichen Geheimräte und ersten Minister mitteilen."

Széchy Maria machte eine bedenkliche Miene. „Die Nádasdy sind wohl ein mächtiges Geschlecht, aber sie haben einen sprechenden Namen."

„Du meinst, weil er das Schilf in seinem Wappen führt und nádas Schilf heißt?" entgegnete ihr der Nádor.

„Vielleicht weiß ich nur zu wenig über ihn und wie er und seine Vorfahren zu solchem Reichtum gekommen sind", begründete sie ihr Mißtrauen.

„Sein Vorfahre, Franz I., war Hauptmann eines Reiterregiments der gefürchteten Schwarzen Scharen des Corvinen*). Thomas, ein Sohn dieses Hauptmannes, wurde Palatin und 1553 in den Freiherrenstand erhoben, denn er hat die Krone des heiligen Stephan dem Habsburger Ferdinand auf das Haupt gesetzt. Paul, der Vater Franz' III., ist einer der Enkel des Palatins Thomas Nádasdy und war Obergespan des Komitates Eisenburg. Thomas heiratete Ursula Kanizsai, die letzte Nachkommin dieses Geschlechtes, das im Mannesstamm erloschen war, und diese brachte ihrem Gemahl das ganze Vermögen dieser Familie mit in die Ehe. Im Komitat Eisenburg waren dies die Herrschaften Lockenhaus und Deutschkreutz mit vielen Dörfern. Teile der Kanizsaibesitzungen, wie die Herrschaften Eisenstadt und Hornstein, fielen im Zuge der politischen Auseinandersetzungen 1445 an das Haus Österreich. Thomas Nádasdy fügte sich in diese Entscheidung, denn er wurde Palatin und wußte, daß es ihm dieses hohe Amt ermöglichen würde, sich anderweitig schadlos zu halten. Franz II., sein Großvater, wechselte die Partei. Das ist an sich nichts Ungewöhnliches. Er war einer der ersten, die Bethlen Gábor nach Ungarn riefen und seinen Aufstand gegen Ferdinand II. mit Freuden begrüßten. Nach dem Sieg von Colalto und Nikolaus Esterházy am Weißen Berg (1620) aber unterwarf er sich wieder seinem König."

„Was geschah dann mit den Herrschaften Eisenstadt und Hornstein?"

„Im Frieden von Nikolsburg", fuhr Wesselényi fort, „hat Nikolaus

*) Matthias Corvinus, König von Ungarn 1458—1490.

Esterházy, auf Wunsch des Kaisers, seine Herrschaft Munkács Bethlen Gábor überlassen und dafür die Herrschaften Forchtenstein und Eisenstadt als Pfandbesitz bekommen. So konnte Bethlen zum Frieden bewogen werden. Hornstein aber wurde schon 1590 durch Ruprecht, den Freiherrn von Stotzingen, erworben, einem Schwaben, der 1560, nach juristischen Studien, in den Dienst des Kaiserhauses getreten war. Nach etwa dreißig Jahren diplomatischer Tätigkeit wurde der Stotzinger 1592 Statthalter von Niederösterreich. Er baute sich in der erworbenen Herrschaft Hornstein, am Nordhang der Leithaberge, ein Schloß und gründete vor dessen Mauern den nach ihm benannten Ort Stotzing. Die Herrschaft Hornstein blieb dann bis 1647 im Besitze dieser Familie."

„Und wie gelangte Franz III. in dessen Besitz?" forschte Széchy Maria weiter.

„Nádasdy hat die Burg und Herrschaft Pottendorf, die Nachbarherrschaft von Hornstein, durch Kauf von den Ungarschütz erworben und wurde so vorerst österreichischer Grundherr, wie Zrinyi und andere. Er heiratete am 4. Feber 1644, nachdem er und seine Mutter Judith zum katholischen Glauben übergetreten waren, Anna-Julia, die Tochter des mächtigen Palatins Nikolaus Esterházy. Franz III. hat sich schon 1638 als Erbe der im Jahre 1538 im Mannesstamme erloschenen Familie Kanizsai zu Wort gemeldet und von Hans Rudolf von Stotzingen gegen die seinerzeitige Pfandsumme von 400 Dukaten die Herausgabe der Herrschaft Hornstein verlangt. Er hatte anfangs keinen Erfolg. Aber am gleichen Tage, an dem der Generallandtag hier in Preßburg stattfand, wurden Nádasdy in Eisenstadt die Rechte auf Hornstein zuerkannt. Am 17. Oktober 1647 erschien dann der Protonotar Stefan von Assalay im Auftrage des Palatins Graf Johann von Draskovich in Hornstein, um gegen den Freiherrn von Stotzingen die Exekution im Sinne der Gesetzesartikel über die Reinkorporierung der verpfändeten Herrschaften durchzuführen und die Herrschaft aller Form nach an Nádasdy zu übergeben. Aber der Protonotar und seine Kommissäre kamen zu spät. In der Zeit zwischen dem 26. September und dem 17. Oktober hatte Nádasdy Truppen angeworben und fiel von seinem österreichischen Besitz, der Burg Pottendorf, aus mit Husaren und Hejduken in den Morgenstunden des 17. Oktober gewaltsam in die Besitzungen des Stotzingers ein und besetzte Hornstein, das schon damals eine Marktgemeinde war, um den Österreicher aus seiner Herrschaft zu vertreiben. Da Nádasdy heimlich gerüstet hatte, war der Freiherr gar nicht in der Lage, Widerstand zu leisten."

„Hat der Stotzinger das nur so hingenommen?" staunte die Gemahlin Wesselényis über die Gewalttätigkeit Franz' III.

„Das nicht. Er wandte sich an den Wiener Hof und begehrte Schutz und Hilfe. Kaiser Ferdinand warnte Franz III. in einem in scharfem Tone gehaltenen Schreiben vor einer gewalttätigen eigenmächtigen Aneignung der Herrschaft und vor der Hinterziehung des der Kirche zustehenden Weinzehents. In einem zweiten Brief fragte der Kaiser den kecken Eroberer: ‚Was ihm wohl einfiele, einen Besitz im Werte von mehr als 100.000 Gulden wegen einer Forderung von 400 Dukaten in Beschlag zu nehmen. Wenn er glaube, einen Anspruch auf die Herrschaft zu haben, so solle er diesen im ordentlichen Prozeßwege geltend machen.‘ Der Kommandant der Guardia von Wien, Pfalzgraf Gonzaga, erhielt Befehl, den Freiherrn in seinen Rechten zu schützen. Hierauf wandte sich die österreichische Hofkammer schriftlich an die ungarische und forderte von dieser, daß sie Nádasdy anweise, sich bis zur Entscheidung des Kaisers und Königs aller Übereilungen zu enthalten und seine Ansprüche auf Hornstein, unter Beibringung der entsprechenden Urkunden, schriftlich bei ihr einzubringen. Die gleiche Aufforderung erging auch an Hans Rudolf von Stotzingen."

„Gehorchte Nádasdy?"

„Nein. Nádasdy nützte den am Generallandtag aufgeflammten Patriotismus und Nationalismus und strengte seinerseits sofort einen Prozeß bei einem ungarischen Gerichte an. Er erhoffte sich schon auf Grund der Siegesstimmung der nationalen Partei einen günstigen Ausgang in seiner Streitsache. Am 3. Juni 1648 entschied das Eisenburger Kapitel denn auch zu seinen Gunsten, ordnete aber an, daß er dem Freiherrn 140.000 Gulden zu zahlen habe. Diese Summe war Nádasdy zu hoch, und in seiner Enttäuschung über das Eisenburger Kapitel versuchte er, bei einem anderen ungarischen Gerichte einen neuen Prozeß anzustrengen. Er hatte schon als Verhandlungstermin den 26. November festgelegt erhalten, als der Kaiser das Verfahren untersagte. Diese Causa, argumentierte der Landesfürst, könne man nicht allein nach ungarischen Gesetzen behandeln, denn es müsse auch der österreichischen Rechtsauffassung Gehör verschafft werden. Der Kaiser konnte wieder entschiedener auftreten, denn mit dem Westfälischen Frieden war der für die deutsche Nation so unheilvolle Dreißigjährige Krieg endlich beendet worden, und Nádasdy zog es jetzt vor, sich doch unter Zugrundelegung der Entscheidung des Eisenburger Kapitels mit dem Freiherrn von Stotzingen zu einigen und diesem, für den Raub der Herrschaft, 140.000 Gulden als Entschädigung zu zahlen."

„Aber Nádasdy konnte Hornstein wenigstens behalten?" Wesselényi nickte nachdenklich. Nach einigem Besinnen wollte sie noch wissen, ob es wahr oder nur Legende sei, was von Báthory Elisabeth, der ersten Frau Graf Pauls, erzählt werde. „Hat sie wirklich in Lockenhaus so blutige Verbrechen begangen und Mädchen umbringen lassen, damit sie sich mit dem Blute der armen Geschöpfe das Gesicht waschen konnte?"

„Sie war geistesgestört", bestätigte Wesselényi, „denn sie glaubte in ihrem Wahne, daß sie so ewig jung bleiben würde. Stanislaus Thurzó, der nach Nikolaus Esterházy Palatin war, verhängte über die Irrsinnige lebenslange Haft. Franz III. stammt aber aus der zweiten Ehe Pauls mit Judith Revay. Franz III. versuchte auch in den Besitz der Herrschaft

Eisenstadt zu gelangen. Aber Esterházy László war aus anderem Holze, und Nádasdy, mit einer Esterházy vermählt, besann sich schnell eines besseren." In Gedanken versunken blickte Wesselényi von der Preßburger Burg hinab auf die Donau, und als seine Gemahlin zu ihm trat, setzte er fort: „Franz Nádasdy habe ich für unsere Sache gewonnen. Er ist sehr klug, aber gewalttätig, hochmütig und ehrgeizig, reich, gefürchtet und gefährlich. Er ist als Judex curiae regiae und Vizepalatin nach mir der ranghöchste Beamte des Königreiches und deshalb einer der bedeutendsten Männer der nationalen Partei. Wehe, wenn er sich mit Paul Esterházy und dem Bischof von Neutra verbündet. Esterházy, Kollonitsch und Nádasdy wären eine Allianz, die uns sehr gefährlich werden könnte. Ich muß ihn vorerst scharf im Auge behalten, denn er genießt auch das volle Vertrauen Kaiser Leopolds."

„Er könnte sich jederzeit durch Preisgabe der anderen aus der Affäre ziehen", spann die Gräfin den Gedanken fort. „Graf Kéry, der Mann meiner Cousine, redet nicht gut von ihm."

„Das glaube ich", pflichtete ihr Wesselényi bei. „Kéry gehört zur königstreuen Partei und ist bei fünf Kindern Esterházys Taufpate. Daraus allein ersiehst du schon die engen Bindungen, die die Familien Esterházy und Kéry eingegangen sind. Esterházy, der Herr von Lacken-bach, Landsee, Forchtenstein und Eisenstadt, hätte wohl selbst am liebsten die Herrschaften Pottendorf, Hornstein und Seibersdorf noch zu seinen Besitzungen dazu erworben, um sich hier im Westen ein Imperium zu schaffen. Käme Nádasdy zu Fall, so wäre das die Gelegenheit für Ester-házy, zum größten Grundherrn Westungarns aufzusteigen. Und die Habsburger würden ihm, als Dank für seine Treue zu ihrem Haus, dabei sicher keine Schwierigkeiten in den Weg legen."

„Solange du, der Nádor, die Zügel des Geschehens in den Händen hast, wird alles nach deinem Willen gehen", wehrte die Széchy ab. „Du hast dich in all diesen Rechtsfragen ebenso engagieren müssen wie deine Vorgänger im Amte. Der Streit schwelt unter der Asche weiter, denn die Habgier läßt keinen zur Ruhe kommen. Aber weißt du auch, was aus dem Stotzinger geworden ist?"

„Er kaufte sich das Gut Eckartsau im Niederösterreichischen und wurde nach seinem Tode in der Familiengruft der Stotzinger in der Klosterkirche Wimpassing bestattet. Für ihre zwei unmündigen Töchter haben deren Mutter, die Gräfin Herberstein, die in erster Ehe mit Johann Rudolf von Stotzingen vermählt war, und Sigmund von Kirchberg als Gerhaben nach Auszahlung der letzten Raten der Restschuld Nádasdys an die Stotzinger vor einigen Jahren erst erklärt, daß damit die Herr-schaft Hornstein endgültig an Nádasdy verkauft sei, ‚weil deren mehrester theill nunmehr in das khönigreich Hungarn gezogen worden'. Erst seither erfreut sich Franz III. des ungefährdeten Besitzes dieser Herrschaft."

Szelepcsényi György, der neue Fürstprimas Ungarns, war kein Freund der Protestanten. Von der Notwendigkeit, der Rekatholisierung Ungarns endlich zum Durchbruch verhelfen zu müssen, durchdrungen, unterstützte er die Bestrebungen der Jesuiten von Kaschau, Sáros-Patak und Szathmár besonders, damit wieder ein Stall und eine Herde sei, wie er aus voller Überzeugung sagte. Es war daher natürlich, daß er auf diese Weise in Gegensatz zu den Magnaten geriet. Szelepcsényi war bereit, für die Sache Christi und den Papst die nationalen Anliegen des ungarischen Adels zu opfern. Daß der Adel hierauf entsprechend reagierte und den Fürstprimas ausschaltete, wo es nur ging, war geradezu unvermeidlich geworden.

Für Szelepcsényi hatte das christliche Abendland nur einen Feind, die Pforte, den Islam. Und weil der Kaiser den Degen der Kirche führte, war Leopold I. für ihn der Schirmherr der Christenheit. Diesem Gesichtspunkte ordnete der Fürstprimas alles unter und bald versammelte sich um seine Person der königstreue Adel Ungarns, die habsburgische Partei. Eine besondere Stütze fand der Fürstprimas in der Witwe Rákóczy Györgys, Báthory Sophia, einer Polin, die nach dem Tod des Fürsten von Siebenbürgen wieder zum katholischen Glauben zurückgekehrt war und nun, unterstützt von ihrem Beichtvater, dem Jesuitenpater Kiss Imre, der dem Kloster Kaschau angehörte, und ihrer leiblichen Schwester Jadriga Luptovska, die in den Orden der Barmherzigen Schwestern eingetreten war, die riesigen Besitzungen der Familie Rákóczy rekatholisierte. Pater Kiss und Schwester Jadriga hatten mit ihrer Bedienung, einem Novizen und einer Novizin, auf der Burg Munkács, dem Sitz der Fürstin, Wohnung genommen. Von ihnen angeeifert entriß Báthory Sophia dem Pataker reformierten Collegium die Lórándfysche Dotation, den protestantischen Gemeinden in ihren Besitzungen Kirchen und Schulen und beauftragte ihren Schloßhauptmann mit der Jagd auf kalvinische Prediger, die sich in ihre Besitzungen zurückwagten. Sie ließ das Wort Gottes durch Feuer und Schwert verbreiten . . .

Als die Komitate Szabolcs, Szathmár und Bereg hierauf gegen die Fürstin gewaltsam vorgehen wollten, erwirkte der Fürstprimas beim Wiener Hof, daß Graf Csáky, der Kapitän von Kaschau, sie in Schutz nehmen mußte und den Komitaten androhte, gegen sie notfalls militärisch vorzugehen.

Daß die Magnaten und Kalviner weder am Fürstprimas noch an der Fürstin und ihrem Beichtvater ein gutes Haar ließen, war nur zu verständlich.

Hochzeit mit Geheimgespräch

Sáros-Patak, 28. Feber 1666. Für den 1. März war die Hochzeit Zrinyi Ilonas mit Rákóczy Ferencz anberaumt worden. Schon am Vorabend waren die geladenen Gäste angekommen: Zrinyi Peter, der Vater der

Braut, Wesselényi, Franz Nádasdy, Frangepan, der Schwager Zrinyis, sowie die Grafen Homonnay, Perenyi und Csáky, die der nationalen Partei, an deren Spitze der Palatin stand, angehörten, Fürstprimas Szelepcsényi und die Bischöfe aus Eger, Großwardein und Agram, die die Spitze der habsburgischen Partei bildeten, sowie Vitnyédy, der Führer der Kalviner Ungarns, und die protestantischen Grafen Szuhay, Sepessy und Tököly.

In den Frauengemächern hatte die Fürstin Báthory Sophia, die Mutter des Bräutigams, Quartier genommen.

In den Abendstunden traf noch Graf Teleki, der Gesandte Apafys, im Schlosse ein.

Rákóczy Ferencz, der sich trotz des Einspruches Apafys noch immer erwählter Fürst Siebenbürgens nannte, übergab Zrinyi Ilona, seiner Braut, im Beisein der Gäste seine Morgengabe: 8900 alte Goldtaler und Gold- und Silbergeschirr aus dem Rákóczyschen Familienschatz. Die Morgengabe hatte die Fürstin persönlich ausgesucht und zusammengestellt und die wertvollen Geschenke in einer Liste aufgezeichnet.

Katharina Frangepan, die Mutter der Braut, war aber nicht nach Sáros-Patak gekommen, weil sie befürchtete, von der Fürstin an Glanz und Prunk übertroffen zu werden.

Als sich die Geistlichkeit nach einem gemeinsamen Abendessen zurückgezogen hatte, lud Zrinyi Peter die Mitglieder der nationalen Partei und die Vertreter der Stände zu einem geheimen Gespräch ein, an dem auch sein Schwiegersohn und Graf Teleki teilnahmen.

„Was haltet Ihr", wandte sich der Ban an den Palatin, „von unserem Landesherrn, unserem gnädigen König und Kaiser? Informiert unsere Freunde, Wesselényi."

„Leopold ist der jüngere Sohn Ferdinands III. und der Maria Anna von Spanien. Er sollte Priester werden und wurde deshalb bei den Jesuiten erzogen. Erst nach dem Tod seines Bruders, Ferdinands IV., wurde er am 27. Juni 1655 zum König von Ungarn und am 14. September 1656 zum König von Böhmen gekrönt. Als sein Vater am 2. April 1657 die Augen schloß, bewarb er sich um die Kaiserkrone. Er hatte Erfolg. Am 18. Juli 1658 wählten ihn die Reichsfürsten in Frankfurt am Main zum Kaiser des Heiligen Römischen Reiches deutscher Nation und krönten ihn am 1. August dieses Jahres in Frankfurt. Leopold ist 1640 geboren und ist jetzt 26 Jahre alt. Man sagt, er sei vielseitig gebildet und interessiere sich auch für Archäologie. Sein Emblem ist ein bekrönter Globus mit einem strahlenden Auge darüber, beiderseits je eine Hand mit Schwert und darunter die vielsagende Devise ‚Consilio et industria'. Bei Mogersdorf waren seine Truppen erfolgreich, und Montecuccoli hat er für seine Verdienste das Goldene Vließ verliehen und Sporck hat er in den Reichsgrafenstand erhoben und zum Feldmarschall ernannt. Er ließ nach der Schlacht von Mogersdorf das Te Deum singen und ist der höchste Monarch der Christenheit. Auch den hochmütigen Franzosen Graf de Souches hat er für den Sieg bei Lewencz zum Feldmarschall befördert." Das war dem heißblütigen Zrinyi zuviel. Vom Wein erhitzt, schrie er mit lauter Stimme: „Ja, es ist wahr, er spricht mehrere Sprachen, aber nicht ungarisch! Er schreibt angeblich italienische Gedichte und soll auch musizieren. Ob gut oder schlecht, weiß ich nicht. Aber ich weiß, daß er mit uns nicht so verfährt, wie es ein ungarischer König tun müßte! Er müßte uns wohlhabender machen, doch was tut er? Er saugt Ungarn aus! Ihr habt es vom Palatin gehört, daß bei ihm alle etwas werden, Deutsche, Italiener und Franzosen! Nur die Ungarn nicht! Er verzehrt unser Fleisch, und was bleibt uns? Die Knochen und die Haut! Sigismund war auch ein Deutscher, aber er fühlte ungarisch und wurde ein guter ungarischer König, der sich nicht scheute, vor der ganzen Welt für Ungarn einzutreten. Aber dieser kleine Habsburger mit seinen herabhängenden Lippen, der sich hinter seinen Geheimräten versteckt, der für seinen Bruder als Lückenbüßer Kaiser wurde, der fühlt nicht ungarisch. Es wäre besser gewesen, wenn er die geistliche Laufbahn eingeschlagen hätte!"

Begeistert umjubelten die Verschwörer den mutigen Ban von Kroatien. Und hingerissen von diesem Jubel setzte er fort: „Ja, Leopold hat in allen Ländern das Te Deum singen lassen, aber er hat auch den Eisenburger Frieden unterschrieben! Er hat ungarische Erde den Türken überlassen, auf weitere zwanzig Jahre, ohne uns zu fragen! Wenn wir Ungarn retten wollen, dann müssen wir uns von Österreich trennen, dann müssen wir die Herrschaft der Habsburger und Jesuiten abschaffen!"

Wieder umbrandete Zrinyi der Beifall der Verschwörer. Sogar der Palatin war von der verwegenen Sprache hingerissen. „Wesselényi", wandte sich Zrinyi an den Palatin, „tretet an unsere Spitze! Wir folgen Euch, wohin Ihr wollt!"

Als sich der Palatin erhob, verstummten die lärmenden Magnaten. „Wenn wir ganz Ungarn wieder vereinigen wollen", begann er sehr ernst, „dann müssen wir mit fremder Hilfe die kaiserlichen Truppen aus Ungarn vertreiben und ganz Ungarn freiwillig der Oberhoheit der Pforte unterstellen."

„Und was schaut dabei für uns heraus?" forschte Zrinyi.

„Ein autonomes Fürstentum, nicht mehr", antwortete Wesselényi.

Betretenes Schweigen. „Daß sich dieses Vorhaben nur dann verwirklichen läßt, wenn es uns gelingt, die Unterstützung der Pforte zu erwirken, liegt auf der Hand. Aber wir müssen es wagen! In 88 ungarischen Grenzburgen liegen deutsche Kriegsvölker, die nicht viel besser sind wie die Tataren! Sie nehmen sich auch alles, was sie brauchen. Sie unterscheiden sich von den Türken nur dadurch, daß sie nicht alles niederbrennen und uns nicht erschlagen! Soll das so weitergehen? Wir müssen ein Bündnis schließen, das über den Rahmen der Besprechung von Trencsin hinausgeht."

„So etwas muß niedergeschrieben werden", setzte Vitnyédy fort. „Es muß ein feierliches Bündnis zwischen den Magnaten des nationalen Lagers und den protestantischen Ständen sein, in dem wir uns alle zum gegenseitigen Beistand mit Gut und Blut, Freiheit und Leben und zu strengster Geheimhaltung verpflichten!"

„Bravo, Herr Notar!" lobte Nádasdy.

Als alle zustimmten, verkündete Wesselényi in feierlichem Ernst: „Es sei. Der Bund ist geschlossen. Ich beantrage, daß das Haus Habsburg vorerst aller Rechte in Ungarn für verlustig erklärt werden muß! Die gewaltsame Rekatholisierung ist hierauf einzustellen. Religionsfreiheit muß für beide Konfessionen des christlichen Glaubens gewährleistet werden! Diesen nationalen Zielen haben alle weiteren Maßnahmen, die wir gemeinsam beschließen wollen, zu dienen. Unsere Freunde Teleki und Bethlen werden bei Apafy erwirken, daß seine Gesandten in unserer Sache bei der Pforte vorstellig werden dürfen. Wir brauchen die Vermittlung Siebenbürgens." Als der Palatin bemerkte, daß Rákóczy unruhig wurde, wiederholte er: „Wir brauchen die Hilfe Siebenbürgens und seines Fürsten, egal, wie wir selbst zu Apafy stehen, denn nur über ihn führt der Weg zur Pforte."

„Apafy ist in Siebenbürgen dasselbe, was Leopold in Österreich ist", fiel Teleki ein. „Er führt einen Eiertanz zwischen Wien und Konstantinopel auf, und ich, der Kanzler, kann die Adeligen seines Landes im Zaume halten. Auch er war für die geistliche Laufbahn vorgesehen, als Protestant versteht sich, aber die Türken waren dagegen und haben ihn uns als hilflosen Reichsverweser um den Hals gehängt. Er ist ein Bücherwurm, weiter nichts."

„Macht auch nichts!" beruhigte ihn Vitnyédy lächelnd. „Gerade weil sich der Sultan eingebildet hat, daß er Fürst von Siebenbürgen wird, brauchen wir ihn. Man muß ihn verstehen, auch er hat es nicht leicht, und wenn er auch einen Eiertanz aufführt, wie Teleki gerade gesagt hat, so steht doch fest, daß der Adel Siebenbürgens dabei gar nicht so schlecht gefahren ist."

„Streitet euch nicht, Brüder", unterbrach ihn Zrinyi. Dann wandte er sich an den jungen Bethlen und fragte ihn: „Habe ich dich nicht schon wo gesehen, Freund?"

„Ja, Ban, wir kennen uns. Ich war damals im Wald von Kursanec dabei, als Euer Bruder Nikolaus ums Leben kam."

„Er starb nicht nur für die Türken, sondern auch für den Kaiser zur rechten Zeit", grollte Zrinyi.

„Wir werden bereit sein müssen", setzte der Palatin fort, „der Pforte für ihre Hilfe einen Tribut zu zahlen."

Graf Teleki erklärte sich bereit, seinen Fürsten zu bitten, die Sache der Magnaten an der Hohen Pforte zu vertreten.

„Es wird aber auch zweckmäßig sein", ergriff Zrinyi wieder das Wort,

„ein Bündnis mit Ludwig XIV. anzustreben. Mein verunglückter Bruder und ich hatten zu den französischen Generalen, die Colignys Truppen angehört hatten, herzlichste Beziehungen. Sie werden am französischen Hof unser Vorhaben unterstützen. Auch Grémonville ist mein persönlicher Freund. Wir haben einige Male davon gesprochen, daß es einmal sein könnte, daß Ungarn gegen seinen eigenen König aufstehen müßte und daß dies durchaus auch im Interesse Frankreichs liegen könnte."

Wesselényi fand den Vorschlag gut: „Wir wollen alle Möglichkeiten prüfen, die unserer Sache förderlich sein können. Dazu kommt, daß ja Ludwig XIV. sein Bündnis mit Mohammed erneuert hat und daher auch für unsere Sache im Diwan intervenieren kann."

Dann gab Teleki zu bedenken, daß Frankreich weit weg sei, während die Bege des Großveziers mit ihren Truppen direkt an der Landesgrenze stünden. „Wenn Sie die Zusage des Großveziers erreichen können, so ist dies die Garantie für Ihren Erfolg."

„Gewiß, die Türken sind näher", fuhr Zrinyi fort, „aber mit Geld kann man alles. Sendet uns König Ludwig einige gute Generale wie la Feuillade und genügend Geld, dann können wir in Polen Truppen werben. Aber auch wir selbst wären in der Lage, eine stattliche Armee aufzustellen. Auf diese Weise müßte es uns möglich sein, auch einem Montecuccoli, einem Sporck und Heister zu trotzen."

Fürst Rákóczy verwies darauf, daß sein gefallener Vater im Polenkrieg den Schweden gute Dienste geleistet habe und daß auch er versuchen werde, die Schweden zu einer Hilfeleistung zu bewegen.

Ein Schreiben an Apafy wurde aufgesetzt und vom Palatin gefertigt. Graf Teleki sollte es auf seiner Rückreise nach Siebenbürgen mitnehmen. Dem Sultan wurde für seine Hilfe ein Tribut von 60.000 Talern in Aussicht gestellt.

Damit hatten die Verschwörer einen schwerwiegenden Schritt getan.

Wieder, wie schon so oft in ihrer Geschichte, hatten es die Ungarn mit geradezu traumwandlerischer Sicherheit verstanden, von zwei Übeln das größere zu wählen.

Würde sich der Sultan aber, nach einem Sieg über die Habsburger, wirklich zur Einhaltung der Rechte, die dem Adel Ungarns in der Goldenen Bulle Andreas' II. verbrieft waren, bereit finden? Wenn nicht, war es dann zu verstehen, diesen so gefährlichen Weg zu beschreiten? Mußten die Magnaten nicht gewärtigen, daß sie, wenn ihr Vorhaben offenkundig würde, wegen der Größe des Verbrechens mit keiner Gnade rechnen durften? Würde die Welt es verstehen, wenn Ungarn vom christlichen Abendland abfallen würde?

Niemand dachte daran, diese Fragen zu stellen.

Es sagten aber nicht alle, was sie dachten. Graf Nádasdy rechnete damit, daß die Truppen des Großveziers noch lange auf der Insel Kreta vor der Festung Candia liegen würden, denn so schnell würde Köprili die Streitkräfte der reichen Republik Venedig, die von einem französischen Korps unter la Feuillade unterstützt wurden, nicht zerschlagen können, und Graf Zrinyi, der, wie sein verunglückter Bruder, die Türken haßte, hoffte im Stillen auf die Hilfe Frankreichs. Ludwig XIV. würde es weniger stören, wenn er selbst auf die Krone Kroatiens seinen Anspruch anmelden würde, und Frangepan, sein Schwager, könnte sich ruhig um das Karlstädter Generalat bewerben. Frankreich würde aber auch keine Einwände erheben, wenn sich Rákóczy um die Krone Siebenbürgens bewerben sollte. Aber die Türken? Sie hatten den Vater des Bräutigams, György (Georg II.), der sich 1649 mit dem Kosakenhetman Bogdan Chmielnicki verbündet hatte, um die polnische Krone erwerben zu können, gewarnt, ohne die Zustimmung der Pforte einen Kriegszug zu unternehmen oder ein Bündnis zu schließen. Aber György (Georg II.) hatte abermals ein Bündnis mit Karl X. Gustav von Schweden geschlossen und Krakau erobert, als die Schweden in Warschau einzogen. Nach dem Abzug der Schweden hatte er aber unter unehrenhaften Bedingungen Frieden schließen müssen, denn die Türken und Tataren waren, um seine Eigenmächtigkeit zu strafen, in Siebenbürgen eingefallen. Auf den ausdrücklichen Befehl der Pforte wurde György (Georg II.) vom Landtag abgesetzt und schon vier Monate später, im Jänner 1658, nachdem die Türken abgezogen waren, vom Landtag wieder zum Fürsten gewählt. Als ihn der Großvezier Köprili abermals absetzte, setzte ihn der Landtag ein zweites Mal ein. Hierauf rückte abermals ein Türkenheer in Siebenbürgen ein, und nach der Schlacht bei Gyula, in der György (Georg II.) verwundet wurde, starb er im Mai 1660 in Großwardein. Diese Gedanken schossen Zrinyi durch den Kopf, denn sein Schwiegersohn war noch zu Lebzeiten György (Georgs II.) zum Fürsten von Siebenbürgen gewählt worden und hatte mit dem Tod seines Vaters die Fürstenwürde verloren. Er war zwar sehr reich und nannte sich noch immer „erwählter Fürst Siebenbürgens", aber er hatte sich auf die Besitzungen seines Hauses zurückziehen müssen. Ludwig XIV. würde es wenig stören, wenn Apafy vertrieben werden sollte.

Die Interessen der Verschwörer klafften weit auseinander. Graf Nádasdy, der Judex curiae Ungarns, wollte nach dem vorhersehbaren Tod des kränklichen, greisen Palatins selbst Palatin werden. Das Amt des Landesoberrichters und Vizepalatins befriedigte ihn nicht.

Da warf Zrinyi ein, daß auch Graf Tattenbach, der reichste Grundbesitzer im steirischen Unterland, als Verbündeter in Frage komme. „Er verehrt die Witwe meines Bruders, Sophie Löbl."

„Wiener Blut", lächelte der Palatin schalkhaft.

„Er ist ihr völlig verfallen", ereiferte sich der Ban, der die feine Ironie des Palatins nicht mitbekommen hatte.

„So, so", amüsierte sich Wesselényi. „Kein Wunder. Ein solches Weib..."

Während Nádasdy, der um die Schwäche des greisen Palatins für schöne Frauen wußte, still vor sich hin lächelte, hatte Wesselényi doch erst vor wenigen Jahren die bildhübsche Széchy Maria, seine zweite Frau, die sehr viel jünger war als er, geheiratet, erzählte Zrinyi den Anwesenden, daß die erste Frau Tattenbachs eine Forgách gewesen sei.

„Alter ungarischer Adel", warf der Palatin ein.

„Er hat aber auch mit meinem Stabschef Oberstleutnant Locatelli gedient", fuhr der Ban fort. „Ich werde ihm sagen, daß er Tattenbach auf sein Gut einlädt, und dann selber nach Lupschina fahren und mit ihm verhandeln."

„Tattenbach ist auf Leopold schlecht zu sprechen, weil er ihm die Herzogswürde vorenthalten hat", informierte der Palatin Zrinyi.

„Bietet Tattenbach an", wandte sich Nádasdy an Wesselényi, „die Grafschaft Cilli zum Fürstentum zu erheben. Als Ersatz für den Herzogshut!"

„Das ist ausgezeichnet!" lobte der Palatin. „Cilli war immer ein Reichslehen. Die Erhebung Tattenbachs in den Reichsfürstenstand wäre ein verlockendes Angebot für diesen eitlen Menschen. Mit dem Erzbischof von Köln haben wir ja gute Kontakte. Er könnte im Kollegium der Reichsfürsten ein Wort in dieser Sache reden."

„Das wird er", meinte auch Zrinyi, den diese Möglichkeit faszinierte. Nun war auch er überzeugt, daß Nádasdy, der diese Idee gehabt hatte und dem er wegen seines Naheverhältnisses zum Kaiserhof bisher nicht recht traute, fest auf ihrer Seite stünde.

Sich an Rákóczy wendend fuhr Nádasdy fort: „Wenn Sie, Fürst, dem Pataker Collegium den Schaden ersetzen würden, den Ihre Frau Mutter den Protestanten zugefügt hat, hätten auch wir für Vitnyédy und die Sache der Protestanten etwas getan."

Vitnyédy und die Grafen Szuhay, Sepessy und Tököly horchten erstaunt auf, und auch dem Palatin hatte Nádasdy aus dem Herzen gesprochen.

„Ich werde mit meiner Mutter reden", versprach Rákóczy.

„Tut es, Fürst!" beschwor ihn Vitnyédy. „Es ist eine alte Forderung der Protestanten, die Ihr erfüllt!"

„Und wer bürgt, daß Ihr zum Bündnis steht?" zweifelte der Fürst.

„Ich!" stellte sich Nádasdy hinter Vitnyédy. „Ich kenne ihn, denn er war mein Privatsekretär, ehe ich ihm die Notarstelle in Ödenburg verschaffte. Ich bürge für ihn."

Am darauffolgenden Tag, dem 1. März, glich das Schloß Makovica einem Feenpalast. Girlanden und die Fahnen der Familien Rákóczy und Zrinyi gaben dem Schloß ein seltsam schönes Gepräge. Der Fürstprimas traute das Paar, und nach dem feierlichen Brautamt begann die Tafel. Erlesene Speisen und Getränke wurden in nicht enden wollender Folge gereicht. Nach Stunden führte der Fürst seine junge Frau zum ersten

Tanz. Nach ihm forderte der Fürstprimas, der den König offiziell zu vertreten hatte, die junge Fürstin zum Tanze auf und führte sie an ihrem seidenen Spitzentuch über das Tanzparkett. Zum späteren Mützentanz führte Graf Teleki die junge Frau.

Drei Tage währte die großartige Hochzeit, die ein gesellschaftliches Ereignis ersten Ranges war, und als mit den anderen Gästen auch die Verschwörer voneinander Abschied genommen hatten, vertrauten sie fest darauf, daß ihre Sache gelingen werde.

Noch befürchtete Graf Zrinyi Peter, daß sein Eidam von Báthory Sophia bewogen werden könnte, sich aus der Magnatenverschwörung zurückzuziehen und überredete daher seine Gemahlin, nach Sáros-Patak zu reisen. Der Anlaß schien begreiflich, denn Frau Katharina hatte an der Hochzeit ihrer Tochter nicht teilgenommen. Sie hatte eine Krankheit vorgeschützt und konnte nun das Versäumte nachholen und sehen, wie Ilona, ihre ältere Tochter, lebe und wohne. In Wahrheit aber reiste die Gräfin in einer höchst politischen Mission. Zrinyis Gemahlin galt als stolze, herrschsüchtige und leidenschaftliche Frau und verwaltete die Güter ihres Gemahls mit unnachsichtiger Härte und Grausamkeit, denn dem Ban selbst blieb für die Aufsicht über seine Untertanen und Leibeigenen in seinen Besitzungen wenig Zeit. Den Pfarrer Ambros Broscovich von Bribir, der gegen die grausamen Methoden Katharinas aufzubegehren gewagt hatte, hatte sie 1658 in eines ihrer Verließe werfen und an das nasse Gemäuer des Kerkers ketten lassen. Nach zweijähriger schwerer Haft starb der tapfere Greis, und noch in seiner Sterbestunde forderte Ambros Broscovich die stolze Gräfin vor das Gericht Gottes. Und nun sollte sie Graf Rákóczy im Bunde der Verschwörer halten. Sophia Báthory, die noch auf der Hochzeit in Sáros-Patak durch Pater Kiss von geheimnisvollen Absprachen gehört hatte, würde es nicht so einfach hinnehmen, daß sich Rákóczy Ferencz I. der Politik der Zrinyis verschreibe. Von ihrer Seite mußte mit schroffem Widerstande gerechnet werden. Katharina Zrinyi sollte daher ihren Schwiegersohn während ihres Aufenthaltes in Sáros-Patak abermals von der Richtigkeit der Politik ihres Gemahls überzeugen. Dabei würde sie Ilona, ihre politisch ebenfalls sehr ambitionierte Tochter, unterstützen können. Nicht vergebens wollte Gräfin Katharina schon 1665, ein halbes Jahr nach dem Eisenburger Frieden, mit dem französischen Gesandten in Venedig, ohne Vorwissen ihres Gemahls, geheime Verhandlungen über ein Zusammenwirken zwischen Frankreich und den Magnaten angeknüpft haben. Aber auch jene 6000 Taler, die Grémonville bei einem Wiener Kaufmann unauffällig für den Banus als Geschenk Ludwigs XIV. hinterlegt hatte, waren von ihr behoben worden. Sie wußte von allem und war mit Gräfin Széchy Maria eine jener aufrührerischen Seelen, die den Mut der Verschwörer entflammten.

Ilona verstand es sehr geschickt, es so einzurichten, daß Franz

Rákóczy oft mit ihr und ihrer Mutter zusammen war, und Gräfin Katharina koppelte meisterhaft die Gedanken, daß Rákóczy ebenso die Krone Siebenbürgens gebühre wie ihrem Gemahl, dem Banus, die Krone von Kroatien. Beide Familien, die Rákóczys und Zrinyis, hätten sich um das Vaterland so verdient gemacht, daß es ein Hohn sei, daß überall fremde Herrscher die Kronen ihrer Länder tragen. Die gemeinsamen Interessen beider Familien ließen sich aber nur durch ein zielstrebiges gemeinsames Vorgehen erreichen. Báthory Sophia gefährde aber dadurch, daß sie den Jesuiten allzu freie Hand bei der Rekatholisierung der riesigen Rákóczyschen Besitzungen lasse, die nationale Politik des Hauses Zrinyi, denn die Kalviner könnten auf diese ständigen Bedrohungen wirklich nur mit abgrundtiefem Haß und feindseligen Gefühlen reagieren. Ohne die Kalviner aber hätte keine Erhebung gegen den deutschen Leopold auch nur die geringste Chance. Erst durch ein Bündnis mit Vitnyédy könne man jene Basis schaffen, von der aus sowohl mit Frankreich wie auch mit der Hohen Pforte überhaupt verhandelt werden konnte. Erst wenn man den ausländischen Mächten die eigene Kraft demonstrieren könne, dürfe man mit deren Interesse an und in Ungarn rechnen. Ludwig XIV. könne auf Verbündete im Rücken des Reiches nicht verzichten, wenn er, auf Kosten Österreichs, das Ansehen Frankreichs über jenes von Deutschland erheben wolle. Deshalb habe er auch nach dem Eisenburger Frieden wieder enge Bande zur Türkei anknüpfen lassen. Ihr Gemahl aber würde der Hohen Pforte ein Bündnis mit Frankreich vorziehen. Den Interessen des französischen Hofes stünde es nicht entgegen, wenn Siebenbürgen und Kroatien unabhängige eigene Staaten würden, denn sie lägen zu weit von den unmittelbaren Interessensphären Frankreichs entfernt. Anders sei dies mit der Türkei, die schon den Großteil Ungarns okkupiert und Siebenbürgen lehenspflichtig gemacht habe. Nur im alleräußersten Notfalle dürfe man mit der Türkei, wegen ihrer unmittelbar an den Grenzen aufgebauten militärischen Präsenz, allein paktieren. Durch ein Bündnis mit Ludwig XIV. aber könne man Frankreich vielleicht als Schutzmacht Siebenbürgens und Kroatiens etablieren, denn die Türkei ihrerseits könne, wenn sie Deutschland angreifen wolle, nicht auf das Bündnis mit Frankreich verzichten. Zrinyi rechne damit, daß die Hohe Pforte aus diesen Erwägungen Frankreich als Schutzmacht Siebenbürgens und Kroatiens akzeptieren würde.

Der faszinierenden Überzeugungskraft Gräfin Katharinas gelang es, den jungen Rákóczy zur Bündnistreue mit dem Banus zu verpflichten. Báthory Sophia hatte ihren Einfluß auf ihren Sohn verloren. Daß dies sehr bald zu einem sehr gespannten Verhältnis Ilonas zu ihrer Schwiegermutter führen mußte, war allen bewußt, denn Ilona war, wie ihre Mutter, nicht nur eine glühende Patriotin, sondern auch eine ungewöhnlich hübsche, redegewandte Frau von hoher Intelligenz. Auch sie betrachtete es, und das nicht nur aus Liebe zu ihren Eltern, als das legitime Recht ihres Hauses, nach der Krone Kroatiens zu greifen, denn von einem Königreich Ungarn im herkömmlichen Sinne konnte man ja schon deshalb, weil der Großteil des Landes mit einem türkischen Verwaltungsnetz überzogen und so dem Osmanischen Reich fest eingegliedert worden war, längst nicht mehr reden. Dazu kam, daß ihr Vater unter dem kroatischen Adel viele Anhänger hatte und sich die Familien der Barislovics, Cholnics, Chernkoczy, Gottal, Genczy, Malinics, Prydelics und andere mit der Politik des Bans identifizierten und daher mit seinen Bestrebungen, das erbliche Königtum der Zrinyis einzurichten und im Falle des Aussterbens des Hauses den Kroaten das freie Wahlrecht einzuräumen, einverstanden waren.

Aber auch Rákóczy Ferenz träumte ja noch immer von der Größe seines Hauses und hoffte fest, mit türkischer oder französischer Hilfe auf den Thron Siebenbürgens zurückkehren und Michael Apafy, den derzeit regierenden Fürsten, vertreiben zu können. Als Gräfin Katharina ihre Mission erfüllt wußte, redete sie von der Heimreise, und Rákóczysche Reiter begleiteten sie nach Csakathurn zurück. Der Offizier, der die Reiter befehligte, sollte so lange in Csakathurn bleiben, bis der Gesandte Zrinyis, Bukovatzky, der im Auftrage des Bans beim Sultan und beim Großvezier zu sondieren hatte, aus Konstantinopel zurück sein würde. Er sollte dann einen Brief Zrinyis über dessen Sondierungsergebnisse nach Sáros-Patak bringen.

Die Fortführung der Verschwörung durch die ungarischen Grafen Peter Zrinyi, Franz Frangepan und Franz Nádasdy

Graf Nádasdy erließ folgende Oratio an die ungarische Nation:
„Der Kaiser hat das Vaterland, anstatt es zu schützen, verräterisch den Türken überliefert!

Seine Kriegsvölker helfen nicht dem bedrängten Volke, sondern berauben und verderben es. Sie werden es austilgen, so daß sein Name schon in kurzer Zeit erlöschen wird.

Ungarisches Volk, steh auf zu deiner eigenen Verteidigung! Begehre Hilfe, wo du solche haben kannst, sie sei wie sie wolle, sonst ist es zu spät!

Vertreibe das dich bedrückende fremde Kriegsvolk des deutschen Königs!

Versperre deine Pässe! Nimm die Grenze in deine Hand! Macht euch auf, Groß und Klein! Gott wird der gerechten Sache beistehen! Ihm werden die Meineidigen nicht widerstehen können!"

Der Palatin, dem Nádasdy diesen Aufruf übergeben hatte, ließ diesen bei zahlreichen geheimen Zusammenkünften verteilen und sorgte so für dessen Verbreitung.

Graf Nádasdy hatte nicht nur Wesselényi, sondern allen Verschwörern und den protestantischen Ständen Ungarns aus dem Herzen gesprochen ...

Kalviner im Dienste der Verschwörung

Schon bald nach der Hochzeit begann Rákóczy Ferencz damit, die Zusagen, die er den protestantischen Führern am 28. Feber in Sáros-Patak gemacht hatte, zu verwirklichen, um der Bündnispolitik seines Schwiegervaters eine reale Grundlage zu geben. Ohne die Unterstützung der Kalviner war an keinen Aufstand zu denken. Rákóczy gab dem Pataker Collegium jene Besitzungen zurück, die ihm seine Mutter, angeeifert von ihrem Beichtvater, entrissen hatte; vor allem die Kirchen und Schulen. Auch die evangelischen Prediger und Lehrer durften zurückkehren und erhielten eine regelmäßige Bezahlung. Für die durch seine Mutter erlittenen Schäden gewährte er ihnen eine Entschädigung von 1000 Dukaten.

„Damit", brachte Vitnyédy in seinem Dankschreiben an den Fürsten zum Ausdruck, „habt Ihr Eure Lenden mit 20.000 Säbeln umgürtet, die Euch das Theißland stellen wird, wann immer Ihr sie braucht."

Diese Maßnahmen hatten die Mutter des Fürsten sehr vergrämt. Ihr Beichtvater sah die Erfolge seiner Rekatholisierungsbestrebungen zunichte werden. Um ihn zu besänftigen, gab die Fürstin weitere Geldbeträge zum Bau des Domes von Kaschau frei. In der Krypta dieser Jesuitenkirche sollten die Familienmitglieder des Hauses Rákóczy einst beigesetzt werden.

Sophia Báthorys religiöse Unduldsamkeit hatte der sogenannten Gegenreformation in den letzten Jahren mächtigen Auftrieb gegeben. Mit fanatischem Eifer hatten Jadriga Luptovska und Pater Kiss versucht, die Protestanten der ausgedehnten Rákóczyschen Besitzungen zum römisch-katholischen Glauben zu bekehren. Sophia Báthory ließ die Glaubenseiferer gewähren, weil ihr ihre Schwester wiederholt vorgeworfen hatte, selbst Protestantin gewesen zu sein und nur wegen der Verehelichung mit Rákóczy György II. den wahren Glauben verraten zu haben. Die Gewissensbisse, die sich die Fürstin machte, nützte der kluge Jesuit sehr geschickt. Um die Gnade Gottes wieder zu erlangen, baute die Fürstin den Dom von Kaschau. In heiligem Grimm hatte sie einst angeordnet, daß ihre Untertanen mit Feuer und Schwert zum wahren Glauben zu bekehren seien. Rákóczy Ferencz I. war ob seiner Anordnungen in scharfen Gegensatz zu seiner Mutter geraten. Für die Verschwörer aber waren Rákóczys Wiedergutmachungen von entscheidender

Bedeutung. Auf die Truppen der protestantischen Stände würde im Kampf gegen das katholische Haus Habsburg Verlaß sein.

Der Beichtvater der Fürstin nahm sich vor, zu ergründen, weshalb Rákóczy Ferencz I. wirklich mit seiner Mutter gebrochen und deren Anordnungen aufgehoben hatte. In ohnmächtigem Zorn mußte er mitansehen, daß die Kirchen und Schulen der Protestanten geöffnet wurden, die evangelischen Prediger zurückkehrten und die Untertanen der Familie Rákóczy offen aufforderten, dem Protestantismus treu zu bleiben und die Haßgesänge der Jesuiten zu ersticken.

Die Abneigung der Fürstin gegen Zrinyi Ilona wuchs von Tag zu Tag. Vor allem aber mißtraute sie dem Ban. Sie befürchtete das schlimmste, denn die Politik des Hauses Zrinyi stand nicht in Einklang mit der des Wiener Hofes.

Sie wußte auch um die Selbstein- und -überschätzung der Zrinyis und war deshalb schon von Haus aus gegen die Ehe gewesen. Ihr Sohn war noch zu jung, um die Auswirkungen abschätzen zu können, die die Politik Zrinyis verfolgte. Die Fürstin beauftragte daher Pater Kiss, Ermittlungen anzustellen, was der Schwiegervater ihres Sohnes im Schilde führe. Die Politik ihres Sohnes, die sich in der Annäherung mit Vitnyédy ausdrückte, konnte nur gegen Wien gerichtet sein. Die Protestanten waren schon 1529 gemeinsam mit den Türken gegen Wien marschiert, und seit dem Dreißigjährigen Krieg in Deutschland hatten sich die Gegensätze zwischen den katholischen und protestantischen Fürsten auch in Ungarn verschärft. Sie traute es den Zrinyis zu, daß sie, wegen der verlorenen Güter des Adels um Neuhäusl, dazu fähig waren, die Nation aufzuhetzen, um, von dieser gerufen, an deren Spitze zu treten.

Annäherung der Verschwörer an Frankreich

In Bad Stuben war am 5. April 1666 bei den Beratungen Wesselényis mit den unzufriedenen Magnaten, unter denen Peter Zrinyi schon eine der Hauptpersonen war, beschlossen worden, daß sie sich unter den Schutz Ludwigs XIV. begeben würden. Um ihre Partei zu vergrößern und Soldaten anwerben zu können, waren große Geldmittel erforderlich, über die aber weder Wesselényi noch Peter Zrinyi verfügten. Zrinyi wurde daher von den versammelten Herren beauftragt, Grémonville die Nachricht von diesem Beschlusse zu überbringen und ihm zu sagen, daß sich die Ungarn mit den Franzosen verbünden wollen. Zrinyi sollte von Grémonville 100.000 Gulden verlangen. Für diese Mission stattete Wesselényi den Ban mit einer besonderen Vollmacht aus, die mit der Auflage versehen wurde, daß das aufgenommene Geld nur nach den Weisungen der Abgesandten der ungarischen Stände verwendet werden dürfe.

Fekete László, der Kapitän von Füllek, ein alter Soldat, der einst gemeinsam mit Wesselényi den Handstreich von Murany ausgeführt hatte, wurde Zrinyi zu diesen Gesprächen mit Grémonville beigegeben, um einerseits Grémonville davon zu überzeugen, daß sich auch der Palatin mit den Franzosen verbünden wolle, und andererseits hatte Wesselényi in Fekete einen Vertrauten, der auch Zrinyi überwachen würde. Da aber Fekete die französische Sprache nicht beherrschte, konnte er bei den Gesprächen Zrinyis mit dem Botschafter doch nur als stummer Zeuge fungieren.

Zum Zwecke der Geheimhaltung waren Decknamen vereinbart worden. Wesselényi wählte für sich den Namen „Oswald" und Zrinyi den Namen „Ferdinand".

Die Gespräche fanden in der Residenz des französischen Gesandten statt. Grémonville beteuerte zwar, daß Frankreich die Entwicklung in Ungarn aufmerksam verfolge, warnte Zrinyi aber vor übereilten Schritten. Die Absichten der Magnaten müßten mit denen Frankreichs sorgfältig koordiniert und deren Einfluß konkreter ermittelt werden. Damit hatte Zrinyi wenig genug erreicht und berief deshalb Vitnyédy Istvan, den Anführer der 13 oberungarischen vorwiegend kalvinischen Gespanschaften, nach Wien, damit auch er Grémonville davon überzeugte, daß sich Ungarn vom Hause Habsburg losreißen wolle. Vitnyédy kam und setzte einen Vertragsentwurf für ein künftiges Bündnis zwischen den Ungarn, Kroaten, Slowaken, Dalmatinern, Siebenbürgern, Walachen und Moldauern auf, von dem schon der verunglückte Bruder des Bans, Nikolaus Zrinyi, geträumt hatte. Dieses Bündnis entsprach aber auch den Vorstellungen Peter Zrinyis, der in Gegenwart Vitnyédys anregte, daß diese von Vitnyédy vorgesehene Vereinigung von Ludwig XIV. anerkannt werden möge. Ludwig XIV. möge diesem Bund dadurch Geltung verschaffen, daß diesem unter den Mitgliedern des Heiligen Römischen Reiches ein Platz zuerkannt werde. Ungarn solle für alle im Reichstag Sitz und Stimme erhalten und unter den Schutz des Heiligen Römischen Reiches bzw. seiner Fürsten gestellt werden, ohne daß hiebei die ungarische Verfassung verletzt werde. Dadurch erhoffte sich Zrinyi einen Schutz Ungarns vor dem Kaiser, weil die deutschen Fürsten durch enge Bündnisse mit Ludwig XIV. an dessen Politik gebunden waren.

Vitnyédy war offen der Meinung, daß nach der Goldenen Bulle Andreas' II. der Krieg gegen Österreich von den Ungarn so lange als Selbstverteidigung zu führen wäre, bis Frankreich selbst eingreifen könne. Der Entwurf eines Bündnisvertrages mit Frankreich sah vor, daß Ungarn 15.000 Mann Reiterei und 15.000 Mann Fußvolk unter Waffen nähme. Ludwig XIV. sollte den Sold dieser Truppen festsetzen und sie bezahlen. Zur Führung dieser 30.000 Mann solle der französische König auf eigene Kosten französische Generale, Kriegsingenieure und Artilleristen nach Ungarn entsenden. Zur Abdeckung der Kriegskosten sollen über Danzig 100.000 Taler bereitgestellt und über eine Wiener Vertretung an die ungarischen Stände gezahlt werden. Nach dem Kriegseintritt Frankreichs gegen Leopold I. dürfe nur gemeinsam Frieden ge-schlossen werden. Als Gegenleistung hat Vitnyédy die Königskrone Ungarns einem Sohn Ludwigs XIV. oder einem Fürsten angeboten, den Ludwig XIV. namhaft machen werde. Dieser Fürst solle aber vor seiner Krönung einen Kontrakt unterschreiben, in welchem sich dieser ver-pflichte, die Rechte der ungarischen Nation zu wahren. Dafür wäre Ungarn seinerseits bereit, Ludwig XIV. bei seinen Bemühungen um die Erlangung der Kaiserwürde des Heiligen Römischen Reiches deutscher Nation, auch mit Waffengewalt, zu unterstützen. Weiters seien sie bereit, ungarische Truppen nach Frankreich zu entsenden, wenn auch Lud-wig XIV. französische Truppen nach Ungarn verläge. Die Truppen beider Länder wären zu verpflichten, sich den Gesetzen jenes Landes zu unterwerfen, in dem sie stationiert sind. Beide Völker würden sich fortan mit aller Kraft unterstützen. Zur Sicherung dieser Bedingungen möge Ludwig XIV. sein Wort verpfänden, das heilig und unantastbar bleiben solle, auch wenn alle Treue aus der Welt verschwinde. Beide Parteien würden sich das Recht vorbehalten, bei Abschluß des Vertrages andere Bedingungen hinzuzufügen oder zu streichen. Ludwig XIV. müsse sich aber innerhalb von 30 Tagen entscheiden, ob er den Vertrag annehmen wolle oder nicht, weil das arme ungarische Volk mit der Behebung der Übelstände im Lande nicht mehr länger zuwarten könne.

Grémonville war jetzt zwar davon überzeugt, daß es die Ungarn ernst meinten, aber er hielt die Sache doch nicht für so dringend wie die Ungarn. Er wolle den Minister für auswärtige Angelegenheiten in Paris informieren, aber den Vertragstext müsse man noch überdenken, ebenso den Zeitpunkt des Abschlusses und Inkrafttretens. Inzwischen könne Vitnyédy auch den Palatin und die Führer der nationalen Partei mit dem Vertragsentwurf eingehender befassen, dann werde man weiter-sehen.

Zrinyi, Fekete und Vitnyédy reisten hierauf nach Preßburg, um Wesselényi vom Ergebnis der Verhandlungen mit Grémonville zu unter-richten. Aber der Nádor konnte sich für diesen, wie er sagte, großartigen, aber abenteuerlichen Plan nicht so recht erwärmen. Auch ein Bündnis Ungarns mit Polen war bei Grémonville zur Sprache gekommen, und der Gesandte hatte angedeutet, daß Frankreich befürchte, daß Fürst Lu-bomirski, der in Polen die österreichische Partei vertrete, nach dem Tod des sehr kranken Königs die Wahl eines französischen Prinzen durch seinen großen Einfluß verhindern werde. Vitnyédy erklärte sich hierauf bereit, Lubomirski aus dem Wege räumen zu lassen, wenn es soweit sein würde.

Vitnyédy, der den Haß gegen Papst und Kaiser predigte, zog durch das Land und hetzte gegen Leopold, und Széchy Maria und Katharina Frangepan forderten ihre Männer erneut zu größerer Tatkraft auf.

Michael Apafy, der von Sáros-Patak aus ersucht worden war, in

LEOPOLDO.AVGVSTISSIMO
IMPERATOR DE ROMANI.
&
Kaiser Leopold I.

Celsissimus Princeps ac Dn̄ Dn̄ Wenceslaus Dux in
Silesia Saganensis Gu bernator Domus
Lobkowizianæ Ducalis Co mes Sternsteinensis Dn̄ in
Chlumetz et Raudniz ad Albim, Aurei Velleris
Eques, S:C:M:Intimus ac Primar.Consiliarius
Eiusdem Supremus Silæ Præfec tus.et utrius a Silesiæ Capitaneus, ꝓ

Jo Bretzog scul.

Wenzel Fürst Lobkowitz

Feldmarschall Raimund Montecuccoli

GIOVANNI CONTE DI SPORCK SIGNORE DI LISAV CONNIVE E CVMVLAT &c DEL CONS° DI GVERRA E GENERALE DELLA CAVALLERIA DI SVA M^TA CES^A

Johann Graf Sporck

GEORGI₉ SZELEPCHENY
elect₉ Eppūs Ecctæ Nittri . lociq₃
eiusdem Com . perp . S · C R q₃ M .
Conſ . ac per inalijſt Reg · H · Aulæ eiuſd · Can ·

Fürstprimas von Ungarn Georg Graf Szélépcsényi

Paulus S.R.I.Pr. Estorasi,
Com.in Frakno Reg. Hung.Palatin,
Supr.General.ac Locumtenens Regius.

Paul Fürst Esterházy

Cᵒᵐ·FRANCISC₉VESSELENI
de Hadad, perpet. de Muran, ad„
miniſt. Præs. Filek. S·C·Rq₃M.Conſ
Cam. et Reg. Hung. Palatin.

Franz Graf Wesselényi

Nikolaus Graf Zrinyi

Konstantinopel eruieren zu lassen, inwieweit die Magnaten im Falle eines bewaffneten Aufstandes gegen ihren Landesherrn mit dem politischen und militärischen Beistand der Hohen Pforte rechnen dürften, sandte im Mai den Sohn seines Kanzlers, den jungen Bethlen, und Michael Teleki zum Palatin, um eingehendere Instruktionen zu erhalten. Er war bereit, eine Mittlerrolle zu übernehmen und die Stände Ungarns und ihre Sache zu unterstützen und vorerst so zu tun, als ob er selbst die Hohe Pforte auf die Entwicklung in Ungarn aufmerksam machen würde.

Postraubmord

Graf Nádasdy erfuhr bei einer Sitzung der Geheimräte, daß in wenigen Tagen ein Postreiter mit wichtigen Schreiben nach Siebenbürgen abgefertigt würde. Da er selbst ebenfalls zu einer geheimen Besprechung der Malcontenten, zu der ihn der Palatin Graf Wesselényi auf seine Burg Murany geladen hatte, folgen wollte, kam ihm der Gedanke, den kaiserlichen Postreiter überfallen zu lassen. Dieser würde die gleiche Straße Richtung Kaschau—Siebenbürgen benutzen. Im Postsack würden sich kaiserliche Befehle, Anordnungen und persönliche Briefe, die mit dem Siegel Leopolds versehen worden waren, befinden. Graf Rothal, der königliche Kommissär für Ungarn, hatte die Post persönlich abzufertigen. Es mußte sich um wichtige Dinge handeln, weil Rothal anordnete, daß der Postbote von bewaffneten Reitern zu begleiten war. Nádasdy wollte die geraubte Post in Murany auf den Tisch legen.

Rasch kehrte Nádasdy von Wien nach Pottendorf zurück. Er ordnete alles für die Fahrt nach Murany und ließ einen Zug Schloßhusaren satteln, die ihn zu begleiten und den Überfall auszuführen hatten. In Oberungarn, zwischen dunklen Wäldern und steilen Berghängen, versteckte sich ein Teil seiner Reiter, während er mit den restlichen Leuten ein nahes Kastell aufsuchte und dort die Überbringung der kaiserlichen Post abwarten wollte. Bauern, die des Weges kamen, hatten noch keine Kaiserlichen gesehen. Sie waren also noch nicht zu spät gekommen. Trotzdem vergingen mehrere Stunden, ehe der an einer Wegbiegung Ausschau haltende Wächter das Zeichen gab, daß sie kommen. Ahnungslos trabte der Postreiter mit seiner Bedeckung in den Hinterhalt. Plötzlich begann der Wald, der zu beiden Seiten den Weg säumte, sich zu bewegen. Gewehrfeuer unterbrach jäh die Stille. Hierauf brachen zwischen hohen Tannen Husaren mit gezogenen Säbeln hervor und stürmten auf die Überraschten ein. Ungarische Befehle: „Hau zu!" — „Schone ihn nicht!" — „Es darf keiner entkommen!" Der Postbote und seine aus vier Reitern bestehende Bedeckung baten vergebens um ihr Leben. Sie lagen, durch Schüsse schwer verletzt, auf der Straße und wurden erbarmungslos getötet. Kaum eine halbe Stunde war vergangen, und die wildromantische Gegend war wieder still geworden. Nur die ausgeraubten

Leichen am Wegrande deuteten darauf hin, daß hier vor kurzem ein Verbrechen begangen worden war.

Der Postsack wurde Nádasdy von seinem Leutnant im Kastell persönlich übergeben. Mit vor Erregung zitternden Händen erbrach der Magnat die von Leopold I. persönlich gesiegelten Briefe und begab sich mit diesen an einen Ort, den auch der Kaiser zu Fuß aufsuchen muß. Er verriegelte hinter sich die Türe und las die Schreiben. Als er endlich zurückkam, sagte er zu seinem Vertrauten: „In Siebenbürgen ist Bánffy Denes der Spion der Habsburger!" Bald darauf saß der zum Wegelagerer gewordene oberste Richter des Landes wieder in seinem Reisewagen und zog mit seinem Gefolge weiter nach Murany.

Beistandspakt der Verschwörer

Murany, Sommer 1666. Graf Wesselényi hatte, beeinflußt von seiner politisch sehr ambitionierten Frau, die führenden Köpfe der Verschwörer nach Murany beordert, um endlich Bewegung in die Angelegenheiten des Vaterlandes zu bringen. Széchy Maria, seine rotblonde Gemahlin, die von ihren vielen Freunden gerne als „Venus von Murany" bezeichnet wurde, wollte bei dieser Gelegenheit ein festliches Gastmahl geben, das der Würde des Nádors entsprechen sollte, und lud aus diesem Grunde auch die Frauen der Verschwörer ein, mit ihren Männern nach Murany zu kommen. Das in ausgedehnten Sümpfen liegende mächtige Felsenschloß sollte so große Tage erleben, wie sie die alten Mauern wohl noch nicht gesehen haben mochten. Es kamen Katharina Frangepan, die Gemahlin Zrinyis, Zrinyi Ilona, die junge Gemahlin Rákóczys, Julia de Naro, die Gemahlin des Markgrafen Frangepan, und die Töchter Tökölys.

Während die Frauen die eben fertig gewordene kleine, aber sehr gepflegte Gartenanlage, die neuadaptierten Gemächer der Széchy und des Nádors, die neuen geschnitzten Möbel aus Italien und die kostbaren Waffen im Jagdzimmer Wesselényis bestaunten, verhandelten der Palatin, Zrinyi, Nádasdy, Rákóczy und Frangepan mit Tököly Istvan, dem Herrn der mächtigen Burg Arva und Führer des protestantischen Adels Oberungarns, und seinem Assistenten Stephan Vitnyédy sowie mit Bethlen Miklos und Teleki, den Abgeordneten des Fürsten Michael Apafy von Siebenbürgen.

Als erstes wurde der kühne Plan Vitnyédys und Barons Petroczy Istvan, des Schwagers Tökölys, beraten. Beide hatten vorgeschlagen, Kaiser Leopold zu überfallen, zu entführen und auf einer Burg im Waagtal so lange gefangenzuhalten, bis er bereit sein würde, die Forderungen der Ungarn zu erfüllen. Wenn Leopold bei Ebersdorf jage, würde das leicht gehen, denn er werde bei seinen Ritten über die Felder nur von zwei, drei Kavalieren begleitet.

Nádasdy war auch dieser Meinung: „Wenn wir Leopold ermorden

lassen wollen", erwog er, „dann kann dies wohl auf einer solchen Jagd bei Ebersdorf geschehen. Der Kaiser wird oft wirklich nur von einigen Hofkavalieren begleitet, und ich kann mir vorstellen, daß ein verwegener Kerl auf einem schnellen Roß den Anschlag ausführen könnte."

Wesselényi verwarf den Plan Vitnyédys: „Euer Plan, Herr Notar, ist abenteuerlich", und an Nádasdy gewandt fuhr er fort, „vorläufig wollen wir an die gesalbte Person des Königs nicht Hand anlegen. Es gibt noch andere Mittel. Laßt uns erst diese ausschöpfen."

Der zweite Beratungspunkt galt der von Vitnyédy angeregten ausländischen Hilfe. Sollte über Grémonville weiter mit dem Hofe Ludwigs XIV. verhandelt oder eine andere Macht um Hilfe gebeten werden, die sofort und wirksam militärisch in Ungarn intervenieren konnte? Vitnyédy kam bei der Erläuterung seines Vorschlages auf das Beispiel Szapolyays zu sprechen: „Auch dieser Fürst hat die Hilfe der Türken in Anspruch genommen, warum sollten wir es daher nicht? Geht es heute um weniger als damals?" Nach einer Erörterung des Mißtrauens und des schlechten Verhältnisses der Ungarn zu den Deutschen grollte Wesselényi: „Sie sagen, man müsse uns den Zierat von der Kuczma und die Reiherbüsche von den Hüten reißen. Wir sollen, statt solchen Luxus zu treiben, steinerne Knöpfe an unsere Dolmans nähen und unsere Beine in böhmische Hosen stecken!"

Nach erregten Reden wurde der zweite Antrag Vitnyédys gutgeheißen und vom Palatin angenommen. Der Fürst von Siebenbürgen sollte gebeten werden, die Hilfe der Türkei zu erwirken. Die höchsten Würdenträger Ungarns seien bereit, sich dem Sultan zu Füßen zu werfen, und bitten ihn, das Land in seinen Schutz zu nehmen. Ungarn solle seinen König frei wählen und in den äußeren Angelegenheiten unabhängig verfügen dürfen. Für den militärischen Schutz wolle Ungarn dem Sultan jährlich einen noch festzusetzenden Tribut bezahlen.

Peter Zrinyi ergänzte dieses Vorhaben dahin, daß auch mit Frankreich weiterverhandelt werden solle. Er erstattete über die Besprechungen mit Grémonville Bericht. Das erste Gespräch habe in einem Gasthaus in der Nähe von Wien, in Achau, stattgefunden. Sie wären dabei als Kaufleute verkleidet gewesen. Das zweite Gespräch, zu dem er auch Vitnyédy zugezogen habe, hat in der Botschaft geendet. Die Vertragsentwürfe seien bekannt und dem Palatin vorgelegt worden. Man solle beides, die Verhandlungen mit Frankreich fortsetzen und die Hilfe der Türken begehren. Bethlen erklärte hierauf, daß er ermächtigt sei, die Vermittlungstätigkeit seines Fürsten zu versprechen. Baló László werde von Apafy noch im Spätsommer nach Konstantinopel zum Sultan und erforderlichenfalls weiter nach Kreta gesandt werden, wo Köprili wieder den Oberbefehl über die Belagerungstruppen vor Candia übernommen habe. Die Reisekosten, die von den ungarischen Herren aufzubringen seien, betragen 3000 Taler. Da der Palatin nicht soviel Geld bei sich hatte, borgte er den ganzen Betrag von dem reichen Tököly Istvan, der dem Geheimbund das Geld vorschoß.

Als auch diese erste Schwierigkeit überwunden war, meldete sich Nádasdy zu Wort. Er berichtete vom Überfall seiner Leute auf den kaiserlichen Postreiter und dessen Bedeckung, und an die Gesandten Apafys gewandt sagte er: „Ich habe hier einen Brief des Kaisers. Aus diesem geht hervor, das Bánffy Denes in Siebenbürgen der Spion der Habsburger ist." Diesen Worten folgte eine erregte Debatte, denn Bánffy war als verläßlicher Mann betrachtet worden. Nádasdy riet, daß Apafy den Verräter vor Gericht stellen und hinrichten lassen solle. Dem stimmten auch die anderen ungarischen Herren bei. Bethlen sagte ebenso erregt zu, daß er hierüber seinem Fürsten berichten wolle. Die Meldung Bethlens kostete Bánffy — obwohl die Fürstin ihren Gemahl auf den Knien anflehte, ihn nicht zu töten — das Leben.

Feierlich verpflichteten sich hernach die Verschwörer in einem großen Bundesbrief wieder, daß sie einander mit Blut und Leben, Freiheit, Ehr und Gut beistehen wollen und in keiner Not und Gefahr einander verraten oder verlassen würden. Nachdem alle anwesenden Herren diesen Beistandspakt mit vollem Namen unterzeichnet hatten, ergriff der greise Palatin, der von den anderen auf einen gefährlichen Weg gedrängt worden war, das Wort: „In dieser feierlichen Stunde wird die Freiheit der Nation auf Murany geboren! Die Welt aber wird mit Schaudern vernehmen, daß Ungarn von seinem christlichen Kaiser abgefallen ist!"

Vitnyédy Istvan war zufrieden. Seherisch erwiderte er: „Der Tag wird kommen, an dem die Streitkräfte beider protestantischer Konfessionen Oberungarns Schulter an Schulter mit den Aufgeboten der katholischen Magnatenfamilien und den Sturmtruppen des osmanischen Heeres Leopold I. aus Wien verjagen und auf den erstürmten Mauern und Basteien der Stadt das heilige Banner der Freiheit Ungarns, die grüne Fahne des Propheten aufpflanzen werden!"

Nádasdy aber regte an, daß die großen kaiserlichen Geldtransporte, die von den Bergstädten nach Wien gingen, überfallen werden müßten. So käme man am leichtesten zu großen Mengen baren Geldes, mit dem man Husaren und Hejduken anwerben könne.

In einer Hochstimmung sondergleichen begann dann das große Gastmahl, daß Széchy Maria vorbereitet hatte. Kecke Trinksprüche machten die Runde. Sie wurden auf das Wohl des obersten Gebieters, des Sultans, und seines Großveziers Achmed Köprili ausgebracht, auf Ludwig XIV., den Conservator Hungariae, und auf die Freundschaft des Fürsten von Siebenbürgen. Széchy Maria, die Gemahlin Wesselényis, rief den Magnaten mit erhobenem Glase zu: „Sorgt dafür, daß Ungarn wieder ungarisch wird! Laßt den vielen Reden endlich eure Taten folgen!"

Am nächsten Tage verließen die siebenbürgischen Gesandten Murany, und die Verschwörer berieten, wer jetzt aufgefordert werden sollte, sich der allgemeinen Erhebung anzuschließen. Jeder von ihnen übernahm es, die ihm näherstehenden Adeligen zu gewinnen. Weitere öffentliche Versammlungen sollten folgen, aber doch getrachtet werden, daß die Sache möglichst lange geheim bleibe, um dem Wiener Hofe die zu erwartenden Gegenmaßnahmen zu erschweren.

Tattenbach wird gewonnen

Lupschina*). Oberstleutnant Locatelli, der Stabs- und Planungschef Graf Zrinyis, hatte wichtigen Besuch. Er hatte auf den Wunsch des Banus von Kroatien wieder seinen Jugendfreund Graf Erasmus Tattenbach zur Jagd eingeladen, um so eine unauffällige Gelegenheit für Gespräche zwischen Zrinyi und Tattenbach vorzubereiten. Tattenbach war wohl halb und halb für die Pläne des Bans gewonnen, redete aber immer noch von Voraussetzungen und Sicherheiten. Diese Vorbehalte des Steirers sollten ausgeräumt werden, und so waren weitere Verhandlungen erforderlich geworden. Tattenbach war der Einladung Locatellis gerne gefolgt, und nun saßen die Freunde vor dem knisternden Feuer des Kamins und redeten von ihrer Jugend, der schon einige Zeit zurückliegenden gemeinsamen Militärzeit. Zrinyi sollte im Verlaufe des Abends ebenfalls nach Lupschina kommen.

Bei behaglicher Wärme und einem mächtigen Zinnkrug mit erlesenem Tokajer brachte Freiherr von Locatelli das Gespräch auf die Politik des Hauses Zrinyi. „Du weißt, daß ein Vorfahre des Bans die Festung Szigeth verteidigt hat und als Nationalheld der Madjaren verehrt wird." Tattenbach nickte und dachte, daß Locatelli, der sein Vermögen vergeudet hatte und aus Triest stammte, wohl so von den Zrinyis reden konnte, denn er hatte ja diesem Hause seinen derzeitigen Unterhalt zu danken. „Und wie dieser Held, so wird auch der Bruder des Bans, Nikolaus Zrinyi, der auf einer Jagd auf so seltsame Art ums Leben kam, vom Volke verehrt, denn er hat den Türken viel zu schaffen gemacht."

„Und wie einst Nikolaus ist jetzt Peter Zrinyi bereit, für die Freiheit Ungarns alles zu wagen", warf Tattenbach ein. Und listig fügte er hinzu: „Wer wohl seine Ambitionen und seinen Ehrgeiz entfacht?"

„Katharina ist die Seele der ungarischen Unruhe. Aber du kennst ja ihren hohen Sinn von ihren vielen Besuchen auf deinem Schloß zu Kranichsfeld!"

„Du weißt davon?" staunte Tattenbach.

„Katharina schwärmt manchesmal von deinem Rittersaal, dem herrlichen Stuck und vor allem von den großartigen Deckengemälden und deinem persönlichen Kunstsinn."

Tattenbach fühlte sich geschmeichelt: „Im ersten Gemälde macht ein

---

*) Ort im Komitat Sáros, heute Slowakei.

junger Mann einer schönen jungen Frau eine Liebeserklärung. Indes er aber um sie wirbt, wird er, vom Hintergrunde her, von einem Mann mit bärtigem Gesicht belauscht, und Amor schießt seine Pfeile auf das verliebte Paar. Zur Seite aber tanzt derselbe Freier mit zwei hübschen Frauen." Locatelli lächelte: „Sosehr also liebst du die Gräfin Zrinyi."

Aber ohne auf diesen Einwurf einzugehen, fuhr der Gast fort: „Peter Zrinyi sieht in diesen zwei Figuren Ungarn und die Steiermark und in der bärtigen Gestalt Chronos, den Herrn der Zeit, der mit Hilfe Amors das Lieboswerben der Madjaren um die Steirer unterstützt."

„Da hast du ihm was Schönes eingeredet!" lachte Locatelli vergnügt. „Und der Mann, der mit beiden Weibern tanzt, ist nicht Tattenbach mit Katharina und seiner eigenen Frau, sondern Tattenbach mit der Steiermark und mit Ungarn! Das gefällt mir, das ist einfach großartig! Und welch romantische Symbolik verrät das zweite Gemälde?"

„Du weißt, daß es die Göttin Venus darstellt, die von Grazien bedient wird."

„Und der Flußgott zu ihren Füßen, der sie mit verzehrender Sehnsucht anbetet, den kennt wohl nur Katharina selbst?" stichelte Locatelli meisterhaft. „Entsteigt er der Mur, der Drau oder der Save?"

Tattenbach fühlte sich übertölpelt und war besorgt: „Wenn du das dem Ban so schilderst, wie du das alles siehst, so ist unsere Freundschaft dahin!"

„Sei unbesorgt! Zrinyi ist mein Herr. Du aber bist mein Freund! Ich unterscheide da sehr streng! Zrinyi weiß auch von deinen wiederholten Besuchen auf Csakathurn, aber er glaubt, daß du Sophie, der Witwe seines Bruders, den Hof machen würdest und hat sie nur deswegen noch nicht aus seinem Hause gejagt. Er mag die Wienerin nicht, denn er sieht in der Löbl eben eine Deutsche. Indessen reist aber der Ban landauf, landab und macht, unter dem Vorwande es für die Freiheit Ungarns zu tun, für sein eigenes Haus Politik! So profitieren alle von allen", schloß er ernster werdend.

„Ist Graf Zrinyi mit den mit ihm verbündeten Familien nicht die Nation? Sind diese Familien nicht Ungarn?" konterte der Steirer mehr verwundert als geschickt.

„Wie recht du hast", überspielte Locatelli seinen Freund, „Zrinyi ist Ungarn! Aber da kommt er ja eben selbst!" Ein Reisewagen war in den Hof eingefahren, und bald darauf stürmte der Ban in die Stube: „Seid gegrüßt, Freunde!" rief er mit mächtiger Stimme. „Welch ein Glanz in Lupschina!"

Nach dieser herzlichen Begrüßung leerte Zrinyi den ihm von Locatelli gefüllten schweren Zinnbecher in einem Zuge. „Das tut gut, wenn man den ganzen Tag unterwegs ist!" Dann rückte auch er seinen mit einem Lammfell gepolsterten Stuhl an den Kamin heran und erkundigte sich, wovon die Herren geredet hätten.

„Von Politik!" lenkte Locatelli sofort auf die Sache ein.

„Das ist gut", lobte der Ban, „denn Politik ist unser Geschäft!"

„Graf Tattenbach", schoß der Gastgeber seinen steirischen Freund an, „zögert. Er macht noch immer Einwände, obwohl er, der mächtigste und reichste Grundbesitzer im steirischen Unterland, in Wahrheit tief gekränkt ist, weil ihm der Herzogshut der Steiermark von Leopold verweigert wurde. Er setzt auf Euch, Ban, denn er hofft, wenn Euch euer Werk gelingt, für die Hilfe, die er zu dessen Vollbringung beiträgt, mit der Fürstenwürde entschädigt zu werden."

„Die gefürstete Grafschaft Cilli würde Euch in den Stand der Reichsfürsten erheben", bestätigte Zrinyi. „Gleiche Beschwerden fordern gleiche Abhilfe! War es denn nicht auch ein empörender Eingriff in die alten Rechte und Freiheiten der steirischen Landschaft, als Leopold seinen Kaisereid nicht öffentlich, wie es das Gesetz vorsieht, sondern in einem Zimmer vor wenigen Kommissären geleistet hat? Hat er die Huldigung am Landtage begehrt und hat er diesen mit einer besonderen Einladung an jeden Landstand ausgeschrieben, wie es seine Pflicht gewesen wäre? Und wie hat der steirische Adel auf dieses Abweichen vom festgelegten Zeremoniell reagiert? Er hat peinlich geschwiegen. Die Auflagen des Wiener Hofes, mit denen die Steiermark ebenso bedrückt wird wie Ungarn, empören Euch und uns! Leopold verletzt auch unsere Konstitution und unsere Freiheiten. Aber Ungarn ist allein zu schwach, um sich gegen seine Heere, die es unterdrücken, zur Wehr zu setzen. Deshalb, Freunde, muß Hilfe beim Nachbarn gesucht werden!" Zrinyi hatte Graf Tattenbach, welchen schon der bloße Gedanke von der Verletzung der alten Rechte und Freiheiten der Landschaft zutiefst empörte, an seiner verwundbarsten Stelle getroffen. Und dennoch sträubte sich der steirische Graf gegen die Inanspruchnahme des militärischen Beistandes der Hohen Pforte, obwohl er sich längst, umgarnt von der Gräfin Zrinyi, der Verschwörung angeschlossen hatte. Der Ban merkte Tattenbach an, daß dieser über diese angestrebte Hilfe unglücklich war, und versuchte ihn umzustimmen: „Haben es nicht steirische und Kärntner Renegaten in Konstantinopel zu höchsten Ehren gebracht? War nicht Mohammed, ein gebürtiger Grazer, unter Murad III. Truchseß der Hohen Pforte? War nicht Schärtlin von Graz im Hofdienst des Sultans? Und hat sich nicht auch der Herr von Welzen, ein Kärntner, als oberster Verschnittener bis zum Haupte des Harems emporgeschwungen? Ahmed von Graz aber, der Eidam der Prinzessin Mihrmah, der Tochter Suleimans des Großen, hat nach dem Tod des gefürchteten Sokolli, der Szigeth erobert hat, ein Jahr, bis zu seinem eigenen Tod, die Würde eines Großveziers bekleidet! Es handelt sich gar nicht darum", setzte er mit den Worten Graf Frangepans, die dieser einmal mit catilinarischer Beredsamkeit ausgesprochen hatte, fort, „dem Glauben der Väter zu entsagen, sondern als christlicher Fürst, als Herzog von Steiermark, unter türkischem Schutz

zu stehen, so wie die Fürsten der Moldau, der Walachei und Siebenbürgens! Wenn schon Kaspar von Gradetz, der ehemalige Schreiber
Erzherzog Ferdinands, zur Belohnung seiner der Hohen Pforte als
Dolmetsch, Sekretär und Gesandter in Wien geleisteten Dienste zum
Herzog von Naxos und zum Fürsten der Moldau ernannt wurde, um
wieviel eher müßte dann der Herzogshut der Steiermark dem Grafen
Tattenbach für dessen Bündnistreue zugestanden werden?" Das wirkte
sichtlich, denn Tattenbachs Ehrgeiz war ebenso groß wie seine Liebe zur
heißblütigen Gräfin Zrinyi. Aber als er in die Hand des Banus von
Kroatien einschlug, die ihm dieser freundschaftlich entgegenstreckte,
waren seine Gedanken bei seiner Geliebten. Sie ist ein rassiges Weib,
dachte er frivol, mehr Italienerin als Kroatin und mehr Kroatin als
Ungarin... Da redete Zrinyi aber schon weiter und versicherte dem
Steirer, daß er seinen großen Einfluß, den er bei den deutschen Reichsfürsten habe, geltend machen wolle, damit Tattenbach in den Stand der
Reichsfürsten aufgenommen werde. Tattenbach fand sich bald wieder
in der Situation zurecht und deutete nun seinerseits an, daß es ihm
möglich sein würde, auch Graf Thurn, den Landeshauptmann von Görz,
für die gemeinsame Sache der Ungarn und Steirer zu gewinnen.

„Das würde unser Operationsgebiet im Nordwesten gegen Kärnten
und Tirol absichern", konstatierte Locatelli, womit er wieder seine
taktischen Fähigkeiten unter Beweis stellen konnte.

Überfall auf den Kaiser vereitelt

Wien. Man hatte gemeint, aus einem Brief Kaiser Leopolds an Graf
Pötting schließen zu müssen, daß er sich in fatalistischer Ergebenheit in
den Willen Gottes füge, welcher sich ihm und seinem Hause durch böse
Zeichen der Vernichtung angekündigt habe, und daß diese Einstellung so
ausgeprägt sei, daß sie imstande wäre, alle rein menschlichen Empfindungen seiner Seele zu unterdrücken. Man meinte daraus folgern zu dürfen,
daß Leopold sich auch zu seiner Ehe nicht aus eigenem Willen entschlossen
habe, sondern sich nur einem drohenden Willen des Lenkers aller Ge-
schicke beuge, daß ihm alle irdischen Aufgaben wie Kaisertum und die
Frage der Nachfolge zweitrangig erscheinen würden, wenn nur dem
Willen des Höchsten Genugtuung geschehe. Sein derzeitiges Verhalten
ließ aber auf eine völlig andere Lebensauffassung schließen. In einem
Brief an seine Braut, datiert vom 28. April 1666, trat unverhüllt die
wahre Empfindung des Kaisers hervor. Sie wurde nur durch ihre strenge
jesuitische Erziehung und durch seine eigene mystisch-melancholische Ver-
anlagung gedämpft. Und doch sehen wir hier, schrieb der Nuntius,
Leopold als jugendlichen Herrscher, welcher Tag und Stunde der Vereinigung mit seiner Braut nicht mehr erwarten kann. Auf die Nachricht

der künftigen Kaiserin über ihre bevorstehende Abreise und den galanten Zusatz in ihrem Brief, es dürfe keinen Augenblick mehr längern dauern, dem Kaiser in Person dienen zu können, so groß sei ihr Verlangen, antwortet Leopold mit den Worten: „Mit gleicher Ungeduld zähle ich die Stunden, als wären es Jahre der Trennung bis zur Ankunft meiner heißersehnten Braut."

Kardinal Graf Harrach erreichte nach langen Verhandlungen in Madrid, in denen er Berge von Schwierigkeiten für den Kaiser beseitigen mußte, daß die Braut des Kaisers, die spanische Infantin Margarethe Theresa, endlich ihre Reise nach Österreich antreten konnte. Der Seeweg war gewählt worden, und am 20. August legte die stolze Fregatte im Hafen von Final an. Ferdinand da Cueva, der Herzog von Albuquerque, ihr Reisemarschall, war für die sichere Übergabe der Infantin und die Abklärung des beiderseitigen Zeremoniells verantwortlich. Kaiserlicherseits war Generalleutnant Graf Raimund Montecuccoli, der Sieger von Mogersdorf, als Hochkommissär des Wiener Hofes der Infantin entgegengeschickt worden. Montecuccoli wurde von Ludwig de Gusman, dem Statthalter von Mailand, nach Final begleitet. Bald aber kam es zwischen dem hochfahrenden Herzog von Albuquerque und dem kaiserlichen Feldherrn wegen des spanischen Hofzeremoniells zu schwerwiegenden Differenzen, so daß sich als deren Folge die Übergabe der Prinzessin an den Hochkommissär bis Mitte Oktober hinzog. Erst nach mehreren Klarstellungen der Höfe zu Madrid und Wien hatte Ferdinand da Cueva am 17. Oktober Margarethe Theresa dem kaiserlichen Hochkommissär zu übergeben. Kardinal Graf Harrach war inzwischen herbeigeeilt, ebenso Fürst Dietrichstein und der Marchese Grana. Letzterer überbrachte die Bitte des Kaisers, wegen des rauhen Wetters ehestens aufzubrechen, da ansonsten die Alpenpässe und vor allem der Semmering nicht mehr passierbar sein würden. In Schottwien wollte der Kaiser die Infantin an dem vorgesehenen Tage erwarten. Bis hierher wollte Leopold seiner Braut ohne Gepränge und ohne Gefolge, mit drei Wagen, nur von seinem Beichtvater Pater Müller, einigen Kämmerern und Lakaien begleitet, entgegenreisen.

Dieser Entschluß des Kaisers sowie der Tag seiner Abreise aus Wien und der Tag der Ankunft der Infantin in Schottwien waren den Spitzeln der aufrührerischen Magnaten sehr bald bekannt geworden, weil Leopold aus seinem Reiseprogramm kein Geheimnis machte.

Die führenden Männer der Magnatenverschwörung berieten mit dem Palatin, was zu tun sei. Grémonville hatte den Magnaten empfohlen, keine unüberlegten Schritte zu unternehmen. In diese Beratungen, bei denen Graf Zrinyi sehr impulsiv die Meinung vertrat, daß er das Gefühl habe, daß dem französischen Hofe die Unruhe in Ungarn zumindest im Augenblick nicht ins Konzept passe, platzte ein Schreiben Vitnyédy Istvans. In diesem Briefe teilte er dem Banus mit, wann Kaiser Leopold nach Schottwien reisen wolle und daß dieser nur von zwölf Personen begleitet sein werde. Er bat den Ban um die Beistellung einer Reiterpartei von 500 Mann, denn „er wolle den Kaiser vor dessen Ankunft in Schottwien aufheben, ihn in eine Britschka setzen und mit ihm in ein festes in Oberungarn gelegenes Schloß davonjagen. Auf dem Rückwege von Schottwien in die Residenz sei das nicht mehr möglich, weil die Anzahl der Wagen und die militärische Bedeckung der Infantin zu groß wäre". Dieses Schreiben löste unter den Verschwörern sehr unterschiedliche Reaktionen aus. Während Graf Wesselényi meinte, er würde Vitnyédy, falls er ihn jetzt zur Verfügung hätte, an Händen und Füßen binden und in die Donau werfen lassen, vertraten die Grafen Zrinyi und Frangepan die Ansicht, daß der Plan zu abenteuerlich sei, als daß man ihn einen solchen Narren ausführen lassen könne. Vitnyédy würde Leopold in seinem religiösen Haß zweifellos ermorden. Wie sie selbst aber wirklich zur Idee Vitnyédys standen, sollte sich bald zeigen.

Schon Anfang September wollte der Ban Graf Tattenbach für den Anschlag auf den Kaiser gewinnen, weil er, um diesen ausführen zu können, durch steirisches Gebiet reiten mußte. In einem recht umständlichen Schreiben vom 11. September 1666 gab Tattenbach wohl die von ihm erwartete Zustimmung zu Zrinyis Vorhaben, entschuldigte sich aber, daß er persönlich nicht an der Ausführung des großen Planes mitwirken könne, „theils weil er sich nicht ohne Aufsehen zu erregen entfernen könne, theils weil der Schauplatz des Unternehmens außer der Gränze von Steiermark in Oesterreich gelegen, und er seine Mitwirkung nur inner der Gränzen seines Vaterlandes zugesagt habe".

Verärgert über Tattenbachs Verhalten und besorgt, daß dieser unvorsichtig genug sei, ihre Absichten zu verraten, begaben sich die Grafen Zrinyi und Frangepan auf Schloß Kranichsfeld, um mit dem wankelmütigen Verbündeten selbst zu reden. Nach einem freundlichen Empfang und ausgiebiger Bewirtung zogen sich die Verschwörer in den Rittersaal des Schlosses zurück, wo sie ungestört zu sein glaubten. Aber der Zufall wollte es anders. Josef, ein Kammerdiener Graf Tattenbachs, ein nicht nur seinem Herrn, sondern vor allem der Gräfin und dem Alkohol ergebener Italiener, der am gestrigen Abend dem Wein übermäßig zugesprochen, war im Saale liegengeblieben und unbemerkt eingesperrt worden und verkroch sich, als er Schritte, Stimmen und Schlüssel hörte, eilends unter dem großen Tisch, der mit einem grünen, bis zur Erde herabreichenden Tuche bedeckt war, und wurde so zum unfreiwilligen Zeugen des Gespräches der Verschwörer. Unter der Rose der prächtigen Stuckdecke machte Zrinyi Graf Tattenbach ernste Vorhalte, aber dieser blieb, zur Überraschung des Bans, bei seinem Entschluß, den Anschlag zur Aufhebung Leopolds zwar zu unterstützen, sich aber an diesem nicht persönlich zu beteiligen. Als sich der Gastgeber auf kurze Zeit entfernt hatte, um Wein kommen zu lassen, wetterte Frangepan gegen Tattenbach und wies Zrinyi, seinen Schwager, auf die Feigheit hin, die aus dem Verhalten Tattenbachs zu ersehen sei. Der Ban konstatierte trocken: „Wir hätten uns die Mitteilungen an ihn ersparen können. Jetzt aber ist kein Augenblick zu verlieren, sonst entschlüpft uns das kostbare Wild!"

Josef, das Faktotum der Gräfin Tattenbach, der im Saale seinen Rausch ausgeschlafen hatte, war hellwach geworden. Als die Verschwörer endlich gegangen waren, begab er sich sofort nach Hohenbruck zu seiner Herrin, um ihr zu berichten, was er gehört hatte. Er war ihr Zuträger in allen Dingen und hatte ihr bisher gegen klingende Münze vor allem die Liebschaften ihres Gemahls hinterbracht, so daß jene mit der Gräfin Zrinyi für sie längst kein Geheimnis mehr war. Immer, wenn sie mit ihrem Sohne auf ihrem Lieblingsschloß Hohenbruck weilte, war Gräfin Katharina zufällig auf Kranichsfeld gewesen. In ihrer Enttäuschung hatte Gräfin Tattenbach in der Freiin Regina von Purgstall, der Tochter der mächtigen und zänkischen Gallnerin auf der Riegersburg, eine aufrichtige Freundin gefunden, die auch jetzt wieder auf Hohenbruck ihr Gast war. Ihr wollte Frau Tattenbach das schreckliche Vorhaben anvertrauen und um deren Rat bitten. Beide Frauen ahnten, daß es sich um die Aufhebung des Kaisers auf seiner Reise nach Schottwien handle, um Dinge, die, wenn sie bekannt würden, die Teilnehmer dem Schafott überliefern mußten. Frau Regina tröstete die Freundin vorerst damit, daß man ja wisse, daß Tattenbach selbst nicht an der Ausführung des Anschlages teilnehmen werde, und versprach, ein Mittel ersinnen zu wollen, wie man den Kaiser warnen könne, ohne die Namen der Verschworenen preisgeben zu müssen. Ihren Gemahl durfte Regina nicht in dieses Geheimnis einweihen, denn er würde die Gelegenheit sofort nützen und das Vorhaben und die Verschwörer verraten, um sich selbst in ein besseres Licht zu setzen. Als einziger Ausweg erschien ihr nur die namenlose Warnung des Kaisers. Da fiel ihr ein, daß sie auf ihrem gestrigen Spaziergange im Walde vor dem Schlosse ihrer Freundin einen Zigeuner gesehen hatte, dessen Kinder sie vor einigen Jahren befreien ließ. Er hatte sich ihr zu Füßen geworfen und ihr versichert, daß er aus Dank für den ihm und seinen Kindern bewiesenen Edelmut der Freiin jederzeit bereit wäre, für sie sein Leben zu opfern. Sie ließ ihn nun auf das Schloß rufen, und der verwegene Mann erklärte sich sofort bereit, dem Kaiser entgegenzureiten, wie sie es von ihm forderte. Er würde den Brief der Freiin an einen Stein binden und dem Kaiser in den Wagen werfen. „Wir haben nur mehr zwei Tage Zeit!" schärfte Regina ihrem Boten ein. Mit einem guten Roß der Gräfin Tattenbach und einem prallen Beutel Gold versehen, ritt der Zigeuner davon. In diesem Brief hatte die Freiin von Purgstall geschrieben, daß sie „den Kaiser um Gottes und seines Lebens willen bitte, die Reise nach Schottwien aufzugeben oder wenigstens unter starker Bedeckung zu unternehmen, denn von seiten der ungarischen Mißvergnügten drohe vor Schottwien seinem Leben Gefahr". Sie hatte den Brief außen mit einem alten Landeshauptmannssiegel, das sie in Graz gekauft hatte, versehen und als Absender hinzugefügt: „Ex officio, von Seiten der getreuen Landschaft, cito, citissimo."

Der Zigeuner, der sein ganzes Leben lang landauf, landab gezogen war, kannte die Gegend besser als irgendwer. In scharfem Trab ritt er, ohne Sattel, durch das Tal der Ilz dem Löserberge zu, weil nur in den Schluchten jenseits von diesem Höhenzug zwischen Neunkirchen und Schottwien günstige Gelegenheiten für einen Überfall gegeben waren. Es wäre schon zu Mittag gewesen, berichtete er später der Freiin, als er in einem zu dieser Straße führenden Tale auf eine Truppe ungarischer Reiter gestoßen sei. In deren als Heubauer verkleidetem Anführer habe er Graf Zrinyi erkannt. Diesen kenne er nur zu gut, weil der Graf vor zwei Jahren seinen Vater bei Presnitz habe niedersäbeln wollen. Er habe auch gewußt, daß der hohe Herr ein Freund starker Getränke sei und schon aus Neugierde keinen Schnaps ausschlage. Er habe den Grafen auch als Heubauer angesprochen und um eine Handvoll Heu für sein ermüdetes Roß gebeten. Dieser habe seinem Wunsche entsprochen, und zum Dank dafür habe er dem Heubauern einen Trunk von seiner Schnapsflasche angeboten. Dieser habe denn auch einen kräftigen Zug getan, dann sei er weitergeritten. Der Wirkung des dem Schnaps beigemengten Opiums sicher, das ihm eine alte Zigeunerin für einige Geldstücke in die Flasche geschüttet hatte, sei er unbehelligt auf dem Wege nach Neunkirchen dahingezogen, wo er den drei kaiserlichen Wagen schon diesseits der Neustadt begegnet wäre. Den Brief habe er im schnellen Fluge seines Pferdes in den Wagen des Kaisers werfen können. Der Kaiser habe das Schreiben nach dieser seltsamen Zustellung persönlich erbrochen und seinem Beichtvater gezeigt. Bald hierauf hätten die drei Wagen, wohl im Vertrauen auf Gott, ihre Fahrt in Richtung Schottwien fortgesetzt. Er selbst sei der Reisegesellschaft in einiger Entfernung gefolgt und könne daher berichten, daß diese ohne weitere Zwischenfälle ihr Ziel erreicht habe. In Schottwien aber habe er dem Ortsrichter sofort die Anzeige erstattet, daß in einer der Schluchten des Kranichsberges eine verdächtige Reiterpartei lagere. Der Ortsrichter habe das sofort der Umgebung des Kaisers gemeldet, worauf die erst für nächsten Tag geplante Abreise sofort erfolgt sei. Bei diesem plötzlichen Aufbruch habe der Kaiser eine auf seinem Hute befindliche Rose aus Diamanten verloren. Ein Bauer habe sie aber gefunden und dem Kaiser übergeben. Von Graf Zrinyi wußte er zu berichten, daß dieser an der Wirkung des Opiums in tiefen Schlaf versunken wäre und nicht zu wecken gewesen sei. Darüber sei Frangepan so erzürnt gewesen, daß er von dem schrecklichen Vorhaben Abstand genommen und sich auf steirisches Gebiet zurückgezogen habe.

Ob der Zigeuner die Wahrheit gesagt hatte? Regina von Purgstall trug das stolze Gefühl in ihrer Brust, das Leben des Kaisers oder zumindest dessen Freiheit gerettet zu haben. So konnte sich auch ihr Gemahl erst nach Jahren, als die Sache aufkam, hervortun und seine Ernennung zum Grafen erwirken.

Aber auch Vitnyédy Istvan hatte seinen Plan nicht aufgegeben. Als er erfahren hatte, wie der Palatin von ihm geredet habe, wandte er sich wieder an Graf Zrinyi und bat abermals um eine berittene Streitmacht. Als ihn der Ban abwies, wandte er sich an den Stallmeister Zrinyis und versuchte diesem einzureden, daß ihm der Graf eine solche Streitmacht zugebilligt habe und Rudolpf von Lahn diese zusammenstellen möge. Dieser aber traute dem Frieden nicht und sandte einen Melder zum Ban. Erzürnt verließ hierauf der Kalviner das Gut. „Warum gebt Ihr mir die Hejduken nicht?" hatte er den Ban gefragt, und dieser hatte ihm geantwortet: „Weil ich kein solcher Narr bin wie Ihr!" Empört darüber, daß man seine Dienste ausgeschlagen hatte, grollte er: „Die Herren sind sich zu gut für die Wegelagerei! Dabei würde sie mein Handstreich aller Sorgen entheben. Aber sie setzen auf höhere Diplomatie und hoffen, daß Frankreich ins Reich einfallen wird, wenn sie es wünschen. Ob ich der größere Narr war, das wird sich herausstellen! Mögen die Herren sehen, von wo sie, wenn sie in Schwierigkeiten geraten, Hilfe hernehmen! Aber sie sind eben Katholiken! Und ein echter Madjar ist nur ein kalvinischer Madjar!"

Einstellung der Hohen Pforte

Apafy Miklos, der als Fürst von Siebenbürgen eine sehr vorsichtige Politik zwischen der Hohen Pforte und dem deutschen Kaiserhause betreiben mußte, hatte sich nach längerem Zaudern mit Wissen der Türken dazu durchgerungen, die Absichten der Magnaten zu unterstützen. Er ging davon aus, daß die ostungarischen Gebiete, das Theißland, das zwischen dem türkischen Teil Ungarns und Siebenbürgen lag, allein nicht existieren können und daher zwangsläufig zu Siebenbürgen geschlagen werden müssen, wenn der Aufstand der Magnatenfamilien gelingen sollte. Er tat es mit halbem Herzèn, denn Franz Rákóczy, der Sohn seines von den Türken gestürzten Vorgängers, nannte sich immer noch „erwählter Fürst Siebenbürgens". Rákóczy hatte die Tochter Zrinyis geheiratet, jenes Mannes, der an der Spitze der Verschwörung stand und jetzt seine Hilfe erbat. Erst im Herbst war daher sein Gesandter Baló nach Konstantinopel gereist. Er wurde von Mohammed IV. in Audienz empfangen, der ihm erklärte, daß sich die Hohe Pforte an den Vertrag von Eisenburg gebunden fühle und sein Großvezier mit dem Gros seiner Heere im Felde liege und Candia belagere. Panajotti, der Pfortendolmetsch und Vizeaußenminister, übersetzte die Gespräche. Als Baló fragte, ob er zum Großvezier reisen dürfe, verneinte der Sultan dies mit dem Hinweis, daß es zu gefährlich wäre, ihn in das Kampfgebiet zu senden. Er möge im Frühjahr wieder kommen, da werde Achmed Köprili in Konstantinopel sein.

Unverrichteterdinge kehrte Baló aus der Türkei zurück, und Apafy ließ den Magnaten mitteilen, daß der Gesandte ein zweites Mal nach ·Konstantinopel reisen müsse, was den Magnaten weitere 3000 Taler kostete. Panajotti informierte aber den kaiserlichen Gesandten Graf Casanova sofort von der Mission des siebenbürgischen Gesandten, denn er stand mit diesem in einem „klingenden Einverständnis", und Casanova berichtete nach Wien.

Aber auch die zweite Reise Balós stand unter keinem guten Stern. Er traf zwar den Großvezier in Konstantinopel an, aber Köprili wehrte rundweg ab: „Ich liege mit den Heeren des Sultans im Felde. Ein Zweifrontenkrieg wird von der Hohen Pforte nicht gewünscht. Als ich mit meinen Truppen in Ungarn heerte, war Gelegenheit für die Ungarn, gegen den König aufzustehen. Da sie diese günstige Zeit versäumten, müssen sie jetzt zuwarten, bis ihre Absichten in das Konzept der türkischen Außenpolitik und seine strategischen Erwägungen eingefügt werden können." Er fühle sich aber ebenso wie die Hohe Pforte an den Vertrag von Eisenburg gebunden, der von beiden Kaisern ratifiziert wurde. „Es geht nicht an, daß man ein gegebenes Wort mutwillig bricht. Wenn die Magnaten wirklich die Herrschaft der Habsburger und Jesuiten brechen und sich dem Sultan zu Füßen werfen wollen, dann sollen sie das erst unter Beweis stellen. Peter Zrinyi hat Karlstadt heldenmütig gegen den Pascha von Bosnien verteidigt. Er soll die kaiserlichen Truppen jetzt aus Kroatien vertreiben und mir Kopreinitz, Agram oder Warasdin übergeben, damit ich ihm glauben kann, was er sagt."

In Wien lösten die Meldungen Casanovas Besorgnis und Verstimmung aus. Lobkowitz wußte zwar noch keine Namen, aber die Tatsache, daß die Magnaten mit dem Auslande konspirierten, war offenkundig geworden. Casanova wurde vom Hofkriegsratspräsidenten, der für den diplomatischen Verkehr mit der Hohen Pforte am Kaiserhofe zuständig war, angewiesen, mit dem Großdragoman in „klingendem Einverständnis" zu bleiben und dem Großvezier würdige Geschenke zu machen.

Die Magnaten drängen Ludwig XIV.

Im Dezember reisten Wesselényi und Zrinyi nach Wien, um der jungen Kaiserin ein Geschenk zu überbringen. Die Pracht, mit welcher sich die Magnaten umgaben, beeindruckte Margaretha Theresa sehr.

Nach den Festlichkeiten am Hof machten sich die Magnaten auf den Weg in ihre Heimat. Ehe sie aber Wien verließen, suchten sie Grémonville auf und überreichten ihm ein Schreiben, in welchem sie König Ludwig aufmerksam machten, daß der allgemeine Aufstand der Ungarn nicht mehr allzu lange hinausgeschoben werden könne, weil die Gefahr bestehe, daß er entdeckt werde. König Ludwig möge, wenn Frankreich nicht in der Lage sei, den Krieg gegen den Kaiser zu beginnen, den

Magnaten wenigstens ein Darlehen von 60.000 Talern gewähren, damit die Vorbereitungen zur Insurrektion und Rüstungskäufe getätigt werden könnten.

Grémonville versprach, sein möglichstes zu tun. Für den Fall des Mißlingens baten die Magnaten den französischen König um Besitzungen am Rhein, denn der Kaiser würde nicht zögern, sie in einem solchen Falle zu enteignen. Der französische König aber würde mit ungarischen Grenzgrafen verläßliche Vasallen gewinnen, versicherten sie.

Grémonville schrieb nach Paris.

Tod des Palatins Wesselényi

Neusohl, März 1667. Unter dem Vorwand, angehäufte Übelstände abstellen zu wollen, hatte der Palatin eine Gerichtssitzung beantragt. Sie wurde vom König bewilligt. Graf Rothal, sein Kommissär für Ungarn, wurde mit der Wahrung der Interessen der Krone beauftragt.

Der Kommission sollten angehören: der Palatin, Graf Wesselényi, der Landesoberrichter Graf Nádasdy, der Banus von Kroatien, Graf Zrinyi, der königliche Personal Graf Esterházy und der Fürstprimas. Die oberen Gespanschaften waren durch Graf Bocskay vertreten.

Schon der Umstand, daß Kaiser Leopold als König von Ungarn seinen Kommissär mit der Leitung der Gerichtssitzung beauftragte, und so sein Mißtrauen nicht nur den Magnaten, sondern auch dem Palatin gegenüber zum Ausdruck brachte, rief Empörung hervor. Wesselényi, der wirklich sehr krank war, blieb daher in seinem großen Landhaus in Neusohl, wo ihn Széchy Maria pflegte.

Schon zu Beginn scheiterte die Gerichtssitzung, weil die Abgeordneten der 13 oberen Gespanschaften sich weigerten, dem vom König ernannten Kommissär ihre Vollmachten vorzuweisen. Sie lehnten es rundweg ab, an Sitzungen teilzunehmen, die ein Ausländer leite.

Heimlich begaben sich die Abgeordneten auf das Gut des Palatins, wo sie ihre eigenen Beratungen fortsetzten. Der kranke Nádor nahm nur kurze Zeit an den Beratungen teil. Er hatte den Landesoberrichter und als Kanzler seiner Regierung vorgesehenen Magnaten beauftragt, die Leitung der Sitzungen zu übernehmen. Zahlreich waren die Klagen der Gespanschaften und des Adels wegen der Übergriffe der kaiserlichen Soldateska, wie sich die Abgeordneten ausdrückten, deren Anwesenheit in Ungarn der einer feindlichen Besatzungsmacht gleichgehalten wurde.

Auf den Vorschlag des Palatins wurde von den Ständen Zrinyi als sein mit allen Vollmachten ausgestatteter Stellvertreter proklamiert. Hierauf wurde auf den Vorschlag Wesselényis der Landesoberrichter Graf Nádasdy zum Kanzler der nationalen Regierung gewählt. Franz Bocs wurde ihm als Schriftführer beigegeben, Graf Zrinyi unbeschadet seiner Funktion als Stellvertreter des Chefs der Geheimregierung zum Heerführer in Kroatien und dessen Schwiegersohn Fürst Rákóczy zum Heerführer an der Theiß bestellt, dem sämtliche Streitkräfte der Protestanten unterstellt werden sollten.

In den nächsten Tagen wurde beraten, wieviel Reiterei und wieviel Fußvolk die Gespanschaften, Städte und Stände zu stellen hätten. Schweres Kriegsgerät sollte gemeinsam angekauft und auf die Heere aufgeteilt werden. Graf Csáky, der königliche Kapitän Oberungarns, der ebenfalls für die Verschwörung gewonnen worden war, versprach, aus den königlichen Burgen, die er im Kriegsfalle den Verschwörern ausliefern würde, alles vorhandene schwere Kriegsrequisit zur Verfügung stellen zu wollen.

Zrinyis Vorschlag hingegen, bei den deutschen Reichsfürsten vorstellig werden zu wollen, damit Ungarn mit Sitz und Stimme in den deutschen Reichstag und somit in den Reichsverband aufgenommen werden würde, damit die Reichsfürsten in die Lage versetzt werden könnten, Übergriffe des Königs in Ungarn abzustellen, wurde mit Stimmenmehrheit abgelehnt. Die Abgeordneten glaubten nicht daran, daß die deutschen Reichsfürsten bereit sein würden, Ungarn gegen seinen deutschen König in Schutz zu nehmen, obwohl Zrinyi kein Hehl daraus machte, daß er zu den deutschen Kurfürsten sehr freundschaftliche Beziehungen pflege und deren Einstellung zum Hause Habsburg kenne. Vor allem die protestantischen Stände vertraten die Ansicht, daß Ungarn nur dann zur Ruhe kommen und von der Jesuitengeißel befreit werden könne, wenn es sich mit Hilfe Siebenbürgens und der Türkei von Österreich losreiße und sich freiwillig der Oberhoheit der Hohen Pforte unterstelle. Nur auf diese Weise könne die Fremdherrschaft der Habsburger gebrochen und die Wiedervereinigung Ungarns herbeigeführt werden. Beide Ziele ließen sich nur auf diesem Wege erreichen, und es sei besser, die Wiedervereinigung des Landes und seine Glaubensfreiheit unter dem Halbmond anzustreben, als den Status quo aufrechtzuerhalten und zu riskieren, durch Feuer und Schwert von der Inquisition katholisch gemacht zu werden. „Lieber türkisch als papistisch!" schrien die Abgeordneten.

„Hätten wir den Glauben und den Mut, den unsere Vorfahren hatten, als sie unter Arpad über die Donau setzten und die fränkischen Grafschaften Pannoniens in Schutt und Asche legten und das Land der Karolinger bis zur steirischen Grenze in Besitz nahmen", hetzte Nádasdy, „dann würden wir die Deutschen wieder an den Landesgrenzen schlagen, so wie einst Lél, Bulcs und Botond, die den bayrischen Heerbann bei Preßburg vernichteten!

Die Deutschen haben unsere Vorfahren für Barbaren gehalten und meinten, es mit den Völkern Gog und Magog zu tun zu haben. Sie erzählten sich damals, wie diese Unmenschen, gleich reißenden Tieren, rohes Fleisch verschlängen und Blut tränken und den Gefangenen deshalb das Herz aus dem Leibe reißen und verzehren würden, weil sie glaubten, daß dies ein Heil- und Wundermittel sei und sie stärken würde. Hat sich das geändert, Freunde? Nein! Die Deutschen sehen auch in uns Barbaren! Wenn sie uns anschauen, dann wundern sie sich, daß wir keine geschorenen Schädel haben und sie suchen nach den Zöpfen unserer Vorfahren und den häßlichen tiefliegenden Augen in unseren Gesichtern! Sollen wir uns das noch länger bieten lassen?"

„Schluß damit!" dröhnte es Nádasdy entgegen. In heller Kriegsbegeisterung erlangten alle weiteren Beschlüsse die Zustimmung der protestantischen Stände.

Wesselényi verfolgte die Entwicklung mit Sorge. Es steuerte alles auf den offenen Aufruhr, auf den bewaffneten Aufstand zu.

Als die Abgeordneten wieder in ihre Gespanschaften zurückgekehrt waren, spürte der Palatin, daß ihn die Aufregungen der letzten Tage arg mitgenommen hatten. Seine Gemahlin saß, wie schon so oft, an seinem Krankenlager und pflegte ihn. Sie braute selbst die Tränklein aus den ihr noch aus ihrer Kinderzeit bekannten Kräutern und wechselte die Umschläge um seine Stirn. „Dein Nádor ist krank, Maria", sagte Wesselényi betrübt. „Ich werde dich nicht mehr lange beschützen können, ich fühle es. Gib auf Nádasdy und Zrinyi acht. Sie wollen mehr als das Wohl des Vaterlandes. Ihre Vorhaben werden von ihren persönlichen Vorteilen bestimmt. Nádasdy will nach mir Palatin werden, aber er wird es nicht. Zrinyi ist draufgängerisch, das wäre kein Schaden, aber er wird seine eigene Politik machen. Du weißt, daß ich die Zügel fest in den Händen gehalten habe und daß die Magnaten nichts tun konnten, wozu ich nicht meine Zustimmung gegeben habe. Das, Maria, wird jetzt anders. Was ich wirklich wollte, war, daß das ewige Klagen aufhört, die deutschen Truppenkontingente in den Grenzhäusern Frieden halten und daß dieser Friede durch ordentliche Gesetze verbürgt wird. Versteh mich gut, Maria, wenn zwischen den Herren von anderem die Rede ist als vom Wohle des Vaterlandes, dann halte dich aus der Sache heraus." Und nach einer Atempause setzte er besorgt fort: „Maria, setze die Sache nicht fort, es ist zu gefährlich für eine Frau. Ich spüre schon den Odem des Todes."

Nach einer schlechten Nacht ermahnte er Maria abermals: „Die Magnaten werden vom Ehrgeiz verblendet. Es ist das Fieber unserer Zeit, das sie anfällt. Verwahre die Dokumente und Urkunden des Geheimbundes gut. Sie liegen in Murany. Folge Nádasdy und Zrinyi nur, wenn sie es verlangen, die Listen über jene Personen aus, die beim Aufstand gefangengenommen und deren Güter geplündert werden sollen. Es ist alles festgelegt, Punkt für Punkt. Besonders wertvoll sind die Bundesbriefe."

Wesselényi Ferencz lag im Sterben. Széchy Maria traf alle Anordnungen. Sie hatte für den geistlichen Beistand gesorgt und den Magnaten die Nachricht überbringen lassen, daß sich der Gesundheitszustand ihres Gemahls sehr verschlechtert habe. Széchy Maria konnte und wollte es nicht glauben, daß ihr Nádor, der Palatin des Königreiches, sterben würde. An seiner Seite hatte sie alle Höhen der Gesellschaft bei Hof erklimmen können, hatte sie auf der Burg Preßburg ein gastliches Haus gehalten, die Amts- und Wohnräume ihres Gemahls mit türkischen Teppichen, seidenen Vorhängen und geschnitzten Möbeln ausgestattet, hatte sie mit ihm Hof gehalten, denn Wesselényi war der höchste Beamte und oberste Würdenträger nach dem König gewesen. An seiner Seite hatte sie selbst jenen Einfluß gewonnen, den sie sich erträumt hatte. Er, der einstige Kapitän der königlichen Burg Fülek, der ihr Murany zurückgewonnen hatte und von dessen Heldentat der ganze Hof gesprochen, er sollte sie allein zurücklassen in einer Welt, die nur von Habsucht und Ehrgeiz bestimmt wurde? Sie, die erste Frau des Königreiches, sollte wieder in die Bedeutungslosigkeit, aus der sie gekommen war, versinken? Und würde sie sich selbst mit der Schattenrolle eines Witwendaseins abfinden können? In Gedanken öffnete sie die Briefe, die ihr der Kapitän von Fülek einst geschrieben hatte, und las in diesen, und dann nahm sie auch ihre eigenen Briefe in die Hand, die sie ihm geschrieben hatte. Tränen rannen über die bleichen Wangen dieser mutigen Frau, die einst von der Henkerbastei der Burg Murany Strickleitern für Wesselényi legen ließ, damit dieser die zwölf Klafter hohe Mauer ersteigen konnte. Sie dachte an die enttäuschten Gesichter ihrer Schwestern Eva und Katharina, als deren Männer Murany verloren hatten. Sie erlebte in Gedanken versunken noch einmal, daß Wesselényi Budahazy, den von Illeshazy ernannten Kapitän von Murany, verhaftete und einsperren ließ, sah den alten Kádas, der die Wachen Illeshazys unter Alkohol setzte, und fuhr, erschreckt von einem tiefen Seufzer Wesselényis, in die Höhe. Sie hatte geträumt, und in der Tat hatte sie an seiner Seite wie in einem großen Traum gelebt. Er hatte alle seine Sorgen mit ihr besprochen, und sie hatte ihn in allen seinen Entscheidungen bestärkt. Und nun erlosch der Atem ihres Nádors. Und als sie die erschlaffende Hand Wesselényis losließ, war sie allein.

Seine letzten Worte waren gewesen: „Viele nehmen an der Verschwörung teil, und unter vielen kann mancher lügen. Davor hatte ich immer Angst. Aber mein Plan war sauber." Und dann hatte er ihr erzählt, daß er einen bösen Traum gehabt habe, daß er gesehen habe, wie aus dem Halse Zrinyis Blut geschossen sei, und daß er Frangepan wie in höchster Not habe um Hilfe rufen gehört, mit einer Stimme, die aus einem Grabe zu kommen schien ...

Sie faltete die Hände ihres Nádors und schloß mit sanfter Bewegung die Lider seiner Augen. Es war der 28. März 1667.

Mit dem Palatin war der letzte jener drei Magnaten gestorben, die einst im Bade Trencsin den Bund zum Schutze der ungarischen Verfassung geschlossen hatten. In selbstloser Weise hatten sie sich gefunden: Georg Lippay, der Fürstprimas Ungarns, Zrinyi Niklas, der Banus von Kroatien, und er, Wesselényi Ferencz, der Palatin des Königreiches.

Wie anders waren die anderen. Sie hatten einen gefährlichen Weg eingeschlagen. Rákóczy dachte daran, Apafy zu gegebener Zeit aus Siebenbürgen zu vertreiben. Bei einem passenden Anlaß wollte er an der Spitze eines Heeres Apafy den Dank für jene Hilfe abstatten, die seine Verbündeten eben von diesem erbaten.

Die Nachfolge

Wesselényi war der letzte, der die Autorität besaß, die auseinanderstrebenden Interessen der im Bund zum Schutze der ungarischen Verfassungsgesetze vereinigten Magnaten zusammenzuhalten und ihren egoistischen Zielsetzungen eine dem Wohl des Landes entsprechende Richtung zu geben. Nach den Begräbnisfeierlichkeiten nützten Zrinyi und Nádasdy die Gelegenheit, mit den anwesenden Mitverschwörern die durch den Tod des Palatins geschaffene rechtliche Situation zu beraten. „Das Amt des Palatins ist verwaist", begann der Banus. „Ihr, Nádasdy, seid nun als Landrichter dazu verpflichtet, König Leopold darauf aufmerksam zu machen, daß er innerhalb der gesetzten Frist den Reichstag zur Palatinswahl einzuberufen hat, damit das höchste Amt des Königreiches nicht durch eine zu lange Vakanz Unsicherheit schafft. Ich werde am Reichstag den Ständen vorschlagen, Euch, den bisherigen Vizepalatin, für dieses höchste Amt zu wählen."

Nádasdy fühlte sich zwar geehrt, aber die seinerzeitigen Andeutungen Wesselényis, daß er befürchte, daß nach seinem Tod dieses Amt nicht mehr besetzt werden würde, verunsicherten ihn. Die Minister in Wien waren wegen der Einsprüche Wesselényis gegen den Eisenburger Vertrag sehr verärgert gewesen. So gab er zu bedenken: „Ich befürchte seit langem, daß der Wiener Hof Schwierigkeiten machen wird, einen Palatin-Statthalter einsetzt und diesen mit dem Vollzug der Obliegenheiten des Palatins betraut." Damit hatte Nádasdy ein sehr, sehr heikles Thema zur Sprache gebracht. „Gemäß Artikel XXI des Gesetzes von 1609", hakte Zrinyi sofort ein, „wurden für diesen Fall Maßnahmen vorgesehen und die Versehung der Obliegenheiten des Palatin-Statthalters auf ewige Zeiten in den Aufgabenbereich des Landrichters verwiesen. Dieser seid Ihr. Der König darf, wenn er die Einberufung des Reichstages zur Palatinswahl hintertreibt, was schon eine grobe Verletzung der Verfassung wäre, nur wieder Euch mit diesem Amte betrauen."

„Und wenn er es nicht tut?" zweifelte Nádasdy.

„Wenn der König seiner gesetzlichen Verpflichtung, den Reichstag zur Palatinswahl einzuberufen, nicht nachkommt, so ist nach § 3 im Artikel III des Gesetzes von 1608 der jeweilige Landrichter, bei Verlust seines Amtes, verpflichtet, dies im eigenen Wirkungsbereich vorzunehmen. Ein solches Verhalten Leopolds käme einem doppelten Verfassungsbruch gleich, weil einerseits damit die Palatinswahl vereitelt und andererseits das verbriefte Recht des Landrichters willkürlich eingeschränkt würde. Das müßte notwendigerweise zu einer weiteren Verschärfung der Gegensätze zwischen den Ständen Ungarns und dem Wiener Hof führen. Ich weiß, wie man mit einem neuen Wort sagt, um die Bestrebungen Wiens, der absoluten Fürstenmacht auch in Ungarn zum Durchbruch zu verhelfen. Das hat man uns schon beim Abschluß des Eisenburger Vertrages fühlen lassen. Aber solchen Plänen stünde das Amt des Landrichters und damit Eure Person im Wege, Nádasdy. Das wird Wien nicht wagen."

„Hoffen wir es", pflichtete ihm Nádasdy bei. „Ich werde den König unverzüglich auf seine gesetzliche Verpflichtung, den Reichstag zur Palatinswahl einzuberufen, aufmerksam machen." Jeder wußte, daß der Landrichter mit jeder Faser seines Herzens nach diesem Amt strebte.

Graf Nádasdys Versuch, König Leopold vor Augen zu führen, daß er nach den Verfassungsgesetzen Ungarns, auf die er bei seiner Krönung einen Eid abgelegt hatte, verpflichtet sei, nach dem Ableben Wesselényis den Reichstag zur Palatinswahl einzuberufen, und daß das Gesetz dem Landrichter befehle, dies aufzuzeigen, wurde bei Hof negiert. Man wollte keinen Palatin mehr, der sein Amt dazu nutze, dem König auf Schritt und Tritt Schwierigkeiten zu machen und zu überwachen. König Leopold lehnte es daher nach einer Verfassungsdebatte mit seinen Ministern ab, den Reichstag einzuberufen, und verwies auf den ungerechtfertigten Widerstand Wesselényis bei der Anerkennung des Eisenburger Friedens. Aber auch der Landrichter wurde übergangen und Graf Georg Szelepcsényi, der Fürstprimas Ungarns, zum Palatin-Statthalter ernannt. Szelepcsényi war schon deshalb, weil der Kaiser seine Ernennung zum Fürstprimas in Rom erfolgreich betrieben und seiner Person den Vorzug eingeräumt hatte, absolut zuverlässig. Aber nicht nur die ersten Minister Leopolds, sondern auch das königliche Lager der habsburgischen Partei in Ungarn, vertreten durch Paul Esterházy, Adam Forgách und andere, hatte sich gegen die Ernennung Nádasdys ausgesprochen.

Im Lager der nationalen Partei und bei den Kalvinern löste die Ernennung Szelepcsényis Bestürzung und Empörung aus. Die ungarischen Verfassungsgesetze kannten zweierlei Statthalterämter. Als erstes war das Amt des Personals, der im Rechtsbereich der königlichen Jurisdiktion (personalis praesentiae regiae in judiciis locumtenens) im Jahre 1504 wegen der öfteren Abwesenheit König Sigismunds, der zugleich römisch-deutscher Kaiser und König von Böhmen war, eingeführt worden. Nach dem Tod des letzten Luxenburgers, der am 7. Dezember 1437 in Znaim starb, unter König Albrecht II. von Habsburg, der am 1. Jänner 1438 in Stuhlweißenburg zum König von Ungarn gekrönt und am 18. März 1438 zum römisch-deutschen König gewählt wurde, war der Personal der ständige Vertreter der königlichen Gerichtsbarkeit geworden. Das zweite war das den Rang des Palatins ersetzende Amt des Palatin-Statthalters (locumtenens officii palatinalis), welches mit Artikel XIV des Gesetzes von 1536 unter König Ferdinand I. geschaffen wurde. „Das Amt des Palatins blieb auch nach dem Tode des Palatins Stephan Báthóry im Jahre 1537 unbesetzt und seine Aufgaben wurden von den durch Ferdinand ernannten Statthalter Elek*) Thurzó und später von Franz Révay versehen", grollte Nádasdy. „Es ist offensichtlich, daß diese Maßnahme die verfassungsmäßige Ernennung des Palatins durch den Reichstag vereiteln sollte. Der Reichstag in Pozsonyi hat 1554 nach mehrmaligem Verzögern (1542—1548) zwar die Wahl von Thomas Nádasdy zum Palatin erzwungen, aber nach dessen Tod im Jahre 1562 kam in der Person des Kardinals Nikolaus Olah wieder nur ein Statthalter an die Spitze des Landes."

Zrinyi pflichtete dem Landrichter bei: „Die rechtliche, wenn nicht auch die historische Bedeutung dieses Schrittes war besonders durch die der Krönung von König Maximilian vorangegangenen Ereignisse gekennzeichnet."

„Im Jahre 1561", setzte Nádasdy fort, „ließ König Ferdinand die Bannerherren des Landes zu sich rufen. Er verlangte von ihnen, der Krönung Maximilians noch während seiner Regierungszeit zuzustimmen. Sein Plan wurde aber von Thomas Nádasdy vereitelt, der auf die verfassungsmäßige Königswahl durch den Reichstag bestand."

„Demgegenüber hat der Statthalter Nikolaus Olah dann später, im Jahre 1563, durchgesetzt, daß Maximilian doch zu Lebzeiten Ferdinands gekrönt wurde", wandte Zrinyi ein.

„Olah war gleichzeitig zehn Jahre hindurch auch der belgische Sekretär der Königin Maria und ein sehr enger Vertrauter des Hauses Habsburg", bestätigte Nádasdy. „Olah hat damit einen Präzedenzfall geschaffen, die Thronfolge auf solche Weise zu lösen. Dabei ist es bis jetzt geblieben. Die Vorgänger sorgen durch die Geltendmachung ihrer römisch-deutschen Kaiserwürde konsequent dafür, daß ihre Nachfolger noch während ihrer Lebenszeit gekrönt werden. Wenn man das bedenkt, versteht man auch, warum nach dem Tod des Palatins Thomas Nádasdy 46 Jahre hindurch die Aufgaben des Palatins durch dem Haus Habsburg ergebene Statthalter versehen wurden. Diese rechtswidrigen Zustände hat erst der den Bocskayaufstand abschließende Friede von Wien im Jahre 1605 ein Ende gesetzt. Im darauffolgenden halben Jahrhundert war dann die Reihe der Palatine kontinuierlich. Erst Leopold hat, indem er jetzt die Einberufung des Reichstages beiseite schob, wieder zu der altbewährten Methode gegriffen und Georg Szelepcsényi zum Palatin-Statthalter ernannt." Bitter klangen die Worte des Magnaten, der sich übergangen fühlte.

„Ihr seid als Landesrichter den Ständen gegenüber verpflichtet, zum

*) Elek = Alexius

Schutz der Verfassung nach dem Gesetz von 1608 zu handeln", stellte der Ban fest. „Ich will und werde es zu gegebener Zeit tun", versprach der tief gekränkte Mann in ohnmächtigem Haß. Zrinyi war zufrieden. Nádasdy wußte er ab jetzt fest an seiner Seite und eine alte Wunde aufreißend fragte er: „Wie steht es um Euer Verhältnis zu Adam Forgách?"

„Judith Révay, meine Mutter, hat, als sie sich mit Adam Forgách, ihrem zweiten Gemahl, vermählte, diesem als Morgengabe die Hälfte des Gutes Csejte verpfändet. Als ich es nach einem Jahr auslösen wollte, verlangte Forgách 45.000 Gulden. Meine Mutter starb am 23. November 1643. Seither, also seit 24 Jahren, kämpfe ich bei den Gerichten um mein Gut, doch das Ende des Prozesses ist noch immer nicht abzusehen. Forgách tut alles, um zu Geld und zu politischem Ansehen zu kommen, und ist dabei weder in der Auswahl noch in der Anwendung der Mittel sehr wählerisch. Er tritt überall als mein Gegner auf und ist besonders bei Hof bestrebt, sich durch schlaue Unterwürfigkeit die Gunst der Deutschen zu sichern. Mehr möchte ich von ihm nicht sagen."

Csakathurn. Zrinyi hatte Tattenbach und Oberstleutnant Locatelli zur Jagd geladen. Wieder saßen die Herren beisammen, und Graf Tattenbach wußte zu berichten, daß Kaiser Leopold nach Spanien reisen wolle, weil in Madrid der König verstorben sei. „Während der Abwesenheit Leopolds wird seine Stiefmutter, Eleonore von Mantua, mit Auersperg und Lobkowitz regieren."

„Ich habe etwas gegen die Weiberwirtschaft", knurrte Zrinyi. „Wenn die glauben, daß ich die Befehle eines Weibes befolgen werde, dann haben sie sich geirrt!"

Der Weinkrug machte die Runde, und die Grafen Zrinyi und Tattenbach tranken einander zu.

Während des Trinkgelages kam Zrinyi wieder auf seine Politik zu sprechen. „Es ist schon so, daß ein Ungar oder Kroate in Wien weniger gilt als ein Deutscher. Ich beklage das, denn uns ist unsere Ehre soviel wert wie den Deutschen die ihre. Und so kommt es, daß uns König Ludwig weit mehr fördert als unser eigener Landesherr. Aber die Ungarn haben sich in der Zwischenzeit vereinigt und sind eine Macht, mit der die Räte Leopolds zu rechnen haben. Dazu kommen noch meine guten Beziehungen zu den Kurfürsten von Bayern und Sachsen, meine Verbindungen zum Erzbischof von Mainz und meine Freundschaft mit Grémonville, der ein persönlicher Freund von mir ist. Wenn es dir recht ist, Nachbar", wandte er sich an Tattenbach, „dann wollen wir uns jetzt in einem Bundesbrief verpflichten, einander treu zu sein, unsere Geheimnisse nicht zu verraten und einander nie zu verlassen."

„So wahr mir Gott helfe!" erwiderte Tattenbach. Dann aber meldete er einige Bedenken an: „In wen setzen die Ungarn ihre Hoffnungen? Werden uns nicht die Türken in den Rücken fallen, und wie werden sich

Kärnten, Krain, Slowenien und Venedig verhalten? Von wo nehmen die Ungarn Waffen, Pulver, erfahrene Offiziere für Fußvolk und Reiterei her und von wo genügend Verpflegung, Futter und das viele Geld zur Besoldung der Streitkräfte? Wieviel tausend Mann wird Ungarn selber stellen und läßt sich die Sache geheimhalten, bis wir losschlagen können? Dies alles, Zrinyi, ist zu überlegen, ehe du an die Ausführung des Vorhabens gehst, und wenn nur eine meiner Fragen nicht positiv beantwortet werden kann, dann ist es besser, die Sache zu unterlassen!"

Zrinyi tröstete ihn. „Sei unbesorgt, Tattenbach, Geld werden wir soviel haben, wie wir brauchen! Vor allem aber werden die Ungarn nicht allein stehen. Näheres will ich jetzt noch nicht sagen, aber sei gewiß, daß alles bis ins Detail geplant werden wird. Doch deine Frage, auf wen die Ungarn hoffen, will ich dir beantworten. Auf die ruhmreichen Familien des Adels, auf Frankreich und die Pforte. Ich denke, das ist genug!"

Damit gab sich Tattenbach zufrieden.

Bei einem anschließenden Mahl, das der Ban und seine Gattin zu Ehren Tattenbachs gaben, verehrte der reiche Graf der feurigen Gemahlin Zrinyis eine wundervolle Perlenkette aus Venedig, und Katharina revanchierte sich bei Tattenbach mit vielsagendem Dank. „Sie nehmen unter den Kavalieren, die mich verehren, den ersten Platz ein, treuer Graf!" sagte sie Tattenbach zulächelnd.

Am nächsten Tag tauschten Graf Zrinyi und Graf Tattenbach feierlich die Bundesbriefe aus. Sie trugen das Datum: Csakathurn, 9. September 1667.

Der Walache Popesti wird gewonnen

Wenige Wochen nach dem Austausch der Bundesbriefe mit Graf Tattenbach ging es auf Csakathurn abermals hoch her. Zrinyi gab zu Ehren des Grafen Anton von Popesti ein Festessen. Popesti war der heimliche Gegenspieler des christlichen Fürsten der Walachei, Radu Leon. Popesti, ein Hofkavalier Apafys, sympathisierte offen mit der Pforte. Er war bei den Morlaken und Uskoken an der Militärgrenze beliebt, weil diese weit lieber auf Streifzügen in türkischem Sold die Umgebung plünderten, als unter Radu Leon einer friedlichen Beschäftigung nachzugehen.

Das wußte auch Zrinyi. „Eure Stunde kommt, Popesti!" lenkte er auf das von ihm gewünschte Thema über. „Radu Leon wird zwischen der Pforte, Siebenbürgen und den Magnaten aufgerieben werden. Und da mir Apafy zugesagt hat, die Sache der Magnaten zu unterstützen, hoffe ich, auch Euch helfen zu können. Radu Leon wird dem allseitigen Druck weichen und Euch Platz machen. Ihr seid der Mann des Großveziers! Ich werde meine Kontakte auch in Eurer Sache bei Apafy intensivieren."

„Ich würde Euch das zu danken wissen, Ban!" griff Popesti Zrinyis Worte auf. „Auch ich weiß um die ungarische Unruhe."

„Dann wißt Ihr auch, daß Wesselényi gestorben ist. Gerade jetzt, wo ihn ganz Ungarn gebraucht hätte. Er war der letzte jener drei Magnaten, die einen Geheimbund zur Wahrung der ungarischen Verfassung ins Leben gerufen haben. Er, Lippay und mein Bruder waren die erste Keimzelle des Widerstandes."

„Aber seine Ideen leben doch weiter!" wunderte sich Popesti über den Ban. „Soweit ich informiert bin, steht jetzt Ihr an der Spitze der nationalen Partei, verkörpert sich in Eurer Person das freie Ungarn!"

„Ja, gewiß. Wesselényis Gedanken leben weiter, wirken fort in anderen", gab Zrinyi zu.

„Ihr redet von ihm, als ob Ihr meintet, er hätte den Stein der Weisen um den Hals getragen! Er hat den Magnaten mit seinen hochfahrenden Reden aber auch geschadet."

„Geschadet?" fragte Zrinyi erstaunt.

„Ja wißt Ihr denn nicht, daß Apafy lange gezögert hat, die Anliegen der Magnaten aufzugreifen? Und das wegen Wesselényi, der den Fürsten von Siebenbürgen beleidigte, als dieser den Ungarn Freiheit und Sicherheit verbürgte, wenn sie sich der Gnade des Sultans unterwerfen würden."

„Was tat den Wesselényi damals?" fragte der Ban erstaunt.

„Der Palatin ließ Apafy wissen, daß es mit der Freiheit Siebenbürgens eine gar wunderliche Bewandtnis habe, da man wisse, daß sich dort um ein Paar gute karmoisinrote Czismen*) sieben Fürsten um die Wette mühten, dem Sultan gegenüber noch devoter zu sein", erzählte er lachend. „Kränkt Euch daher nicht sosehr um den großen Palatin!"

„Lassen wir den Toten ruhn", schlug der Ban vor, dem gar nicht so zum Lachen zumute war. „Hoffentlich zürnt Apafy deswegen nicht mir. Die Magnaten brauchen den Fürsten als Vertreter ihrer Sache bei der Pforte. Und Ihr, Popesti, seid sein Hofkavalier. Wäret Ihr bereit, bei Apafy ebenfalls für uns zu reden?"

„Wenn ich Euch jetzt schon nützlich sein kann, so soll es an mir nicht fehlen. Verfügt über mich, denn ich habe derzeit kein besonderes Gewerbe!"

„Wenn ich Euch helfen kann, Radu Leon zu stürzen und Euch zum Tributärfürsten des Sultans zu machen, würdet Ihr mich dann mit Euren Morlaken und Uskoken unterstützen? Vor allem mit bewaffnetem Fußvolk?"

„5000 Mann würde ich Euch stellen, Ban!"

„Abgemacht, Popesti! Wir sind Verbündete!"

„Wenn meine Kriegsvölker gute Bezahlung und reiche Beute in Aussicht gestellt bekommen würden, wären sie sicher bereit, an Eurer Seite zu heeren**)."

*) Stiefel   **) Plündern

„Ich werde Euch, Popesti, fürstlich entlohnen. Graz und Fürstenfeld überlasse ich Euren Leuten zur Plünderung!"

„Wir sind Verbündete, Ban!" versprach der verschlagene Walache.

„Was haltet Ihr von Radu Leon?" erkundigte sich Zrinyi.

„Er verwaltet die Walachei eigentlich für Georgi Ghika, der, wie Ihr wißt, seit 1664 in Wien im Exil lebt."

„Der Verrat bei Levencz ist diesem teuer zu stehen gekommen", sagte Zrinyi mehr zu sich als zu seinem Gast.

„Die seidene Schnur war ihm sicher", bestätigte Popesti. „Ghika ist vor der Rache des Großveziers geflohen und ist nun Leopolds Pensionär. Aber es ist noch nicht aller Tage Abend, und es könnte dem alten Fürsten gelingen, einen Ausgleich mit der Pforte zu erzielen."

„Warf ihm Köprili nicht vor, mit Feldmarschall Graf Souches unter einer Decke gesteckt und mit absichtlicher Feigheit die Schlacht zugunsten der Kaiserlichen entschieden zu haben?"

„So war es, Ban!"

„Dann wollen wir denn einer dem anderen beistehen, Popesti, mit Ehr und Gut, mit Blut und Leben!" schloß Zrinyi feierlich.

Rákóczy tritt bei

Der Tod des Palatins Graf Wesselényi lähmte den Schwung der Rebellion für einige Zeit. Széchy Maria verließ die Preßburger Burg und nahm wieder auf Murany, ihrem Adlernest, Wohnung. Die Begräbniskosten, der Umzug und das aufwendige Leben, an das sie sich als „Frau Nádor" gewöhnt hatte, verschlangen ihre finanziellen Mittel, und sie mußte Gelder ausborgen, um nicht zahlungsunfähig zu werden. Sie wollte Zrinyi bitten, ihr 100.000 Gulden zu leihen. Aus diesem Grunde bat sie den Ban und die Mitverschworenen Szuhay und Sepessy doch zu sich zur Beratung, wie es denn nach dem Tode ihres Mannes mit dem Aufstande weitergehen solle. Die Gäste kamen, und in den Gesprächen stellte sich bald heraus, daß mit Rákóczy noch kein Bundesbrief ausgetauscht worden war. Um dies nachzuholen, reisten die hiervon überraschten Herren sofort nach Sáros-Patak. Zrinyis Schwiegersohn trat der Verbindung offiziell bei. Als sie nach Murany zurückkehrten, zeigte sich der Ban geneigt, den Wunsch Maria Széchys zu erfüllen und ihr Geld zu borgen. Ein Teil sollte in den nächsten Tagen der Gräfin übergeben werden.

Auf dem Wege nach Csakathurn trafen die Verschworenen in Lipcse mit dem jungen Ladislaus Wesselényi zusammen, der eben aus Polen zurückkehrte. Aufgeregt berichtete er Zrinyi, daß ihn der französische Gesandte in Warschau nach dem Stand der Dinge in Ungarn befragt habe. Er habe sich auch nach Bocskay, Szepessy und Szuhay erkundigt. Da er aber nichts gewußt habe, habe er dem Gesandten auch nichts sagen können. Bori, ein vornehmer Dienstmann der Frau Nádor, schlug hierauf vor, Wolfgang Fabian nach Warschau zu entsenden und den Gesandten befragen zu lassen, was er von Wesselényi habe wissen wollen. Wenn er nicht mehr in Warschau sein sollte, dann müsse ihm Fabian nach Paris nachreisen. Dem stimmte Zrinyi zu, und Wolfgang Fabian erklärte sich bereit, die Mission zu übernehmen. Er wurde sofort mit den nötigen Instruktionen versehen.

Die Mission Fabians brachte zutage, daß Frankreich wegen des schlechten Gesundheitszustandes König Johann Casimirs Besorgnisse hegte. In Paris befürchtete man, daß der König entweder bald sterben oder doch auf den Thron verzichten werde. Es bestünde die eminente Gefahr, daß ein mit Österreich sympathisierender Kandidat zum Nachfolger Johann Casimirs gewählt werden würde. Fürst Lubomirski wolle entweder selbst den Thron besteigen oder doch gegen Frankreich wirken. Er unternehme bereits diesbezügliche Anstrengungen.

Diese Nachricht erfüllte Zrinyi mit großer Sorge, denn vom Wohlwollen Polens hing für die Rebellen sehr viel ab. Maria Széchy mußte einspringen und den ihr bekannten Domherrn Stanislaus Wohenski aus Krakau nach Lipcse einladen. Er sollte bewogen werden, im Interesse der Verschwörer tätig zu wirken und mit bedeutenden Persönlichkeiten in Polen Verbindung aufzunehmen, damit kein österreichischer Kandidat Chancen eingeräumt bekomme. Wohenski kam und erklärte sich nach langem Zureden bereit, an einige Persönlichkeiten zu schreiben und diesen die Befürchtungen der Ungarn mitzuteilen. Weiter wollte er aber nicht aktiv tätig werden. Da aber auch die Franzosen bestrebt waren, einen ihnen genehmen Kandidaten in die engere Wahl zu bringen, griff Grémonville in das Geschehen ein. Er gab zu verstehen, daß man Lubormirski aus dem Wege räumen müsse, denn von ihm gehe Gefahr aus. Da er wußte, wie sehr dieser Wahlausgang in Polen die Unzufriedenen berühren mußte, suchte er unter ihnen nach einem Attentäter. Bald war er in Vitnyédy gefunden, denn er war der glühendste Hasser der Habsburger. Als Lohn für den Mord stellte ihm der Franzose 6000 Gulden in Aussicht, und Vitnyédy nahm sofort ein Handgeld von 2000 Gulden an.

Da Nádasdy bei den Beratungen in Lipcse nicht anwesend gewesen war, berief die Frau Nádor, die von Zrinyi schon Geld bekommen hatte, eine Versammlung in den Badeort Stuben ein. Nádasdy, Zrinyi, Széchy Maria, Bischof Senneyey von Veszprém, Szente Balinth, Nágy Ferencz und Barkoczy Istvan fanden sich ein. Aber es kam auch in Stuben, wegen verschiedener Auffassungen, zu keinen einvernehmlichen Beschlüssen. Davon erbittert, rief Nágy den Magnaten zu: „Wenn ihr nichts tun könnt, so fangen die armen Burschen von selber an!" Er hatte die ärmeren Edelleute in den Komitaten gemeint, den Betyarenadel. Hierauf einigte man sich aber doch noch darauf, daß die Frau Nádor einen großen Konvent der Mißvergnügten nach Szendrö (Sankt

Andrä) bei Kaschau einberufen solle, und Nádasdy versprach auf Drängen Zrinyis, für diese Versammlung einen Aufruf an die vier Stände Ungarns zu verfassen.

Der Vorschlag Boris, die kaiserlichen Gelder aus den Bergstädten aufzugreifen und damit die Reiterei zu bezahlen, wurde einstimmig beschlossen. Die Realisierung dieser Maßnahme und die Durchführung des Überfalles sollten in Szendrö beraten werden. Nádasdy sollte inzwischen die Reiseroute der Geldtransporte erkunden lassen und seinen Vertrauensmann am Hofe in die Angelegenheit einschalten. Zrinyi sollte einstweilen Locatelli beauftragen, Husaren anzuwerben. Als Vorschuß hatte Nádasdy an Zrinyi 6000 Gulden zu übersenden.

Aufstand unterbleibt

Szendrö, 17. bis 20. August 1667. Maria Széchy war bereits eine Schuldnerin Zrinyis und hatte den großen Konvent der Verschwörer nach Szendrö geladen. Es war die bisher wichtigste Versammlung geworden. Gleich nach Eröffnung verlas Graf Nádasdy seinen Aufruf an die vier Stände Ungarns. In diesem hieß es unter anderem: „Ungarn, unser liebes Vaterland, wird unterdrückt! Die Ungarn sind ein armes totes Volk geworden. Das Landeseinkommen wird in Deutschland verzehrt und bei Hoffesten vertan! Die Freiheit der Nation ist seit den Tagen Ferdinands I. begraben. Bei St. Gotthard haben nicht die Deutschen, sondern die Franzosen den Sieg gegen die Türken errungen! Die Österreicher haben aber in vierzehn Tagen Frieden gemacht und das Land wieder den Türken übergeben. Der König schickte seine siegreichen Soldaten nach Hause und überließ Ungarn auf weitere zwanzig Jahre den Heiden! Bocskay, Bethlen und Rákóczy sind Fürsten geworden, weil sie einen Bund aufgerichtet und sich des Vaterlandes angenommen haben. Vertreter der vier Stände, ihr müßt, gemeinsam mit uns, das gleiche tun und mit Mut angreifen. Diesen Geist, den bewaffneten Aufruhr, entfache dieses Manifest, und es überzeuge euch, die Vornehmsten des Landes, von der Notwendigkeit unseres Handelns!" Stürmischer Beifall folgte der Oratio Nádasdys, und der Konvent beschloß, Nádasdy und Zrinyi als Führer anzuerkennen. Beide waren der Meinung, man dürfe nicht länger säumen, das bewaffnete Volk aufzubieten und vorerst in Mähren einfallen. Dagegen sprachen sich aber vor allem die Vertreter der Protestanten aus, denn sie befürchteten, daß sie allein, ohne die Hilfe Siebenbürgens und der Türkei, dazu zu schwach sein würden. Die neuen Führer mögen sich erst an Siebenbürgen um Hilfe wenden und Apafys Antwort abwarten. Dagegen könne man aber schon jetzt das deutsche Kriegsvolk, das in einer Stärke von 1000 Mann heranziehe, bei Branitza im Sároser Komitat überfallen und zusammenhauen. Geschehe das, so solle dies das Zeichen des offenen Bruches mit Österreich sein. Am 19. August kamen die Gesandten Gyulaffy und Kende zum Konvent und berichteten den Versammelten, wie verwundert Fürst Apafy darüber sei, weil alles so langsam vonstatten gehe. Hierauf wurde wieder eine Gesandtschaft nach Siebenbürgen abgeschickt, die den Fürsten auffordern sollte, abermals mit den Türken zu unterhandeln. Dem Siebenbürger wurde auch die Versicherung übermittelt, daß die dreizehn Komitate Oberungarns treu zu ihm stehen würden.

Graf Nádasdy gab seiner Hoffnung Ausdruck, alle kampffähigen Männer diesseits und jenseits der Donau bewegen zu können, auf sein Wort unter Waffen zu treten. Zrinyi aber donnerte in den Saal: „Ich allein stelle 40.000 Mann! Kärnten, Steiermark und Krain werden mit mir aufstehen! Ich habe dort meine Leute. Schlesien wird ebenfalls aufgeregt werden! Ich habe in den Bergstädten Anhänger! Wohenski ist mein Agent in Polen! In der Welt hält man die Ungarn für ein armes, ohnmächtiges, verlogenes Volk. Die Nation muß daher etwas unternehmen, um unter einen eigenen König zu kommen!" Ohrenbetäubender Jubel folgte diesen großen Worten des Bans.

Bori und Nágy boten Zrinyi an, daß sie bereit seien, den Fürstprimas und Erzbischof von Gran, Szelepcsényi, auf einer Fahrt zu überfallen und zu erwürgen, um zu Geld zu kommen. Der Vorschlag Boris von Stuben, die Geldtransporte der Bergstädte aufzuheben, wurde vom Konvent angenommen und Stephan Szobonia mit der Durchführung beauftragt. Szobonia nahm den ehrenhaften Auftrag an und reiste sofort ab. Er hatte von Nádasdy alle einschlägigen Instruktionen erhalten. Hierauf wurden Bocskay Istvan, Barkoczy Istvan und Szuhay als Generale der ungarischen Armee bestellt und bestätigt. Szuhay, der unter Rákóczy György siebenbürgischer General gewesen war, hatte Kampferfahrung. Wolf Fabian sollte die Reiterei befehligen.

An diesem Konvent hatten die Magnaten Nádasdy, Zrinyi, die Witwe Wesselényis, Tököly Istvan, Perenyi György, Petroczy Istvan, Bocskay Istvan, Barkoczy Istvan und die Edelleute Vitnyédy Istvan, Ferencz und András Nágy, Hidvégy, Gestény Niklas, Bori, Szuhay, Szepessy, die drei Brüder Ketzer, Ispan, Gyulaffy, Kende, Ebezky, Farkas und Szobonia teilgenommen. Jenseits der Donau waren alle Adeligen in das Bündnis einbezogen, diesseits der Donau hingegen wußten nur wenige von den wirklichen Vorhaben der Magnaten und Stände. Über den Termin des Losschlagens konnte keine Einigung erzielt werden. Dennoch wollte man mit einem Haufen armer Burschen den Aufstand beginnen. „Ist erst eine genügende Menge Volkes beisammen, dann greife ich auch die Bergstädte an!" gelobte Bori. „Ihr werdet sehen, wenn der Kriegslärm beginnt, so wird Kaiser Leopold sich zur Herstellung der alten Freiheiten bequemen!"

Boris ungestümen Worten folgten aber keine Taten. Er ließ seinen eigenen Plan fallen, und der Aufstand unterblieb trotz aller mutigen

Reden. Weder Zrinyi noch Nádasdy wollten ohne Zusagen Siebenbürgens und der Türkei losschlagen, denn sie wußten, daß die eigenen Kräfte nicht ausreichen würden, den Aufstand siegreich zu beenden. Ende 1667 schickte Apafy seinen Sekretär Pietro und einen Dolmetscher nach Konstantinopel. Er ließ die Hohe Pforte wissen, daß die Ungarn der Meinung seien, daß es am besten wäre, ehestens zu den Waffen zu greifen. Dies auch deshalb, weil ja sowieso ein Krieg zwischen Frankreich und Österreich bevorstehe. Der Sekretär Apafys kehrte aber unverrichteter Dinge aus der Türkei zurück.

Gezwungenermaßen mußten die Magnaten ihre Absichten weiter verborgen halten. Nádasdy schrieb am 26. Mai 1668 an den Hofkriegsratspräsidenten, er möge Graf Rothals Berichte nicht für bare Münze nehmen, daß große Streifungen stattgefunden hätten. Rothal mache aus einer Mücke einen Elefanten, wenn er gegen ihn selbst oder gegen seine Freunde etwas aufgreifen könne.

Ohne die geringsten Anzeichen für einen Aufstand war der Winter 1667/68 vorübergegangen. Da der Großvezier Köprili sich beharrlich weigerte, wegen der Ungarn den Eisenburger Frieden zu brechen, der auch ihm für seine Unternehmungen gegen Venedig einen freien Rücken sicherte, mußten die Magnaten stille sitzen. So kamen ihnen denn Grémonvilles Absichten sehr gelegen, mit ihnen zu verhandeln. Sie sollten sich gegen den Kaiser erheben, wenn dieser sich in den flandrischen Krieg einmengen sollte. Er traf Nádasdy und Zrinyi dreimal zwischen Achau und Münchendorf und schlug ihnen ein Bündnis mit Ludwig XIV. vor. Vor einem solchen Schritt hatte aber Nádasdy Bedenken. Zrinyi aber war anderer Meinung. Er sagte rundweg: „Wenn Ludwig XIV. kein frevelhaftes Spiel mit uns treibt und uns nur dazu animiert, die österreichische Macht in Schach zu halten, so gebt mir Geld, damit ich Truppen unter Waffen halten kann. Nur dann vermag ich Euren Worten Glauben zu schenken." Er erhielt denn auch vorerst 6000 Gulden zugesagt. „Als Handgeld", räumte Zrinyi ein, „für Rüstungen reicht das nicht im entferntesten." Da aber weitere Geldzusagen und Geldleistungen ausblieben, blieb es in Ungarn vorerst ruhig.

Der Wiener Hof

Trotz vieler Bemühungen war es dem Hofkriegsratspräsidenten bisher nicht gelungen, die Teilnehmer an der Verschwörung in Ungarn namentlich zu eruieren. Rothal, der als königlicher Kommissär mit den ungarischen Angelegenheiten befaßt war, wurde in das Vertrauen gezogen und mit der geheimen Ermittlungstätigkeit beauftragt. Daß es sich nur um Personen handeln konnte, die dem höchsten Stande angehörten, war so gut wie sicher, denn andere Kreise hätten es nie wagen können, mit Hilfe des Fürsten von Siebenbürgen direkt an die Hohe Pforte heranzutreten und dieser wissen zu lassen, daß die Magnaten dem Sultan zu Füßen liegen möchten, daß sie die Vorherrschaft der Habsburger ablehnen und bereit seien, gegen ihren Landesherrn aufzustehen.

Nádasdy erfuhr aber als „Geheimer Rat" des Königs, daß der kaiserliche Gesandte in Konstantinopel von der Intervention des Fürsten Apafy gehört und dies nach Wien berichtet haben mußte. An der Hohen Pforte gab es daher eine undichte Stelle. Diese mußte, im Interesse der Sicherheit der Verschwörer, ehestens gefunden und dem Sultan oder seinem Großvezier angezeigt werden.

Da Nádasdy nicht zu allen Sitzungen des geheimen Rates eingeladen wurde und auch an den Besprechungen der ersten Minister nur gelegentlich teilnahm, andererseits aber informiert werden wollte, was im Hofkriegsrat vor sich gehe, bestach er dessen Geheimschreiber Leopold Montecuculi mit der für diesen beträchtlichen Summe von 100 Talern, wofür ihm dieser Abschriften der Ratsprotokolle und mündliche Nachrichten zukommen ließ. Der Geheimschreiber bestätigte ihm auch die Meldung aus Konstantinopel.

Die Gefahr, daß alles entdeckt wurde, wuchs von Tag zu Tag. Eile war nötig, wenn man den zu erwartenden Gegenzügen des Wiener Hofes zuvorkommen wollte.

Die Abgeordneten der oberen Gespanschaften hatten sich deshalb in Sátoralja-Ujhely versammelt, um die Antwortnote ihres Königs zu beraten. In diesem Reskript rechtfertigte der wortgewandte Hofkriegsratspräsident noch einmal den Eisenburger Frieden und die Entlassung der ungarischen Truppen, um dem geprüften Lande die Auslagen für diese zu ersparen, und begründete die Anwesenheit der kaiserlichen Truppen in Ungarn mit der Notwendigkeit, für die innere und äußere Sicherheit des Landes sorgen zu müssen. Den kaiserlichen Truppen sei die strengste Manneszucht anbefohlen worden. Für die Abstellung der in den übrigen Forderungen zum Ausdruck gebrachten Übelstände werde der König durch seine für Ungarn ernannten Kommissäre sorgen. Bis zur Regelung der anstehenden Probleme aber möge sich jedermann hüten, an aufrührerischen Versammlungen teilzunehmen.

Erbittert reagierten die Abgeordneten auf diese Note, und ihre Antwort fiel so grob aus, daß es weder Nádasdy noch der Fürstprimas wagte, das Antwortschreiben der Stände so, wie es verfaßt war, an den Wiener Hof abzusenden.

Als Landesoberrichter überließen ihm die Stände die Neuformulierung ihrer Antwort. „Die Sache wendet sich zum Guten", versuchte Nádasdy die Stände zu beruhigen. „Frankreich hat gegen Spanien den Krieg eröffnet, und der französische Gesandte in Wien hat sich an mich gewandt und um eine Aussprache ersucht. Jetzt braucht Frankreich uns, und wir werden von König Ludwig in Kürze Geld zum Ankauf von Kriegsrequisiten bekommen. Wir werden starke Kräfte des Kaisers bin-

den, und Leopold wird die Wahl zwischen der österreichischen Intervention in Portugal und dem Verlust seiner Hauptstadt haben, denn wenn
er zu viele Truppen nach Spanien entsendet, statten wir ihm in Laxenburg einen bewaffneten Besuch ab, an den er zeitlebens denken wird!"

Damit gaben sich die Abgeordneten vorläufig zufrieden und verließen
zuversichtlich Sátoralja-Ujhely.

Das Fischerfest zu Pottendorf

Pottendorf. Auf dem Heimwege von Sátoralja-Ujhely dachte Nádasdy
darüber nach, wie Kaiser Leopold beseitigt werden könnte. Er wollte,
weil weder Vitnyédy noch Zrinyi und Frangepan im Oktober 1666 den
Anschlag auf den Kaiser zuwege gebracht hatten, die Dinge selbst in die
Hand nehmen. Auf die anderen ist kein Verlaß, dachte er verächtlich.
Es boten sich zwei Möglichkeiten an. Wenn Leopold jagte, wurde er nur
von wenigen Kämmerern begleitet. Ein verwegener Kerl auf einem
raschen Pferd könnte leicht an Leopold herankommen. Die zweite Möglichkeit wäre Gift. Das ist der einfachste Weg. Ein anderer König wird
mich dringender brauchen.

Während die Vorbereitungen für ein großes Fischerfest begonnen
hatten, das Nádasdy für den Kaiser geben wollte, kehrte Oberst Csáky,
der von Wien nach Ungarn reiste, bei ihm ein, um von den fehlgeschla-
genen Bemühungen Zrinyis um das Generalat von Karlstadt zu berichten.
Der Banus von Kroatien hatte Katharina, seine Gemahlin, im Vertrauen
auf deren Gewandtheit zum Hofe geschickt, um durchzusetzen, daß das
„Generalat" und das Amt des „Banus von Kroatien" in seinen Händen
vereinigt werden würden. In dieser Doppelfunktion wären ihm, dem
Ban, als Oberbefehlshaber von Karlstadt auch alle anderen Festungen
unterstanden. Es wäre dann auch ein leichtes gewesen, den Türken einen
festen Platz in die Hände zu spielen. Kopreinitz oder Karlstadt hatte
der Großvezier verlangt. Frau Katharina hatte bei den Ministern alle
Überredungskünste spielen lassen, um Zrinyis Ziel zu erreichen, scheiterte aber am Mißtrauen Marschall Montecuccolis. Montecuccoli hatte
im Geheimen Rat die Ansicht vertreten, daß es zu gefährlich sei, beide
Stellen auf einem so unruhigen Haupte wie dem des Grafen Zrinyi zu
vereinigen. Der Marschall habe seinerseits den ehemaligen Malteserritter
Graf Josef Herberstein für das Generalat von Karlstadt vorgeschlagen,
und dieser ist dann auch für dieses Amt auserwählt worden. „Das wird
Zrinyi noch mehr erbittern", setzte Oberst Csáky fort. „Er ist zwar
Banus von Kroatien, aber die Festungen in seinem Verwaltungsgebiet
und deren Besatzungen unterstehen Herberstein."

„Ich will meinen Kopf nicht zur Ruhe legen", grollte hierauf Nádasdy,
„bis ich nicht diesem Habsburger die Krone vom Haupte gerissen habe!"

Hierauf berichtete Csáky dem Grafen, daß er vor kurzem an Nagy Ferencz, den Sekretär der Witwe Wesselényis, geschrieben habe, damit dieser über die Siebenbürger die Ermordung Panajottis betreibe. Es sei ziemlich sicher, daß der Großdragoman, der als Dolmetscher der Hohen Pforte auch deren Vizeaußenminister war, dem kaiserlichen Residenten in Konstantinopel von den Absichten der Ungarn berichtet habe. „Panajotti muß aus dem Wege geräumt werden, wenn wir nicht riskieren wollen, daß unsere Pläne und Interventionen bei der Hohen Pforte ständig verraten werden." Dieser Meinung pflichtete auch Nádasdy bei, denn der Schreiber des Kriegsrates hatte ihm ebenfalls schon berichtet, daß aus Konstantinopel in letzter Zeit mehrere Warnungen eingetroffen seien. Man wisse in Wien schon mehr von der ungarischen Unruhe, aber man kenne noch immer keine Namen. „Nagy Ferencz", fuhr Csáky fort, „rät dringend, die kaiserliche Post abzufangen."

Nádasdy war dazu bereit. Hierauf schrieb er einen Brief an die 13 Gespanschaften, den Oberst Csáky diesen überbringen sollte. In diesem Schreiben versprach Nádasdy den Gespanschaften, „daß bald eine große Änderung eintreten werde und daß er bereit sei, ihnen beizustehen, zwar nicht um Se.Majestät zu bekriegen, aber um Ungarn in den alten Stand zu bringen".

Als Termin für das Fischerfest in Pottendorf war der 5. April 1668 festgelegt worden. Am Vorabend des Festes befahl Nádasdy dem Koch der Schloßküche, daß dieser das Arsen, das er erstanden hatte, in eine Taubenpastete rühre und daß der Koch diese besonders schön herrichten und kennzeichnen müsse. Der Koch bekreuzigte sich entsetzt und tat, wie ihm befohlen worden war. Als diese Pastete dann aber fertig war, bekam es der Koch mit der Angst zu tun und schlich zu Gräfin Anna-Julia. Verstört berichtete er seiner Herrin, was der Graf angeordnet habe. Anna-Julia war bestürzt. Für wen wohl die vergiftete Pastete bestimmt sein würde? Da der Graf den armen Koch mit dem Tode bedroht hatte, wenn er reden würde, zitterte dieser am ganzen Leibe. Es muß sich um eine hochgestellte Persönlichkeit handeln. Etwa gar um den ... Anna-Julia erbleichte. Sie wußte längst, daß ihr Gemahl den Kaiser haßte und daß die nationale Partei ebenso an Aufruhr dachte wie die Kalviner. Anna-Julia beruhigte den Koch und begab sich zu ihrem Gemahl.

„Wer soll an dieser Taubenpastete sterben?" fragte sie ihn kühl.

„Der, der mir das höchste Amt im Königreiche verweigert!"

„Wahnsinniger!" schrie Anna-Julia auf. „Du gewährst dem Kaiser Gastrecht! Willst du ihn unter Bruch des Gastrechtes morden?"

„Wer soll mich hindern?" zischte Nádasdy. „Nur deswegen habe ich das ganze Fest arrangiert! Leopolds Tod bringt Ungarns Freiheit! Wage es nicht, dich in meine Angelegenheiten zu mischen, sonst ..."

Anna-Julia kannte den Jähzorn ihres Gemahls. Als er mit haßerfüllten

Blicken auf sie zuschritt, warf sie sich vor ihm auf die Knie und flehte mit erhobenen Händen: „Denke an unsere elf Kinder! Willst du dein ganzes Haus ins Unglück stürzen? Das kostet dir den Kopf!"

„Falle meinem Gericht nicht in den Arm! Ich warne dich! Leopold muß sterben! Er mißachtet die Verfassung des Königreiches! Er verkürzt uns in unseren Privilegien! Ein Palatin aus dem Hause Nádasdy hat einem Habsburger einst die heilige Stephanskrone auf das Haupt gesetzt und ein Nádasdy wird sie diesem Leopold vom Haupte reißen!"

Anna-Julia ging. Sie war furchtlos und entschlossen, den Anschlag zu verhindern, und befahl dem Koch, eine zweite Taubenpastete äußerlich so herzurichten wie die vergiftete. In letzter Minute wollte Anna-Julia die vergiftete Pastete austauschen. Eilends ging der Koch ans Werk und tat, wie seine Herrin befahl. Gegen Mittag trafen Kaiser Leopold und Kaiserin Margarethe Theresa ein. Hörner erklangen, und in tiefer Ergebenheit verneigte sich der versammelte Adel vor den allerhöchsten Gästen, um deren Wohlergehen sich der Vizepalatin und reiche Hausherr besonders zu bemühen schien. „Heuchler!" dachte Anna-Julia tiefbekümmert. Indessen konzertierten Eisenstädter Musikanten auf alten Holzinstrumenten, und der Kaiser, der selbst einige Instrumente spielen konnte, lauschte den Darbietungen mit freundlicher Aufmerksamkeit. Das Kaiserpaar war von der ausgesuchten Höflichkeit und den Bemühungen des reichen Mannes beeindruckt, und während das Schloßgesinde für die Bevölkerung anschließend Fische auf offenem Feuer briet, gab Nádasdy im Rittersaal eine großartige Tafel. Ein Fischgericht folgte dem anderen. Als besondere Delikatesse wurden nach den Fischgerichten köstlich gewürzte Taubenpasteten aufgetragen. Nádasdy reichte dem Kaiser die schönste von allen, auf die er ihn besonders aufmerksam gemacht hatte, und Leopold aß sie tatsächlich auf und lobte deren Zubereitung und die feinen Gewürze. Aus goldenen Bechern wurden schwere ungarische Weine gereicht, und selbst der dem Alkohol ansonsten so abgeneigte Monarch ließ sich, von den gut gewürzten Fischgerichten durstig geworden, dazu überreden, die Weine zu verkosten. Erst am späten Nachmittag verließen die Majestäten das Schloß. Nádasdy ließ den Reisewagen des Kaiserpaares von berittenen Fackelträgern begleiten. Er hatte allem Anscheine nach wirklich alles für die hohen Gäste getan. In Wirklichkeit aber dachte Nádasdy: „Dein Ende ist nahe, Leopold! Es war dein letzter schöner Tag."

Nach der Abreise der Majestäten verließen auch die anderen Gäste Pottendorf, und als es im Schlosse dann endlich wieder ruhiger geworden war, begab sich der heimtückische Magnat zu seiner Gemahlin. Hochaufgerichtet erwartete ihn Anna-Julia. „Es ist geschehen", sagte Nádasdy mit eisiger Stimme. „Morgen gibt es in Laxenburg einen toten König! Ich habe dem verhaßten Habsburger die Krone vom Haupte gerissen!"

„Das hast du nicht!" erwiderte Anna-Julia. Dabei zog sie ein Tuch von einer auf einem Teller liegenden Pastete. „Hier steht deine vergiftete Taubenpastete. Ich habe eine zweite in gleicher Anordnung zubereiten lassen und die vergiftete ausgetauscht."

Totenstille. Nádasdy erbleichte. „Du hast es gewagt, meinem Zorne in den Arm zu fallen? Wahnsinnige! Wozu habe ich dann das Fischerfest arrangiert?"

„Um den Majestäten . . ."

„. . . unsere Ergebenheit zu bezeigen! Das ist die hündische Königstreue der Esterházy!" zürnte der Graf. „Der Koch soll mir das mit seinem Leben büßen! Jetzt kann mich jeder von euch verraten. Erzähle es Orsicska*), deiner Schwägerin, wenn du nach Eisenstadt kommst!"

Mit tiefer Verachtung antwortete Anna-Julia: „Das werde ich nicht. Der Koch aber ist ein armer Teufel. In seiner Gewissensnot, in die du ihn gebracht hast, hat er sich mir anvertraut. Er wird sich hüten zu reden, denn er könnte nichts beweisen und niemand würde ihm glauben."

„Jeder, der mir einen Nachteil gönnt, glaubt es. Das kenne ich! Nur Tote schweigen!" donnerte Nádasdy.

„Ich warne dich!" setzte Anna-Julia tapfer fort. „Ich hatte heute Nacht einen furchtbaren Traum. Ich habe dich mit blutigem abgehauenen Kopfe in einem Sarge liegen sehen. Dein maßloser Ehrgeiz ist dein Untergang! Du weißt, wie krank ich bin. Nach meinem Tode wird es dir bald gelingen, den Niedergang deines Hauses zu bewerkstelligen!"

„Schweig!" brüllte der gereizte Magnat, von der Haltung seiner stolzen Gemahlin aus der Fassung gebracht. Er stürzte aus dem Gemach der Gräfin und rannte zur Schloßküche. „Gnade, Herr!" schrie der entsetzte Koch und sank in die Knie. Nádasdy aber stieß dem Leibeigenen den Dolch ins Herz: „Du hast meinen Plan der Gräfin verraten! Hund, stirb dafür!"

In Wahrheit hatte Nádasdy den Koch erstochen, weil er fürchtete, daß dieser reden könnte.

Anna-Julia war von der Gewalttätigkeit ihres Gemahls gebrochen und siechte an ihrem Lungenleiden dahin. Wohl versuchte der Stadtmedicus von Wiener Neustadt, Dr. Werner, der von Dr. Paul Sorbait zugezogen worden war, das Leiden der Gräfin zu kurieren. Der hohe Adel Westungarns zählte fast vollständig zu seinen Patienten. Erst vor kurzem hatte Dr. Werner von Paul Esterházy für die Betreuung seiner Familie den Ruff-(Stein-)Hof, einen Edelsitz in Mattersdorf, als Pfandbesitz erhalten und kam, sooft er in Mattersdorf weilte, nach Pottendorf, um nach Anna-Julia zu sehen. Bald erkannten aber Dr. Werner und Dr. Sorbait, daß ihre Bemühungen vergebens sein würden. Sie teilten dies Nádasdy mit. Ging es der Gräfin im Sommer noch besser, so wurde sie vom nebeligen Herbst arg geplagt. Nach den Weihnachtsfeiertagen ging es

*) Ursula

114

rapid dem Ende zu, und am 22. Jänner segnete diese tapfere besonnene Frau das Zeitliche.

Deutschkreutz, 1. September 1668. Über kurz oder lang mußte es zu einem bewaffneten Konflikt mit Österreich kommen, und dieser sollte und würde ausgetragen werden müssen, mit oder ohne ausländische Hilfe. Die Versuche, Frankreich und die Türkei für ihre Vorhaben zu verpflichten, glichen eher einer Fata Morgana denn einer realen politischen Einschätzung. Die Basis ihrer gemeinsamen Bestrebungen war und blieb der wechselseitige Beistand, dessen sie sich immer wieder versicherten. Graf Nádasdy war von Pottendorf nach Deutschkreutz gekommen, um Zrinyi einerseits ein Stück Weges entgegenzukommen und um andererseits weiter von Wien weg zu sein. Vitnyédy Istvan war von Ödenburg angereist, und nun saßen die Verbündeten vor dem großen weißen Kachelofen, der mit dem Wappen der Nádasdy geschmückt war, und berieten die Lage. Vor allem ging es um Panajotti, den Chefdolmetscher und Großdragoman der Hohen Pforte, der den Unterredungen ihrer Agenten mit dem Großvezier beigewohnt und hernach die österreichische Regierung mit Schreiben vom 24. Juni und 7. September 1667 gewarnt hatte, daß in Ungarn und Siebenbürgen die Gefahr einer Rebellion erwachse. Das hatte Nádasdy, wenn auch mit einiger Verspätung, in Wien erfahren. „Über Panajotti", munkelte Nádasdy, „dürften auch die geheimen Instruktionen Apafys, die der Fürst seinem Sekretär Pietro mündlich für Köprili erteilte, Graf Casanova bekanntgeworden sein."

„Vielleicht sind das gezielte Indiskretionen", überlegte Zrinyi.

„Vielleicht habt Ihr recht", räumte Nádasdy ein, „denn Casanova hat sogar nach Wien berichten können, daß die Ungarn und Kroaten je einen Gesandten nach Konstantinopel geschickt haben und dem Sultan vortragen ließen, daß sich die Ungarn und Kroaten vom Kaiser trennen und eigene Könige wählen möchten. Wien weiß auch, daß der Hohen Pforte von seiten der Unzufriedenen ein Tribut angeboten wurde, und Lobkowitz und Rothal strecken bereits ihre Fühler aus."

„Das sieht übel aus", knurrte Zrinyi verdrossen. „Von siebenbürgischer Seite befürchtet man sogar, daß Casanova nicht nur den Großdragoman, sondern auch den Großvezier selbst durch Zuwendungen und Geschenke immer wieder für sich gewinnen kann."

Nádasdy blickte nachdenklich vor sich hin. „Frankreich ist weit, und das türkische Heer liegt vor Candia. Bis zu einer Entscheidung auf Kreta wird alles in Schwebe bleiben. Wir müssen heimlich rüsten und doch so flexibel bleiben, daß wir notgedrungen noch einlenken können, wenn die Sache offenkundig wird."

Dem pflichteten Zrinyi und Vitnyédy bei. „Der Stein des Anstoßes ist Graf Esterházy, Euer Gnaden", wandte sich der Notar an Nádasdy. „Er ist ein mächtiger Mann, reich und hat eine große Schar ihm ergebener

Freunde. Ich denke da an Thomas Palffy, den Bischof von Neutra und Kanzler der ungarischen Hofkanzlei, an Graf Leopold Kollonitsch, den Bischof von Wiener Neustadt, an den Fürstprimas Szelepcsényi, der viele Geistliche um sich schart, an Graf Franz Kéry, den mächtigen Schloßherrn von Kobersdorf, der ein Esterházysches Regiment befehligt, an Franz Esterházy, der die mächtige Burg Landsee besitzt, an den Vizegeneral Johann Esterházy, der die Garnison in Raab kommandiert, an die Grafen Zichy und Majthenyi, an die Erdödy und viele andere. Sie sind ein starkes Gegengewicht. Dazu kommt, daß Euer Schwager der Oberkommandierende der ungarischen Truppen in Oberungarn ist und über mehrere Regimenter verfügt. In seinem Lager steht auch die Fürstin Báthory. Munkács ist fest in ihrer Hand. Sie wird auch ihren Sohn daran hindern, wirklich am Aufstand teilzunehmen."

„Wir werden eine neue Liste anlegen müssen, wer beim Losschlagen zu verhaften sein wird", spann Zrinyi die Gedanken Vitnyédys fort. „Die Erdödy übernehme ich, mit denen hat mein Haus eine alte offene Rechnung zu begleichen, die Eberauer und die Kohfidischer Linie."

„Wegen Eberau und Rotenturm?" forschte Nádasdy, der auch die alten Prozeßakte kannte.

Zrinyi, der im Familienarchiv Unterlagen gefunden hatte, nickte und holte aus seiner Reisetasche mehrere Papiere und Dokumente hervor: „Peter II. Erdödy hat vom Jahre 1550 an von Zrinyi Miklos Darlehen aufgenommen und ihm dafür Güter verpfändet. Dieser Erdödy war Banus von Kroatien, wie ich, und war mit meinem Vorfahr, der damals in Csakathurn saß, befreundet, weil beide zum evangelischen Glauben neigten. 1556 verlobte der Banus seine Tochter mit György, dem Sohn des Niklas, und übergab den Zrinyis gegen Rückkaufsrecht als Mitgift Eberau und Rotenturm. Nach der Übergabe der Herrschaften tat Erdödy dies leid, und er widerrief. Hierauf kam es zu einem Prozeß zwischen dem Banus und den Zrinyis, in dessen Verlauf György die Verlobung löste. Die Zrinyis behielten aber dann beide Herrschaften auf Grund eines Gütertausches im Jahre 1557, mit welchem sie Erdödy ihrerseits Besitzungen in Kroatien überließen. Die Zrinyis waren daher seit 1556 die Grundherren der Herrschaften Eberau und Rotenturm. Peter gab aber keine Ruhe. Obwohl er 1565 in den Reichsgrafenstand erhoben wurde, richtete er im Prozeß gegen die Zrinyis nichts aus. Erst seine Söhne Banus Thomas und Peter III. konnten sich wieder in Eberau einnisten. Sie haben gleich ihren Pädagogus und ihren Prediger mitgebracht. Georg Zrinyis Sohn, der nach seinem Großvater getauft wurde und daher ebenfalls Nikolaus hieß, saß aber immer noch in Rotenturm. Als der Bocskaykrieg mit der Niederlage der Lutheraner endete, konvertierte Thomas Erdödy zum katholischen Glauben, und erst als Folge dieses Schrittes konnte er den schon ein halbes Jahrhundert währenden Prozeß jetzt zugunsten seines Hauses entscheiden. 1612 wurden die Zrinyis verurteilt, gegen Tilgung der Darlehen und Rückgabe der einst in Tausch gegebenen kroatischen Güter Eberau und Rotenturm an den Banus abzutreten, der sich hierauf gewaltsam dieser Besitzungen bemächtigte. Damit war die Herrschaft der Zrinyis zu Ende, und niemand fragte nach der Kulturarbeit, die mein Geschlecht seit 1556 hier geleistet hatte, weder nach der kroatischen Nachbesiedlung in den Herrschaften noch nach den Kastellgründungen durch die Offiziere der Zrinyi, wobei ich nur auf Deutsch-Schützen verweisen möchte. Nach dem Verlust von Szigetvár an die Türken flüchtete sich der Hauptmann Perneszi Andras mit seiner Familie auf die Güter der Zrinyi und errichtete mit ihrer Zustimmung in Lövö (Schützen) ein Kastell. Mit ihm flüchteten 600 Bauern. Von all diesen Wertvermehrungen nahm das Gericht keine Notiz. Die Rechnung meines Hauses ist daher noch offen. Wenn Ungarn unter türkischer Oberhoheit steht, werden wir neue Gesetze zu schaffen haben, und die Gerichte werden nach unseren Vorstellungen rechtsprechen."

„Ist in Euren Papieren aufgezeichnet, welche Orte zu den Herrschaften gehörten, Euer Gnaden?" forschte Vitnyédy.

„Aus ihm spricht der Notar", lachte Nádasdy. Zrinyi aber entrollte ernst ein Pergament und las: „Nach dem Stand von 1594 gehörten der Markt Eberau und die Dörfer Deutsch-Schützen, Kroatisch-Schützen, Kirch- und Kohfidisch, Ober- und Unterbildein, Kulm, Winten, Edlitz, Harmisch, St. Kathrein, Höll, Deutsch- und Kroatisch-Ehrensdorf und Prostrum zur Herrschaft Eberau. In den Verzeichnissen scheinen ferner alle Grundstücke sowie ihre Größe und Lage auf. So ist das auch bei Rotenturm."

Nádasdy wurde ebenfalls ernst. „Ähnlich geht es mir mit meinen Ansprüchen auf die Herrschaft Eisenstadt. Mein 1652 gegen die Türken gefallener Schwager Ladislaus Esterházy hat mich 1649 übervorteilt. Nach dem Aussterben der mit meinem Hause verwandten Familie Kanizsai, die die Eisenstädter Burg erbaute, war ich der einzige legitime Erbberechtigte. Ladislaus war aber damals schon sehr begütert, weil sein Vater zwei reiche Witwen geheiratet hat. Er konnte so den für die Vermittlung des am 31. Dezember 1621 durch Nikolaus Esterházy zustande gebrachten Friedens von Nikolsburg mit Gabriel Bethlen als Entschädigung für Munkacs erworbenen Pfandbesitz Eisenstadt 1649 in den erblichen Besitz der Esterházy überleiten. Gelingt unser Vorhaben, und es kommen jene Gesetze, von denen Ihr, Zrinyi, gesprochen habt, dann verlieren die Esterházy alle ihre Besitzungen. Dann kann auch ich mich wegen der Herrschaft Eisenstadt noch einmal zu Wort melden."

„Das wäre auch für mich von Nutzen", warf Vitnyédy ein. Als ihn Nádasdy und Zrinyi erstaunt ansahen, fuhr er fort: „Nach dem Tod des Freiherrn Christoph von Leisser, dessen einziger Sohn Johann-Siegmund vor ihm gestorben ist, hat der damalige Palatin Thomas Palffy am 26. Juli 1648 meiner Bitte, mir den an die Krone zurückgefallenen Edelhof in Donnerskirchen zu schenken, zugestimmt und mir die Donation erteilt. Aber wer hat dagegen protestiert? Ladislaus Esterházy, Euer Schwager", wandte er sich an Nádasdy.

„Weiter!" drängte Zrinyi neugierig, und Vitnyédy holte aus: „Christoph Leisser ist es mit meiner Hilfe gelungen, der Enteignung durch Ladislaus Esterházy nach dem Reinkorporierungsgesetz von 1647 durch eine rasch erwirkte kaiserliche Schenkung, die durch Ferdinand III. mit Entschließung vom 27. Feber 1648 erfolgte, zu entgehen. Diese Schenkung galt aber nur für ihn und seine Vor- und Nachfahren. Leisser war daher bis zu seinem Tode rechtmäßiger Besitzer des Edelhofes. Als sein langjähriger Rechtsanwalt wußte ich um die Dinge und konnte Esterházy beim Erwerb des Besitzes zuvorkommen. Als mir hierauf Esterházy andere Verwandte Leissers auf den Hals hetzen ließ, kaufte ich die Schuldscheine, die der Freiherr für geliehene 3772 Gulden ausgestellt hatte, auf und verlangte von den Erben Leissers deren Einlösung. Sie hatten aber kein Geld, und wir kamen überein, daß sie mir den Besitz verkaufen. So habe ich den schönen Edelsitz mit 120 Joch Ackerland, mehr als 108 Mahd Wiesen, 130 Pfund Weinkulturen, davon drei große Weingärten in Gschieß, die Seemühle und alle anderen Liegenschaften erworben. Der Kaufvertrag wurde 1652, am Samstag vor dem Lukas-Fest, abgeschlossen. Aber schon am nächsten Tag hat Paul Esterházy gegen den Kauf protestiert, weil Ladislaus, sein Bruder, inzwischen gefallen war. Er hat sich auf das Vorkaufsrecht des Nachbarn, das ius vicinitatis, berufen. Er hat vorerst aber nichts erreicht, denn zu Allerseelen wurde ich in mein Besitzrecht eingewiesen. Zur gleichen Zeit beschloß aber die Generalkongregation in Nemeskér, an Stelle des im Türkenkrieg ums Leben gekommenen Ladislaus Paul zum Erbobergespan des Komitates Ödenburg zu bestellen. Obwohl die kaiserliche Bestätigung zu dieser Bestellung noch ausstand und Graf Paul noch gar nicht als Obergespan installiert war, verbot er meinen Untertanen in Donnerskirchen die Waldnutzung. Als mich meine Donnerskirchner bestürmten, ihnen zu helfen, wandte ich mich an den Palatin Paul Palffy und ersuchte ihn, den Grafen vor ungerechten Aktionen zu warnen. Daß Esterházy damit versucht hatte, mir, dem neuen Besitzer, Schwierigkeiten zu machen, wußte ich. Die Verwarnung durch den Palatin hat mir Graf Paul auch sehr übelgenommen. Als er herausbrachte, daß ich der bevollmächtigte Rechtsanwalt der Familie Leisser gewesen war, warf er mir sofort vor, daß ich als solcher Einblick in alle Dokumente der Leisser gehabt und daraus die Gelegenheit erkannt und wahrgenommen hätte, das Gut zum Nachteil meiner Mandanten an mich zu bringen. Obwohl die neuen Erben der Leisser auf meiner Seite standen, weil sie rasch zu ihrem Geld kommen wollten, mußte ich letztlich nachgeben. Graf Paul ließ mir durch Georg Kisics, seinen Eisenstädter Kastellan, sagen, daß ich nur zwischen zwei Möglichkeiten zu wählen habe. Ich solle ihm das Gut zu einem angemessenen Betrag verkaufen, wenn nicht, würde er dafür sorgen, daß die Methoden, mit denen ich den Besitz erworben habe, höheren Orts bekannt würden. Es wäre im zweiten Falle nicht nur um meinen Ruf als Rechtsanwalt geschehen, der durch diesen Kauf sowieso schon schwer erschüttert sei, sondern es könnte leicht sein, daß ich auch noch meine Notarstelle zusätzlich verlieren könnte. Was blieb mir übrig? Ich mußte mich der Erpressung beugen und Graf Paul Ende 1653 mein schönes Gut um 24.000 Gulden abtreten. Als ich ihn bat, mir wenigstens die viergängige Steinmühle am See mit den dazugehörigen vier Untertanen als Eigen zu belassen, hat er auch das abgelehnt. Letztlich verpfändete er mir diese Mühle aber um 7000 Gulden, die er mir gleich von den 24.000 Gulden abgezogen hat. Ich behaupte daher, er hat mir den Edelhof des Freiherrn von Leisser in Donnerskirchen abgepreßt, und ich werde daher ebenfalls meine Ansprüche geltend machen, wenn die Zeit dazu da ist." Vitnyédy war bei dieser Rede so in Zorn und Erregung geraten, daß ihm der Schweiß aus allen Poren brach, und Nádasdy und Zrinyi hatten Mühe, den sonst so kühlen Rechner und Denker zu besänftigen. „Ihr bekommt den Edelhof zurück", tröstete ihn der Landesoberrichter, dem der von Esterházy bezahlte Preis gar nicht so niedrig vorkam, aber ein Abschlagen dieser Sache hätte das ganze Bündnis mit den Kalvinern gefährden können. „Erst müssen wir erfolgreich sein, dann werden wir alles regeln können. Vorerst habt Ihr ja die Seemühle wenigstens als Pfandbesitz."

„Wenn Esterházy hört, daß ich zu eurem Kreis gehöre, wirft er mir die Pfandsumme vor die Füße und zieht die Mühle ein. Das würde ich nicht überleben, denn dann könnte ich mir nicht einmal mehr Schweine mästen und Mehl für meinen Haushalt nach Ödenburg bringen lassen."

„Seid unbesorgt, unser Bündnis wird auch Euch über alles hinweghelfen", versicherte ihm auch der Banus. „Es ist so, daß uns nicht nur politische und religiöse Anliegen zusammenführen, sondern auch persönliche Nachteile, die wir alle erlitten haben. Diese Tatsachen werden die eisernen Klammern sein, die uns in aller Not und Gefahr zusammenhalten werden." Damit drückte der Banus dem Notar die Hand. Das war ein Versprechen.

Es war nicht verwunderlich, daß die Namen der Esterházy, Erdödy, Kéry und Zichy als erste in die Konfiskationsliste eingetragen wurden. Die Besitzungen der Anhänger des Habsburgers sollten an die neue Krone Ungarns zurückfallen. Graf Paul sollte ebenso kalt enteignet werden, wie er alle Österreicher in der Grafschaft Forchtenstein enteignet hatte, als diese 1647 Ungarn reinkorporiert wurde.

Darüber aber wurde wohlweislich nicht geredet, wie die Reinkorporierung der an Österreich verpfändet gewesenen Herrschaften Hornstein, Eisenstadt, Güns und Bernstein 1647 von den Magnaten erzwungen worden war. Im vorletzten Jahre des Dreißigjährigen Krieges, zu einer

Zeit, zu der die kaiserlichen Truppen noch an allen Fronten in Deutschland gebunden gewesen waren, drohte Georg I. Rákóczy, der Fürst von Siebenbürgen, der sich mit Schweden und Frankreich verbündet hatte, Österreich in den Rücken zu fallen. Um der tödlichen Einkreisung zu entgehen, mußte Ferdinand III. den Ungarn schweren Herzens Zugeständnisse machen. Erst hierauf wurde Rákóczy von Nikolaus Esterházy zum Frieden bewogen. In Wien äußerte man später den Verdacht, daß das Ganze ein abgekartetes Spiel gewesen und der Kaiser erpreßt worden wäre. Vergebens protestierten die Delegierten der niederösterreichischen Stände am 16. und 19. September 1647 in Eisenstadt gegen den Artikel 71 des Generallandtages von Preßburg, der die Abtretung dieser Herrschaften an Ungarn vorsah, und beriefen sich auf das ihnen vom Kaiser gegebene Wort, „ohne ihr vorwissen kheine veränderung fürzuekheren". Am 26. September war die Rückgliederung der Herrschaft Hornstein und der Stadt und Herrschaft Eisenstadt und am 27. September die der Herrschaft Bernstein und der Stadt und Herrschaft Güns erfolgt. Als aber die Eisenstädter Bürger davon erfuhren, daß Ferdinand III. wegen Geldmangels bereit sei, auch ihre Stadt Ladislaus Esterházy für 40.000 Gulden erblich zu überlassen, schickten sie eine Delegation zum Kaiser und legten ihm nicht nur die ihnen von Maximilian II. vom 5. März 1572, Rudolf II. vom 25. November 1584 und Matthias I. vom 27. Oktober 1611 bewilligten Privilegien, sondern auch seine eigene Zusage vom 14. Juni 1618 vor, mit der er „ihnen von Eisenstadt die versicherung geben, welchergestalten gemelte Stadt Eisenstadt und derselben bürger und einwohner von ihro majestät und dero nachkommen von Hauß Österreich hierfür weiter nicht verkauft noch verwendet, sondern in der landesfürstlichen österreichischen camer behalten, auch bey ihrem wohlhergebrieften freyheiten, rechten und gebräuchen gehandhabt und geschützt werden solle".

Da der Kaiser damals aber Geld brauchte, entschloß er sich, Eisenstadt und Güns zu königlichen Freistädten zu erheben, weil so einerseits die Bürger dieser Städte aus dem Untertanenverband heraustreten und er zu Geld kommen konnte. Jede der beiden Städte hatte das enorme Opfer von 16.000 Gulden in barem Geld und 9000 Gulden in Wein, den Eimer zu 3 Gulden angeschlagen, aufzubringen. Ihre Freiheiten und Rechte waren den Bürgern aber selbst diese ungeheure Anstrengung wert. Hierauf wurde Eisenstadt mit Entschließung vom 26. Oktober 1648 in den Rang einer königlichen Freistadt erhoben. Die städtische Selbstverwaltung war damit behauptet und gerettet worden.

Graf Zrinyi trat schon seit der Versammlung von Neusohl als selbständiger Führer der zur Rebellion neigenden Magnaten auf. Nur Nádasdy sagte zu Nágy Ferencz, der feststellte, Zrinyi ist jetzt unser aller Herr: „Zrinyi wird niemals mein Herr sein, denn ich vertraue ihm nicht!"

Zrinyi schickte Agenten aus, rüstete eigenmächtig und tat, als wäre er stark genug, um gegen das Haus Österreich einen Krieg führen zu können. Er ahnte nicht, daß inzwischen nicht nur der Grieche Panajotti, der Großdragoman und Pfortendolmetsch, sondern auch Széchy Maria es für besser gehalten hatte, ihren Frieden mit dem Kaiser zu machen. Als sie einsah, daß die Verschwörung im Jahre 1668 keinen Fortschritt gebracht hatte, sandte sie Michael Bori, einen ihrer verläßlichsten Leute, nach Preßburg. Bori zeigte Graf Rothal die Verschwörung an und übergab dem königlichen Kommissär für Ungarn eine Anzahl Briefe, die auf die Verschwörung Bezug nahmen. Sie selbst wurde nur durch eine plötzliche Erkrankung daran gehindert, schon damals nach Wien zu reisen und dem Hofkriegsratspräsidenten alles zu eröffnen. Aber auch Fekete Laszlo deckte der Regierung die Pläne der Verschwörer auf. Er war ein ehemaliger Soldat, galt aber als verschlagen und hatte sich nach dem Tode seines Herrn an der Verschwörung nur beteiligt, um sie verraten zu können. Er hatte schon im September 1668 dem Fürstprimas Szelepcsényi alles hinterbracht. Beide waren damals sofort nach Wien abgereist und berichteten Graf Rothal von den Absichten der Magnaten. Szelepcsényi hatte Graf Rothal aufgefordert, die Dienstmänner der Széchy, Bori und Nágy zu verhaften. „Aber", fügte er hinzu, „die Sache wird so lange kein Ende haben, bis man die Vornehmsten, die Magnaten selbst, in Haft nimmt. Bestrafen kann man sie jedoch nur, wenn man sie nach ungarischem Recht zitiert und aburteilt." Rothal war anderer Meinung gewesen und sagte, daß in diesem Falle die Dinge anders lägen. Zur Zeit Ferdinands I. seien auch viele ungarische Herren gefangengenommen und verurteilt worden. Das könne auch jetzt geschehen. Fekete schlug andere Maßnahmen vor: „Schickt einen Boten nach Konstantinopel und verlangt, daß die Türken Fürst Apafy strangulieren. Nicht die Stände von Siebenbürgen sind mit den Magnaten im Bunde, sondern Apafy allein. Sagen Sie König Leopold, er soll seine Truppen in den Grenzhäusern versammeln und die Verschwörer verhaften lassen. Das wird zwar in Ungarn zu einem großen Geschrei führen, aber wenn die Ursachen mit einem Manifeste gleichzeitig bekanntgegeben werden und ein Landtag ausgeschrieben wird, dann wird alles in einen guten Stand gebracht werden. Auf Barkoczy Ferencz ist auch kein Verlaß. Den kann aber der Fürstprimas leicht fangen. Wenn Ihr, Szelepcsényi", wandte er sich an diesen, „dem Barkoczy schreibt, lieber Sohn, komm zu mir, es steht Dir ein großes Glück bevor, so kommt er. Er strebt nach dem Generalat für Oberungarn, und wenn er das bekommt, so wird er zu uns halten. Die anderen Verschwörer hingegen kann man unter dem Vorwande vorladen, daß man mit ihnen wegen des Landtages etwas zu besprechen habe. Man kann sie dann einzeln festnehmen. Auf Nádasdy gebt aber besonders acht, denn wenn er Gefahr wittert, bleibt er nicht mehr länger in Pottendorf."

Am 30. September 1668 fand hierauf im Schlosse zu Ebersdorf eine Sitzung des Geheimen Rates statt, an der außer Kaiser Leopold die ersten Minister Auersperg und Lobkowitz, Fürst Schwarzenberg, Fürst Montecuccoli sowie die Grafen Oettingen, Lamberg und Rothal teilnahmen. Fürst Schwarzenberg erinnerte daran, daß der seinerzeitige Gesandte Graf Leslie schon 1666 aus Konstantinopel von Absprachen der Magnaten berichtet habe. Nur habe er noch keine Namen gewußt. Fürst Lobkowitz hingegen verwies auf die letzten Berichte, die der Großdragoman Graf Casanova habe zukommen lassen. Alle Geheimräte waren von den rebellischen Vorgängen in Ungarn überzeugt, rieten aber davon ab, schon jetzt einen entscheidenden Schritt zu tun. Die Aussage Fekete Laszlos wurde vorgelesen, und dann wurde beschlossen, Casanova in Konstantinopel anzuweisen, wegen der Vorgänge in Ungarn ein wachsames Auge zu haben, die Grenztruppen sollten bezahlt werden und General Schmidt in Kaschau müsse verhalten werden, genauere Informationen vorzulegen. Bori und Fekete hätten sich weiter als gute Freunde der Verschwörer zu geben und würden belohnt werden. Nádasdy wollte man unter dem Vorwande, daß der Kaiser mit ihm und dem Erzbischof wegen des Landtages Beratungen pflegen wolle, nach Wien locken. „Auf keinen Fall darf Nádasdy das Palatinat in Aussicht gestellt werden!" unterstrich Fürst Auersperg. Dieser Meinung waren alle, insbesondere Marschall Montecuccoli. Nádasdy gegenüber müsse man sich so verhalten, als ob man von der Verschwörung nichts wisse, sondern nur von einer umfangreichen Korrespondenz Apafys gehört hätte, die dieser in Oberungarn entfaltet habe. Nádasdy solle vorschlagen, wie man den zu befürchtenden Unruhen vorbeugen könne. Es wäre ihm auch zu sagen, daß keine neuen Truppenverlegungen nach Ungarn erfolgen würden, weil man das nicht für nötig erachte, daß man aber die in Ungarn liegenden Truppenteile zusammenziehen müsse.

Alle Reformen sollten für einige Zeit suspendiert werden, meinte Auersperg, um der Glut keine neue Nahrung zu geben. Der österreichische Gesandte in Warschau solle umgehend angewiesen werden, Näheres über die Umtriebe der Ungarn in Erfahrung zu bringen. Verhaftet wird vorläufig niemand, aber es wird vorgesorgt, daß Graf Petroczy, einem gefährlichen Agitator, stets ein königstreuer Ungar zur Seite bleibe und seine Tätigkeit beobachte. Maria Széchys Dienstmänner Bori und Nágy sollten ebenfalls nach Wien vorgeladen werden. Sie sollen melden, was ihre Herrin habe Marschall Montecuccoli berichten wollen, als sie in Preßburg erkrankte.

Da Bori aber am 15. November starb und Nágy mit seiner Herrin auf das Schloß Murany zurückkehrte, mußte die Einvernahme dieser Dienstmänner unterbleiben.

Graf Nádasdy war hierauf für 17. Dezember 1668 nach Wien berufen worden, um in einer Konferenz mit dem Hofkriegsratspräsidenten und

Graf Rothal seine Stellungnahme zum beabsichtigten Landtag abzugeben. Nádasdy sagte in dieser Sitzung in der Wohnung des Fürsten Lobkowitz: „Ich habe mich noch vor keinem Landtag so gefürchtet wie vor diesem, denn er wird kein gutes Ende nehmen." Rothal widersprach ihm aber und meinte: „Gerade der Landtag muß alles zum Guten hin wenden, Nádasdy. Wir müssen nur die Gemüter der Stände dazu geneigt machen. Viel wird von Eurem Einfluß abhängen." Nádasdy aber beharrte: „In Ungarn wird alles übereinandergehen. Österreich gleicht einem Palaste, und in diesem ist Ungarn ein großer Saal. Die Mauer des Saales hat Risse, und diese werden so oft übertüncht, wie sie zutage treten. Aber weil sie eben nur immer wieder übertüncht werden, wird der ganze Palast endlich doch einstürzen." Nádasdy reiste hierauf unbehelligt nach Pottendorf zurück, wo er den ganzen Winter 1668/69 unbesorgt und unangefochten blieb, obwohl dem Geheimen Rate schon im Jänner 1669 Papiere vorlagen, die ihn schwer kompromittierten. Am 28. Jänner referierte Lobkowitz hierüber dem Kaiser.

Die Selbstanzeige Zrinyis

Am 2. Mai 1668 hatte Frankreich mit Spanien in Aachen Frieden geschlossen. Ehe die Unzufriedenen in Ungarn noch dazugekommen waren, etwas zu unternehmen, waren sie für Ludwig XIV. wieder entbehrlich geworden und weitere französische Gelder blieben aus. Mehrere Versuche Zrinyis, Ludwig XIV. doch noch zu einem Bündnis gegen Leopold I. zu bewegen, scheiterten. Auch dem Vizepalatin gelang es nicht, den Hofkriegsratspräsidenten zu überzeugen, daß ein begrenzter Krieg zur Rückeroberung von Neuhäusl geführt werden müsse. Lobkowitz war nicht zu bewegen gewesen, in dieser Sache beim Kaiser vorstellig zu werden.

Nádasdy setzte Zrinyi von seinem Mißerfolg in Kenntnis. Zrinyi aber mißtraute dem Vizepalatin und zweifelte an seiner Redlichkeit. So ließ er sich denn zu einer Handlung hinreißen, die nicht nur zu seinem bisherigen, sondern auch zu seinem späteren Verhalten in krassestem Widerspruch stand. Er wollte nach Wien reisen und seine Mitverschworenen anzeigen, und er schrieb deshalb in dieser Sache an Fürst Lobkowitz und teilte diesem mit, daß sich die Stände unter der Führung von Nádasdy und Rákóczy zusammenrotten wollten, um zu rebellieren. Er sei bereit, alles, was er wisse, zu Protokoll zu geben.

Lobkowitz überlegte einige Zeit. Alles glaubte er, daß aber Nádasdy, der dem Geheimen Rat angehörte, ein Hochverräter sein sollte, das schien ihm trotz mehrerer Hinweise noch immer unwahrscheinlich. Die Berichte, die ihm Graf Breuner aus Graz vorgelegt, und die Urkunden, die der Kammerdiener Tattenbachs seinem Herrn gestohlen und Breuner ausgehändigt hatte, belasteten ja Zrinyi selbst am meisten. Vom Ban sagte man ja hinter verhaltener Hand, daß er zwar über keine besonderen Geistesfähigkeiten verfüge, aber doch ein guter Soldat sei. Zrinyi sei eitel und strebe nach Ansehen und Macht. Lobkowitz beriet sich daher mit Pater Donellan, dem Beichtvater des Kaisers. Donellan erklärte sich bereit, zu Nádasdy nach Pottendorf zu reisen, um ihm vom Schreiben Zrinyis zu berichten.

Nádasdy behauptete später in seiner Verteidigungsschrift, er habe nicht unterlassen, Sr. Majestät anzuzeigen, welche Ränke in den oberen Landesteilen geschmiedet worden wären. Er habe auch alles andere dem Beichtvater des Kaisers offenbaren wollen, doch sei er von diesem nicht richtig ausgefragt worden. Pater Donellan hätte ihm sogar über seinen eigenen Beichtvater, Pater Raphael a Sancto Francisco, dem Prior des Servitenklosters von Loretto, versichert, daß er für seine Person nichts zu fürchten hätte.

Im Juni 1669 wurde Graf Peter Zrinyi zum Hofkriegsrat nach Wien berufen. Er sollte über die Zustände in Ungarn referieren und Gelegenheit finden, sich selbst zu rechtfertigen, denn noch waren alle Mitglieder des Kriegsrates geneigt, die führenden Köpfe der Rebellion zu schonen, wenn diese von ihrem Vorhaben ablassen würden. Noch wußte man in Wien nicht, wie es zu dem Mißerfolg bei der Versammlung in Eperjes*) gekommen war, wo verschiedene Streitfragen beigelegt werden sollten, und bei der sich die Oberungarn so aufgebracht gaben, obwohl Zrinyi und Pethö Zsigmond, der Kommandant von Onod, dem Grafen Rothal als Kommissäre beigegeben worden waren. Am 21. Juni, nachmittags um 4 Uhr, fand die Konferenz Zrinyis mit Fürst Lobkowitz in dessen Wohnung statt. Der Kaiser hatte es so gewollt, damit die Geheimhaltung gewährleistet war. Auf verschiedene Vorhalte, die der Hofkriegsratspräsident dem Banus machte, gab Zrinyi an: „Graf Nádasdy ist der Urheber des Übels. Er ist der Hauptschuldige und hat auf alle mögliche Weise versucht, die Magnaten für sich zu gewinnen. Die Magnaten haben sich aber von ihm abgewendet, weil sie herausgefunden haben, daß sich die Absichten Nádasdys gegen den König richten. Nádasdy agitiert schon seit 1662, und er hat auch schon 1659 mit dem katholischen Rákóczy László, der 1664 bei Großwardein gefallen ist, verhandelt und ihm seine Tochter und die Krone von Ungarn versprochen. Das habe aber ich damals dem Fürsten Portia gesagt. Aber was war seine Antwort? Ich glaube es nicht, daß Nádasdy einen solchen Verrat begeht. Sie können das noch jetzt überprüfen lassen, denn die Briefe Nádasdys an Rákóczy müssen noch immer bei den Erben des Mednyanski sein. Der wollte sie aber schon damals nur gegen eine Bezahlung von 30.000 oder 40.000 Gulden herausgeben. Seit 1662 verhandelt Nádasdy mit dem französischen

*) Heute Přesov, Stadt nördlich von Kaschau

124

Hof. Er wollte auch Wesselényi zu einem Bündnis mit Frankreich bewegen. Das hat aber der Nádor abgelehnt." Um die Vorgänge um die Person Lubomirski befragt, sagte Zrinyi aus: „Lubomirski war ihnen hinderlich. Vitnyédy hat von Grémonville 6000 Gulden erhalten und versprochen, Lubomirski dafür umzubringen. Der Mörder war schon gedungen, aber Wesselényi wollte auch das nicht." Wegen der Verbindungen zum Ausland befragt, beschuldigte er Nádasdy abermals: „Nádasdy ist mit französischen und schwedischen Agenten zusammengekommen. Später hat er sich sogar an die Türken gewendet. Die Pforte ging aber auf sein Ansinnen nicht ein und ließ ihn wissen, daß die Ungarn selbst anfangen sollten. Als aber die Stände merkten, daß Nádasdy nur seinen eigenen Nutzen suche und sich groß machen wolle, verloren sie die Lust an der Rebellion." An Graf Rothal gewandt, fuhr der Ban fort: „Als Sie als Bevollmächtigter nach Eperjes gekommen sind, hat Nádasdy befohlen, sich zu bewaffnen und hat über seine Güter an der mährischen Grenze Grenzhauptleute gesetzt. Und erst vor wenigen Tagen, am 13. Juni, ist Nádasdy mit Tököly, Illesházy, Vitnyédy, Hidvégy und dem Vizegeneral Bercsény in Trencsin zusammengekommen. Der Pascha von Erlau hat ihnen sagen lassen, sie sollen sich wegen der Belagerung der Festung Candia nicht irre machen lassen. Die Fürsten der Tataren, der Moldau und Walachei, die Paschas von Großwardein und Temesvár und er seien stark genug, um ihnen helfen zu können. Nádasdy hat auch versucht, die Kommission von Eperjes zu stören und das Gerücht ausstreuen lassen, daß Sie, Rothal, und ich viel Geld hätten und daß die Deutschen im Anmarsch wären. Jetzt will Nádasdy mit Hilfe der Jesuiten alles bemänteln und sich beim König wieder beliebt machen. Graf Franz Csáky, der General von Oberungarn, hat aber einmal gehört, daß Nádasdy gesagt habe, er wolle so lange nicht ruhen, bis er dem Könige die Krone vom Haupt gerissen habe. Michael Boronay, der früher bei Nádasdy bedienstet war, sollte den König umbringen. Sie können ihn noch befragen, denn er lebt noch in Raab, wo er verheiratet ist." Von Fürst Lobkowitz über die Absichten Vitnyédys zu erzählen aufgefordert, gab Zrinyi zu: „Vitnyédy hat von mir Pferde begehrt, um den Kaiser gefangenzunehmen, wenn er seiner spanischen Braut nach Schottwien entgegenreise. Er wollte den König auf das Schloß Kaszavár (Sensenberg) oder nach Trencsin bringen und erpressen oder töten. Petroczy hätte mit Vitnyédy den Anschlag ausgeführt. Ich habe ihn aber einen Narren gescholten und davongejagt, und als ich das Wesselényi erzählte, wollte ihn dieser gefangennehmen und in die Donau werfen lassen. Nádasdy aber ging sogar so weit, drei Gespanschaften diesseits der Donau einzuberufen, ohne daß er dies der ungarischen Kanzlei oder dem Erzbischof gesagt hätte. Nádasdy ist aber dann nach Czenstochau gefahren und hat in einem Kloster gewohnt. Den Mönchen hat er große Geschenke gemacht."

Nádasdy blieb trotz dieser schweren Anschuldigungen Rothals und Zrinyis weiter auf freiem Fuß. Weder der Kaiser noch Lobkowitz wollten ihn fallen lassen. Der Hof blieb also bei seiner bisherigen Politik: abwarten, bis sich die Sache noch mehr entfaltet. „Was Nádasdy bis jetzt gemacht hat, rechtfertigt noch nicht, gewaltsam gegen ihn vorzugehen", sagte Lobkowitz zum enttäuschten Rothal, der seine sofortige Gefangennahme verlangt hatte.

Inzwischen war Zrinyi beim französischen Gesandten gewesen. Grémonville teilte ihm mit, daß der französische Hof mit größter Sorge beobachte, daß zwischen Österreich und Polen eine Annäherung erfolge, die den Interessen Frankreichs völlig zuwider laufe. Der König von Polen habe um die Hand der Erzherzogin Eleonore von Österreich gebeten, während er die Ehe mit einer dänischen Prinzessin auszuschlagen scheine. Er, Grémonville, befürchte, daß eine Annäherung zwischen Polen und Österreich auch der Sache der Magnaten keinen Vorteil brächte, und bat den Ban, das in seinen Kräften Stehende zu tun, um diese Verbindung zu verhindern. Zrinyi war befriedigt. Ludwig XIV. brauchte ihn wieder.

Welches Doppelspiel Zrinyi jetzt für Grémonville in Wien trieb, beweist ein anderes Ereignis. Nach seiner Aussage am 21. Juni, noch in den Abendstunden, schickte er Pater Bariglio vom Augustinerkloster auf der Landstraße nach Warschau und ließ Michael Wisnowiezki, den neugewählten König Polens, Glück wünschen. Da der junge König um die Hand der österreichischen Erzherzogin Eleonore gebeten und der Kaiser seine Zustimmung in Aussicht gestellt hatte, sollte Pater Bariglio die geplante Vermählung hintertreiben. Wenn diese Heirat zustande käme, so meinte Zrinyi, so würde es in Zukunft kaum mehr möglich sein, für die Magnaten in Polen Söldner anwerben zu können, die man aber zum Krieg gegen Österreich brauchte. Damit aber die Geheimen Räte nicht dahinterkommen würden, hatte Bariglio unter dem falschen Namen Palmerini zu reisen. Den gab es nicht, und daher konnten sie den nicht zwingen, gegen ihn auszusagen. Pater Bariglio erhielt von Zrinyi eine Instruktion für den König von Polen, die nur so von Schmähungen gegen Österreich und seine Dynastie strotzte: „Der Kaiser ist schwachen Geistes, er denkt nur an Bälle und Comödien, nicht aber an fürstliche Taten und wichtige Geschäfte; er hängt ganz von seinen Ministern ab, hat keinen eigenen Willen, seine Finanzen sind erschöpft, sein Credit vernichtet, er wird von der Welt verachtet und von seinen Untertanen gehaßt. Kein Staat ist so ruiniert wie Österreich; es geht seinem Untergange entgegen. Alle Provinzen dürsten nach Rache, besonders Ungarn. Was kann Polen von einem solchen Staate erwarten? Gehen Sie diese Verbindung mit der Österreicherin nicht ein, denn der kaiserliche Hof will Sie nur in das Verderben ziehen."

Fünf Tage später, am 26. Juni, begehrte Zrinyi eine Audienz bei Kaiser Leopold. Es kam aber nicht dazu. Graf Rothal empfing den Ban im Vorzimmer des Audienzsaales und versicherte ihn der Gnade des Kaisers: „Es ist alles vergessen, nur sollt Ihr Euch in Zukunft von solchen Anschlägen distanzieren und durch Treue und Gehorsam Eure frühere Treulosigkeit gutmachen. Der Kaiser kann Euch wegen dringender anderer Geschäfte nicht empfangen. Zur Anhörung weiterer Meldungen, wenn Ihr noch welche zu machen habt, hat der Kaiser Fürst Lobkowitz und Feldmarschall Montecuccoli bestimmt."

Zrinyi erblaßte. „Leopold empfängt mich nicht!" jagte es durch seinen Sinn. Dann stieß er hervor: „Was geschieht mit Nádasdy?" Rothal, der Nádasdy gefangensetzen lassen wollte, grollte: „Nichts! Er bleibt auf freiem Fuße! Der Hof vertraut ihm trotz unserer Anzeigen."

Das war dem leicht entflammbaren, aufbrausenden Zrinyi, der selbst eben erst Verzeihung erlangt hatte, zuviel. Deshalb schüttelte er seine erhobene Faust gegen den Audienzsaal und rief im Weggehen erzürnt: „Ihr sollt mich noch fürchten lernen!" Betroffen blickte Rothal Zrinyi nach: „Das ist Empörung, unerlaubte, vermessene Ambition!"

Nádasdy wurde zu dieser Frage nicht einmal verhört.

Pater Bariglio war es in der Folge dann in Warschau tatsächlich gelungen, eine geheime Audienz beim König zu erwirken. Er überreichte seine Instruktion und riet dem König zu einer Verbindung mit einer dänischen Prinzessin. Die Antwort Wisnowiezkis auf Zrinyis Schreiben enthielt aber nur allgemein gehaltene Worte des Dankes und daß er die Wünsche Zrinyis gerne befördern wolle. Pater Bariglio aber verschwand nach dieser Mission wieder in sein Kloster.

Festung Neutra

Im Winter 1668 begann General Graf de Souches mit den Wiederinstand-setzungsarbeiten an der Festung Neutra und ließ zusätzlich ein neues Befestigungswerk erbauen. Die Arbeiten dauerten bis ins Frühjahr, und im Juni 1669 verlangte Kollonitsch, Bischof von Neutra, die Bezahlung der Grenzer in Neutra und unterbreitete dem Hofkriegsrat Vorschläge, wie die Soldaten in seiner Festung gehalten und auf welche Weise sie zweckdienlich besoldet werden sollten. Weiters bestand er auf die sofortige „Hinabtransportirung der bewilligten Geschütze, Gewehre und Munition". Dies begründete er mit dem Einfall von 3000 Türken, die von Gran und Neuhäusl aus in der Gegend gestreift und Beute gemacht hatten. Zur Verteidigung der Feste selbst hatte er aber erst am zweiten Tage 100 Mann zusammengebracht. Am ersten Tage konnte er von den 400 Husaren keine 30 und von den 200 Hejduken keine zehn zusammenbekommen, so daß er sich auf die wenigen Deutschen im Schloß und auf die „ellende Bürgerschaft" habe verlassen müssen. Der Bischof zeigte aber auch auf, daß die Soldaten seit fünf Jahren nicht besoldet worden waren, und wenn diese nun nicht sofort bezahlt werden würden, so könnte bei weiteren Streifungen den Türken nicht der geringste Widerstand geleistet werden. Kollonitsch verlangte gleichzeitig mehr Mannschaft zum Schutze Neutras. Vor allem aber wandte er sich direkt an den Pascha von Neuhäusl wegen dieser Streifung und drohte, über den Wiener Hof direkt an die Hohe Pforte heranzutreten und den Pascha des Friedensbruches zu verklagen, wenn er die Beute nicht zurückerstatten sollte. Der Pascha von Neuhäusl ließ hierauf tatsächlich Kollonitsch die bei der Streifung erbeuteten Pferde zurückstellen.

Da General de Souches für die Ausbesserungsarbeiten an den Befestigungsanlagen auch viel Holz brauchte, ersuchte Kollonitsch Erzbischof Szelepcsényi, in seinen Wäldern schlägern zu dürfen. Da der Erzbischof nicht antwortete, legte Kollonitsch dies als Zustimmung aus und ordnete umfangreiche Holzschlägerungen in den Wäldern Szelepcsényis an. Dies wurde dem Erzbischof von den Verwaltern gemeldet, worauf dieser, von Nádasdy als Landesoberrichter hiezu aufgefordert, Kollonitsch beim Kaiser verklagte. Kollonitsch war wegen seiner Eigenmächtigkeiten, die sich von Diebereien nicht unterscheiden würden, angeprangert worden. Am 2. März 1669 erfolgte hierauf die Mitteilung, daß der Kaiser „die Müßverständ" zwischen dem Erzbischof Szelepcsényi und dem Bischof Kollonitsch „wegen der Differenz und empfindlichen Schrifftwexlung" mit großem Mißfallen zur Kenntnis genommen habe.

Am 20. April streiften die Neuhäusler Türken wieder. Bei einem Recontre mit Husaren wurden einige Türken erschlagen und einer gefangengenommen und Kollonitsch vorgeführt. Dabei stellte sich heraus, daß auch dieser Gefangene, wie Kollonitsch, bei Candia gekämpft hatte. Er sagte aus, daß weitere Streifungen erfolgen würden. Dies beunruhigte Kollonitsch deshalb sehr, weil er wußte, daß sich in Ungarn eine Verschwörung gegen Kaiser Leopold zusammenbraue. Eine solche Streifung, zur Zeit einer offenen Rebellion, konnte ärgste Schäden heraufbeschwören. Er verlangte daher vom Hofkriegsrate weitere 100 Musketen, etliche hundert Picken, 200 Paar Pistolen, 100 Zentner Pulver und 40 Zentner Lunten. Am 29. Juli wurde er dann endlich seinen ungehorsamen Vizekapitän los und bekam Oberst Jakob von Helft als Ersatz zugeteilt und außerdem noch Martin Dwornicki als neuen Vizekapitän. Neutra war so unter Kollonitsch zu einer festen kaiserlichen Bastion mitten im Gebiete der Rebellen geworden. Kollonitsch erreichte auch, daß Graf Paul Esterházy, der Oberkommandierende der ungarischen Truppen im Raume der Bergstädte, seine Kommandostelle von Schintau nach Neutra verlegte und mehrere Truppenkontingente dorthin brachte. So konnte Neutra jederzeit zur Operationsbasis gegen Türken und Rebellen gemacht werden. Kollonitsch bot sogar für die ihm selbst unterstehenden Grenzer Getreide an und erklärte sich bereit, zur Hälfte für deren Besoldung aufzukommen. Er bekam hierauf für seine Truppen den Sold für zehn Monate ausbezahlt. Daß diese Maßnahmen des Bischofs von den Magnaten mit scheelen Augen betrachtet wurden, lag nur zu nahe. Er wurde als ihr größter Widersacher betrachtet. Daß der Bischof aber auch keine Zuchtlosigkeit einreißen ließ, beweist, daß er am 20. Dezember 1669 Deutsche, die den Richter von Lewencz drangsaliert hatten, wegen ihrer „exorbitanzien" vor Gericht brachte. Kollonitsch wußte, daß ihn die Ungarn haßten, und da die Befestigungen instand gesetzt und Esterházy in Neutra war, wollte er sein Amt aufgeben. Eine Gelegenheit ergab sich mit dem Ableben des Bischofs von Wiener Neustadt. Kollonitsch bat Kaiser Leopold, ihm das Hausbistum der Habsburger zu verleihen.

Weiterentwicklung der Verschwörung trotz erlangter Verzeihung

Bitter enttäuscht, daß man seine Anzeige gegen Nádasdy und Rákóczy in Wien zwar zur Kenntnis genommen, dann aber, so als ob nichts Ernstes passiert wäre, zur Tagesordnung übergegangen war, überdachte Zrinyi seine Lage in Csakathurn. Bei Hof hatte er wohl verspielt, zumindest für einige Zeit. Noch klangen ihm die Worte des Hofkriegsratspräsidenten Fürst Lobkowitz in den Ohren: „Sorgt dafür, Ban, daß die Stände Ungarns den Frieden halten. Ich habe, in Eurem Beisein, den Staatsräten plausibel gemacht, was uns zum Frieden mit der Pforte bewogen hat. Laßt nicht zu, daß sie sich auf ihr Widerstandsrecht berufen! Verhindert Ihr das nicht, Ban, dann werde ich jede Truppenansammlung der Stände durch die kaiserlichen Truppen in Ungarn auflösen lassen! Wer die Güte nicht verträgt, muß die Strenge erdulden!" „Wer redet hier von Erdulden, Fürst?" hatte Zrinyi gezürnt. „Ungarn ist ein Königreich, ein selbständiges Königreich, und unser Landesherr ist Leopold, unser König! Niemandem als ihm und dem ungarischen Reichstag sind die Magnaten und Stände verantwortlich! Kein Fürst darf die Liebe seiner Untertanen leichtfertig aufs Spiel setzen! Was Ihr in Österreich tut, das ist uns gleich, was aber in Ungarn geschieht, das werden wir genau verfolgen!" Lobkowitz hatte dafür aber nur die Bemerkung übrig: „Zur Liebe kann niemand gezwungen werden, Ban, wohl aber zum Gehorsam!"

Schon am Heimweg hatte Zrinyi seinen Entschluß, seine Mitverschwörer wegen Hochverrates anzuzeigen, bereut. Er hatte sich aber dazu entschlossen, weil er wußte, daß die Bundesbriefe, die er mit Graf Tattenbach ausgetauscht hatte, spurlos verschwunden waren, und befürchtete, daß sie dem Wiener Hof zugespielt worden sein konnten. Seine Anzeige war, nach seiner Meinung, sonst nichts als eine aus Zweckmäßigkeitsgründen erfolgte Loyalitätserklärung. Sofort ging er daran, Rákóczy und Nádasdy in diesem Sinne zu informieren.

Prächtig traf es sich, daß sein Schwager Frangepan, der Markgraf der Küstenlande, ihn besuchte. Er brachte Anna-Katharina, seiner prunksüchtigen Schwester, kostbare Stoffe und Perlen aus Venedig mit. Sogleich erkundigte sich die Gemahlin Zrinyis, nachdem sie die schönen Sachen gebührend beachtet hatte, ob der Bischof von Bréziers noch immer Frankreich in Venedig vertrete. Frangepan bejahte und Anna-Katharina warf ein, daß sie sich wohl abermals an den Gesandten werde wenden müssen, wenn die Unterdrückung der ungarischen Nation nicht aufhöre. Dann erzählte Zrinyi seinem Schwager von seiner Anzeige in Wien und den Gesprächen mit Lobkowitz und Graf Rothal.

„Wie soll es nun weitergehen?" fragte Anna-Katharina besorgt. „Werden Rákóczy und Nádasdy deinen Ausführungen noch glauben?"

„Rákóczy wohl", meinte Zrinyi.

Auch Frangepan äußerte ähnliche Besorgnisse. „Aber noch schwerer dürfte es sein", meinte er, „Graf Nádasdy von der Notwendigkeit dieses Schrittes zu überzeugen. Er wird sich aus dem Geheimbund zurückziehen und wieder in das Lager Esterházys einschwenken."

„Das glaube ich nicht", versuchte der Ban die Gedanken Frangepans und seiner Gattin zu zerstreuen. „Die Anzeige war gut, weil Lobkowitz glauben wird, daß damit unsere Empörung aufhört. Und das ist unsere Chance. Wir können wieder unbesorgt an die Arbeit gehen!"

Frangepan meinte, daß es am besten wäre, wenn Zrinyi ein Bündnis mit der Pforte anstreben würde: „Der Krieg, den der Großvezier mit Venedig führt, wird bald zu Ende sein, denn Venedig will den Frieden. Fällt Candia, so ist der Krieg auf Kreta vorbei. Frankreich ist weit, Polen katholisch und der Mainzer unverläßlich! Halte dich an den Großvezier, wenn du die Krone Kroatiens erwerben willst, seine Truppen liegen nur einige Tagesmärsche von hier. Kannst du die Pforte gewinnen, dann hast du alles gewonnen! Kannst du das nicht, Zrinyi, dann wirst du erleben, wie alles niederbricht."

Wie Hammerschläge trafen diese Worte den Ban. Rasch war er umgestimmt und zu einem Bündnis mit den Türken bereit. „Ich werde Bukovatzky nach Konstantinopel senden", sagte er nach einigem Überlegen. „Ich werde dem Sultan einen Tribut von 12.000 Talern anbieten, wenn er mir ein Hilfsheer von 30.000 Mann unterstellt und mir die dem Kaiser gemeinsam entrissenen Burgen überläßt. Außerdem muß die Pforte mir zusichern, daß sie die Privilegien der Nation anerkennen wird."

„Und vergiß nicht", mahnte Anna-Katharina, „Bukovatzky aufzutragen, den Dolmetsch des Sultans zu entlarven. Er spielt schon lange mit dem kaiserlichen Gesandten zusammen. Es muß ihm das Handwerk gelegt werden, wenn du nicht riskieren willst, daß deine weiteren Unternehmen abermals verraten werden. Ob ein zweiter Canossagang auch erfolgreich sein würde, bezweifle ich!"

„Panajotti muß entlarvt werden", bestätigte Zrinyi. Dann ließ er Bukovatzky rufen, um seine Vorschläge niederschreiben zu lassen.

Anschließend diktierte Zrinyi seinem Sekretär mehrere Briefe: an Apafy, Tököly, an Vitnyédy, an Nádasdy und andere Verschworene ...

Polen für Verschwörung verloren

Im Herbst 1669 reiste Gräfin Katharina Zrinyi zu ihrer Tochter Ilona und besuchte auf dem Wege zu dieser die Witwe Wesselényis. Sie erzählte der Széchy davon, daß sie rasch nach Polen müsse, denn sie wolle noch vor der Krönung Wisnowiezkis dort sein, um die Heirat des Königs mit Erzherzogin Eleonore von Habsburg hintertreiben zu können. Die Mission eines Gesandten habe ihren Eindruck verfehlt. Wieder dachte Maria Széchy an die warnenden Worte ihres Nádors, die dieser zu ihr am Totenbette gesprochen hatte, wünschte aber Katharina Glück.

Als Gräfin Zrinyi aber auf ihrer Rückreise nach Csakathurn wieder in Murany einkehrte, war sie still geworden. Sie redete nur mehr von einem Gutskauf und reiste, nachdem sie sich ein wenig erholt hatte, unwillig ab. Maria Széchy ahnte, daß die Mission ihrer Freundin gescheitert sein mußte.

Im Feber 1670 fand die Vermählung König Michaels mit der Habsburgerin statt. Mit den Hoffnungen der Verschwörer, von Polen unterstützt zu werden, wenn sie einen Krieg gegen Österreich beginnen würden, war es vorbei.

Zrinyi von der Pforte vertröstet

Die Vorschläge Graf Zrinyis lösten in Konstantinopel ernste Meinungsverschiedenheiten aus. Während die Kriegspartei die Ansicht vertrat, daß die Gelegenheit, jetzt ganz Ungarn erwerben zu können, günstig sei, so warnten besonnene Kreise der Ulema und wiesen darauf hin, daß dies die einseitige Aufhebung des Friedens von Eisenburg und somit einen Vertragsbruch bedeuten und andererseits zu einem Krieg gegen Deutschland, zu dem man nicht vorbereitet sei, führen würde. Die Bestätigung der Privilegien des ungarischen Adels, die Zrinyi gefordert hatte, war hingegen eine zweitrangige Angelegenheit, denn nach der Inbesitznahme Ungarns wären die Bege der Paschas ohne weiteres in der Lage gewesen, die Wünsche der Magnaten in Grenzen zu halten.

Mohammed IV. eröffnete Bukovatzky, daß man im Diwan den

Vorschlag des Bans studieren und daß man Zrinyi zu gegebener Zeit von seiner Entscheidung informieren werde. Der Sultan hatte dem Gesandten aber auch empfohlen, seinen Großvezier zu konsultieren, um auch dessen Meinung zu hören. Bukovatzky wurde ein Schreiben an Köprili ausgefolgt, welches er diesem zu überbringen hatte.

Achmed Köprili hatte das Schreiben des Sultans eingehend überdacht. Er wußte, daß Mohammed IV. gegen einen Zweifrontenkrieg war. Dazu kam, daß seine auf Kreta liegenden Truppen von den schweren Kämpfen um die Seefestung Candia völlig erschöpft waren und daß vor einem Sieg über Venedig überhaupt nicht daran zu denken war, einen weiteren Krieg vom Zaun zu brechen. Dazu kamen die Sorgen um Persien und das ausgesprochen schlechte Verhältnis der Pforte zu Rußland und Polen. Zrinyi mußte also vertröstet werden. Nachdem der Großvezier den ungarischen Gesandten angehört und sich die Lage in Ungarn hatte erklären lassen, pflichtete er dem auch nach seiner Meinung richtigen Entschluß der Magnaten und Protestanten bei, die Habsburger aus Ungarn zu vertreiben. Seine eigenen Truppen könne er zwar vor einem Sieg über die Republik Venedig nicht auf das Festland verlegen. Zu gegebener Zeit werde man an der Pforte prüfen, was für Ungarn getan werden könne. Er selbst werde alle Vorgänge in Ungarn aufmerksam verfolgen und versicherte Bukovatzky, daß er den Ban sehr schätze.

Mit diesen völlig unverbindlichen Erklärungen sollte Zrinyi von unüberlegten Handlungen abgehalten und dennoch am Gängelband der Pforte gehalten werden.

Nádasdy — Familiengruft — sein Lebenslauf

Lockenhaus-Güns. Am 1. November 1655 hatte Graf Franz Nádasdy auf seiner Burg zu Lockenhaus die Gründungsurkunde für die Erbauung einer mächtigen Kirche in der am Fuße des Burgberges gelegenen Marktgemeinde Lockenhaus unterfertigt. Nach der am 2. Juli des darauffolgenden Jahres erfolgten feierlichen Grundsteinlegung konnte der italienische Baumeister Pietro Orsolini aus Siena mit den Bauarbeiten beginnen. Nach dem Wunsche Nádasdys sollte die Krypta, über der das Gotteshaus zu errichten war, die gleichen Flächenausmaße wie der Zentralbau haben, damit alle verstorbenen Mitglieder seiner Familie hierher gebracht und in der Unterkirche beigesetzt werden konnten. Als die Krypta nach längerer Bauzeit endlich eingewölbt und um ihre Außenmauern herum soviel Erde zusammengekarrt worden war, daß man meinen konnte, das Bauwerk sei in einen Berg gegraben worden, konnte mit der Errichtung des Zentralbaues begonnen werden. Als dessen Mauerwerk aber die vorgesehene Höhe von 13 Metern erreicht hatte, traten Risse auf. Orsolini befürchtete, daß die Mauern die Last des

Kreuzgewölbes nicht ertragen und unter diesem zusammenbrechen würden. Er meldete dem Grafen, daß er krank sei und verschwand. Erst nach mehreren Jahren, als der Italiener erfuhr, daß die Mauern noch immer stünden, wagte er sich wieder an die Arbeit. So war das gesamte Bauwerk mit seiner Krypta, dem Zentralbau und dem 58 Meter hohen Turm erst nach einer Bauzeit von 13 Jahren fertig geworden und konnte endlich, am 15. September 1669, von Stephan Sennyei, dem Bischof von Veszprém, in dessen Hände Nádasdy bei seiner Konversion das öffentliche Glaubensbekenntnis abgelegt hatte, eingeweiht und der Hauptaltar und zwei Seitenaltäre konsekriert werden. Jetzt, sechs Wochen nach der Weihe des Gotteshauses, am Allerseelentage, sollten die inzwischen hierher gebrachten Sarkophage und Metallsärge der verstorbenen Familienmitglieder von Graf Széchényi György, dem Diözesanbischof von Raab, feierlich eingesegnet werden. Als erste war Gräfin Anna-Julia Esterházy, seine am 22. Jänner dieses Jahres in Pottendorf verstorbene Gemahlin, in einem Prunksarkophag, der aus zwei Grabkammern bestand und in dem auch Nádasdy dereinst bestattet werden wollte, in der neuen Krypta beigesetzt worden. Dann waren die Familienangehörigen, die bisher in der Gruft unter der Burgkapelle von Lockenhaus bestattet gewesen waren, überführt worden, und als letzter war der 1562 zu Egervár verstorbene Palatin Thomas Nádasdy, der Urgroßvater des Stifters, und dessen Sarkophag aus rotem Marmor hierher gebracht worden. Es war Franz Nádasdy ein großes Anliegen gewesen, die Toten seines Geschlechtes an einem Orte zu versammeln und diesen eine der Würde der Familie angemessene Ruhestätte zu errichten. Er hatte sich hierbei am Beispiel der Familie Esterházy orientiert, die ihre Toten in der Krypta der Franziskanerkirche von Eisenstadt bestattete. In der Krypta, die in ihren Flächenausmaßen nur um den Raum der Sakristei kleiner geworden war als die Kirche selbst, hatte Nádasdy einen einfachen Altar errichten lassen, an dem für die hier Bestatteten an bestimmten Tagen gebetet werden sollte. Die schöne Marienstatue über dem Altar war zu Anfang des Jahrhunderts von Häretikern aus der Kapelle der Burg Apáttó, die damals Graf Kéry gehört hatte, entfernt und in einen Brunnen geworfen worden. Roßknechte, die Pferde tränkten, behaupteten einige Zeit später, daß in diesem Brunnenschachte ein Licht scheine. Als man der Sache nachging, wurde die Statue gefunden, und gläubige Katholiken brachten sie in die Burgkapelle, aus der sie geraubt worden war, zurück und stellten sie wieder an ihren Platz. Seither wurde das Bildnis der Gottesmutter verehrt und Franz Nádasdy hatte sich in den Kopf gesetzt, die Statue für die neue Krypta zu erwerben.

Abermals, wie zur Weihe des Gotteshauses, waren viele befreundete Familien gekommen. Draskovichs Gemahlin, Christine Nádasdy, sollte nach den Feierlichkeiten mit den Damen in das von ihrem Großvater Graf Paul um 1625 wiedererbaute Schloß Deutschkreutz vorausfahren, während die Herren in den Bergweiden und Wäldern des Heidensteines, wie der Geschriebenstein damals genannt wurde, das von Nádasdy aus Holland angekaufte Fleckvieh besichtigen wollten. Jene von ihnen, die dem Kreise der Magnatenverschwörung angehörten, wollten am nächsten Tage im Saalgebäude, das gegenüber dem Hauptgebäude des Schlosses Deutschkreutz errichtet worden war, Angelegenheiten des Vaterlandes besprechen und die abermalige Gelegenheit ihres Zusammentreffens nützen.

Am Fuße der breiten und hohen Freitreppe der neuen Klosterkirche hatten sich um Graf Nádasdy seine Kinder, die Damen und Herren des befreundeten Adels, die Verwalter von den Gütern des Magnaten und der Prior der Augustinereremiten Magister Cäsar Syrott mit seinen Patres aufgestellt. Den weiten Platz vor der Kirche und dem Kloster aber füllten Tausende Menschen. Als die Kutsche, mit der Graf Nádasdy seinen besten Freund, Széchényi, den Diözesanbischof von Raab, abholen ließ, den Ortsrand erreichte, begannen die Glocken auf dem Kapellenturm der Burg zu läuten und die Glocken der Klosterkirche stimmten in den durch das ganze Tal hin schallenden Willkommensgruß ein. Nádasdy begrüßte Graf Széchényi. Hierauf zog der Bischof, von Magister Syrott geleitet, in das neue Gotteshaus ein, und als der Stifter der Kirche inmitten seiner Kinder im Presbyterium Platz genommen und die vornehmen Gäste und Verwalter mit ihren Frauen in den Bänken saßen, strömte das Volk herein und füllte den mächtigen Raum. Vor den Stufen des Hochaltars ergriff hierauf als erster der Augustinerprior das Wort. Er dankte dem Grafen in bewegten Worten für die Berufung der Augustinereremiten nach Lockenhaus, den Bau des Klosters und der schönen großen Kirche und würdigte dann deren kühne Bauausführung durch Pietro Orsolini. Es sei bemerkenswert, daß Grundriß und Wölbesystem, eine Hängekuppel mit anschließenden konischen Tonnen, die Umbildung italienischer Vorbilder wie im süddeutschen Raum erkennen lasse. Dann verwies er auf die korinthische Pilasterordnung, durch welche die Flächen des Mauerwerkes aufgegliedert worden seien. Die Blicke der Gläubigen folgten seiner ausgestreckten Rechten empor zum Kreuzgewölbe, das den Mittelbau überspannte, und dann zur Stirnwand des nördlichen Querarmes, auf der über großen Akanthusranken das Wappen der Nádasdy prangte.

Nach den eindrucksvollen Worten des kunstverständigen Priors der Eremiten, die als Vorrede für die Predigt des Diözesanbischofs gedacht waren, erschien der großmütige Stifter des Gotteshauses schon in hellem Lichte. Hierauf zelebrierte Széchényi, assistiert von den Augustinerpatres, eine feierliche Messe. In seiner in ungarischer Sprache gehaltenen Predigt würdigte er den bisherigen Verlauf des Lebens seines Freundes Nádasdy, der 1622 geboren worden war, eine ausgezeichnete Erziehung genossen und einige Zeit in Siena studiert habe, wo er vor allem die lateinische Sprache perfekt erlernte. Schon 1633 sei der Graf als junger Mann zum Obergespan von Eisenburg ernannt worden. 1644 wurde er königlicher Rat, zwei Jahre später königlicher Obersthofmeister und 1664 Landrichter, Obergespan von Zala und Somogy und wirklicher Geheimrat des Königs. Nun winke ihm, nach dem Heimgang des Palatins Graf Wesselényi, auch das höchste Amt des Vaterlandes, das Palatinat. Dann kam der Diözesanbischof auf Anna-Julia, der er immer in Freundschaft zugetan gewesen sei, zu sprechen und gab das Geheimnis preis, weswegen diese der heiligen Katharina immer in Dank verbunden gewesen war. Ihr Gemahl war im Jahre 1643, am Namensfeste dieser großen Heiligen, dem 25. November, zum römisch-katholischen Glauben übergetreten. Seither verehrte Anna-Julia die heilige Katharina als ihre Schutzpatronin und opferte dieser alle ihre persönlichen Anliegen auf. Am 6. Feber des darauffolgenden Jahres habe dann in der großen Kirche des heiligen Martin in Eisenstadt die Vermählung Franz' III. mit Anna-Julia stattgefunden. 25 Jahre sind seither vergangen, und viele von denen, die damals mit dem jungen Paar eine ganze Woche im Schlosse zu Deutschkreutz getafelt und gefeiert haben, sind, wie Anna-Julia, inzwischen verstorben. Ihnen allen aber ging der Vater der teuren Toten, Palatin Graf Nikolaus I. aus dem Hause der Esterházy, voran, der schon 1645, ein Jahr nach dieser glänzenden Hochzeit, das Zeitliche segnete. Nikolaus I. war aber nicht nur als Palatin der oberste Beamte des Königreiches Ungarn, sondern auch ein frommer, in religiösen Fragen hochgebildeter Mann. Noch einer dritten Persönlichkeit wolle er aber auch seine Gedanken zuwenden, Gräfin Judith, der Mutter Franz Nádasdys, aus dem Geschlechte der Revay, die, schon 1633 Witwe geworden, sich 1638 mit dem Katholiken Adam Graf Forgách zum zweiten Mal vermählte und in diesem Jahre bei einem Jesuitenpater, den sie eigens deshalb von Ödenburg nach Eisenstadt bestellt hatte, die Beichte ablegte. Damals waren beide Gäste des Palatins auf dessen Herrensitz in Großhöflein gewesen. Nikolaus I. ermutigte diese tapfere Frau zu diesem Schritt und zur Ehe mit dem Verteidiger von Neuhäusl, denn er glaubte persönlich fest daran, daß das freie Europa nur dann Überlebenschancen habe, wenn es durch ein geeintes Christentum und ein starkes apostolisches Kaisertum in seinem Bestand gesichert werden könne. Kaiser und Papst waren für den Palatin die Anker im reißenden Strom der Zeit, an denen das Schiff der Kirche vertaut war. Wie sehr aber der Entschluß der Gräfin Judith die Kalviner erbitterte, bezeugte deren Rache. Als sie von der Konversion der Gräfin erfuhren, legten sie in jenem Teil der Stadt Sárvár Feuer, der unter der Nádasdyburg lag und äscherten siebzig Häuser ein. Nicht weniger scharf reagierten ihre Untertanen in Deutschkreutz. Als die Gräfin dorthin zurückkehrte, steckten die Untertanen dieser Herrschaft alle Fruchtschober in Brand und vernichteten ihr so die Ernte eines ganzen Jahres. Aber auch diese empfindlichen Schäden vermochten diese große Frau nicht in ihrer Haltung zu erschüttern. Dieses Verhalten der Kalviner einerseits und die Überzeugungskraft Nikolaus Esterházys andererseits haben in Franz Nádasdy ebenfalls den heimlichen Wunsch, zur wahren Kirche zu konvertieren, zum festen Entschluß reifen lassen. Franz Nádasdy und Anna-Julia Esterházy haben aber nicht nur dieses Gotteshaus und das Kloster der Augustinerremiten hier in Lockenhaus erbaut, sondern auch in Loretto eine große Wallfahrtskirche und ein großes Kloster errichtet und diese Bauwerke dem Orden der Serviten überantwortet. Noch wird an diesen Bauwerken und ihrer Ausstattung geschaffen, aber Loretto soll, nach dem Willen seines Stifters, ein ungarisches Mariazell werden. Darüber hinaus aber haben die edlen Stifter vor sieben Jahren auch im steirischen Mariazell eine Seitenkapelle erbauen, diese dem hl. Stephan weihen und mit geschliffenem Marmor gestalten lassen. Dies alles bezeugt nicht nur die tiefe katholische Gesinnung meines Freundes, sondern auch von einer Weltanschauung, aus der heraus er der immer spürbarer werdenden Bedrohung durch den militanten Islam, dem Antichrist, nicht nur seine festen Burgen und Schlösser, sondern mit seinen Kirchen- und Klosterbauten diesem auch Bollwerke des Heiligen Geistes entgegenstellt, um den gefährdeten Grenzraum abzusichern und das bedrohte Vaterland zu retten und zu einen. Gebe Gott, daß Maria, die große Schutzfrau Ungarns, die Vorhaben dieses Mannes segnet, damit sie zum Wohle des Vaterlandes gedeihen, denn die Gefahr, die uns allen droht, ist unübersehbar und wächst von Tag zu Tag.

Nádasdy schien tief im Gebete versunken. Gewiß, er war der Entscheidung seiner Mutter gefolgt, dem frommen Einfluß seines hochgeachteten Schwiegervaters erlegen, hatte 40.000 Seelen auf seinen Gütern gezwungen, seinem Beispiel zu folgen, hatte jeden von ihnen durch seine Verwalter vor die Entscheidung stellen lassen, zwischen dem Rosenkranz und dem Wanderstab zu wählen, hatte an 300 evangelische Prediger vertreiben lassen und mußte sich jetzt dennoch mit den Kalvinern verbünden, um seinem eigenen König die Krone vom Haupte reißen zu können. Er nahm als Kanzler der noch illegalen Regierung der Verschwörer einen hohen Rang in deren Kreise ein und hatte sogar Kaiser Leopold persönlich nach dem Leben getrachtet. Anna-Julia hatte seinen Anschlag verhindert und in einem Anfall von Jähzorn hatte er hierauf seinen Koch, der den geplanten Anschlag der Gräfin gemeldet hatte, erstochen. In seiner Druckerei in Pottendorf waren die Aufrufe gegen den Landesherrn gedruckt worden und jene, in denen er den Fürstprimas schmähte. Dazu kam, daß er vor wenigen Tagen einen schrecklichen Traum hatte, und er war abergläubisch genug, um in diesem eine Warnung zu erblicken. Anna-Julia, mit der er von den Ereignissen nach dem Fischerfest bis zu deren Tod in einem sehr gespannten Verhältnis gelebt hatte, war ihm erschienen und hatte ihm zum zweiten Mal gesagt, daß sie ihn in der zweiten, noch leeren Grabkammer ihres Sarkophags mit abgeschlagenem Haupte neben sich habe liegen gesehen. Ob ihn Anna-Julia nur schrecken wollte, damit die elf Kinder keinen Schaden nehmen würden? Niemand wußte besser als er, der Landesoberrichter, welche Gefahren das Doppelspiel, das er spielte, heraufbeschwören konnte. Noch wußte niemand, daß er die kaiserliche Post hatte überfallen lassen, daß er die Briefe Kaiser Leopolds erbrochen, die geheimsten Beschlüsse des Hofkriegsrates an die Verschwörer weitergeleitet, die Vertrags- und Bündnisentwürfe mit dem französischen Hof und der Hohen Pforte entworfen und an den Verhandlungen mit Grémonville wiederholt teilgenommen hatte. „Vatermörder!" hatte ihn Anna-Julia genannt. „Krankhafter Ehrgeiz! Verbotene Ambition!" hatte sie ihm vorgeworfen. „Du endest am Schafott!" Er aber verharrte, trotz einmaliger Verzeihung des Kaisers, in seinem Haß. „Das Wohl des Vaterlandes erfordert es!" redete er sich ein. „Es muß alles geschehen, was geschieht. Alle erwarten, daß ich Palatin werde, auch Széchenyi. An dieser Frage entscheidet sich mein Schicksal und das der Nation." Erst als Graf Széchenyi verkündete, daß er nun die Ahnen dieses mächtigen Geschlechtes segnen wolle, fand Nádasdy wieder in seine Umgebung zurück. Nur der Adel folgte dem Diözesanbischof in die Krypta. Das Volk aber harrte vor der Kirche auf die Abfahrt der Magnaten. Reisewagen, Pferde und Sattelknechte wurden ausgiebig bestaunt und die Kutscher um ihre hohe Stellung beneidet.

In der Krypta hingegen herrschte feierliche Stille. Besondere Beachtung hatten der prunkvolle Doppelsarkophag und der aus rotem Marmor gehauene Sarkophag des Palatins Thomas Nádasdy gefunden. Beide Steinmetzarbeiten zeugten noch von jenem künstlerischen Geist, der seine Blütezeit unter Matthias Corvinus erreicht hatte. Seitlich des schlichten Altares waren in Holz geschnitzte Gerippe mit einem Stundenglas aufgestellt worden, und die Totentanzbilder an den Wänden mahnten die Besucher an die Vergänglichkeit des irdischen Lebens und stellten allen Prunk in Frage.

Während die hohen Gäste wieder in ihren Reisewagen Platz genommen hatten, fragte Graf Széchenyi seinen Freund, ob er wegen der Erwähnung von Forgách beleidigt oder ob ihm übel geworden sei.

„Eine kleine Unpäßlichkeit, weiter nichts", wollte Nádasdy abwehren. Aber der Bischof ließ nicht locker: „Willst du dich mir nicht anvertrauen?" Darauf gestand Nádasdy und erzählte ihm von seinem Traum. „Sei nicht abergläubisch, Franz!" beruhigte ihn Széchenyi. „Es war nur eine Assoziation, die aus deinem doppelten Engagement heraus zu verstehen ist."

Graf Széchenyi war in den Wagen Nádasdys gestiegen und blickte zum Burgberg hinauf. Stolz blickte die sagenumwobene Burg der Templer herab ins Tal. Über der Ringmauer, die durch einen Torturm und sieben Rondelle verstärkt wurde, erhob sich die Hochburg mit dem romanischen

Bergfried, dem Kapellenturm und dem Palas in respektgebietendem Trotz. Vom Säulensöller des Kapellenturmes wehte eine Fahne. Nádasdy merkte das Interesse des Freundes und war stolz. „Gefällt sie dir?" fragte er neugierig. Széchenyi griff sofort den Gedanken auf: „Was hat dich eigentlich bewogen, Lockenhaus so zu verstärken. Befürchtest du, daß im Falle eines neuen Krieges die Türken und Tataren wirklich wieder das Land überfluten werden? Wenn dieses Bollwerk rechtzeitig mit Waffen und Lebensmitteln versehen wird, kann eine tapfere Mannschaft einem ganzen Heer auf einige Zeit Widerstand leisten."

„Ich muß für Notzeiten vorsorgen, muß meinen Untertanen eine Flucht- und Überlebensmöglichkeit schaffen. Rette ich meine Leute, so kann ich mit ihnen auch ein zerstörtes Gebiet wieder aufbauen. Erschlägt mir der Feind meine Bauern, dann verödet das Land, dann bringt es mir nichts mehr. Das ist der eine Grund. Lockenhaus hat mich aber auch in seinen geheimnisvollen Bann gezogen. Denke nur an den großen Kapitelsaal, der ein Drittel der Hochburg einnimmt, und an sein großartiges Kreuzrippengewölbe. Eine Meisterleistung der Gotik. Die Güssinger waren ein mächtiges Geschlecht."

„Sie hatten 70 Burgen und konnten sich daher einen solchen Kapitelsaal leisten, wie du den Rittersaal bezeichnest."

„Die Templersage, du kennst sie. 1311 wurde der Orden aufgelöst, und 1337, also 26 Jahre später, sollen die letzten Templer der ungarischen Ordensprovinz im Kampfe gegen Karl-Roberts Heer in der Burg erschlagen worden sein."

„Bedenke, daß Karl-Robert viermal gekrönt werden mußte, ehe er als König anerkannt wurde und sich in Ungarn durchsetzen konnte. Matthäus Csák, der damalige Palatin, hat den Anjou aber nie anerkannt. Und zu den Gefolgsleuten Csáks, der auf seiner Burg in Trencsin wie ein König residierte, gehörten auch die Besitzer von Lockenhaus, die Güssinger. 1301 hat Johann von Güssing seine Kriegsschar gegen Gran geführt und Karl-Robert und Erzbischof Gregor gezwungen Ungarn zu verlassen. Sie flohen zu Herzog Rudolf nach Österreich. Gran selbst hat der Güssinger damals im Sturm genommen und gegen eine angemessene Ablöse an Wenzel, den zweiten Thronanwärter, abgetreten. Damit hatte der Güssinger dem Böhmenkönig den Weg nach Stuhlweißenburg geöffnet. Und selbst nach dem Sieg Karl-Roberts im Jahre 1312 im Roszgonyer Tale über Aba, Demeter und die Omode, die Unterführer Csáks, den vor allem der Johanniterorden und die Zipser Sachsen dem Franzosen erfochten, wagte es der Anjou noch nicht, gegen den mächtigen Oligarchen selbst vorzugehen."

„Hat der Palatin 1317 nicht auch Böhmen überfallen und den Bischof von Neutra wegen des Bannfluches, den dieser gegen ihn geschleudert hatte, aus seinem Bistum vertrieben?" fragte Nádasdy.

„Er hat den Bischofssitz zerstört und sich die dazugehörigen Besitzungen angeeignet", bestätigte Széchenyi. „So wie Karl-Robert nur die Cserep, die Csobánka und Fekete bekämpfte, ohne Matthäus Csák selbst anzugreifen, so rächte sich der Palatin mit der Vertreibung des Bischofs von Neutra an Karl-Robert. Auf diese Weise könnte ich mir vorstellen, daß im Machtbereich des Hauses Csák, dessen Mitglieder von Gentillis, dem päpstlichen Legaten, wiederholt gebannt worden waren, auch die Templer noch weiterwirken konnten, obwohl ihr Orden längst aufgelöst war. Erst nach dem Tode des Palatins wurde Karl-Robert der Herr Ungarns. Und erst ab dieser Zeit kann der Anjou auch den Güssingern die noch offenen Rechnungen quittieren. Er tut es und bricht den Güssingern Burg um Burg. Was aber hätten diese denn besseres tun können, als Lockenhaus, einer geächteten Gemeinschaft, die im Falle der Niederlage nur die Wahl zwischen Scheiterhaufen und Strick hatte, eine Chance zu geben? Sie brauchten jeden Arm, der ein Schwert führen konnte. Nach dem Zerfall des Imperiums des Hauses Csák gesellte sich das Geschlecht der Osl zu den Stärkeren und trug einiges zum Sturz der Güssinger bei."

„Zu Lebzeiten des Csák hätten sie es nicht gewagt, gegen die Güssinger anzutreten." Nach einer kurzen Gedankenpause setzte Nádasdy fort: „1337, während der Kämpfe um Lockenhaus, wurde auch das Franziskanerkloster, das die Güssinger dort auf diesem Berge im Friedhof erbaut hatten, von Laczkfi niedergebrannt."

„Vielleicht haben sich die Templer nach dem Niedergang des Hauses Csák in die Kutten der Franziskaner verkrochen. Das Kloster wird 1316 zum ersten Mal erwähnt. Wilhelm de Peymes, der Großpräzeptor der Templer für Ungarn und Slawonien, wäre ein schlechter Diplomat gewesen, hätte er dies zu dieser Zeit nicht Robert de Gudde, dem Präzeptor in Ungarn, und Hugo de Monte Rotundo, dem Vorsteher des Konvents von Bö, geraten, als er sah, daß die Macht des Hauses Csák im Zusammenbrechen war und dem päpstlichen Günstling Karl-Robert nicht mehr lange Widerstand geleistet werden konnte. Nach der Vertreibung der Templer, die, wie es aus Urkunden zu ersehen ist, in Gran, Belavár und Bö Besitzungen und Konvente hatten, müssen sie ja irgendwohin gekommen sein. Auch Nikolaus, der damalige Bischof von Raab, ein Oheim der Güssinger Johann-Kakas und Nikolaus, war von seinem Bistum verjagt worden und soll auf der Totenhauptwiese erschlagen worden sein, als er nach Bernstein flüchten wollte."

„Der Bischof von Raab hat sich seinerzeit schützend vor die verfolgten Templer gestellt. Das entsprach genau der Politik seiner Neffen, die sich, als ihre Niederlage besiegelt war, zum Herzog von Österreich flüchteten."

„So gesehen hätte sich das letzte Kapitel der Tragödie des Templerordens auf Lockenhaus abgespielt", faßte Nádasdy die Eindrücke zusammen.

„Nur eine Denkmöglichkeit, wie es gewesen sein kann, Franz, nicht mehr. Nur deckt sich diese mit der Templersage und der Geschichte von der Wiese der toten Häupter. Und wie wäre der Zweck des seltsamen mystischen Gewölbes mit seinen zwei Apsiden, dem Tatzenkreuz auf einem der Schlußsteine, dem Lichtauge in der Decke und der steinernen Schale unter dem Lichtauge zu deuten, brächte man ihn nicht mit den Templern in Verbindung?" schloß Széchenyi.

Aus der Geschichte Ungarns

Lockenhaus/Deutschkreutz. Graf Széchenyi hatte sich auf der Burg eingehend mit den einzelnen Bauepochen der Hochburg befaßt. Auf dem Weg von Lockenhaus nach Deutschkreutz fuhren Nádasdy und Széchenyi in einem Wagen, denn sie hatten noch manches zu besprechen. Vor allem hatte Magister Syrott darüber Klage geführt, daß in der bisher protestantischen Pfarre Steinberg in der Zeit von 1660 bis jetzt, also in einem Zeitraum von nur neun Jahren, nicht weniger als fünf Augustinerpatres zugrunde gegangen waren. Syrott weigerte sich, einen weiteren Ordensmann nach Steinberg zu schicken, denn er wollte seine Leute nicht dem sicheren Untergang preisgeben. Es werde nämlich gemunkelt, daß die fünf Patres von Gegnern vergiftet worden seien. Er, Széchenyi, möge als Diözesanbischof versuchen, für Steinberg einen Weltpriester zu finden. Ansonsten würde die Pfarre in den nächsten Jahren unbesetzt bleiben. „Der Haß wurzelt tief", nahm Nádasdy die Klage zur Kenntnis. „Sie sollen sich hüten. Auf meinen Herrschaften gilt ‚Cuius regio, eius religio!'"

„Es ist steiniger Boden, auf dem Jesuiten und Augustiner pflügen", bekannte Széchenyi. „Aber nun laß uns von deinem Werk reden, das 1664 in Nürnberg in lateinischer und deutscher Sprache erschienen ist. Wie lauten die vollen Titel?"

„‚Mausoleum Potentissiorum ac Gloriosissimorum Regni Apostolici Regum et Primorum Militantis Ungariae' oder ‚Mausoleum der allermächtigsten und ruhmreichsten Könige des Apostolischen Königreiches Ungarn und der hervorragendsten Feldherren'" holte Nádasdy aus. „Das Buch wird eben von Alexius Horanyi in die ungarische Sprache übersetzt."

„Das ist gut", nickte Széchenyi. „Und was ist aus der Arbeit von Petrus de Reva, deinem Oheim, geworden, aus der ‚Centurias septem de Monarchia . . . Hungariae'?"

„Ich habe die ‚Siebenhundert Jahre Geschichte der ungarischen Monarchie' überarbeitet und ergänzt. Neues Quellenmaterial machte mir das möglich."

„Ich gratuliere dazu, denn es wird gesagt, daß dein Oheim auf deine Überarbeitung stolz sein könnte. Du und Paul Esterházy, ihr seid die wirklich alle anderen weltlichen Herren überragenden Persönlichkeiten hier im Westen. Nur schade, daß jeder von euch, politisch gesehen, in einem anderen Lager steht. Anna-Julia war Pauls Lieblingsschwester, und euer Verhältnis mag ihr manche Sorge bereitet haben."

„Sie hat letztlich meinen Willen akzeptiert, wenn sie meine Absichten auch nicht gutgeheißen hat."

„Mütter denken anders", folgerte Széchenyi nachdenklich. Nádasdy aber lenkte das Gespräch wieder auf ein ihm lieberes Thema. „Wie hat dir die Hochburg gefallen? Ich hörte, du wärest den ganzen Nachmittag droben gewesen und hättest das Bauwerk studiert."

„Die ältesten Teile scheinen die Ringmauer und der Bergfried zu sein. Den Buckelquadern nach könnte man auf das zwölfte Jahrhundert schließen. Interessant sind auch der teilweise sichtbar gewordene Ähren- verband des Mauerwerks und die verschiedenen Steinmetzzeichen, die man in unserer Gegend nur noch am Dom von Jak wiederfindet. Und natürlich der Kultraum! Wenn seine Quadern reden könnten . . ."

„Hast du dir das Tatzenkreuz angesehen, György?" forschte Nádasdy.

„Es sieht wahrhaftig wie ein Templerkreuz aus, und ich könnte mir, wenn ich an die beiden Kreuze in den Apsiden denke, wohl auch die Apsiden einer Planetenbahn vorstellen, so weit sind sie, ihrem geistigen Gehalte nach, voneinander entfernt. Christus und Baphomet, welcher Gegensatz! Seit wann aber kann der Orden der Templer in Ungarn ge- wirkt haben?"

„Nach alten Chroniken, in denen über die Schlacht auf der Pußta von Mohi berichtet wird, hat eine Abteilung Tempelritter an der Seite König Bélas gekämpft."

„Da müssen sie schon vor 1241 im Lande gewesen sein", horchte Széchenyi erstaunt auf.

Nádasdy nickte. „Als die Tataren in der Nacht vom 11. auf den 12. April dieses Jahres die wichtige Sajóbrücke eroberten und den Fluß überschritten, formierten Prinz Koloman, Erzbischof Ugrin und Pontius de Cruce, der damalige Großpräzeptor der Templer, ihre Truppen zu einem Keil und griffen die Horden Batus an, um die Brücke zurück- zuerobern. Da sie aber von den anderen Ungarn nicht unterstützt wur- den, mußten sie, die treuesten Vasallen Bélas, den Kampf gegen die er- drückende Übermacht abbrechen. Trotz heftiger Vorwürfe, die Ugrin dem König machte, weil er, der Erzbischof, mit Koloman und den Templern im Kampfe alleingelassen worden war und die Ungarn trotz der ungeheuren Gefahr lieber in ihren durch die Wagenburg geschützten Zelten blieben, als die drohende Einschließung des ganzen Heeres zu ver- hindern, ritten die drei Helden auch bei ihrem zweiten Versuch, die Sajó- brücke den Tataren zu entreißen, allein und nur mit ihren eigenen Leuten aus dem Lager. Und wieder unterlagen sie, obwohl sie sich voll Todesmut auf den Feind warfen, der Übermacht Batus, der sich nicht mehr über die Brücke zurückdrängen ließ und ständig neue Verstärkungen in den Kampf warf. Während Prinz Koloman und Erzbischof Ugrin, beide aus vielen Wunden blutend, mit nur wenigen — die nicht erschlagen worden waren — unter größter Anstrengung wieder das Lager erreichten, blieb der Großpräzeptor mit allen Templern tot auf dem nächtlichen Schlachtfeld. Damit war die Wagenburg des ungarischen Heeres von allen Seiten umringt, sein Untergang besiegelt."

„Dem Chronisten sei gedankt, der diese Waffentaten der Templer aufgezeichnet hat, denn sie verbrämen den ruhmlosen Untergang des ungarischen Heeres auf der Pußta von Mohi wie spätes Abendrot einen verregneten Tag", tröstete sich Széchenyi, der das Thema wechseln wollte. „Laß uns nun von dir reden. Hast du nicht auch zum Prior der Augustiner in Wien, zu Pater Donellan, ein besonders herzliches Verhältnis?"

„Eigentlich war er es", gab Nádasdy freimütig zu, „der mich bekehrt hat. Pater Donellan hat den Acker meiner Seele gepflügt. Erst dann legte ich das öffentliche Glaubensbekenntnis in die Hände Sennyeys ab. Mit den Augustinern verbindet mich seit jenen Tagen sehr viel." Inzwischen hatten sie die Dörfer Liebing, Unterloisdorf, Frankenau, Geresdorf und Nikitsch passiert, und es war Zeit, daß sich Széchenyi über Deutschkreutz eingehender informieren ließ.

„Graf Paul, mein Vater", begann Nádasdy, „trat in den Bethlenkriegen wie viele andere Magnaten auf die Seite des protestantischen Siebenbürgers. Nur Nikolaus Esterházy wechselte damals nicht die Partei. Aus diesem Grunde verwüsteten die Scharen Bethlens dann seine Güter und zerstörten seine Burgen. Nur Landsee und Lackenbach blieben ihm damals erhalten. Graf Esterházy zählte später meinen Vater zu jenen, die Bethlen Gábor nach Ungarn riefen und seinen Aufstand mit Freuden begrüßten. Als Bethlen Ende November 1619 Ödenburg zwang, ihm zu huldigen, lagerte sein Heer vor unserem alten Schloß in Kreutz. Im darauffolgenden Jahre wurde mein Vater in Neusohl zum Glaubensverteidiger gewählt. Aber nach der Schlacht am Weißen Berge, in der die Protestanten vernichtend geschlagen worden waren, straften Colalto und Esterházy, die Heerführer Ferdinands II., die Anhänger Bethlens und verwüsteten meinem Vater Csepreg und Kreutz. Es wurde behauptet, daß die Kaiserlichen in der Kirche von Csepreg alle Kalviner getötet und bis zu den Knien im Blute gewatet wären. Wenn das auch übertrieben scheint, so zeigt es doch immerhin, daß damals auch die andere Seite nicht besser war, und da sie auch Kreutz niederbrannten, kannst du dir wohl vorstellen, daß es völlig neu erbaut werden mußte."

„Die Lage vor den Toren Ödenburgs hat diesem befestigten Platz immer eine besondere Bedeutung zukommen lassen", warf der Diözesanbischof ein.

Nádasdy bestätigte dies und fuhr fort: „Dem Beispiel der Stadt Ödenburg folgend flehte auch mein Vater um Amnestie. Ferdinand gewährte sie ihm, nahm ihn in seine Gunst und stellte meinen Vater schon

1622 als Regierungsrat an die Seite Stanislaus Thurzós, des Palatins. 1625 erhob der König meinen Vater dann für Verdienste um die Krone in den Grafenstand. Da Elisabeth Báthory, die erste Frau meines Vaters, sehr früh starb, vermählte er sich 1620 mit Judith, der Tochter von Petrus de Revay, meiner Mutter. Da mein Großvater mütterlicherseits Kronenwächter war und über ein beträchtliches Vermögen verfügte, konnte mein Vater in den Jahren von 1622 bis 1625 das Schloß in Kreutz neu erbauen. Es wurde dann, nach dem frühen Tod meines Vaters, der Lieblingssitz meiner Mutter.

Für das Grenzland ist der Typus des Schlosses charakteristisch. Es ist Herrensitz, Kastell und Meierhof zugleich und bildet so eine imponierende Einheit.

Vier Flügel umgeben den zweigeschossigen Arkadenhof, und die vier Ecktürme mit ihren Zeltdächern springen bastionsartig in den Wassergraben vor. Von den Stuckdekorationen des breiten Frieses, der um das Gebäude herum verläuft, gefallen mir der Raub Ganymeds und die Flucht des Aeneas mit Anchises sehr."

„So bauen nur wohlhabende Leute", respektierte Széchenyi die Schilderung des Freundes.

„Beachte, wenn wir hinkommen, auch das Hauptportal mit seinem rundbogigen Durchfahrtstor und seiner kleinen Gehtür, über der mein Vater sein Wappen anbringen ließ."

„Mich als Diözesanbischof freut aber am meisten, daß deine Mutter nach ihrem Übertritt zum katholischen Glauben die Kapelle so schön gestaltet haben soll."

„Meine Mutter hat sie im nordöstlichen Turm eingerichtet. Es ist ein quadratischer Raum, der durch korinthische Pilaster mit Cherubsköpfen aufgegliedert wird. Das Licht, das durch in barocker Gotik ausgeführte Maßwerkfenster fällt, erhellt Altar und Bilder und verleiht der Kapelle jene wundersame Harmonie, die meine Mutter so liebte", bekannte der Graf.

Sie sahen, wie die Zugbrücke vor dem Hauptportal herabgelassen wurde. „Morgen", schloß Nádasdy, „wollen wir die Beratung in der ungarischen Frage aufnehmen. Bleibst du dabei?" Széchenyi verneinte: „Ich werde in Raab gebraucht. So lange kann ich von meinem Bistum nicht wegbleiben."

„Ich werde dich auf dem laufenden halten", versprach Nádasdy. Die Wagen fuhren in den Arkadenhof ein. Die Damen winkten. Ein kräftiges Mahl war vorbereitet worden, und Graf Zrinyi, der sich die Füße vertrat, meinte dazu: „Das wird uns guttun!"

Nach einem musikalisch gestalteten Abend, den Christine Draskovich, die älteste Tochter Nádasdys, gestalten ließ, gingen die Gäste früh zu Bett. Nur Fürst Rákóczy und seine Gattin Ilona und das Ehepaar Draskovich blieben länger zusammen.

Am nächsten Morgen zelebrierte der Diözesanbischof in der schönen Schloßkapelle eine Messe. Nach einem herzlichen Abschied trat Graf Széchenyi dann die Weiterfahrt nach Raab an, während sich die Herren in das Saalgebäude begaben, um die Situation zu beraten, in der sie sich befanden, und weitere Beschlüsse zu fassen. Der zweigeschossige Bau mit dem großen zweigeschossigen Saal in seiner Mitte und zweiarmigen Stiegen zu beiden Seiten war in toskanischer Riesenordnung gestaltet und mit Triglyphengebälk versehen. In den Nischen an den Schmalseiten des Saales hatten die Sekretäre Nádasdys Platz genommen. Auf kleinen Tischen hatten sie Pergament und Schreibzeug vor sich und harrten der Weisungen. In der Mitte des Saales, unter schönen Kronleuchtern, um eine ovale Tafel, nahmen die Verschwörer Platz, während in den großen Zimmern am Ende der zweiarmigen Stiegen die Pagen der Herren warteten, um diese zu bedienen. Vor den Eingängen zum Saalgebäude standen Wachen.

„Die Zeit drängt, Freunde", begann der Banus. „Die oberen Gespanschaften sind schon ungeduldig und verstehen unser Zögern nicht, denn Candia ist am 6. September von den Türken erobert worden. Ein 24 jähriger Kampf um die Insel Kreta ist mit der Niederlage der Republik Venedig zu Ende gegangen. Ab jetzt hat die Hohe Pforte wieder die Hände frei, um in Ungarn intervenieren zu können. Wir müssen daher unsere Sache vorantreiben."

„Hätte die Hohe Pforte die Hände frei!" warf Nádasdy ein. „Erst muß es uns mit Hilfe Apafys gelingen, die Türken dazu zu bringen, den 1664 auf zwanzig Jahre geschlossenen Frieden mit dem Kaiser aufzukündigen. Da aber die Türkei, wie ihr Krieg im Mittelmeer zeigt, auch in Asien und Afrika ihre Hegemonieansprüche aufrechterhalten will, hat sie sich durch den Frieden von Eisenburg Rückenfreiheit verschafft. Die Hohe Pforte müßte daher ihr eigenes politisches und strategisches Konzept ändern, das, wie aus der Dauer des Friedensvertrages zu ersehen ist, langfristig erstellt worden sein muß. Das bedeutet aber auch Rückenfreiheit für den Kaiser und ermöglicht es ihm, die Interessen seines Hauses im Westen wahrzunehmen."

„Rückenfreiheit für den Kaiser? Soweit das die Türken betrifft! Grémonville hat mir versprochen, daß er uns Gelder für unsere Rüstungen beschaffen wird", entgegnete Zrinyi. „Frankreich braucht unsere Unterstützung, weil es die spanischen Niederlande nicht herausgeben will, und der Gesandte sagt, daß ein Krieg zwischen Frankreich und Holland bevorstünde. Er ist ein ehrlicher Mann und wird auch Graf Auersperg, den ersten Minister Leopolds, von unserer Sache zu überzeugen suchen."

„Ich vertraue dem Gesandten nicht mehr ganz", gab Nádasdy zu bedenken. „Grémonville scheint mir eher eine jener schlauen Naturen zu sein, die unter der gut gewählten Maske der Biederkeit und Offenheit die Leute um so sicherer hinters Licht führen. Und um Graf Auersperg steht es nicht gut."

„Hört, hört!" horchte der Ban auf. „Das ist mir neu."

„Aus gut informierter Quelle konnte ich erfahren, daß Graf Auersperg, der jetzt 53 oder 54 Jahre alt ist, mit Hilfe Ludwigs XIV. Kardinal werden will. Er ist aber seit 14 Jahren mit Gräfin Katharina von Lohenstein verheiratet und hat drei Söhne und drei Töchter. Für einen Ehemann und Familienvater ist der Wunsch, Kardinal zu werden, wohl mehr als seltsam. Es liegt daher nahe, daß sowohl Grémonville wie auch Lobkowitz diese Schwäche Auerspergs nützen werden. Wenn Leopold erfährt, daß sein erster Minister mit Hilfe des Französenkönigs den Kardinalshut erlangen will, ist es um ihn geschehen. Sein Sturz hängt nur vom Datum der Eröffnung dieser Tatsache an den Kaiser ab und ist daher nur mehr eine Frage der hiefür passenden Zeit. Der kommende Mann ist Fürst Lobkowitz!"

„Habt Ihr auch über das Verhältnis Wien—Paris etwas erfahren?" mengte sich Graf Tattenbach ein.

„Es weht ein ganz anderer Wind als vor noch einem halben Jahr", bekannte Nádasdy. „Aber die Ursachen hiefür sind nicht zu erfragen. Alle halten dicht. Es muß eine wichtige Sache sein, vielleicht gar die spanische Frage, denn Auersperg spricht des öfteren von einer Triple-Allianz zwischen Frankreich, Österreich und Spanien."

„Wenn er damit die französischen Minister nicht zum Lachen bringt, dann wüßte ich nicht, womit Auersperg es noch zuwege brächte!" lachte Zrinyi schallend. „Politische Wichtigtuerei ist das, weiter nichts. Aber der andere Wind, von dem Nádasdy redet, der muß uns Sorge machen. Einigen sich Wien und Paris in der spanischen Frage, dann können wir uns nur mehr auf unsere eigene Kraft und mit Allahs Hilfe auf die Türken verlassen!"

„Und auf die Kalviner", ergänzte Nádasdy. „Die Rheinische Allianz lebt im stillen weiter, die Kurfürsten von Brandenburg und Sachsen stehen mit Ludwig XIV. in einem wechselseitigen Verteidigungsbündnis, und da sie Protestanten sind, müßten sie sich für das Schicksal der Lutheraner in Ungarn interessieren. Es ist tatsächlich so, wie Ludwig XIV. sagt: ‚Die deutschen Kaiser sind eigentlich nur mehr die Generalkapitäne einer deutschen Republik. Die meisten Mitglieder der Republik, die deutschen Fürsten und die freien deutschen Städte fügen sich den kaiserlichen Befehlen nur so weit, als es ihnen in den Kram paßt. Und was gegen ihre egoistischen Interessen ist, das hintertreiben sie in den Beratungen der Reichsstände.' Mit reichen Geldspenden hat ja Ludwig XIV. sogar die Kurfürsten von Mainz und Köln, den Herzog von Neuburg und den Bischof von Münster dazu gebracht, daß sie Montecuccoli den Durchmarsch mit den kaiserlichen Truppen verweigert haben, so daß Leopold nicht in der Lage war, Flandern militärischen Beistand zu leisten."

„So ist ja Ludwig XIV. der eigentliche Herr in Deutschland!" jubelte der Ban.

„Bis vor zwei Jahren war er es sogar uneingeschränkt. 1667 haben Brandenburg und Braunschweig die Verlängerung der Allianz mit ihm hintertrieben. Aber die meisten deutschen Fürsten halten noch immer zu König Ludwig."

„Der Fanatismus der Protestanten in Deutschland erblickt im Triumph der Franzosen über den Kaiser einen Sieg der Geistesfreiheit und der der Kalviner Ungarns im Sieg der Türken!"

„Die Wahrheit aber ist", erregte sich Graf Tattenbach, „daß die politische Größe der deutschen Nation auf dem Altar des Protestantismus als Opfer dargebracht wurde und wird. Die latente Schwäche der Deutschen ist die eigentliche Stärke der Franzosen und Türken."

„Und der Ungarn!" ergänzte Nádasdy gereizt. „Ihr redet wie Lisola in London, der auch die Vereinigung der Kräfte aller Deutschen fordert, um den Hochmut der Franzosen demütigen zu können. Aber was ist das Kaiserreich? Woraus besteht die Monarchie? Sie besteht aus drei Ländergruppen: aus den ungarischen Erbländern, die wir Leopold entreißen wollen, aus den böhmischen Erbländern, die zu keinem deutschen Reichskreis gehören, und aus den deutschen Reichslanden. Nur was zu den letzteren gehört, haben wir in Rechnung zu stellen. Sie bestehen aus Niederösterreich, wozu Österreich ob und unter der Enns gehört, aus Innerösterreich, gebildet aus Steiermark, Kärnten und Krain, die mit uns aufstehen werden, und endlich aus Vorderösterreich, das in Tirol und die österreichischen Vorlande Vorarlberg und den Breisgau zerfällt. Die angemaßte Weltstellung des Hauses Habsburg beruht nicht sosehr auf diesem österreichischen Besitz, sondern auf der römischen Kaiserwürde deutscher Nation, der Verwandtschaft mit dem spanischen Königshause und endlich auf der anerkannten Eigenschaft Österreichs, die Schutzmacht der römisch-katholischen Kirche zu sein. Das zusammen ist viel und wenig zugleich. Viel, wenn Leopold die Ungarn für sich gewinnen kann, auf daß seine Stimme in Deutschland gehört wird, und wenig, wenn sich die Ungarn gegen ihn erheben. Hat er sich nicht bei der Krönung zum König von Ungarn am 27. Juni 1655 feierlich verpflichtet, die Verfassung Ungarns zu wahren? Und was ist 1664 geschehen?"

„Trotz des von Montecuccoli errungenen Sieges bei Mogersdorf blieb Neuhäusl in türkischer Hand! Ohne uns zu fragen, hat Leopold im Eisenburger Frieden alle besetzten ungarischen Gebiete auf weitere zwanzig Jahre den Türken überlassen! Nur um die österreichischen Erblande zu schonen! So stellt sich der Habsburger die Wahrung unserer verbrieften Rechte vor! Er selbst ist es, der uns zwingt, gegen ihn aufzustehen! Aber meine Verhandlungen mit der Hohen Pforte haben schon begonnen! Das muß sein, denn Drohungen ohne Machtentfaltung nützen nichts! Apafy ließ mir die Nachricht zukommen, daß der Sultan die von uns beabsichtigte Befreiung und Unterstellung ganz Ungarns unter seine Oberhoheit ernstlich prüfen wolle." Und an den Hausherrn gewandt setzte er fort: „Hast du, Franz, Informationen für uns beschaffen können?"

„Ein Bündel Abschriften von Originalen der kaiserlichen Privat- und Amtspost, Abschriften von geheimen Beschlüssen des Hofkriegsrates und die Fahrtroute der Geldtransporte und die Termine, an welchen Geld nach Wien abtransportiert wird."

„Ausgezeichnet!" lobte Zrinyi. „Die Not des Vaterlandes, die Revolution und unsere eigene politische Lage rechtfertigen alles! Wir müssen, um den Ankauf von Gewehren und schwerem Kriegsrequisit durchführen zu können, auch daran denken, die kaiserlichen Geldtransporte abzufangen."

„Was hört man von Apafy?" erkundigte sich Nádasdy.

„Er soll gesagt haben", grollte Zrinyi, „daß Ungarn für seine Unterstützung in Konstantinopel im Falle des Gelingens unserer Sache an Siebenbürgen angeschlossen werden solle."

„Ich werde ihm dafür zu gegebener Zeit an der Spitze eines Heeres unseren Dank abstatten!" empörte sich Rákóczy.

„Wir müssen wieder zu Grémonville", überging Zrinyi den Einwurf seines Schwiegersohnes, „denn wir brauchen viel Geld, und Ludwig XIV. muß endlich in die Tasche greifen. Er muß auch in Polen erwirken, daß wir dort Truppen anwerben dürfen. Diese werden wir ebenso Rákóczy unterstellen wie die Streitkräfte der Protestanten. Eine Anzahl französischer Generale muß entsandt werden und in Rákóczys Stab arbeiten. Mit diesem Heer muß erst Ostungarn befreit werden. Kommt unsere Südarmee gut voran, kann Rákóczy in Mähren und Schlesien einfallen."

„Der Plan ist gut", pflichtete Nádasdy bei. „Rákóczy nimmt die Bergstädte in Besitz und rückt gegen Preßburg vor. Dann ist Ungarn befreit und wir sind im Besitz der Münzschlägereien. Geld und Kanonen, das ist alles, was wir brauchen."

Hierauf winkte Graf Nádasdy seinem Sekretär. Dieser brachte ihm ein Flugblatt, und Nádasdy eröffnete den Herren, daß er wieder einen Aufruf an die ungarische Nation verfaßt habe.

„Hört, hört!" rief Zrinyi zufrieden. „Lies uns das vor!"

Nádasdy begann: „Ungarisches Volk! Wo ist Deines Kaisers Treue? Wo die Freiheitsurkunde Ungarns? Wo seine Gesetzlichkeit? Er ist voll Falschheit der eigenen Religion gegenüber, voller Unzuverlässigkeit den Evangelischen gegenüber, und seine Treue gegenüber den Türken ist größer als die zur Christenheit! Die Freundschaft zu den Türken ist ihm wichtiger als die unserer Nation!

Und um Dir, mein Volk, die Gefahren vor Augen zu stellen, die auf

Dich einstürmen, rufe ich Dir zu: Unterziehe vor allem den ungarischen Klerus einer gründlichen Prüfung!

Wenn es wahr ist, daß der Fisch vom Kopfe aus zu stinken anfängt, so findest Du hiefür ein lebendiges Bild im ungarischen Fürstprimas Szelepcsényi, dessen Sinn wie ein Wirbelwind ist, der aus allen vier Weltgegenden einherbläst. Sein Neid gleicht dem eines Hundes! Er ist ein Slowak, der brüllt und nach dem falschen Mammon giert! Süßen Honig leckt er von seinen Lippen, indes er schamlos lügt! Seine niedere Habsucht, sein unordentliches, vagantenhaftes Benehmen, seine ekelhafte, sinnlose, schweinische Trunksucht liegen offen vor aller Welt da! Nie im Leben gibt er etwas aus seinem Beutel, weder zur Ehre Gottes noch für das Vaterland, noch für seine Freunde und Verwandten, obgleich genug armselige Ochsen-, Schaf- und Schweinehirten unter ihnen sind. Er sammelt für den Antichrist, während er diebisch, betrügerisch seinen König, dessen Geheime Räte, die Mönche, den Klerus und seine Verwandten seines Erbes versichert.

Seit Szelepcsényi das Steuer der Rechtsprechung übernommen hat, hat er, infolge seines Geizes, viele Prozesse verdorben! Millionen macht es aus, was er an Staatsgütern, ohne den geringsten Nutzen für die Krone, vergeudet hat! Aber auch kirchliche Würden und Pfründen hat er, obzwar sehr geheim, so doch in großer Zahl um Geld hergegeben! Und wie der Primas ist der Klerus! Was tun die Pfaffen zum Wohle des Vaterlandes? Und wenn auch der eine oder der andere von den Geldern, die er sammelte, etwas opferte, so opferte er nicht für das Wohl des Reiches, sondern gab es, um seine Beförderung dafür auszuhandeln! Es gibt keine noch so große Falschheit, für die die Pfaffen gegen Geld nicht zu haben wären!

Ungarisches Volk, Du hast Deine Uneinigkeit bisher nicht überwinden können. Der Höllenteufel hat den Religionsstreit in unserem Lande entfacht! Wenn Du, ungarisches Volk, an diesem Religionsstreit zugrunde gehst, wirst Du weder das Reich noch die Religion behalten! Wenn Du aber am Leben bleibst und vereint die Freiheit des Vaterlandes erringst, dann kannst Du Dir Deine religiösen Meinungen bilden, wie Du willst! Darum erwache, mein teures Volk, aus Deinem tiefen Schlaf!" Nádasdy hatte auf dem Orchester seiner Emotionen ein Furioso entfacht, und lebhafter Beifall scholl ihm entgegen. Von der Saaltür her aber ertönte ein mehrfaches „Bravo!" Vitnyédy, der gefürchtete Streiter der Kalviner, hatte unbemerkt den Raum betreten. „Wo kommt Ihr her?" begrüßte ihn Zrinyi erfreut.

„Aus dem Oberland! Es ist eine heilige, beschlossene Sache, daß wir unsere Freiheit mit unserem Blute erkaufen werden. Die Siebenbürger werden unseren Geistlichen geheime Nachricht zukommen lassen, auf daß jeder zu den Waffen greife, wenn Euer Zeichen gegeben wird, Zrinyi! Der evangelische Reichsstand östlich der Donau hat seinen Besitz in die

Hände der protestantischen Geistlichen von Preßburg und Güns gelegt. Preßburg, Kaschau, die Bergstädte und das Komitat Thurocz werden von den übrigen Superintendenten und Senioren in Bereitschaft gehalten. Den Thuroczer Kreis samt seiner mitverschworenen Bevölkerung, in der sich ausgezeichnete Fußtruppen befinden, bringt der dortige Prediger auf die Beine. Die Preßburger haben mit den freien Märkten ihres Kreises schon ihren Platz erhalten. Bis zum Beginn des allgemeinen Aufstandes habe ich unsere Prediger angewiesen, vorsichtiger zu sein und nur vom allgemeinen Wohl und der Freiheit zu reden. Das Gebiet diesseits der Donau obliegt meiner Sorge. In Papa, Komorn, Raab und Veszprém handelt der dortige Superintendent mit dem Gewicht seiner Würde. Da die Gemeinden und ihre Entschlußkraft von der Redegewalt der Seelenhirten abhängen, müssen die Geistlichen durch das Wort so wirken, wie wir durch die Tat und das Schwert wirken werden!

Breslau und Danzig stehen uns bei. Hohe Wechsel können an diese Gemeinden zur Einlösung geschickt werden!" Mit diesen Nachrichten erreichte die Versammlung der Verschworenen im Saalgebäude des Schlosses Deutschkreutz ihren Höhepunkt, und bei feurigem Rotwein machte mancher kräftige Trinkspruch die Runde.

Differenzen des Hofes mit Rom

Wien. Eine schwere politische Verstimmung zwischen Kaiser Leopold I. und dem neuen Papst Klemens IX. begann das bisher gute Verhältnis zwischen der Schutzmacht der römisch-katholischen Kirche und der Kurie zu belasten. Klemens IX. hatte durch seinen Nuntius Pignatelli wenige Monate vor dem Fall der venezianischen Festung Candia dem Kaiser die Gefährlichkeit der Lage dieses Platzes darstellen lassen und ihn ersucht, der Republik Venedig militärischen Beistand zu leisten und ein bewaffnetes Korps von 3000 Mann nach Kreta zu entsenden, damit Candia, dieses langumkämpfte Bollwerk der Christenheit, nicht den Türken in die Hände falle, denn diese würden sich nach einer Niederlage Venedigs sogleich gegen den Kaiser selbst wenden. Dieser allzu vereinfachenden Darstellung aber vermochten weder der Kaiser noch seine Minister zu folgen, denn erst 1664 hatte man ja mit den Türken einen Frieden auf zwanzig Jahre geschlossen, und die Hohe Pforte ließ durch ihren Großdragoman, den Pfortendolmetsch Panajotti, den kaiserlichen Residenten in Konstantinopel wissen, daß sich in Ungarn wieder eine Verschwörung gegen Kaiser Leopold zusammenbraue, woraus man in Wien schloß, daß die Hohe Pforte nicht die Absicht habe, Österreich anzugreifen. Der kaiserliche Gesandte wurde mit diesbezüglichen Sondierungen beauftragt. Dazu kam, daß Frankreich noch immer Teile der spanischen Niederlande besetzt hielt und Spanien letztlich im Frieden von Aachen sich mit der durch den Devolutionskrieg geschaffenen Lage hatte abfinden müssen, weil Leopolds Absicht, gegen Ludwig XIV. einen Reichskrieg zu führen, am Widerstand der von Ludwig bestochenen deutschen Fürsten gescheitert war.

Als der Nuntius aber erkannte, daß weder der Kaiser noch seine ersten Minister davon zu überzeugen waren, daß die Situation vor Candia für Leopold ein Kriegsgrund sein müsse, begann er in seinen Berichten nach Rom wegen seines Mißerfolges seiner Wut freien Lauf zu lassen. Nur der Gesandte Venedigs schlug noch in dieselbe Kerbe. Klemens IX. aber fühlte sich von der vertragstreuen Haltung des Kaisers und seiner Minister persönlich desavouiert und wollte es dem Kaiser heimzahlen. Eine Gelegenheit hiezu bot sich bald. Für das Jahr 1669 stand die erste Ernennung von Kardinälen durch Klemens IX. bevor. Zu recht konnte sich der Kaiser der Hoffnung hingeben, daß sein Kandidat, der Abt von Fulda, Markgraf Bernhard Gustav von Baden-Durlach, mit dem Purpur geschmückt werden würde. Die diesbezüglichen Bestrebungen des Kaisers wurden in Rom durch den Auditor der Rota, den Kardinal von Hessen, eifrigst befürwortet. Gleichzeitig, sozusagen neben dieser offiziellen kaiserlichen Kandidatur, begann Minister Fürst Auersperg im geheimen eine rastlose Kampagne, um selbst zu dieser höchsten Würde der römischen Kirche zu kommen. Er versicherte sich, über Grémonville, der diesbezüglichen Unterstützung Ludwigs XIV. in Rom, um so den Dank des französischen Königs für seine persönliche Parteinahme zu dessen Gunsten beim Abschluß des geheimen Teilungsvertrages vom 19. Jänner 1668 einzuheimsen, mit dem die Aufteilung des Königreiches Spanien noch zu Lebzeiten Karls II., einem kranken Kind auf dem Thron von Madrid, zwischen Leopold I. und Ludwig XIV. beschlossen worden war. Zu diesem Verrat an seinem Vetter und der spanischen Linie der Habsburger war Leopold durch Fürst Auersperg überredet worden, der schon zu dieser Zeit heimlich, aber regelmäßig eine jährliche Pension von Ludwig XIV. bezog. Auersperg hatte auch am Zustandekommen des Aachener Friedens mitgewirkt. Daher hatte König Ludwig eigentlich die beiden diplomatischen Erfolge der französischen Staatskunst Minister Auersperg zuzuschreiben, mit denen einerseits Spanien durch die Abtretung von zwölf festen Plätzen in seinen Niederlanden an Frankreich erheblich geschwächt wurde und andererseits durch den geheimen Teilungsvertrag Österreich sich selbst in das Schlepptau der französischen Politik begeben hatte. Grémonville, der Drahtzieher dieser seine Fähigkeiten so exzellent beweisenden Machinationen, konnte so sein großes Ziel erreichen, Österreich von Spanien zu trennen. Die Schere dieser Staaten, in der sich Frankreich lange befunden hatte, war zerbrochen. Zwar hatte der Kaiser selbst bereits vor zwei Jahren die Bestrebungen seines ersten Ministers, Kardinal werden zu wollen, in Rom befürwortet, aber Auersperg buhlte förmlich um die dort wirksamere Fürsprache Frankreichs und war damit rettungslos den trügerischen Verlockungen, die ihm Grémonville im Hinblick auf den Kardinalshut gemacht hatte, verfallen.

Mitten in diese Zeit des offiziellen und geheimen Strebens nach der Kardinalswürde gellte im Sommer 1669 von jenseits der Alpen der Alarmruf, daß Klemens IX. zwar noch nicht fest entschlossen sei, den französischen Kandidaten Turennes, den Neffen des Herzogs von Albret, zum Kardinal zu ernennen, daß er aber auf keinen Fall den Erwartungen des Kaisers entsprechen wolle. Für die Krone Spaniens bleibe ein Kardinalshut „in pectore" vorbehalten. In der Erklärung des Papstes wurde betont, daß dem Kaiser dadurch kein Nachteil erwachse, weil die Ernennung seines Kandidaten ja für eine spätere Zeit vorbehalten bleibe: „Die Bevorzugung der beiden anderen Kronen ist eine Gnade des Papstes, welche zum Wohle der Christenheit und zur Hilfe für Candia erfolgt. Der allerchristlichste König sollte durch diesen Gnadenbeweis des Papstes zu noch größeren Kriegsleistungen angefeuert werden, um Candia zu halten, zumal da die Nachricht gekommen war, daß Venedig mit den Türken Frieden schließen, die Hälfte Candias (Kretas) abtreten, das heißt auch das Königreich Sizilien, Italien und die Länder des Kaisers ihnen ausliefern will. Was den Gnadenakt für Spanien anlangt, so habe sich der Papst in der Notlage befunden, die beiden Kronen in gleicher Weise zu befriedigen, da in dieser Hinsicht stets Eifersucht zwischen ihnen bestand, aber die Kurie hat sie stets gleich behandelt. Der Papst muß bei dieser ersten Promotion die Freiheit der Kirche wahren und nicht für die Fürsten, sondern für sich handeln. In seiner Handlungsweise liege weder Gewohnheit noch Veranlassung, sondern Gnade, und aus den angegebenen Gründen könne er nicht für den Kaiser dasselbe tun wie für die beiden Kronen, da sonst der Zweck verfehlt wäre: wenn er es für alle täte, wäre es keine Gnade mehr, und niemand würde sich verpflichtet fühlen."

Diese Erklärung des Papstes, die einer Disziplinarmaßnahme gegen den Kaiser gleichkam, weil dieser nicht bereit war, ein Korps nach Candia zu entsenden, wurde nicht nur von Auersperg und Lobkowitz, sondern auch von Leopold selbst sehr übel aufgenommen. Der Kaiser erwiderte dem Nuntius in Gegenwart seiner Minister: „Diese Gründe bestehen in sottigliezze (Spitzfindigkeiten), die man in Deutschland nicht verstehen wird. Wie der Papst an zwei Stellen gehandelt hat, hätte er auch an der dritten handeln können. Meine weitere Antwort wird Minister Lobkowitz mit Ihnen besprechen." Damit war Pignatellis Audienz beim Kaiser beendet.

Als der Nuntius am nächsten Tage beim Hofkriegsratspräsidenten vorsprach, wurde er von diesem mit niedrigsten Schmähungen überhäuft. Lobkowitz schloß in starker Erregung: „Ich schwöre, wenn der Papst den Erwählten des Kaisers nicht jetzt ernennt, dann wird der Kaiser unbedingt den Ketzern seine Hand reichen und diese nach Gutdünken handeln lassen müssen! Und nehmen Sie zur Kenntnis, Herr Nuntius, daß ich der erste sein werde, der dem Kaiser nicht nur dazu raten wird, sondern daß ich auch selbst Hand ans Werk legen werde! Ferner eröffne ich Ihnen, daß sich Seine Majestät ernstlich mit der Absicht trägt, den Verkehr mit Rom abzubrechen und Euch selbst des Landes zu verweisen! Berichtet das Seiner Heiligkeit!"

Die Erklärung des Papstes hatte am Kaiserhofe eine starke antirömische Strömung ausgelöst und war allgemein als Anmaßung empfunden und qualifiziert worden. Selbst Pignatelli schrieb in einem Bericht: „Leopold ist eine offene, gerade Natur, allem fremden, unklaren Wesen abgeneigt, das Abbild eines biederen deutschen Mannes. Er konnte daher die tief-verschlungene wälsche Sprache Roms nicht verstehen. Für ihn, den getreuen Sohn der Kirche, bedeutet sie nur eine kränkende und un-verdiente Zurücksetzung."

Pignatelli war wegen seines Mißerfolges aber sehr beleidigt und de-nunzierte in der Folge nicht nur den Kaiser, sondern auch dessen erste Minister. Er berichtete an den Generalstaatssekretär nach Rom, daß man sich wegen des Kaisers nicht beunruhigen möge, denn dieser sei gewöhnlich höchst gleichgültig und gebe sich nicht mit Angelegenheiten ab, die länger dauern. Erstaunlich sei aber, daß Auersperg und Lobkowitz, die Tod-feinde seien und zwischen denen es täglich zu Zusammenstößen komme, in diesem Punkte einig seien. Besonders Auersperg treibe, wie er von der Kaiserin wisse, Leopold dazu an, den Kardinal von Hessen anzuweisen, seine Bemühungen für den Kaiser zu verdoppeln. Fürst Lobkowitz hingegen habe ihn in einer vertraulichen Mitteilung über sein befremden-des Verhalten aufgeklärt. Er habe im Auftrage des Kaisers so heftig mit ihm gesprochen, aber auf Anstiften des Fürsten Auersperg. Er selbst habe niemals etwas in dieser Sache gegen Rom im Schilde geführt. Das täten nur die Anhänger Auerspergs.

Diese Mitteilung sollte für Fürst Auersperg höchst gefährlich werden, denn der Nuntius schloß aus dieser, daß Auersperg der Urheber des Entrüstungssturmes gegen Rom sein müsse, und stellte Nachforschungen über die Beweggründe und das Privatleben des Fürsten an. Er erfuhr unter anderem, daß Auersperg der Meinung sei, daß er selbst anstelle des Abtes von Fulda die Kardinalswürde erhalten werde, daß er sechs Kinder habe, verheiratet sei, und berichtete das nach Rom.

Zunächst sollte aber die Gewitterstimmung gegen Rom am Kaiserhofe anhalten. Der Kaiser, nochmals vom Nuntius auf die Gründe für das Verhalten des Papstes aufmerksam gemacht, kam immer wieder auf seinen Standpunkt zurück, er könne nicht davon überzeugt werden, weshalb nicht auch er der Gnade der Bevorzugung für fähig erklärt sei. Pignatelli führte das seinerseits auf den Einfluß von Auersperg zurück.

Aber auch Lobkowitz ließ offiziell von der Meinung nicht ab, daß dem Kaiser Unrecht geschehen sei. Beide drohten, die protestantischen Fürsten des Reiches für die Sache zu interessieren, und selbst der Nuntius glaubte, daß sie ihre Hoffnung, den Kardinalshut für den Abt von Fulda zu ertrotzen, nicht aufgeben werden. Der ganze Lärm werde aber aus Rom, vom Kardinal von Hessen, veranlaßt, der den Befehlen Auerspergs mehr Gewicht beimesse als jenen des Kaisers selbst. Die Lage in Wien verschärfe sich immer mehr. Waren sich vorher nur die beiden ersten Minister in der Angelegenheit einig, so vertreten jetzt schon alle Minister die gleiche Ansicht, nämlich, daß der Kaiser den beiden anderen Kronen hintangesetzt und nicht nur ihm, sondern auch Deutschland Unrecht widerfahren sei. Selbst die Drohung, die Lobkowitz gegen den Nuntius ausgestoßen hatte, ihn des Landes zu verweisen, schien sich verwirklichen zu wollen. Im Ministerrate wurde beschlossen, daß Pignatelli nicht mehr im Palaste erscheinen dürfe und aus den Erbländern ausgewiesen werden müsse. Nur Kaiserin Eleonore sei es zu verdanken, daß die Maßnahmen noch nicht vollzogen wurden. Sie habe verlangt, erst einen kaiserlichen Gesandten nach Rom zu entsenden, damit dieser die gegenseitigen Standpunkte abkläre. Dies sei notwendig, weil durch diesen heftigen Zusammenstoß zwischen Kirche und Staat in den gegnerischen Lagern zu Wien und Rom größte Erregung hervorgerufen worden sei. Der Ministerrat stimmte dem Vorschlage Eleonores zu und entsandte Baron Plittersdorf nach Rom.

Die Pläne der kaiserlichen Minister, schrieb Pignatelli in einem in eigener Sache nach Rom gesendeten Brief, seien deshalb so gefährlich, weil es im Lande viele Ketzer gebe und fast alle Minister neue Katholiken seien. Nur mit Rücksicht auf den kurz bevorstehenden Fall von Candia dulde man ihn noch in Wien, meinte der Nuntius. Man befürchte nach dem Sieg der Türken sogleich den Angriff auf Österreich und wolle sich für diesen Fall die Hilfe und Vermittlung des Papstes sichern. Dagegen würden alle seine Versuche, die Gemüter zu beruhigen, scheitern.

Nur der Freundschaft eines Kapuziners hatte Pignatelli es letztlich zu danken, daß nach und nach doch ein Stimmungsumschwung zugunsten Roms erfolgte. Dieser Kapuziner, ein Anhänger des Hauses Baden-Durlach, stand im persönlichen Dienste des Kaisers und der Kaiserin. Ihm stellte Pignatelli einerseits den Schaden vor, der durch diesen Streit für Reich und Kirche eintreten könne, und daß andererseits der Abt von Fulda, wenn die Eskalation weiterginge, der Gnade des Papstes für immer verlustig gehen müsse. Der Kapuziner half und gewann als erstes die Kaiserin; denn Eleonore wollte ihre Tochter mit Michael Wisnioviecki, den König von Polen, vermählen und war schon deshalb für einen Ausgleich. Damit sicherte sie aber auch dem Abt von Fulda die Aussicht auf den nächsten freiwerdenden Kardinalshut. Andererseits unterließ man es jetzt in Rom nicht, dem Kaiser, nachdem man ihm sozusagen ordentlich den Text gelesen hatte, für seinen Rückzug goldene Brücken zu bauen. „Frühere Herrscher", so ließ sich die Kurie vernehmen, „hätten sich nicht über Vernachlässigung beklagt, sondern ruhig abgewartet, bis die Zeit der Ernennung für sie gekommen wäre. So lägen also, im Hinweis auf den vom Kaiser gebrauchten Ausdrucke, die ‚Spitzfindigkeiten' auf seiner Seite. Der Papst könne nicht glauben, daß die bösartigen Empfindungen in Wien auch vom Kaiser geteilt werden, das ganze Vorgehen, die Drohungen, Ausweisung des Nuntius, Bruch mit Rom, seien so völlig fremd der alten österreichischen Frömmigkeit! Selbst wenn andere Gründe fehlen würden, genügte dieser Zwang, die Gefahr einer beispiellosen Knechtschaft für die Kurie, dem Papste, nie nachgeben zu dürfen."

Inzwischen war Candia von den Türken im Sturme erobert worden, und am 5. November kehrte Baron von Plittersdorf aus Rom zurück. Er konnte über die geheime Verbindung Auerspergs mit Frankreich volle Aufklärung geben, denn im Vatikan hatte der Generalstaatssekretär dem österreichischen Sonderbevollmächtigten Einblick in die Noten des französischen Hofes gewährt. In diesen sprach der französische Außenminister von den großen Verdiensten, die sich Fürst Auersperg um die Krone Frankreichs erworben habe. Damit hatte sich Rom, wegen des Verhaltens Auerspergs gegen den Nuntius in Wien, gebührend revanchiert. Fürst Auersperg wurde hierauf sofort von allen Ämtern suspendiert, hatte sich nach Wels zu begeben, wo er unter Hausarrest verblieb und sich aller Korrespondenz zu enthalten hatte. Am 16. Dezember 1669 wurde der einst so mächtige erste Minister des Kaisers mit Dekret endgültig abgesetzt. Spät, aber doch war so dem Fürsten die Quittung für seine Konspiration mit dem französischen Hof ausgestellt worden.

Mit dem gleichen Tage wurde Fürst Wenzel Eusebius Lobkowitz erster Minister des Kaisers.

Leopold I. sah zwar ein, daß sich die Gnade des Papstes nicht erzwingen ließ, hatte aber Rom gegenüber, trotz seiner tiefen religiösen Haltung, die Würde des Reiches gewahrt und Klemens IX. eindeutig genug zu verstehen gegeben, daß man mit dem Kaiser des Deutschen Reiches nicht umspringen konnte wie mit einem unbotmäßigen Kaplan.

Dem gestürzten Auersperg gestattete der Kaiser später, daß er seinen Lebensabend auf einem seiner Schlösser in Krain verbringen dürfe.

Rettung Nádasdys

Fürst Lobkowitz unternahm noch immer alle Anstrengungen, um Graf Nádasdy zu retten. Er wies sogleich den Augustinerprior Pater Donellan an, mit Nádasdy in Verbindung zu treten und diesem zu schreiben, daß er, Donellan, vom Auditor des Nuntius gehört habe, daß der Hof Nádasdy mißtraue. Pater Donellan reiste dann selbst nach Pottendorf und deutete Nádasdy an, in welcher Gefahr er schwebe. Nádasdy vertraute sich hierauf dem Boten des Hofkriegsratspräsidenten an und verfaßte mit diesem gemeinsam eine Bittschrift an den Kaiser, die der Pater mitnahm.

Da Nádasdy wochenlang keine Antwort auf seine Bittschrift erhielt, entschloß er sich anfangs Oktober, selbst nach Wien zu fahren.

Fürst Lobkowitz empfing Nádasdy freundlich und tröstete ihn damit, daß ihm der Kaiser alles verzeihen würde, wenn er künftig nichts mehr unternehmen wolle. „Verfaßt eine Denkschrift, Graf." Mit diesen Worten überreichte er dem Magnaten einen vorgefertigten Entwurf, den Nádasdy nur durchzulesen und abzuschreiben brauchte. Er bekannte in diesem Schreiben, daß das Gerücht verbreitet worden sei, er wäre von seinen Feinden bei Seiner Majestät verklagt worden, daß er sich nicht so verhalte, wie dies einem getreuen Untertanen gezieme. Obwohl er diese Feinde nicht beim Namen kenne, überreiche er mehrere lateinische Kopien, deren Originale er zu Pottendorf verwahre. Er schließe seinem Briefe bei: die Instruktion des Palatins an den Agenten für die Pforte, die Liga zwischen ihm und Zrinyi, die Verbindung der Stände in Neusohl am 9. März 1667, die Abschrift der Vollmacht Grémonvilles und die Liga zwischen dem Palatin und ihm, und sei bereit, auf alles zu antworten, und wolle lieber sterben, als diesen Schandfleck auf seiner Ehre sitzenzulassen. Er habe erst in Neusohl erfahren, daß ein Agent in die Türkei geschickt werden solle, er selbst habe aber gegen die Türken gedient. Die Verbindung zu Frankreich habe die Gräfin Zrinyi schon 1665 in Venedig angeknüpft. Bei Hof weiß man, daß er schon Fürst Portia die Verbindung Zrinyis mit Frankreich angedeutet habe. Er habe aber nicht verhindern können, daß Wesselényi, Lippay und Zrinyi Niklas 1664 gegen den Frieden von Eisenburg protestierten. Das Bündnis mit Wesselényi könne man ihm aber nicht zum Vorwurfe machen, denn der Abschluß solcher Verträge sei in Ungarn Brauch. Er habe dem Hofe manches angedeutet, hätte aber nicht alles berichten können, weil er sonst seines Lebens nicht mehr sicher gewesen wäre. Er habe in Laxenburg und Wien vorgetragen, daß 13 Gespanschaften in Oberungarn mit den Türken verhandeln, und habe sich, wie Pater Müller, der Beichtvater des Kaisers, bestätigen werde, durch diesen zu weiteren Aufgaben bereit erklärt.

Am 27. November 1669 befaßten sich die geheimen Räte unter Beiziehung des Hofkanzlers Dr. von Hocher mit dem Schreiben Nádasdys. Hocher meinte, daß Nádasdy das Verbrechen des Hochverrates begangen habe. Schon die wiederholte Verwendung des Ausdruckes „Liga" spräche für dieses Verbrechen, und widerlegte in der Folge Punkt für Punkt die Einwendungen Nádasdys. Von der Entsendung eines Agenten in die Türkei müsse er gewußt haben, denn Laszlo Balo sei nicht nur 1666, sondern am 14. Juni 1667 abermals nach Konstantinopel abgegangen. Nádasdys eigene Schriften, die er vorgelegt habe, würden ihn belasten.

Es dürfte aber dennoch das beste sein, daß Seine Majestät Nádasdy, wenn er seine Treue unter Beweis stelle, pardoniere. Ungarn solle ja in einen guten Zustand versetzt werden und man solle dabei weder zu viel noch zu wenig tun. Oberungarn brauche vor allem einen verläßlichen General, damit der Friede und die Ruhe noch vor dem Landtage hergestellt werden können. Hocher meinte auch, daß es zweckmäßig wäre, die ungarische Kanzlei wieder einzurichten, damit sich die Gemüter der Magnaten beruhigen ließen. Thomas Palffy, der Kanzler des ungarischen Hofes, sei ein ehrenwerter und verläßlicher Mann.

Sowohl die Rechtfertigung Nádasdys wie auch das Urteil seiner Geheimen Räte über dieses Schreiben berührten den Kaiser eigenartig, denn er hatte erst vor kurzem die Untreue Fürst Auerspergs, seines ersten Ministers, zur Kenntnis nehmen müssen. Dennoch schrieb Kaiser Leopold am 1. Dezember 1669 an den neuernannten ersten Minister, den Fürsten Lobkowitz: „Nádasdy hat mir in seiner Denkschrift seine Unterwerfung und Treue gelobt. Ich will mich darauf verlassen. Zeigen Sie ihm an, daß ich seine Dienste gerne annehme." Nádasdy war diesmal durch die ehrliche Freundschaft seiner deutschen Freunde gerettet worden und dem Verderben entronnen, obwohl er die Deutschen haßte.

Verrat an Tattenbach

Weihnachten 1669. Peter Zrinyi, der Banus Kroatiens, war Gast auf dem südsteirischen Kranichsfelder Schloß Tattenbachs. Zrinyi hatte seinen Stallmeister Rudolf von Lahn, einen deutschen Edelmann aus Köln, mitgebracht, der künftig die Verbindung zwischen ihm und Tattenbach aufrechterhalten sollte.

Graf Tattenbach hatte den Görzer Landeshauptmann Karl Graf von Thurn ins Einverständnis gezogen und wollte dem Ban die Urkunde zeigen, in welcher sich beide, Tattenbach und Thurn, zu einem wechselseitigen Eidbündnis gegen den Landesherrn gefunden und einander Beistand geschworen hatten. Graf Tattenbach suchte im Schreibtisch und Kasten seiner Privatkanzlei nach der Urkunde, konnte aber weder die über das Eidbündnis mit Thurn noch jene, die als Bundesbrief mit Graf Zrinyi abgefaßt war, finden. Zrinyi war wegen des Fehlens der Aktenstücke besorgt.

Graf Tattenbach ahnte zu dieser Zeit noch nicht, daß sein eigener Kammerdiener, Balthasar Riebel, die von ihm in unbegreiflicher Sorglosigkeit in seiner Reithose stecken gelassenen Schriftstücke aus niederer Gewinnsucht dem Landprofosen von Steiermark, Graf Breuner, ausgeliefert hatte.

Graf Breuner leitete das Zrinyi, Tattenbach und Thurn kompromittierende Aktenmaterial sofort an den Hofkriegsratspräsidenten weiter und bestellte Balthasar Riebel im Auftrag des Fürsten Lobkowitz zum Aufpasser. Der verräterische Kammerdiener Tattenbachs hatte für die Auslieferung der Urkunden 100 Dukaten Handgeld bekommen und versprach, fortan über alle Zusammenkünfte Tattenbachs mit Zrinyi und Thurn zu berichten.

Ständig umsorgt von Tattenbachs sehr devotem Kammerdiener Riebel kamen die beiden Grafen überein, daß Zrinyi seinen Stallmeister zu Tattenbach schicken werde, wenn er selber mit der Aufstellung seiner Truppen und der Mobilmachung seiner Morlaken und Uskoken begänne. Zu diesem Zeitpunkt hätte auch Tattenbach mit der Bewaffnung seiner Grundholden zu beginnen, damit, sobald Zrinyis Truppen in die Steiermark einrücken würden, Tattenbachs Kriegsvolk die Verbände des Bans verstärken könnte. Über Radkersburg wollten sie als erstes Pettau überfallen und mit den dort lagernden Waffen die Morlaken ausrüsten und dann gemeinsam nach Graz marschieren und den Statthalter gefangennehmen, den Burgberg überrumpeln und die kaiserlichen Truppen in Fürstenfeld ausschalten. Das müsse alles schnell geschehen, und hernach wollten sie sofort den Paß am Semmering besetzen und gegen Wiener Neustadt vorrücken. Graf Thurn sollte inzwischen in Kärnten einfallen und die dort liegenden kaiserlichen Regimenter entweder entwaffnen oder doch in Kämpfe verwickeln, so daß diese für einen Einsatz gegen Zrinyis Südarmee nicht in Frage kämen. Thurn hatte gute Kontakte zu den Dragoneroffizieren, die wegen des unregelmäßigen Soldes beim ihm tief in der Kreide standen. Thurn nahm an, daß sie ihm, wenn er ihnen die Schulden erlassen würde, wenig Widerstand leisten würden.

Balthasar Riebel, der an der Tür gehorcht hatte, begleitete am nächsten Tag, nachdem Zrinyi abgereist war, seinen Herrn nach Graz ...

Esterházy bei Nádasdy

Schloß Pottendorf. Paul Esterházy kehrte trotz der langwierigen Prozesse mit Nádasdy doch auf seinem Weg von Laxenburg nach Eisenstadt in Pottendorf ein, denn er hatte bei der Überführung Anna-Julias in die Familiengruft der Nádasdy nach Lockenhaus nicht dabei sein können, weil er als Befehlshaber der Truppen im unteren Ungarn in Semptae unabkömmlich gewesen war. Da es jetzt im Lande ruhiger war, war er nach Laxenburg berufen worden, um über die Lage zu berichten. Esterházy war diesem Auftrag gerne nachgekommen, denn dies verschaffte ihm die Möglichkeit, wieder nach Eisenstadt zu kommen, um zu sehen, wie der Umbau der Burg in das von Carlo Martino Carlone geplante Schloß vonstatten ging.

Paul I., der längst zum Obersthofmeister und Generalmajor avanciert war, wurde von den Töchtern Nádasdys herzlich begrüßt. Auch Christine, die mit Graf Nikolaus Draskovich vermählt worden war, befand sich in Pottendorf, um sich mit ihrem Vater zu beraten, ob sie das ihr von den Golsern angebotene Geschenk, einen acht Pfund*) großen Weingarten, annehmen solle oder nicht. Auch Franz, der Sohn Nádasdys, war zu Hause, denn Michael, Esterházys Sohn, war wegen des Umbaues der Burg einige Zeit Gast der Nádasdys gewesen. Nádasdy empfing seinen Schwager mit Mißtrauen. Die jüngeren Töchter Nádasdys aber baten Esterházy, ihnen von ihrer Mutter zu erzählen. Graf Paul kam diesem Wunsche gerne nach:

„Eure Mutter ist, wie ihr wißt, am 28. Feber 1630 in Eisenstadt geboren. Sie war das vierte Kind des Palatins Nikolaus Esterházy und meiner Mutter Christine, einer geborenen Nyáry. Ich hatte Anna-Julia sehr lieb, weil sie lange dunkle Haare und schöne blaue Augen hatte. Das kommt selten vor." Und als er sie fragte, ob sie gerne an ihre Mutter denken würde, rannen Mänzä Tränen über die Wangen. Dann fuhr Graf Paul fort: „Unsere Jugendjahre verbrachten wir, wie alle unsere Geschwister, in Eisenstadt, Großhöflein und auf der mächtigen Burg in Forchtenstein. Am 6. Feber 1644 fand dann in Eisenstadt die Vermählung eurer Eltern statt. Das war ein großer Tag! Illéshazy György war der Brautführer eurer Mutter, und der Erzbischof von Gran, Graf Lippay, segnete den Bund eurer Eltern feierlich. Er vertrat gleichzeitig den obersten weltlichen Herrn der Christenheit, den Kaiser. Aber auch der König von Polen hatte einen Vertreter entsandt, Graf Kazanovscky. Dieser wollte eigentlich für Prinz Kasimir von Polen um die Hand eurer Mutter bitten, und wäre sie nicht schon eurem Vater versprochen gewesen, so wäre sie wahrscheinlich Königin von Polen geworden! Es war eine großartige Hochzeit. Viele Magnaten waren gekommen und erwiesen euren Eltern damit ihre Achtung, und jene, die nicht kommen konnten, sandten Abgeordnete und Geschenke."

„Wo wurde die Hochzeit gefeiert?" fragte Mänzä neugierig.

„Ja, meine liebe Maria-Magdalena", sagte Graf Paul betont, „nach der Vermählung führte euer Vater seine junge Frau auf sein Schloß nach Deutschkreutz. Dorthin folgte ihnen die ganze Hochzeitsgesellschaft, denn euer Großvater hatte dort ein Fest arrangiert, das diesem Ereignis alle Ehre machte."

Christine wollte es noch genauer wissen. Hierauf erwiderte ihr Vater, der Esterházy zu Hilfe kam: „Die großen Bälle und Musikabende in

---

*) 1 Pfund Weingarten = 288 m²
1 Katastraljoch = 58,80 a = 5580 m², 1600 Quadr.-Klafter (zu 3,6 m²) oder 20 Pfund
1 Ungar. Joch = 43,20 a = 4320 m², 1200 Quadr.-Klafter (zu 3,6 m²) oder 16 Pfund
Erläuterung: Das Gewicht von 240 Pfennigen war 1 Pfund Pfennige. Für die Bearbeitung von 240 Weinstöcken wurden in Rust (pro Jahr) 240 Pfennige bezahlt. Pro Weinstock 1 Pfennig. So wurde von der Fläche, auf der 240 Weinstöcke standen, auf 1 Pfund Weingarten geschlossen; das waren 288 m².
Das Pfund als Flächenmaß ist in Rust am See seit 1620 im Gebrauch. Dieses Flächenmaß wird auch heute noch verwendet.

Deutschkreutz wurden im extra hiefür erbauten Saalgebäude veranstaltet. Im Sommer aber fanden solche Feste auch im schönen Arkadenhof des Schlosses statt."

„Auch die Kaiserin Eleonore", setzte Esterházy fort, „hatte eure Mutter sehr lieb. Sie schenkte ihr ein schönes goldenes Brustkreuz, das eure Mutter sehr in Ehren gehalten hat."

„War unsere Mutter auch öfters in Wien?"

„Das kann man wohl sagen!" lachte Nádasdy. „Was wäre das schöne Stadthaus der Gräfin Clesl an der Hofbastei ohne eure Mutter gewesen? Bei der Clesl trafen sich viele Damen, denn die Kaffeekränzchen dieser charmanten Frau waren berühmt."

„Berühmt?" fragte die schon größere Katharina.

„Die venezianischen Händler haben den Kaffee damals erstmals in Paris als Besonderheit angeboten. Doch die Clesl hatte ihn schon. Sie war die erste, die ihn in Wien verwendete. Und das war eben das Besondere."

Nádasdy schickte die Kinder in den Park und fragte seinen Schwager, was es bei Hof Neues gebe.

„Bei Hof?" erwiderte Esterházy nachdenklich. „Einiges. Seit Zrinyi dich und Rákóczy angezeigt hat, traut man den Ungarn noch weniger."

„Man hat uns verziehen, Paul", entgegnete Nádasdy überrascht. „Wer mißtraut uns wieder?"

„Wer?" Esterházy sah seinen Schwager merkwürdig an. „Der ganze Hof. Der Dolmetscher Mohammeds IV. ist verdächtigt worden, mit dem kaiserlichen Gesandten ‚in klingendem Einverständnis' zu stehen. Könntest du dir vorstellen, Franz, wer Panajotti verraten haben könnte? Eines ist jedenfalls erstaunlich, nämlich, daß Dinge, die nur im engsten Kreis um den Kaiser besprochen werden, ehe man es denkt, sogar in Konstantinopel bekannt sind. Es erweckt den Anschein, als ob Leopold von Verrätern umgeben wäre. Der Kanzler, du kennst den Doktor, forscht emsig nach der undichten Stelle. Ebenso Lobkowitz. Gnade Gott jenen, die das Reich verraten, wenn sie entdeckt werden."

„Hat man einen Verdacht?" erkundigte sich Nádasdy in einem Ton, als ob ihn das Ganze nichts anginge. „Vorläufig liegt nichts Konkretes vor."

Dann kam Nádasdy auf das zu sprechen, was ihn besonders interessierte. „Was denkt man in Wien über die Einberufung des Reichstages zur Palatinswahl?"

„Niemand ist derzeit daran interessiert, der nationalen Partei wieder ein offizielles Oberhaupt zu geben", erwiderte Graf Paul.

„Glaubst du, daß man mir mißtraut und daß man Zrinyi geglaubt hat, als er mich des Hochverrates bezichtigte?" drang er weiter in Esterházy. „Der Kaiser hat mir verziehen und ich habe den Reichstag bisher nicht aus eigener Macht einberufen. Kann ich mehr?"

„Gewiß", folgerte Esterházy. „Du mußt deine Vasallentreue unter Beweis stellen, wenn du willst, daß man dir wirklich wieder vertraut. Du bist der mit vielen Rechten ausgestattete Landrichter und Geheime Rat und hast dazu Gelegenheit, sooft du in Wien weilst."

Inzwischen war der Wagen Esterházys vorgefahren und die Kinder Nádasdys verabschiedeten sich herzlich von Michael und vom Oheim. Als sich aber Nádasdy und Esterházy die Hand reichten, hatten beide nicht das beste Gefühl. Wer hatte wen ausgehorcht?

Nádasdy wieder Verschwörer

Es war Graf Nádasdy nicht zu verübeln, daß er am großen Freischießen der Stadt Wiener Neustadt nicht teilnahm, zu dem ihn Dr. Adam Werner, der berühmte Landschaftsmedicus der niederösterreichischen Lande, eingeladen hatte. Er entschuldigte sich bei seinem alten Freund, der seiner Gattin in ihrer Sterbestunde ebenfalls beigestanden hatte, und beauftragte Georg Wibmer, den Verwalter seiner Herrschaften von Hornstein und Seibersdorf, mit den Jägern Lorenz, Andrä und Matthias Krickh, Michel Staudygl, Georg Goldschmidt und dem Schnepfenjäger Thomas Häppel nach Wiener Neustadt zu fahren, um dort sein Haus zu vertreten. Wie er von Dr. Werner wußte, hatten außer ihm die Grafen Esterházy, Draskovich, Kéry und Lippay zugesagt, an diesem Schießen teilzunehmen. Auch die Verwalter Achaz Olischer von Forchtenstein und Jakob Kollopacher von Bernstein, die Freunde Wibmers, würden kommen. Ebenso hatte der Schützenverein von Rust als Schützen die Herren Frankendorffer, Husty, Kleinradt, Natl, Pauer, Pirnstingl und Türk namhaft gemacht. Zu all diesen Schützen und Jägern kamen die zahlreichen Schützen der Schützenvereine von den Grafschaften um Wiener Neustadt und die Schützen der Stadt, denn das Schützenwesen stand in höchster Blüte.

Aber Graf Nádasdy, der schon beim Hofjuwelier Georg Fleischhacker in Wien vergoldete Schalen und beim Hoftandler Caspar Hermannßeckher Silberschalen als Preise für das Freischießen hatte ankaufen lassen und wirklich vorgehabt hatte, der Einladung Dr. Werners zu folgen, schlug sich mit anderen Gedanken herum.

Zrinyi hatte ihn aufgefordert, sich nicht von Esterházy beirren zu lassen und sich wieder enger an die Magnaten anzuschließen, weil er, Nádasdy, nur unter dem Druck der ganzen nationalen Partei Palatin werden könne. Das letztere gab den Ausschlag.

Graf Nádasdy, der auch von seinem Schwager erfahren hatte, daß der Wiener Hof gar nicht daran denke, der nationalen Partei Ungarns mit einem Palatin wieder ein offizielles Oberhaupt zu geben, entschloß sich, mit dem Geheimbund wieder in engeren Kontakt zu treten und, trotz der eindeutigen Warnungen Esterházys, weiter an der Verschwörung gegen Leopold teilzunehmen. Von seiner Stellung als Palatin versprach sich Nádasdy noch mehr Einfluß, noch mehr Ansehen und noch mehr Reichtum.

Während sein Verwalter Georg Wibmer mit seinen Jägern nach Wiener Neustadt fuhr, verfaßte Graf Nádasdy den von Zrinyi geforderten Bundesbrief, mit dem er seine weitere Teilnahme an der Verschwörung dem Ban als Oberhaupt derselben bestätigte. Damit hatte Graf Nádasdy einen folgenschweren Schritt getan und wußte, daß weder er noch die anderen Magnaten ein zweites Mal Verzeihung erlangen würden. Er, der Krösus unter den Magnaten, hatte sein eigenes Schicksal in die Hände Zrinyis gelegt.

Erste Gegenmaßnahmen des Wiener Hofes

Montecuccoli hatte Lobkowitz davor gewarnt, den Anzeigen Zrinyis und Nádasdys zu vertrauen. „Wer weiß, ob sie alles gesagt haben", warnte er. „Ein Ungar ist ein Ungar, und unstet wie sein Wesen ist seine Treue."

„Nádasdy hat seinen Fehler gutgemacht, Marschall", entkräftete Lobkowitz das Mißtrauen seines Freundes. „Er will außerdem Palatin werden und wird nichts tun, was ihm schaden könnte."

„Meint Ihr?" ironisierte der Marschall den Hofkriegsratspräsidenten. „Arrangiert Euch mit Apafy, damit Ihr den Magnaten wenigstens die Rückendeckung nehmt, Fürst."

„Das kann nicht schaden", gab Lobkowitz zu. „Ich werde dem Kaiser Eure Bedenken vortragen."

Der Fürst Siebenbürgens stimmte einer gemeinsamen Beratung zu, und auf seinen Wunsch wurde die Versammlung der Stände für 14. April 1669 nach Eperjes*) einberufen.

Bei dieser Konferenz, zu der alle Stände des Königreiches Ungarn geladen wurden, sollte der für Ungarn eingesetzte Kommissär des Königs, Graf Rothal, versuchen, die Aufrührer zu beruhigen und von Gewalttaten abzuhalten. Bischof Szegedi, der ungarische Kanzler Leopolds, Graf Zrinyi, dem man verziehen hatte, und Pethö, der Kommandant von Onod, sollten Rothal unterstützen.

Konferenz in Eperjes gescheitert

Eperjes, April/Mai. Außer den zahlreichen Magnaten waren auch die Abgeordneten der 13 oberungarischen Gespanschaften und der sieben

---

*) Heute Přesov, Ort in der Slowakei, nördlich von Kaschau

Städte, die in ihrem Gebiet lagen, erschienen. Apafy ließ sich durch Michael Teleki, Nemes und Koppi vertreten.

Teleki forderte von Wien Genugtuung für die dem Fürsten von Siebenbürgen durch Privatfehden verursachten Schäden, das Verbot, daß Franz Rákóczy sich „erwählter Fürst Siebenbürgens" nenne, und verlangte, daß König Leopold Franz Rákóczy anweise, jene zu entschädigen, die wegen der Treue zu seinem Vater in Not geraten waren, und als sehr bedeutsame Forderung, daß die Religionsfreiheit aller Protestanten im vollen Umfange der bestehenden Gesetze hergestellt werde.

Dazu kam, daß die Abgeordneten der oberen Gespanschaften und Städte erneut ihren Protest gegen den Frieden von Eisenburg deponierten und den sofortigen Abzug der deutschen Truppenkontingente aus Ungarn und die sofortige Aufstellung einer ungarischen Armee zum Schutze des Vaterlandes forderten. Auch sie verlangten die volle Glaubensfreiheit für die protestantischen Konfessionen und die Einberufung des ungarischen Reichstages zur Abstellung der zahllosen Beschwerden.

So kam es denn, daß Zrinyi, der neben Graf Rothal saß, zufrieden zusehen konnte, wie seine Verbündeten für ihn Politik machten.

Es erforderte Graf Rothals ganzes Geschick, zu verhindern, daß die Konferenz nicht gleich zu Beginn wieder abgebrochen werden mußte. Aber die Vollmachten des königlichen Kommissärs waren begrenzt. Er mußte den Vertretern Siebenbürgens und den Abgeordneten der protestantischen Gespanschaften eröffnen, daß die Kommission hinsichtlich der Religionsangelegenheiten keine Berechtigung habe, Zusagen zu machen, weil diese Sache nicht vor dieses Forum gehöre.

Über die anderen Themen der Konferenz wurden eingehende Beratungen gepflogen.

So vergingen fast sechs Wochen. Die Magnaten und die Abgeordneten der oberen Gespanschaften stellten ganze Pakete von Rechnungen aus, mit denen sie die durch Übergriffe der kaiserlichen Soldaten entstandenen Schäden ersetzt haben wollten, und Graf Zrinyi verhandelte mit seinem Schwiegersohn wegen der an Rákóczy adressierten Forderungen der siebenbürgischen Gesandten.

Am 29. Mai erreichte Graf Rothal ein Schreiben des Hofkriegsratspräsidenten, in welchem Lobkowitz dem Kommissär mitteilte, daß nun endgültig feststehe, daß sich die Pforte an den Frieden von Eisenburg gebunden fühle und daß daher nicht mehr befürchtet werden müsse, daß türkische Verbände in einen ausbrechenden Aufruhr in Ungarn eingreifen würden.

Casanova und Panajotti hatten wieder rasche und erfolgreiche Arbeit geleistet. Der kaiserliche Nachrichtendienst in Konstantinopel funktionierte. Graf Rothal wurde mit dieser guten Nachricht in die Lage versetzt, bestimmter auftreten zu können.

Das anmaßende Auftreten der Magnaten und die andauernden Provokationen der Kalviner, deren Wortführer Vitnyédy war, führten zu einer Verhärtung der Standpunkte. Dazu kam, daß Rákóczy nicht daran dachte, den Forderungen Apafys gerecht zu werden. Hierauf verlangten die Gesandten des Fürsten, daß der Landesherr, König Leopold, selbst dem Fürsten Genugtuung biete.

Als Rothal nach den wochenlangen Verhandlungen sah, daß die Stände zu keinen Kompromissen bereit waren, verlas er ein Dekret, das er für diesen Fall mitbekommen hatte und in dem sich Leopold als König von Ungarn an seine Stände wandte: „Wir erachten es als unser Recht und unsere Pflicht, das Land und seine Untertanen gegen Unruhestifter zu schützen. Wir werden nicht dulden, daß Ungarn, das sich als Vormauer der Christenheit versteht, durch Unzufriedene ins Verderben gestürzt wird. Da aber die Gerechtigkeit erfordert, daß der König zwischen Gutgesinnten und Bösen unterscheidet, haben wir, um festzustellen, wer auf wessen Seite steht, beschlossen, Truppen bereitzustellen, um das Land erforderlichenfalls zu befrieden. Die Armeeführer sollen angewiesen werden, keinem der treuen Untertanen auch nur ein Haar zu krümmen, doch mögen es auch die guten Patrioten als ihre Pflicht betrachten, die kaiserlichen Truppen, die nun einmal zur Verteidigung des Landes notwendig sind, mit allem Nötigen zu versorgen."

Hierauf brach ein unbeschreiblicher Wirbel aus. „Ultimatum!" „Beleidigung der Nation!" — „Okkupation!" schrien die Abgeordneten.

„Die protestantischen Geistlichen in Ungarn", donnerte Rothal, „bitten von den Kanzeln den Herrgott, daß die Türken die Venezianer bald besiegen mögen, damit der Großvezier kommen und sie von den papistischen Ketten befreien könne!"

„Sie sagen nur, was wir alle denken!" schrie Graf Ispány erbost. „Wir wollen in Deutschland auch nicht den Deutschen vorgereiht werden, deshalb werden wir es zu verhindern wissen, daß in Ungarn Fremde den Ungarn vorgezogen werden!"

„Ich habe Vollmacht, im Namen des Königs, allen Straffreiheit zu gewähren, die sich an den Zusammenrottungen bisher beteiligt haben!" versuchte Rothal noch einmal die Stände zu beschwichtigen. „Ich beschwöre Euch, haltet Frieden! — Ein Aufstand würde das Kriegsrecht über ganz Ungarn heraufbeschwören!"

„Wir denken nicht an Unterwerfung!" — „Ungarn ist ein selbständiges Königreich!" — „Wir sind gegen die Deutschen!" — „Wir wollen keinen deutschen König!" — „Wir wollen einen Ungarn!" Das war die Antwort der Stände. Sie war unmißverständlich.

Bischof Szegedi sah alles verloren und rief den Abgeordneten zu: „Denkt doch daran, daß die Ungläubigen an den Landesgrenzen stehen!"

„Lieber Allah als die Christenmesse und Wer da!" schrien sie ihn nieder.

„Rebellen!" brauste Graf Rothal auf. „Wenn der König unter zehn

Magnaten einen einzigen Getreuen fände, würde er sich glücklich schätzen!"

„Wir haben hier nichts mehr verloren!" — „Zu den Waffen!" — „Ungarn steh auf!" — „Jagt die Deutschen aus dem Lande!"

Mit diesen Rufen löste sich die Versammlung auf. Bleich blieben Graf Rothal und Bischof Szegedi zurück.

Zrinyis Antrag an die Pforte

Mit Tränen in den Augen baten die Magnaten den Gesandten Siebenbürgens, Apafy zu bewegen, noch einmal für sie bei der Pforte zu intervenieren, denn er habe selbst gehört, daß den Ständen nur die Wahl zwischen völliger Unterwerfung und der allgemeinen Insurrektion bleibe.

Zrinyi und Rákóczy sahen dem von ihnen heraufbeschworenen Sturm mit heimlichem Bangen entgegen, denn ihre politischen Bündnisse mit Frankreich und der Pforte waren über ein Anbahnen noch nicht hinausgekommen.

Schon am 25. April, kaum eine Woche nach Beginn der Konferenz, hatte Zrinyi von Eperjes einen Eilboten mit der Bitte nach Paris gesandt, daß König Ludwig die versprochene Hilfe rasch gewähren möge, denn sie selbst und ganz Ungarn seien in höchster Gefahr.

Am 7. Juli kam der Eilbote Zrinyis endlich aus Paris zurück. Er überbrachte Zrinyi ein Schreiben König Ludwigs XIV., in dem dieser den Verschwörern empfahl, „sie mögen ihrem König gehorsam sein und von ihrer eigenen Unterwürfigkeit und der Gerechtigkeitsliebe des Kaisers das Ende ihrer Leiden erwarten, anstatt den Himmel gegen sich durch Empörung herauszufordern, die letztlich nur dem gemeinsamen Feind der Christenheit einen Vorteil brächte".

Das war eine arge Enttäuschung gewesen. Nun wußte Zrinyi, warum die weiteren Gelder ausgeblieben waren. Auf die Hilfe Frankreichs brauchte er nicht mehr zu hoffen. Er war nur der Bauer, den der König in seinem großen Schachspiel geopfert hatte, um mehr zu erreichen.

Da Apafy seinen Gesandten David Rosnyay erst im November an die Pforte gesandt hatte, schickte Zrinyi, ungeduldig geworden, seinen Sekretär Bukovatzky im Dezember ebenfalls zum Sultan. Mohammed sandte Bukovatzky zum Großvezier weiter, der immer noch auf der Insel Kreta lag. Im Lager Köprilis traf der siebenbürgische Gesandte mit dem ungarischen zusammen.

Der Großvezier studierte Zrinyis zweiten Vorschlag, der erheblich vom ersten abwich. Er lautete: „Ungarn will die Tyrannei der Habsburger und Jesuiten abschütteln. Ich bin bereit, Ungarn unter die Oberhoheit der Pforte zu stellen und dem Sultan 60.000 Taler Tribut zu zahlen, wenn mir ein Hilfsheer von 30.000 Mann unterstellt wird. Die Festungen, die gemeinsam erobert werden, werden mir übergeben. Kroatien und die westlichen Landesteile Ungarns werden ein eigenes Königreich. Die Krone dieses Landes beanspruche ich für mich. Die östlichen Landesteile Ungarns, die derzeit von den Truppen der Pforte besetzt sind, werden mit Siebenbürgen vereinigt. Dieses Gebiet bildet ein separates Königreich. Die Krone für dieses Land beanspruche ich für Rákóczy Ferencz, den erwählten Fürsten Siebenbürgens, meinen Schwiegersohn."

Köprili las diese Forderungen mit Staunen, denn sie zielten darauf ab, Apafy aus Siebenbürgen zu verjagen. Dabei hatte eben erst der Gesandte Apafys um Hilfe für die Magnaten gebeten. Köprili ließ David Rosnyay kommen und informierte ihn von den Absichten Zrinyis. „Bestelle das deinem Fürsten, damit er sich danach richten kann!"

Bukovatzky aber wurde vom Großvezier mit der Antwort entlassen, daß die Magnaten Kroatien bisher nicht von kaiserlichen Truppen gesäubert hätten und daß sein Herr, der Sultan, nicht beabsichtige, von sich aus den Friedensvertrag von Eisenburg aufzukündigen. Er, der Großvezier, erlaube aber, daß Bukovatzky im Gebiet des Paschas von Bosnien in Grenznähe für Zrinyi eine Kriegsschar aufstelle, und er werde den Pascha anweisen, daß dieser einem der Aga den Befehl erteile, beim Einfall Bukovatzkys in Kroatien gleichzeitig mit diesem zu streifen, um Zrinyi zu unterstützen. Bukovatzky kehrte also doch nicht mit ganz leeren Händen aus der Türkei zurück.

Apafy aber, von seinem Gesandten Rosnyay hievon unterrichtet, daß Zrinyi für seinen Schwiegersohn die Krone von Siebenbürgen fordere, nahm sich vor, es den Magnaten zu gegebener Zeit heimzuzahlen.

Zrinyis Fehleinschätzung der Lage

Kriegsvorbereitungen

Zrinyi jubelte in Csakathurn. Er durfte auf türkischem Boden Truppen sammeln und ein Aga würde streifen. „Das bedeutet militärischen Beistand!" Da erreichte ihn auch noch ein Brief des Paschas von Bosnien, in dem er mit folgenden Titeln angesprochen wurde: „An den Fürsten von Illyrien, Ungarn, Dazien und der Moldau, Oberster Anführer des osmanischen Heeres!"

Zrinyi traute seinen Augen nicht. „Die Pforte hat mich als Fürsten von Illyrien, Ungarn, Dazien und der Moldau anerkannt! Der Pascha spricht mich als Oberbefehlshaber des osmanischen Heeres an!"

Aus der Vereinbarung Bukovatzkys und der Anhäufung von Titeln glaubte Zrinyi schließen zu dürfen, daß er als „Oberster Anführer des osmanischen Heeres" jederzeit ein starkes türkisches Hilfsheer in Marsch setzen könne und bevollmächtigte Frangepan zu Verhandlungen mit den

Ständen Kroatiens. Er schrieb hierauf an seinen reichen Schwiegersohn Rákóczy um Geld und forderte ihn auf, mit der Aufstellung der Truppen zu beginnen. Er könne über ein türkisches Hilfsheer verfügen und sei dabei, den Edelmann Bukovatzky zu beauftragen, mit der Aufstellung der Südarmee auf türkischem Boden zu beginnen.

Zrinyi sandte Boten an die Morlaken und Uskoken und befahl das Sammeln auf den vorgesehenen Plätzen. Graf Frangepan forderte er ebenfalls auf, seine Truppen zu mobilisieren. Sein Stallmeister, Rudolf von Lahn, ritt zu Graf Tattenbach und informierte ihn von der Lage. Der allgemeine Aufstand sei nur mehr eine Frage von Tagen.

Als ihm Frangepan nach wenigen Tagen mitteilte, daß sich eine Anzahl von Edelleuten zwischen Mur und Drau bereiterklärt habe, sich Zrinyi zu unterstellen und ihm gegen angemessenen Sold Heerfolge zu leisten, kam der Ban mit seinem Schwager überein, mit diesen Edelleuten gemeinsam mit Bukovatzky und den Türken die schlecht ausgestatteten kroatischen Grenzplätze zu überfallen und in ihre Hand zu bringen. Gleichzeitig werde mit Überfällen auf die kaiserlichen Proviantschiffe auf der Drau und Save begonnen. Nach der Einnahme der Grenzplätze wollten sie gemeinsam mit der türkischen Besatzung von Kanizsa in die Steiermark einfallen. Dort würde sich ihnen vereinbarungsgemäß Graf Tattenbachs Bauernvolk anschließen.

Die Stunde des allgemeinen Aufstandes stand bevor, und der Banus ernannte seinen Schwager Graf Frangepan zum militärischen Führer und „Direktor" der Erhebung. Zrinyi stattete den Markgrafen der Küstenlande mit unbeschränkten Vollmachten aus, forderte den Kommandanten der Festung Kopreinitz offen zum Abfall von König Leopold auf und verlangte von diesem die Übergabe der Festung.

Graf Franz Frangepan, der neuernannte „Direktor" des Aufstandes, übertrug seinerseits seinem Vetter Orfeo Frangepan das Kommando an der Küste und begann mit den Kriegsvorbereitungen.

Konvent in Szendrö

Rákóczy Ferencz hatte die Gesandten der 13 oberungarischen Gespanschaften und der sieben Städte für den 24. Jänner 1670 nach Szendrö*) zu einer Versammlung einberufen. Der königliche Fiskal, der davon erfuhr, protestierte gegen die Abhaltung der Versammlung und meldete die diesbezüglichen Vorgänge nach Wien.

Obwohl sofort verboten wurde, daß Abgesandte an der Versammlung in Szendrö teilnehmen, fand diese statt. Die Stände verfaßten ein Schreiben an König Leopold und teilten dem Landesherrn mit, daß die Versammlung wegen der Gefahren, die dem Lande drohen, ohne seine Zustimmung stattfinden mußte, und baten den König, Ungarn kräftiger

*) St. Andrä in Oberungarn, heute Slowakei

als bisher gegen die Einfälle der Türken und die Ausschreitungen seiner eigenen Soldaten zu schützen. Es mögen endlich die deutschen Truppen aus dem Lande abgezogen und ungarische Truppen angeworben werden. Die Ungarn werden ihr Land bestimmt nicht schlechter verteidigen als die Deutschen.

Gleichzeitig beauftragten die Stände Stephan Bocskay, den Obergespan von Zemplin, Ladislaus Gyulaffy und Ispány Ferencz, ein Heer aufzustellen. Vorläufig sollten es einige tausend Mann zu Fuß sein und ebenso viele Berittene.

Da es überall an Geld mangelte, wurde vorgeschlagen, die königlichen Geldtransporte aus den Bergstädten, die von dort nach Wien zur Finanzkammer transportiert werden, aufzuheben. Stephan Szobonia erklärte sich bereit, mit einer Schar Berittener den Anschlag auszuführen. Er verließ hierauf die Versammlung und begann eine Truppe zusammenzustellen.

Graf Rothal wurde vom Hofe angewiesen, Ermittlungen über die Versammlung in Szendrö anzustellen und nach Wien zu berichten. Er untersagte im Namen des Königs weitere derartige Versammlungen, erließ ein Verbot zur Anwerbung von Truppen und schärfte den Ständen ein, daß die Verteidigung des Landes ausschließlich Sache des Königs sei.

Was Rothal erfahren konnte, meldete er nach Wien. Der Adel sei nach wie vor unzufrieden und beharrt auf seinen Privilegien, auf die Goldene Bulle aus 1222 und das „ius resistendi". Er befürchte Schlimmes.

Geldraub mißlungen

Eine verwegen aussehende Reiterpartei kampierte in einem Waldstück an der Straße, die von den Bergstädten nach Westen führte. Stephan Szobonia lauerte mit seinen Leuten auf den Geldtransport, der aus den Prägestätten für die kaiserliche Finanzkammer in Wien in Marsch gesetzt worden war, um diesen zu überfallen und aufzubringen. Szobonia hatte als Zigeuner verkleidete Kundschafter ausgeschickt, die ihm das Herannahen des Geldtransportes melden sollten. Mit den aufgebrachten Geldern sollten Zrinyis Husaren bezahlt werden. Stunden vergingen. Es zogen nur harmlose Kaufleute des Weges. Die Spannung wuchs zusehends beim Ansichtigwerden von mehreren Fuhrwerken. Baumstämme waren als Straßensperren vorbereitet worden. Die Kaufleute waren sehr erschrocken und dann verwundert, als sie angehalten und nach einer gründlichen Nachschau auf ihren Planenwagen unbehelligt weiterziehen durften. Als die vorgesehene Zeit schon weit überschritten war, drängten sich seltsame Gedanken in Szobonias Hirn. Irgend etwas stimmte nicht. Stand er auf einem falschen Platz? Das konnte nicht sein, denn Nádasdy kannte die Zeit und die Transportroute und hatte ihn angewiesen, in dieser Gegend den Überfall auszuführen. Er entschloß sich, zwei Kundschafter in ein neben den Prägestätten liegendes Gasthaus zu entsenden und die Leute auszuhorchen. Aber ehe diese zurückkamen, vergingen wieder lange Stunden der Untätigkeit. Als seine Kundschafter dann endlich doch zurückkamen, meldeten sie dem enttäuschten Anführer, daß die Ingenieure in den Prägestätten von irgend jemandem gewarnt worden seien und sich entschlossen hätten, den Geldtransport diesmal auf einem anderen Weg nach Wien zu führen. Auf welchem, sei nicht zu erfahren gewesen, und sie hätten sich dann schleunigst auf den Weg machen müssen, denn wegen ihres Herumfragens habe der Wirt heimlich nach einer Wache geschickt. Ein herabgekommener Kerl habe sie jedoch für eine Halbe Wein rechtzeitig gewarnt. Szobonia Istvan entschloß sich nach einigem Überlegen, die Wegelagerei aufzugeben, denn es konnte ja sein, daß die Berghauptmannschaft eine Reiterschar hinter seinen Kundschaftern hersenden würde. Für eine zweite Halbe Wein würde der Vagabund sicher auch sagen, wohin die verdächtigen Leute geritten sind.

Zrinyi und Nádasdy befanden sich noch in Szendrö, als Szobonia Istvan mit leeren Händen dort eintraf. Sie hatten auf eine gute Zeitung gewartet und hofften, gleich über die geraubten Gelder verfügen zu können. Groß war daher der Ärger und die Enttäuschung über den mißlungenen Anschlag, denn es hatte sich, nach Nádasdys Wissen, diesmal um einen sehr großen Transport gehandelt. Sie gingen die Teilnehmer am Konvente durch, kamen aber zu keinem Resultat. An den alten Fekete dachte niemand, denn er galt als zuverlässig. Dabei war dieser sofort zu Szelepcsényi, dem Palatin-Statthalter und Fürstprimas, geritten, um ihm vom Plane des Konvents Kenntnis zu geben.

Anfangs März schrieb Graf Frangepan an Zrinyis Hauptmann Zollunics: „Trachtet, daß bald angefangen wird; ich bin fertig mit den Meinen und erwarte kaum, daß wir unsere Kappen mit dem Turban vertauschen, aber bei Gott, die deutschen Hüte sollen dabei in die Luft springen." Dann führte der hochmütige Markgraf der Küstenlande weiter aus, daß er mehr als 300 Edelleute hinter sich habe und daß er im Begriffe sei, dem Pascha von Bosnien zu melden, daß er dem türkischen Kaiser seine Treue und seinen Dienst anbiete.

In Oberungarn begannen die kalvinischen Geistlichen in ihren Predigten von den bevorstehenden großen Ereignissen zu reden und forderten ihre Gläubigen auf, sich auf die Verteidigung ihrer Freiheiten vorzubereiten.

Im Auftrage Zrinyis war indessen Franz Ivanovich mit 20 Reitern nach Kanizsa geritten und hatte den Pascha aufgefordert, den Banus militärisch zu unterstützen. Der Pascha beteuerte zwar, daß er mit einigen tausend Mann sofort aufbrechen könne, aber er habe keine Weisung hinzu von der Hohen Pforte erhalten. Er sandte nur seinen Aga und 15 vornehme Herren zu Zrinyi mit, die am 14. März in Csakathurn eintrafen und bewirtet wurden, doch konnten auch diese nicht mehr versprechen als der Pascha selbst.

Wieweit die Verschwörung in Kroatien und Ungarn wirklich verzweigt war, hatte Fürst Lobkowitz selbst im Feber 1670 noch nicht ganz erkannt. Balthasar Riebel, der schon im November vergangenen Jahres Graf Breuner und Herrn Georg Franz von der Will vom steirischen Regimentsrat angezeigt hatte, daß der Banus von Kroatien mit den Türken verkehre, war im Jänner wieder zum Landprofosen gekommen. Von der Will berichtete Vizekanzler Würzburger von den Angaben Riebels, und Würzburger schrieb am 22. Jänner an den Wiener Hofkanzler, daß er erfahren habe, daß sich zwei vornehme Standespersonen gegen Se.Majestät verbündet hätten. Einer von ihnen würde sogar Land und Leute regieren und könne durch seine eigene Handschrift überführt werden.

Die Grazer Herren ließen sich aber alles von der Grenze berichten, was nur zu erfahren war, und ließen Zrinyis Botenreiter jagen. Einige Briefe fielen ihnen so in die Hände. Am 17. März meldete Wassermann, der Kommandant von Warasdin, nach Graz, daß er erfahren hätte, daß Zrinyi den Türken einen Tribut von 12.000 Talern angeboten habe, daß hierauf am 14. März 16 vornehme türkische Herren Gäste Zrinyis in Csakathurn gewesen seien und daß letztlich in Belgrad 25.000 Mann bereitgestellt worden wären, um bei der Zusage der Hohen Pforte sofort für Zrinyi in Marsch gesetzt werden zu können. Kurz darauf meldete der Kommandant von Kopreinitz, daß ihn Zrinyi durch seinen Hauptmann Ivanovich, der schon öfter bei den Türken gewesen sei, habe auffordern lassen, ihm die Festung auszuliefern. Er habe aber Ivanovich abweisen lassen und bitte deshalb um eheste Verstärkung. Zrinyi werde Kopreinitz sicher bedrängen. Hierauf wurden vom Hofkriegsrat Innerösterreichs in Graz 500 Mann für Kopreinitz und weitere 500 Mann für Warasdin abkommandiert.

Zrinyi wendet sich wieder an Wien

Sanguinische Hoffnungen und tiefe Zweifel rangen in Zrinyis Brust, denn er traute weder dem Wiener Hofe noch den Türken, und rief in heller Empörung aus: „Hol' der Teufel die Türken! Wenn der Kaiser gnädig sein wollte, würde ich alles fahren lassen!" In dieser schwankenden Stimmung schrieb er am 5. Feber 1670 an Kaiser Leopold, daß er mit den Türken nicht im Bunde sei. Bukovatzky habe er nur deshalb nach Konstantinopel geschickt, um zu erfahren, was die Türken im Schilde führen. Dann schrieb er am 20. Feber an den Kammerpräsidenten Graf Zichy und an den Bischof Kollonitsch und ersuchte beide, für ihn die Erlaubnis zu erwirken, daß er nach Wien reisen dürfe, denn er wolle sich von jedem Verdachte reinwaschen. Kein anderer als er selbst habe zuerst die Rebellion dem Hofe angezeigt. Und doch tat es Zrinyi sehr bald wieder leid, daß er diese Schritte unternommen hatte, und im Handumdrehen dachte er schon wieder anders und lehnte die bedingungslose Unterwerfung ab. Martinus Borkovich, den der Ban nach Wien geschickt hatte, verbot er, am Hofe zu sagen, daß er ihn geschickt habe und in seinem Auftrage dort für ihn wirken solle. Bald darauf, der Bischof von Agram war noch gar nicht aus Wien zurückgekehrt, schickte Zrinyi seinen Beichtvater, den Augustinermönch Pater Forstall, ebenfalls mit dem schriftlichen und mündlichen Anerbieten in die Residenzstadt, daß er sich auf Bedingungen ergeben wolle. Martinus Borkovich war Mitte März nach Wien gekommen und hatte die Stadt nach mehreren Gesprächen mit höchsten kaiserlichen Beamten am 22. März wieder verlassen. Pater Forstall war am 23. März nach Wien gekommen und war bis 3. April dort geblieben. Er hatte die Stadt an diesem Tage wieder verlassen und war drei Tage später, am Karsamstag, in Csakathurn eingetroffen. Der Bischof von Agram hatte Zrinyi einen Brief des Kaisers überbracht, der mit 21. März datiert war und dem Ban und seiner Familie Gnade zusicherte, wenn er den Ermahnungen des Hofes gehorchen wolle, und Fürst Lobkowitz ließ Zrinyi durch seinen Beichtvater wissen, daß er in ihm keinen Rebellen zu erkennen vermöge, weil ihm Zrinyi doch erst am 11. Dezember vergangenen Jahres, also nicht einmal vor vier Monaten, schriftlich seine Treue versichert habe.

Die Bedingungen, die Zrinyi gestellt hatte, waren nicht gering gewesen. Es hieß in seinem Schreiben:

„Kaiser Leopold verpflichtet sich, gegen die Türken vorzugehen, gibt mir die Stelle eines Kapitäns von Warasdin, gibt mir die Grafschaften Gotschee, Tersatz und Triest als erblichen Besitz, macht mich zum Inhaber eines Dragoner- und eines leichten Reiterregiments und zahlt für mich 40.000 Gulden Schulden. Mein Gehalt als Banus von Kroatien wird in Hinkunft pünktlicher bezahlt, Fürst Rákóczy wird gegen alle Feinde geschützt und für Graf Frangepan und alle anderen Verschworenen wird eine allgemeine Amnestie erlassen. Die Erfüllung meiner Forderungen hat entweder der Kurfürst von Sachsen oder der Kurfürst von Bayern, der deutsche Reichstag oder der Heilige Vater zu garantieren." Es könne einiges wegkommen oder dazugeschrieben werden, hatte Zrinyi seinen Beichtvater angewiesen. Wesentlich sei allein, daß sich der Kaiser schnell entscheide, denn sein Botschafter müsse vom Kaputschipascha bald zurückkommen, und wenn er das Bündnis mit den Türken erst abgeschlossen habe, dann sei es für Verhandlungen zu spät.

Während also die Gesandten Zrinyis in Wien verhandelten, hatte der Ban seinen Stallmeister Rudolf von Lahn am 19. März zu Graf Tattenbach nach Kranichsfeld geschickt und von diesem die Warnung erhalten, daß 5000 kaiserliche Soldaten in die unteren Landesteile verlegt werden würden. Zwei Regimenter sollen gegen Karlstadt, zwei gegen Kopreinitz und eines gegen Pettau in Marsch gesetzt werden. Zrinyi aber ermahnte Rákóczy noch am 20. März, sich zum Losschlagen bereitzuhalten, und schrieb Graf Tattenbach am 21. März, daß auch er 4000—5000 Mann türkischer Truppen erwarte. Am gleichen Tage schrieb der Ban auch an seinen Schwager und benachrichtigte diesen vom Anmarsch der deutschen Regimenter. Er forderte Frangepan auf, dafür zu sorgen, daß die Walachen sich an der Grenze vereinigen. Vom Beg von Kanizsa erwarte er 4000—5000 Mann, welche Graz überrumpeln sollen. Am 27. März sandte Zrinyi abermals Boten an die Paschas von Bosnien und Kanizsa. Er hoffte noch immer auf türkische Waffenhilfe, obwohl ihm der Beg von Kanizsa hatte antworten lassen, daß er ohne Befehl des Sultans oder des Großveziers nichts versprechen dürfe. In Kanizsa wurden aber tatsächlich doch einige tausend Mann marschbereit gehalten, die, nach dem Einlangen einer Weisung von der Hohen Pforte, hätten sofort intervenieren können. Weitere 25.000 Mann waren indessen von Belgrad in Richtung Kanizsa in Marsch gesetzt worden, konnte ein Beichtvater Leopolds, Pater Donellan, dem Hofkriegsratspräsidenten am 22. März berichten.

Martinus Borkovich hatte während seines Aufenthaltes in der Residenzstadt mit dem Hofkanzler eine lange Aussprache gehabt, bei der er deponierte, daß Zrinyi nur deshalb so gegen den Hof disgustiert sei, weil er niemals eine Auszeichnung erhalten noch befördert worden sei, und Graf Herberstein, der Oberst zu Karlstadt, gebärde sich derart absolut, daß weder er, der Bischof, noch die anderen Grundbesitzer die groben Exzesse Herbersteins weiter dulden könnten. Zrinyi habe er zwar für schuldig gehalten, weil Türken zu ihm nach Csakathurn gekommen waren und der Pascha von Kanizsa dem Ban seinen Beistand versprochen habe, er selber aber glaube dennoch, Zrinyi wieder auf den rechten Weg bringen zu können. Auch Miaskitsch, der Bischof der Walachen, der in Csakathurn aus und ein gehe, stecke mit Zrinyi unter einer Decke und beeinflusse die Führer der Uskoken und Morlaken. Borkovich hatte aber den Hofkanzler davor gewarnt, Miaskitsch zu arretieren, weil dann die Walachen noch mehr auf Zrinyis Seite getrieben würden. Er, der Bischof von Agram, bleibe treu und habe nur die Ehre Gottes und die Wohlfahrt Sr. Majestät vor Augen. Er hatte sich aufrichtig für den Ban verwendet, und trotzdem mußte er nun erleben, was Zrinyis Größenwahn zuwege brachte. Es würde schwer sein, nach solchen Bedingungen, wie sie Zrinyi gestellt hatte, diesen zu verteidigen. Er hatte sich auf eine Stufe mit dem Kaiser gestellt, und das würde man ihm nicht nachsehen.

Weitere Gegenmaßnahmen Wiens

Weil die Besprechungen die allergrößte Geheimhaltung erforderlich machten, konferierten Lobkowitz, Schwarzenberg, Lamberg, Montecuccoli, Nostitz, Hocher und die Sekretäre Dorsch und Abele am

20. März in der Wohnung des Hofkriegsratspräsidenten am Minoriten-platz. Der Hofkanzler referierte über die Meldungen der innerösterreichi-schen Räte, über die Anzeige des Landprofosen von Steiermark und die Aussage des Bischofs von Agram. Miaskitsch betreffend kamen die kaiser-lichen Geheimräte überein, diesen vorläufig nicht in Haft zu nehmen, sondern mit der Pension, die der Bischof der Walachen beantragt hatte, zu gewinnen. Er sollte die Walachen zur Treue ermahnen. Bei Peter Zrinyi sei das anders, denn hier lägen alle Anzeichen offenen Verrates vor, vor allem dessen Korrespondenz mit dem Feinde und die erfolgte eigene Bewaffnung entgegen dem Befehl des Kaisers. Schon deshalb aber dürfe in dieser Sache nichts versäumt werden, weil man es nicht nur mit dem Ban allein, sondern mit ganz Oberungarn zu tun habe. Die Geheim-räte waren daher übereingekommen, Martinus Borkovich eine kurze Instruktion zu geben, die aber allgemein zu halten wäre und nur besage, daß, wenn Zrinyi sich unterwerfe, diesem die Gnadenpforte nicht ganz versperrt sein werde. Es solle aber nichts von „Pardon" und „Genug-tuung" in der Instruktion stehen, denn diese Wendungen wären der Würde und Sicherheit Sr.Majestät abträglich. Obwohl Zrinyi im Vorjahre Nádasdy angezeigt und persönlich Treue gelobt hatte, habe er sich noch in der Anticammera des Kaisers geäußert, „er wolle sich schon noch fürchten machen!" Damit allein habe Zrinyi schon sein Leben verwirkt. Sr.Majestät könne nicht mit Zrinyi verhandeln, denn er sei nicht gleichen Ranges. Man wisse, daß Zrinyi für sich Kroatien und für seinen Schwie-gersohn Rákóczy Siebenbürgen begehre. Sein Verbrechen sei daher damals schon größer gewesen als jenes von Nádasdy. Dieser habe auch nicht zu den Türken geschickt. Es müsse daher einmal ein Exempel statuiert werden. Die Geheimräte glaubten zwar nicht, daß Zrinyi der Aufforderung, nach Wien zu kommen, entsprechen würde, es müsse aber trotzdem versucht werden, ihn mit Hilfe des Bischofs von Agram zu überlisten. „Die beste Regel ist jene, die zur Wohlfahrt führt", kon-statierte der Hofkanzler. „Das gilt im privaten wie im öffentlichen Leben. Deshalb darf Sr.Majestät ruhig jemanden täuschen, der sie in Untreue so oft hintergangen hat. Dieser Maßnahme muß auch deswegen der Vorzug gegeben werden, weil nur durch sie die weiteren Absichten des rebellierenden Bans erfahren werden können. Auf diese Weise ge-winnt aber auch der Hof Zeit zu entsprechenden Gegenmaßnahmen. Sollte sich Zrinyi unterwerfen, was ich nicht glaube, weil dies vielleicht gar nicht mehr in seiner Macht allein steht, so bleibt es bei diesen Maß-nahmen, und wir werden ihn weiter zu beobachten haben. Wenn er sich aber nicht fügt, was mir weit eher wahrscheinlich scheint, so wird mit aller Schärfe gegen ihn vorgegangen werden, um seiner lebendig oder tot habhaft zu werden. Borkovich muß daher sofort nach seiner Rück-kehr Bericht erstatten." Weiters kam die Konferenz über Vorschlag General Montecuccolis überein, daß zur Unterdrückung der Rebellion

und Verschwörung Zrinyis folgendes vorzukehren sei: Die innerösterreichischen Truppen marschieren an die Grenze, Kaiserstein führt vorläufig das Kommando, die steirische Landschaft wird ermahnt, Munition und Pulver herbeizuschaffen, die Grenzkapitäne haben die Walachen freundlicher zu behandeln und dürfen ihnen Güter Zrinyis versprechen, wenn dieser etwas gegen den Kaiser unternimmt. Die Truppenwerbungen werden fortgesetzt, die stehenden Regimenter haben sofort aufzubrechen. Die Reiterei in Schlesien hat gegen den Jablunkapaß vorzurücken und die in Böhmen und Mähren bis zur Waag und bis Leopoldstadt. Die Truppenwerbungen der Privaten in Ungarn sind noch einmal strengstens zu verbieten. Für den Dienst in der kaiserlichen Armee darf nur durch treue Offiziere geworben werden. Der österreichische Gesandte hat beim König von Polen vorstellig zu werden und zu begehren, daß dieser gegen Bezahlung einige tausend Polen anwerbe und nach Oberungarn schicke. Auf die Frage Hochers, ob diese letztere Maßnahme zweckmäßig sei, erwiderte ihm Montecuccoli, daß dies auch Ferdinand II. durch Graf Homonnay so gemacht habe und damit Bethlen Gabor zwang, Österreich zu räumen und nach Oberungarn zurückzugehen. Hocher nahm diese Begründung Montecuccolis zur Kenntnis und fuhr fort: „Zrinyi und Nádasdy sind gegeneinander auszuspielen. Von Kurmainz, Sachsen und Brandenburg wird Bundeshilfe begehrt. Mainz soll 1000 Mann auf der Donau nach Österreich schicken, die anderen nach ihren Bündnisverpflichtungen. In Tirol werden ab sofort Truppen angeworben. Zrinyi aber", hob der Hofkanzler besonders hervor, „ist vom Dienst zu suspendieren. Bei der Strafexpedition gegen ihn, General", wandte er sich wieder an Montecuccoli, „sind die Soldaten aufzumuntern und zu ermahnen. Die Türken werden Zrinyi nicht zu Hilfe kommen, wenn sie hören, daß von allen Seiten her Truppen im Anmarsch sind. Wenn wir Kraft zeigen, wird alles gutgehen. Entsteht der Verrat in kurzer Zeit, so werden auch bald Gegenmaßnahmen zu seiner Bekämpfung gefunden. Vielleicht ist Graf Frangepan schon gefangengenommen worden. Ist das nicht der Fall, so hat die Gefangennahme des Markgrafen vorläufig ebenfalls zu unterbleiben. Graf Herberstein wird aber angewiesen, mit Graf Breuner, dem Kommandanten der petrinischen Grenze, gemeinsam vorzukehren, daß bei einem Angriff auf Zrinyi gleichzeitig auch Frangepan angegriffen und wie Zrinyi arretiert wird." „Und was haltet Ihr von Tattenbach?" warf Schwarzenberg ein. „Der ist ein Schwänkemacher, kein bedeutender Mann. Trotzdem aber könnte er Zrinyi, wenn er ihm wirklich 5000 bewaffnete Bauern zuführt, einen wichtigen Dienst erweisen. Er muß daher bei einem Angriff auf Zrinyi ebenfalls gefangengesetzt werden. Bei seiner Festnahme wird aber besonders darauf zu achten sein, daß das ‚eiserne Trühel', in welchem er seine Schriften aufbewahrt, gefunden und sichergestellt werden kann, denn wir brauchen die Schriften als Beweismaterial im Prozeß, der der Niederschlagung der Rebellion folgen wird." Als Montecuccoli, der für das Kriegswesen zuständig war, einwarf, daß diese Expedition Geld kosten werde, wehrte Hocher den Einwand ab und wies darauf hin, daß Sr.Majestät durch die in den Urteilen auszusprechende Einziehung der Güter der Rebellen auch außerordentliche Mittel zukommen werden. Mit diesen kann man später die Schulden und die Rüstungen bezahlen. Nur um Kopreinitz habe ich Sorge", schloß Hocher. „Das braucht Ihr nicht", beruhigte ihn Montecuccoli, „der Ort ist fest, und Zrinyi versteht sich auf keine Belagerung."

Erst jetzt, im März 1670, hatten die kaiserlichen Geheimräte die Gefahr in ihrem vollen Ausmaß erkannt. Sie waren entschlossen, dieser mit aller Kraft, List und Verstellung zu begegnen. Kaiser Leopold genehmigte die Beschlüsse seiner Regierung am 21. März, und noch am selben Tage erhielt der Feldwachtmeister Spankau den Befehl, Zrinyi anzugreifen und diesen lebendig oder tot einzubringen. Der Bischof von Agram aber wurde nach Csakathurn zurückgeschickt und erhielt einen Brief des Kaisers für Zrinyi, in dem es unter anderem hieß: „... lieber Graf von Zrin" und der dann mit den Worten schloß: „... im Übrigen bleibe ich Euch in Gnaden gewogen." Leopold I. hatte den Ban seiner Gnade versichert, wenn er sich unterwerfe. Die Worte „Pardon" und „Genugtuung" waren aber geflissentlich vermieden worden. Bischof Borkovich reiste am 21. ab und erreichte Csakathurn am 26. März. Die Gegenmaßnahmen des Wiener Hofes liefen an. Als Pater Forstall aber zwei Tage später, am 23. März, in Wien eintraf, befahl der Kaiser, den Beichtvater Zrinyis trotzdem anzuhören und die Gefangennahme Zrinyis und Frangepans noch zu sistieren. Die Vorbereitungen zur Expedition gegen beide sollten aber als Vorsichtsmaßnahme weitergehen.

Die Geheimräte tagten am späten Nachmittag des 27. März abermals in der Wohnung des Hofkriegsratspräsidenten. Die innerösterreichischen Kriegsräte, die über einen Mangel an Munition und Pulver klagten, wurden unter dem Hinweis darauf, in welcher Gefahr sich ihre Ländereien befänden, abermals angewiesen, diese ehestens zu beschaffen. Zrinyis Beichtvater durfte nicht zum Kaiser vorgelassen werden, denn der Ban trieb seine Empörung und seinen Ehrgeiz schon so weit, daß er wie ein Gleichgestellter mit dem Kaiser verhandeln wollte. Seine Forderungen waren in den Augen der Geheimräte eine Beleidigung Seiner Majestät. „In Wirklichkeit will Zrinyi nur Zeit gewinnen", kommentierte Hocher die Bedingungen des Bans. „Ein oder zwei Jahre würde er vielleicht Ruhe geben, dann würde er wieder rebellieren. Von diesem Menschen ist nichts Gutes zu hoffen. Deswegen empfehle ich Ihnen, geehrte Herren, dem Kaiser als unsere Meinung vorzuschlagen, daß unsere Truppen, sobald sie beisammen sind, mit den Operationen gegen die Murinsel Zrinyis zu beginnen haben und in seinen Besitzungen sengen und brennen! Jetzt ist noch Zeit dazu. Zrinyi hat keine Völker, und von den Türken hat er nichts zu erhoffen. Gott wird unserem

Kaiser in seiner gerechten Sache beistehen. Zrinyis Beichtvater aber werde ich ein Bistum in Aussicht stellen, wenn er vernünftig ist. Auf diese ungeheure Anmaßung, die aus den Bedingungen des Bans spricht, gibt es nur eine Antwort, daß er eine Carta bianca unterfertigt und seinen Sohn als Geisel stellt. Der Mönch muß sich mit diesem Befehl sofort auf den Weg machen." Damit waren der Hofkriegsratspräsident und alle anwesenden Herren einverstanden, denn auch sie waren über Zrinyis freche Forderungen empört.

Die Konferenz war auch übereingekommen, Graf Christoph Batthyány beobachten zu lassen. Lobkowitz sagte zu, einen Eilkurier zur Hohen Pforte senden zu wollen, um diese davon zu benachrichtigen, daß es an der Grenze zwar einen Alarm geben werde, daß dieser aber nicht den Türken gelte und daß der Kaiser den Frieden nicht stören wird.

Tattenbachs Verhaftung

Warnungen Zrinyis hatten dem leichtsinnigen Grafen von Tattenbach doch zu denken gegeben. Jetzt erst regte sich eine böse Ahnung in ihm, und er erfuhr nach vertraulich geführten Nachforschungen, daß ihn sein eigener Kammerdiener verraten hatte.

In heftigem Zorn ließ Graf Tattenbach Balthasar Riebel festnehmen und auf sein Schloß nach Kranichsfeld bringen.

Graf Tattenbach wußte, wieviel es geschlagen hatte, und versuchte sofort, den vermeintlichen Rettungsweg loyaler Kundgebungen zu beschreiten. Er teilte daher dem Vorstand der Geheimen Grazer Kammer, Graf Gottfried Breuner, mit, daß ihn Zrinyi zu einem geheimen Treffen eingeladen habe und daß er sich mit dem Ban nur treffen wolle, um seine aufrührerischen Pläne, die er Breuner sofort mitteilen werde, zu erkunden.

Graf Breuner teilte Tattenbach mit, daß er nichts gegen sein Treffen mit dem Ban einzuwenden hätte.

Graf Tattenbach begab sich hierauf sofort auf sein nächst der ungarischen Grenze gelegenes Gut Kranichsfeld. Er sandte einen Boten nach Csakathurn und ließ dem Ban mitteilen, daß er geheim aus Graz abgereist sei. Er müsse ihn dringend sprechen, getraue sich aber nicht, wie früher nach Csakathurn zu reisen, da Zrinyi bereits verdächtigt werde, der Kopf des Aufruhrs zu sein. Zrinyi hätte in seiner eigenen Umgebung Verräter, die über seine und Frangepans Pläne sehr viel wüßten. Herr von Lahn, der Stallmeister des Bans, möge seinen Boten begleiten, daß ihm dieser einen verläßlichen Bauern zeige, bei dem man sich treffen und bei dem auch die Boten die Nachrichten austauschen könnten.

„Sende mir meine Briefe um Gottes willen zurück! Auch ich werde dir deine Briefe, soweit ich sie noch habe, zurückstellen", schrieb er dem Ban.

Tattenbach warnte Zrinyi auch vor Gift. „Ich habe gehört, daß man einen Anschlag auf dein Leben plant. Ich hätte dir außerdem wichtige Sachen mitzuteilen, die ich einem Boten nicht anvertrauen möchte. Selber dürfen wir uns auch nicht treffen, um nicht vorzeitig Verdacht zu erregen, daß wir im Bunde sind. Ich schlage daher vor, daß deine Frau am Faschingssonntag auf mein Schloß kommt. Ich werde, um den eigentlichen Zweck zu verheimlichen, einen Ball veranstalten und alle Damen und Herren der Nachbargüter einladen. Bei dieser Gelegenheit kann ich, ohne Argwohn zu erregen, deiner Frau dieses wichtige Informationsmaterial für dich mitgeben."

Zrinyi, dem die Niedergeschlagenheit seiner lebenslustigen Frau Sorgen bereitete, war mit einem Ball auf Schloß Kranichsfeld einverstanden. Er ahnte noch immer nicht, daß Katharina und Tattenbach ihm Hörner aufsetzten.

Aber ehe noch Zrinyis Antwort einlangte, schrieb Graf Tattenbach an Graf Breuner und teilte diesem mit, daß er erfahren habe, daß sich die Kroaten bewaffnen und mit den Türken paktieren würden. Der Großteil der Nation sei aber gegen Zrinyis Ränke. Zur Niederschlagung der beabsichtigten Rebellion werde ein kleines Heer genügen. Graf Breuner brauche Wien daher nicht beunruhigen, denn die in der Steiermark und Kärnten liegenden Truppen würden ausreichen, um die Ordnung wieder herzustellen. Seine eigenen Untertanen aber seien sehr loyal. Sie hassen die Türken mehr als Hunde und Schlangen.

Wenn kaiserliche Truppen gegen Zrinyi vorgehen sollten, so möge Graf Breuner ihn rechtzeitig hievon verständigen, damit er Seiner Majestät 200 gut bewaffnete Reiter und mehrere Kanonen zur Verstärkung der steirischen Truppen anbieten könne.

Am Abend dieses Tages aber traf Rudolf von Lahn, der Stallmeister Zrinyis, auf Kranichsfeld ein und überbrachte Zrinyis Schreiben.

Auf die Frage Lahns, ob er sich mit genügend Waffen versehen habe, gab ihm Tattenbach zu verstehen, daß er im Moment nichts unternehmen könne. „Wenn aber auf Leopolds Befehl die Steiermark zu den Waffen greift, um einem Einfall Zrinyis vorzubeugen, dann werde ich mit meinen Haufen den angreifenden Truppen Zrinyis zu Hilfe kommen. Zrinyi ist ein erfahrener Soldat und weiß, daß er meinen Rat beherzigen muß. Sagen Sie ihm, Lahn, daß die Regierungstruppen bereits zusammengezogen werden und daß das Landaufgebot bewaffnet wird. Es ist höchste Zeit zum Losschlagen."

Noch in der Nacht ritt der westfälische Edelmann nach Csakathurn zurück.

Graf Tattenbach aber schrieb sofort wieder an Graf Breuner und teilte ihm mit, daß Zrinyi zu einer Versöhnung mit dem König bereit sei, nur dürfe ihn der Hof nicht mehr negieren. Alles, was Zrinyi unternehme, geschehe aus Verzweiflung.

Graf Frangepan erfuhr zufällig von der eifrigen Korrespondenz Tattenbachs mit Graf Breuner und schrieb an Zrinyi, „...er möge beobachten, was in Kranichsfeld und im steirischen Unterland vor sich gehe. Verständige deinen Gesandten, daß er die Türken veranlassen soll, sofort in die Steiermark mit 5000 Mann einzufallen. Greife mit ihnen Graz an, sonst überlegt es sich der wankelmütige Tattenbach noch einmal. Mein Gott, warum sind die Türken so langsam! Sammle deine eigenen Truppen und die Walachen und Uskoken und komme uns zu Hilfe. Alles muß innerhalb von 14 Tagen geschehen, sonst ist es zu spät! Gib auf dich acht, Zrinyi, und sei vernünftig! Du mußt mit den Türken von Kanizsa zu mir stoßen. Nötige sie zur Eile, sonst ist Spankau mit den Kaiserlichen im Lande, ehe wir uns vereinigt haben!"

Graf Tattenbach ließ Waffen an seine Holden ausgeben und sie mit dem ungewohnten Kriegsrequisit üben. Auf die Frage seiner Verwalter, was jetzt aus den Feldern werden solle, wenn die Bauern Soldaten spielen, antwortete er, „das laßt meine Sorge sein! Heuer werden die meisten Feldfrüchte verderben. Dafür aber werde ich einmal ein so großer Herr sein, daß sich alle wundern werden."

Von Ober- und Westungarn bis Kroatien, den Küstenlanden und nach Görz zog sich das Unheil für das Haus Habsburg zusammen. Der Osten und Süden des Kaiserreiches drohten in Flammen zu versinken.

Tattenbach, der nach seinen großen Worten wieder mutlos geworden war, beabsichtigte nach Italien zu fliehen. Er ließ Graf Breuner wissen, daß er sein Gewissen befreien möchte und zu diesem Anlaß eine Buß- und Wallfahrt nach Loretto unternehmen werde. Seine Reise werde er über Padua unternehmen, denn dort habe er Verwandte. Graf Breuner möge nichts Arges denken.

Graf Breuner aber kannte Tattenbach besser, als der glaubte, und lud ihn ein, am 22. März, also noch vor seiner Reise, nach Graz zu kommen, denn es werde sich für Graf Tattenbach eine gute Gelegenheit ergeben, sich reinzuwaschen. Er werde nachher mit weiteren wichtigen Staatsaufgaben betraut werden.

Graf Tattenbach ging in die Falle. Als er in der Grazer Geheimen Kammer erschien, ließ ihn Graf Breuner wegen Hoch- und Landesverrats verhaften und auf den Schloßberg bringen, wo Tattenbach in standesgemäßer Haft gehalten wurde.

Nachspiel zur Verhaftung

Graz. Schon wenige Tage nach der Verhaftung des Grafen Tattenbach erschien im Auftrage Graf Zrinyis der Dominikanerpater Bariglio bei Graf Breuner und erkundigte sich, weshalb Graf Tattenbach verhaftet worden sei.

Graf Breuner überlegte. Die Wahrheit wollte er dem Pater nicht sagen: „Graf Tattenbach nimmt es mit der Moral nicht sehr genau. Erst am vergangenen Faschingdienstag hat er auf seinem Schloß zu Kranichsfeld wieder sein Unwesen getrieben. Er gab einen Ball, zu dem er die Nachbarherren mit ihren Damen eingeladen hatte. Einen Maskenball", sagte er vieldeutig. „Er selbst trat als Friseur auf und trug sehr zotige Gedichte vor, und damit sie jene, die sich den Text nicht merkten, nachlesen konnten, verteilte er diese unzüchtigen Pamphlete noch an seine Gäste."

„Und deshalb . . .?" fragte der Dominikaner.

„Es kommt noch ärger", fing Graf Breuner die entrüstete Frage des Paters ab. „Er hat eine der anwesenden Damen in sein Schlafgemach entführt und wurde überrascht, als er mit ihr . . ."

„Das soll ich Euch glauben, Graf?" lächelte der Pater.

„Die Derbheiten Tattenbachs erregen überall Anstoß. Der Graf ist verheiratet und unterhält zu dieser entführten Dame, die der besten Gesellschaft angehört, seit Jahren unerlaubte Beziehungen. Ich mußte daher einmal gegen ihn einschreiten."

„Würden Sie mir sagen, Graf, wer diese entführte Dame der besten Gesellschaft war?"

„Gerne kompromittiere ich diese Dame nicht, Pater, aber wenn Sie unbedingt darauf bestehen! Die Entdeckung würde Ihnen wenig Freude bereiten", versuchte Breuner noch einmal auszuweichen.

„Die Sache ist dem Ban zu wichtig, Graf, als daß ich auf den Namen verzichten könnte", beharrte Bariglio.

„Nun gut, wenn Ihr es unbedingt wissen wollt, es ist die Gemahlin des Bans, Frau Anna-Katharina Zrinyi." Breuner sah, wie Bariglio die Farbe wechselte und weidete sich an dem entsetzten Gesicht.

„Frau Katharina?" stieß der Dominikaner hervor.

„Ihr wißt, Bariglio, daß Tattenbach ein dem Trunke ergebener, protziger, aber selbstgefälliger Einfaltspinsel ist, ein derber, präpotenter Mensch, dessen Ausschweifungen unerträglich werden. Ich verpasse ihm nur einen Denkzettel. Ihr aber könnt, wenn Ihr es für richtig findet, das auch Graf Zrinyi mitteilen."

„Ich werde es mir überlegen", erwiderte er.

Graf Breuner aber alarmierte sofort die Regimenter Portia, Leslie, die Kaiserstein-Fußtruppen, die Zeiss-Kürassiere und die Jäger und Dragoner General Herbersteins. Er befürchtete, daß Zrinyi wegen des Wissens Tattenbachs um die Insurrektion zu einem Handstreich veranlaßt werden könnte.

Die Gefangennahme Tattenbachs hatte sich in Windeseile herumgesprochen, und Angst verbreitete sich über die Steiermark, das Unterland, Krain, Kroatien und die Küstenlande und griff auf Laibach und Görz über, denn auch die Grafen Frangepan und Thurn sammelten Truppen.

Der Aufstand in Kroatien und seine Niederschlagung

Frangepans Mission

Als der Marquis, wie der Markgraf von den Welschen genannt wurde, nach seinem Besuch bei Zrinyi aus Csakathurn abreiste, befürchtete man allerorten, daß Zrinyi Agram und Warasdin besetzen wolle, um diese Plätze den Türken auszuliefern. Wenn auch die Bürger von Warasdin Zrinyi ergeben waren, so lebten in der Stadt doch fremde Edelleute, die sich wegen der bevorstehenden Unruhen hieher geflüchtet hatten. Noch standen die meisten kroatischen Adeligen, an ihrer Spitze die Erdödy und Draskovich, deren Güter Zrinyi an drei türkische Gesandte übergeben wollte, im kaiserlichen Lager. Weil sie aber befürchteten, daß sich die Walachen und die Wächter der Grenzgebiete Zrinyi anschließen würden, wollten sie gemeinsam mit Martinus Borkovich Zrinyi zu einer friedlichen Lösung seiner Probleme bewegen. Aber Zweifel und Sorge hielten einander die Waage. Frangepan war aber nach Agram geritten und kam dort am 20. März mit 200 Reitern an. Der Marquis wurde von den Bewohnern der Stadt freundlich empfangen. Er besetzte aber das Lebensmitteldepot und stellte davor eine Wache auf. Dann ritt er auf den Marktplatz und forderte die Bevölkerung mit gezücktem Schwerte zur Unterwerfung und zur Huldigung für Zrinyi auf. Der Stadtsenat hat hierauf nach kurzer Beratung die Unterwerfung verkündet. Die Stadtväter sagten, sie würden das tun, was das Land mache.

Das Domkapitel aber, das jenseits des Medvecsbaches eine eigene Burg besaß, schloß sich dem Stadtsenat nicht an, obwohl es wegen der Abwesenheit des Bischofs im Augenblick ohne Führung war. Martinus Borkovich erreichte Zrinyi am 26. März in Csakathurn und ermahnte diesen jetzt, nachdem er erfahren hatte, daß Zrinyi ein Bündnis mit den Türken anstrebe, väterlich, von seinem teuflischen Plan abzulassen. Zrinyi hatte dem Bischof eine Weile schweigend zugehört, dann aber brauste er auf: „Es ist bereits geschehen! Es soll kommen, was kommen muß, wenn auch im Namen des Teufels!" Dann setzte er fort: „Fordert das Domkapitel auf, mir zu gehorchen!" Hierauf ging Zrinyi schlafen, ohne sich weiter um den Bischof zu kümmern. Ehe Borkovich aber Csakathurn verließ, schrieb er an das Domkapitel. Er forderte die Herren auf, dem rechtmäßigen König die Treue zu halten. Er könne ihnen aber keine Hilfe zukommen lassen, weshalb er sich in sein Kloster zurückziehen wolle.

Der Marquis hätte die Domherren gerne für Zrinyi gewonnen, weil er wußte, daß diese auf das Volk einen großen Einfluß ausübten. Er suchte sie auf und eröffnete ihnen: „Ich weiß um Ihre Klugheit und berufe mich daher in dieser Stunde auf diese. Es ist nicht ratsam, gegen den

Strom zu schwimmen. Setzen Sie Ihre Güter keinen Gefahren aus. Für Sie alle ist es sicher das beste, wenn das Domkapitel mit seinen Geldern und Gütern Zrinyi unterstützt. Fordern Sie Ihre Männer, die in den kaiserlichen Burgen in Warasdin und Körös Dienst tun, auf, sich für Zrinyi gewinnen zu lassen, und stellen Sie für die Truppen Zrinyis, die von der Adriaküste kommen, Quartiere bereit und bewahren Sie sich damit selbst, Ihr Vermögen und das Vaterland vor der Verwüstung." Diese Drohungen waren unmißverständlich, aber das Domkapitel erbat sich dennoch drei Tage Bedenkzeit. Frangepan mußte diese wohl oder übel dem Domkapitel gewähren, wenn er nicht Gewalt anwenden wollte. Am gleichen Tag, es war der 22. März, verließ der Marquis Agram, überquerte die Save und begab sich mit seiner Begleitung nach Brezovicza, wo er im Schloß, das der Witwe Niklas Zrinyis gehörte, Quartier bezog. Von hier aus berief der Markgraf für den Adel der Umgebung einen Reichstag ein, den er für den 24. März festsetzte. Viele kroatische Adelige kamen, und Frangepan verkündete den versammelten Herren den Standpunkt des Bans und seiner Verbündeten: „Die Türken", führte er im Verlaufe seiner Rede aus, „haben Zrinyi im vorigen Jahr zur Huldigung aufgefordert. Sie würden ihm, das ließen sie ihn wissen, hernach alle Wünsche erfüllen. Sollte er sich aber weigern, so würde ihm und dem Lande eine große Gefahr drohen. Zrinyi hat dies dem Kaiser gemeldet und hat Leopold gebeten, daß er für die Verteidigung des Landes sorgen solle. Aber der Hof hat die Mahnung Zrinyis nicht beachtet und in dieser Benachrichtigung nur eine Finte gesehen, mit welcher Zrinyi nur noch eine höhere Position zu erreichen hoffe. Ebensowenig Beachtung schenkte der Hof den oberungarischen Bewegungen, obwohl der Türke versprach, wenn er vor Candia fertig sein würde, die Kalviner zu unterstützen. Die Türken sagten auch zu, daß sie nach dem Sieg auf Kreta sofort die kaiserlichen Erbländer überfallen würden. Obwohl der Ban bat und bettelte, hat der Hof nichts unternommen, weil die Minister der Meinung waren, daß der Großvezier noch lange vor Candia liegen werde. Indessen aber haben die Türken Zrinyi durch den Pascha von Bosnien weiter bedrohen lassen und Zrinyi aufgefordert, Bukovatzky als seinen Unterhändler nach Konstantinopel zu entsenden. Zrinyi war gezwungen, dies zu tun, aber er trug Bukovatzky auf, daß er, wenn die Türken etwas verlangen sollten, was den Interessen des Landes abträglich wäre, dies zurückzuweisen hätte, und er solle überhaupt nur ein anständiges Bündnis eingehen. So wählte Zrinyi zwischen zwei Übeln das geringere, weil sonst das Land verwüstet worden wäre. Bukovatzky einigte sich mit den Türken. Diese versprachen ihm, daß sie unsere Religion, unsere Freiheit und die Verfassung des Landes zu achten gewillt seien, und verpflichteten sich weiter, jeden, der sich unter ihren Schutz begeben werde, gegen jeden zu schützen. Zrinyi meldete dies nicht mehr dem Hofe, aber nicht deswegen, weil er seinem König die Treue nicht mehr halten oder weil er Unruhen und Krieg in den Erbländern verursachen wollte, sondern nur deshalb, weil er und seine Anhänger keinen anderen Ausweg aus dieser jämmerlichen Lage des Landes sahen und ihren Landsleuten den Frieden erhalten wollten. Jeder Person steht es frei", fuhr er mit erhobener Stimme fort, „jene Art und Weise des Überlebens zu wählen, die ihr am besten entspricht! Wenn aber die deutschen Herren die Huldigung, zu der Zrinyi und seine Anhänger gezwungen waren und von der die Deutschen keinen Nachteil haben, als Untreue ansehen, so hat jeder von uns das Recht, ihre Angriffe zurückzuschlagen, und glauben Sie, zu unserer Unterstützung wird dann auch — Gott soll es nicht zulassen! — das mächtige türkische Heer bereit stehen. Wenn Kaiser Leopold bereit und imstande ist, aus eigener Kraft oder mit Hilfe anderer christlicher Fürsten uns alle zu schützen, und er dies nicht nur mit Worten, sondern mit Verträgen und Taten unter Beweis stellt, dann wollen auch wir für Gott, König und Vaterland eintreten! Aber wenn wir keine Hilfe bekommen, dann sind wir genötigt, uns vor der Macht des Schicksals zu beugen, und es kann uns niemand mehr vorwerfen, daß wir Rebellen oder Treuebrüchige seien, und niemand kann uns als Feinde angreifen, weil wir trotzdem Christen, Freunde und Nachbarn bleiben werden!" Seine wahren Absichten hat der Marquis dann in einer kleineren Versammlung schon klarer und ungebundener formuliert: „Die Deutschen bedrohen Kroatien durch ihre Soldaten, sie unterdrücken es, als ob es nur eines ihrer Erbländer wäre, und die Patrioten werden überall in den Hintergrund gedrängt! Dies geht so weit, daß sie beschlossen haben, in unseren Grenzbefestigungen keine Patrioten mehr zu Offizieren zu ernennen!" Den Adeligen erzählte er, daß sie, so wie die Steirer und Krainer, in Hinkunft besteuert werden sollen, und den Widerspruch der Walachen schürte er damit, daß er ihnen in Aussicht stellte, daß der Hof auch sie unterjochen, um ihre alten Privilegien bringen und ihre Bischöfe und Priester vertreiben werde. Die Wirkung seiner Worte entsprach seinen Erwartungen. Viele schworen Zrinyi die Treue. Vergebens wandte er sich hingegen an den Kleinadel von Turmecö, die in unmittelbarer Nachbarschaft von Brezovicza saßen. Sie teilten die Gefühle der Bukovatzkys, der Berislaviche und Poglediche nicht, denn sie lebten mit dem mächtigen Geschlechte der Zrinyi seit langem in Fehde, weil dieses schon wiederholt versucht hatte, die Kleinadeligen zu ihren Leibeigenen zu machen. Graf Stephan Svastovich, ihr tapferer Anführer, der gleichzeitig Vizegespan des Komitats Agram war, hat noch am 24. März, also sofort nach der Aufforderung Frangepans, „sie sollen es sich acht Tage überlegen, und wenn sie bis dahin Zrinyi nicht huldigen würden, so werde er Turmecö in Brand stecken", von der Regierung in Krain Gewehre, Pulver und Kugeln verlangt, damit sie dem Marquis Widerstand leisten könnten. Dabei wurde bereits das Gerücht verbreitet, daß ein türkisches Kontingent von 800 Mann bei Frangepan in Brezovicza eingetroffen sei, das gemeinsam mit seinen Truppen im Lande streifen wolle. Graf Svastovich dachte aber nicht daran, zu kapitulieren. Er bewaffnete seine Leute und ließ die Tore schließen.

In der zweiten Märzhälfte begannen die Kriegshandlungen der Aufständischen in Kroatien. Bukovatzky hatte jenseits der Kulpa, auf türkischem Boden, Truppen für Zrinyi gesammelt und bewaffnet. Der Aga Zrinlich durfte Bukovatzky mit 800 Janitscharen unterstützen. Mit dem Aga und mit Berislavich überquerte Bukovatzky die Kulpa und bezog mit seinen Streitkräften vorerst in Degoj Quartier. Damit stand er mit seinen Haufen im Gebiet des Bans, das sich von Karlstadt bis Szissek an der Kulpa erstreckte. Für den 18. März hatte Bukovatzky die Woiwoden Csolnics, Kamenian und Supsich aufgefordert, sich mit ihren Scharen an der Lomnica einzufinden, wo sie sich mit seinen Streitkräften und den Türken vereinen und gemeinsam mit seinen Truppen die Grenzfestung Petrinia an der Save erobern sollten. Auf dem Wege von Degoj zur Lomnica hielt Bukovatzky im Namen Zrinyis Versammlungen ab. Er sagte, der Sultan habe Zrinyi bereits das Szepter und eine grüne Seidenfahne als Insignien übersandt, verkündete die Befehle Zrinyis und vereidigte die Leute auf den neuen Landesherrn. Die Grenzwächter im Gebiet des Bans, die nicht von deutschen Offizieren, sondern von Zrinyis Hauptleuten befehligt wurden, galten als hervorragende Soldaten. Sie sollten die Kerntruppe der Aufständischen in Kroatien bilden. Bukovatzky, der aber die Stärke seiner Streitmacht dennoch sehr überschätzte, prahlte, daß er seinen Feinden kräftig auf die Hühneraugen steigen werde. Er sandte von der Lomnica einen Boten nach Brezovicza, wo Frangepan weilte, und ersuchte den Direktor des Aufstandes, die angeworbenen Truppen zu inspizieren, ehe er sich mit diesen gegen Petrinia in Marsch setze.

Indessen entdeckte eine Patrouille der berittenen Truppen des Marquis, die die Save überwachte, am 24. März, daß ein halbes Dutzend großer Flöße beladen stromabwärts fahre. Sie beobachteten, wie die Flöße gegen Abend beim Ort Kraljevo-Brodo, in der Nähe von Agram, anlegten, wo die Flößer in einem sicheren Hafen die Nacht über bleiben wollten. Einige von Frangepans Leuten machten sich wie harmlose Leute an die Flößer, die meist Fischer waren, heran und bekamen bald heraus, daß die Regierung Lebensmittel von Cilli nach Petrinia transportieren ließ. Die Späher hatten ausgekundschaftet, was sie wissen wollten, und meldeten das sofort dem Marquis. Da sich die Verschwörer als im Kriegszustand mit Kaiser Leopold betrachteten, befahl Frangepan, die Flößer zu überfallen, das Ladegut der Flöße zu beschlagnahmen und als Kriegsbeute nach Agram zu bringen, das er vor wenigen Tagen mit 200 Reitern besetzt hatte. Seine Leute pirschten sich an das Nachtlager der Flößer heran und überrumpelten diese im Schlafe. Die Fischer wurden in der Dorfkirche eingesperrt. Hierauf wurden Ochsengespanne aus den Bauerngehöften zusammengeholt und 40 Fässer Mehl auf die Wagen verladen. Eine berittene Patrouille begleitete die Wagenkolonne nach Agram, wo Mallinics die Beute übernahm und im Lebensmitteldepot der Stadt lagern ließ. Nach diesem Überfall zogen die Scharen Frangepans in Richtung Krain bis nach Szomscédvar-Bodsudses, besetzten den Hafen an der Save und beschlagnahmten die Fähren. Jene Bürger, von denen bekannt war oder wurde, daß sie mit den Kaiserlichen sympathisieren würden, wurden in Haft genommen, eingesperrt und ihre Besitzungen geplündert.

Frangepan war nach der Inspektion der Streitmacht Bukovatzkys nach Brezovicza zurückgekehrt, wo sich ihm auf seinem „Reichstag" an die 300 Edelleute angeschlossen hatten. Während Frangepan den kroatischen Adelsbund aufrichtete, erreichte Bukovatzky bereits Petrinia. Er ließ als erstes die Rinderherde der völlig überraschten Burgbesatzung, die sich auf der Weide befand, wegtreiben und dann die Schiffsmühlen vom Ufer losmachen und stromab davonschwimmen. Sie trieben herrenlos und steuerlos bis Trenchina. Hierauf forderte Bukovatzky die Besatzung der kleinen Burg auf, sich ihm kampflos zu ergeben, es würde jedermann geschont werden, und wer wolle, könne sofort in Zrinyis Dienste treten. Da sich in der Burg fast keine Lebensmittel mehr befanden, weil den Winter über keine Transporte möglich gewesen waren und die erwarteten Lebensmittelflöße von Frangepans Leuten aufgebracht worden waren, kapitulierte die Besatzung. Die Sieger zogen in die kleine Festung ein, und Bukovatzky, Berislavich und der Aga erholten sich beim Wein von ihren ersten erfolgreichen Kriegstaten. Zrinlich forderte in Weinlaune den Kommandanten der Festung auf, durch Kanonenschüsse und das Abfeuern seiner Mörser der Bevölkerung der Umgebung anzuzeigen, daß sie ihren Sieg über Petrinia feiern würden. Der Kommandant weigerte sich, das zu tun, was die Offiziere des Agas ergrimmte. Sie wollten ihn beim Fenster hinabwerfen, aber der Kommandant konnte sich, noch rechtzeitig gewarnt, aus dem Staube machen und sein Leben retten.

Herberstein schlägt Zrinyi

Während Bukovatzky gegen Petrinia gezogen war, begann der Woiwode Szily, der einen Teil der Truppen Zrinyis befehligte, mit der Belagerung der Festung Kopreinitz, weil sich deren Kommandant geweigert hatte, der Aufforderung des Bans zu entsprechen und dem Woiwoden den Platz kampflos zu überlassen. Der Parlamentär des Woiwoden war gefangengenommen worden, und die Antwort auf Szilys Aufforderung waren Schüsse aus den schweren Geschützen der Festung. Hierauf ließ auch der Woiwode seine Kanonen in Stellung bringen.

Dies alles war nur einige Meilen von Karlstadt geschehen, und es konnte daher General Herberstein nicht verborgen bleiben, daß sich der Aufstand auszubreiten begann. Es durfte aber auch nicht angenommen werden, daß der Kommandant von Karlstadt diesem Treiben untätig zusehen würde. Wohl meinten die Magnaten, daß Herberstein zuwenig Truppen habe, daß es ihm an Schießpulver mangle und daß er auf keine Hilfe aus Graz rechnen könne. Sie gaben sich auch der Hoffnung hin, daß Herberstein schon deswegen nichts unternehmen werde, weil er keine klaren Weisungen hätte, wie er sich ihnen gegenüber verhalten solle. Ob er sie angreifen, festnehmen und ihre Besitzungen besetzen dürfe und dergleichen. Sie wußten aber nicht von den Absprachen zwischen Graf Breuner und Herberstein und den Weisungen des Hofkriegsrates und waren daher überrascht, als Herberstein entschiedener auftrat, als sie erwartet hatten.

Die Frühjahrsschneeschmelze ließ Bäche und Flüsse anschwellen und die Wege unpassierbar werden. Größere türkische Truppenbewegungen konnten daher derzeit nicht durchgeführt werden, und bis sich diese Situation ändern würde, wollte Herberstein seine Operationen abgeschlossen haben. So beschloß der General, Graf Nikolaus Strassaldo mit geringen Kräften in Karlstadt zurückzulassen, während er mit dem Gros seiner Kräfte losschlagen wollte. Die deutschen Verbände kommandierte er selbst, und die Grenzer führte Graf Erdödy. In der stürmischen Nacht vom 21. auf den 22. März durchzogen sie den Wald von Draganovich und erschienen im Morgengrauen vor dem östlich von Karlstadt liegenden Kopreinitz. Herberstein und Erdödy formierten ihre Truppen in Schlachtordnung und griffen den Woiwoden sofort und mit solchem Ungestüm an, daß er nicht mehr dazu kam, seine Kräfte zu formieren und die gegen die Festung gerichteten Geschütze zu wenden. Szilys Leute kamen kaum zur Gegenwehr, und nach kurzem Gemetzel flohen sie Hals über Kopf unter Zurücklassung der Kanonen, des Trosses und der Feldzeichen, und selbst Szily entging nur knapp der Gefangennahme. Schlechter erging es dem türkischen Kontingent, das den Woiwoden unterstützte. Das Gros wurde niedergemacht, und der Aga geriet in Herbersteins Gefangenschaft. Im ersten Sturmangriff hatte Herberstein mit seinen tapferen Deutschen und Grenzern Zrinyis Heer geschlagen. Szily selbst floh nach Csakathurn, wo er, nur von wenigen Männern begleitet, Zrinyi den Verlust der ihm anvertrauten Kräfte gestehen mußte. Herberstein und Erdödy aber zogen mit großer Beute an Kriegsmaterial nach Karlstadt zurück. Nach sehr kurzem Aufenthalt wandte sich Herberstein mit Erdödy gegen Frangepan. Als erstes wurde Turmecö gesichert, wo die Truppen von Graf Svastovich und seinem Kleinadel begeistert empfangen wurden. Der Graf schloß sich Herberstein an, und mit den auf 7000 Mann angewachsenen Kräften wandte er sich gegen Brezovicza, wo sich Frangepan aufhielt. Der Marquis erschrak über die Erfolge Herbersteins und seinen Marsch auf Brezovicza und versuchte, Herberstein durch einen Brief in deutscher Sprache aufzuhalten. In dem Schreiben, das mit 25. März datiert war, beklagte sich der Markgraf, daß er gehört habe, daß man seine Leute nicht nur nicht in Karlstadt einlasse, sondern daß Befehl gegeben worden sei, diese, wenn man sie gefangennähme, zu pfählen. „Ich bin", führte er weiter aus, „Seiner Majestät treu ergeben, und ich kann all meine Taten vor Gott und der Welt verantworten. Ich und Zrinyi haben, bei Beibehaltung unserer Religion und unserer Freiheit, mit den Türken ein Bündnis geschlossen. Da weder die Ungarn noch die Kroaten fähig sind, diesen Widerstand zu leisten, ist das keine Sünde, und wir sind weder vom Kaiser abgefallen, noch wurden wir zu Feinden der Kronländer. Wenn Sie aber, General, deswegen jemanden verfolgen, können Sie deswegen auch Schwierigkeiten bekommen, was Gott nicht geben wolle. Deshalb frage ich Sie als einen anständigen und echten Adeligen, was wollen Sie eigentlich?"

General Herberstein schenkte dem Brief Frangepans keine Beachtung und setzte seinen Marsch fort, worauf der Markgraf, ohne auf eine weitere Antwort zu warten, das Schloß räumte und sich nach Agram zurückzog. Es war höchste Zeit gewesen, denn schon wenig später erreichten die Truppen Herbersteins Brezovicza und besetzten sofort das Schloß und den Ort. Herberstein ließ alles Kriegsgerät sicherstellen und gab dann Schloß und Ort zur Plünderung frei. Nachdem alles gründlich durchstöbert worden war, wandte sich Herberstein gegen Bukovatzky. An der Lomnica wurde das Gut des Aufrührers besetzt, geplündert und bis auf die Grundmauern niedergebrannt. Als diese Nachrichten in Agram einlangten, bekam es auch der so schnell von seinem rechtmäßigen König abgefallene Mallinics György mit der Angst zu tun und bat den Marquis flehentlich, daß er sich an die Grenzgebiete begeben, die Grenzer sammeln und sich mit Bukovatzky und den Türken, die dieser herbeirufen werde, vereinigen möge, sonst sei hier alles verloren. Er habe auch erfahren, daß der kaiserliche Dragoneroberst Gutschenich mit starker kroatischer Reiterei auf dem Wege nach Agram sei, um ihn, den Marquis, gefangenzunehmen. Gutschenich war der Kommandant einer gefürchteten Truppe, die sich in vielen Scharmützeln an der türkischen Grenze ausgezeichnet hatte, und der alte Haudegen brannte darauf, den Marquis zum Kampf zu stellen. Frangepan war aber von den militärischen Erfolgen General Herbersteins so verwirrt, daß er an keinen weiteren Widerstand mehr dachte, sondern nur noch an die Flucht. Weil er auf seine jenseits der Kulpa liegenden Besitzungen nicht mehr zurückkehren konnte, weil ihm Herberstein bereits den Weg versperrte, floh er nach Norden, nach Csakathurn, zu Zrinyi. Seine Flucht demoralisierte seine und Zrinyis Anhänger völlig, und als Herberstein vor Agram erschien, wagte Mallinics keinen Widerstand. Er öffnete Oberst Gutschenich die Tore, und Herberstein wurde hierauf von den Anhängern des Kaisers, insbesondere aber vom Priesterseminar, jubelnd begrüßt. Auch der Adel von Turmecö hatte sich bewährt und feierte mit dem General die Rückeroberung von Agram. Frangepans Anhänger Csernkóczy, Gottal, Geréczy Istvan, Kamenian György, Mallinics und Csolnich zogen sich zurück, und am Schluß unterwarf sich sogar Berislovich, der Bukovatzky verließ, dem General, weil Herberstein ihnen Gnade und Vergessen in Aussicht stellte. Sie huldigten und gelobten dem Kaiser wieder ihre Treue. Nur Bukovatzky blieb noch eine Zeit standhaft. Als sich aber sein Kriegsvolk verlief, sah auch er sich genötigt, mit seiner Frau und seinen Anhängern, etwa 30 Personen, wieder über die Kulpa zurückzugehen und das eroberte Petrinia zu räumen. Am 4. April traf er, nach bescheidenen Anfangserfolgen, wieder auf der Burg Zrin ein, um von dort aus auf türkischem Gebiet Schutz zu suchen. Herberstein drang zwar nicht auf türkisches Gebiet vor, stellte aber entlang des Flusses Wachen auf, versperrte die Häfen und ließ die Boote zerstören, damit die Türken, die sich am anderen Ufer in kleineren und größeren Haufen sehen ließen, nicht über die Kulpa setzen konnten.

Entmutigt traf der sonst so redegewandte Marquis am 1. April in Csakathurn ein und berichtete seinem Schwager von der Niederlage seiner Truppen, dem Verlust seiner Besitzungen und den Verwüstungen Herbersteins in Kroatien. Nachdem auch der Woiwode Szily vor Kopreinitz geschlagen worden war, war nun damit zu rechnen, daß Herberstein das ganze Küstengebiet an der Adria besetzen werde und General Spankau sich gegen Zrinyis Murinsel wenden würde. Damit geriete Csakathurn selbst in den unmittelbaren Gefahrenbereich, und es würde daher mit dem Schlimmsten zu rechnen sein. Inzwischen kehrte auch Severovics, den Zrinyi mit der Bitte um ein massiveres und kriegsmäßiges Eingreifen in Kroatien zum Pascha von Bosnien gesandt hatte, nach Csakathurn zurück und meldete diesem, daß sich Zrinyi in dieser Sache an den Pascha von Kanizsa wenden solle. Mustapha Pascha werde ihm Antwort geben. Er selbst habe, wie mit Bukovatzky in einem Vertrag vereinbart wurde, Bukovatzky erlaubt, auf türkischem Gebiet Truppen zu sammeln, und habe auch Zrinlich, einen seiner Aga, angewiesen, mit 800 Mann türkischer Grenztruppen über die Kulpa zu gehen und gemeinsam mit Bukovatzkys Leuten zu streifen. Mehr könne er nicht verantworten, obwohl er wisse, wie hoch die Freundschaft Zrinyis bei der Hohen Pforte gewertet werde. Zu einem Eingreifen, wie Zrinyi es wolle, bedürfe er einer klaren Weisung aus Konstantinopel. Noch am gleichen Abend berieten Zrinyi und Frangepan ihre Lage und kamen überein, am folgenden Tag, dem 2. April, Franz Ivanovich und Pater Tomasi nach Kanizsa zu entsenden, um Pascha Mustapha die Nachricht vom Einfall Herbersteins in Kroatien und der Vernichtung der türkischen Streifschar bei Kopreinitz zu überbringen. Die Gesandten sollten fragen, was Mustapha Pascha in dieser Situation für die Magnaten tun könne. „Leeren Worten kann ich nicht mehr glauben", sagte Zrinyi, „wenn mir der Untergang droht!" Aber auch Mustaphas Antwort war deprimierend, „er bedaure den Schaden Zrinyis sehr, er solle sich aber nicht kränken, denn die Hohe Pforte werde ihm alle Verluste ersetzen." Ohne Befehl des türkischen Kaisers aber sei er nicht in der Lage, Zrinyi militärischen Beistand zu leisten. Er wolle aber, bis zum Eintreffen eines solchen Befehles, alle Vorbereitungen treffen, um dann sofort mit seinen Truppen eingreifen zu können. Sofort könne er dies aber nicht, selbst wenn vor seinen eigenen Augen Türken ermordet würden. Er könne und dürfe sich ohne höheren Befehl mit der kaiserlichen Armee in keine Kriegshandlungen einlassen. Wenn aber der Ban sehr bedrängt würde, so möge er ihm seinen Sohn als Geisel stellen und er wolle dann zu seiner Rettung einen Entsatz erwägen.

Während dieser Beratungen traf ein Postreiter der kaiserlichen Hofkanzlei auf der Festung Csakathurn ein. Er überbrachte die Hofkanzleidekrete über die bereits mit Ende März erfolgte Absetzung Graf Peter Zrinyis als Banus von Kroatien und über die mit Wirkung vom 31. März erfolgte vorläufige Aufteilung des Banalamtes. Martinus Borkovich, der Bischof von Agram, war mit diesem Datum mit der Wahrnehmung der richterlichen und Graf Nikolaus Erdödy mit der Ausübung der politischen Aufgaben des Banalamtes betraut worden. Mit gleicher Post waren auch Borkovich und Erdödy die Ernennungsdekrete und die Absetzungsurkunde Zrinyis zugestellt worden.

Das Absetzungsdekret und die Nachricht des Paschas von Kanizsa, daß er von der Pforte aufmerksam gemacht worden sei, daß es demnächst an der Grenze einen großen Alarm geben werde, dieser aber nicht den Türken gelte, konnten die Magnaten nicht mehr länger daran zweifeln lassen, daß die Ansammlung der kaiserlichen Infanterie- und Reiterregimenter um Pettau nur ihnen gelten könne. Gleichzeitig erfuhren sie, daß General Graf Josef Herberstein mit seinen Truppen in Kroatien vorrücke, ohne auf Widerstand zu stoßen. Der kroatische Adel, den Frangepan auf seinem „Reichstag in Brezovicza" so leicht für Zrinyi und für sich gewonnen hatte, hat es vorgezogen, sich mit dem siegreichen General zu arrangieren. Selbst Berislovich und Mallinics haben wieder dem deutschen König gehuldigt. „Damit ist mein Vetter Orfeus ebenfalls in einer schwierigen Situation", stellte Frangepan fest. Auch Zrinyi bezweifelte, daß Orfeus die Küstenstädte verteidigen werde, wenn das Hinterland erst in Herbersteins Händen ist: „Er müßte die Venezianer zu Hilfe rufen, vielleicht hätten sie, nach dem Verlust von Candia, Appetit auf Buccari und Bucarizza!" „Er könnte höchstens mit den Barkassen nach Venedig segeln", räumte Frangepan ein. „Eine Verbindung mit der Republik herzustellen, schafft er nicht mehr, selbst wenn er daran denkt, denn dazu läßt ihm Herberstein keine Zeit mehr. Es ist viel, wenn er Julia de Naro, mein Weib, sich und die Seinen noch rechtzeitig in Sicherheit bringt. Wir müssen mit dem gänzlichen Verlust der Küstenlande rechnen, denn Bukovatzkys Kriegsvolk ist auseinandergelaufen und er selbst ist über die Kulpa zu den Türken geflohen."

Indessen meldeten Kundschafter, daß General Spankau bereits in Pettau sei und Befehl habe, den Einfall in das Murdreieck vorzubereiten, die Festungen zu besetzen, und daß der innerösterreichische Kriegsrat in Graz am 31. März von Wien angewiesen worden sei, den General zu unterstützen. Ebenso würde sich Graf Breuner bereits in Pettau aufhalten.

Diese böse Nachrichten erregten Zrinyi sehr, denn er sah sich geschlagen, von allen im Stiche gelassen und in einer Falle. Dazu kam, daß die oberungarischen Herren auf seine Schreiben hin zu den Waffen gegriffen haben konnten, womit sich die Aussichten auf einen baldigen Frieden mit dem Kaiser weiter verringern würden. Die Saat, die er allerorten gesät hatte, ging auf. Zrinyi weinte vor Wut. Allzu leichtfertig hatte er den Aufstand entfacht, und nun mußte er sich auf den letzten Widerstand vorbereiten. Er beorderte seine Offiziere zu sich und befahl, die Kanonen auf den Mauern auffahren zu lassen. Hierauf wurden 72 Geschütze in Stellung gebracht und Wachen „in Richtung der christlichen Grenzen" vorgeschoben. Verbittert sagte Zrinyi zu Frangepan: „Bevor sie Hand an mich anlegen, versuche ich die letzten Mittel. Meine Güter, meine Ämter und meine Ehre habe ich verloren. Ich habe nur noch meinen Kopf. Aber den verkaufe ich so teuer, daß sie sich noch lange daran erinnern werden! Ich werde Mustapha meinen Sohn als Geisel stellen, und wenn es sein soll, will ich selber ein Türke werden, wenn ich mich damit rette und in diesem Kampf siege! Man muß nur mutig auftreten", ermunterte er den völlig deprimierten Marquis. „Man muß in die Steiermark einfallen, wo viele auf unser Erscheinen warten." „Womit, Schwager?" fragte Frangepan tonlos, denn er wußte nur zu gut, daß sie dazu stärkerer Kräfte bedurften, als sie hatten. Aber Frangepan hatte noch einen Gedanken parat: „Senden wir Pater Tomasi zu Ibrahim Pascha nach Ofen. Er, der Vezier, kann dem Beg von Kanizsa den Befehl erteilen, uns zu helfen. Holen wir dem Beg die Weisung ein, auf die er wartet, ehe es zu spät ist." Hierauf berieten Zrinyi, Frangepan und Ivanovich und stellten eine Liste mit Anweisungen für Pater Tomasi zusammen. Zuletzt fügte Frangepan, der selbst die Feder führte, der Anweisung noch hinzu, daß Tomasi, wenn er vom Vezier nach Konstantinopel oder gar zum Großvezier weitergeschickt werden sollte, diesem sagen müsse, daß ihm dies, unter Androhung der Todesstrafe, verboten worden sei. „Nur so", erläuterte Frangepan, „können wir eine klare Antwort erzwingen und der vom Vezier geübten Verzögerungstaktik entgegenwirken." Pater Tomasi erhielt die Anweisungen und reiste am 5. April vorerst nach Kanizsa ab. Von dort wollte er mit der türkischen Post nach Ofen weiterreisen.

In Kanizsa machte der Pascha Mustapha dem Pater Schwierigkeiten. Er sagte ihm, daß es zu unsicher sei, mit der regulären türkischen Post zu reisen. Wegen der vielfältigen Gefahren und der Wichtigkeit des

Auftrages bedürfe der Pater einer Eskorte von 40 Reitern, die er ihm zu seinem Schutze beigeben müsse. Da aber eine solche Eskorte zu bezahlen war und Tomasi nicht genügend Geld zur Deckung der Kosten der Eskorte bei sich hatte, sandte er einen Boten mit einem Schreiben nach Csakathurn zurück und bat Zrinyi um Geld. Verärgert schickte Zrinyi zwei Männer aus Légrád nach Kanizsa, die Tomasi die Weisung brachten, sofort umzukehren und nach Csakathurn zurückzukommen. Die Boten trafen Tomasi noch auf der Poststation von Berzencze. Als Mustapha Pascha sah, wie Zrinyi reagiert hatte, gestattete er dem Pater doch noch, mit der regulären Post nach Ofen zu reisen. Tomasi, der dem Ban einen Dienst erweisen wollte, fuhr hierauf, zwischen Türken eingepfercht, nach Ofen.

Inzwischen erinnerte sich Zrinyi in Csakathurn der tröstenden Worte des Bischofs von Agram, die dieser am 4. April von Lobkowitz hörte und ihm überbracht hatte, und bat Martin Borkovich, ihm diese Worte schriftlich zu bestätigen. Beruhigend antwortete der Bischof, daß Zrinyi nach seiner Meinung getrost nach Wien gehen könne, und empfahl dem Ban, dem Willen Sr.Majestät zu entsprechen. Nur so könne er den Glauben, das Vaterland und sich selber retten und einen unsterblichen Namen erringen. Aber am Abend des 5. April traf endlich auch Pater Forstall aus Wien in Csakathurn ein. Er berichtete den verzweifelten Magnaten von den Versprechungen des Wiener Hofes und machte ihnen Hoffnung auf ein gutes Ende der verfahrenen Sache. Zrinyi und Frangepan erklärten sich erleichtert bereit, sich zu unterwerfen, und der Ban war geneigt, auch seinen Sohn als Geisel zu stellen und mit Pater Forstall nach Wien zu senden. Johann, sein Sohn, hatte seine Vorhaben sowieso nicht gutgeheißen und befürchtete, daß die Ratgeber seines Vaters über das Haus der Zrinyi nur Trauer und den Untergang bringen würden. Als aber Forstall den Magnaten eröffnete, daß sie ihm eine Charta bianca aushändigen müßten, weil der Hof zur Bekräftigung der Unterwerfung der Herren auf eine solche bestehe, wurde Zrinyi mißtrauisch. Er befürchtete, daß man auf das weiße Blatt auch sein Todesurteil setzen könne oder gemachte Versprechen rückgängig machen werde. Aber Forstall zerstreute die Bedenken des Bans: „Wenn man es mit einem so gütigen Kaiser zu tun hat, darf man keine Schwierigkeiten machen. Die Charta bianca wird nur zur Bekräftigung Eurer Bereitschaft, zum Gehorsam und zur Treue zurückzukehren, verlangt." Nach langem Erwägen unterfertigten Zrinyi und Frangepan dann doch die Charta bianca, weil sie meinten, daß ihnen in ihrer derzeitigen Lage gar nichts anderes übrigbleibe. Dann schrieben Zrinyi und Frangepan gesonderte Briefe an den Kaiser:

„Erhabener Kaiser! Mein gnädigster Herr", begann Zrinyis Brief. „Aus dem Brief, den ich von Pater Forstall erhalten habe, erfuhr ich, was ihm im Namen Eurer Majestät der Fürst von Sagan und der Hofkanzler gesagt haben. Daß es in meiner Familie niemals jemanden gab, der bei den zahlreichen Aufständen in Ungarn und bei den großen Unruhen dem erhabenen Haus Österreich untreu gewesen wäre, wissen Eure Majestät. Im Gegenteil, alle haben ihre Treue mit dem reichlich vergossenen Blut bewiesen. Es steht auch mir ferne, daß ich, entartet meinen Vorfahren gegenüber, mich zur Untreue erkühne. Es wäre mir nie eingefallen, mich um Schutz an die Türken zu wenden, wenn ich nicht von vielen Eurer Majestät bekannten Notwendigkeiten dazu gezwungen worden wäre. Aber Gott ist mein Zeuge und ich schwöre es feierlich, daß ich mit den Türken nie ein Übereinkommen oder einen Vertrag unterschrieben oder diesen gebilligt habe. Obwohl sie mir große Hoffnungen und Versprechungen gemacht haben und mich versuchten, habe ich nie eine vollkommene und unbedingte Zustimmung zu diesen Versuchungen gegeben. Ich habe nie die ernste Absicht gehabt, daß ich mich ihnen unterwerfe, um so weniger, da ich für sie gegen Eure Majestät zu den Waffen greifen soll. Ich bereue sogar, daß ich zuließ, so etwas überhaupt zu erwähnen, nachdem mir der Brief des Fürsten Lobkowitz und die Meldung Forstalls die Bereitschaft Eurer Majestät zur Güte mir gegenüber bewiesen haben, die Sie mir und diesem Teil des Landes nie entziehen wollen. Niederkniend vor Eurer Majestät bitte ich um Entschuldigung, und ich übergebe mich und all meinen Besitz mit Demut und unbedingt der Gnade Eurer Majestät. Ich entsage der türkischen Protektion und süßen Versprechungen, und als Pfand meiner Treue sende ich meinen Sohn nach Wien. Alles andere wird Eure Majestät von Pater Forstall hören, den ich immer als meinen und Eurer Majestät treu ergebenen Mann angesehen habe. Ich aber werde bei gegebener Gelegenheit, vor allem gegenüber den Türken, den auf mich gefallenen Fleck auf meiner Ehre glorreich abwaschen und ich werde mit meinem Blute beweisen, daß ich der treueste Untertan Eurer Majestät bin."

Frangepan bekannte in seinem Schreiben: „Ich habe, nach meiner innersten Überzeugung, nie etwas unternommen, was der gebotenen Treue Eurer Majestät gegenüber im Widerspruch stehen würde. Trotzdem mußte ich mit schwerem Herzen von Pater Forstall erfahren, daß mir Eure Majestät sehr grolle. Ich würde lieber tausend Tode erleiden, als daß der kleinste Groll Eurer Majestät auf mir sitzenbleiben würde, und ich werfe mich flehentlich vor die Füße Eurer Majestät, bitte um Verzeihung und verspreche, daß ich weder mit dem Worte noch mit Taten, ja nicht einmal im Gedanken in meiner Treue zu Eurer Majestät wanken würde, und ich bin bereit, mein Leben, mein Blut und alles im Dienste Eurer Majestät aufzuopfern, nur sollt Ihr mich wieder in die alte Gnade zurücknehmen." Beide Briefe waren mit 7. April datiert.

Es trat aber bei den Beratungen doch ein Umstand zutage, der sogar Pater Forstall bedenklich stimmte; der steirische Landsturm war aufgeboten worden und die kaiserlichen Truppen, bestehend aus den

Infanterieregimentern Kaiserstein, Leslie und la Grana, das Dragonerregiment Jacques und die Kürassiere von Zeiß waren um Pettau versammelt worden, insgesamt 7000 bis 8000 Mann. Alle befürchteten, daß General Spankau mit diesen Truppen Zrinyi angreifen werde, ehe es Pater Forstall möglich sein würde, die Friedensverhandlungen abzuschließen. Deshalb hatte Pater Forstall, der Beichtvater Zrinyis, schon am Vortage, am 6. April, einen Boten mit einem Brief an Fürst Lobkowitz nach Wien vorausgesandt, in dem er dem Herzog von Sagan mitteilte, „daß er mit dem Sohn Zrinyis und der Charta bianca nach Wien komme". In einem zweiten Schreiben, daß ebenfalls mit 6. April datiert worden war, hatte er an Graf Maximilian Herberstein, den Präsidenten des innerösterreichischen Hofkriegsrates in Graz, die Forderung gerichtet, „er solle den Marsch der deutschen Heere in Richtung Murinsel stoppen, er solle in Zrinyi kein Mißtrauen erwecken, damit es keinen Grund gibt, daß die an der Mur unter dem Befehl Zrinyis stehenden Türken aus Kanizsa nicht nach Hause gehen, wo doch alles Übel zu Ende ist und geklärt wurde". Am 7. April, am Ostermontag, brach Pater Forstall dann mit dem Sohn Zrinyis, mit Johann Zrinyi, nach Wien auf. Er glaubte, alles in letzter Minute noch gerettet zu haben.

Zu dieser Zeit war aber General Spankau bereits bei den Truppen in Pettau angekommen. Er wollte aus der Steiermark kommend in die Murinsel Zrinyis eindringen, dort die Murufer besetzen und Kottari einnehmen, um dem Ban den Fluchtweg nach Kanizsa ebenso abzuschneiden wie nach Oberungarn. Graf Breuner wollte mit den slowenischen Grenztruppen Légrád erobern, während General Josef Herberstein mit seinen Kräften die Burgen Zrinyis und Frangepans an der Kulpa brechen sollte. Es handelte sich um die Festungen Ozály und Novigrad. Hierauf sollte Herberstein an die Adriaküste vorrücken, überall die Lebensmittel- und Rüstungsdepots für den Kaiser konfiszieren und den Verschwörern den Weg zum Meere versperren. Herberstein hatte gewisse Bedenken, weil er weder zahlenmäßig genügend Soldaten hatte noch von der Qualität seiner zusammengewürfelten Kräfte überzeugt schien. Er wußte zwar, daß seine Kräfte auslangen würden, um die Haufen der Aufständischen auseinanderzujagen, aber auch, daß sie zu gering sein würden, wenn die Türken massiv in die Kämpfe eingreifen sollten. Er mußte sich daher beeilen, wenn er wollte, daß er den ihm zugedachten Teil des Kriegsplanes ausführen könne, ehe die Türken dazukamen, sich einzumischen. Ebenso nahmen Spankau und Herberstein an, daß Zrinyi aus den gleichen Erwägungen bestrebt sein müsse, die Entscheidung auf dem Schlachtfelde mit allen Mitteln zu verzögern. Der Brief Pater Forstalls an den innerösterreichischen Kriegsrat wurde daher von den Heerführern als Finte abgetan, mit der Forstall Zrinyi Zeit verschaffen wolle. Ähnlich dachte Spankau auch über den Brief, den Frangepan persönlich am 8. April schrieb und der von Zrinyi unterfertigt worden war. In diesem in italienischer Sprache abgefaßten Schreiben brachte der Ban zum Ausdruck, „daß er erfahren habe, daß Spankau mit den kaiserlichen Truppen gegen die Murinsel vordringen wolle, während er, Zrinyi, seine Angelegenheit bereits dem Urteil Sr.Majestät überlassen habe. Er habe sich unterworfen, seinen Sohn nach Wien gesandt und sei bereit, zusammen mit dem Marquis zu jeder Minute, wann immer es gewünscht werde, nach Wien zu gehen. Es falle ihm gar nicht ein, gegen Seine Majestät etwas zu unternehmen, und er hoffe, daß, wenn Spankau kommt, er ihn nicht als Feind ansehen wird. Er solle sich überlegen, welche Folgen es haben könne, wenn er anders mit ihm verfahren würde, mit ihm, der jede Minute bereit sei, sein Blut für Seine Majestät zu vergießen." Seine Boten werden diesen Brief bekräftigen. Es waren dies Zrinyis Stallmeister und Rittmeister Kaldy György. Sie brachten General Spankau einen mit sechs Pferden bespannten Wagen als Geschenk Zrinyis, mit dem er als Gast nach Csakathurn kommen möge. Spankau behielt den Wagen und die Pferde, schickte die beiden Boten aber erst am 11. April wieder zu Zrinyi zurück. Zu dieser Zeit waren seine Regimenter vollkommen gerüstet und abmarschbereit. Spankau teilte Zrinyi „freundlichst mit, daß die kaiserlichen Truppen nur gegen die Türken beordert seien und daß er hoffe, mit Zrinyi bald persönlich zusammenzutreffen". Jede Seite versuchte, die andere möglichst lange zu täuschen.

Beratungen am Hofe in Wien

Am 9. April tagten die kaiserlichen Geheimräte wieder bei Fürst Lobkowitz und berieten, was von dem Bericht des Augustinermönchs zu halten sei, der dem Hof versicherte, daß Zrinyi die Charta bianca unterschreiben und seinen Sohn als Geisel stellen werde. Nach den Osterfeiertagen wolle er selbst mit diesem Papier und dem Sohn Zrinyis nach Wien kommen. „Ich kann mir nicht vorstellen", begann Hocher, „daß Zrinyis Unterwerfung aus freiem Herzen und aufrichtiger Reue erfolgt. Ich bin mir dessen sicher, daß er nur Zeit gewinnen will, weil er die ihm in Aussicht gestellten türkischen Verstärkungen noch nicht bekommen hat. Die Maßnahmen Herbersteins und die Arretierung Tattenbachs haben seinen Kompaß verrückt gemacht. Da Zrinyi schon zweimal die Treue gebrochen hat, würde sich gewiß alle Welt ärgern, wenn wir die gerechte und bereits gut angelaufene Expedition gegen ihn nur wegen des Schreibens eines schlimmen Mönchs aussetzen ließen. Ich rate daher, dem Kaiser zu empfehlen, auf das Schreiben Forstalls keine Rücksicht zu nehmen, sondern das Werk fortschreiten zu lassen." Montecuccoli riet: „Obristfeldwachtmeister Spankau soll vor allem die Festungen Légrád und Kotariba besetzen, Csakathurn berennen und mit Gewalt einnehmen, wenn Zrinyi es wagt, Widerstand zu leisten. Herberstein und Breuner sollen aber nicht ohne Spankau operieren und das Land gegen Kanizsa nicht offen lassen, damit während des Zuges gegen Zrinyi die Türken nicht streifen können." Das wurde allgemein gutgeheißen, und Hocher fuhr fort: „Es muß alles rasch und wie aus einem Gusse gehen. Wenn wir noch 14 Tage zuwarten, können die Türken heranziehen und unsere Expedition erschweren. Herberstein werde ich anweisen, Bukovatzky einfangen zu lassen. Christoph Batthyány aber werde ich durch Belobungen aneifern, sich von der Sache Zrinyis fernzuhalten. Den walachischen Bischof hingegen müssen wir ebenfalls gefangensetzen lassen. Pater Forstall hat zwar versprochen, eine Charta bianca zu bringen, aber was nützt diese ohne die Vollmacht, über sie zu verfügen? Was aber die Geiselstellung betrifft, so erinnere ich die Herren an das Verhalten des Johann von der Zips, der ebenfalls sein Weib und seinen Sohn als Geisel stellte und dennoch an der Seite Kardinal Georg Martinuzzis im Aufstand verharrte. Ich wundere mich über die Vermessenheit dieses Mönchs, der in einem Schreiben an Maximilian Herberstein die Sistierung der Expedition verlangt hat. Seine Majestät kann als Kaiser und König nicht mit seinen Vasallen verhandeln. Sie sind ungleich. In Sachen Rebellion ist der Tod der Rebellen das beste. Seine Majestät wird, solange Zrinyi lebt, keinen Frieden haben. Gewiß", holte der Hofkanzler zu einer weiteren juristischen Definition aus, „man kann die reuigen Rebellen anhören. Die Ordnung kann aber nicht auf der Grundlage einer Charta bianca, auf der Stellung einer Geisel oder gar auf dem Versprechen eines Mönchs allein begründet werden, sondern nur auf absoluter Sicherheit. Diese aber kann nur darin bestehen, daß Zrinyi sich auf Gnade und Ungnade dem Kaiser ergibt, in seine festen Schlösser deutsche Besatzungen aufnimmt, sich auf Befehl des Kaisers nach Graz oder Wien begibt und sein Weib, seinen Sohn und Frangepan mitbringt. Spankau habe ich befohlen, auch die Gräfin und deren Kinder gefangenzunehmen. Ohne diese Sicherheiten darf man sich mit diesem Rebellen auf keine Verhandlungen einlassen. Und nur unter diesen Voraussetzungen kann ein späterer Pardon erwogen werden."

„Dann muß aber Zrinyi, wenn auch nur unter dem Vorwand, daß es wegen seiner eigenen Sicherheit und der Empörung des Volkes notwendig sei, im Konvoi hieher gebracht werden", ergänzte Fürst Lobkowitz. „In Wien dürfen wir ihn dann auch nicht frei herumlaufen lassen, denn er wird mit offener Stirne gegen uns auftreten, eine Audienz beim Kaiser begehren und sich beim geringsten Mißtrauen aus dem Staube machen. Da Spankau schon in den nächsten Tagen angreifen wird, müßte er sofort angewiesen werden, mit der Operation einzuhalten, wenn Zrinyi sich wirklich unterwirft." Dieser Meinung des Hofkriegsratspräsidenten pflichtete der Hofkanzler nur bedingt bei und entgegnete: „Spankau soll die Murinsel besetzen und sich auf jeden Fall der Person Zrinyis versichern, damit er uns nicht nach Oberungarn zu Rákóczy entkommt." „Spankau ist ein erfahrener Soldat und weiß die Sache schon zu führen", schloß Montecuccoli sich Hocher an und fuhr fort: „Der Pascha von Kanizsa muß sofort davon verständigt werden, daß sich die Expedition nicht gegen die Türken richtet und daß der Kaiser am Eisenburger Frieden festhält. Unser Gesandter in Venedig aber müßte angewiesen werden, zu erwirken, daß die Republik Venedig den Rebellen weder mit Geld und Proviant noch mit Kriegsmaterial beisteht, sonst geht alles durcheinander." Hocher pflichtete dem Generalissimus bei und sagte zu, das diesbezüglich Notwendige veranlassen zu wollen. Dann kam der Hofkanzler auf Thurn zu sprechen: „Karl von Thurn ist nicht nur wegen seiner Verbindungen zu Tattenbach verdächtig, sondern auch deswegen, weil er den Großteil seiner Besitzungen im Venezianischen hat. Wir müssen versuchen, ihn unter dem Vorwande, daß die innerösterreichischen Kriegsräte mit ihm wegen der Sicherheit der Grafschaft Görz zu sprechen hätten, nach Graz zu locken." „Und wenn er nicht kommt?" forschte Montecuccoli. „Dann muß er sofort von der Landeshauptmannschaft suspendiert werden", stellte der Hofkanzler klar. „Dieses Amt könnte dann Ihre Majestät dem Grafen Franz von Thurn übertragen."

Inzwischen traf am 11. April ein von Bukovatzky am 5. April geschriebener Brief in Csakathurn ein. Bukovatzky versuchte, obwohl er wußte, daß der Ban bereit sei, sich zu unterwerfen, eigensinnig an seinen eigenen Plänen festzuhalten. Er hatte vor den Brandruinen seines Hauses an der Lomnica wütend geschworen: „Erdödy wird mir ein neues Schloß bauen!" In seinem Schreiben bat Bukovatzky Zrinyi flehentlich auszuhalten, mit den Deutschen keinen Frieden zu schließen, sondern in seiner Treue zum Sultan zu verharren, der aus ihm noch einen großen Mann machen und ihm mit einem großen Heere zu Hilfe kommen werde. Er solle nur seinen Sohn und sein Siegel den Türken als Pfand übersenden. Zrinyi antwortete seinem Truppenführer, „daß er zwar von einer Gefahr bedroht werde, daß Herberstein seine Güter besetze und dort viel Schaden anrichten werde, daß er nicht weiß, was aus ihm wird, daß sich die Deutschen von Tag zu Tag mehr der Murinsel nähern, daß er aber trotzdem nicht von Seiner Majestät weiche und bereit sei, unter dieser zu leben und zu sterben. Gott solle Bukovatzky Verstand schenken und er möge diesen Verstand gebrauchen, und wenn auch Bukovatzkys irdische Güter verlorengegangen seien, solle er jetzt zumindest bestrebt sein, sein Seelenheil zu retten."

General Spankau und der Präsident des innerösterreichischen Hofkriegsrates Maximilian Herberstein hatten mit dem Brief Zrinyis auch die Schreiben Forstalls an Lobkowitz erhalten. Herberstein sandte seine Briefe sofort von Graz nach Wien. Aber Lobkowitz sah in der Bereitschaft des Bans, seinen Sohn als Geisel zu stellen, keine echte Reue Zrinyis, sondern nur dessen Furcht, daß ihn Tattenbach, der inzwischen gefangengenommen worden war, anschwärzen werde und daß sich die Hilfe der Hohen Pforte für die Rebellen verspäte. Auch Lobkowitz und Hocher hielten den Brief Zrinyis für eine Finte, daß er nur Zeit gewinnen wolle, wie die Generale warnten, und verlangten daher um so dringender die strikte Durchführung der Exekution. Lobkowitz und Montecuccoli warnten aber Herberstein und Breuner vor einem Alleingang. Sie mögen, wegen ihrer bunt zusammengewürfelten Kräfte, nichts ohne Spankau unternehmen, um nicht durch Verwegenheit den sicheren Sieg zu gefährden. Über Pater Forstall hingegen waren die Minister sehr verärgert. Sie hielten es für eine Unverschämtheit, daß es der Pater wagte, nur so ohne weiteres die Einstellung der Kriegshandlungen gegen den Banus zu verlangen. Auch die Charta bianca, die sowohl Zrinyi wie auch Frangepan vorgelegt hatten, und die Geiselstellung des Sohnes Zrinyis wurden nicht so gewertet, wie es die Magnaten erwartet hatten: „Wenn sich Zrinyi und Frangepan Seiner Majestät unterwerfen und über Deren Befehl nach Graz oder Wien kommen, wenn Zrinyi Csakathurn, Buccari und Bucaricca den kaiserlichen Truppen wirklich ausliefert, deutsche Besatzungen in diese Festungen aufnimmt und seine gesamten Besitzungen dem Kaiser übergibt und darüber hinaus noch seine Frau, seinen Sohn und seinen Schwager Frangepan mitbrächte, dann könnte man den Magnaten vielleicht verzeihen." So kamen die Geheimräte denn überein, von Forstall eine solche Unterwerfung, wie sie sie eben abermals erwogen hatten, zu verlangen. Da es aber durchaus möglich schien, daß, ehe sie mit dem Beichtvater Zrinyis solche Verhandlungen führen konnten, Spankau schon mit dem Einmarsch in das Murdreieck beginnen würde, wurde der General angewiesen, eine solche Unterwerfung Zrinyis anzunehmen, weil damit ohne Blutvergießen das erreicht wäre, was man jetzt mit Waffengewalt erzwingen wolle. In einem Brief, der mit 9. April datiert war, wurde Spankau mitgeteilt: „Ist dieser Weg in perdon mit obiger Securität vor Gott und der Welt fundiert, und der gleichen Chemenz cum rigore vermischt, wird auch dadurch methodice adeoque cum applausu procedieret wie zumallen eben daßjenige in effectu neben Sparung so villen Christen Blutes und ander extremiteten mit der Güte erhalten, was man sonsten mit dem Schwerdt und schärffen zu erobert verhofft gehabt." Noch bevor diese Weisung an Spankau fertiggestellt werden konnte, kam Pater Forstall am 12. April nach Wien, wo er im Kloster der Augustiner, außerhalb der Stadt, auf der Landstraße, Quartier nahm. Später übersiedelte er mit Johann Zrinyi in die Stadt, in das Hotel „Wilder Mann", von wo er sofort zu Lobkowitz eilte, um diesem die Unterwerfung des Bans zu melden. „Zrinyi stellt keine Bedingungen mehr. Wenn seine Sünde groß ist, so ist auch seine Reue groß. Der Ban ist bereit, nach Wien zu kommen, nur sollen Sie ihm, zu seiner Beruhigung, einen Schutzbrief ausstellen." Lobkowitz wich einer umfassenden Antwort aus. Er stellte nur fest, daß es ihm gefalle, daß der Sohn Zrinyis nach Wien heraufgekommen sei. Über alle anderen Dinge könne er nicht allein entscheiden, er wolle aber alles dem Kaiser melden.

Noch am gleichen Abend ließ Lobkowitz Johann Zrinyi zu sich bringen und stellte dem jungen Mann seinen eigenen Wagen zur Verfügung. Johann Zrinyi beteuerte dem Hofkriegsratspräsidenten, daß er in Deutschland geweilt habe und daher weder von der Erhebung seines Vaters gewußt noch dieselbe gebilligt habe. Dabei standen ihm Tränen in den Augen. Lobkowitz entließ ihn freundlich, ließ ihn in dem bequemen Quartier, und Johann Zrinyi lebte ohne eine Wache im Hotel, wenn er auch unauffällig beobachtet wurde.

Lobkowitz ließ, nach einer Besprechung mit den anderen Geheimräten, Forstall zu sich rufen und setzte ihn davon in Kenntnis, daß er Zrinyi keinen „salvus conductus" zugestehen könne, weil dies nicht schicklich sei. Der Graf möge sich auf die Gnade Seiner Majestät verlassen. Dann forderte der Hofkriegsratspräsident den Pater auf, zur Feder zu greifen, und diktierte ihm die Bedingungen, die die Geheimen Räte beschlossen hatten. Forstall hatte in die Charta bianca Zrinyis einzutragen: „Erhabener Kaiser! Mein gnädigster Herr! Aus meinem beigelegten Brief können Sie ersehen, mit welch ehrfürchtiger Demut ich um Vergebung meiner Sünden und Verbrechen bitte, um Verzeihung bitte, mich ohne Bedingungen mit allem Eurer Majestät unterwerfend. Damit aber Eure Majestät um so mehr Grund zur Verzeihung und zur Aufnahme in die alte Gnade haben soll, damit hervorgeht, daß ich mein Flehen um Verzeihung auch mit Taten beweisen will, gebe ich Pater Forstall die Vollmacht, daß er all dies, was die Wünsche Eurer Majestät an mich bezüglich der Aufkündigung des türkischen Bündnisses, der Nennung meiner Mitverschwörer sowie bezüglich der Übergabe von Csakathurn, Légrád, Kottari, Buccari, Bucaricca und meiner übrigen Besitzungen, Burgen und Seehäfen, beziehungsweise meine Reise nach Wien betrifft, in meinem Namen dies alles versprechen kann, daß er all dies, was er in meinem Namen verspricht, von mir nicht nur gebilligt und bekräftigt wird, sondern all dies von mir auch bis ins kleinste Detail eingehalten wird und ich in meiner Treue zu Eurer Majestät und zum Hause Österreich immer verbleiben werde, meine untertänigste und bereits vorgebrachte Bitte wiederholend."

Pater Forstall war empört und wies darauf hin, daß er keine Ermächtigung seines Auftraggebers für diese harten Bedingungen besitze und daß die Charta bianca nur dann gelten könne, wenn Zrinyi sie wirklich anerkenne. „Dazu könnt Ihr den Ban nur mit Waffengewalt bewegen." Lobkowitz lächelte: „Die hiezu erforderlichen Regimenter stehen bereits in Pettau. Zrinyi hat keine andere Wahl. Aber Ihr, Forstall, könnt Euch noch verdient machen, wenn Ihr Zrinyi dazu bewegen könnt, diese Bedingungen anzunehmen, weil dann kein unnötiges Blutvergießen stattfinden würde. Dafür, Forstall, würde ich Euch ein Bischofsamt verschaffen." Als der Fürst sah, daß der Augustiner mit sich rang, drängte er: „Aber Ihr müßt einen Eid ablegen und mir handschriftlich schwören, daß Ihr mich unterstützen werdet." Nach kurzem Überlegen verpflichtete sich der Mönch schriftlich, unter Berufung auf die Mutter Gottes und andere Heilige, mit einem Schwur, daß er alles tun wolle, um Zrinyi zur Anerkennung dieser Bedingungen bewegen zu können.

Für den Markgrafen hingegen weigerte sich Lobkowitz überhaupt, eine Zusage zu machen: „Für den Marquis kann es keine Hoffnung auf eine Verbesserung seiner Lage geben. Er wird hier bei Hof als der Hauptschuldige der Verschwörung angesehen, weil er diese stolzen und sündigen Gedanken zuerst Katharina Zrinyi, seiner Schwester, und mit deren Hilfe Zrinyi selbst aufgezwungen hat. Als Forstall fragte, wie der Fürst dies beweisen wolle, zog Lobkowitz einen Brief aus seiner Tischlade hervor, den Frangepan an Hauptmann Csolunics geschrieben und den dieser bei seiner Unterwerfung General Herberstein ausgefolgt hatte. „Diesen Brief Frangepans hat mir Herberstein übersandt. Ich habe ihn am 6. April erhalten. Der Inhalt dieses Schreibens hat hier große Bestürzung hervorgerufen. Ich habe den Brief mehrere Male abschreiben lassen und habe die Abschriften und Übersetzungen an den Kardinal-Erzbischof von Mainz, an die Kurfürsten von Sachsen und Brandenburg, den Reichstag in Regensburg sowie an das Kardinalskollegium, weil es derzeit keinen Papst gibt, und an die Rota Romana gesandt, damit alle sehen können, welche Gefühle die ungarischen Verschwörer gegenüber dem Christentum haben, daß und wie sie sich mit den Türken verbündeten und wie sie besonders die Deutschen beschimpfen und verspotten." Forstall staunte: „Ihr habt also den Brief in den Dienst Eurer Sache gestellt. Davon wissen die Magnaten noch nichts."

Lobkowitz ließ trotzdem einen in freundlichen Worten gehaltenen Brief an Frangepan schreiben, den der Augustiner mitnehmen sollte. In diesem Schreiben brachte der Hofkriegsratspräsident zum Ausdruck, daß er als erster Minister des Kaisers nicht an seiner Treue zweifle, weil er glaube, daß er (Frangepan) dies noch durch Taten beweisen wolle, indem er dazu beitragen werde, die Ungarn zu besänftigen und mitzuhelfen, die alte Ordnung wieder herzustellen. Die Gnadenpforte Seiner Majestät werde niemandem verschlossen sein, und es müsse dies auch nicht angezweifelt werden. Jedenfalls wolle er als verantwortlicher Minister das Anliegen Frangepans unterstützen. In einem zweiten Brief, der im Tone wärmer gehalten war, wandte sich Lobkowitz in diesem Sinne am 16. April auch an Zrinyi. Mit diesen beiden Briefen reiste Forstall noch an diesem Tage von Wien ab, um sie den in Csakathurn wartenden Magnaten zu überbringen.

Die Kaiserlichen vor Csakathurn

Befehlsgemäß sollte General Spankau am 13. April 1670 mit dem Angriff auf Zrinyis Murinsel beginnen. Er bekam aber auch die Anweisung,

Pater Forstall den Weg nach Csakathurn und zurück nach Wien frei-
zugeben, wenn sich die Lage nicht grundsätzlich ändern sollte. Als dieser
Befehl in Wien geschrieben wurde, waren aber im Einsatzgebiet die
Würfel schon gefallen. Der General hatte, ehe er noch die mit 13. und
14. April datierten Schreiben erhielt, gemäß der Anweisung vom 9. April
den Befehl, daß er Zrinyi, wenn dieser sich dem Hofe unterwerfe und
die Bedingungen des Hofes annehme, freundlich behandeln solle. Sollte
dieser aber auf die kaiserlichen Truppen schießen lassen, sich als Feind
gebärden und Widerstand leisten, könne von einer Gnade keine Rede
mehr sein, dann wäre mit den Kampfhandlungen unverzüglich zu beginnen. General Spankau hat aber schon am 12. April, also einen Tag
nach der Rücksendung der Boten Zrinyis, mit 600 Reitern bei Sauricz
die Drau überquert. Die Nacht auf den 13. April verbrachte er mit
seinen Truppen in Ornosg und in Polsterau. Im Morgengrauen des
13. April rückte er in das Murdreieck, das auch Murinsel genannt wurde,
ein, während Graf Breuner mit 4000 Mann gegen Légrád vordrang.
Spankau eilte mit dem Dragonerregiment Jacques und den Kürassieren
des Barons Zeiß seinen Infanterieregimentern voraus und ritt, ohne auf
Widerstand zu stoßen, bis vor die Festung Csakathurn.

In der Festung löste das so rasche Erscheinen der kaiserlichen Reiterei
Bestürzung aus. Die Offiziere fragten Zrinyi, ob er ihnen die Feuer-
erlaubnis gäbe, und sie sahen, daß der Graf große Lust hatte, sich mit
Spankau zu schlagen, denn die Geschütze waren auf den Mauern aufgefahren worden. Aber Burgsdorf, ein deutscher Dragonerrittmeister,
der im Dienste Zrinyis stand, warnte den Ban: „Bedenkt, Graf, daß
General Spankau nicht von Herberstein oder Breuner ins Feld geschickt
wird, sondern vom Kaiser. Lägen wir nur mit dem innerösterreichischen
Kriegsrat allein in Fehde, stünden die Dinge anders. Laßt Ihr auf die
kaiserlichen Truppen feuern, wie es einige der Herren vorschlagen, so
befindet Ihr Euch im Kriegszustand mit Seiner Majestät, in offener
Rebellion, dann habt Ihr jede Aussicht auf einen noch möglichen Frieden
verspielt. Es bleibt Euch und uns dann nur die Wahl zwischen Tod und
Exil." „Ich würde gerne dreinschlagen", grollte der Graf, „aber der
Burgsdorf hat recht. Hauptmann Káldy, Ihr reitet Spankau zur Begrüßung entgegen und verzögert die Übergabeverhandlungen, solange
Ihr könnt. Tut, als ob Ihr mir berichten müßtet und reitet einige Male
zwischen Burg und Feldlager hin und her." Dann wandte er sich an die
versammelten Offiziere: „Die Kanonen habe ich zwar auffahren lassen,
aber feuern werden sie nicht. Warten Sie meine weiteren Befehle ab."
Damit war die Beratung zu Ende.

Während sich Hauptmann Káldy zu General Spankau begab, ließ
Zrinyi die Pferde satteln, die er für sich und Frangepan brauchte. Er hielt
es für besser, Spankau auszuweichen und dem Rat Forstalls und
Borkovichs zu folgen, die zu Verhandlungen geraten hatten. Zrinyis

Gemahlin, Katharina Frangepan, war zugegen, als sich ihr Gemahl und ihr Bruder auf die Reise vorbereiteten. „Ich habe meinen Sohn als Geisel gestellt", tröstete sie Zrinyi, „und Frangepan und ich haben jeder eine Charta bianca unterfertigt, und Forstall kündet Lobkowitz unser Kommen an. Sie brauchen mich, denn Rákóczys Truppen werden erfolgreich sein." Sie hatten alle Schreiben, die sie von Borkovich und Forstall erhalten hatten und auf einen Pardon hoffen ließen, eingepackt. Am 13. April um elf Uhr nachts brachen sie auf. „Gott mit dir!" sagte Zrinyi zum Abschied zu Katharina, stieg auf sein Pferd und stürmte in die Nacht hinaus. Mit ihm und dem Marquis ritten Rudolf Lahn, Severovich und mehrere Bedienstete und Bewaffnete, insgesamt 20 Personen mit 25 Reitpferden.

Zrinyi und Frangepan reiten nach Wien

Rudolf von Lahn hatte den Pferden Lappen um die Hufe binden lassen, so daß die Flüchtlinge am 13. April unbemerkt von Spankaus Wachen ihren Weg durch die stürmische Nacht nehmen konnten. Sie ritten nach Norden und überquerten, in Richtung Turnice, die Mur. Zrinyi, Frangepan und ihre Männer fuhren in drei Booten, während die Pferde die Mur durchschwammen. Vom Nordufer des Flusses ritten die Flüchtigen in scharfem Trab bis Széchyzigeth, das sie gegen Mittag erreichten. Nachdem die Magnaten und Männer sich in einem Wirtshaus gestärkt hatten und die Pferde gefüttert und getränkt worden waren, ging es weiter, nach Körmend. In der Wasserburg der Batthyány, die sie bei Einbruch der Dunkelheit erreichten, nahmen sie für die Nacht Quartier. Sie waren mehr als zehn Meilen geritten.

Zrinyi und Frangepan wurden von Christoph Batthyány freundlich empfangen und bewirtet. Obwohl Christoph Batthyány auch Zrinyis Bitte entsprochen hätte, ihn, als einfachen Reiter verkleidet, in Körmend bleiben zu lassen, bis sich die Lage geklärt hätte, entschloß er sich, auf Drängen Frangepans, den Weg nach Wien fortzusetzen. Der Marquis weigerte sich beharrlich, allein nach Wien zu gehen und persönlich auszukundschaften, wie die Dinge stünden: „Wir reiten beide oder es geht keiner nach Wien."

Batthyány aber stellte klar, daß er stille sitzen wolle. Er hielt sich an den Rat Wiens. Am nächsten Tag, dem 15. April, ritten die Flüchtlinge bis Keresztes*) an der Pinka, wo sie bei den Jesuiten nächtigten. Sie waren aber, weil sie die Pferde am Vortage ziemlich angestrengt hatten, am zweiten Tage nicht mehr so rasch vorangekommen, wie sie gewollt hatten. Müde hatten sie sich nach einem bescheidenen Mahl

---

*) Heiligenkreuz

zur Ruhe begeben, und in den Morgenstunden des 16. Aprils ging es wieder weiter. Unbehelligt erreichten sie die Stadt Güns. Als der reiche Andras Somogy erfuhr, daß die Grafen in der Stadt seien, ließ er sie zu sich bitten. Während eines Gespräches, bei dem er sie bewirtete, warnte der protestantische Senator die Grafen vor den Geheimräten in Wien und riet ihnen, von ihrem Plan, nach Wien zu gehen, Abstand zu nehmen und zu Fürst Rákóczy nach Oberungarn zu reiten. „Traut den Geheimräten nicht! Sie werden euch gefangensetzen lassen. Was bei ihnen zählt, das sind die Regimenter, die ihr habt. Kommt ihr mit leeren Händen, so steht es schlecht um euch." Wieder wäre Zrinyi bereit gewesen, seinen Plan, nach Wien zu gehen, aufzugeben, aber wieder riß ihn Frangepan mit sich fort. Sie ritten weiter, denn sie wollten die kommende Nacht in der Burg Kobersdorf verbringen und bei Graf Franz Kéry nächtigen. Severovich eilte voraus, um dem Grafen die Ankunft der Magnaten zu melden. Es begann schon zu dunkeln, als die Reiter die mächtige Wasserburg erreichten. Die Zugbrücke über den breiten Wassergraben war herabgelassen und das Tor des Zwingers geöffnet. Während Zrinyi und Frangepan flüchtig die drei wuchtigen Rundtürme betrachteten, trat die Torwache ins Gewehr und ein Hornist meldete Kéry die Ankunft der ungarischen Herren. Zrinyi und Frangepan wurden hierauf in den inneren Burghof geleitet, wo ihnen Graf Kéry bis zum Brunnen entgegenkam. „Wir sind am Wege nach Wien und vom scharfen Ritt müde, Graf", sagte Zrinyi, nachdem er vom Pferde gestiegen war und auf Kéry zutrat. „Wir bitten daher um das Gastrecht in Eurem festen Haus." „Ihr seid mir willkommen", erwiderte der Hausherr. Hierauf begrüßte er auch Frangepan und wies die Wache an, das Gefolge der Grafen einzulassen und im Gesindetrakt unterzubringen. Die Pferde sollten erst gefüttert und getränkt und dann auf die Weide um die Schloßkapelle gebracht werden. Zwei Pferde, die ihre Eisen verloren hatten, sollten von den Schmiedegesellen noch am Abend frisch beschlagen werden. Zufrieden mit Kérys Entgegenkommen blickten die Grafen um sich. „Eure Burg ist geräumig", bemerkte Frangepan, „ein Bollwerk, das sich lange verteidigen läßt." „Ein Haus für unruhige Zeiten", bestätigte Kéry. Frangepan blickte zu den Säulen und Bögen empor und meinte: „Die Arkaden scheinen älter zu sein." „Sie stammen, wie die Rundtürme, aus der Zeit der Weißpriacher. Die anderen Trakte haben schon die Kéry gebaut." Zrinyi wies unterdessen auf das Wappen an der Brunnenumrandung und stellte fest: „Das Wappen der Lippay de Zombor." Kéry bestätigte das. „Sie hatten bis vor einiger Zeit Anteile in Kobersdorf. Meine Familie hat sie nach und nach aufgekauft, und jetzt sitzt der Bruder des verstorbenen Erzbischofs in Neusiedl am See, wo er mit den Ablösesummen seine dortigen Besitzungen erweiterte." Dann fragte er den Ban, ob er Nachrichten von Maria Széchy habe. „Sie ist die Cousine meiner Frau", erklärte er den Herren. „Wir haben manches mit ihr beraten", freute sich Zrinyi. „Wenn es Eure Gemahlin interessiert, erzähle ich ihr gerne davon." „Das wollen wir beim Abendessen, Zrinyi", versprach Kéry. „Dann wird Julianna zugegen sein."

Während die Pagen ihre Herren umsorgten und Stallmeister Lahn und Severovich sich um das Gefolge und die Pferde kümmerten, schrieb Graf Kéry eilends eine Meldung an den Hofkriegsratspräsidenten und fertigte einen seiner verläßlichsten Männer als Boten ab. Kéry berichtete Lobkowitz, daß sich Zrinyi und Frangepan bei ihm in Kobersdorf aufhalten und nach Wien wollen. Der Meldereiter begab sich sofort auf den Weg und ritt die ganze Nacht durch.

Kéry bat die Gäste zu Tisch. Die Ungarn machten Julianna den Hof, und schon während des Essens entwickelte sich das Gespräch. Zrinyi erkundigte sich bei Franz Kéry: „Ist Euer Bruder Johannes noch bei den Paulinern?" Kéry bejahte und fragte, wie Zrinyi darauf komme. „Er hat beim Begräbnis von meinem Bruder eine ergreifende Trauerrede gehalten. Wäre Niklas am Leben geblieben, stünde es um unsere Angelegenheit anders. Für Wien ist er nach diesem Jagdunfall in Kursanec im richtigen Augenblick gestorben." „Wenn ihn nicht Poka, sein Leibjäger, im Auftrage des Hofes selbst erschossen und einen Jagdunfall vorgetäuscht hat", warf Frangepan gereizt ein. „Es wurde mancherorts davon geredet."

„Ihr, Zrinyi, seid ein ebenso guter Soldat", überging Kéry diese Äußerung. „Aber was führt Euch jetzt nach Wien?"

„Kroatien und Oberungarn erheben sich gegen ihren eigenen Landesherrn, und wir, die Führer der Nation, wollen versuchen, im Verhandlungswege noch das zu erreichen, was das Volk durch den Appell an die Waffen zu erzwingen sich anschickt. Es will, mit oder ohne fremde Hilfe, das Joch der Fremdherrschaft abschütteln und, unter welchem Zeichen es auch sein mag, seinen eigenen Weg gehen."

Inzwischen waren die Speisen aufgetragen worden, und die Diener Graf Kérys servierten zum Wildbraten dunkelroten Lutzmannsburger. Frangepan hatte das herrliche Deckengemälde studiert. „Aus dem Trojanischen Krieg", stellte er mit Kennerblick fest. „Das hölzerne Pferd, ein Danaergeschenk! Aber auch Laokoon warnte Priamus vergebens."

Graf Kéry horchte auf. War das zweideutig gemeint? „Man soll die Griechen fürchten, wenn sie Geschenke machen", erwiderte er hintergründig. Aber Frangepan überhörte die feine Ironie Kérys anscheinend und widmete sich weiter der Betrachtung der wundervollen Stuckverkleidung des barocken Raumes.

„Graf Kéry ist ein wohlhabender Mann", ging Zrinyi auf die Gedanken Frangepans ein.

„Wir hatten lange Frieden in dieser Gegend", erklärte Kéry, „und die Freundschaft mit Graf Esterházy dient seit geraumer Zeit der Aufrechterhaltung der Ordnung. Nur so war es möglich, daß auch wir unser Haus wohnlich gestalten konnten. In letzter Zeit aber hat sich die politische Lage sehr verschlimmert. Die Wetterwolken über Kroatien und dem slowakischen Erzgebirge machen uns allen Sorgen. Und wenn ich daran denke, daß Maria Széchy mitten in diesem von Krisen geschüttelten Gebiet lebt, dann verringert das unsere Befürchtungen nicht."

„Die Széchy ist eine sehr resolute Frau und politisch ungewöhnlich ambitioniert", tat Zrinyi Kérys letztere Befürchtung ab. „Diesbezüglich braucht Ihr keine Sorge zu haben. Wir haben Verbindung zur Frau Nádor." Aber gerade das beunruhigte Graf Kéry.

„Wenn ich an die mächtigen Rundtürme Eurer Wasserburg denke", überlegte Frangepan, „dann darf ich lobend bemerken, daß Ihr für Eure Sicherheit genügend Vorkehrungen getroffen habt, Graf."

„Denkt daran", wehrte Kéry ab, „daß die Grenze zu den türkisch besetzten Gebieten nur einige Tagesmärsche entfernt ist. Die Burgen des königstreuen christlichen Adels sind der letzte Schutzwall, der den Erbländern unseres obersten Kriegsherrn vorgelagert ist. Es kann dazu kommen, daß wir hier gemeinsam mit den kaiserlichen Truppen Ungarn und Österreich verteidigen werden müssen. Aber diese Probleme gibt es wohl im Küstenland der Adria nicht, denn gegen die Flotte der Venezianer sind die Türken machtlos."

„Sagt das nicht, Kéry", widersprach der Markgraf nachdenklicher geworden. „Der Türke steht auch in Serbien, und nach einigen Tagesmärschen stünde er wohl auch im Küstenland. Feindliche Kriegsschiffe operieren, trotz der Flottenmacht Venedigs, auch in unseren Gewässern. Die Gefahr ist wohl überall gleich groß."

Zrinyi aber leitete das Gespräch wieder auf die ungarische Sache über: „Laßt uns von Ungarn reden", begann er. „Wir hätten uns nicht erhoben, wenn der König die Verfassung seines eigenen Königreiches respektiert hätte. Er darf ungarisches Gebiet nicht ohne Zustimmung der Ungarn dem Feinde überlassen. Das aber hat König Leopold im Eisenburger Frieden getan. Um Neuhäusl liegen die größten Güter der Magnaten. Leopold hat sie preisgegeben, und wir haben den Schaden. Dazu kommt, daß Montecuccoli die ungarischen Truppen entlassen und nach Hause geschickt und deutsche Söldnertruppen, für deren Unterhalt wir aufzukommen haben, in die ungarischen Grenzburgen gelegt hat. Leopold scheint der Meinung zu sein, daß die ungarischen Truppen nicht verläßlich genug wären. Er zieht überall im Lande Fremde den Ungarn vor und ist verärgert, wenn wir, die Ungarn, damit nicht einverstanden sind. Die Magnaten müssen aber mit ihren im kaiserlichen Bereich verbliebenen Gütern für die deutschen Söldner und mit den im türkischen Bereich liegenden Besitzungen für die osmanischen Truppen Unterhaltszahlungen leisten."

„Ihr wißt, Kéry", setzte Frangepan ein, „daß schon Wesselényi, Euer Gevatter, den Adel zum Widerstande aufgerufen hat, weil auch er, der

Palatin des Königreiches, bei den Friedensverhandlungen in Eisenburg übergangen wurde."

„Ich wußte um seine Ansichten und um seine Absichten", wich Kéry aus. „Wesselényi hat, solange Euer Bruder, Ban, und der Fürstprimas mit ihm im Bunde waren, den Boden der ungarischen Verfassung nicht verlassen."

„Es ging und geht um die Freiheit der Nation!" verharrte Zrinyi.

„Ungarns Freiheit, Ban, ist mit der Freiheit des christlichen Abendlandes schicksalhaft verwoben", entgegnete ihm Kéry. „Im Alleingang und offenen Aufruhr gegen den eigenen König werdet Ihr weder die Wiedervereinigung Ungarns erreichen noch die Fremdherrschaft der Hohen Pforte über Ungarn brechen können. Der Antichrist hat Ungarn fest in seinen Krallen. Eine Veränderung, wie Ihr sie wünscht, Ban, und wie sie auch wir anstreben, ist nur in einem gewaltigen Waffengang der freien Welt gegen den heidnischen Osten möglich. Einer Eurer Vorfahren, der Verteidiger von Sziget, wurde der kroatische Leonidas genannt, denn er fiel für die Freiheit des Abendlandes. Und wo steht Ihr, Ban?"

„Vergeßt nur Ihr nicht, Kéry, daß Euer Geschlecht aus Ipolker stammt und daß daher auch Ihr zum ungarischen Adel gehört!" grollte Zrinyi.

„Gewiß", entgegnete Kéry, der seinen Standpunkt fixierte, „aber zum christlichen Adel der Nation, wie Esterházy, wie Szelepcsényi, wie Zichy, Majtenyi, Batthyány, Erdödy und viele andere!"

„Laßt die leidige Politik", bat Julianna, die einer harten Auseinandersetzung vorbeugen wollte. Kéry wandte sich hierauf an Zrinyi: „Wann wollt Ihr weiterreiten, Ban?" „Morgen früh", entgegnete ihm dieser, und Kéry meinte lachend: „Dann können wir morgen weiterreden, denn ich muß nach Wien und hoffe, daß ich mit Euch reiten darf." „Natürlich dürft Ihr mit uns reiten", gestand ihm Zrinyi ohne Bedenken zu.

Kéry hatte Zrinyi und Frangepan vor allem deswegen in ihrer Absicht, nach Wien gehen zu wollen, bestärkt, weil er im Augenblick gar nicht genug Kräfte gehabt hätte, sie dazu zwingen zu können. Kérys Brief war am 17. April am späten Nachmittag in Wien angekommen, und Kaiser Leopold ließ ihm antworten: „Mein lieber Kéry. Wenn Zrinyi und Frangepan noch bei dir sind, bestärke sie in ihrem Vorhaben, nach Wien zu reiten. Sollten sie aber sonstwohin wollen, dann halte sie so lange bei dir zurück, bis meine Soldaten bei dir einlangen, um sie in Empfang zu nehmen. Wenn sie aber Kobersdorf bereits verlassen haben, so melde dies sofort nach Wien." Dieses Antwortschreiben an Kéry wurde mit 17. April, acht Uhr abends, datiert. Bevor dieses Schreiben aber in Kobersdorf hätte eintreffen können, hatten Zrinyi und Frangepan ihren Ritt nach Wien bereits fortgesetzt. Graf Kéry wollte die Rebellen nicht aus den Augen verlieren und ritt deshalb mit einigen von seinen Männern mit ihnen mit. Unterwegs kam ihnen der Botenreiter Kérys entgegen, der aus Wien zurückkehrte. Kéry fragte ihn vor Zrinyi und Frangepan, ob er eine Nachricht für ihn habe, aber der Meldereiter überblickte die Situation sofort und verneinte, damit die ungarischen Herren nicht verlangen konnten, daß Kéry ihnen den Brief lesen lasse, denn sie wären sofort mißtrauisch geworden. Sie würden erschrecken, dachte der Reiter, wenn sie wüßten, was in dem Briefe steht, den er bei sich trug, denn für die Ergreifung Zrinyis waren 10.000 und für die Frangepans 5000 Taler ausgesetzt worden. Hätten sie das erfahren, wären sie umgekehrt und nach Oberungarn zu Rákóczy geritten. Sie sind dann die ganze Nacht durchgeritten und kamen am 18. April in der Frühe in Wien an, wo sie vorerst auf der Landstraße im Augustinerkloster Quartier nahmen. Ihre Ankunft in Wien löste bei den Geheimräten große Überraschung aus, und Lobkowitz bemühte sich, sie durch Wahrung der höfischen Formen und durch höflichen Umgang in seine Gewalt zu bekommen. Er sandte ihnen seinen eigenen Wagen in das Kloster entgegen und ließ sie abholen. Sie fuhren mit dieser Kutsche in die Stadt und wurden im Hotel „Weißer Schwan" in der Kärntner Straße untergebracht, aber vorerst nicht unter Bewachung gestellt. Schon gegen Abend wurden sie getrennt. Peter Zrinyi wurde zum Oberstleutnant der Stadtwache, Baron Ugarte, gebracht, Frangepan zu Major Traun und Rudolf von Lahn zu Rittmeister Arnold. Da vor den Häusern dieser Herren ständig Schildwachen standen, fiel es gar nicht auf, daß sich die Grafen ab jetzt unter Arrest befanden, und es erweckte auch nicht den Anschein, daß sie Gefangene seien.

Da Kéry Lobkowitz sofort gemeldet hatte, daß er mit den Rebellen nach Wien gekommen war, wurde erzählt, daß er sie — unter Bruch des Gastrechtes — selbst gefangengenommen habe. Allgemein herrschte in der Wiener Öffentlichkeit die Meinung, daß die Magnaten bereits Gnade gefunden haben mußten und nur nach Wien gekommen wären, um gegen Herberstein, Auersperg und die steirischen Herren Klage zu führen, weil diese sie unschuldig verdächtigt hätten, daß sie mit den Türken kollaborieren würden.

Kroatien und Slawonien und Küstenland kaiserlich

Szwarcza, eine Burg Zrinyis, die in der Nähe von Karlstadt lag, wurde am 7. April von Truppen General Herbersteins besetzt und geplündert. Hierauf bemächtigte sich der in Kroatien kommandierende General der Städte und Burgen Ozály, Ribnik, Zrin, Novigrad, Szeverin und Boszelejevo sowie der Besitzungen Graf Frangepans. Die Untertanen des Marquis wagten es nicht, den ins Land einrückenden österreichischen Regimentern Widerstand zu leisten. Sie ergaben sich kampflos und befürchteten nur, daß bei einer Wende der Dinge ihre geflohenen Herren zurückkommen und sie wegen ihres Treuebruches zur Verantwortung ziehen könnten. Herberstein aber ließ allerorten Steckbriefe anschlagen und verkünden, daß für die Ergreifung des Bans 10.000 und für die Ergreifung Frangepans 5000 Taler ausgesetzt worden waren.

Da sich die Grafen Zrinyi und Frangepan wie Feinde verhalten hatten, wurden sie auch wie Feinde behandelt. Ihre Burgen und Städte litten arg unter der Besetzung durch kaiserliche Verbände, und die Freunde der Verschwörer klagten, daß die Truppen alles, was nicht niet- und nagelfest gewesen sei, mitgenommen und als Beute betrachtet hätten. Saurer, ein Fähnrich aus Karlstadt, habe den mit Edelsteinen besetzten Karabiner, der einst im Besitze des Csengics-Pascha gewesen war, an sich gebracht und von den Meierhöfen sei alles Vieh weggetrieben worden.

Am 10. April war Herberstein zur Adriaküste aufgebrochen, um deren Besitz die österreichische Regierung fürchtete. Es wurde in Wien angenommen, daß sich die schlauen Venezianer unter dem Vorwande, daß sie die Küstenstädte vor dem Zugriff der Türken schützen müßten, diese besetzen und für sich behalten könnten, um für das verlorengegangene Candia einen Ersatz zu haben. Dies um so mehr, weil ein Vetter des Marquis in diesen den Befehl führte und ebenfalls im Lager der Verschwörer stand. Aber Orpheo Frangepan und Franculini blieben im großen und ganzen untätig. Franculini hatte zwar durch die Geistlichkeit von den Kanzeln herab alle wehrfähigen Männer von zwölf Jahren an zu den Waffen gerufen und in kecken Reden gegen Kaiser Leopold gehetzt, aber sonst nichts unternommen.

Orpheo Frangepan, der noch immer auf türkische Waffenhilfe rechnete, bot seine Dienste Udhina Ali, dem in Likka-Korbavia kommandierenden Beg an. Den Brief, mit dem er sich dem türkischen Befehlshaber unterstellte, übergab Orpheo seinem Diener Bogdanics Gyuricza, einem verläßlichen Grenzer. Bogdanics fiel aber auf dem Wege nach Likka-Korbavia einer Reiterpatrouille Graf Breuners in die Hände und folgte den Brief dem Steirer aus. Als Orpheo Frangepan hörte, daß sein Brief von Breuner an Herberstein weitergegeben worden war und Herberstein die Genzer in Karlstadt zusammengezogen habe und ihn ebenso wie den Marquis als Feind betrachte, verlor er den Kopf vollends. Von Novi schrieb er an seinen Vetter: „Wir sind, ohne dich, wie grobe Holzklötze. Wir wissen nicht, was wir jetzt tun sollen." Doch als er erfuhr, daß Bukovatzkys Truppen geschlagen und auseinandergelaufen und der Markgraf selbst von Agram nach Csakathurn geflohen sei, stand sein Entschluß, ebenfalls zu fliehen, fest. Er begab sich zu Julia de Naro, der Gemahlin des Marquis, und forderte sie auf, sich zur Flucht vorzubereiten. Die Marquise schmerzte es sehr, daß sie sich von ihrem Gatten und von ihren schönen Besitzungen trennen mußte. Mit 28 Begleitpersonen begaben sich die Marquise und Frangepan in Novi an Bord eines von Orpheo bereits vorbereiteten Schiffes. Sie liefen zuerst Buccari an, dann segelte Orpheo durch die Bucht von Triest nach Monfalcone. Hier trennten sich die Wege der beiden. Orpheo Frangepan flüchtete nach Rosacis in Friaul zu Graf Valvasone, seinem Oheim. Julia de Naro, die nur fünf weibliche Bedienstete, einen Priester und zwei Diener als Gefolge behalten hatte, kaufte zwei Fuhrwerke an und ließ auf diesen ihre Gelder, ihr Silbergeschirr und wertvolle Gegenstände, die sie in 20 Kisten verpackt hatte, verstauen. Sie wollte sich über Venedig nach Rom begeben und den Heiligen Vater bitten, ihre in Italien liegenden Besitzungen in den Schutz des Kirchenstaates zu nehmen, damit nicht auch diese von kaiserlichen Kommissären konfisziert werden würden.

Indessen war General Graf Herberstein mit 4000 Mann in das Küstengebiet gekommen. Er erhielt zwar davon Kunde, daß sich die Küstenstädte widersetzen würden, aber als er am 12. April vor Buccari erschien, öffnete die Stadt die Tore. Nur Franculini, der Befehlshaber der Burg, wußte nicht, ob er Widerstand leisten solle oder nicht. Als er aber hörte, daß Orpheo Frangepan und Julia de Naro geflohen waren und bei einem kurzen Anlaufen des Hafens für ihn nur die Nachricht hinterlassen hatten, daß er in Treue ausharren möge, entschloß er sich, die die Stadt beherrschende Festung kampflos zu übergeben. Herberstein nahm hierauf die ganze Umgebung von Novi bis Grobnik und Brod, das Vinodolital, den Familienbesitz der Zrinyi, Brebir, in Besitz, worauf sich auch Krisan, Drevenich und Hrelin ergaben. Herberstein ernannte Graf Ernst Paradeyser, den Hauptmann von Somberk, zum Befehlshaber des besetzten Gebietes und bestimmte als Sitz für ihn die Festung Buccari. Es ging das Gerücht, daß Wien beabsichtigen würde, dieses Gebiet von der Krone Ungarns abzutrennen, um es Kroatien zuzuschlagen. Novi wurde von Gáll György, dem Vizehauptmann von Segnia, besetzt. Im Hafen lagen 28 intakte Barkassen, mit Geschützen und Mannschaften wohl versehen. Diese Flotte wurde sofort von ihm in Dienst genommen, und schon einige Stunden später wehten die kaiserlichen Zeichen wieder von ihren Masten. Die Adriaküste war für Österreich gesichert.

Gáll war mit wehenden Fahnen und Trommeln in diesen Krieg gezogen und hatte seinen Soldaten reiche Beute versprochen. Nun hielt er Wort. Nach der Besetzung von Novi gab er Alt- und Neukraljevicza zur Plünderung frei. In der Burg Neukraljevicza, dem Lieblingssitz der Zrinyi, trieb es Gáll besonders arg. Die Marmorstatuen und Einlegebilder der Marmorböden wurden, nachdem alles andere schonungslos geplündert worden war, zerschlagen, weil sie nicht mitgenommen werden konnten. Was transportiert werden konnte, wurde auf Schiffen nach Segnia gebracht. Zurück blieb ein verwüstetes Schloß, eine Ruine.

Graf Paradeyser und sein Bruder beschlagnahmten sofort alles Kriegsgerät, vor allem Geschütze und Handfeuerwaffen. Ebenso wurden alles Bargeld, wertvolle Möbel und Fischernetze konfisziert. Die Besitzungen der Verschwörer und ihrer Anhänger waren eine leichte Beute geworden.

Während dieser Zeit war auch der Feldzug gegen Zrinyis Murinsel beendet worden, und die Nachricht von der Besetzung von Csakathurn erreichte Wien noch vor dem Eintreffen Zrinyis und Frangepans. General Spankau war mit seinen Reitern vorausgeprescht und stand schon am 13. April vor der mächtigen Burg. Als er aber sah, daß auf den Mauern der Festung viele Geschütze aufgefahren worden waren, hielt er mit dem Angriff inne und sandte Melder zu den nachfolgenden Infanterieeinheiten und der Artillerie, daß sie ihren Marsch beschleunigen mögen. Diese marschierten die Nacht durch, und in den Morgenstunden des 14. April konnte er seine Streitmacht in Schlachtordnung aufstellen und die mitgeführten Geschütze in Stellung bringen lassen. Erst jetzt forderte er den Ban auf, keinen Widerstand zu leisten und sich zu ergeben. Seinem Parlamentär eröffnete Hauptmann Kaldi, daß die Tore geöffnet werden würden. Die Übergabe aber verzögerte sich bis zum Nachmittag, denn Gräfin Katharina wollte ihrem Gemahl einen entsprechenden Vorsprung sichern. Endlich überbrachte ein Offizier Zrinyis General Spankau den Schlüssel von Csakathurn und meldete, daß die Tore offenstünden. Auf die Frage Spankaus, ob ihn der Ban erwarte, meldete Kaldi, daß Zrinyi und Frangepan nicht mehr in Csakathurn seien. Hierauf wurde die Burgbesatzung entwaffnet, und General Spankau begab sich zu Gräfin Katharina, die ihn in Gegenwart ihrer Tochter Aurora-Veronika erwartete. Der General verhielt sich den Frauen gegenüber bestimmt, aber sehr höflich. Er gestattete es ihnen aber nicht, die Burg zu verlassen, womit sie unter Hausarrest gestellt waren. Spankau ließ Hauptmann Kanitzki und 100 Mann des Infanterieregiments Leslie als Wache in der Burg zurück und marschierte am darauffolgenden Tag mit seinen Truppen nach Kotori. Am gleichen Tag erschien auch Graf Breuner vor Légrád. Es gelang ihm mit Hilfe Csinderyjs, der Zrinyi haßte, die 1500 militanten Protestanten der Stadt dazu zu überreden, diese kampflos den Kaiserlichen zu übergeben. Während Kotori und Légrád besetzt worden waren, fiel auch Pethö Ferencz, ein Nachbar Zrinyis, von Friedau kommend in die Murinsel ein und plünderte zehn Dörfer des Bans und brannte sie anschließend nieder. Das Schloß Jalkovecz im Komitat Varást, das Ivanovics Ferencz, einem Parteigänger Zrinyis, gehörte, wurde von Soldaten aus Körös geplündert und in Brand gesteckt. Ebenso fielen die Besitzungen des Ivanovics Istvan im gleichen Komitat und die Zrinyi-Burg Bosjako im Komitat Agram der Plünderung durch Soldaten von Ivanics zum Opfer, während Graf Swastovics Istvan die Getreidevorräte Bukovatzkys von dessen Besitzungen an der Lomnica nach Turmecö schaffen ließ. Auch Csakathurn wurde, nachdem Gräfin Katharina vergeblich versucht hatte, durch ein Wildpretessen für die kaiserlichen Offiziere die Plünderung abzuwenden,

Offizieren und Soldaten zur Jagd auf Beute überlassen. Während General Spankau, der im Gespann, das ihm der Ban als Geschenk übergeben lassen hatte, in die Burg eingefahren war, sich dieses behielt, hielten sich die anderen an Teppichen, wertvollen Waffen, Uhren und an Zinn- und Silbergeschirr schadlos. Alles andere fiel dem Beuterecht der Truppen anheim, so daß der Gräfin und ihrem sechzigköpfigen Personal kaum mehr genügend Lebensmittel und Küchengeschirr verblieben. Die auf der Burg vorgefundenen 72 Kanonen wurden von Baron Wildenstein für den innerösterreichischen Kriegsrat in Graz konfisziert, ebenso die verbliebenen restlichen Infanteriewaffen.

Als Zrinyi und Frangepan mit Graf Kéry in Wien ankamen, waren Kroatien und Slawonien wieder dem Kaiser unterworfen und es gab keinen Fußbreit Boden, der sich nicht ergeben hätte. Das Agramer Haus Zrinyis war Nikolaus Erdödy übergeben worden.

Forgách berichtet an Rothal

Graf Adam Forgách, der Stiefvater Nádasdys, galt bei Hof als ehrlicher Mann und als absolut königstreu. Er beobachtete die ganze Zeit hindurch besorgt, was in Ungarn vor sich ging, und berichtete am 11. März 1670 aus Fritsch (Fricsó) an Graf Johann Rothal über die für 27. März einberufene Versammlung nach Neusohl, „... die 13 gespanschaften gehn wider mih an wie der Teifel", weil er die anderen Gespanschaften von ihnen abgezogen habe. „Helff Gott meinen Guitern!" Die Gesandten der 13 Gespanschaften würden in den Religionsangelegenheiten vor der Kommission keinen Vergleich eingehen, wenn nicht den schon in Eperjes eingebrachten Klagen abgeholfen würde und die Deutschen aus dem Lande abgezogen werden. Dies solle in Neusohl gar nicht mehr verhandelt, sondern beschlossen werden. Sie bringen vor, daß Seine Majestät den Kommissären keine Vollmachten gegeben habe, über diese Dinge zu reden. Er zweifle nicht, daß man auch ihm noch vor Ostern böser zusetzen und er durch die bevorstehende Bewegung um Hab und Gut kommen werde. Durch eine künftige Belohnung aber würde sein Ansehen gewaltig steigen. Daß ihm Seine Majestät 1000 Gulden angewiesen habe, bewirke für einen treuen Diener keine Hoffnung, sondern Verzweiflung. Man möge ihm die 1000 Gulden von seinen Schulden absetzen. „Ih bekens gnediger Her, die sachen machen mir Mukken."

Am 23. März berichtete Forgách aus Besztercebánya, wohin die Stände auf Betreiben Nádasdys, des Landrichters, einberufen worden waren, daß er wegen des schwierigen Zeremoniells nicht früher dazu gekommen sei, zu schreiben. Dies deshalb, schrieb er Rothal, weil der Erzbischof den Gruß der Stände nicht erwidert, noch sie eingeladen habe, sich zu setzen. Die Abgesandten der 13 Gespanschaften hätten hierauf die Schreiben an sie nicht angenommen, weil sie vom Palatin-Statthalter bloß

GEORGI₉ LIPPAY de ZOMBOR
Archieppus Strigon . lociq₃ eiusdem
Com . perp . Prim . Hung . leg . nat₃ ſum
Sec . et Canc S · C · R · q₃ M · Cons · int ·

Fürstprimas von Ungarn Georg Graf Lippay de Zombor

Peter Graf Zrinyi

FRANCESCO NADASTI CONTE PERPETVO DELLA
TERRA DI FOGARAZ, DELLI CONTADI DI CASTEL FERRATO
SIMEG, E SALAD, SVPREMO CONTE & CONSIGLIERO DI
STATO DI S M CESª E SVO CAMARIERO SVPREMO GIVDICE
DELLA REAL CORTE DI VNGHERIA

Franz Graf Nádasdy

Waß haſt gethan O Tattenbach
  Wie haſt du dich Verlohren?
Es ſtunde reichlich deine ſach,
  Warſt adelich gebohren:
Waß heit in Dun! iſt alles hin,
  Guett,bluet,leib,Ehr,vnd Namen,
Du warſt ein herr,ietz haſt nichts mehr,
  haſt alls verſcherzt Zuſamen.

Du haſt wider Onatuerlich recht
  Gehandelt hochvermeſſen:
Der herr gilt ia mehr,als der knecht,
  Wie haſt du dein Bergeſſen?
Gott iſt gar mild, doch grecht darbey,
  Zuckt, wan er mueß,die waffen:
Daß Gott der khayſer ähnlich ſey,
  Thuet die Rebellen ſtraffen.

Hans Erasmus Graf Tattenbach

Franz Christoph Graf Frangepan

EMERICI TOKOLY
HUNGARICI COMITIS
VERA EFFIGIES

Emmerich Graf Tököly

Ilona Gräfin Zrinyi

Török lovasok

24

Türkische Lanzenreiter

als „Novisolii congregatis" und nicht als Gesandte betitelt worden waren, und haben die Schreiben ungeöffnet zurückgegeben und erklärt, sie hätten Zeit abzuwarten, bis wir mit einem weitgehenderen königlichen Befehl ausgestattet werden würden, denn derzeit hätten wir zuwenig Macht, mit ihnen feste Verträge abzuschließen. Und weil sie (nach Rückgabe der Briefe) weder blind reden könnten noch wollten, sei es an uns, zu sehen, was sie begehren. Sie begehren in allem Satisfaktion. Die Vornehmsten der Oberungarn seien Gabriel Kende, Paul Szepessy und Martin Banfy. Die übrigen seien unbedeutende Leute. Klar ist, wenn sie keine Satisfaktion erhalten, so werden sie sich selbst Genugtuung verschaffen. „Den Kanzler Palffy hassen sie. Ich finde auch nicht, daß diese Leute beim Türken noch den Rücken frei haben." Er wies darauf hin, daß Seine Majestät kein anderes Mittel habe, sich das Land zu erhalten, als den Landtag. Er selbst befürchtet, unter türkisches Joch zu geraten. Der Stein des Anstoßes sei die Kirche zu Schemnitz und Religionsangelegenheiten, daß das deutsche Militär nicht aus Ungarn abgezogen werde und Seine Majestät kein Volk und keine Grenzer für das Vaterland halte noch habe. „Nach Meinung eines wackeren katholischen Mannes könne Ihre Majestät die Ruhe im Königreich in einer halben Stunde herstellen und beständig machen, wenn sie das Angebot der Lutherischen akzeptiere, die deutschen Soldaten ungarischen Grenzoffizieren und Generalen unterstelle und 4000 Mann ungarischer Truppen aufstelle und unter Waffen halte, um das Land zu verteidigen. Mit meiner Meinung kann ich da weder raten noch etwas hinzufügen, weil das gehässig wäre. Aber ich will das tun, was mir nicht weniger Sorgen macht und mahnen: Wir müssen bereit sein, uns mit Türken und Kezzern zu schlagen.

Unsere Mitglieder geben sich mächtig und gehen gar sicher. Sie reden mit keinem. Ob das allzeit geschieht oder nur bei Tag, weiß ich nicht. Ich glaube aber, sie werden auf jede Weise versuchen, uns in diesem Glauben zu lassen und hundert Mittel finden, durch andere zu verhandeln. Ich fürchte mich von Herzen, daß die Religionsangelegenheiten auch vor die Kommission gebracht werden. Wolle Gott, wir hätten keine Pfaffen mit uns. Kommen wir zu keiner Einigung, so werden wieder Gesandte zu Ihrer Majestät hinauf geschickt. Es hat hier nicht wenig Rumor gemacht, daß in Szathmár wieder Deutsche gesehen worden sind. Ich wollte, daß die Sachen bald ein Ende hätten, denn ich fürchte, ich werde den Kürzeren ziehen. Meine Leute berichten mir, wie die Landvölker zügellos hausen.

Paul Szepessy soll krank sein, und die Stände wollen mit dem Vorbringen ihrer Klagen zuwarten, bis er auf ist. Es sollen aber so viele sein, daß wir ein viertel Jahr brauchen werden, diese auf ihre Richtigkeit zu überprüfen. Die vordringlichsten Punkte sind die Religionssachen.

Fürst Rákóczy hat den Gespanschaften 1000 Pferde zur freien Verfügung versprochen. Ich will mit der Mahnung schließen, daß wir uns für das kommende Frühjahr wohl vorsehen müssen und Gott gebe Ihrer Majestät viele treue Diener. Sie haben es in dem Verderben Ungarns hoch vor ..."

Vier Tage später, am 27. März 1670 schrieb Graf Forgách aus Neusohl wieder an den königlichen Kommissär, ... er hoffe, daß seine ersten Schreiben bei ihm eingelangt sind. Aus diesen werde Rothal ersehen, wie fleißig er gewesen sei. „Daß ich aber zur Hauptsache komme. Vorgestern ist die Stadt teils mit guten, teils mit bösen Nachrichten vollgelaufen, weil die Zrinyischen Sachen dem Volk bekannt wurden, und vorgestern schrieb mir auch der Vizekapitän von Füllek, es seien vier ungarische Gesandte in Hatvan gewesen. Diese seien mit 300 Pferden eingeholt und nach Erlau gebracht worden." „Also glaub ih, man wird liberal larma plassen und gar die hör pauken (Heerpauken) schlagen. Man sagt hier, Ihr Majestät werde gögen Crabaten ihre Völker schikken." Forgách meinte, daß es auch in der Nachbarschaft zu Feindseligkeiten kommen werde. „Diese Zeitungen haben gestern der Kommission ein schä(n)dliches Ende gemacht. Als wir von den Ständen, was das öffentliche Wohl betrifft, eine Antwort und die Vorbringung ihrer Klagepunkte verlangten, damit wir nachher, nachdem wir diese überprüft, zu einem endgültigen Beschluß kämen, kamen sie in voller Zahl zu uns und sagten, wir hätten sie und ihre Beschwerden wie Statthalter behandelt. Weil sie aber sehen, daß wir nichts in den Händen haben und ohne die Ratifikation Ihrer Majestät kein Recht hätten, ihnen etwas zu geben, werden sie selbst einen Kurier zu Ihrer Majestät senden und begehren, was zu begehren ist. Also, Exzellenz, empfehlen Sie uns dem Allmächtigen. Die Stände sind auseinandergegangen. Inzwischen gaben sie uns zu wissen, daß sie am 12. Mai in Eperjes zusammenkommen und dort die Antwort Ihrer Majestät erwarten würden. Wir forderten sie hierauf auf, beisammenzubleiben, weil wir die Anklagen gelesen hatten und in diesen nicht das öffentliche Wohl, sondern schädliche kalvinische Klagen den ersten Platz einnehmen. Dieser gebühre aber der Sorge um das Reich. Sie ließen uns sagen, sie gingen auseinander und hätten weiter nichts mehr mit uns zu verhandeln. Da habt Ihr alles, Exzellenz! Das ist die Frucht unserer guten Ökonomia! Wie ich das schreibe, läßt mir der Herr General von Kaschau sagen, daß die Grenzer die Grenzhäuser verlassen, und wo hundert gewesen, seien keine fünfzig geblieben. ‚Larma, larma! Ad arma, ad arma!' (Alarm, Alarm! Zu den Waffen, zu den Waffen!) Herr, her mit einem Wunder, sonst ist Ungarn hin! Das ist unsere Krankheit. Ich habe es Ihrer Majestät etliche Male gesagt, ich fürchte, es wird übel hergehen in Ungarn. Ihre Majestät hat alles vor Augen gehabt. Der Herrgott strafe diejenigen, die Ihrer Majestät die Hände gebunden, den Bösen zu bestrafen und den Guten zu belohnen. Wer das Übel nährt, lehrt zu sündigen. Ich will zwar nicht den Tod des Sünders, aber das sind die Fakten. Hat Ihre Majestät einen in Ungarn, dem sie befehlen kann, gut mit den Seinen umzugehen? In den Klagen der Stände ist besonders hervorgehoben, daß sie keine zwei Statthalter und keine Pfaffen wollen. Der Judex curiae, Graf Nádasdy, ist der gesetzliche Statthalter. Das hat man dem Erzbischof Szelepcsényi offen ins Gesicht gesagt. Er hat ihnen geantwortet, er wolle alles dem Landrichter cedieren. Das sind galante Sachen. Ihr werdet an mich denken, Exzellenz. Ihre Majestät wird gezwungen sein, einen Landtag zu halten und Nádasdy wider ihren Willen zum Palatin zu machen, ob es dem Hofe recht ist oder nicht. ‚Ih hab da khein juridixia den ih weis und erfars das ih nix gilt. Aber ih sih die sequelen und ein erlicher Mann, den man nix gibt und hat nix in diesem Durcheinander khimbt zu khurz. Het ih 6000 fl anitz als was leider e uns wirdt kheindt sein, khint ma ah guet gesicht mahen. Ih hab dieses hern pater Imre und Ihr Excellenz hern graffen von Zinzendorff längst prophezeit, hat aber ein jeder die Aksel geschupt.‘" Forgách hatte auch dem Obersthofmeister alles erzählt und war ein Lärmmacher genannt worden. Man antwortete ihm, wer nicht helfen kann, soll auch nicht raten. „Patientia! Was ih vor ihr Majestät da gearbeit hab, wais Got und erliche leit." Am Schluß dieses Briefes betonte Forgách, daß er nun nicht mehr schreiben werde, er müsse morgen aufbrechen und nach Freistadtl (Galgóc) eilen, um zu sehen, wo er seine armen Kinder und sein Weib in Sicherheit bringen könne. Ferner teilte er Rothal noch mit, daß das ganze Landvolk in Bereitschaft ist, aufzustehen und keinen Deutschen mehr ins Land zu lassen. Gott könne alles wenden, aber es sei alles in Konfusion und alles stehe vor der Tür, was zu Zeiten Bocskays und anderer Rebellen Zeiten geschehen ist. Er empfahl sich Rothal und bat ihn, seinen Brief Pater Emrich zu senden. „Bald wird man sehen, was Khorn und Weitz ist!"

Die Lage hatte sich so verschärft, daß Forgách flüchten mußte. Am 2. April meldete er sich auf seiner Flucht mit einem kurzen Schreiben aus Ragendorf. Er sei gestern glücklich, aber mehr schwimmend als auf der Erde und zu Fuß hier angekommen und erwarte in Galgóc Rothals weitere Befehle. Es rüste sich alles zum Krieg, aber er hoffe, daß Gott ihre Feinde zuschanden machen werde. Von seiner Gemahlin habe er die gute Zeitung gehört, daß Zrinyi Pardon begehre und Tattenbach in Haft sei. Er schloß mit den Worten: „Gott shtehe den gerechten bei und shtraff diejönigen, die das ibel Nutriert haben!"

Tags darauf erreichte Forgách seine Familie in Freistadtl und schrieb noch am 3. April an Rothal, was er von seiner Frau erfahren hatte: „Cum gloria et applausu werden die Feinde davon reden, daß der Hof dem Zrinyi nachgelaufen ist. In summa darf man alles tun, wenn das Ende nur der Friede ist." Dann fuhr er fort: „Findt der Teifel wegen der Sünde der Unterlassung keinen mehr, so ist khein gressere glikseligkeit als das faulenzen und ihme selbst allein zu dinen. Helf got wie er wil dem nachparn." Dann klagte er: „Zerin (Zrinyi) bit oder man oferiert im den pardon, wär er narrisch wan ers nicht aceptieret, den also khan er dem Hof in zaun halten und bekhumen was er begert." Den Kleinen würde nicht viel geschehen, wenn man die Großen pardoniere. Folglich könnten deren Komplizen sorglos sein. Der Türke könne schon auf eine bessere Gelegenheit warten. Lang gespart ist nicht geschenkt! Die Gespanschaften würden nicht in ihrem Begehren nachlassen, wenn die Verbrechen nicht vom Gesetz geahndet würden, denn die Häretiker hätten sich vor der Strafe nie so gefürchtet wie die Kroaten. Es gebe keinen so großen Schelm, der nicht noch protegiert würde. Deswegen müsse man die Sachen gehen lassen, wie sie gehen. Um Gottes Willen, warnte er Rothal, geht nicht nach Böhmen, denn am 12. Mai würden weder Pfaffen in die Kommission geschickt noch ein Landtag begehrt werden. Gott wisse, daß es nicht viel kosten würde, diese Leute zu beruhigen, aber er sei ein Rufer in der Wüste. Auf die anderen, die durch ihr Nichtstun viele motivieren, könne man sich nicht verlassen. Auch der Hidvegy habe vieles unterlassen, was seinem Prinzipal von Nutzen gewesen wäre. Alle Komitate werden durch diese Bewegung im vollen Ausmaß gegen uns Partei ergreifen. Auf einer so großen Versammlung wie in Eperjes werde nicht gelöscht. „Gott göb alles dies ein guetes ende." Er sei neugierig, was die Herren Statthalter Ihrer Majestät berichten werden. Pater Emrich werde er oft in den Sinn kommen, denn er habe alles, was geschieht, vorhergesagt. Wenn man jetzt die gute Gelegenheit, alles Übel zu remedieren, versäume, so könne uns kein Mensch mehr helfen.

Dann berichtete er, daß er seine Familie gesund angetroffen habe. Er wünschte Rothal noch viele glückselige Ostertage zu erleben und zeichnete, wie in allen Briefen, mit Handkuß als dessen gehorsamster Diener und Knecht Adam Forgách. Dann fügte er den Nachsatz bei: „Wer hat in dem Tatenpah edwas solches gesucht."

Die Annahme erscheint berechtigt, daß die im März 1670 in Besztercebánya tagende Versammlung auf Initiative des Landrichters Franz Nádasdy zusammentrat, die nach zweijährigem Verzögern die Einberufung des Reichstages bezweckte, da allein er dazu die gesetzliche Ermächtigung hatte. Er hatte ja schon 1667, wegen der Palatinswahl, den König auf die Notwendigkeit aufmerksam gemacht, den Reichstag einzuberufen. Weiters hatten die Gesandten der Komitate dagegen protestiert, daß der Fürstprimas als Palatin-Statthalter auftrete, weil dieses Recht allein dem Landrichter zustehe und Szelepcsényi sie nicht als „Gesandte" akzeptieren wollte. Bei der Versammlung war dann die Wahl Nádasdys zum Palatin gefordert worden. Forgách machte eine Zusage von der Meldung der beiden Statthalter nach Wien abhängig. Die Versammlung könne sich nicht als Reichstag verstehen, wenn der Hof auch durch den Palatin-Statthalter vertreten sei und Besztercebánya auch der Ort ist, an dem 1622 Gabriel Bethlen vom Reichstag zum König gewählt wurde. Der Landrichter ergriff jetzt, wo in Kroatien der Aufstand ausgebrochen sein mußte, hier in Oberungarn die Gelegenheit, als Auftakt zum allgemeinen Aufstand die Palatinswahl durch den Reichstag im eigenen Wirkungsbereich zu betreiben und zu erzwingen. Die Möglichkeit, die Verwirklichung der ständischen Bestrebungen durchzusetzen, lag in seinen Händen und der Zeitpunkt schien ihm günstig, weil er den Hof durch den Aufstand in Kroatien und Oberungarn in einer Zwangslage vermutete. Aber er sollte sich irren, denn weder Kaiser Leopold noch seine Minister hatten der Entwicklung tatenlos zugesehen.

Der Aufstand in Ost- und Oberungarn und sein Zusammenbruch

Zrinyi hatte das Signal zum Aufstand gegeben. In seinen Briefen an Rákóczy vom 10. und 20. März hatte er geschrieben: „Um Gottes Willen, zögere nicht länger! Gehe kraftvoll und mutig ans Werk."

Rákóczy hatte hierauf mit seinen engsten Freunden einen Plan entworfen. Für 9. April berief er Szuhay Mádyás, Bocskay, Szepessy Pal, den alten Baksa, Bornemisza, Banchy, Barkoczy Istvan und dessen jüngeren Bruder Ferencz, Chernel, Ujfalussy und andere Herren zu einer geheimen Beratung auf ein in der Nähe von Sáros-Patak liegendes Haus eines Freundes ein. Für den gleichen Abend aber bat Rákóczy den Kommandanten der kaiserlichen Festung Tokaj, Oberst Graf Rüdiger von Starhemberg, und seine Offiziere zu sich auf sein Schloß in Sáros-Patak zu einem Abendessen. Jene Festung war eine Schlüsselposition in Oberungarn, und Rákóczy wollte sie im Handstreiche in seinen Besitz bringen. Auch Starhemberg hatte von Zusammenkünften der ungarischen Herren gehört, aber Rákóczy vertraute er völlig, denn er hatte ja eine seiner Töchter unter das Taufwasser gehalten und seither waren sie zueinander Gevattersleute. Der damals erst 35jährige Oberst nahm die Einladung Rákóczys mit Freuden an, denn bei dieser Gelegenheit wollte er dem Fürsten die Genehmigung abnötigen, in dessen Wäldern Holz für die Ausbesserungsarbeiten an der Stadtbefestigung von Tokaj schlägern zu dürfen. Seine schriftlichen Bitten hatte der Fürst bisher nicht beantwortet. Am späten Nachmittag dieses 9. Aprils traf denn auch der später zu Weltruhm gelangte Verteidiger von Wien mit seinem Fähnrich Graf Maximilian Kollonitsch und acht Offizieren, Reitknechten und Soldaten in Sáros-Patak ein. Während der Fürst die kaiserlichen Offiziere die ganze Nacht hindurch bewirten ließ und sich persönlich um Graf Starhemberg bemühte, der mit ihm und seiner Gemahlin Ilona speiste, wurden im Kreise der ungarischen Herren die Briefe Graf Zrinyis verlesen und riefen einen starken Eindruck hervor. Im Geiste sahen sie Zrinyi bereits im Felde, die Steiermark und Kärnten verwüstend, und deshalb war es hoch an der Zeit, daß auch sie tätig wurden, denn Starhemberg hatte ebenfalls Verteidigungsvorkehrungen getroffen und die kleineren deutschen Besatzungen aus den Burgen von Szendre und Diosgyör nach Tokaj abgezogen und sogar sein eigenes Gepäck aus der Stadt in die Festung bringen lassen. Sie wußten auch, daß Starhemberg davon Kenntnis hatte, wie sehr das deutsche Militär von den Ungarn gehaßt wurde. Um so größer war daher die Überraschung bei den ungarischen Herren, als ihnen Rákóczy mitteilen ließ, daß sich Graf Starhemberg mit neun Offizieren in Sáros-Patak befinde. Rákóczy beorderte die versammelten Ungarn für den nächsten Tag, sieben Uhr früh, in sein Schloß.

Während die Gäste noch bewirtet wurden und das Frühstück einnahmen, berieten die Aufständischen in einem anderen Zimmer des Schlosses, was nun geschehen solle. „Starhemberg hält sich mit neun Offizieren der Festung im Hause auf. Er will nach dem Frühstück das Schloß wieder verlassen. Was soll mit ihm geschehen?" „Man muß ihn verhaften!" schrie Szuhay Mádyás, „das ist ein Fingerzeig Gottes!" Dieser Vorschlag wurde von Bocskay, Barkoczy Istvan, Szepessy Pál und von Peter Kazinczy gutgeheißen. „Baksa soll reden!" rief der Fürst, der die Meinung des Älteren hören wollte. Baksa brachte aber den Mut auf, zu sagen: „Ich billige den Plan nicht! Ihr nehmt Euch eine viel zu große Sache vor. Bedenkt die Folgen! Für das, was Ihr Euch vornehmt, würden nicht einmal die Kräfte zweier Königreiche ausreichen." Und als der alte Mann fortfuhr und auf fehlgeschlagene Aufstände zu sprechen kam, fielen ihm Bornemisza und Banchy ins Wort: „Du bist kein richtiger Ungar, Baksa, wenn du so redest." Bocskay und Szuhay stellten klar: „Darüber, ob Starhemberg und seine Offiziere gefangengenommen werden sollen oder nicht, brauchen wir nicht mehr zu reden. Das muß als bereits entschiedene Sache angesehen werden. Man kann höchstens noch darüber reden, auf welche Weise er gefangengenommen werden soll." Dann fügte er zornig hinzu: „Baksa wird nicht nur die Gefangennahme Starhembergs billigen, er wird auch noch einen Brief an die Türken schreiben!" So wurde beschlossen, daß Boten zu Starhemberg gesendet werden, die ihn aufzufordern hatten, die Stadt und Festung Tokaj an den Fürsten, den rechtmäßigen Besitzer des Landes, zu übergeben, weil der erhabene König die zänkischen Deutschen — im Gegensatz zu seinem Krönungseid und Krönungsbrief — im Lande belasse. Ist Starhemberg nicht bereit, Tokaj auszuliefern, so werden ihm die Waffen abgenommen und er wird, samt seinen Offizieren, gefangengenommen. Die Gesandtschaft, die diese heikle Mission übernehmen sollte, wurde ausgewählt. Zwei Kalviner, Baksa und Kazinczy sowie der Lutheraner Ujfalussy Zsigmond sollten gehen. Szuhay aber schlug vor, auch einen Katholiken mitzusenden, und wies auf Barkoczy Istvan. Als der alte Baksa wieder reden wollte, zischte ihn Chernel, der sah, daß Rákóczy wegen der dauernden Opposition schon vor Wut kochte, an: „Du spielst mit deinem Kopf!" Aber auch Ujfalussy hatte keine besondere Freude damit, zur Gesandtschaft zu gehören, weswegen ihn Szuhay anfuhr: „Sag, du Häckerlinggläubiger, warum willst du dich drücken? Es werden noch andere Zeiten kommen!" Zornig entgegnete ihm Ujfalussy: „Ich lasse mir von niemandem Befehle erteilen, und ich lasse mich schon gar nicht mit Schimpfworten dazu bewegen, etwas zu tun! Aber was geht dich mein Glaube an, Szuhay? Ich könnte dich auch einen Räubergläubigen nennen!" Bocskay und Barkoczy hatten zu tun, die Streitenden zu besänftigen, und schließlich willigte Ujfalussy ein, mitzugehen. Barkoczy Ferencz, der ältere der Brüder, hatte die Botschaft zu bestellen. „Der Katholik", grinste Szuhay hämisch, als die Herren gegangen waren.

Graf Starhemberg und seine Offiziere saßen noch beim Frühstück, als die Boten eintraten. Er erbleichte, als er hörte, was Rákóczy von ihm verlangte. Empört schnallte er seinen Degen ab und gab ihn Barkoczy Ferencz mit den Worten: „Sagen Sie dem Fürsten, daß ich bereit bin, mein Leben für meinen Kaiser zu opfern. Die Festung Tokaj ist meinem Kommando anvertraut. Ich werde sie nicht übergeben!" Hierauf wurden auch Graf Kollonitsch und die anderen Offiziere entwaffnet. „Ich wußte um die ungarische Treue", wandte sich Starhemberg an seine Offiziere, „aber Rákóczy habe ich unbedingt vertraut." „So geht also das Gastmahl zu Ende", zürnte der junge Fähnrich. „Wir sind in eine Falle gelockt worden und wurden, unter Bruch des Gastrechtes, gefangengenommen. Jetzt sehen wir, auf welche Weise der erwählte Fürst Siebenbürgens seinem Kaiser gegenübersteht!" „Schande über sein Haus!" knurrte ein alter Hauptmann ergrimmt.

Mit gemischten Gefühlen kehrten die Boten von ihrem Gang zurück, und als Istvan seinen jüngeren Bruder hänselte: „Na, wie tapfer hast du dich geschlagen?" parierte dieser grimmig: „Es tut mir nur leid, daß ich in den Taschen Starhembergs kein Geld gefunden habe." Ujfalussy aber trennte sich noch an der Tür Starhembergs von den anderen Herren der Gesandtschaft und verließ eilends die Burg Sáros-Patak. Baksa aber tat, als ob er nun mit allem einverstanden wäre und sagte mit einer Selbstergebenheit, die ihm niemand zutraute: „So, jetzt sind wir mitten drinnen. Deshalb sage ich weiterhin nicht mehr nein. Gehen wir entschlossen an die Sache heran, wenn sie auch manchem von uns Gefahren bringen wird."

Noch am Vormittag traf Semseyi György mit Devenyi Ferencz auf der Burg ein. Er kam aus Kaschau und hatte den Auftrag, dem Fürsten abzuraten, sich an der Verschwörung und einem Aufstand zu beteiligen, falls er dies im Schilde führen sollte, und alles zu berichten, was er in Sáros-Patak wahrnehmen würde. Die Aufständischen mißtrauten Semseyi, obwohl sie nicht wußten, welchen Auftrag er hatte und daß er von

Rákóczy eingeladen worden war. Sie zwangen beide zu schwören, daß sie dem, was in Patak zur Erhaltung des Vaterlandes, des Volkes und ihrer selbst und der mit Blut erworbenen alten Freiheiten beschlossen wurde, nicht widersprechen und daß derjenige, der mit den übrigen Patrioten nicht der gleichen Meinung ist, zum Wohle des Vaterlandes nichts verraten werde. Sie werden sich bemühen, diejenigen, die sie als wahre Söhne des Vaterlandes kennen, mit ungarischem Eifer für die Sache zu gewinnen, und werden den Anordnungen der Führer der ungarischen und diesseits der Donau gelegenen Komitate immer Folge leisten. Dann sahen sie, daß Starhemberg in Fesseln, zusammen mit seinen Offizieren auf das Schloß Regesz, einen Besitz Rákóczys, deportiert wurden. Petrikovich Mihail eskortierte sie mit zwanzig Infanteristen dorthin und wurde für die sichere Verwahrung der Gefangenen verantwortlich gemacht. Inzwischen waren auch die Soldaten und Reitknechte Starhembergs und seiner Herren entwaffnet worden. Sie blieben, weil sie nur Gemeine waren, als Gefangene auf der Burg. Niemandem aber fiel auf, daß es einem der Soldaten gelungen war, sich unbemerkt aus dem Staube zu machen, denn es hatte sie niemand gezählt. Den Komitaten aber schrieb Rákóczy noch an diesem 10. April, daß er den kaiserlichen Befehlshaber und Kommandanten der Festung Tokaj in ein einsames Haus geschickt habe, und gab der Hoffnung Ausdruck, daß sie nun zu den Waffen greifen und sich ihm anschließen werden. Noch in Sáros-Patak wählten die Verschwörer, bis zur Entscheidung des Reichstages, der nach Eperjes einberufen werden sollte, die Grafen Rákóczy und Bocskay zu Oberbefehlshabern.

Rákóczy schrieb sofort an den Pascha von Erlau und teilte ihm mit, daß die ungarische Nation gegen ihren Landesherrn aufgestanden sei, und bat ihn um 200 Reiter, damit sein Ansehen durch die türkische Waffenhilfe noch mehr gehoben werden würde. Hierauf begab sich der „erwählte Fürst" mit Chernel György, Kazinczi Peter, Barkoczy Ferencz und anderen Herren in das Feldlager der Aufständischen, das in Szerencs aufgeschlagen worden war und wo inzwischen die ersten Kontingente eingetroffen waren. Bocskay aber beorderte noch am 10. April alle wehrfähigen Männer von Hegyalja, Adelige und Nichtadelige, bei Androhung des Verlustes von Kopf und Besitz, vor Tokaj, weil die deutsche Besatzung der Festung die Stadt Tokaj und deren Umgebung mit dem Niederbrennen bedrohte, als sie erfuhr, was in Sáros-Patak geschehen war. Schon zwei Tage später, am 12. April, standen 5000 bis 6000 Mann bunt zusammengewürfelten Volkes aus den Komitaten Zemplin und der Hajdusag vor Tokaj. Das Komitatsheer wurde von Balkó Pál und die Truppen Rákóczys von Apagyi Mihail befehligt. Aus Sáros-Patak wurden Kanonen herangebracht, aber es dauerte lange, bis diese richtig in Stellung gebracht werden konnten. Inzwischen versuchten Kubinyi László, Apáczay Tomas und andere, die sich dem Kriegshaufen angeschlossen hatten, die Ungarn der Burgbesatzung zum Übertritt zu Rákóczy zu bewegen. Sie riefen zu den Soldaten hinauf: „Zrinyi ist mit 10.000 Türken unterwegs! Wir brauchen diese aber gar nicht! Die Streitkräfte der 22 Komitate allein sind schon stark genug, um mit Österreich abzurechnen! Schlagt euch daher auf unsere Seite!" Aber Major Wilhelm Georg Schöning, der Stellvertreter Starhembergs, konnte die drei ungarischen Leutnante Csoknyay Benedek, Török Istvan, Berta Janos und seine Soldaten zur Treue überreden und ließ als Antwort auf die Aufforderung zur Übergabe die Stadt Tokaj, die den Rebellen die Tore geöffnet hatte, von seinen Kanonen unter Feuer nehmen. Schon nach den ersten Salven stürzte der Kirchturm ein. Hierauf nahm Leutnant Csoknyay die Belagerer unter schweren Beschuß, worauf sich diese aus den zu nahe der Festung angelegten Gräben zurückzogen und außerhalb des Feuerbereiches neue Stellungen anlegten. Während sich Major Schöning auf eine längere Belagerung einstellte, begaben sich Bocskay, Kazinczi, Banchy und andere in die Stadt Zemplin, wo das Komitat Zemplin am 12. April die Gesandten aus Besztercsebánya empfangen und in einer Beratung deren Aufforderung zum Aufstand behandeln wollte. Bocskay sagte zu seinen Begleitern: „Gott sei Dank, die Komitate diesseits der Donau gehorchen uns." Dann rief er der Versammlung zu: „Seit langem schon ist es gesetzlich angeordnet, daß die deutschen Truppen aus Ungarn abziehen müssen. Aber sie ziehen trotzdem nicht ab! Wir müssen sie deshalb mit Gewalt vertreiben. Weil wir Ungarn sind, wollen wir uns auch wie Männer verhalten! Wir werden mit den Türken ein Bündnis abschließen, und wir möchten sehen, wer uns daran hindern kann! Dann werden wir uns gegen die Deutschen wenden und uns mit ihnen schlagen, denn die Deutschen sind unsere Feinde!" Die Versammlung beschloß, daß sich das Komitat auf die Seite Rákóczys stelle. Hierauf wurde an die oberungarischen Komitate der Aufruf erlassen, sich gemäß der Beschlüsse von Besztercsebánya dem Aufstand anzuschließen. Im benachbarten Komitat Ung fanden die Gesandten von Zemplin in Forgách Miklos und Baranyay Gaspar willfährige Anhänger. Auch das Komitat Abauj beschloß am 11. April in der Kirche von Göncz sich am Aufstand zu beteiligen. Hamvay, der aus Patak gekommen war, sagte in seiner Rede vor der Versammlung: „Die Nation, die dem Schutz Seiner Majestät vertraute, wurde bis zum Flusse Waag zurückgedrängt und ist so zwischen die Spitzen zweier Degen geraten. Wir müssen uns daher etwas anderes überlegen. Es ist besser, sich gleich den Türken zu unterwerfen als stückweise, nach langen Kämpfen verwüstet und zerbrochen zu werden. Aber Zrinyi hat die Lage bereits geklärt und vom Sultan ein Athname*) erhalten, in dem sich die Türken bereit erklären, das Land, wie Siebenbürgen, gegen Bezahlung eines be-

*) Schutzbrief

stimmten Tributs, in ihren Schutz zu nehmen." Dies wurde von der Versammlung mit Genugtuung aufgenommen, die ihrerseits Nikhazy, Szuhay und andere als Gesandtschaft zu Rákóczy entsandten und dem Fürsten ihre Treue vermelden ließen. Als Melczer Lajos, ein Gesandter des Komitates Sáros, an Nikhazy die Frage stellte, ob sie jener deutschen Kompagnie der Reserve des Regimentes Starhemberg, die nach Tokaj unterwegs sei, Lebensmittel und Fuhrwerke zur Verfügung stellen müßten, rief dieser zornig: „Wir dürfen keine neuen Deutschen hereinlassen, sondern müssen die, die schon hier sind, aus dem Lande jagen. Sie sollen gehen, wohin sie wollen, und wenn sie nicht gehen, dann werden sich genug arme Burschen finden, die nach Kriegsbeute begehren. Die Deutschen sind unsere Feinde! Daran soll sich das Komitat Sáros halten!"

Als die aus dem Komitat Szepes kommenden 40 Soldaten sahen, daß man ihnen weder Lebensmittel noch Fuhrwerke gab, kehrten sie um und wollten in die Stadt Eperjes eingelassen werden. Aber die Stadtväter verweigerten den Soldaten den Einlaß, worauf diese in einer Scheune vor den Mauern der Stadt neben Zigeunern kampierten, weil sie sich zu schwach glaubten, nach Szepes zurückkehren zu können oder nach Polen auszuweichen. Sie wurden bald darauf von Husaren Rákóczys und Adeligen, die Melczer Lajos anführte, überfallen, vor den Augen der Bewohner von Eperjes auf das gröblichste mißhandelt, geplündert und von Melczer Lajos im Triumph als Gefangene zu Rákóczy getrieben. Die gleichen Soldaten Rákóczys begannen aber auch damit, die königlichen Postkutschen zu verfolgen, zu überfallen und die Reisenden auszurauben. Banchy zog mit 30 bis 40 Männern auf Bauernfuhrwerken, auf die sie Drachen gemalt hatten, durch das Komitat Zemplin, überfiel in Homona und Varanna die königlichen Dreißigstämter und raubte die von diesen eingehobenen Mautgebühren. Trombitás Istvan überfiel gemeinsam mit Nágy Istvan und Toth Tomas in Somodi-Szomolnok die Besitzungen von Csáky Ferencz und Joanelli András. Sie verwüsteten deren Güter und verursachten dem Stadthauptmann und dem Kammergrafen schwere Schäden an Wein, Getreide und Geld. Ihre Übergriffe erfüllten die Umgebung mit Schrecken und trieb die noch Zaudernden in die Arme Rákóczys. Durch ganz Oberungarn schallte es: „Wir ziehen gegen die deutschen Pluderhosen! Wir brauchen den deutschen König nicht mehr! Er soll bleiben, wo er will, der deutsche Hurensohn! Wir brauchen einen ungarischen König!" Sie waren sich nur nicht einig, wer es sein sollte. In der Komitatsversammlung von Torna rief Komyathy Szigmond die Leute zu den Waffen, und bald darauf schloß sich auch das Komitat Gömör dem Aufstand an. Nágy András erklärte dort, daß Zrinyi und Rákóczy, gegen einen geringen Tribut, ein Bündnis mit der Pforte erreicht haben. Es sei aber nicht wahr, daß sie sich selbst zu Königen ernannt hätten, denn beide seien bereit, jenen als König anzuerkennen, den das Land nach Erledigung der heranstehenden Dinge wählen werde. Auf der Versammlung in Vámos brachte Szepessy Pál die Opposition des Komitates Borsod zum Schweigen. Er drohte jenen, die nicht mitmachen wollten: „Jeder soll so handeln und reden, daß er es nachher nicht bereut!"

So breitete sich die Macht Rákóczys diesseits der Theiß rasch aus, weil diejenigen, die sich dagegen hätten auflehnen sollen, es nicht wagten, etwas gegen ihn zu unternehmen. Dazu kam, daß der Großteil der ungarischen Truppen der Grenzbefestigungen noch vor den Komitaten zu Rákóczy überlief, als ihnen guter Sold versprochen wurde. Die Burgen Onod und Diosgyör, von denen Starhemberg die Deutschen abgezogen hatte, öffneten sofort die Tore, als Szepessy mit dem Komitatsheer von Borsod vor diesen erschien. Ebenso schnell wechselte auch die ungarische Besatzung von Szendrö die Partei, als ihr der Sold für zwei Monate im voraus versprochen wurde. Vergebens versuchte Wesselényi László, der Stadthauptmann von Szendrö, seine Landsleute zur Treue anzuhalten. Als man ihm androhte, ihn gefesselt zu Rákóczy zu senden, floh er nach Polen. Auch Graf Csáky Ferencz, der Rákóczy haßte, mußte letztlich, da er weder über Geld noch über Soldaten verfügte, Szepesvár verlassen und nach Polen fliehen. Unterwegs, in Lubyo, traf er Maria Széchy und bat sie, für ihn bei Rákóczy ein gutes Wort einzulegen. Er selbst gehe nach Wien, um sich vom König zu verabschieden, und wenn er nach Ungarn zurückkomme, werde er auf der Seite desjenigen stehen, dem das Land gehöre.

Ebenso rasch wie diesseits der Theiß verbreitete sich auch in den Komitaten Szathmár und Szabolcs jenseits des Flusses der Aufstand. Gyulaffy, Várady Jonás und Serédy Benedek kamen am 11. April nach Sáros-Patak und bekannten sich zu Rákóczy. Am Retourweg schlossen sie sich Kende Gabor an, der zur Komitatsversammlung nach Csegöld unterwegs war, um dort von seiner Mission in Besztercebánya zu berichten. Zu ihnen stieß Torma Mihaly, der mit 200 Reitern Rákóczys nach Matócs gesendet worden war und unterwegs die königliche Post überfallen hatte. Er ritt deshalb nach Csegöld, weil dort der Obergespan Károly László, ein treuer Diener König Leopolds, den Vorsitz führte. Torma hatte die ehrenvolle Aufgabe, die Versammlung mit seinen Reitern einzuschüchtern. Als Kende seinen Bericht beendet hatte, standen Gyulaffy und Várady auf und verlasen die Briefe Rákóczys und Bocskays und die Beschlüsse von Zemplin und forderten das Komitat Szathmár offen auf, sich dem Aufstande anzuschließen, weil Zrinyi und Rákóczy mit den Türken zum Wohle des Vaterlandes übereingekommen waren, gegen die Entrichtung eines geringen Tributs ein Bündnis abzuschließen. Dies sei zur Erhaltung des Staates geschehen, obwohl sie sich noch nicht vom König getrennt hätten, denn Leopold sei nicht imstande, das Land zu schützen. Der Obergespan, der schon mit größten Bedenken zur Versammlung gekommen war, erwiderte ihnen mit Tränen in den Augen, daß er sich mit einem solchen Vorgehen nicht einverstanden erklären könne. Kende griff hierauf Károly persönlich an: „Vor dem Hause stehen 200 Reiter Rákóczys, die Sándorházy Ferencz befehligt. Auf ein Wort von mir besetzen sie den Saal, denn das, was Sie eben sagten, kann Ihnen Ihr Leben und Ihr Vermögen kosten, wenn Sie nicht auf unsere Seite treten!"

„Ich sterbe, wenn es sein muß", entgegnete ihm der Obergespan kühn, „aber meinem König werde ich nicht untreu!" Als er aber sah, daß sich die große Mehrheit zu Gyulaffys Ansichten bekannte, legte er sein Amt als Obergespan nieder und verließ betroffen die Versammlung. Hierauf rissen Gyulaffy und Várady die Befehlsgewalt an sich und riefen die Adeligen und Bauern des Komitates zu den Waffen: „Aus dem Willen des Staates und der Entscheidung des besseren Teiles von 23 Komitaten", forderten sie hierauf General Strassoldo, den deutschen Kommandanten von Szathmár, auf, ihnen Stadt und Festung zu übergeben. Dies müsse bis 12. Mai geschehen, dann könne er unbehelligt abziehen. Gyulaffy war vom Sieg der ungarischen Sache überzeugt und verbreitete, wenn auch nur bei einem Festessen, daß die Ungarn noch vor dem Winter in Wien sein würden, und Serédy Benedek behauptete in seiner Freude darüber, daß Starhemberg, „der Vogel des Kaisers", so leicht gefangen werden konnte, daß Zrinyi bereits den Fürstenstuhl bekommen habe und mit seinen Truppen schon Steiermark und Kärnten erobert hätte. Gyulaffy forderte den Vizegespan von Szabolcs, Jármy, auf, das „Froschvolk", gemeint waren die Deutschen, aus dem Lande zu verjagen.

Auf Befehl Rákóczys hatte sich der Volksstamm der Hejduken zur Musterung versammelt. Die kühnen Männer dieses Stammes, die einst als Viehhirten große Rinderherden nach Westen trieben und wegen ihres Mutes gefürchtet waren, verdingten sich nun, durch den Krieg arbeitslos geworden, dem Fürsten und stellten die Infanterie der Rebellen. Inzwischen war auch Vér Mihaly, der Vizehauptmann der Festung Kálla, mit den Ungarn zu Rákóczy übergetreten, nachdem er den deutschen Leutnant, mit dem er persönlich befreundet war, mit den wenigen Deutschen, die sich in der Burg befunden hatten, nach Tokaj hatte abziehen lassen.

Gyulaffy und Várady bestimmten die Festung Rozsály zum Sammelort für das Komitatsheer von Szathmár. Dort fanden sich auch Kende, Serédy, Boldizsár Nikolay, Uray Mihaly und viele Adelige und Bewaffnete aus den benachbarten Komitaten ein. Den Kern der Truppen Gyulaffys aber bildeten die von Sándorházy befehligten 200 Reiter Rákóczys. Andere Leute Rákóczys zogen von Ecsed kommend mit Fahnen und Trommeln gegen Nagy Károly. Sie wurden von Csináldy Janos, Eötvös Miklas und Görgei András angeführt. Die Stadt Ecsed hatte sich entgegen dem Verbot ihres Herrn, des Obergespans Károly László, den Rebellen angeschlossen, und Kovats György, der Leutnant Károlys, ließ die königliche Fahne vom Dreißigerhaus herunterreißen.

Károly war darüber sehr verbittert. Noch in derselben Nacht besetzten Ecseder Fußtruppen die Burg, die von den wenigen Deutschen allein nicht verteidigt werden konnte. Kurz darauf besetzten die Aufständischen die Schanzwerke von Nágymajthenyi und trieben dessen Einwohner und die Bauern der umliegenden Dörfer zu den Fahnen. Kálmar Miklos brüstete sich, daß die Ungarn Nágymajthenyi und Nagy Károly anstatt mit Geschützfeuer mit Trommelwirbel eingenommen hätten.

General Strassaldo fiel es aber nicht im geringsten ein, der Aufforderung Gyulaffys nachzukommen und ihm die Stadt und Festung auszuliefern. Er bereitete sich auf die Belagerung durch die Ungarn vor und konnte die Schwierigkeiten bewältigen, die sich in der Stadt Szathmár ergaben. Der ihm anvertraute Platz gliederte sich in drei Teile. In das am linken Ufer der Szamos liegende Szathmarivár, die Stadt selbst und das am rechten Ufer liegende Nemethi. Die Besatzung der Festung bestand aus Deutschen und Ungarn. Während die Deutschen gehorchten, wollten die Ungarn nur von Csáky Istvan Befehle entgegennehmen. Der aber war nicht anwesend. Strassaldo bat Csáky mit einem Brief, seine Leute zum Gehorsam aufzufordern. Er tat es, und hierauf befolgten sie die Weisungen des deutschen Kommandanten. Die Bürger der Stadt erneuerten am 14. April dem König ihre Treue und erklärten sich bereit, die Stadtteile Szathmár und Nemethi und die Vorstadt zu verteidigen, so daß sich der General mit den Deutschen auf die Verteidigung der Burg konzentrieren könne. Aber sie enttäuschten den General. Noch in der selben Nacht erklärten sie, daß sie weder imstande noch gewillt seien, gegen die Ungarn zu kämpfen, die in wenigen Stunden die Stadt stürmen würden. Strassaldo befahl ihnen aber erneut die Verteidigung, kam in den frühen Morgenstunden mit seinen Deutschen aus der Festung und entwaffnete die Bürgerschaft und übertrug dem Militär die Verteidigung der Mauern. Die Bürger hatten es sich mit dem General gründlich verscherzt. Oberstleutnant Walis machte mit der Reiterei der Festung und zwei Kompanien Infanterie einen Ausfall gegen die Ungarn, die sich schon bis Batiz vorgewagt hatten, und trieb sie zurück. Einige Deutsche, die Werg sammelten, wurden aber von den Bauern aus Mikola überfallen und gefangengenommen. Auch die Marketender Strassaldos, die nach Nagybánya gefahren waren und Wein eingekauft hatten, wurden von Uray Mihaly überrascht und in das ungarische Lager gebracht. Dort wurden ihnen Wagen und Gespanne samt dem Wein weggenommen und als Kriegsbeute betrachtet. Die Stadt Nagybánya schloß sich hierauf Rákóczy an. Als Strassaldo vom Ungemach seiner Marketender hörte, beschloß er, Uray zu bestrafen. Rittmeister Odling ritt mit drei Kompanien Dragoner nach Szinyérváralja, verwüstete Urays Besitz und machte in der Umgebung große Beute. Zuviel Beute, denn die Pferde waren mit Beutegut über und über beladen. Gyulaffy erfuhr von der Strafexpedition der Dragoner durch Kökényesty György, der von den Ungarn wegen seiner Treulosigkeit — er hatte einst Szathmár den Kaiserlichen in die Hände gespielt —, gehaßt wurde, und nun aufgegriffen und Gyulaffy übergeben worden war. Da er ein erbitterter Feind Strassaldos war, zog ihn Gyulaffy einer Besprechung bei, und der berühmte Strolch nützte die Gelegenheit, um sich mit den Ungarn zu versöhnen. Er beriet die ungarischen Anführer, wie sie die heimkehrenden Dragoner am besten überfallen könnten. Er sagte: „Westlich von Aranyas Medgyes liegt der Wald von Gombas. Seine rechte Seite reicht bis an die Ufer der Szamos, die von Medgyes in Richtung Szathmár fließt. Der Weg von Szinyérváralja nach Szathmár, auf dem die Deutschen zurückreiten müssen, macht viele enge Windungen und nähert sich dem Flusse an mehreren Stellen." Gyulaffy und seine Anführer versammelten 1500 Mann — Husaren Rákóczys, Infanterie, Adelige und Bauern — und schickten einen Teil der Truppen voraus, der sich im Walde zu verstecken hatte. Den anderen Teil hielten sie aber hinter Medgyes zurück und ließen die Deutschen unbehelligt an der Burg vorüberziehen. Vom höchstgelegenen Turm der Burg Rosaly verfolgten sie aber den Weg der Dragoner, und als diese im Wald zum sogenannten Itatóplatz kamen, bei dem der Weg ganz nahe an die Szamos heranführte, wurden auf der Burg drei Kanonenschüsse abgefeuert. Dies war das vereinbarte Zeichen zum Überfall auf die Deutschen. Pinkóczy Janos stellte sich den Dragonern mit seiner Infanterie und den zu Fuß kämpfenden Adeligen in den Weg und feuerte seine Leute trotz schwerer Verluste an, die Straßensperre zu halten. Er selbst kämpfte, in einer Hand einen Säbel, in der anderen einen Dolch, obwohl er schon verwundet worden war, und schrie: „Denkt nicht an die Beute! Tötet die Deutschen und schlagt zu, solange auch nur einer noch am Leben ist!" Aber die Dragoner wehrten sich tapfer. Noch erkannten sie die Gefahr nicht in ihrer ganzen Größe. Als ihnen aber Apagyi Samuel mit den Leuten aus Ecsed in den Rücken fiel, gelang es den vereinigten Ungarn, die Dragoner zum Flusse zu drängen. Da das Waldgebiet für die Reiterei als Kampfplatz höchst ungeeignet war, fochten die Dragoner zu Fuß weiter, erlagen aber so der riesigen Übermacht nach und nach. 120 Dragoner fielen in diesem ungleichen Kampfe, unter ihnen der Kornett Dünewald. Nur wenigen gelang es, sich an die Sättel ihrer Pferde zu klammern und das rettende andere Ufer zu erreichen. Sie konnten sich nach Szathmár retten. Rittmeister Odling aber geriet mit 15 Mann in Gefangenschaft. Seine ganze Einheit war aufgerieben worden. Die Ungarn aber feierten diesen Sieg, den sie an dem für sie so glücklichen 24. April erfochten hatten, in Medgyes. Die einfachen Soldaten wurden in Ketten in das Feldlager Rákóczys geschickt, die gefangenen Offiziere aber nach Ecsed gebracht. Nach diesem Sieg wuchs die Streitmacht Gyulaffys auf fast 6000 Mann an. 2500 Mann waren beritten. Gyulaffy drängte sich weiter an Szathmár heran, aber Strassaldos Musketiere und Kanoniere schlugen seine Angriffe blutig zurück. Da die ungarischen Truppen Strassaldos nicht sehr verläßlich waren, zog sie der General unter den Mauern der Burg zusammen und drohte ihnen, sie niederzukartätschen, wenn sie Dummheiten machen sollten. Trotzdem liefen mehrere Leute heimlich über.

Trotz dieser Erfolge war aber die Lage Rákóczys bei weitem nicht so günstig, wie es schien. Die Hoffnungen auf die Hilfe der Türken und der Siebenbürger verblaßte immer mehr. Hatten die Anhänger Rákóczys fest damit gerechnet, daß der regierende Fürst von Siebenbürgen, Michael Apafy, ihnen gemeinsam mit den Woiwoden der Moldau und der Walachei Beistand leisten werde und mit 60.000 Mann anrücken würde, so mußte Ispan, den Rákóczy zu Apafy geschickt hatte, feststellen, daß dieser gar nicht daran dachte, sich in die Angelegenheiten Ungarns einzumischen. Dieser Meinungsumschwung war aber nicht auf den Einfluß des kaiserlichen Gesandten Kászony, eines Graner Domherrn, zurückzuführen, sondern auf die Nachricht des siebenbürgischen Gesandten David Rózsnyay, der Ende März aus Candia zurückgekommen war und Apafy eröffnete, daß Zrinyi bei den Türken auf seinen Sturz hinarbeite, weil er Rákóczy auf den Fürstenthron von Siebenbürgen erheben wolle. Apafy hatte hierauf alles Interesse an der Sache der Verschwörer verloren und nahm ein Freundschaftsangebot des Kaisers an. Zu Ispan sagte er aber, seinen Zorn unterdrückend: „Ich bin ein friedfertiger Mensch, sonst wüßte ich, was ich machen sollte. Ich begehre keinen Ruhm und bin mit meinem Schicksal, das ich gar nicht verdient habe und das ich nur der großen Güte Gottes zu verdanken habe, zufrieden." Aber ehe Rákóczy noch diese schlechte Nachricht aus Siebenbürgen erhielt, erreichte ihn im Feldlager von Szerencs ein Schreiben des Paschas von Erlau, mit dem dieser dem Fürsten die angeforderte Hilfstruppe von 200 Reitern verweigerte. Barkoczy Ferencz war erschüttert und fragte Rákóczy mit Recht, wie er denn auf ein türkisches Heer hoffen könne, wenn ihm der Pascha nicht einmal 200 Reiter geben wolle. Rákóczy schrieb aber die Absage dem Vorkommnis zu, einem Gemetzel bei Szent-Job, bei dem seine Soldaten mehrere Türken getötet hatten, und schickte Barkoczy sofort über die Theiß, damit er noch lebende Gefangene aufspüre, die er dem Pascha zurückgeben könne. Dafür möge dieser einige gefangene Ungarn freilassen. Barkoczy wurde von Török Janos und Kubinyi László begleitet, fand wirklich noch 13 lebende Türken und übergab diese dem Pascha in Erlau. Der Pascha empfing die Gesandten Rákóczys mit allen Ehren, war aber zu keinen Zugeständnissen bereit und verwies sie wegen der neuerlich begehrten Waffenhilfe an den Vezier von Ofen und Buda. Aller Hoffnungen bar verließen die Ungarn noch am 24. April Erlau.

Die Festung von Tokaj wurde bisher vergeblich belagert, und Kaschau, das Zentrum des Oberlandes, befand sich noch immer in kaiserlicher Hand. Dabei befand sich das oberungarische Waffenarsenal in der Stadt. Rákóczy hätte das Kriegsgerät dringend gebraucht, aber die dreifachen Mauern wurden von einer königlich-ungarischen Wache und den Bürgern streng bewacht. Nikházy und Chernel ritten mit dem verrückten Bonis in die Stadt und wollten gewisse in Körmaöcz geprägte Gelder beschlagnahmen. Sie sollten die Bürger überreden, daß sie sich zum Schutze des Vaterlandes und zur Erhaltung der adeligen Privilegien dem Komitate Abauj anschließen sollten. Weiters trug ihnen Rákóczy auf, weder seine in der Stadt gelegenen Güter noch die seiner Anhänger anzutasten, noch seine Ehre zu beschmutzen, da dies üble Folgen für die außerhalb der Stadt liegenden städtischen Besitzungen haben würde. Die umsichtigen Bürger berieten sich im Stadtrat, Deutsche und Lutheraner, und tüftelten eine Antwort aus, die weder eine der kämpfenden Parteien erzürnen noch ihren Handel mit beiden Seiten beeinträchtigen sollte. Ihre Antwort, die sie mit der Komitatskammer von Szepes absprachen, übergaben sie am 26. April. Geld, das zu beschlagnahmen wäre, gäbe es in Kaschau nicht. Sie würden aber weder Rákóczy noch seine Anhänger belästigen wollen, weder mit Worten noch mit Taten, und dächten auch gar nicht daran, deren Besitzungen anzutasten. Sie würden auch die Ehre Rákóczys nicht schmälern und zu den 13 Komitaten halten, wie bisher, zum Wohle des Vaterlandes. Die Gesandten waren mit dieser Antwort aber nicht zufrieden, und als sie beim Verlassen der Stadt die Weinberge der Städter bedrohten, ließen die Bürger auf den Mauern Kanonen auffahren.

Indessen hielten die religiösen und politischen Gegensätze im Lager Rákóczys an. Er wußte, daß Nádasdy bei den Lutheranern in den Städten viele Anhänger hatte. Er vertraute ihm noch immer nicht und befürchtete, daß dieser bei den Türken gegen Zrinyi tätig werden würde. Die Reformierten machten besondere Schwierigkeiten, und als Barkoczy jenseits der Theiß in Debreczen, dem Mekka der Kalviner, eintraf, warf man ihm offen vor, daß der ganze Aufstand doch nur eine Sache der Papisten sei und nicht dem Wohle des Vaterlandes diene. Selbst Forgách Miklos, Barkoczys Schwager, sagte ihm, daß er weder ihm noch Rákóczy vertraue. Auch in der unmittelbaren Umgebung Rákóczys entzündete sich wieder der Streit. Dazu kam, daß Stephan Vitnyédy, der wortgewaltigste Eiferer ihrer Sache, auf dem Wege von Preßburg nach Ödenburg in Neusiedl am See einen Schlaganfall erlitten und plötzlich verstorben war. Das war für alle ein schwerer Verlust, denn nur er hätte die gegensätzlichen Strömungen innerhalb der Stände niederhalten können. Kubinyi László nannte die katholische Religion offen eine Hurenreligion und behauptete mit frecher Stirne, daß der Papst Hunderte „freie Personen" halte, weil sonst die Mönche sodomitisch leben müßten. Bei Graf Barkoczy meldete sich nach und nach gekränkter Ehrgeiz. Er sah nicht gerne, daß Rákóczy überall die erste Rolle spielte. Rákóczy glaubte dies zu merken und nahm den Grafen an seine Seite. Dies veranlaßte die Kalviner wieder, Szuhay Madjás an die Seite Bocskays zu stellen, damit die Katholiken nicht die Überhand bekommen würden. Mitten im allgemeinen Chaos verlangten die Reformierten, daß Rákóczy die Jesuiten aus dem Lande vertreibe und daß er bei der Vertreibung in Sáros-Patak anfangen solle. Der Fürst war aber dazu nicht bereit und ließ sowohl den schwarzen wie den weißen Jesuiten, den Paulinern, Mönchen und Priestern seinen besonderen Schutz angedeihen. Er behielt den Jesuiten Müller Istvan, seinen Beichtvater, trotz aller Vorwürfe in seiner engsten Umgebung. Szuhay aber vertrat die Ansicht, daß alle Jesuiten, außer Pater Müller, entmannt werden müßten, und hielt damit nicht hinter dem Berg. Der Streit zwischen Katholiken und Protestanten entflammte aber vor allem an der Frage, wer die Bergstädte angreifen und das dort befindliche Geld für die kaiserliche Finanzkammer beschlagnahmen sollte. Baloghy Gaspar und Szuhay Madjás kamen bald überein, daß er die 80.000 Gulden Joanellis und das Geld der Bergstädte Szuhay in die Hände spielen wollte. Szuhay wollte Peter Hanyi mit zehn oder zwölf Reitern vorausschicken und diesem mit 1500 Mann folgen, damit das Geld nicht Rákóczy in die Hände falle, sondern einem zur Verrechnung verpflichteten Schatzmeister übergeben werde. Vor allem wollte Szuhay das Geld vor Barkoczy Istvan hüten, den er für den größten Gauner hielt. Der Fürst aber hatte Barkoczy Istvan das Unternehmen zugedacht, weil ihm die rüden Redensarten Szuhays nicht gefielen, der ihn immer wieder bestürmte, die Pfaffen zu ermorden und die Jesuiten zu entmannen. Da keine der beiden Seiten nachgab, einigte man sich, es der Versammlung in Talyá zu überlassen, wer die Bergstädte erobern und wer Kaschau stürmen sollte. Am 1. Mai sollte die Versammlung in der Sache entscheiden. Als dann die Rede darauf kam, daß Szuhay und Chernel Kaschau angreifen sollten, weigerten sich diese, das zu tun, weil ihr Sinnen und Trachten nach den Geldern der leichter zu überrumpelnden Bergstädte stand, wo sie in Leszenyei Nágy Ferencz einen neuen und rührigen Verbündeten gefunden hatten. Sie hüteten sich aber noch, diesem alles anzuvertrauen. Graf Szepessy Pál aber, der wußte, daß Nágy der Vertraute der Széchy Maria war, erzählte diesem: „Wir haben einige Briefe abgefangen, die aus Wien an Starhemberg gerichtet waren, und aus diesen wissen wir, daß der Kaiser nicht genug Soldaten hat, um den Aufstand in Oberungarn niederzuwerfen." Weiters sagte er: „Nach den ersten und entschlossenen Erklärungen Zrinyis besteht kein Zweifel, daß er mit den Türken ein Bündnis abgeschlossen hat und daß ihm diese ihre Hilfe versprochen haben. Zrinyi kann von diesem Bündnis nicht mehr abrücken." Diese Worte gaben Nágy zu denken, denn er glaubte, daß ihn Graf Zichy, der mit der Széchy sehr befreundet war, durch gegenteilige Informationen habe irreführen wollen. Szepessy aber fuhr fort: „Rákóczy wird Barkoczy Istvan mit 3000 bis 4000 Ungarn gegen die Bergstädte schicken, und je nach dem Ausmaß der türkischen Hilfe wird er mit einigen hundert oder einigen tausend Türken verstärkt werden. Durch die Teilnahme der Türken sollen die benachbarten Erbländer eingeschüchtert und die Ungarn ermutigt werden. Die Türken sollen bei Neuhäusl ihr Feldlager aufschlagen und dort Barkoczy erwarten, der mit den Ungarn nicht geradewegs in die Bergstädte gehen, sondern diesen kleinen Umweg machen soll, um an Füleck vorbei, entlang der türkischen Grenze nach Nagy Topolcany vorzurücken, von wo er die österreichische Grenze im Auge behalten kann. Die Bergstädte selbst wolle Balogh Gaspar mit den Komitatsheeren von Honth und Zólyom erstürmen. Die Truppen von Trencsin und Thurocz aber sollen die Bergpässe nach Schlesien bewachen." Nágy riet sofort, Pater Cziriaky, den Beichtvater seiner Herrin, in diese Pläne einzuweihen.

Balogh Gaspar, der am nächsten Tag bei Nágy vorbeikam, war von der ihm zugedachten Aufgabe begeistert und eilte sofort in das Komitat Honth zurück, um die entsprechenden Vorbereitungen zu treffen. Balogh aber saß kaum im Sattel, als Nágy ein Brief Zichys erreichte, in dem ihm dieser mitteilte, daß die Grafen Zrinyi und Frangepan in Wien eingetroffen seien. Da diese Nachricht alle Planungen über den Haufen werfen mußte, ließ Nágy Balogh zurückholen. Neue Beschlüsse mußten abgewartet werden. Balogh sollte Szepessy sofort berichten.

Balogh war deprimiert und erzählte hierauf, daß am 10. April in Korpone eine Versammlung stattgefunden habe, bei der der Vizegespan Bartakovich Janos den Vorsitz geführt hätte: „Es war beschlossen worden, daß das Komitat 100 Reiter stellen und jeder Hof 4 Gulden Kriegssteuer aufbringen müsse. Dann wären Gesandte für die Versammlung von Eperjes ausgewählt worden. Bei der Abstimmung aber habe der Präfekt von Szentbenedek, Ebeczky, mit den Leuten des Primas erklärt, daß sie einem so verbrecherischen Bündnis nicht zustimmen könnten. Der Vertreter des Primas, Szelényi Janos, widersprach im Namen des Domkapitels von Gran und im Namen des Obergespans, Graf Balassa Balinth, der Entsendung von Vertretern nach Eperjes, der Anwerbung von Soldaten und jedweder Besteuerung und verließ mit seinen Anhängern unter scharfem Protest die Versammlung." Nachdenklich fuhr er fort: „Die Versammlung nahm aber diese Proteste nicht zur Kenntnis und wählte Földvary zum Hauptmann und mich zum Leutnant. Wir blieben aber ohne Heer, weil Gerhard Pál gegenteilige Befehle gab und den Bauern befohlen hat, in ihren Dörfern zu bleiben."

Auch Nágy, der noch vor wenigen Tagen eifrig Pläne gegen Österreich schmiedete, gestand zu: „Die Dinge nehmen eine andere und unerwartete Wende. Redet mit Szepessy und seht, was Ihr für Euch selbst tun könnt."

Echo aus Wien

Die Nachricht vom Aufstand in Oberungarn und der Gefangennahme Starhembergs hatten die Residenz noch vor der Ankunft Zrinyis und Frangepans erreicht. Die Verärgerung über Starhemberg, der sich von

Rákóczy hatte übertölpeln lassen, war in Wien sehr groß, und Fürst Lobkowitz, der mit Ungarn und den Angelegenheiten der Hohen Pforte gegenüber betraut war, rügte den Vater des jungen Obersten vor versammeltem Hofe: „Ihr hättet Euren Sohn zu einer besseren Pflichterfüllung erziehen sollen, Graf. Angebettelt und belästigt hat er mich, um zu Amt und Würden zu kommen!" Worauf der alte Starhemberg, mit Tränen in den Augen, dem Hofkriegsratspräsidenten entgegnete: „Von den Türken droht keine Gefahr, der Pascha von Buda wurde ja von Euch beruhigt und hat Euch geantwortet, daß die Türkei Österreich nicht überfallen will. Und was meinen Sohn anlangt, er hat eine Tochter des Fürsten unter das Taufwasser gehalten und hat diesem als einzigen Ungarn vertraut. Und bedenkt, wie die Mutter des Fürsten, Sophia Báthory, zum Hofe steht."

Lobkowitz ließ die Hohe Pforte sofort davon verständigen, daß Zrinyi bereit sei, sich dem Kaiser zu unterwerfen und Friedensangebote gemacht habe, um die Türken von einer Hilfe für die Rebellen abzuhalten. Der Gesandte der Republik Venedig wehrte sich entschieden gegen die Verdächtigung, daß die Republik den Rebellen Unterstützung angedeihen und diesen Waffen geliefert habe. Sogar Grémonville beeilte sich, zu versichern, daß Ludwig XIV. den Aufstand der Ungarn mißbillige. Da sich aber ein Teil der Armee in Kroatien befand und die Murinsel und die Küstengebiete besetzt hatte, konnte nicht sofort gegen Rákóczy vorgegangen werden. Vor Ablauf eines Monats konnten die im Süden operierenden Regimenter nicht in Oberungarn eingesetzt werden. Dazu kam, daß der Mannschaftsstand der in Niederösterreich verbliebenen Regimenter erst aufgefüllt werden mußte, während die von Schlesien angeforderten Reiterregimenter noch am Marsche waren. Feldmarschall Montecuccoli, dem das Kriegswesen unterstand, ordnete an, daß General Spankau sofort mit allen verfügbaren Kräften nach Preßburg abzugehen habe, und begann gleichzeitig mit der Anwerbung von Soldaten für die Kader der Infanterie- und Reiterregimenter und ließ Artillerie und Munition beschaffen. Bis Anfang Mai, versicherte er Kaiser Leopold, werde ein einsatzbereites Heer gegen Rákóczy zur Verfügung stehen. Graf Sintzendorf hatte die Geldmittel aufzutreiben.

Lobkowitz aber handelte auf seine Art. In den ersten Gesprächen mit Zrinyi redete er von einem strengen Verfahren und von einem Prozeß, da die Schuld groß sei und ein Exempel statuiert werden müsse, um das Ansehen Sr.Majestät wiederherzustellen. Diejenigen aber, die ihre Vergehen bereuen würden, wolle man mit offenen Armen aufnehmen, um sie nicht in die Arme der Ungläubigen zu treiben. Zrinyi hätte einen großen Einfluß auf seinen Schwiegersohn. Er solle daher Rákóczy schreiben, seinen aufständischen Plan aufzugeben und zu Treue und Gehorsam zurückzukehren, wie es sich für einen Untertanen zieme. Zrinyi nahm die Gelegenheit, seine eigene Lage zu verbessern, mit Freuden wahr und erwiderte dem Fürsten, daß er seinem Schwiegersohn keinen besseren Rat geben könne, als seinem Beispiel zu folgen: „Ich bin bereit, zu schreiben, was und wie es die Minister von mir verlangen. Ich bitte nur Gott, daß er meiner Feder die Kraft verleiht, daß ich Rákóczy zur Pflicht zurückführen kann."

In seinen Briefen an seinen Schwiegersohn und seine Tochter Ilona klagte er darüber, in welches Unglück ihn die vielen schlechten Ratschläge und die nichtüberlegten Zielsetzungen gebracht hätten, und sie sollen daher den ungläubigen Fürsten nicht vertrauen. Er riet ihnen, sich an den Kaiser zu wenden, dann würden sie ihre Ruhe haben und in Frieden leben. Sein persönliches Schicksal liege aber in ihren Händen und daher mögen sie jetzt zeigen, daß sie seine Kinder seien und wie sehr sie ihn lieben würden. Ähnliche Briefe schrieb Zrinyi an Barkoczy Istvan und an Nágy Ferencz.

Als Nágy den Brief Zrinyis erhielt, war er sofort bereit, als Apostel des Friedens tätig zu werden und in das Feldlager nach Serencz abzureisen, denn er erhielt von der ungarischen Hofkammer in Wien, gezeichnet von Bischof Graf Kollonitsch, gleichzeitig ein zorniges Mandatum an die oberungarischen Komitate übersandt, in dem diese vor Rákóczy, dem Feinde des Vaterlandes, gewarnt wurden. Den Komitaten wurde aufgetragen, daß niemand dem Rebellen Hilfe angedeihen lassen solle und niemand Vertreter zu der von Rákóczy für 12. Mai nach Eperjes einberufenen Versammlung entsenden dürfte. Sie sollen sich wie ihr Ahnen als treue Untertanen ihres rechtmäßigen Königs versammeln. Wer Rákóczy sofort verläßt, wird nicht verfolgt werden. Wer bei ihm verbleibt, wird als Treubrüchiger bestraft werden. König Leopold wolle nach der Versammlung von Besztercebánya einen Reichstag einberufen, obwohl die Versammelten, ohne sein Antwort abzuwarten, auseinandergegangen waren. Aber sein väterliches Vorhaben würde durch den Aufstand vereitelt. Für die ganze Misere werden vor Gott, vor der Welt und der Nachwelt die Aufständischen verantwortlich gemacht. Die strafende Hand Gottes wird sie nicht verfehlen. Der strenge Richter über Treuebruch und Aufstand hat bereits zwei Häupter der Verschwörer, Peter Zrinyi und Franz Frangepan, in die Hand des Königs gegeben. „Wir zweifeln nicht", schließt die Proklamation, „daß in kurzer Zeit auch die anderen Spießgesellen erniedrigt werden. Gott selbst sagt, und die Geschichte des Altertums und der Neuzeit beweisen es, daß diejenigen, die sich gegen die gesetzliche Macht erheben, sich auch gegen Gott erheben, und der ist unbesiegbar."

Ein zweiter Erlaß kam eine Woche später und gab bekannt, daß ein deutsches Heer in das Land kommen werde, und die Komitate hätten für Transport und Einquartierung vorzusorgen. Ein dritter Erlaß, datiert mit 26. April, befahl der ungarischen Kammer, die Güter Zrinyis, Frangepans, Rákóczys und ihrer aufständischen Genossen zu konfiszieren.

Kollonitsch kommt von Neutra nach Wiener Neustadt

Am 10. Mai 1670 hatte bei Graf Ferdinand Schwarzenberg in den ungarischen Angelegenheiten eine Konferenz stattgefunden, an der Graf Rothal, Feldmarschall Montecuccoli und der Bischof von Neutra in seiner Eigenschaft als Reichskanzler und Siegelbewahrer teilgenommen hatten. Kollonitsch berichtete ausführlich über die Streifungen der Neuhäusler und Graner Türken und äußerte seine Befürchtungen im Zusammenhang mit dem Aufstand Fürst Rákóczys, Zrinyis und der Kalviner in den 13 oberen Gespanschaften. Der Marsch der kaiserlichen Regimenter halte zwar die Streifscharen der Paschas hinter den Demarkationslinien zurück, aber dies könne sich jeden Tag ändern und eine Streifung der Türken von den Rebellen als militärische Unterstützung der Hohen Pforte verstanden werden. Man möge diesbezüglich auf der Hut sein. Graf Schwarzenberg wollte dies ehestens dem Hofkriegsrate unterbreiten. Er konnte in dieser Sitzung aber auch Kollonitsch darauf vorbereiten, daß trotz der Spannungen zwischen Wien und Rom Klemens X. zu seiner Ernennung zum Bischof von Wiener Neustadt mit Wirksamkeit vom 19. Mai 1670 zugestimmt habe und daß für diesen Tag seine Installierung in Wiener Neustadt vorgesehen sei. In seinen Ämtern in Neutra werde ihm der bisherige Bischof von Erlau, Thomas Palffy, folgen. Hierauf wurde im Einverständnis mit Graf Rothal, dem königlichen Kommissär für Ungarn, vereinbart, welche Ämter Kollonitsch an Palffy abgeben und welche er behalten solle. Da alle Bischöfe von Neutra Reichskanzler und Siegelbewahrer des Königreiches Ungarn waren, waren diese Ämter zu übergeben. Rothal wollte sich der weiteren Mitwirkung dieses tapferen und königstreuen Mannes versichern. Die Amtsübergabe an Palffy sollte am 23. September stattfinden. Die erforderlichen Schreiben wurden sofort verfaßt. Palffy galt wie Kollonitsch als absolut treu.

Nach Abklärung dieser Fragen kam Graf Schwarzenberg auf den im Vorjahr verstorbenen Bischof von Wiener Neustadt, Laurenz Aidinger, zu sprechen, weil auch Kollonitsch diesen persönlich gekannt hatte. Aidinger war schon als „Kurat von St. Stephan" Lehrer des damals noch Erzherzog gewesenen Leopolds gewesen und war schon als Pfarrer und Dechant von Mistelbach kaiserlicher Rat geworden. 1654 war dieser hervorragende Mann Domherr von St. Stephan, 1665 Dompropst und 1666, also vor vier Jahren, Bischof des schon von Friedrich IV. im Jahre 1469 gestifteten Hofbistums der Habsburger geworden. Dieser Friedrich hatte als Kaiser Friedrich III. die Burg in Wiener Neustadt als Wohnsitz bevorzugt und deshalb für seine Familie das Hofbistum geschaffen.

Kollonitsch konnte nach diesen Ausführungen Schwarzenbergs auf das enge persönliche Verhältnis zwischen Kaiser Leopold und sich verweisen und versprach, sooft es möglich sein werde, von Wiener Neustadt nach Wien zu kommen. Er werde auch in Zukunft wie bisher bei solchen Aufenthalten in Wien im Mailberger Hofe des Johanniterordens Quartier nehmen, um an den kirchlichen Festlichkeiten im Profeßhause der Jesuiten am Hofe teilnehmen zu können.

Zu lange schon hatten die Gegensätzlichkeiten zwischen Kollonitsch und der nationalen Partei Ungarns gewährt, weshalb ihm die Berufung nach Wiener Neustadt sehr recht war. In den ungarischen Angelegenheiten aber würde er auch in Zukunft ein Wort mitzureden haben.

Einmarsch kaiserlicher Truppen in Oberungarn

Vor den Quartieren Zrinyis und Frangepans in Wien waren Wachen aufgezogen worden, und der abgesetzte Banus von Kroatien durfte ab Mai nur mehr von seinem ebenfalls in Wien weilenden Sohne besucht werden. Rudolf von Lahn war ebenfalls in Haft. Bei seiner ersten Einvernahme durch Hocher versuchte er anfänglich zu leugnen. Als ihm aber der Kanzler mit der sofortigen Tortur drohte, gestand er alles, was er über seinen Herrn und Graf Tattenbach wußte, von den Zusammenkünften auf Schloß Kranichsfeld und auf Csakathurn, dem Eidbündnis der beiden gegen jedermann, den König nicht ausgenommen, dem in dieser Liga abgesprochenen gegenseitigen bewaffneten Beistand und den Verhandlungen Zrinyis mit der Hohen Pforte.

Zrinyi erfuhr bald von den belastenden Aussagen seines Stallmeisters und versuchte sich in einem Brief an den Kanzler reinzuwaschen. Er berief sich in diesem Schreiben auf Gott als Zeugen, daß er keine ernsten Absichten gehabt habe, sich mit den Türken zu verbünden. Bukovatzky habe er nur als Spion in die Türkei geschickt. Weil aber Bukovatzky und Erdödy verfeindet sind, versuche Erdödy ihn und Bukovatzky schlechtzumachen. Die Flucht Bukovatzkys auf türkisches Gebiet nütze Erdödy jetzt ebenso wie seinerzeit, als er den Pascha von Bosnien davor warnte, daß Bukovatzky mit seiner Reiterei in türkisches Gebiet einfallen und streifen wolle. Erdödy hetzt wieder gegen uns, schreibt Briefe nach Graz und versucht, ganz Kroatien gegen mich aufzubringen.

Mit Windeseile waren die Gefangennahme Graf Starhembergs und seiner Offiziere, der Überfall auf die Reservekompanie des Starhembergischen Regiments bei Eperjes, die Belagerung der Festung Tokaj, die schweren Verluste der Dragoner Strassaldos bei Szathmár, die Beraubung der königlichen Post und die Überfälle auf die königlichen Dreißigstämter in Wien bekanntgeworden. Der Hof wußte auch schon, daß sich 22 Komitate dem Aufstand Rákóczys angeschlossen hatten, daß Truppen angeworben worden und daß mehrere Grenzfestungen in Rákóczys Hand gefallen waren, weil deren ungarische Besatzungen noch vor den Komitaten mit wehenden Fahnen zu ihm übergegangen waren, als er ihnen guten Sold versprach. Es sieht schlimm aus, sagte man hinter verhaltener

Hand bei Hof, denn in Ungarn sind auch die Religionsstreitigkeiten wieder aufgeflammt und von den Führern der Insurgenten wird der Haß geschürt.

Am 22. Mai erreichte die Vorhut der kaiserlichen Truppen die Waag. Der berühmte, aber schon siebzigjährige Reitergeneral Graf Johann Sporck war mit dem Oberkommando betraut worden und schlug vorerst in Csejthe sein Hauptquartier auf. Sporck war durch die harte Schule Wallensteins gegangen und hatte sich noch vor sechs Jahren in den schweren Kämpfen bei Mogersdorf durch besondere Tapferkeit ausgezeichnet, die schon halb verlorene Schlacht gerettet und so mit seiner Reiterei entscheidend zu diesem hart erkämpften Abwehrsieg Montecuccolis beigetragen. Er galt neben Montecuccoli und General Graf de Souches als erfolgreichster Heerführer der kaiserlichen Armee, und sein berühmt gewordenes Gebet, das er bei Mogersdorf vor der Attacke gesprochen hatte, war noch in aller Munde: „Gott, mein Herr, Du der Oberbefehlshaber im Himmel, wenn Du uns nicht mehr helfen willst, so hilf auch den türkischen Hunden nicht, und Du wirst sehen, Du wirst an uns Deine Freude haben." Sporck waren die Feldmarschalleutnante Adolf Johann, Herzog von Hollstein-Plön und Godofred Heister, ebenfalls ein Veteran des Dreißigjährigen Krieges, General Paris Spankau und Karl, der Herzog von Lothringen, als Truppenführer beigegeben worden. Das Heer, etwa 9000 Mann, bestand vorläufig aus den Infanterieregimentern Leslie und la Grana, aus den Kürassierregimentern Sporcks, Schneidaus, Dünnewalds, Karls von Lothringen, Hollsteins und Capraras sowie aus dem Dragonerregiment Jacques. Eine Artilleriebrigade mit 20 Feldkanonen war aufgestellt worden und befand sich auf dem Wege zu Sporck. Graf Paul Esterházy versammelte 3000 Mann verläßlicher, königstreuer ungarischer Truppen und berief Graf Kéry an die Spitze eines kroatischen Reiterregiments. Der Troß der deutschen Regimenter war sehr groß, weil viele Soldaten geheiratet hatten und sozusagen mit Weib und Kind ins Feld zogen. Das machte den Troß schwerfälliger, beeinträchtigte die Beweglichkeit des Heeres und erschwerte dessen Versorgung. Andererseits erweckte die riesige Karawane den Anschein, daß die heranrückenden Verbände weit stärker seien, als sie es tatsächlich waren. Die Truppen General Spankaus hatten große Strapazen hinter sich, denn sie waren schon auf der Murinsel gegen Csakathurn im Einsatz gewesen und waren anschließend in Eilmärschen nach Preßburg verlegt worden. Und dennoch machten am Abend, an den Lagerfeuern, kecke Lieder die Runde.

Die Ankunft der kaiserlichen Regimenter an der Waag und ihr bevorstehender Einmarsch in Oberungarn lösten in den aufrührerischen Komitaten Angst und Schrecken aus, den es hatte geheißen, daß der Kaiser keine Soldaten habe und viele von jenen, die sich mit kühnen Reden so hervorgetan hatten, dachten auf einmal anders, denn jetzt sollten sie, gewissermaßen unverhofft, wirklich zum Säbel greifen, ein kriegsgewohntes Heer aufhalten. Schon wußte die Fama von 60.000 bis 80.000 Mann, und die Situation wurde mit jener vor 103 Jahren verglichen, als Herzog Alba die Niederlande züchtigte. Am größten war vorerst die Besorgnis in den Komitaten Szepes und Sáros, weil diese Österreich am nächsten lagen. Niemand in diesen Komitaten wagte es, einen Widerstand zu organisieren, und so blieben auch die Bergpässe zwischen Liptau und Szepes unbesetzt, obwohl diese von einem Haufen entschlossener Männer auch gegen eine Übermacht einige Zeit zu halten gewesen wären. Nur in den Komitaten Zemplin und Ungh redeten die kalvinischen Geistlichen und Kleinadeligen noch so, als ob nicht Sporck in Oberungarn, sondern Rákóczy in Österreich einrücken würde, verspotteten die „schwarzen Söhne des hinkenden Ignaz" und sagten, „daß deren katholische Gottesdienste, diese Narretei, nun bald ein Ende haben werde, daß das deutsche Heer am Ende ist und die deutschen Soldaten aus Hunger ihre Kinder verkaufen, drei für einen Groschen."

Sándor Bagossy, der kalvinische Prediger von Mandok, erzählte später auf dem Wege nach Siebenbürgen, daß die Türken beim Barte des Propheten, bei der Sonne, dem Mond und den Sternen geschworen hätten, die Reformierten in ihren Schutz zu nehmen und die Papisten und Deutschen zu verderben.

Nagy Ferencz war am 1. Mai in Tályá mit den wichtigsten Männern der Verschwörung zusammengetroffen. Die Versammlung stand schon unter dem Eindruck der Verhaftung Zrinyis und Frangepans und der Gegenmaßnahmen des Hofes. Die Front im Süden war zusammengebrochen, und die Erlässe des Königs und der ungarischen Hofkammer ließen eindeutig erkennen, daß die Aufständischen auch in Oberungarn zur Rechenschaft verhalten werden würden. Die Komitate waren angewiesen worden, für die zum Einmarsch in Ungarn bereitgestellten kaiserlichen Regimenter Nahrungsmittel, Quartiere und Fuhrwerke zur Verfügung zu stellen, und die Weisung vom 26. April, ergangen an die ungarische Hofkammer, ordnete bereits die Konfiszierung der Besitzungen Zrinyis, Frangepans, Rákóczys und ihrer Verbündeten an. Wenn auch Szuhay, Szepessy und Bocskay behaupteten, daß der Kaiser keine Soldaten habe, so wußten doch alle, daß dies schon in wenigen Wochen anders sein würde, denn König Leopold werde auch den Abfall Oberungarns nicht tatenlos hinnehmen. Die Aufforderung Zrinyis, zu Treue und Gehorsam zurückzukehren, rief bei manchem Teilnehmer der Versammlung eine tiefe Wirkung hervor. Dazu kam, daß weder die religiösen Gegensätze im Lager der Aufständischen bereinigt noch bestimmt werden konnte, wer die Bergstädte besetzen und wer Kaschau angreifen sollte.

Nagy Ferencz schlug vor, daß eine Kommission gebildet werden solle, deren Mehrheit aus ungarischen Patrioten bestehen müsse. Diese solle die Vorgänge in Ungarn untersuchen, die am Aufstand Beteiligten anhören, ihre Unterwerfung und ihren Gehorsam im Namen des Königs annehmen. Es wäre für niemanden entwürdigend, diese Kommission um Gnade zu bitten. Eine allgemeine Amnestie, von der niemand ausgenommen werden dürfe, solle vom Hofe erlassen werden. Szuhay und sein Anhang setzten für das Fehlschlagen der Verhandlungen durch, daß die Beziehungen zur Hohen Pforte und Siebenbürgen nicht vernachlässigt werden dürften. Gehe Wien auf diese Forderungen nicht ein, so müsse Geld aufgetrieben und weitergerüstet werden. Diese Abmachung solle allen Komitaten bekanntgegeben werden, damit diese schriftliche Eingaben an den König absenden und General Sporck auffordern können, bis zur Beantwortung ihrer Schreiben nicht in das Land zu kommen. In diesen Schreiben sollte der König aufgefordert werden, endlich alle Deutschen aus Ungarn abzuziehen und jene, die gesündigt hätten, vor die genannte Kommission zu zitieren und ausschließlich nach den Gesetzen des Landes zu bestrafen.

Nágy Ferencz, der diesen Plan ausgedacht hatte, sollte von Tályá nach Wien reisen und die erforderlichen Verhandlungen aufnehmen. Er wurde von der Versammlung mit allen notwendigen Vollmachten hiezu ausgestattet. Nach Abschluß der Beratungen trat Nágy die Reise an. Zunächst begab er sich auf seinen Besitz in Neutra und schrieb von hier aus an Graf Zichy und an Graf Rothal, den königlichen Kommissär für Ungarn, informierte sie über seine Absichten und bat beide um die Zusicherung freien Geleits. Ohne diese Zusicherung war er nicht bereit weiterzureisen, damit nicht auch er, wie schon Zrinyi und Frangepan, gefangengesetzt werden würde.

Bei der Versammlung in Tályá erkannten viele, in welch schwierige Situation Rákóczy Ferencz gekommen war, denn Zrinyi hatte geschrieben, daß sein Schicksal nun in der Hand seines Schwiegersohnes liege. Befolge der Fürst aber die Aufforderung Zrinyis, zu Treue und Gehorsam zurückzukehren, so wären die Bemühungen aller anderen vergebens, alle bisherigen Erfolge wertlos. Auch heftig aufeinanderprallende Gegensätze vermochten es nicht, diese Tatsache aus der Welt zu schaffen. Nur Graf Bonis wollte notfalls auch allein zu den Waffen greifen und Widerstand leisten, wenn deutsche Truppen ins Land kommen sollten. Er wurde aber von allen als „der ist verrückt" bezeichnet.

Ungeduldig wartete Nágy auf die Zusage freien Geleits, aber er wartete vergebens. Am 22. Mai hörte er, daß General Sporck bereits an der Waag stehe. Drei Tage später, am 25. Mai, überschritten die kaiserlichen Truppen den Fluß. Damit war sein Plan, den er der Versammlung in Tályá unterbreitet hatte, hinfällig geworden, seine Mission als Apostel des Friedens aufzutreten, gescheitert, ehe sie begonnen hatte.

Sporck gliederte seine Streitkräfte in zwei Brigaden. Der linke Flügel, der unter seinem Kommando stand, rückte gegen Trencsin und Turócz vor und besetzte beide Städte und beide Burgen, ohne daß Widerstand geleistet worden wäre. Sporck beschlagnahmte die Besitzungen Rákóczys und legte 400 Musketiere des Badischen Regiments, das eben zu ihm gestoßen war, in die Festungen. Den rechten Flügel befehligte General Spankau, der sofort nach Süden vorstieß. Bei Rózsaheg, im Komitat Liptau, sollten sich die beiden Brigaden wieder vereinigen, weil nach Liptau das Gebiet der 13 feindlichen Komitate begann. Der Vormarsch beider Brigaden erfolgte in vollster Disziplin. Es durfte sich niemand von der Truppe entfernen, weil damit gerechnet wurde, daß die zum Aufstand aufgeforderte Bevölkerung ihre Vorräte verstecken, in die Wälder und Berge flüchten und zurückbleibende einzelne Soldaten erschlagen würde. Beide Brigaden vereinigten sich schon Ende Mai, ohne nennenswerte Verluste gehabt zu haben, und rückten am 4. Juni in das Komitat Szepes ein. Die Reiterei lagerte in und um Teplics, wo Sporck auch sein Hauptquartier aufschlug. Auf aufständische Truppen war man bisher nicht gestoßen, obwohl Sporck gerne mit den Rebellen die Klingen gekreuzt hätte, um ihnen die Beleidigungen, die sie auf Anschlägen gegen ihn veröffentlicht hatten, mit dem Säbel in der Faust heimzuzahlen. Die Schreiben der Komitate, mit dem Einmarsch bis zu deren Beantwortung durch den Hof zuzuwarten, beantwortete Sporck nicht.

Als Nágy Ferencz sah, daß sein Plan gescheitert war, schickte er Szkáros und Nágy János zur Frau Nádor nach Murany und bat sie, für den Dienstag nach Pfingsten, den 27. Mai, alle Anführer der Insurgenten, die sich in der Umgebung der Burg aufhalten, vor allem aber die Grafen Szuhay und Szepessy zu Berethkey im Waldgebiet von Nagy-cselényi am Sajoflusse zu bestellen, damit er dort mit ihnen die durch den Einmarsch der deutschen Heere entstandene neue Lage beraten könne. Die Grafen kamen. Ebenso Figedi András, Nágy Ferencz, Farkas Fabian, Szentpetéry Istvan, der Vizegespan von Borsod, Monaky Istvan, der Stuhlrichter des Komitates Abauj, Tornallyai Zsigmond, Szákmary Miklos und Uza Sándor. Nagy beriet sich erst mit Szuhay, Szepessy und Farkas allein, denn auch sie wußten schon, daß Sporck ins Land gefallen war. Nágy berichtete den Verschwörern, daß seine Briefe weder von Zichy noch von Rothal beantwortet worden waren und daß sie nun nicht mehr hoffen dürften, daß Leopold zu bewegen sein würde, der Bestellung einer Kommission zuzustimmen. Sie alle hätten nach der Proklamation Sporcks nur die Wahl zwischen Unterwerfung und bewaffnetem Widerstand. Nur wer die Waffen niederlegt, wird der Amnestie teilhaftig. Hierauf wollte Nágy wissen, ob mit türkischer oder siebenbürgischer Hilfe zu rechnen sei, wie sie jetzt selbst zu Rákóczy stünden und ob sie den Komitaten vertrauen könnten. Sie mußten aber sagen, daß weder auf türkische noch auf siebenbürgische Hilfe zu hoffen ist, daß sie sich wegen Rákóczy noch nicht im klaren wären und daß sie zu den Komitaten ebenfalls wenig Vertrauen hätten. „Rákóczy hat mich zu sich rufen lassen", warf Szepessy zögernd ein, und Szuhay warnte: „Geh hin, aber lasse dir einen salvus conductus ausstellen", denn ihm war die Gefangennahme Starhembergs in den Sinn gekommen. Soweit haben sich die Verbündeten schon voneinander entfernt, dachte Nágy betroffen, daß einer vom anderen einen Geleitbrief verlangt, wenn er zu ihm kommen soll. Farkas bot sich an, diese Vorfrage zu klären. Sie stimmten darin überein, daß die Komitatsversammlungen wieder einberufen werden müssen, damit man die Geister der Leute wieder ermuntern und dazu bewegen könne, sich zu bewaffnen und in das Lager zu gehen. Nur durch den entschlossenen Widerstand aller könne der Hof vielleicht noch bewogen werden, den Marsch der deutschen Heere zu stoppen und dem Gedanken einer Kommission näherzutreten. Als die Verschwörer in Berethkey auseinandergingen, hing jeder dem Gedanken nach, wie sie alle am besten aus der Sache herauskämen.

Farkas machte sich auf den Weg zu Rákóczy. Auf dem Wege nach Patak schürte er überall das Feuer. Er forderte die Komitate auf, Versammlungen abzuhalten und zu den Waffen zu greifen, denn nach sicheren Nachrichten habe der deutsche Kaiser keine Soldaten. Als er den Leuten diese Lüge erzählte, hatte Spordk aber schon die Grenze zu jenen 13 Komitaten überschritten, die von ihm als feindliches Gebiet angesehen werden sollten. Die Brüder Keczer setzten in Sáros noch durch, daß dessen Komitatsversammlung das Komitat Szepes aufforderte, sich an den Beschluß zu halten, den Deutschen weder Nahrungsmittel noch Quartier und Fuhrwerk zu geben. Am 31. Mai verlangte das Komitat Sáros sogar vom König noch schriftlich, daß er keine deutschen Truppen ins Land schicken solle, es sei alles ruhig.

Spordk, der nach der Schlacht von Mogersdorf in den Grafenstand erhoben worden war, war zwar über den öffentlichen Anschlag, daß er ein primitiver Mensch sei, der weder lesen noch schreiben könne, sehr verärgert, aber dieser Vorwurf schadete ihm weder bei seinen Offizieren noch bei seinen Soldaten. Sie vergötterten den alten Haudegen, der sie in vielen Kämpfen zum Siege geführt hatte. Seine persönliche Tapferkeit und sein Feldherrentalent, daß man ihm, dem Reitergeneral, allgemein zubilligte, sprachen ihm aber nicht einmal die Insurgenten ab. Nach seinem Einmarsch in das Komitat Szepes waren die Patrioten, die die Opposition in der Komitatsversammlung niedergeschrien hatten, geflohen, und die wieder einberufene neue Versammlung wählte Bársony György zum Kommissär. Er wurde General Spordk an die Seite gegeben und hatte für die Herbeischaffung von Nahrungs- und Futtermitteln und für Quartiere und Fuhrwerke zu sorgen. Die Stadt Löcse sandte eine Abordnung in das Lager von Lethanfalva und bat Spordk am 5. Juni ihr Gast zu sein. Als Geschenk überbrachten ihm die Gesandten zwei wertvolle Pferde und den Herzogen von Hollstein und Lothringen je einen

Eimer ihres besten Weines. Sporck freute sich über das Geschenk, nahm sich aber nicht Zeit, der Stadt einen Besuch abzustatten. Über Szepes-Iglon zog er nach Krompach weiter. Sáros folgte nun dem Beispiel von Szepes und stellte den Deutschen ebenfalls Nahrungsmittel, Quartiere und Fuhrwerke zur Verfügung. Auch von hier waren die Rebellen geflohen und hatten sich in die Komitate Zemplin und Abauj abgesetzt.

Am 2. Juni, als Sporck noch bei Hibénél stand, hielt das Komitat Abauj in Szinán eine Versammlung ab. Diese forderte König Leopold auf, alle Deutschen aus dem Lande abzuziehen. Wenn es Sünder gäbe, so sollen sie nach den Gesetzen des Landes bestraft werden. Ispán Ferencz, Figedi Nagy András, Szuhay und Bonis riefen in Brandreden zu den Waffen und behaupteten noch immer, daß der deutsche Kaiser keine Soldaten habe: „Wenn ich nicht mit 2000 Mann sein ganzes Heer zusammenhaue, dann will ich meinen grauen Bart nicht heil aus dem Kampfe heimbringen!" donnerte Szuhay, und Bonis fluchte: „Glaubt dem Schwein Sporck nicht, der mit seinen honigsüßen Worten nur nach unserem Leben und unseren Besitzungen trachtet! Das Schwert den Deutschen, aber keine Nahrungsmittel! Glaubt mir, wenn sich nur einer erhebt, so werde ich der zweite sein! Wenn die Komitate auch so empfinden würden wie ich, dann würden keine Deutschen über die Bergpässe von Branyiska kommen!" Mit diesen aufrührerischen Reden brachten sie es zuwege, daß sich das Komitat Abauj entschloß, zu den Waffen zu greifen, sobald die Deutschen Krompach erreichen würden. Ispán Ferencz wurde von der Versammlung zum Kapitän gewählt. Ihren Entschluß zum Aufstand gaben sie durch Gesandte sofort dem Komitat Zemplin bekannt. Bald darauf aber meldete sich auch die Opposition zu Wort. Besonnene Männer, die imstande waren, die Situation richtig einzuschätzen, kamen zu der für 6. Juni in die Kirche von Göncz einberufenen zweiten Versammlung, zu der der Adel bereits in Waffen erscheinen sollte. Fáy László, ein tapferer Mann und bekannter Draufgänger, einer der ersten Verschwörer, mahnte, von der Erfahrung gewitzigt, zum Frieden. Ebenso Baksa Istvan, der schon gegen die Gefangennahme Starhembergs gewesen war. Szenthe Bálint sagte von ihm, daß er im Sold des Hofes stehe, worauf ihn die Empörer erschlagen wollten. Fáy und Baksa aber gaben der Versammlung mutig zu bedenken, daß starke deutsche Heere, ohne auf Widerstand zu stoßen, in Eilmärschen heranrückten und fragten Szuhay, Ispán und Bonis, warum denn sie alle Widerstand leisten sollten, wenn selbst der Fürst zögere, zu den Waffen zu greifen. „Man sollte euch beide ermorden!" schrie Szuhay wütend, und es schien eine Zeitlang, als ob die Mahner zum Frieden um ihr Leben bangen müßten. Aber das Herannahen der kaiserlichen Regimenter setzte der Redegewalt der Rebellen ein Ende. Die meisten Adeligen stellten sich auf die Seite der Männer des Friedens, und die Versammlung beschloß, den Aufstand abzublasen. Im Gehen schrie Szuhay zornig zurück: „Ihr seid falsche Ungarn mit einer noch falscheren Seele! Ihr habt es in Szinán nur noch nicht gewagt, euer Gift so herauszuspritzen!" Dann ritt er nach Zemplin.

Nur Graf Bonis verharrte im Aufruhr. Er verließ die Versammlung und begann sofort, die Leute Rákóczys, die bei Tályá und Szerencs herumstreiften, zu sammeln, und stellte sich an deren Spitze, um sie gegen die Deutschen und gegen den König zu führen, der nicht mehr ihr König ist, weil er nicht die Freiheit des Landes erhalten könne. Es gelang auch seiner besorgten Frau nicht, ihn von seinem Vorhaben abzuhalten. Bonis gehörte vom Anfang an zur Verschwörung und war, seit sich die Lage zugespitzt hatte, kaum einen Tag zu Hause gewesen. Er lief, wie ein Blinder, dem Schicksal in die Arme.

Am 3. Juni fand in der Stadt Zemplin die Versammlung des gleichnamigen Komitates statt. Graf Bocskay führte den Vorsitz. Es wurde beschlossen, ein gleichlautendes Schreiben wie Sáros und Abauj an den Hof zu senden, und Gregor Biber, der Vikar der Pauliner von Ujhelly, sollte mit Gyurikovich György General Spork entgegeneilen und versuchen, ihn zum Halten zu bewegen, bis sie von Wien Antwort bekommen würden. Gyurikovich erhielt aber einen geheimen Auftrag. Er sollte versuchen, das Komitat Sáros aufzuwiegeln. Bocskay setzte durch, daß die Versammlung den Aufstand beschloß. Hierauf ordnete er an, daß sich der Adel bewaffne und bei Terebes sammle. Vor der Stadt wollte er Lager schlagen. Wer seinen Befehl nicht befolge, müsse mit dem Verlust seines Besitzes und seines Kopfes rechnen. Sogar die Stuhlrichter wies er strenge an, aus jedem fünften Hause aller Bauerndörfer des Komitates einen Burschen auszurüsten und in das Lager nach Terebes zu schicken. Am festgesetzten Tage erschienen wirklich mehrere hundert Bewaffnete in seinem Lager vor der Stadt. Fahnen wurden ausgegeben und mangelnde Bewaffnung ergänzt. An diesem Tage trafen aber auch der Obergespan des Komitates Szemere und der Katholik Szentiványi, ein aufrechter Mann, mit dem Befehl des Königs, daß das Komitat den Deutschen Nahrungsmittel, Quartiere und Fuhrwerke zu geben habe, in Terebes ein. Sie verlangten von Bocskay, daß er eine Versammlung abhalte. „Wir drei sollen eine Versammlung abhalten?" fragte er spöttisch. Sie aber beharrten und verlangten, daß er mit ihnen in das Lager vor der Stadt gehe. Unwillig gewährte der Graf ihre Bitte. Als aber die Männer des Friedens vor dem bewaffneten Adel ihre Befehle wiederholten, erhob sich ein unvorstellbarer Tumult. Sie wurden angeschrien: „Unsere Lage wird nicht besser, bis wir einige von uns ermorden!" Bocskay und Ispán konnten kaum die Ordnung wiederherstellen. Bocskay überschrie die Lärmenden: „Auf den Galgen mit dem, der sich an diese Befehle hält! Der Deutsche ist der Feind! Er darf nicht in das Herz des Vaterlandes vordringen! Wir müssen ihm entgegenziehen!" Der mutige Gespan wagte es aber noch einmal, dem Grafen zu widersprechen: „Ich warne Euch vor der Rebellion! Ihr stürzt das ganze Vaterland in Gefahr! Im Namen des Königs: befolgt seine Befehle!" Aber die Menge drängte sich heran: „Du denkst nicht wie wir! Du verstehst uns nicht! Dir sollte man einen spitzen Pfahl durch den Leib rennen!" Szemere mußte hierauf eilends die Versammlung verlassen. Noch schlechter ging es Szentiványi, der versuchte, ebenfalls im Sinne des Gespans zu reden. „Haut ihn nieder! Die Katholiken hielten am Anfang mit uns, aber jetzt betrügen sie uns! Es ist keiner zur Versammlung gekommen!" Auch Szentiványi mußte schauen, daß er wegkam. Die Versammlung beschloß, den Katholiken nicht nur eine Geldstrafe aufzuerlegen, sondern die Besitzungen wegzunehmen. Ispán blieb im Lager. Bocskay aber reiste nach Szerdahely, um anzuordnen, daß sich der untere Teil des Komitates dem Aufstand anschließe und sich gegen die Deutschen stelle.

Bei Szomoto, am Ufer der Bodrog, hatte Bonis mit 1500 Mann Lager geschlagen. Er feuerte seine Leute an: „Es wollten Deutsche in unser Gebiet kommen, die aber umgedreht haben. Das war ihr Glück, denn sonst hätte ich euch Ungarn auf sie losgeschickt! Ihr hättet es ihnen gezeigt!" Bonis zahlte den Leuten Sold, und mit Wein und Versprechungen hielt er sie in Stimmung. Überall rief er zum Aufstand auf: „Nicht wir haben gegen den König gesündigt, sondern er gegen uns. Er hat seinen Schwur gebrochen! Gott soll mir helfen. Wenn der Fürst herauskommt, werden wir die Papisten niederhauen, alle, bis zum letzten Mann! Solange es diese gibt, haben wir nichts Gutes zu erwarten!"

Sporck beabsichtigte bei Eperjes Lager zu schlagen, um seinen Truppen eine Rast zu gönnen. Als er aber am 8. Juni in Szinnye-Ujfalu von den Kriegsvorbereitungen der Komitate Abauj und Zemplin erfuhr, ließ er seine Infanterie, Artillerie und den Troß zurück und ritt mit allen Reiterregimentern auf Terebes zu, um endlich den Feind zu stellen. Man hatte ihm gemeldet, daß Bocskay und Bonis 5000 bis 6000 Insurgenten anführen. Als aber im Lager von Terebes die Nachricht eintraf: „Die Deutschen kommen!" zogen es alle, auch jene, die Szemere erschlagen wollten, vor, nach Hause zu gehen. Ispán vermochte es nicht, sie zurückzuhalten, und Bocskay befand sich in Szerdahely.

Am 10. Juni begegnete Szemere General Sporck bei Tapoly-Bisztran, einem Ort an der Grenze zwischen den Komitaten Sáros und Zemplin. Der Gespan erbot sich sofort, die Versorgung der Regimenter sicherzustellen und begleitete den General.

Indessen zog ein Trupp Adeliger aus dem Lager von Terebes, die schon am Heimweg waren, am Lager des Grafen Bonis vorbei. Bonis sah sie und hielt sie mit einem Trupp bewaffneter Männer an: „Wo lauft ihr hin?" herrschte er sie an. „Vor wem fürchtet ihr euch? Unsere Sache ist gerecht! Gott wird uns helfen!" Als die Adeligen aber ihren Weg fortsetzen wollten, ließ Bonis seine Männer die Gewehre auf sie richten und befahl: „Ich nehme euch in meinen Dienst! Lagert Euch bei meinen Leuten, sonst lasse ich auf euch schießen!" Die Flüchtlinge gehorchten und lagerten sich auf dem Felde von Bors, weil in den Scheunen des Ortes kein Platz mehr für sie war. In der Nacht aber, als die Leute des Bonis schliefen, machten sich die Adeligen aus dem Staube.

Bonis war sofort nach Szerdahely geeilt, als er von den Adeligen gehört hatte, daß sich das Lager von Terebes aufgelöst habe. Aber er kam zu spät, denn das hatte man dort schon früher erfahren. Bonis kam auf einen leeren Platz. Auch hier waren die Leute schon nach Hause gegangen, und Bocskay selbst war in der Nacht vom 9. auf den 10. Juni, als Bauer verkleidet, mit einem vollbepackten Wagen und zwei Knechten nach Siebenbürgen geflohen. Bonis ritt auf die Burg Bocskays und fragte die Gräfin nach seinem Verbleib. Sie antwortete ihm aber, sie wisse nicht, wo ihr Gemahl sei. Enttäuscht schrie sie Bonis an: „Jetzt habe ich 1500 Mann und alles ist umsonst!" Er erkannte, daß alle alles für verloren hielten. „Bocskay ist geflohen! Dabei habe ich ihn für einen starken Führer gehalten!" Bonis sah ein, daß er nichts mehr ausrichten konnte und so ließ auch er seine Truppen im Stich und versuchte, die Burg Sztropkó, die seiner Schwiegermutter, der Witwe Pethös, gehörte, zu erreichen, um sich dort zu verbergen. Am Wege dorthin begegnete er am 11. Juni Viczmandy Ferencz, Banoczy Sándor und Fodor Adam, Adeligen aus Homonna, die mit Soldaten die Gegend durchkämmten. Sie erkannten Bonis, nahmen ihn gefangen, raubten ihn aus und lieferten ihn als räudigen Barrabas in das Hauptquartier Sporcks ein. Sporck hatte in der Burg Bocskays in Parno Quartier bezogen.

Der größte Teil der Leute, die vergebens auf die Rückkehr ihres Führers warteten, ging, als sie erkannten, daß sie Bonis verlassen hatte, bei Leanyvár auf Fähren über die Theiß und zog nach kurzer Rast bei Kisvárda plündernd und raubend bis Ibrány weiter. Erst dort lösten sich die führerlosen Haufen auf, denn Sennyey Ferencz, der Kapitän von Kalla, drohte ihnen, sie mit Hilfe der Deutschen aus Szathmár niederzumachen.

Generalleutnant von Sporck hatte Anfang Juni in Teplitz in der Trencsiner Gespanschaft „An die Getreuen des Kaisers" einen Aufruf erlassen:

„Ich fordere Euch auf, den Gerüchten, die von den Aufständischen ausgestreut werden, keinen Glauben zu schenken. Bleibt in eurer Heimat, denn ich werde nur die Rädelsführer des Aufstandes zur Verantwortung ziehen!"

Darunter ließ Sporck ein kaiserliches Manifest vom 22. Mai anschlagen, in dem es hieß, Leopold habe, trotz der Vorgänge in Neusohl, den Reichstag, zur Abstellung der Beschwerden, einberufen wollen, sei aber durch den Aufstand genötigt worden, sein Vorhaben hinauszuschieben. Die Aufständischen, welche die Waffen niederlegen, haben Verzeihung zu erwarten, jene aber, die in der Rebellion verharren, mit den strengsten Strafen zu rechnen!

Gott, der Rächer der Treulosigkeit, der Zrinyi und Frangepan bereits in seine Hand gegeben habe, werde in Kürze auch die anderen Verschwörer wegen ihrer Verbrechen zuschanden machen!

An Paul Esterházy, den Oberkapitän in den nordwestlichen Landesteilen, und an Georg Illéshazy, den Obergespan von Trencsin, erließ der Kaiser den Befehl, die Ledniczer und Trencsiner Herrschaften Franz Rákóczys einzuziehen.

Von Tag zu Tag verschlechterte sich die Lage der Aufständischen. Farkas kehrte, nachdem er von Rákóczy einen Geleitbrief für Szepessy erhalten hatte, mit Szepessy und einer Abordnung nach Sáros-Patak zurück. Der Fürst war gerade beim Packen. Er erklärte seinen Freunden, daß er sich gezwungen sehe, den Frieden mit dem Kaiser zu suchen. Alle ihre nationalen Bemühungen seien gescheitert und die politische Lage sei ebenso hoffnungslos wie die militärische. Zrinyi und Frangepan sind nach dem Zusammenbruch des Widerstandes in Kroatien nach Wien gegangen und haben sich unterworfen. Sie sind in Haft und haben mit einem Hochverratsprozeß zu rechnen. Nach der Besetzung Kroatiens, des Küstenlandes und des Murdreiecks wurden alle dort eingesetzt gewesenen und freigewordenen Regimenter nach Preßburg und Malaczky verlegt. Der Kaderstand der kaiserlichen Regimenter in Schlesien, Böhmen und Mähren, der teilweise nur 250 Mann betragen hat, wurde durch Truppenanwerbungen auf volle Kriegsstärke gebracht, und Feldmarschall Montecuccoli hat sogar ein Feldartillerieregiment neu aufgestellt, mit neuen Geschützen versehen und zu General Sporck abkommandiert. Das Scheitern der militärischen Maßnahmen der Patrioten in Kroatien und die beträchtlichen Rüstungsanstrengungen des Wiener Hofes haben auch die Situation der nationalen Kräfte in Oberungarn so verschlechtert, daß ein Alleingang über Anfangserfolge nicht hinauskommen könne. Die Türken und Siebenbürger hätten nicht nur Zrinyi im Stich gelassen, sondern auch ihn, den rechtmäßigen Fürsten von Siebenbürgen. „Apafy hat sich mit Wien arrangiert; aus diesem Grunde ist von Siebenbürgen keine militärische Hilfe zu erwarten. Auf uns allein gestellt, muß unsere Sache scheitern, auch wenn wir im Recht sind. Selbst die Städte weigern sich, uns offen zu unterstützen, und wie es um die Komitate aussieht, das wissen Sie selbst. In dieser Situation ist daher jedes weitere Blutvergießen sinnlos geworden. Ich ermahne Sie daher, versöhnen Sie sich mit dem Kaiser und befolgen Sie die Proklamationen der einrückenden Kaiserlichen in Oberungarn." Nach einigem Nachdenken wiederholte der Fürst: „Versöhnt Euch mit dem Kaiser, wie ich es zum Wohle des Vaterlandes getan habe, und hütet Euch vor den Soldaten und Dienstleuten meiner Mutter. Sie werden jeden, der sich am Aufstand beteiligt hat und in ihre Hände fällt, gefangennehmen und als Zeichen ihrer Treue zum König den Deutschen ausliefern. Das ist kein leeres Gerede. Ich warne Euch vor der alten Fürstin!"

Szepessy sagte nachher: „Rákóczy hat alles aufgegeben. Er packt und begibt sich mit seiner Familie nach Munkacs in den Schutz seiner Mutter, man kann auch sagen, in ihre Gewalt. Wir wissen noch, daß sie die Tore schließen und Geschütze auffahren ließ, als er mit Truppen vor Munkacs erschien, um den riesigen Familienschatz der Rákóczy für Rüstungszwecke der Aufständischen wegzuführen. Er hat unter tausend Entschuldigungen und reichen Geschenken Graf Starhemberg und seine Offiziere auf freien Fuß gesetzt und zahlt nun den Deutschen in Tokaj, die er erst belagern ließ, Sold. Ebenso entlohnt der Fürst die Deutschen in Szathmár. Er wird den Deutschen auch seine Burgen ausliefern, wenn sie es von ihm verlangen, und uns, die wir uns seiner Führung anvertraut haben, bleibt nur die bittere Wahl zwischen Unterwerfung und Exil. Ohne Rákóczy ist alles verloren. Die Pläne, die wir in Berethke erwogen haben, sind unausführbar geworden. Wir werden alles zu verantworten haben, was geschehen ist, denn die kaiserlichen Bluttribunale werden ihres Amtes walten."

Wie recht Rákóczy hatte, als er seine alten Gefährten vor seiner Mutter warnte, stellte sich bald heraus. Török Kata, die Gemahlin Graf Bocskay Istvans, wollte diesem ins Exil folgen, wurde aber am 13. Juni in Beregh von Soldaten und Dienstleuten der alten Fürstin, die Ráthy Zsigmond führte, angehalten, gefangengenommen, ausgeplündert und samt ihrer siebzigköpfigen Begleitung vorerst nach Munkacs geführt. Der Familienschatz der Bocskay und alles Bargeld wurden ihr weggenommen. Von Munkacs wurde sie dann über Karoly nach Szathmár gebracht und General Strassaldo als Gefangene übergeben. Lónyay Anna gelang es am 12. Juni in den Nachtstunden mit mehreren ihrer Dienstleute nach Kövár in Siebenbürgen zu fliehen, denn sie hatte kein so gefährdetes Gebiet zu durchqueren. Ispán Ferencz ließ seine Gemahlin in Ungvár im Schutze der Gräfin Homonna zurück und floh selbst nach Huszt. Forgách Miklos, Várady Jónas, Gyulaffy László, Bessenyey Mihály, Bay Mihály, Chernel Pál und Farkas Fabian flüchteten ebenfalls nach Siebenbürgen und kamen dort mit geringer Habe an. Mehr Glück hatte Kende Gábor. Er konnte mit seiner Familie und all seiner beweglichen Habe entkommen.

Aber nicht nur Sophia Báthory verfolgte die Verschwörer. Auch der unschlüssige Csáky Ferencz verließ am 17. Juni Kaschau und begab sich zu General Sporck in das Feldlager bei Parna. Er wollte das ihm wegen seiner bisherigen Untätigkeit verlorengegangene Vertrauen der Deutschen zurückgewinnen, ohne es sich aber deswegen mit den Ungarn zu verderben. Der Hof in Wien erwartete deshalb von ihm Aktivitäten, und die Ungarn erwarteten von ihm, daß er sich in ihrer Bedrängnis als wahrer Ungar erweise, der das Wohl und nicht das Verderben der Nation vor Augen habe. An dieser Doppelaufgabe scheiterte Csáky. Er tat zwar nicht viel zur Verfolgung der Aufständischen, was ihm bald das

Mißtrauen der Königstreuen einbrachte, und freute sich andererseits doch darüber, daß immer mehr Aufständische als Gefangene eingebracht wurden, was ihm die Abneigung des nationalen Lagers sicherte.

Bald nach Graf Bonis wurde auch der adelige Kubinyi László gefangengenommen. Er gab schon beim ersten Verhör zu, als Gesandter Rákóczys beim Pascha von Eger (Erlau) gewesen zu sein. Seine Gemahlin bot der Kammer von Szepes für seine Freilassung 3000 Gulden an, wurde aber abgewiesen. So blieb Kubinyi weiter in Haft. Im Komitat Zemplin aber änderte sich die Lage völlig unerwartet. Graf Barkoczy Ferencz stellte sich an die Spitze jener Adeligen, die erst gegen die Deutschen zu den Waffen gerufen worden waren, schlug sich mit diesen auf die Seite des Königs und verfolgte die Verschwörer, nahm alle, die in seine Hände fielen, gefangen und lieferte sie den Deutschen aus. Sporck hatte in Barkoczy Ferencz einen tatkräftigen Verbündeten gewonnen.

Indessen wurde auch das Komitat Ungh von deutschen Einheiten besetzt. Dobay Gábor wurde gefangengenommen, ebenso Szentiványi Mihály, der in Terebes so mutig für den Frieden eingetreten war. Sie wurden in das Feldlager Sporcks gebracht, wo Szentiványi aber bald auf freien Fuß gesetzt und in den Dienst des Königs genommen wurde. Der Bruder Barkoczy Ferencz's Barkoczy Istvan, hielt sich in Kelecsény, im Komitat Ungh, auf und sah tatenlos zu, wie alles zusammenbrach. Er bat nur, daß seine Frau, die ebenfalls vorübergehend in Haft genommen worden war, wieder freigelassen werde. Von ihm hatten bei der Komitatsversammlung in Terebes viele erwartet, daß er gegen die Deutschen aufstehen werde, denn er hatte sich mit seinen hitzigen Reden gegen König Leopold sehr hervorgetan. Jetzt aber tat er alles, um jedweden Verdacht von sich weisen zu können. Er berief sich sogar darauf, daß er Serédy Benedek davon abgehalten habe, zu den Waffen zu greifen.

Der Aufstand in Oberungarn war so gut wie niedergeworfen, und viele der Aufständischen flohen nach Siebenbürgen. Es waren vor allem die Häupter der Verschwörung. Zahlreiche andere retteten sich in die königlichen Freistädte Kaschau und Eperjes. Aber die Adelskammer von Szepes ging auch mit den Mitläufern streng ins Gericht. Sie verhängte höchste Geldstrafen, und nur die ärmsten unter den Aufrührern kamen billiger davon. Die Besitzungen des Grafen Bonis waren in Beschlag genommen worden, und die Adelskammer als Vertreterin der königlichen Regierung erwog, auch die wichtigeren Personen der in die Freistädte geflohenen Aufrührer von den Stadtwachen verhaften zu lassen, um deren Besitzungen einziehen zu können. Aber die Stadträte wollten sich um diese Ansinnen drücken und wandten sich ihrerseits an Graf Csáky, den Stadthauptmann, doch der verwies sie an das eigene Gewissen und überließ es den Freistädten und der Adelskammer, die selbst ausgeheckten Pläne auszuführen.

Rákóczy Ferencz, das Haupt der Verschwörer in Oberungarn, unterhandelte indessen, unterstützt von seiner in Wien hochangesehenen Mutter, mit dem Hofe, das heißt, die alte Fürstin verhandelte für ihn, um ihm das Schicksal der Grafen Zrinyi und Frangepan zu ersparen und seine riesigen Besitzungen vor der Konfiszierung zu retten.

Die Mutter Rákóczys erreicht dessen Begnadigung

András Mokcsay, der Bischof von Korbavia, ein enger Vertrauter der Fürstin, war von Sophia Báthory ausersehen worden, für sie in der Sache ihres Sohnes mit den kaiserlichen Ministern zu verhandeln, um deren Zustimmung für den von ihr selbst beabsichtigten Handel um den Kopf und das Vermögen ihres Sohnes zu erwirken. Sie stellte mit dem Bischof und ihrem Beichtvater eine Liste von Punkten zusammen, auf die Mokcsay eingehen konnte. Den Vertragsabschluß behielt sich die Fürstin vor.

Mokcsay verhandelte mit den kaiserlichen ersten Ministern und bot Lobkowitz an, daß Rákóczy in alle seine Burgen, außer Ecsed*), kaiserliche Truppen aufnehmen und für den Unterhalt der deutschen Truppen in Oberungarn 200.000 bis 300.000 ungarische Gulden zahlen solle. Dies wäre nicht nur als Schadenersatz für die Teilnahme des Fürsten an der Verschwörung, sondern auch als Strafe für seine Untreue gedacht. In einem Schreiben an Kaiser Leopold, das der Bischof dem Monarchen in einer Audienz persönlich überreichte, hob die alte Fürstin hervor, daß ihr Sohn wohl leichtsinnig, aber nicht schlecht sei und guten und schlechten Einflüssen gleichermaßen zugänglich wäre. Er habe ihr versprochen, sich von den unruhigen Geistern und böswilligen Verführern für immer zu trennen. Seinen Soldaten habe er, unter Androhung der Todesstrafe, verboten, den kaiserlichen Truppen Widerstand zu leisten. Die Tore seiner Burgen werden beim Erscheinen der Truppen Sporcks geöffnet sein, und er hoffe, daß sein Beispiel, das er jetzt den anderen gäbe, der Sache Seiner Majestät ebensoviel nutzen werde, wie er dieser durch seine Teilnahme am Aufstand geschadet habe. Ihren Sohn und dessen Familie habe sie nach Munkacs genommen, und sie habe ihn darüber aufgeklärt, in welche Gefahr er sich selbst und seine Familie gebracht habe. Sie habe die unumschränkte Vollmacht ihres Sohnes, in seiner Sache für ihn zu verhandeln, und schloß das Schreiben mit der Feststellung: „Mein Sohn ist kein Rebell!" Sie bat um die Namhaftmachung von Unterhändlern und um eine entsprechende Anweisung für General Sporck und empfahl ihren Sohn, um ihretwillen, der Gnade Seiner Majestät. Kaiser Leopold vertraute der Fürstin, der in Glaubensfragen so strengen Witwe Georg

*) Etsched, Festung an der oberen Theiß.

Rákóczys, die die Rekatholisierung auf ihren riesigen Besitzungen mit Feuer und Schwert durchgeführt hatte.

„Wenn Sie verspricht, ihren Sohn zu zügeln, dann ist er auch gebändigt!" gestand selbst Lobkowitz der Báthory zu. „Die uneingeschränkte Verhandlungsvollmacht für ihren Sohn kommt dessen Entmündigung gleich." Feldmarschall Montecuccoli ergänzte: „Mit der Selbstunterwerfung Rákóczys und der Besetzung seiner mächtigen Burgen könnte der Kriegszug in Oberungarn ebenfalls für beendet angesehen und die Ordnung und Sicherheit im Lande als wiederhergestellt betrachtet werden." Kaiser Leopold stimmte dem Angebot der Fürstin Báthory zu und gab seinen ersten Ministern die Erlaubnis, die entsprechenden Verhandlungen einzuleiten.

Bischof Mokcsay hatte auch die Geheimräte für die Absichten der Fürstin gewonnen. Rákóczys Begnadigung und der Frieden waren so gut wie erreicht. Er und die Fürstin wurden hiebei gleichzeitig von Graf Szelepcsényi, dem Primas von Ungarn, und den Jesuiten massiv unterstützt, denn die Fürstin versprach ihrem Beichtvater die Fertigstellung des Domes in Kaschau. Lobkowitz und Hocher waren bereit, sofort einen Vertrag zu paraphieren, aber der Bischof hatte keine Vollmacht hiezu. So sollte dies einer Kommission vorbehalten werden, für die entsprechende Richtlinien verfaßt wurden. Mokcsay überbrachte der Fürstin einen Brief, in welchem ihr der Hofkriegsratspräsident mitteilte, daß Seine Majestät ihre Treue mit Wohlgefallen angenommen habe und hoffe, daß ihr Sohn seine Sünden einsehen und bereuen werde. Seine Majestät werde sie mit seiner kaiserlichen Gnade trösten, wenn sich ihr Sohn ihm unterwirft und alle seine Burgen, ohne Ausnahme, vor den Truppen General Sporcks öffnet. Dieses Schreiben des Fürsten Lobkowitz beruhigte Sophia Báthory sehr. Sie schrieb hierauf sofort an General Sporck, der in Liptau weilte und legte eine Abschrift des Briefes bei, den Mokcsay ihr aus Wien gebracht hatte. Sie bot Sporck an, zu ihm zu kommen, er möge ihr aber eine Esquadron Dragoner zu ihrer persönlichen Sicherheit entgegensenden, denn die Wege seien noch unsicher. Sie wolle, wo immer Sporck es wünsche, mit den kaiserlichen Kommissären den Friedensvertrag beraten. Auch dieses Schreiben an Sporck beschloß sie mit der Feststellung: „Mein Sohn ist kein Rebell!"

Graf Sporck antwortete ihr in einem sehr höflich gehaltenen Schreiben, mit welchem er der Fürstin seinen Schutz versprach, wenn ihr Sohn dem Beispiel Zrinyis folge. Ehe aber noch Sporck mit seinen Truppen Zemplin erreichte, erhielt er, am Marsche, einen Befehl des Hofkriegsrates. Er wurde angewiesen, Franz Rákóczy nicht als Rebellen zu behandeln, wenn ihm dieser seine Burgen übergibt und für die Versorgung der kaiserlichen Truppen in Oberungarn aufkommt. Er hatte sofort zwei Gesandte zur Fürstin zu entsenden und die Friedensverhandlungen einzuleiten. Zu dieser Mission waren der Herzog von Hollstein und Herzog

Karl von Lothringen ausersehen worden. Sporck aber versuchte die Gelegenheit dazu zu nutzen, die Friedensverhandlungen von einem Mitglied seiner Familie anbahnen zu lassen, und sandte seinen Neffen mit 50 Reitern nach Munkacs. Er wollte seinem eigenen Hause damit Ehre einlegen. Der tapfere Offizier entsprach aber in keiner Weise den diplomatischen Erwartungen, die sein Oheim in ihn gesetzt hatte. Der junge Sporck war von Sophia Báthory freundlich empfangen worden und sie gab dem kaiserlichen Gesandten zu Ehren eine Tafel. Sporck erhob nach dem Mahl sein Glas und sagte: „Auf das Wohl aller treuen Ungarn!" Der Fürst merkte die Spitze sehr wohl und konterte: „Auf das Wohl aller Ungarn!" Sofort gerieten beide in Streit und die Fürstin mußte mit ihrer Autorität die peinliche Situation beenden. Sie stellte sich zwischen beide und wies beide zurecht. Dem jungen Sporck gab sie aber einen Brief an den General mit. In diesem wiederholte sie, daß sie als uneingeschränkte Bevollmächtigte ihres Sohnes bereit sei, entweder nach Patak oder nach Ujhely zu kommen, um mit den Gesandten Seiner Majestät zu verhandeln. Sie ersuchte aber um die Nominierung standesgleicher Personen, denn der junge Sporck habe sich als ihr Gast nicht so verhalten, wie sie das von Gästen in ihrem Hause voraussetze. Der General schlug ihr hierauf den Herzog von Hollstein und Feldmarschalleutnant Graf Heister als Unterhändler vor. Sophia Báthory war damit einverstanden und traf am 19. Juni in Sátoralja-Ujhely mit den kaiserlichen Gesandten zusammen.

Die Bedingungen, die ihr Graf Heister vorlegte, waren hart, entsprachen aber im großen und ganzen den Vorschlägen, die Sophia Báthory durch Mokcsay András selbst dem Hofe angeboten hatte: „Der Fürst nimmt in alle seine Burgen deutsche Besatzungen auf, entsagt jeder Konföderation, schließt nie mehr Bündnisse ab, ohne vorher die Zustimmung Seiner Majestät eingeholt zu haben, gibt sofort die Namen der Rebellen bekannt und übergibt alle auf die Rebellion bezughabenden Dokumente, entläßt sein Heer oder bewirkt, daß seine Soldaten in den Dienst des Kaisers übertreten; er selbst oder seine Mutter werden sich bemühen, die Führer der Rebellion gefangenzunehmen und dem nächsten kaiserlichen Regimente zu übergeben und er werde schließlich das kaiserliche Heer in Oberungarn mit den erforderlichen Fuhrwerken, Lebensmitteln und mit allen anderen notwendigen Dingen nach besten Kräften versorgen."

„Wenn er so handelt", fügte Heister hinzu, „dann wird weder ihm noch seinen Untertanen etwas geschehen. Sollte er aber zögern und zaudern, dann werde das Heer mit ihm wie mit einem Rebellen verfahren. General Sporck muß ihn dann, über kaiserlichen Befehl, für treulos erklären und auch an ihm mit voller Strenge jene Maßnahmen vollziehen, die für Rebellen vorgesehen sind."

Sophia Báthory versuchte, den Gesandten einige Erleichterungen abzuringen, erreichte aber nicht sehr viel. In den Burgen Ecsed und Patak durften neben der deutschen Besatzung 30 bis 40 Hejduken unter Waffen gehalten werden. Dies wurde aber von der Zustimmung Seiner Majestät abhängig gemacht. Sie versuchte auch zu erreichen, daß ihr Sohn nur die Burgen Ecsed und Patak übergeben müsse, damit Seine Majestät ihrem Sohne nicht alle Burgen wegnehme und ihn so vor aller Welt zum Gespött mache. Letztlich beharrte sie aber nur darauf, daß auf der Burg Regecz keine kaiserlichen Truppen stationiert werden mögen, denn Regecz sei ein unbedeutendes Nest. Die kaiserlichen Unterhändler gaben schließlich in diesem einen Punkte nach, machten aber auch dies von der Genehmigung Seiner Majestät abhängig. Wenn der Kaiser es wünsche, so wäre auch Regecz zu übergeben. Auch auf Munkacs war, wenn auch nur ein symbolisches Kontingent, eine deutsche Besatzung aufzunehmen. Ansonsten aber blieb diese starke Festung ausschließlich im Besitze der Fürstin, ebenso alle Herrschaften, die zu Munkacs gehörten. Sophia Báthory durfte auch ihre Soldaten und Dienstleute behalten. Dafür aber waren Ecsed und Patak sofort mit allem Kriegsgerät auszuliefern. Wegen der anderen Vertragspunkte gab es keine Schwierigkeiten. Schon am nächsten Tag, dem 20. Juni, wurde zwischen General Sporck und der Fürstin der Friede abgeschlossen und das von Graf Heister verfaßte Dokument unterzeichnet. Am Schlusse des Dokumentes gab Sophia Báthory der Hoffnung Ausdruck, daß Seine Majestät gnädig sein und ihren Sohn jetzt vor jeder Gefahr und Drangsalierung schützen werde.

Aufstand niedergeschlagen!

Auf Grund des Vertrages von Ujhely wurde Patak am 24. Juni von 600 deutschen Soldaten besetzt. General Sporck und seine Offiziere wurden von der Fürstin mit erleichtertem Herzen nach Munkacs eingeladen. General Sporck kam, aber mit einer starken Truppe, die Munkacs*) vorübergehend besetzte. Dem General schenkte Sophia Báthory ein wertvolles Pferd mit goldenem Zaumzeug, und nach dem festlichen Mahle übergab sie ihm die Schlüssel der Festung und alles, was zur Versorgung seiner Truppen ausbedungen worden war. Die Lebens- und Futtermittel und Barschaften machten 200.000 Gulden aus. Der Aufenthalt Sporcks auf Munkacs wurde zu einem großen Feste der Versöhnung. Aber schon am nächsten Morgen zog Sporck weiter und überquerte an diesem Tage die Bodrog. Er verlegte sein Hauptquartier nach Szerdahely. In der Umgebung der Stadt kam es zu Ausschreitungen, und die Orte Nagymihály und Vinna im Komitat Ungh wurden geplündert. Hiebei wurde das gesamte Vermögen des Grafen Bonis konfisziert. Sein

*) Munkatsch: in Ostungarn gelegen, Sitz der Rákóczy und der Fürstin Báthory.

Keller mit 400 Fässern Wein wurde zur Gänze beschlagnahmt und der Wein nach und nach den Truppen in den Feldlagern und Burgen zugeschoben.

General Spankau und der Herzog von Hollstein zogen mit vier Kompanien des Infanterieregiments Leslie nach Ecsed, während Heister mit den Kürassieren Hollsteins und Dünnewalds und drei Dragoneresquadronen über Munkacs erst nach Szathmár und von dort nach Ecsed marschierte. Franz Rákóczy hatte Graf Heister zu begleiten, und dieser versuchte, ihm am Marsche die Geheimnisse der Rebellion zu entlocken. Rákóczy übergab ihm jene zwei Briefe, die er im März von Zrinyi erhalten hatte und in denen dieser ihn aufgefordert hatte, nicht länger zu zaudern, sondern um Gottes willen mutig und kraftvoll ans Werk zu gehen. In diesen Schreiben hatte Zrinyi auch davon gesprochen, daß er gegen einen geringen Tribut türkische Hilfe erhalten werde. Auf Verlangen Heisters stellte Rákóczy aus seiner Erinnerung den ganzen Ablauf der Rebellion, von der Entstehung an, zusammen. Es war ein sehr umfangreiches, wenn auch wirres Schreiben geworden. Graf Heister schickte alle drei Dokumente sofort nach Wien. „Alle anderen Dokumente", gestand Rákóczy, „sind entweder bei Nádasdy, seinem Sekretär oder der Witwe Wesselényis auf der Festung Murany." Auch Sophia Báthory hatte über die Verschwörung schon vieles nach Wien berichtet.

Am 25. Juli 1670 war schon ganz Oberungarn fest in den Händen der kaiserlichen Truppen. Auch die Festungen Aranyos-Medgyes und Murany waren kampflos besetzt worden. Nur die Besatzung von Ecsed wollte sich nicht so ohne weiteres ergeben, denn Torma Mihaly, der Kommandant der Festung, hatte mit 200 Rákóczyschen Reitern die Komitatsversammlung von Csegöld eingeschüchtert und den Obergespan Károly gezwungen, sein Amt niederzulegen. Auch die bei den Kämpfen bei Szathmár gefangengenommenen Dragoneroffiziere wurden auf Ecsed gefangengehalten, und Leutnant Kovats, der in der Stadt Ecsed die königliche Fahne vom Dreißigeramt heruntergerissen hatte, befand sich in der Burg und fürchtete jetzt wie die anderen um seine Sicherheit. Auch das Beutegut von Szathmár befand sich hier. Auf der Burg befanden sich 100 Kanonen, 300 verläßliche Hejduken, Husaren und viele kalvinische Stadtbewohner des gleichnamigen Ortes. Apagyi Samuel und Torma Mihály machten trotz der Anordnung Rákóczys, daß es bei Todesstrafe verboten sei, den kaiserlichen Truppen Widerstand zu leisten, Schwierigkeiten. Die Burg war reichlich mit Pulver, Blei und Lebensmitteln versorgt, denn Rákóczy hatte hier seine Rüstungsgüter angesammelt. Der Zugang zu diesem Sumpfnest bestand nur aus einem Knüppelweg, der leicht zu verteidigen war, so daß sich die Burg lange hätte halten lassen. Die Kommandanten wollten deshalb den Gehorsam verweigern, weil sich auf der Burg viele Leute befanden, die sich bei den Auseinandersetzungen mit den Deutschen kompromittiert hatten und bei

Überfällen und Kämpfen dabeigewesen und ihre Beute hierhergebracht hatten. Am 3. Juli forderte General Spankau von Fabianhaza, dem Nachbardorf, aus die Kommandanten auf, sich zu ergeben, und übersandte ihnen eine Charta bianca, auf der sie ihre Bedingungen eintragen sollten. Apagyi Sámuel verweigerte dies aber und verlangte ein Schreiben mit der eigenhändigen Unterschrift des Kaisers und seinem Siegel. Darüber war der Herzog von Hollstein verärgert und grollte: „Bei diesen Schelmen ist jede aufgewandte Mühe vergebens." Er wollte es ihnen aber zeigen und ließ mit Spankau die Truppen Aufstellung nehmen. Sie wurden aber mit Geschütz- und heftigem Gewehrfeuer empfangen. Dabei erlitt Spankau einen Streifschuß am Arm, während dem Herzog das Pferd unter dem Leibe erschossen wurde. „Querschädel, verfluchte!" zürnte er. Sie mußten aber bis zum Eintreffen Heisters zuwarten, weil ihre Kräfte zu gering waren, um die Burg angreifen zu können. Dazu kam, daß Spordk erfuhr, daß sich der Pascha von Várad durch den raschen Vormarsch der Deutschen bedroht fühle und Kriegsvorbereitungen treffe. Auch den Siebenbürgern vertraute der alte Haudegen nicht. Als Heister von Szathmár in Richtung Karoly gezogen war, hatte ihm die Vorhut gemeldet, daß ihr Marsch jenseits der Grenze von 800 Türken und 200 siebenbürgischen Reitern beobachtet werde. Aus diesem Grunde kam Spordk jetzt der Widerstand der Ecseder Besatzung höchst ungelegen. Würde sich das Sumpfnest halten, so könnten auch die Städte, vor allem Kaschau, Schwierigkeiten machen. Als Heister endlich vor Ecsed eintraf, sandte er sofort Barkoczy Istvan in die Festung. Dieser wollte sich verdient machen und überredete die Kommandanten zu Verhandlungen mit den Deutschen. Am 9. Juli erschien hierauf eine Ecseder Abordnung im Feldlager der Generale und bat Heister um drei Tage Zeit, damit sie ihre Bedingungen formulieren und der Fürstin zur Genehmigung vorlegen könnten. Heister stimmte zu, und am nächsten Tag begleitete ein deutscher Offizier die Abordnung der Verteidiger nach Munkacs. Der Offizier übergab der Fürstin ein Schreiben Heisters, in dem dieser argwöhnte, ob sie die Ecseder zum Widerstand ermutigt habe, und drohte: „Wenn die Vollziehung der Bedingungen des Vertrages von Ujhely so lange verzögert werden, dann werde auch Seine Majestät ihren Willen ändern und die zugesagte Gnade rückgängig machen müssen." Sophia Báthory schrieb erst gar nicht, sondern begab sich mit der Ecseder Abordnung und dem Offizier sofort in die Umgebung von Ecsed. Sie schlug in Matócs am nordöstlichen Ende des Sumpfgebietes ihr Quartier auf, schickte die Ecseder mit der strengen Weisung in die Burg, daß sich bei ihrer schwersten Ungnade sofort eine Abordnung zu ihr zu begeben müsse, um ihre Befehle entgegenzunehmen. Hierauf bat sie den Herzog von Hollstein und Feldmarschalleutnant Heister zu sich. Der Kommandant und 14 Männer kamen aus Ecsed, und Apagyi beteuerte: „Wir haben seinerzeit nur auf Befehl Rákóczys zu den Waffen gegriffen, ohne daß wir nach den Plänen des Fürsten fragten. Auch jetzt verteidigen wir uns nur aus Sorge um unsere eigene Sicherheit. Wir sind bereit, die Burg zu übergeben, wenn allen Angehörigen der Besatzung freier Abzug versprochen wird und diese weder an Leib noch an Vermögen Schaden nehmen. Da die meisten von ihnen, darunter zehn Hauptleute, nach Siebenbürgen wollen, müsse auch General Strassaldo zur Einhaltung ihrer Bedingungen verpflichtet werden. Darüber hinaus verlangten die Bürger von dem Markte Ecsed, daß ihnen jene Privilegien, die König Matthias II., Bethlen Gábor und der verstorbene Gemahl der Fürstin dem Markte und seiner evangelischen Gemeinde gewährt haben, nicht angetastet und die Bürger nicht von ihren Häusern vertrieben werden dürfen, obwohl sich die Stadt, gegen das Verbot des Obergespans, den Aufständischen angeschlossen hatte. Sophia Báthory beriet sich kurz mit den Generalen. Hierauf anerkannte Heister die Bedingungen und übersandte sie General Sporck nach Szerdahely zur Genehmigung. Sporck billigte sie am 14. Juli, und am 16. Juli öffnete Ecsed die Tore. Die Verteidiger konnten abziehen, mußten aber das Kriegsgerät zurücklassen. Die 4. Kompanie des Infanterieregimentes Leslie rückte hierauf in die Burg ein und nahm sie in Besitz. Die Generale blieben nach dem Abzug der Fluchtwilligen noch zwei Tage im Lager und konfiszierten das gesamte Kriegsmaterial auf Ecsed. Rittmeister Odling und seine Offiziere wurden befreit.

Am 18. Juli zogen Heister und der Hollsteiner mit ihren Truppen weiter, gegen Tokaj, denn sie wollten auch Ungvár, Nagy-Bánya und Aranyos-Megdyes besetzen.

Sporck selbst war am 19. Juli mit seinem Korps von Szerdahely aufgebrochen, um Kaschau zu besetzen. Er überschritt bei Szöllöske die Bodrog und stand schon am 21. Juli bei Szlivás-Ujfalu, während sich der Herzog von Hollstein von Göncz kommend der Stadt näherte. Sporck befahl Csáky, in Kaschau zu bleiben und die Stadträte zu überreden, die Stadt zu übergeben, da diese, wenn sich die Räte weigern sollten, gewaltsam unterworfen würde. Kaschau wurde, dem Befehl des Hofkriegsrates entsprechend, aufgefordert, eine kaiserliche Besatzung aufzunehmen, widrigenfalls würde sie mit Feuer und Schwert gezüchtigt werden. Die entsetzten Stadtväter schrieben sofort an Kaiser Leopold und baten Sporck zuzuwarten, bis eine Antwort aus Wien eintreffe. Sporck lehnte ab: „Die Stadt ist binnen 24 Stunden zu übergeben!" Nach Ablauf dieser Frist erschien der General mit seinen Truppen vor der Stadt, ließ seine Belagerungsgeschütze in Stellung bringen und die Vorstädte im Sturm nehmen. Die Stadtwachen zogen sich hinter die Stadtmauern zurück. Die Holzpalisaden waren für die Infanterie kein Hindernis gewesen. Als die Bürger sahen, daß die Kaiserlichen anfingen, ihre Felder zu verwüsten, gaben sie nach und boten die Kapitulation an. Sie baten aber, daß Sporck nur eine Besatzung von 50 Mann in die Festung legen möge, denn sie seien ja allezeit, auch während des Rákóczyaufstandes, treue Untertanen des Königs gewesen. Sporck ging auf ihre Forderungen vorerst ein, legte aber nicht 50 Mann, sondern das 800 Mann starke Infanterieregiment la Grana und 200 Dragoner in die Stadt und ließ die Stadtwachen entwaffnen. Hierauf zog er am 29. Juli selbst in die Stadt ein und nahm vor dem Rathause die Parade seines ganzen Heeres ab, das mit Fahnen, Trompeten und Trommeln an ihm, seinen Generalen und den Stadträten vorbeidefilierte. Am gleichen Tage bestellte Sporck General Paris Spankau zum deutschen Hauptmann ganz Oberungarns. Er selbst zog sofort weiter, nach Sáros und beendete den Feldzug mit der Einnahme von Murany, dessen Herrin die Burg dem Herzog von Lothringen übergab. Eperjes hatte sich indessen ergeben, wurde aber erst am 2. August besetzt.

Damit war der Aufstand in Oberungarn ebenfalls niedergeschlagen, und General Sporck schob jetzt die kaiserlichen Vorposten bis in die Grenzorte an der siebenbürgischen Grenze und der Grenze des türkisch besetzten Ungarns vor. Beide Nachbarn verhielten sich ruhig, denn Sporck hatte ihnen versichert, daß er nur im königlichen Teil des Landes die Ordnung wiederherzustellen habe.

Archiv in Murany ausgehoben. Nádasdy an der Reihe

Franz Rákóczy hatte seine Streitkräfte entlassen und war, nachdem er Graf Rüdiger von Starhemberg und dessen Offiziere auf freien Fuß hatte setzen lassen, nach Munkacs zu seiner Mutter geflohen. Die Stadt Tokaj war Starhemberg wieder übergeben worden. Rákóczys Anhänger aber gingen in Scharen nach Siebenbürgen ins Exil, wo sie später den Grundstock und harten Kern der Truppen der Exulanten bilden sollten.

Während General Heisters Truppen gegen Arva und Liptau vorrückten, um jedes weitere Aufflackern des Aufstandes zu verhindern, erschien Herzog Karl von Lothringen mit einer starken Abteilung kaiserlicher Truppen bereits vor der Burg Murany, dem Adlernest der Széchy. Lobkowitz hatte den Herzog ersucht, zuerst die „Werkstätte der ungarischen Verschwörung" auszuheben, um das restliche Aktenmaterial des Geheimarchives der Rebellen in die Hand zu bekommen. Am Fuße des mächtigen Burgberges hielt die Spitze seiner Verbände, und der Lothringer sandte Graf Chavanak als Unterhändler zur Witwe Wesselényis. Kapitän Bory Mihaly führte Chavanak zu Széchy Maria. Er forderte im Namen des Herzogs die kampflose und sofortige Übergabe der Burg, die Aufnahme einer starken deutschen Wache und die Auslieferung des Geheimarchivs. Fürst Lobkowitz wisse, daß sich dieses auf Murany befinde. Die stolze Frau, die längst den Frieden mit dem Kaiser suchte, willigte in diese Forderungen ein.

Zwei Kompanien Musketiere wurden hierauf von Kapitän Bory in die Burg eingelassen, und geringe ungarische Wache lieferte ihre Waffen ab. Vergebens protestierte Pater Cziriaki, der Beichtvater der Gräfin, gegen den Einlaß der Musketiere, denn er fürchtete um das Geheimarchiv. Empört über Kapitän Borys Verhalten zog er sich wutschnaubend in die Gemächer des Archivs zurück und sann darüber nach, was er tun könne. Noch wußte er ja nicht, wie die Frau Nádor sich verhalten würde. Er sah nicht, daß inzwischen der Herzog mit einer Esquadron Dragoner in die Burg eingelassen und von Bory zu Széchy Maria geleitet worden war.

In einem langen Gespräch legte der Herzog der einstigen „Venus von Murany" dar, daß Rákóczy seine Truppen entlassen und nach Hause geschickt habe, daß die Generale Sporck, Heister und Spankau das ganze Land besetzen und daß sich nur Stephan Tököly auf Arva verschanze und Graf Bonis mit geringem Kriegsvolk noch Widerstand leisten wolle. Er sei gefangen worden, aber seine Truppen hätten sich über die Theiß zurückgezogen, wo sie plünderten. Széchy Maria wiederholte dem Schwager des Kaisers gegenüber nur, was sie schon schriftlich in Wien hinterlegt hatte. Herzog Karl versicherte der Witwe, daß sie der Gnade des Kaisers sicher sein könne und daß ihre Forderungen wohlwollend geprüft worden seien. Sie kamen überein, zur weiteren Erledigung der Angelegenheit einen Hofkammerbeamten beizuziehen. Mit diesem wären die weiteren Maßnahmen abzusprechen. Vor allem sollte dieser das restliche Aktenmaterial sichten und sicherstellen. Vor dem Archiv wurde sofort ein Doppelposten aufgezogen. Hierauf verließ der Herzog Murany, während Graf Chavanak, ein redegewandter kluger Elsässer und Charmeur, der Gräfin Gesellschaft leistete. Ein Botenreiter des Herzogs war sofort zu Graf Rothal nach Leutschau entsandt worden und überbrachte diesem ein Schreiben des Herzogs. In Leutschau hatte Rothal als königlicher Kommissär für Ungarn inzwischen ein Untersuchungsgericht installiert und seine Tätigkeit aufgenommen. Als Räte waren ihm der Bischof von Fünfkirchen Johann Gubasoczy, Feldmarschalleutnant Siegfried Heister, der Hofkammerrat Graf Otto Ferdinand Volkra und der Präsident des ungarischen Gerichtshofes Baron Esterházy, ein Vetter des verstorbenen Palatins Nikolaus Esterházy, beigegeben worden. Graf Rothal entsandte Graf Volkra nach Murany, wo der Hofkammerrat am 20. August in Begleitung von zwei Geistlichen eintraf. Da Volkra niemandem traute, ließ er die Geistlichen vom Kommandanten der Burg in ein langes Gespräch verwickeln, während er sich zu Széchy Maria begab. Er war von der Witwe freundlich empfangen worden, und nachdem er ihr ein Schreiben Graf Rothals überreicht hatte, mit welchem ihr die Erfüllung ihrer Forderungen in Aussicht gestellt wurde, erzählte sie ihm den ganzen Verlauf der Rebellion der Unzufriedenen vom Anfang bis zum Ende. Széchy Maria gestand auch ihre eigene Teilnahme an der Verschwörung ein, schob aber die meiste Schuld auf ihren Sekretär Franz Nágy und ihren Beichtvater Pater Cziriaki. Beide, Anton Cziriaki und Nágy, hätten nach dem Tod ihres Gemahls, des Palatins, ihre politische Korrespondenz geführt, dabei aber oft ihren Namen mißbraucht und selbst Politik gemacht. Nágy und Cziriaki hätten sie oft nur mangelhaft unterrichtet, obwohl sie ihnen lange Zeit vertraut habe. „Ich bin bereit, alles, was ich Euch erzählt habe, zu Protokoll, unter meine Handschrift und Petschaft zu geben", schloß sie. Graf Volkra war von der umfassenden Darstellung tief bewegt und erwiderte: „Ich werde jetzt alle Schriften, die sich im Archiv befinden, beschlagnahmen." Als ihn aber die Széchy aufmerksam machte, daß der Pater die Herausgabe verweigern werde, ersuchte sie Volkra um eine schriftliche Verfügung, ein Handbilett. Sie fertigte ein solches aus und überreichte es ihm mit den Worten: „Ihr werdet die Namen aller Teilnehmer an der Verschwörung erfahren. Gebt auf Cziriaki acht, er wird versuchen, Euch hinters Licht zu führen." Volkra dankte für den Hinweis und wollte noch wissen, wo sich der Sekretär Nágy befände. „Der hat sich aus dem Staube gemacht, als er vom Marsch der Regimenter hörte. Aber vielleicht stellt er sich selbst, wenn er einsieht, daß jeder weitere Widerstand sinnlos ist. Er ist mir sonst ein ergebener Dienstmann gewesen."

Graf Volkra befahl einen Offizier und eine Rotte der Musketiere zu sich und begab sich in deren Begleitung zum Archiv der Rebellen. In einem Vorgemach traf Volkra auf Pater Anton Cziriaki und verlangte die Schlüssel zum Archivraum und den Kästen. Aufgeregt weigerte sich der Beichtvater der Gräfin, die Schlüssel herauszugeben, und bestand auf eine schriftliche Anordnung der Gräfin. Als ihm Graf Volkra diese vorwies und der Pater in seiner Weigerung verharren wollte, befahl der Hofkammerrat der Wache: „Bindet ihn dort an diesen Stuhl!" Vergebens wehrte sich der lauthals protestierende Pater gegen die ihn ergreifenden Musketiere. Beim Fesseln aber entdeckten die Soldaten, daß der Pater seine Kutte mit Papieren ausgestopft hatte, schnitten ihm diese auf und nahmen ihm alle Dokumente weg. Auch die Schlüssel waren ihm gewaltsam abgenommen worden, und Graf Volkra öffnete die Türe zum Archiv. Zu spät hatte Cziriaki erkannt, was wirklich gespielt wurde, und es war ihm nicht mehr gelungen, wichtige Papiere verschwinden zu lassen.

Volkra fand eigenhändig geschriebene Briefe Graf Nádasdys, Borys, Tattenbachs, ein ganzes Paket von Briefen Zrinyis und den Schlüssel zur Ziffernschrift des Sekretärs Nágy. Diesen hatte Cziriaki ebenfalls, mit anderen Papieren, in seiner Kutte gehabt. Graf Volkra ließ alles verpacken und Cziriaki auf dessen Begehren der Gräfin vorführen. Als sich Cziriaki aber erdreistete und die Gräfin offen des Verrats bezichtigte, duldete ihn diese nicht mehr länger in ihrer Nähe und verwies ihn von der Burg und aus ihren Gütern. Cziriaki aber schrie sie an: „Ihr liefert Ungarns größte Männer dem Henker aus! Verräterin! Gottes Zorn vernichte Euch und ewige Schande beflecke Eure Ehre!" Da griff Graf Volkra ein. Auf seinen Wink erfaßten zwei Musketiere den Pater und stießen ihn zur Türe hinaus. Noch vom Gange her hörte man ihn fluchen und schreien. Einige Rippenstöße mit Gewehrkolben und Flintenläufen waren der Abschiedsgruß der Musketiere, die ihn lachend über die Zugbrücke jagten. Noch von ferne hob der enttäuschte Mann drohend seine Fäuste gegen die Burg. Graf Rothal berichtete am 21. August über diesen Vorfall nach Wien, daß man aus dem Verhalten des Cziriaki ersehen könne, was man ungarischen Geistlichen zutrauen könne.

Als Graf Volkra noch am Abend des 20. August nach Leutschau zurückkehrte und Graf Rothal die eigenhändig geschriebenen Briefe Nádasdys persönlich übergab, setzte sich der königliche Kommissär erbost an den Tisch und schrieb an Fürst Lobkowitz: „. . . Der Kaiser soll Nádasdy sofort nach Wien berufen, denn er ist eines der führenden Häupter der ungarischen Unruhe. Er hat immer noch seine Spione unter den Verschworenen, und es ist gewiß, daß er seine früheren Umtriebe wieder aufgenommen hat. Kaiser Leopold hat alle Ursache, sich der Person Nádasdys, seiner Schlösser und Schriften zu bemächtigen. Geschieht das nicht, so ist zu befürchten, daß dieser witzige verschlagene Kopf sich in Sicherheit setzt, denn er hat seine Augen und Ohren überall."

Sekretär Lessenyei Nágy Ferrenel stellte sich in Leutschau selbst dem Untersuchungsgericht. Auch er belastete in seinen Aussagen Graf Nádasdy schwer. Noch war aber die Kommission nicht in der Lage, die Geschehnisse in ihrer Gesamtheit zu überblicken, und so gelang es den Verdächtigen vorerst, die Untersuchungen erheblich zu erschweren. Einer schob die Schuld auf den anderen, und jeder versuchte, sich herauszureden, so daß Rothal am 24. August an Lobkowitz schreiben mußte, daß die Ungarn alles „ombragieren" wollen.

Nach Murany aber schrieb er, daß Széchy Maria nichts zu befürchten habe. Wegen der monatlichen Pension von 1500 Gulden werde sich der Herzog von Lothringen persönlich bei Hofe für sie verwenden.

Während Zrinyi und Frangepan in Wien bereits verhört wurden und die österreichischen Truppen in Ungarn die letzten Haufen Graf Bonis gewaltsam auseinandertrieben, saß Nádasdy noch immer unbehelligt auf seinem Schlosse zu Pottendorf. Es schien, als habe er sich am Aufstande, den man den anderen Magnaten zur Last legte, überhaupt nicht beteiligt. Kaiser Leopold hatte Nádasdy noch immer für einen treuen Untertanen gehalten, und selbst Fürst Lobkowitz hoffte trotz anderer Anzeichen noch, daß Nádasdy sein Versprechen vom 27. November 1669 eingehalten und sich von Zrinyi getrennt habe. Donellan, der Graf Nádasdy einst bekehrt hatte, war noch am 6. und 27. Mai und am 10. und 27. Juni nach Pottendorf gereist, brachte Nádasdy verschiedene Briefe und erzählte ihm, was man in Laxenburg von ihm reden höre. Allein die Verhaftung von Zrinyi und Frangepan beunruhigte ihn und erfüllte ihn mit größter Sorge. In einem Brief vom 30. Juni, den er an

Fürst Lobkowitz schrieb, empfahl er sich diesem „in der höchsten Not und Verzweiflung", appellierte er an sein Wohlwollen und bat, ihm durch Pater Donellan Hoffnung zu machen. Noch hatte Lobkowitz alle Verfolgung von Nádasdy ferngehalten. Donellan aber teilte Nádasdy mit, daß ihn Zrinyi in seinen Aussagen sehr belaste. „Vertraut niemandem! Bleibt ruhig, redet nichts, schreibt nichts und verbrennt meine Briefe. Noch seid Ihr in der Gnade des Kaisers."

Als aber am 29. August Graf Rothals Bericht aus Leutschau mit den Aussagen der Széchy und ihres Sekretärs in Wien einlangte, gab es keinen Zweifel mehr darüber, daß Nádasdy auch nach der am 27. November 1669 erlangten Verzeihung durch den Kaiser, gleich im darauffolgenden Winter, abermals zu den anderen Verschworenen in Oberungarn Verbindung aufgenommen und bis jetzt unterhalten und im März 1670 als Landrichter eine Versammlung der Stände in Besztercebánya veranlaßt hatte, auf der die Einberufung des Reichstages und seine Wahl zum Palatin gefordert wurde. Mit Wissen des Kaisers schickte daher Lobkowitz, der nun seine schützende Hand von Nádasdy nehmen mußte, noch am gleichen Tage den Beichtvater Leopolds nach Pottendorf und ließ dem Landesoberrichter sagen, daß der Prozeß auch gegen ihn stattfinden werde und unabwendbar sei. Dies und die Nachricht Pater Donellans, daß Zrinyi und Frangepan nach Wiener Neustadt überstellt werden würden, versetzten ihn in Schrecken und Bestürzung. Gemeinsam mit Pater Donellan verfaßte Nádasdy, nach eingehender Beratung seiner Lage, einen Brief an Kaiser Leopold und appellierte an die Gnade und Barmherzigkeit des Herrschers. In diesem Schreiben hieß es unter anderem: „Wenn meine Feinde über mich siegen sollten, obwohl ich nichts Schlechtes wollte, so sollen sie nicht gleich mit der Vollziehung des Urteiles beginnen, sondern mir Gelegenheit geben, mich zu verteidigen. Ist Ew. Majestät der Meinung, daß Sie mich verurteilen könne, so bin ich bereit, meine Taten durch den Tod oder eine andere Strafe zu büßen. Wenn meine Feinde mein Leben fordern, so sollen sie es nehmen, ich werde mich dann nicht verteidigen. Wollen sie mich mit einer extra ordinari Strafe belegen, so bin ich bereit, von all meinen Ämtern abzudanken, mich in ein Kloster zurückzuziehen, auszuwandern oder mich in einem der Kronländer als Privatmann niederzulassen. Wenn mein Vermögen begehrt wird, so sollen sie es sich nehmen, aber sie sollen meinen Kindern nichts tun, den drei minderjährigen Töchtern, von denen die älteste 13 Jahre alt ist, meinen fünf minderjährigen Söhnen, von denen der älteste 14 und der jüngste fünf Jahre alt ist, die, wenn ich sterben muß, alle zu Vollwaisen werden, ohne Ehre, die man deshalb schon jetzt mit mir ins Grab legen kann. Sie sollen auch den drei Waisen von Homonnay György, deren Vormund und Beschützer ich bin, nichts zuleide tun. Ich bin bereit, wenn mein Vermögen verlangt wird, beglaubigt nachzuweisen, alles, was ich besitze, Ew. Majestät zu überlassen.

Aber ich bitte, auch um der Wunden Christi willen, daß die Angelegenheit (der Prozeß) gegen mich geheim und von gewissenhaften, rechtskundigen Männern und nicht von meinen Feinden durchgeführt wird. Ich bitte Ew. Majestät, mir Euren Willen kundzutun." Während Pater Donellan schrieb, verbrannte Nádasdy viele ihn kompromittierende Dokumente, darunter zahlreiche Briefe von Nágy Ferencz. Andere Schriften, die ihn nicht belasteten, besonders jene, die er in der Angelegenheit Georg Rákóczys seinerzeit erhalten hatte, verpackte er zusammen mit einem Verzeichnis seiner Schätze und den Schlüsseln zu seiner Schatzkammer in Pottendorf in eine Kiste, die er nach Eisenstadt zu Michael Esterházy bringen lassen wollte. Dann diktierte er Pater Donellan einen zweiten Brief an den Hofkriegsratspräsidenten, den dieser Lobkowitz übergeben sollte: „Gnädigster Herr! Meine einzige Zuflucht habe allzeit zu Euer fürstlichen Gnaden gehabt. Also annoch gehorsam zu deroselben durch Überbringung dieses P. Donellan recurrire, unterthänigst bittend, mir gnädig zu sein und meine Bitte gnädig anzuhören, mit durch dero höchste Gnad helfen wollen. Verbleibend Euer fürstlichen Gnaden gehorsamster Graf Franz Nádasdy. Pottendorf, 30. August 1670."

Mit diesen Briefen an den Kaiser und an Fürst Lobkowitz erreichte Nádasdy zwar, daß Pater Donellan am 31. August abermals nach Pottendorf geschickt wurde, aber keine tröstliche Nachricht mehr erhielt. Lobkowitz meinte, daß Nádasdy nicht selbst nach Wien kommen wolle, weil er diese zwei Briefe geschrieben hatte, und daß er flüchten könnte. Als Pater Donellan am 1. September wieder in Wien eintraf, hatte der Hofkriegsratspräsident schon über Befehl des Kaisers die Geheimen Räte Schwarzenberg, Lamberg, Montecuccoli, Sinzendorf und Hocher zusammengerufen, um die gegen Nádasdy zu ergreifenden Maßnahmen zu beraten. Die Konferenz fand in der Wohnung des Hofkriegsratspräsidenten statt und dauerte von 4 Uhr nachmittags bis 8 Uhr abends. Nach Prüfung des belastenden Materials beschlossen die Herren, Nádasdy am 3. September mit Gewalt in Pottendorf auszuheben und nach Wien bringen zu lassen. Sofort nach der Sitzung wurde dieser Beschluß von Lobkowitz Seiner Majestät vorgetragen und von Leopold gebilligt. Hofrat Abele, der das Protokoll geführt hatte, expedierte nach der Rückkehr des Fürsten persönlich den Befehl. Er brachte ihn selbst in den Kriegsrat, der am 2. September tagte und dem Kommandanten des Reiterregimentes Heister sofort die Weisung gab, Graf Nádasdy gefangenzunehmen.

Lobkowitz hatte im Hofkriegsrate wiederholt, warum Nádasdy verhaftet werden sollte. Er verwies dabei auf die zahlreichen wechselseitigen Eidbündnisse, die auch Nádasdy eingegangen war, die Texte der konzipierten Verträge mit Frankreich, die Nádasdy als Kronjurist des Königreiches und Landesoberrichter mitberaten hatte und die vorsahen, daß nach Vertreibung der Deutschen aus Ungarn die Krone Ungarns einem Sohn Ludwigs XIV. angeboten werden sollte, auf den Schriftwechsel mit dem Fürsten von Siebenbürgen, der gebeten worden war, die Verbindungen zur Hohen Pforte herzustellen, die Bündnisabsprachen mit der Türkei, von denen er wußte, die beleidigenden Aufrufe an die vier Stände Ungarns, die Nádasdy persönlich verfaßt hatte, auf das Bündnis mit Vitnyédy und den Kalvinern, auf die Protokolle über die Beratungen auf den Konventen der Verschwörer, mit den vollständigen Namenslisten, in denen Nádasdy oft aufscheine, die Verzeichnisse des königstreuen Adels, dessen Besitzungen geplündert werden sollten, zeigte die Originale der kaiserlichen Privatpost vor, die von Nádasdy überfallen worden war, verwies auf die Abschriften aus den geheimen Sitzungen des Hofkriegsrates, deren Protokolle Nádasdy hatte abschreiben lassen und an die Verschwörer weitergegeben hatte, von den Plänen und dem Versuch, die Geldtransporte aus den Bergstädten auf offener Straße zu überfallen, von der Aufforderung an Apafy, den Dolmetscher und Großdragoman Panajotti in Konstantinopel ermorden zu lassen, weil dieser in klingendem Einverständnis mit dem kaiserlichen Gesandten stehe und vieles andere. Die Empörung war groß, und alles pflichtete den Worten des Kaisers bei, der gestern zu Lobkowitz gesagt hatte: „Macht ihm den Prozeß!"

Oberstleutnant Graf Ursenbeck hatte die Weisung zur Aushebung Nádasdys entgegengenommen und begab sich zu seinem Regiment.

Einnahme der Burg Tökölys

Arva. Graf Stephan Tököly hatte sich, wie er in Rákóczys Lager angekündigt hatte, auf seiner Burg verschanzt. Vor einigen Wochen erst hatte er seine Tochter Katharina mit Franz Esterházy vermählt. Sie hatten auf der mächtigen Burg Landsee Wohnung genommen. Jetzt aber weigerte er sich, Arva den kaiserlichen Truppen auszuliefern, und General Heister legte sich daher vor die Burg und belagerte den Magnaten. Er hatte sich gut verproviantiert und dachte nicht daran, sich zu ergeben. So vergingen Wochen, und General Heister hatte schweres Kriegsrequisit herbeischaffen lassen, um die Burg beschießen zu können.

Mitten in diesen Vorbereitungen wurde ein Überläufer aufgegriffen und zu Heister gebracht. Der Mann meldete, daß Stephan Tököly todkrank darniederliege und von Eva, seiner jüngsten Tochter, gepflegt werde. Die Verteidigung der Burg liege in den Händen des noch sehr jungen Emmerich Tököly und die Besatzung sei bereit, nach dem Ableben des Grafen die Burg kampflos zu übergeben.

General Heister ging auf die Nachricht ein und beauftragte den Überläufer, den Tod des Grafen mit einer weißen Fahne anzuzeigen. Ein unnötiges Blutvergießen wollte auch Heister vermeiden.

Nach weiteren acht Tagen, General Heister meinte schon einem Schelm aufgesessen zu sein, wehte auf dem Burgfried der Burg die weiße Fahne. Eine Abteilung seiner Fußtruppen führte Heister bis an den Halsgraben, und bei seinem Erscheinen senkte sich die Zugbrücke. Mit aller in einer solchen Situation noch möglichen Rücksicht nahm Heister die Burg in Besitz. Der Bestattung des Grafen wurde nichts in den Weg gelegt. Nur Emmerich, der junge Sohn des verstorbenen Grafen, der schon von seinem Vater wegen dessen Zugehörigkeit zum evangelischen Glauben zum Haß gegen das katholische Kaiserhaus erzogen worden war, flüchtete als Polin verkleidet nach Siebenbürgen und schloß sich dort den anderen Exulanten an.

Katharina nahm ihre jüngere Schwester zu sich, und Eva lebte für einige Zeit bei Franz Esterházy, ihrem Schwager.

Auflösung der Familie Zrinyi

Graz. Graf Breuner hatte, über Weisung des Hofkriegsrates, Baron Zeiss beauftragt, Zrinyis Gattin Katharina und seine Tochter Aurora-Veronika nach Graz zu bringen.

Baron Zeiss erschien daher überraschend mit einer starken Esquadron seiner Kürassiere in Csakathurn. Nach heftigen Zornausbrüchen fügte sich die Gräfin in ihr Schicksal.

Frau Katharina fand Aufnahme bei Dominikanerinnen in Graz und mußte den Namen „Gnade" annehmen. Den Namen Zrinyi hatte sie abzulegen. Ihre Tochter Aurora-Veronika fand in einem Kloster in Klagenfurt Asyl. Mutter und Tochter waren getrennt worden, weil Graf Breuner auch jetzt noch befürchtete, daß plötzlich eine Esquadron Husaren vor dem Kloster auftauchen könnte, um die Gräfin zu befreien. Für derlei Reiterstücklein war Oberstleutnant Locatelli, der ehemalige Stabschef des Bans, bekannt.

Für Graf Zrinyis Zukunft waren diese Maßnahmen ein böses Omen.

Lange wurde auf Csakathurn nach den Juwelen der Gräfin gesucht. Frau Katharina hatte sich beharrlich geweigert, zu verraten, wo sie den Familienschatz der Zrinyis und ihren persönlichen Schmuck verwahrt habe. Erst ein Pater aus Würzburg fand nach einiger Zeit heraus, daß sich der Familienschatz der Familie Peter Zrinyis bei der Witwe Nikolaus Zrinyis, des bei einer Eberjagd verunglückten Bruders des Bans, Sophie Löbl, befand. Sophie Löbl war nach der Verhaftung Tattenbachs nach Wien übersiedelt, und böse Zungen behaupteten, daß sie ihr Schwager, der Ban, wegen ihrer deutschen Abkunft aus Csakathurn vertrieben habe.

Der Familienschatz der Zrinyi wurde bei Sophie Löbl gefunden und beschlagnahmt.

Breuners Befürchtungen, daß Katharina Zrinyi befreit werden würde, bewahrheiteten sich nicht. Sie verblieb bis zu ihrem Tod bei den Dominikanerinnen in Graz. Zrinyis Sohn, den der Ban als Geisel nach Wien entsandt hatte und der bei den Augustinern auf der Landstraße untergebracht worden war, trat in den Orden der Augustiner ein.

Nádasdys Verhaftung

Pottendorf, 2. September 1670. Das Dragonerregiment Heister, das zur Gefangennahme Graf Nádasdys entsandt worden war, hatte sich in der Gemeinde Hornstein, mit der scheinbaren Absicht, als würde es alsbald weiter nach Ungarn abmarschieren, einquartiert, und Graf Ursenbeck, der Besitzer der Riegersburg, der als Oberstleutnant das Unternehmen kommandierte, tat, als ob er noch auf weitere Truppen warten würde. So kam es, daß Nádasdy keinen Verdacht schöpfte, obwohl kaiserliche Truppen in der Umgebung von Pottendorf standen, und sorglos in seiner Burg sitzenblieb. In einem Gasthaus in Pottendorf erkundigte sich Ursenbeck, als Kaufmann verkleidet, nach den näheren Verhältnissen auf der Burg. Er wolle mit den Burgleuten ein Geschäft machen und ihnen Stoffe zum Kauf anbieten, hatte er gesagt und den Wirt zu einem Humpen Wein eingeladen. So erfuhr er, daß die Zugbrücke täglich um sechs Uhr früh herabgelassen werde, daß der Graf ein steinreicher Mann sei und daß derzeit acht seiner elf Kinder auf der Burg seien. Sogar Christine, die älteste Tochter, die mit Graf Draskovich verheiratet ist, hat auf der Durchreise nach Mariazell mit ihrem Gatten Aufenthalt genommen, hätten Burgleute erzählt. Ursenbeck bedankte sich für die Auskünfte und versprach dem Wirt für seine Frau ein Stück Tuch, wenn er ein gutes Geschäft machen würde.

Erst in den Abendstunden weihte Oberstleutnant Ursenbeck Rittmeister Bock in seinen Auftrag ein. Hierauf ließ Bock alle sechs Esquadronen satteln, und die Truppen begaben sich in die Nähe von Wimpassing. Gegen drei Uhr früh des 3. September hatte Ursenbeck die Burg Pottendorf in weitem Bogen umstellt. Er hatte seine Esquadronen in drei Teile geteilt. Er und Rittmeister Bock näherten sich mit je zwei Esquadronen der Burg, und die restlichen zwei Esquadronen blieben in einem kleinen Waldstück zurück. Sie hatten die Aufgabe, beim Ertönen des Trompetensignales auszuschwärmen und alle Leute gefangenzunehmen, denen es gelingen würde, aus der Burg zu entkommen. Im Morgengrauen pirschte sich ein Zug verläßlicher Leute zu Fuß an die Zugbrücke heran, um diese beim Herablassen sofort zu stürmen. Pünktlich, wie immer, wurde die Zugbrücke um sechs Uhr niedergelassen. Ursenbeck hob die Hand und der Trompeter gab das Hornsignal zum Angriff. Als der Torwächter bemerkte, daß draußen etwas Ungewöhnliches vor sich gehe, wollte er die Zugbrücke wieder hochziehen. Aber es war schon zu spät. Die Dragoner stürmten das Tor und töteten den Torwächter durch einen Schuß in die Stirne. Inzwischen ritt Oberstleutnant Ursenbeck in den Burghof ein, und einige aus dem Schlafe aufgeschreckte Schloßhusaren, die herbeieilten und sich den Dragonern entgegenstellen wollten, wurden niedergemacht. Zwei waren erschossen worden. Aus ihren Pistolen feuernd und mit Hurrageschrei besetzten die Dragoner alle Stiegenaufgänge und Türme. Einige Bedienstete, die davonlaufen wollten, wurden auf der Flucht eingeholt und niedergeschlagen.

Oberstleutnant Ursenbeck drang mit einer Schar erprobter Männer in die Gemächer Nádasdys ein: „Er kame in aller Fruhe in das Schloß, als Nadasti noch im Beth lage. Und als dieser den Tumult hörte, sprang er im Hembde auf, und retirirte sich in den heimlichen Gang, welcher aus seinem Zimmer durch das Schloß ausführete, und machte hinter sich die Thüre, so auf dem Fuß-Boden ware, fleissig zu. Als Usybeck mit seinen Soldaten ins Zimmer kame, fande er zwar das Neste warm, jedoch den Vogel abgeflogen, man suchte das ganzte Schloß aus, und konte ihn jedoch nicht finden. Es musten dahero alles des Grafen Bediente erscheinen, die wurden unter harter Bedrohung angehalten, zu sagen, wo ihr Herr seye? Es wuste aber solches niemand, weil ihnen das Geheimnuß verborgen war. Endlich trat ein alter Schloß-Bediener hervor, der zeigte neben des Grafen Beth auf den Boden, mit Vermelden, man solle nur die Bretter aufheben, es wird der Graf nicht weyt sein. Da man nun die Bretter aufhobe, ward allda eine Thür und Stiege unter die Erden, allwo man den vor Forcht und Frost zitternden Nadasti sitzend fand. Man gab ihm seinen Nacht-Rock um, setzte ihn in einen verschlossenen Wagen, und liefferte ihn gefänglich, wie er gangen und gestanden, nacher Wienn. Das denkwürdigste dabey ware, daß, weil Nadasti dazumahl auch bereits Reise-fertig war, nach ober-Hungarn abzugehen, und dahero gantze Säcke mit Geld in seinem Cabinet herum stunden, so machten die Dragoner solche Beuthe, daß sie nicht Säcke genug hatten, sondern steckten ihre Stiefel voll mit Geld an." Der Gang hatte in einen Raum geführt, in dem Nádasdy im Nachthemd bei einer brennenden Kerze saß. Die Falltür neben seinem Bett war so genau gearbeitet gewesen, daß man sie nicht sah.

„Im Namen Seiner Majestät, Kaiser Leopold I., nehme ich Euch wegen Hoch- und Landesverrats gefangen!" herrschte Ursenbeck den Magnaten an. Nádasdy erwiderte empört: „Diese Weise der Gefangennahme halte ich für sonderbar. Auf ein Wort Seiner Majestät wäre ich bereit gewesen, selbst nach Wien zu kommen." Graf Ursenbeck ließ sich aber auf keine Verhandlungen ein und befahl seinen Soldaten: „Fesselt ihn!" Nádasdy wurde nur sein Morgenrock um die Schultern gehängt. Ansonsten wurde er mit auf den Rücken gebundenen Händen abgeführt. Schloßbedienstete hatten einen „Kobelwagen" aus den Wirtschaftsgebäuden bringen und zwei Pferde vor diesen spannen müssen. Graf Draskovich, dessen Gattin Christine und die anderen Kinder Nádasdys waren indessen in einen Raum zusammengetrieben worden und wurden streng bewacht. Die Suche nach Graf Nádasdy, die Oberstleutnant Ursenbeck angeordnet hatte, artete zu einer Plünderung des ganzen Schlosses aus. Die Soldaten rissen alle Truhen und Schubladen auf und trachteten, zu Beute zu kommen. Auch der Gräfin Draskovich wurden Reisewagen und Gepäck durchwühlt und 7000 Gulden geraubt. Auch die Wohnräume des Schloßgesindes waren durchsucht und durchwühlt und geplündert worden. Mancher der Dragoner kam auf 15.000 Gulden Beute. Dem Schloßgesinde waren über 3000 Gulden genommen worden.

Vergebens hatte Nádasdy dagegen protestiert, daß er im Nachthemd, in einen Kobelwagen gesperrt wie sonst das Vieh, abtransportiert wurde. Sein Page mußte seine Kleider in ein Bündel zusammenbinden und nach Wien mitnehmen. Nur eine Bitte war ihm genehmigt worden, die eiserne Truhe, die auf dem Tisch seines Schlafgemaches gestanden und auf die ein Feldwebel bereits begehrliche Blicke geworfen hatte, wurde nicht aufgebrochen, sondern nach Wien mitgenommen, wo sie Nádasdy zur Verfügung blieb. Verstört blickte der mächtige Magnat durch die Sprossen des Kobelwagens. Hierauf wurden ein Dutzend Pferdegespanne bereitgestellt. Acht davon wurden mit prall gefüllten Geldsäcken beladen. Die anderen Schätze, Gold- und Silbergeschirr, Goldschmuck, Perlen und Kristallgläser, Seltenheiten aus der Rüstkammer, prächtige Gewänder, antike Münzen und Kupferstiche, ergaben ganze Wagenladungen und wurden mit den gefundenen Bargeldbeträgen der kaiserlichen Finanzkammer in Wien abgeführt. Graf Ursenbeck durchsuchte hierauf die Druckerei, die der Niederländer Verdussen eingerichtet hatte, und beschlagnahmte viele der „Pottendorfer Drucke". Die bemerkenswerte Bibliothek des Judex curiae Hungariae und die umfangreiche Gemäldesammlung blieben vorerst in Pottendorf. Die Plattnerwerkstatt wurde abgeschlossen, und Rittmeister Bock nahm die Schlüssel an sich. Nádasdy war ein sehr gebildeter Mann und ein großer Freund der Wissenschaften.

Rittmeister Bock hatte mit seiner Dragoneresquadron als Wache auf der eingenommenen Burg zurückzubleiben und für die Sicherung der Burg selbst und der zurückbleibenden restlichen Schätze zu sorgen. Ein kaiserlicher Pfleger würde ehestens die Verwaltung des Schlosses und der dazugehörenden Herrschaften Hornstein, Stotzing und Seibersdorf und Pottendorfs selbst übernehmen.

Graf Nikolaus Draskovich und Christine Nádasdy wurden auf freien Fuß gesetzt, die anderen Kinder des Vizepalatins hatten vorläufig in Pottendorf zu bleiben und wurden von Schloßbediensteten betreut. Der Kobelwagen mit dem gefangenen Magnaten und die Pferdefuhrwerke mit den schon in Kisten verpackt gewesenen Schätzen wurden im Konvoi nach Wien gebracht. Drei Esquadronen geleiteten den kostbaren Transport im Werte von mehreren Millionen Gulden. Im Dorfe erregte die

Gefangennahme des Grafen Nádasdy und die Besetzung der Burg riesiges Aufsehen. Als der Konvoi am Wirtshaus vorbeikam, warf Ursenbeck dem Wirte einen Geldbeutel zu und sagte: „Hier, mit diesem Geld kannst du deinem Weibe ein Stück Tuch kaufen! Es war ein gutes Geschäft!" Entsetzt begriff der Dorfwirt, daß der kaiserliche Offizier der Tuchhändler von gestern gewesen war, dem er soviel vom Schlosse und den Gebräuchen der Bediensteten erzählt hatte.

Bald entschwand die Burg Pottendorf den Blicken Nádasdys. Er hatte sie 1665 von der Familie Ungarschütz um 129.000 rheinische Gulden erworben und von hier aus mit Waffengewalt dem Stotzinger die Herrschaft Hornstein entrissen. Wegen der Nähe Wiens hatte er Pottendorf zu seinem ständigen Wohnsitz gewählt. Bei einem Einfall in Österreich war Pottendorf vom Corvinen*) mit Waffengewalt Friedrich III. entrissen worden und bis 1491 in ungarischem Besitz gewesen. Nach dem Abzug der Ungarn war der Platz wieder kaiserlich geworden, kaiserliche Pfleger hatten das halbverfallene Bauwerk wieder instand gesetzt, und über die Zinzendorfer und die evangelischen Königsberger war die Burg in den Besitz der Ungarschütz gekommen. Unter Nádasdys Herrschaft aber war Pottendorf zu hohem Ansehen gelangt. Er hatte die Druckerei einrichten lassen und so die Burg zu einem geistigen Zentrum ausgestaltet. „Vorbei", dachte er, „alles vorbei."

Nádasdys persönliches Schicksal war mit der Niederwerfung des ungarischen Aufstandes ebenfalls besiegelt gewesen. Er war nicht geflohen, obwohl er eine Zeitlang erwogen hatte, nach Venedig oder Oberungarn zu gehen, und alle seine Schätze zum jederzeitigen Abtransport verpackt gehabt hatte. Ob ihn die Hoffnung auf eine abermalige Begnadigung durch den Kaiser oder das Schicksal seiner elf Kinder dazu bewogen hatte, in Pottendorf zu bleiben, obwohl er wußte, wie die Dinge für ihn standen?

Vernehmungen und Hochverratsprozesse

Wien. Am 18. September 1670 fand von vier bis neun Uhr abends in der Prälatenstube im Landhaus die erste Einvernahme Graf Nádasdys statt. Hocher hatte die Protokolle über die Aussagen von Zrinyi und Frangepan, von Franz Nágy, Maria Széchy, eigene Briefkonzepte Nádasdys, die noch im Schloß Pottendorf aufgefunden und beschlagnahmt worden waren, und den Aufruf Nádasdys an die vier Stände Ungarns, den Graf Rothal in Ungarn beschlagnahmt und übersendet hatte, mitgebracht. Hofrat Abele führte das Protokoll. Nádasdy wieder-

---

*) Ungarnkönig Matthias Corvinus (1458—1490).

holte an diesem Tage sein früheres Bekenntnis an den Kaiser: Er habe das Bündnis mit dem Palatin Graf Wesselényi geschlossen; dafür gestimmt, daß ein Agent der Verschworenen in die Türkei geschickt werde; er sei mit dem französischen Gesandten in Wien Grémonville wiederholt zusammengetroffen; auch die Versammlung in Neusohl habe stattgefunden, sei aber ohne Resultat geblieben, und der Führer der Protestanten Vitnyédy habe einen Anschlag auf das Leben des Kaisers ausführen wollen. Den Plan Vitnyédys habe er nicht von Graf Zrinyi, sondern von Vitnyédy selbst erfahren. Selbstbewußt schloß Nádasdy beim ersten Verhör: „Das alles, Herr Hofkanzler, habe ich aber schon dem Kaiser persönlich entdeckt, und für das alles habe ich Verzeihung erlangt."

Als Franz Nágy, der Sekretär der Witwe Wesselényis, das Aktenmaterial des Geheimarchivs von Murany unter starker Bedeckung nach Wien brachte, wurde dieser am 10. Oktober von vier bis neun Uhr abends in der Wohnung von Hocher abermals vernommen. Er sagte aus: „Nádasdy und Zrinyi haben zu meinem Herrn, dem Palatin, kein rechtes Vertrauen gehabt." Auf Vitnyédys Anschlag angesprochen, gab er zu: „Es ist wahr, Vitnyédy wollte den Kaiser, als dieser seiner spanischen Braut nach Schottwien entgegenreiste, aufheben und nach Ungarn entführen. Nádasdy sagte in Gegenwart von Bori, Ketzer und Szepesi zu Vitnyédy, das ist zu umständlich. Es ist besser, den Kaiser, wenn er jagt oder wenn er im Prater reitet, zu ermorden, denn er wird da nur von wenigen Kavalieren begleitet und ein Kerl auf einem schnellen Roß müßte das schaffen."

Am 14. November 1670 wurde Graf Nádasdy in der Zeit von drei bis halb sieben Uhr abends in der Prälatenstube des Landhauses zum zweiten Mal verhört. Hocher und Abele leiteten die Einvernahme. Nádasdy versuchte sich zu rechtfertigen: er habe jene Rede an die vier Stände Ungarns zur Zeit der Verschwörung geschrieben und darin die Beschwerden der Nation zusammengestellt. Er wolle sie nicht rechtfertigen, aber entschuldigen, wünsche aber, daß man auch jene Schrift beschaffe, welche er als Replik für Seine Majestät verfaßt habe. Zu einem Schreiben Grémonvilles, das in Pottendorf beschlagnahmt wurde, sagte er: „Der Brief ist an Zrinyi gerichtet. Der Gesandte hat öfter Briefe an Zrinyi unter meiner Adresse geschickt. Eine Truhe mit Schriften und dem genauen Inventar meiner Schatzkammer habe ich Michael Esterházy mit dem Auftrage übergeben, diese auszufolgen, wenn man sie begehren sollte. Ich wollte ja die Truhe zu meiner Verteidigung wieder nach Pottendorf bringen lassen, bin aber inzwischen von Graf Ursenbeck arretiert worden." Auf die Frage Hochers, was sich in der Truhe befand, setzte Nádasdy fort: „Briefe des alten Rákóczy, Abschriften von Bündnissen und anderes." Die Briefe der Witwe Wesselényis und ihres Sekretärs Franz Nágy wollte er hingegen verbrannt haben. Nádasdy bekannte seine Schuld: „Das Streben nach dem Palatinat hat mich dazu gebracht und veranlaßt, daß ich Verbindungen zu den Lutheranern und Kalvinern suchte. Ich bekenne meine Schuld und meine Fehler. Als Palatin hätte ich aber alles wieder in Ordnung gebracht. Ich begehre keinen Prozeß und keine mündliche oder schriftliche Verteidigung. Ich vertraue ganz auf die Gnade Ihrer Majestät." Während seiner Ausführungen wurde Nádasdy aber plötzlich von seinen Gefühlen übermannt. Er warf sich vor dem Hofkanzler auf die Knie und bat unter Tränen um Gnade: „Wenn Wesselényi länger gelebt hätte, wäre alles beigelegt worden! Alle diese Händel haben die zwei Weiber, die Frau des Palatins und die Frau des Bans angefangen. Die Zrinyi hat als erste die Verbindung zum französischen Gesandten in Venedig hergestellt." Er führte weiter aus, daß die Verschwörung der Magnaten von Nikolaus Zrinyi und dem ebenfalls schon verstorbenen Fürstprimas Lippay ausgegangen sei. Graf Frangepan habe ihm 1667 eine diesbezügliche Schrift des Kardinals Barberini gezeigt. Auf die Frage Hochers, wie er vom Ergebnis jener Beratungen im Hofkriegsrate erfahren habe, bei denen er gefehlt hätte, gab Nádasdy freimütig zu, daß er den Geheimschreiber Leopold Montecuculi mit 100 Talern gedungen habe, ihm alles zu berichten und Abschriften anzufertigen. Aber auch Oberst Csáky sei im Interesse der Unzufriedenen tätig gewesen: „Csáky hat Franz Nágy geschrieben, er solle mit Hilfe Apafys die Ermordung des Großdragomans Panajotti in Konstantinopel erwirken. Nágy hat mir geraten, die kaiserliche Post überfallen und ausrauben zu lassen, und hat mich zu guter Letzt dafür noch verraten. Nágy weiß aber auch noch drei andere Genossen." Auf die Frage Hochers, ob Nádasdy die 13 Komitate zur Rebellion aufgefordert habe, gestand er: „Ich habe an die 13 Komitate geschrieben und habe versprochen, ihnen beizustehen, nicht aber um Seine Majestät zu bekriegen, sondern um Ungarn in den alten Stand zu bringen." Nádasdy gab auch zu, daß er sich auch während seiner Inhaftierung durch Pater Forstall an Graf Zrinyi gewandt und diesen befragen ließ, ob er ihm bei seinen Aussagen geschadet habe. Am Schlusse dieses Verhörs bat Nádasdy den Hofkanzler unter Tränen: „Verwendet Euch beim Kaiser für mich und erinnert ihn daran, daß die Krone Ungarns durch einen Nádasdy an das Haus Habsburg gekommen ist!" Hocher versprach, alles dem Kaiser zu berichten.

In den weiteren Verhören am 5. März und 25. April 1671 ging es um die Äußerung Nádasdys, daß noch weitere 40 bis 50 Personen dem Kaiser nach dem Leben getrachtet hätten. Das hatte Barsoni, der Bischof von Großwardein, Graf Rothal hinterbracht. Nádasdy bestritt, trotz Androhung der Folter, diese Äußerung: „Beim heiligen Sakrament, das ich empfange, schwöre ich, daß ich von dieser Äußerung nichts weiß!" Der Bischof wäre sein Feind, führte er weiter aus, weil er dessen Bruder, den Protonotar, öfters wegen Unzukömmlichkeiten als Judex curiae des Königreiches ermahnt habe. „Ich bin mit dem Bischof öfter in Neusohl zusammengekommen, aber ich habe ihm nicht getraut!" Von Vitnyédy, wiederholte Nádasdy, habe er gehört, daß dieser von Zrinyi Pferde gewollt habe, aber Zrinyi habe Vitnyédy einen Narren gescholten. Auf die Frage Hochers, mit wem er alles in Verbindung gestanden sei, antwortete er: „Mit dem Palatin und Graf Zrinyi, sonst mit niemandem, vor allem nicht mit einem Herrn aus den Erbländern." Gebrochen schloß er: „Ich will alles tun, wenn ich aus diesem Elend gerettet werde und die Gnade meines Kaisers wiedererlange!"

Nach der Beendigung des Untersuchungsverfahrens wurde, wie dies bei Hochverratsfällen in der Regel war, zur Verhandlung und Entscheidung ein Judicium delegatum, ein unparteiisches Gericht, als besonderer Gerichtshof eingesetzt. Kaiser Leopold berief dazu Reichshofräte, Hofkriegsräte, Räte der Regierung ohne Unterschied des Standes und der Religion. Den Vorsitz führte der Kanzler. Beisitzer waren: Graf Gottlieb Windischgrätz, Freiherr Hanns Heinrich von Herbart, Freiherr Zdenko Caplirz, Graf Joachim Windhag, Freiherr von Andlern, Julius Bucelini, Justus Brüning, Christoph Abele und die Doktoren Johann Leopold von Löwenthurn, Johann Molitor und Johann Krumpach.

Die Verhandlung des Prozesses Nádasdy dauerte vom 30. Dezember 1670 bis 20. April 1671; die im Prozeß gegen die Grafen Zrinyi und Frangepan vom 14. Feber bis 16. April 1671. Die Formen des gemeinen und heimischen Rechtes wurden genau eingehalten. Das Gericht beauftragte den niederösterreichischen Kammerprokurator Frey, als öffentlicher Ankläger gegen die inhaftierten Magnaten aufzutreten. Frey erstellte auf Grund der vorliegenden Untersuchungsergebnisse die Anklageschriften wegen Hoch- und Landesverrats. Bei Nádasdy lautete sie: er habe von der Verschwörung des ungarischen Adels gewußt, sie verschwiegen und befördert, er sei Bündnisse eingegangen, habe vom Anschlag Vitnyédys gewußt und nicht eher davon gesprochen, bis es „lautmärig" geworden; er habe es übernommen, Seine Majestät hinzuhalten, bis sich die Rebellen verstärkt haben würden; seine Rede an die vier Stände Ungarns sei aufrührerisch, er habe teilgenommen an der Absendung eines Agenten in die Türkei, habe die kaiserliche Post beraubt, die Briefe gelesen und vernichtet, die öffentlichen Gelder auf der Straße durch seine Helfer wegnehmen wollen; er habe den Rebellen die Beschlüsse des Geheimen Rates verraten, die Ermordung des Panajotti und Bánffy Denes angeraten und das Königreich Ungarn einer fremden Gewalt unterwürfig machen wollen.

Die Anklage gegen Zrinyi hob hervor: er habe 1666 die Verbindung mit Wesselényi und Nádasdy eingegangen und sei, obwohl er vom Kaiser durch Rothal mündlich pardoniert wurde, wieder rückfällig geworden; er habe 1669 Bargilio nach Polen geschickt und ihm eine Instruktion mit Schmähungen gegen Seine Majestät gegeben; in seinem

Auftrage sei der Pole Giska nach Frankreich geschickt worden, um gegen den Kaiser zu klagen und Geld zu begehren; er habe zu den Türken um Geld und Hilfe geschickt und in die schändliche Bedingung, daß sie ihn gegen Tribut als erblichen Fürsten von Kroatien anerkennen wollen, eingewilligt und sogar seinen Sohn als Geisel angeboten. Er habe von kaiserlichen Oberoffizieren Hilfe begehrt und die Festung Kopreinitz in seine Gewalt bringen wollen. Er habe in Csakathurn Geschütze gegen die kaiserlichen Soldaten aufgeführt, die Oberungarn aufgereizt und dem Frangepan die Leitung des Unternehmens übertragen. Er habe bei der Kommission in Neusohl die einzelnen aufgefordert, sich nicht zu vergleichen, und sie zu den Waffen gerufen. Seine Genossen und Teilnehmer haben wirklich die Waffen ergriffen, Feindseligkeiten verübt und Blut vergossen. Zrinyi habe die Walachen und ihren vermeintlichen Bischof aufgefordert, sich ihm anzuschließen. Er wollte kaiserliche Erbländer einer fremden Gewalt unterwerfen und sei der vornehmste Urheber und das Haupt der Rebellion gewesen.

In der Klage gegen Graf Frangepan wurde hervorgehoben: er habe die von Zrinyi eingeleitete Verbindung mit den Türken verschwiegen und die Leitung des Aufstandes übernommen; er habe in einem Schreiben vom 9. März 1670 seine Verachtung gegen den Kaiser und die deutsche Nation ausgesprochen und seine üble Absicht kundgegeben; er habe die Stadt Agram mit 200 Mann besetzen wollen und die Stadt aufgefordert, sich Zrinyi anzuschließen; er habe kaiserlichen Proviant, welcher auf der Save in das Grenzgebiet geschickt wurde, weggenommen, in die Türkei Boten geschickt, den walachischen Bischof zum Abfall aufgefordert und in der Instruktion eines Agenten den Kaiser geschmäht.

Jedem Beschuldigten wurde die Klage mitgeteilt mit dem Bemerken, binnen sechs Wochen und drei Tagen auf diese zu antworten. Jeder der Angeklagten durfte sich einen Verteidiger wählen. Graf Nádasdy entsagte jeder Verantwortung und Verteidigung mündlich und schriftlich am 5. März 1671. Er habe alles dem Kaiser bekannt und unterwerfe sich vollständig der Gnade Seiner Majestät. Er bat nur, über eine Summe Geldes zum Heile seiner Seele verfügen und noch einmal Pater Emmerich und Hofrat Abele sprechen zu dürfen. Als Abele ihn besuchte, erklärte er diesem nochmals, daß er nur um Gnade bitte. Auch Pater Donellan verkehrte noch mit ihm und übernahm ein Gnadengesuch, das er auf Befehl des Fürsten Lobkowitz Hofrat Abele übergab.

Zrinyi und Frangepan wählten den Wiener Advokaten Dr. Eylers zu ihrem Verteidiger. Er wurde vom Gerichte anerkannt. Graf Zrinyi verlangte als Magnat, nach den Gesetzen und Rechten seines Landes gerichtet zu werden. Er wolle nicht an die verletzte Freiheit des Landes und an die Goldene Bulle erinnern, welche in diesem Fall dem ungarischen Adel das Recht des Widerstandes einräumt. Der Bischof von Agram habe ihm vermöge der vom Kaiser verliehenen Gewalt den Pardon zugesichert. Dieser Pardon, den der Kaiser selbst versprochen, sei durch Pater Forstall und einen Brief des Fürsten Lobkowitz bestätigt worden. Der Kaiser habe ihm einen Geleitbrief gegeben. Er habe seinen Sohn nach Wien geschickt und sei selbst gekommen, um sich Seiner Majestät zu unterwerfen. Die Punkte mit Frankreich habe er nicht gelesen und nicht geschrieben. Er habe nur einmal mit den Türken verhandelt. Sein Stallmeister könne es bestätigen, wie überdrüssig er der Türken gewesen sei. Er habe sich nur an ihnen rächen wollen. Er habe Rákóczy nur um Geld geschrieben und Bariglio nach Polen geschickt, um Frangepan einen Dienst zu verschaffen. Im Bündnis mit Graf Wesselényi sei nichts Verräterisches, er habe es Nádasdy und Wesselényi nicht abschlagen können.

Die Verteidigung Graf Frangepans war offener, berührte aber die gleichen Punkte.

Der Gerichtshof erwiderte auf diese Verteidigung: Zrinyi sei nicht nur ungarischer Edelmann, sondern auch kaiserlicher Kämmerer und Landstand in Steiermark und Krain. Er könne auch nach ungarischem Recht außer Landes gerichtet werden. Seine Einwendungen kämen auch zu spät. Er habe den Bischof von Agram und Pater Forstall, seinen Beichtvater, geschickt, aber einen Vergleich auf schimpfliche Bedingungen angeboten und Geld und Gut verlangt. Der Kaiser habe ihm im Brief vom 21. März 1670, welchen der Bischof von Agram brachte, keinen Pardon ausgesprochen und auch nicht aussprechen wollen. Am selben Tage habe General Spankau den Befehl erhalten, Zrinyi anzugreifen. Der Kaiser habe auch eine Antwort von Zrinyi erwartet, aber dieser habe damals an die Grenzpaschas geschickt. Auch nachher, im Brief vom 7. April, habe er dem Kaiser nur „bedingungsweise" Treue versprochen. Der Kaiser habe aber diese Bedingungen verworfen. Als Forstall versprochen habe, ihn zu anderen Bedingungen zu bringen, habe der Kaiser gefordert, daß er vor allem der Rebellion entsage, seine Festungen übergebe und die Verschworenen nenne. Diesen Brief vom 15. April 1670 habe er nur deshalb nicht mehr rechtzeitig bekommen, weil er inzwischen von General Spankau zur Reise nach Wien genötigt worden sei. Pater Forstall habe daher nicht mehr zu ihm kommen können, und gesetzt der Fall, der Bischof oder sein Beichtvater hätten ihm die Gnade versprochen, sie hatten dazu keinen Befehl vom Kaiser. Weil aber durch diese Schreiben des Kaisers vom 21. März und 15. April 1670 in der Welt viel Geschrei entstehen könne, so möge jetzt auch kund werden, wie Zrinyi in Lug und Trug seine Rebellion fortsetzte. Er habe durch den Bischof von Agram den Kaiser nicht versöhnen, sondern zu einem Vergleich zwingen wollen. Als Matinus Borkovich zurückgekommen, wollte sich Zrinyi nur unter Bedingungen unterwerfen. Mit solchen Bedingungen habe er auch seinen Beichtvater geschickt und dabei habe er an die Paschas von Kanizsa und Bosnien und noch am 10. April einen Franziskaner nach Ofen geschickt.

Auch mit dem Briefe vom 7. April habe er es nicht ehrlich gemeint, denn er wollte sich ja nicht ergeben, sondern dem Kaiser Gesetze vorschreiben. Wenn ihn der Kaiser wirklich am 21. März pardoniert hätte, so wäre dieser Pardon damit verwirkt gewesen. Wohl habe er seinen Sohn als Geisel gestellt, aber wohin habe er diesen damals schicken können, wenn nicht zu Seiner Majestät? Zu den Türken wollte der Sohn selbst nicht, und alle übrigen Straßen waren besetzt. Wenn Zrinyi sagt, er habe sich selbst gestellt, so kann man einwenden, das sei nur aus Not und Angst geschehen, denn General Spankau war ihm schon im Rücken. Wenn er sich auf seine Vorfahren berufe, so sei dies nur ein Motiv mehr für seine Treue. Zrinyi sei der vornehmste, gefährlichste und schädlichste Rebell und keiner Gnade würdig. Er sei bei jeder Unruhe dabeigewesen und habe vieles ohne Wissen Nádasdys und Frangepans getan. Aus dem Kerker habe keiner so arrogant geschrieben als er. Nádasdy habe von Grémonville kein Geld genommen, Zrinyi aber zweimal 6000 Gulden. Er habe nach Polen geschickt, was Nádasdy und Frangepan nicht getan hätten. Keiner habe Seine Majestät mehr belogen und betrogen als er, und keiner sei daher ein ärgerer Schelm, Verräter und Rebell als er.

In Anbetracht dieser Gründe erklärte der Gerichtshof am 18. April 1671 Zrinyi des Verbrechens des Hoch- und Landesverrates für schuldig. Das Urteil gegen Frangepan ist vom selben Tage und jenem gegen Zrinyi gleichlautend, nur ist dessen Motivierung nach Inhalt und Zahl der strafbaren Handlungen verschieden.

Im Prozeß gegen Nádasdy nahm der Gerichtshof keine Rücksicht auf das Handbillett vom 1. September 1669, in welchem der Kaiser Nádasdy seinen Treubruch verziehen hatte. Hofrat Abele machte als Referent geltend: Der Pardon des Kaisers habe sich nur auf die Denkschrift Nádasdys vom 27. November 1669 beziehen können; er habe aber darin nicht die ganze Wahrheit gesagt. Man müsse daher die Beweise seiner Schuld vor und nach 1669 zusammenfassen. Sein Geständnis, seine Briefe und die Zeugenaussagen begründen das Verbrechen des Hoch- und Landesverrates. Hierauf verurteilte der Gerichtshof Graf Nádasdy am 20. April 1671 zum Tode.

Die Verhandlung und das Erkenntnis des Gerichtshofes wurde noch, wie es die Landgerichtsordnung Ferdinands III. vorschrieb, der „geheimen Stelle" oder Geheimen Konferenz vorgelegt. Auf Befehl des Kaisers versammelten sich hierauf am 21. April bei Lobkowitz: die Geheimen Räte: Fürst Dietrichstein, Obersthofmeister der regierenden Kaiserin; Graf Schwarzenberg, Reichshofratspräsident; Graf Lamberg, Oberstkämmerer; Graf Martinitz, Oberstburggraf von Böhmen; Graf Nostitz, Oberstkanzler von Böhmen; Graf Wilhelm von Starhemberg, Obersthofmarschall; Montecuccoli, Präsident des Hofkriegsrates; Graf Wolf Auersperg, Landeshauptmann in Krain; Graf Balthasar Starhemberg, Statthalter in Niederösterreich; Graf Souches, General und Stadtoberster;

Graf Albrecht Zinzendorf, Obersthofmeister der Kaiserin Eleonore; Graf Friedrich Trautmannsdorff, Landeshauptmann in Steiermark; Freiherr Hocher von Hohengran, Hofkanzler; Graf Ferdinand Sprinzenstein, Landmarschall in Niederösterreich und der Reichsvizekanzler Graf Wilhelm Königsegg. Sie alle waren Minister, Hofbeamte, Generale, Landherren aus den deutschen Erblanden, die meisten ältere Herren, ehrenwert, hart, streng, in der Überzeugung des göttlichen und absoluten Rechtes der Fürsten aufgewachsen. Fürst Wenzel Lobkowitz führte als erster Geheimer Rat den Vorsitz. Abele und Dr. Leopold berichteten über die Verhandlung und das Urteil. Die Geheimen Räte fanden die Schuld der Magnaten für erwiesen und das Urteil gerecht. Alle stimmten bei Nádasdy für die Strafverschärfung des Handabhauens, weil er jene Rede an die vier Stände Ungarns gegen den Kaiser und das Haus Österreich gehalten. Einige meinten, bei Frangepan sei diese Strafverschärfung zu unterlassen, weil er von dem Anschlage Vitnyédys nichts gewußt habe. Bei Zrinyi waren drei Räte gegen die Todesstrafe und nur für Gefängnis und Güterkonfiskation, weil ihm der Kaiser in einem Briefe seiner Gnade versicherte und weil er seinen Sohn als Geisel stellte. Sie wurden jedoch überstimmt. Der Vorsitzende Fürst Lobkowitz riet, keinen Unterschied in der Bestrafung eintreten zu lassen: „Was würde die ehrbare Welt dazu sagen", rief er aus, „wenn die Häupter der Rebellion ungestraft blieben! Die Gerechtigkeit und die Sicherheit des Kaisers und des Staates erfordern die Strafe!"

Die Konferenz beschloß denn auch in ihrem Gutachten an den Kaiser: der Prozeß sei durch den Hofkanzler Hocher in aller Gerechtigkeit und Ordnung geführt worden, daß nichts zu verändern oder zu verbessern sei. Seine Majestät habe schon 1668 nach dem Bekenntnis des Fekete Fug und Recht gehabt, Nádasdy verhaften zu lassen. Zrinyi habe ohnehin schon einmal Pardon erhalten. Frangepan habe vom Kaiser die Obersthauptmannschaft in Zengg bekommen. Die Konferenz habe schon in ihrer Sitzung am 20. März 1670 Seiner Majestät geraten, keine Großmut und Gnade zu üben, sondern ein Exempel zu statuieren. Wie das delegierte Gericht gesprochen habe, so möge es geschehen. Seine Majestät möge das Urteil bestätigen, wie Ferdinand II. den Spruch des Gerichtes über die böhmischen Rebellen genehmigt habe.

In einer zweiten Konferenz wurde die Vollstreckung des Urteils beraten und an diesem 25. April beschlossen, daß zwei Räte, einer vom Ritterstand und einer vom Gelehrtenstand, den Gefangenen das Urteil verkünden sollen. Kein verdächtiger Geistlicher, weder Pater Donellan noch ein Augustinermönch vom Kloster auf der Landstraße, darf zugelassen werden. Nádasdy sei erlaubt, noch seinen ältesten Sohn und seine verheirateten Töchter zu sehen, nicht aber die Schwiegersöhne. Die Hinrichtung muß am dritten Tag nach der Verkündigung des Urteiles, und zwar in geschlossenen Räumen vollzogen werden. Nádasdy soll, weil er hohe Freunde hat, wie der Oberst Kratz im Rathause, Zrinyi und Frangepan in Wiener Neustadt gerichtet werden. Das Volk könne man in dem Wahne lassen, daß die Hinrichtungen öffentlich seien. Der Gerichtsschreiber solle den Gefangenen das Urteil vorlesen, der Stadtrichter den Stab über sie brechen. Der Stadtoberste Souches wird sein Regiment auf dem Graben und anderen öffentlichen Plätzen aufstellen. In Neustadt sollen vier Kompanien Reiter vom Regimente Heister die Wache halten. Die Verurteilten dürfen nur „fromme Reden" an die Anwesenden halten, wenn sie von Politik anfangen, soll der Trommelschlag einfallen. Der Henker darf sie nicht berühren. Das Abschneiden der Haare, das Ausziehen der Kleider soll durch ihre Diener geschehen. Die Leiber können, auf Begehren der Freundschaft, ehrlich begraben werden. Seine Majestät möge am Tage der Hinrichtung in Laxenburg verweilen und zu Hause bleiben. Wenn der Kaiser hinausfährt, soll ihn die Garde begleiten, weil, wie der Bischof Barsoni von Nádasdy gehört haben will, noch 40 bis 50 Personen dem Kaiser nach dem Leben trachten. Man möge Nádasdy darüber noch einmal verhören, und zwar unter Androhung der Tortur, die aber nicht verhängt werden dürfe.

Der Kaiser war von Anfang an eher zur Strenge als zur Milde geneigt. Am meisten war er über Nádasdy aufgebracht und sagte: „Wie hat er uns alle betrogen!" An Graf Pötting schrieb Leopold: „Obwohl ich sonst nit gar bös bin, so muß ich diesmal Gewalt anwenden, und es möchte sich wohl schicken, daß man nächstens etwas von gestürzten Köpfen hörte."

Am 25. April bestätigte Kaiser Leopold die Urteile im vollen Umfange.

Nádasdy wurde am 25. April noch einmal wegen des Attentates auf den Kaiser verhört, aber er leugnete beharrlich, jemals eine solche Äußerung getan zu haben. Hocher hatte ihm mit der Tortur gedroht.

Es war keine Gnade zu hoffen. Nádasdys Schwiegersöhne, die Grafen Johann Draskovich und Johann Palffy, hatten schon am 14. Dezember 1670 den Kaiser um Gnade für ihren Schwiegervater angefleht. Die Kinder Nádasdys baten in einem Gesuche, daß wenigstens der tote Leib ihres Vaters nicht dem leidenschaftlichen Pöbel gezeigt werde.

Szelepcsényi legte dagegen entschieden Verwahrung ein, daß sich ungarische Bischöfe wegen Nádasdy an den Papst gewandt hätten.

Untersuchung geht weiter

Die mit der Untersuchung der Rebellion befaßte Kommission in Leutschau arbeitete unermüdlich. Nágy Ferencz hatte sich am 26. August gestellt, war einem langen Verhör unterzogen und in Haft genommen worden. Vay László war am 24. September gefangengenommen und nach Leutschau gebracht worden.

Als sich Rothals Untersuchungen aber soweit verzweigten, daß sich jedermann fürchten mußte, vor seiner Kommission zu erscheinen, und mit Haft und Konfiszierung seiner Güter zu rechnen hatte, schien die Stimmung der ganzen Nation wieder einer Verzweiflungstat zuzutreiben. Das wollten aber weder der Kaiser noch seine ersten Minister. So schrieb und warnte Lobkowitz Rothal schon am 30. August als Antwort auf dessen Anzeige gegen Nádasdy: „Sorgt dafür, daß wir in Wien nicht mit neuen und unnützen Sorgen belastet werden und uns vor einem neuen Aufstand der Ungarn fürchten müssen." Dieses Schreiben machte Rothal mißmutig. Dazu kam, daß Baron Esterházy Farkas, der Präsident des ungarischen Gerichtshofes, am 31. August in Leutschau von einer längeren Krankheit dahingerafft wurde. Sein Tod traf Rothal schwer. Auch er fühlte sich krank und reichte am 12. Oktober schriftlich seine Demission ein. In seinem Brief an Fürst Lobkowitz hieß es: „Ich bin ein alter baufälliger Mann, von Natur lind und weich, tauge nicht zu so schwerer Arbeit, besonders weil in diesem Land nicht mit Glimpf, sondern mit Schärfe und großem Ernst solle vorgegangen werden." Kaiser Leopold lehnte die Annahme dieser Demission ab und Rothal verblieb auf dessen ausdrücklichen Wunsch dann noch weiter im Amte. Als Rothal aber erfuhr, daß auch der Fürstprimas abdanken wolle, schrieb er am 19. Oktober an Szelepcsényi: „Ist es wahr, daß Euer Ehrwürden die Statthalterschaft niederlegen wollen? Ist das der Dienst Seiner Majestät? Wo ist das Reich Ungarn? Ich kann nicht glauben, daß Euer Ehrwürden die Sorgen unseres gnädigsten Herrn noch vermehren wollen; nehmen sich Euer Ehrwürden ein Beispiel an mir." Im November aber wurde der Sitz der Kommission auf Betreiben Rothals nach Preßburg verlegt, wo man den Winter leichter zu überstehen hoffte. Rothal selbst aber begab sich nach Wien und verblieb dort bis Anfang April 1671. Er übergab Graf Volkra die Amtstätigkeit für diese Zeit.

Széchy Maria war im Frühjahr nach Preßburg gekommen und diktierte am 17. März 1671 Graf Volkra die ganze Verschwörung in die Feder, wie sie ihm in Murany versprochen hatte, und unterzeichnete an diesem Tage eigenhändig das umfangreiche Protokoll. In diesem berichtete sie von den Bündnissen der Magnaten, von den Zusammenkünften in Stuben, Neusohl und Szendrö und daß sie Nágy zu Rothal geschickt habe. Nun sei sie selbst nach Preßburg gekommen, um die Verschwörung anzuzeigen. Sie gab weiter an: „Nágy Ferencz hat mir einmal einen Brief des Szepessy Pál gezeigt. In diesem hat dieser Zrinyi gedrängt, den Aufstand nicht länger aufzuschieben, sondern bald anzufangen. Nágy hat hierauf zu Barkoczy geschickt und diesen aufgefordert, sich mit den Türken und Ungarn gegen die Bergstädte zu wenden. Das Rákóczy ausgefallen ist, habe ich nur von anderen Leuten erfahren. Mein Sekretär hat mir von einem Schreiben Nádasdys an Hidvegy erzählt. Als das Gerücht auftauchte, daß sich Zrinyi diesseits der Donau erhoben und zu

den Waffen gegriffen hat, wollte man auch jenseits der Donau nicht zu-
rückstehen. Unterdessen erschien aber der Herzog von Lothringen mit
kaiserlichen Truppen vor meinem Felsenschloß. Obwohl Nágy und Pater
Cziriaki dagegen waren, habe ich ohne weiteres eine deutsche Besatzung
in Murany aufgenommen, um Seiner Majestät meinen Gehorsam zu bezeigen. Was die auf die Verschwörung bezughabenden Schriften betrifft,
gebe ich an, daß ich die meisten Seiner Majestät nach Wien übersandt
habe. Die restlichen habe ich Graf Volkra auf Murany übergeben. Ein
einziger Brief blieb irrtümlich in meiner Tischlade zurück."

Umfang der Konfiskation

Preßburg, 10. April 1671. Das Königliche Tafelgericht tagte. Beraten
wurde die endgültige Konfiskation der vorläufig beschlagnahmten Besitzungen der Verschwörer zur Schadensgutmachung der aufgelaufenen
Kriegskosten. Die Prozesse gegen die in Österreich inhaftierten Rebellen
gingen zu Ende und die Konfiszierung der Güter sollte in den Urteilen
ausgesprochen werden. Nun galt es, die rechtlichen Standpunkte abzu-
klären. Die Meinung der Richter war anfangs geteilt. Es ging darum, ob
alle Besitzungen der Verschwörer konfisziert werden können oder ob
diese so angesehen werden müßten, als ob sie die Besitzer mit ihren Kindern und Geschwistern geteilt hätten und die Anteile dieser Beteiligten
daher nicht angetastet werden dürften. Das ungarische Recht und die
ungarische Praxis hatten immer die letztere Auffassung vertreten, bis
zum Inkrafttreten des Artikels 104 des Gesetzes von 1659, der das Recht
der Kinder und Geschwister und dort, wo auch Mädchen erben, sogar
das Recht der weiblichen Linie offen beibehielt und somit die bisherige
Praxis verankerte. Aus der gesamten ungarischen Geschichte wußte man
nur über drei Fälle, bei denen anders entschieden worden war. Ein solcher Fall kam unter Karl-Robert, ein zweiter unter König Sigismund und
der dritte unter Wladislaw II. vor. In diesen Fällen war die Rechtsauffassung über das Erbrecht der Verwandten unbeachtet geblieben. Selbst
der ehemalige Landesoberrichter Nádasdy tröstete sich deshalb noch im
Gefängnis damit, daß, wenn er verurteilt werden sollte, nur ein Zwölf-
tel seiner Besitzungen beschlagnahmt werden kann und auch von diesem
noch seine Schulden abgezogen werden müssen und die anderen elf Teile
seines Vermögens seinen elf Kindern verbleiben würden.
Die Vertreter des Hofes vertraten die Ansicht, daß man alles beschlagnahmen kann, und beriefen sich auf die drei Präzedenzfälle aus der Zeit
der genannten Könige. Als es zur Abstimmung kam, damals stimmte
nach den geltenden Rechtsgepflogenheiten der Jüngste zuerst, berief sich
Korompay auf den Abschnitt XVI des *Hk. I. R.**) und auf den Arti-

---

*) Hk. I. R. = Hármaskönyv = Dreierbuch I. Teil, ungarische Gesetzessammlung.

kel 104 des Gesetzes von 1659 und meinte, die Anteile der bereits geborenen Söhne dürften nach diesen Bestimmungen nicht beschlagnahmt werden. Diese Ansicht vertraten auch die Richter Kerekes, Orbán, Pesthy und Mednyánsky des Königlichen Tafelgerichtes. Jonas Bársony bezweifelte aber diese Auffassung und verwies auf den Anfang und das Ende des ersten Dekretes von König Sigismund, wo das Gegenteil angeordnet werde. Während sich der Unterlandrichter Mórócz hinsichtlich des Familiengutes seinen Gefährten anschloß, vertrat der Personal die strengere Ansicht. Nach seiner Ansicht kann man bei solchen Anschlägen, die gegen die Person des Königs gerichtet sind, jedes Vermögen beschlagnahmen. Gubasóczy schloß sich der Meinung der Richter des Königlichen Tafelgerichtes an und wies, im Gegensatz zu Bársony, darauf hin, daß das Dekret von König Sigismund durch das spätere Dreierbuch aufgehoben wurde, welches im Kapitel II, Artikel 66 Anhaltspunkte für andere Auffassungen bietet. Zichy war schon vorsichtiger. Er unterstützte zwar Mórócz, schränkte aber ein, daß man, wenn man die Größe des Verbrechens berücksichtige, fast sagen kann, daß man das ganze Vermögen beschlagnahmen könne. Forgách hat im Rahmen einer längeren Rede ausgeführt, daß die Besitzungen als Belohnung für die Treue vergeben wurden. Wenn aber jemand treulos wird, so verliert er daher zu recht seinen ganzen Besitz. Forgách war aber bereit, sich der Mehrheit bei der Abstimmung zu beugen. Nicht so aber der Primas, Erzbischof Szelepcsényi und Graf Rothal. Szelepcsényi führte aus: „Leopold ist König und Kaiser. Nach dem kaiserlichen Recht kann man das gesamte Vermögen des Verbrechers konfiszieren. Auch hier hat das kaiserliche Recht seinen Platz, weil die Verschwörer ihn auch als Kaiser angegriffen und ihm auch seine kaiserlichen Besitzungen rauben wollten. Ich hörte, daß der Palatin Wesselényi gesagt hat, daß der Kaiser nur mit einem Wanderstabe aus dem Lande ziehen werde. Im übrigen läßt auch die Politik nicht zu, daß die kaiserlichen Rechte verletzt werden."

„Was wird denn das Ausland sagen", fragte Rothal die Richter, „wenn Menschen, die das Land in Aufruhr stürzen wollten und es sogar auf das Leben des Kaisers abgesehen hatten, eine so nachsichtige Behandlung erfahren würden? Hätten vielleicht die Verschwörer, wenn sie gesiegt hätten, nicht alle Güter der Anhänger Seiner Majestät konfisziert? Warum soll deshalb Seine Majestät gnädiger sein, wo sie dadurch nur das Rechtsempfinden der übrigen Welt verletzen würde?"

Die Ansicht der beiden Präsidenten gab der ganzen Sache eine andere Wendung. Es wurde neu abgestimmt und bei den Ranghöchsten begonnen. Diese zweite Abstimmung erbrachte ein ganz anderes Ergebnis. Es war beinahe überflüssig, daß sich der Primas noch einmal zu Wort meldete: „Ich möchte die Ruchlosigkeit der Verbrecher noch einmal aufzeigen. Sie wären gegenüber Seiner Majestät ohne Gnade vorgegangen und hätten den Kaiser sogar getötet. Außerdem, wenn Seine Majestät außerhalb der Landesgrenzen die Rechte der Söhne nicht beachten muß, warum sollte er dies dann innerhalb der Grenzen tun? Es gibt keine Ungerechtigkeit in dieser Sache, denn siehe, auch Gott hat die ganze Menschheit für die Sünden Adams bestraft."

Forgách beeilte sich, sich dem Primas anzuschließen: „Das Verbrechen ist so groß, daß es jedes Gesetz zum Schweigen bringt!" Ähnlich hat auch Zichy, der den Fall seines Vaters anführte, geredet, der zur Zeit Bethlens als Anhänger des Königs gefangengenommen worden war und sein ganzes Vermögen verloren hätte, wenn die Rebellen gesiegt hätten. Der Personal blieb bei seiner strengen Auslegung und konnte sich dem Primas anschließen. Gubasóczy änderte aber seine vorherige Meinung: „Die Gesetze", sagte er, „sind zweifelhaft, denn die damaligen Gesetzgeber haben gar nicht an so große Verbrechen gedacht, wie sie jetzt begangen wurden, und so hat Seine Majestät auch das Recht, der natürlichen Gerechtigkeit zu folgen, indem sie die gegebenen Gesetze außer acht läßt."

Zum Schluß der Sitzung erklärte das gesamte Königliche Tafelgericht durch Korompay: „Wenn die ehemaligen Gesetzgeber so furchtbare, nicht nur das Land, sondern auch die Person des Königs und sogar die gesamte christliche Welt berührende Sünden, von denen die Verschwörer träumten, vorhergesehen hätten, hätten sie auch andere Gesetze geschaffen. Deshalb ,errores solvunt conditas leges'*), und wenn das Gesetz auch nicht ganz klar ist, aber die Stimme des Gewissens und des Rechtes sagt, daß das gesamte Vermögen der Verbrecher konfisziert werden kann."

Auf diesen Beschluß konnten die Konfiszierungen der Güter der Verschwörer in deren Urteile einbezogen werden.

Zwei Rettungsversuche

Georg Széchenyi, der Bischof von Raab, war in größter Sorge. Sein bester Freund, Graf Nádasdy, war in Haft, und nach der Prozeßlage war für den Vizepalatin das schlimmste zu fürchten. Er hatte sich bei den Advokaten der Magnaten, Johann Eylers und Adam Ignaz Strella, um den Stand des Verfahrens erkundigt und war von diesen auf den außerordentlichen Ernst der Situation aufmerksam gemacht worden. Der Bischof wußte, daß der Geheime Rat, der die Aufgaben des Staats- und Ministerrates zugleich innehatte, ein Exempel statuieren wollte. Dazu kam, daß Auersperg wegen seiner französenfreundlichen Haltung vom Hof verbannt worden war und Lobkowitz, der Hofkriegsratspräsident, im Geheimen Rat in allen Angelegenheiten, die Ungarn betrafen, den Vorsitz führte. Von Pater Forstall aber hatte Széchenyi erfahren, daß Lobkowitz in seiner sarkastischen Art gesagt hatte, daß der beste Geruch

---

*) Irrtümer heben beschlossene Gesetze auf.

im Staate der Leichengeruch der Rebellen sei. Und dem Geheimen Rat gehörten noch Dr. Hocher, Fürst Schwarzenberg und Graf Sinzendorf an, Männer, von denen kein Pardon zu erwarten war.

Széchenyi erblaßte. Nádasdys Traum! Sollte dieser Alptraum, den ihm Nádasdy in Lockenhaus anvertraut hatte, grausige Wahrheit werden? Hatte Anna-Julia ihren Gemahl mit diesem Traum wirklich warnen wollen? Aberglaube! Tote reden nicht! Und dennoch war Nádasdy verloren, wenn nicht noch ein Wunder . . .

Ein Wunder? Das ist es! Ein rettender Gedanke! Széchenyi wollte sich an den Heiligen Vater wenden. Er kannte Clemens X. Und Nádasdy vor allem war einer Intervention des Papstes würdig! Nádasdy hatte ja die Kirche von Lockenhaus, das Augustinerkloster neben dieser schönen Kirche und vor allem die Wallfahrtskirche von Loretto erbaut. Er, Széchenyi, hatte ja selbst am 2. Juli 1659 Lorettos Wallfahrtskirche geweiht! Sofort begann er damit, ein Schreiben an Clemens X. zu entwerfen. Széchenyi bat Clemens X., er möge die Häupter der vornehmsten Familien Ungarns retten, die Fürsten jenes Königreiches, das sich schon immer das besondere Wohlwollen der Vorgänger Seiner Heiligkeit verdient hat.

Als das Schreiben fertiggestellt war, sandte es Széchenyi mit einem Eilkurier nach Rom.

Georg Széchenyi erwog aber auch einen zweiten Weg. Wien müßte auf politischer Ebene zum Einlenken genötigt werden. Und wer konnte Wien wirklich nötigen? Die Pforte! Aber wie sollte er das bewerkstelligen? Selbst würde er sich als katholischer Bischof weder an den Großvezier noch an den Sultan wenden können. Da schoß es ihm durch den Kopf: Apafy! Das war der Weg! Sofort setzte er sich an seinen Schreibtisch und verfaßte ein Bittschreiben und ersuchte den Fürsten von Siebenbürgen, zu erwirken, daß die Pforte ihre weiteren friedlichen Beziehungen zum Wiener Hof von der Begnadigung der inhaftierten Magnaten abhängig machen solle.

Weiters bat Széchenyi um Asyl für die ihr Vaterland verlassenden Ungarn, die nicht bereit waren, das Schicksal Zrinyis, Frangepans und Nádasdys zu teilen, denn die Teilnehmer an der Revolution flohen zu Hunderten, ja zu Tausenden.

Graf Teleki versicherte den Raaber Bischof der Intervention seines Fürsten, obwohl sich Apafy weder mit dem politischen Stil Zrinyis noch mit jenem Rákóczys identifizieren wolle. Den vor den Justiztribunalen Leopolds fliehenden Adeligen samt ihrem Anang gewähre aber Siebenbürgen, im Einvernehmen mit der Pforte, Asyl.

Köprili, der Großvezier des Sultans, wußte nur zu gut, daß diese Exulanten schon bald jene Stoßtruppe bilden würden, die von Siebenbürgen aus die kaiserlichen Kräfte in Ungarn beschäftigen konnten.

Aufregung im Palais des Hofkriegsrates. Der Nuntius hatte das Schreiben Clemens X., in dem der Papst den Kaiser bat, die Magnaten zu begnadigen, Leopold I. persönlich überreicht . . .

Schuldspruch

Es war den Advokaten Eylers und Strella nicht gelungen, zu verhindern, daß das vom Kaiser eingesetzte Sondergericht in seinen Sitzungen am 23. und 25. April 1671 die Grafen Zrinyi, Frangepan und Nádasdy schuldig sprach. Das Urteil gegen die Magnaten lautete: „Gütereinziehung und Verlust des Hauptes und der rechten Hand."

Die Grafen Zrinyi und Frangepan waren aber schon am 27. August 1670 nach Wiener Neustadt gebracht worden und erwarteten dort ihr Urteil. Es war den Grafen gestattet worden, daß ihre Pagen Tarrody und Bernardino sie bedienen durften. Hauptmann von der Ehr war für die Bewachung der Delinquenten verantwortlich.

Graf Nádasdy aber war im Wiener Landhaus in Haft geblieben. Auch er durfte von seinem Pagen Gorffy betreut werden.

Graf Tattenbach wurde auf dem Schloßberg, der Grazer Burg, gefangengehalten, während die Grafen Bonis und Nagy von Fuget in Preßburg in Gewahrsam gehalten wurden.

Nur Graf Thurn, der ehemalige Landeshauptmann von Görz, der knapp seiner Gefangennahme entgangen war, war noch immer flüchtig. Man glaubte, daß es ihm gelungen sein könnte, nach Venedig zu entkommen.

Kaiserliche Bestätigung der Urteile

Wien, 26. April 1671. In der niederösterreichischen Regierungskommissionsstube tagten von sechs Uhr früh bis zwölf Uhr mittags und von drei Uhr nachmittags bis acht Uhr abends die kaiserlichen Geheimräte. Kaiser Leopold I. ließ durch sie die Urteile gegen die Grafen Peter Zrinyi, Franz Frangepan und Franz Nádasdy überprüfen und begutachten. Dieses hohe Forum sollte auf Grund der Intervention des Papstes feststellen, ob die Urteile des vom Kaiser eingesetzten Sondergerichtes gerecht seien, ehe er sie bestätigen und damit der Gerechtigkeit freien Lauf lassen wollte. Die Geheimsekretäre Hofrat von Abele und Hofrat Leopold referierten den ganzen Tag und belegten die Urteile Punkt für Punkt mit dem vorhandenen Beweismaterial. Die Versammlung der Geheimräte kam in den Abendstunden zu der Überzeugung, daß die Urteile gegen die Rebellen gerecht seien und daß sie ihrer Majestät empfehlen wollten, die Urteile zu bestätigen. Demnach sollten alle Güter der Grafen konfisziert, ihr Gedächtnis vor der Welt ausgetilgt, ihre Personen dem Freimann überantwortet und ihnen die rechte Hand sowie der Kopf abgeschlagen werden. Graf Nádasdy sollte in Wien und die Grafen Zrinyi und Frangepan in Wiener Neustadt hingerichtet werden. Zur Ankündigung dieser Urteile sollten Hofrat Johann Leopold und der Regimentsrat Jakob Krumpach in das Landhaus zu Nádasdy und Hofrat von Abele und der Regimentsrat Dr. Molitor nach Wiener Neustadt zu den Grafen Zrinyi und Frangepan fahren, nach der Ankündigung der Urteile deren Vollstreckung am 30. April 1671 überwachen und anschließend eiligst den Vollzug der Exekution dem Kaiser in Laxenburg melden.

Das Ergebnis des Begutachtungsverfahrens wurde sofort dem Landmarschall der niederösterreichischen Landmannschaft, Herrn Ferdinand Maximilian Graf von Sprinzenstein, zugestellt, damit dieser die Mitglieder des Herren- und Ritterstandes, die dem adeligen Kriminalgericht angehörten, zur Ausschließung der Grafen Nádasdy und Zrinyi aus dem Consortio der niederösterreichischen Landleute einberufen konnte, denn in Österreich unter der Enns war es Brauch, daß kein Herr und Landmann hingerichtet werden durfte, ehe er nicht aus der Landtafel ausgeschlossen worden war.

Das Ergebnis der Begutachtung wurde aber auch dem Statthalter des Regiments des niederösterreichischen Landes, Herrn Konrad Balthasar Graf von Starhemberg, zugestellt, damit dieser die Verurteilten aus dem Adelsbuche, das er persönlich zu führen hatte, streichen und sie ihrer Ehren und Würden verlustig sprechen konnte.

Kaiser Leopold bestätigte diese Urteile noch am selben Abend, und damit war der Gerechtigkeit freier Lauf gelassen worden. Seine letzten Worte dazu: „Ich will die Leute Art lehren und sie auf die Finger klopfen, daß ihnen die Köpfe von den Schultern rollen!"

Ausschluß aus der Landtafel

Wien, 27. April. Noch in der Nacht vom 26. auf den 27. April ritten die Boten des Landmarschalls Graf von Sprinzenstein zu den Mitgliedern des Adeligen Kriminalgerichts und forderten diese auf, um sieben Uhr früh im Landhaus zu sein, denn es wäre eine dringende Sache zu erledigen.

Unter dem Vorsitz des Landmarschalls tagten Ferdinand Graf von Herberstein, Ferdinand Graf von Rueber, Christoph Hanns Graf von Althan, Hanns Wilhelm Graf von Abensperg und Traun, Kasimir Freiherr von Petrovitsch und Johann Kaltschmidt Freiherr von Eisenberg vom Herrenstand und Hanns Ernreich von Oppl, Hanns Jakob Brassican von Emerberg, Matthias Adam von Heckhenstall, Ferdinand Sylvester Eysen von Seeschuechau, Ferdinand Franz Lansperger von Pingerhoff und Franz Heinrich Fischer von und zu Rampelsdorff vom Ritterstand.

Das Adelige Kriminalgericht der niederösterreichischen Herren und Landleut' beriet, was auf Grund der bereits von Kaiser Leopold bestätigten Todesurteile gegen die wirklich ihrem Stand angehörenden Grafen Nádasdy und Zrinyi zu veranlassen sei. Sie einigten sich darauf, im Fall Nádasdy diesen samt seinen Söhnen und im Fall Zrinyi diesen aus der Landtafel auszuschließen. Hierauf wurden beide Dekrete verfaßt und von den Herren beschlossen, die Dekrete dem Fürbitter bei den niederösterreichischen Landrechten, dem Edlen Georg Achatz Dornhoffer mit dem Auftrag zu übersenden, diese kraft seines Amtes Nádasdy und Zrinyi durch Verlesung zur Kenntnis zu bringen. Das Dekret für Nádasdy lautete im Original:

„Von des N:Ö: Adelichen Criminal Judicij wegen dem Edlen Georg Achatz Dorhoffer, Fürbitter bei den N:Ö:Lands=Rechten hiemit anzubefehlen. Nach dem Frantz Graff Nadaßt als Reus Criminis Perduellionis & laesae Majestatis in heutiger Session auß dem Consortio der N:Ö:Landleuth sowohl vor seyn Person als seine Söhn für ausgeschlossen erkennt worden. Diesem nach solle Er, Fürbitter, ihme Graffen Nadaßt diese Exclusion mündlich mit Ablesung dessen intimirn. So dann solche seine Verrichtung mit zuruck Beyschliessung dieses Decrets umbständig relationirn. Aktum Wienn im Landhaus den 27. April 1671."

Am selben Tage ist auf Befehl Kaiser Leopolds durch den Hofkriegsrat an Generalfeldmarschall Graf de Souches, dem Stadtobristen von Wien, die Verordnung ergangen, daß Graf Nádasdy noch an diesem Abend durch sein Regiment aus dem Landhaus zu heben, in das Rathaus der Stadt Wien zu überstellen und dem kaiserlichen Rat und Stadtrichter Herrn Johann Moser zu überantworten ist. Generalfeldmarschall Graf de Souches hat den Obrist-Wachtmeister Wilhelm Johann Antoni Graf von Thaun und Hauptmann Siegmund Friedrich Arnold von Leebenau mit der Durchführung der Überstellung Nádasdys in das Rathaus beauftragt.

Obrist-Wachtmeister Graf von Thaun ließ Hauptmann Arnold von Leebenau 250 Musketiere und einen geschlossenen Wagen bereitstellen. Die Überstellung Nádasdys sollte, um jedes Aufsehen und jeden Zusammenlauf der Stadtbevölkerung zu vermeiden, zwischen elf und zwölf Uhr in der Nacht erfolgen. Der Stadtrichter sagte seinerseits zu, bis dahin alle Maßnahmen im Rathaus treffen zu lassen.

Aber der Marsch der 250 Musketiere zum Landhaus war nicht unbemerkt geblieben. Viele Neugierige fanden sich ein.

Obrist-Wachtmeister Graf von Thaun, Hauptmann Arnold von Leebenau und Georg Achatz Dornhoffer begaben sich in die Gefängnisstube Nádasdys, während eine Korporalschaft der Musketiere vor der Tür anhielt, um Nádasdy zum Wagen zu eskortieren. Obrist-Wachtmeister Graf von Thaun eröffnete Nádasdy: „Über kaiserlichen Befehl habe ich Sie von hier abzuholen und an einem anderen Ort unterzubringen." Nádasdy wies seinen Pagen Gorffy an, seine wichtigsten Sachen zusammenzupacken. Inzwischen verlas der Fürbitter Georg Achatz Dornhoffer Nádasdy das Dekret über seinen Ausschluß aus der Landtafel vor. Nádasdy hatte, ohne ein Wort zu reden, zugehört und wischte sich nur zweimal Tränen aus den Augen. Hierauf wies Obrist-Wachtmeister Graf von Thaun Hauptmann von Leebenau an, Graf Nádasdy zum Wagen zu bringen. Von der Korporalschaft der Musketiere eskortiert, ging Hauptmann von Leebenau mit dem Gefangenen durch das Landhaus zum Wagen und ließ Nádasdy einsteigen. Im Wagen wartete bereits der Wachtmeister-Leutnant Wolffgang Philipp Zeller. Nach Nádasdy stieg auch der Hauptmann in den Wagen, und der Zug setzte sich in Bewegung. Mehr als 1000 Leute folgten den Musketieren, die den Wagen streng bewachten.

Während der Fahrt fragte Nádasdy den Hauptmann: „Wo werde ich hingebracht?" Als ihm von Leebenau sagte: „In das Rathaus", wollte der Graf noch wissen: „Wird mein Beichtvater zu mir eingelassen werden?", und der von Leebenau erwiderte knapp: „Ich zweifle nicht daran."

Als der Wagen im Hof des Rathauses hielt, wartete Stadtrichter Moser bereits auf den Gefangenen. Er ließ ihn sofort in die für diesen vorgesehene Gefängnisstube führen. Vor dem Fenster Nádasdys aber schrien die Leute: „Es lebe der gerechte Kaiser!" und „Tod den Rebellen!"

Nádasdy hatte, nachdem er in seine Gefängnisstube gebracht worden war, sofort Papier, Tinte und Feder verlangt und gesagt: „Ich habe noch manches zu schreiben."

Die Stadt-Guardia stellte für die Bewachung des Gefangenen 50 Mann, die von Leutnant Paul Antonio Grosso befehligt wurden.

Nádasdys Gnadenbriefe und seine Hinrichtung

Ankündigung des Todes

Rathaus, 28. April. Schon in aller Früh erschien der Beichtvater Nádasdys, P. Raphael á Sancto Francisco Ordinis Sancti Augustini Discalceatorum und Supprior der Serviten ihrer Lieben Frau in Maria Loretto, im Rathaus und wurde zu Graf Nádasdy in die Gefängnisstube geführt.

Nádasdy empfing seinen Beichtvater sehr freundlich und sagte: „Ich bin sehr froh, daß Ihr gekommen seid. Gestern Nacht wurde mir noch im Landhaus das Dekret vorgelesen, mit dem ich und meine Söhne auf Beschluß des Adeligen Kriminalgerichts aus der Landtafel ausgeschlossen worden sind. Der Fürbitter beim niederösterreichischen Landrecht hatte mir das Dekret vorzulesen. Dann wurde ich hierhier in das Rathaus gebracht." Als er sah, daß der Pater erbleichte, setzte er fort: „Ich weiß, was das bedeutet. Ich werde sterben müssen. Von dieser Welt brauche ich nichts mehr, wohl aber noch sehr viel von unserem Herrn Jesus Christus. Ich möchte von ihm hören und mich auf meine Generalbeichte vorbereiten."

Da es Nádasdy erlaubt gewesen wäre, eines oder mehrere seiner elf Kinder zu sich kommen zu lassen, wie Pater Raphael vom Stadtrichter wußte, fragte er ihn, ob er nicht den Wunsch habe, eines oder mehrere seiner Kinder zu sehen. „Ich bitte Euch, Pater Raphael", wehrte Nádasdy ab, „laßt meine Kinder nach meinem Tod zu Euch kommen und erteilt ihnen meinen väterlichen Segen und ermahnt sie zu schuldigster Treue gegenüber ihrem allergnädigsten Kaiser, König und Landesfürsten."

„Wenn Eure Gemahlin, Gräfin Anna-Julia, unsere große Wohltäterin, noch gelebt hätte, wäre vieles anders gekommen", klagte der Pater, der Mühe hatte, sich zu beherrschen.

„Ich bin froh, daß ich sie noch habe in unsere Familiengruft nach Lockenhaus überführen können. Ich habe den Sarkophag, in dem sie ruht, ja für zwei Personen anfertigen lassen. Sorgt dafür, Pater, daß ich neben meiner Gemahlin bestattet werde."

Zwischen drei und vier Uhr nachmittags kamen Hofrat Johann Leopold und der Regimentsrat Jakob Krumpach zu Nádasdy in die Gefängnisstube, um ihm seinen Tod anzukündigen. Hofrat Leopold sagte: „Wir beide haben auf Befehl Ihrer Kaiserlichen Majestät die Pflicht übernehmen müssen, Euch, Graf Nádasdy, anzudeuten, daß Ihre Kaiserliche Majestät das Urteil des von Ihr eingesetzten Sondergerichtes bestätigt hat und damit der Gerechtigkeit freier Lauf gelassen wird. Kraft dieses Urteiles werdet Ihr am kommenden Pfinztag (Donnerstag), den 30. April, um neun Uhr hier in Wien, im Rathaus, vom Leben zum Tod hingerichtet werden."

Nádasdy antwortete dem Hofrat ergeben: „Alle Gewalt ist von Gott, und wer sich einer solchen Gewalt widersetzt, der widersetzt sich göttlicher Ordnung. Ich danke Ihrer Majestät für das gerechte Urteil. Ich weiß aber auch, daß Ihre Kaiserliche Majestät ein zartes Gewissen hat und nichts gegen mich erkennen und vornehmen lassen wird, was sie nicht für recht befunden hat. Ich unterwerfe mich daher gehorsamst dem Urteil und bitte Sie, meine Herren, darum, daß ich Ihrer Kaiserlichen Majestät noch einen Brief schreiben darf."

„Schreibt", willigte Johann Leopold ein. „Ich werde den Brief Ihrer Kaiserlichen Majestät vorlegen lassen."

Hierauf begaben sich die beiden kaiserlichen Kommissäre zum Kanzler und berichteten ihm über ihre Kommission.

Nádasdy aber schrieb an Kaiser Leopold:

„Allergnädigster Kaiser. Daß ich unglückseliger und unwürdiger Untertan es eine Zeitlang unterlassen habe, Eure Kaiserliche Majestät demütigst anzuflehen und mich vor Eurem Gnadenthron niederzuwerfen, ist auf Scham und Furcht zurückzuführen. Ich wollte nicht durch bloßes Reden und Bitten ganz verdienstlos werden und Eurer Kaiserlichen Majestät Ungnade erneuern oder vermehren. Daher habe ich meine Bitten bisher mit schuldiger Demut durch andere vorbringen lassen und gehofft, daß ich der Eurer Kaiserlichen Majestät angeborenen Güte und Milde auf diese Weise teilhaftig werden könnte.

Aber, o ich Unglückseliger, die Missetaten haben mein Haupt überstiegen, und ich habe leider statt der in meinem Innersten erhofften Barmherzigkeit heute das Todesurteil empfangen.

Allergnädigster barmherziger Kaiser, erlaubt mir, den aller menschlichen Hilfe Beraubten, daß ich vor Eurer Kaiserlichen Majestät mit meinem unwürdigen Flehen erscheine und Eure Kaiserliche Majestät untertänigst bitte, diese wenigen mit meinen heißen Tränen benetzten Zeilen zu lesen und anzunehmen.

Eure Kaiserliche Majestät vertreten hier auf Erden die Stelle Gottes, des Allerhöchsten, die göttliche Gerechtigkeit, wie der heilige Augustinus sagt, durch welche jene bestraft werden, die die Sünde lieben. Und der heilige Psalmist David spricht: Ich werde dem Herrn zum Lobe dessen Barmherzigkeit und Gerechtigkeit nacheifern. Das, allergnädigster Kaiser, geschehe auch mir, der ich diese Strafe verdient und dessen Urteil bereits gefällt worden. Es widerfahre auch mir diese Barmherzigkeit, obwohl ich wegen meiner schweren Missetaten vor mir selbst Abscheu empfinde. Laßt mich, Kaiserliche Majestät, nicht wegen dieser Missetaten durch das Schwert des Freimanns, sondern, Eurer Kaiserlichen Majestät Milde und Güte entsprechend, die mir noch verbleibenden Tage meines Lebens in einem Kloster in Trauer und Bußfertigkeit bis zu meinem Ende zubringen, damit ich vor meinem Tod Zeit habe, meine übel angelegten Taten zu bereuen.

Eure Kaiserliche Majestät, lassen Sie sich durch die Ihrem Erzhause angeborene Barmherzigkeit allergnädigst bewegen, kein Urteil ohne Güte und Sanftmut vollstrecken zu lassen, weil die Clemenz vornehmlich dann am meisten zu preisen ist, wenn die billigste Ursache zum Zorne vorliegt.

Der barmherzige gütige Gott wird es Eurer Kaiserlichen Majestät hier zeitlich und jenseits ewig lohnen, so wie ich mich mit alleruntertänigstem und ergebenstem Herzen jetzt diese göttliche Güte wünsche, indem ich mich, um Gnade bittend, Eurer Kaiserlichen Majestät zu Füßen werfe.

Eurer Kaiserlichen Majestät alleruntertänigster und allergeringster Untertan

Franz de Nádasd."

Kaiser Leopold hätte, weil er wirklich von Natur aus zur Milde neigte, die Bitten der Magnaten Nádasdy, Zrinyi und Frangepan, sie zu begnadigen, angenommen, weil in seinem Gemüt ein heftiges Für und Wider miteinander rangen. Leopold wäre bereit gewesen, den Magnaten trotz der schweren Beleidigungen noch einmal Pardon zu gewähren, wenn nicht die Notwendigkeit selbst seine Barmherzigkeit ausgeschlossen hätte. Im Falle der Magnaten hat die Ratio boni Puplici den Kaiser zur Erkenntnis gezwungen, daß eine allzu große Milde bei so schweren Verbrechen die Beherrschung der Fürsten mehr schwäche als stärke. Die kaiserlichen Räte gaben zu bedenken, daß keine genügende Sicherheit, weder für den Kaiser noch der ihm ergebenen Untertanen, vor jenen gegeben sei, die seine Güte so übel mißbrauchten. Sie haben befunden, daß die Bestrafung nur wenige betreffe, der Schrecken aber, der von diesen Strafen ausgehe, und das Exempel viele Tausend auf dem rechten Weg werde bleiben lassen. Die Gerechtigkeit sei der Balsam, der am ehesten geeignet sei, das große Corpus Politicum vor der Korruption zu bewahren. Aus diesem Grunde habe ihre kaiserliche Majestät letztlich die ihr angeborene Neigung zu Güte und Barmherzigkeit, zur größeren Ehre Gottes, überwunden und das geschehen lassen, was wegen des gemeinsamen Heiles so sehr vonnöten war, denn die Gerechtigkeit und der Friede würden auch in Zukunft einander ergänzen müssen.

Als Nádasdy erfuhr, daß er nicht begnadigt werden würde, entschloß er sich, einen zweiten Brief an Kaiser Leopold zu schreiben:

„Allergnädigster Kaiser. Ich habe, die Gewißheit des ehesten Todes vor Augen, keinen Grund mehr, Eure Gnade zu erlangen und bitte daher Eure Kaiserliche Majestät, durch die unergründliche Barmherzigkeit Jesu Christi, durch die Schmerzen der gebenedeiten und seligen Jungfrau Maria und vom Heil um meine Seele bewogen, zu erlauben, daß ich der von mir errichteten Fundation und Stiftung, zur Rettung meiner Seele, aus meinem Vermögen weitere 10.000 Gulden überlassen darf. Meine Bitte ist, daß diese 10.000 Gulden meinem Beichtvater P. F. Raphaelis á Sancto Francisco des Augustiner Barfüßer-Ordens mit der von mir mit eigener Hand geschriebenen Konsignation übergeben und von ihm für mein Seelenheil verwendet werden.

Gott möge Eure Kaiserliche Majestät die große Milde und Güte tausendfach vergelten und Eure Majestät lange Jahre gesund und bei glücklicher Regierung erhalten.

Eurer Kaiserlichen Majestät alleruntertänigster und geringster Untertan

Franz de Nádasd."

Auf dieses zweite Bittschreiben Franz Nádasdys bewilligte Kaiser Leopold den Augustinern anstatt des erbetenen Betrages eine namhaftere

Schimpfliche Degradierung

Wien, 29. April. Schon in den Morgenstunden hatte Graf Nádasdy seine Generalbeichte abgelegt. Er war völlig gebrochen und hörte an diesem Tag kniend drei Messen. Während der dritten Messe empfing er die heilige Eucharistie, das himmlische Brot der Engel. Den ganzen Tag verbrachte der vornehme Delinquent mit Gebeten, geistlichen Gesprächen mit seinem Beichtvater und geistlichen Übungen und zeigte während der Gespräche, wegen der von ihm begangenen Missetaten eine so große Reue, „daß die Geistlichen darob eine große Vergnügung gehabt".

Nádasdy hat das Urteil als gerecht empfunden und bezeichnete es eher milde als zu scharf. Er, der Judex curiae des Königreiches, der Landesoberrichter Ungarns, wußte als Jurist um die Strafdrohungen, die für jene Verbrechen vorgesehen waren, die er begangen hatte. Er dankte daher dem Kaiser für die mildeste Art der Hinrichtung, der Enthauptung. Das Mittagessen, zu dem Nádasdy seinen Beichtvater und den Stadtrichter gebeten hatte, berührte er kaum.

Am Nachmittag kam noch, auf den Wunsch des Grafen, Pater Stephanus á Sancto Petro von den Discalceaten-Carmelitern und blieb, auf die Bitte Nádasdys, bis zur Hinrichtung bei ihm und seinem Beichtvater, so daß die geistlichen Gespräche am Nachmittag abwechslungsreicher gestaltet werden konnten.

In den Abendstunden aber wurde Graf Nádasdy abermals vom Obrist-Wachtmeister Graf von Thaun, von Hauptmann Arnold von Leebenau und Leutnant Paul Antonio Grosso aufgesucht, und Graf Thaun eröffnete Nádasdy, daß er Befehl habe, ihn zum Statthalter des Regiments des niederösterreichischen Landes, zu Herrn Konrad Balthasar Graf von Starhemberg, zu bringen. Wieder stand im Hof des Rathauses ein geschlossener Wagen und eine Musketierkompanie bereit. Ohne Zwischenfälle erfolgte die Fahrt zur Statthalterei.

Graf Nádasdy wurde zu Graf Starhemberg, der das Adelsbuch als Statthalter persönlich zu führen hatte, gebracht. In Gegenwart der kaiserlichen Offiziere richtete der Statthalter eine kurze Ansprache an Nádasdy, zu deren Beginn er ihn noch mit Graf und Magnat ansprach, und führte aus, daß Nádasdy, der vom Adelsgericht bereits aus der Landtafel ausgeschlossen worden sei, jetzt auch aus dem Adelsbuche gestrichen werden müsse. Durch den Erwerb der Herrschaften Pottendorf und Seibersdorf habe er der Landtafel angehört. Nach der Konfiskation seiner Güter und dem bereits bestätigten Todesurteil wegen Rebellion und Hochverrats in vielen Fällen, werde nun sein Gedächtnis vor der Welt ausgelöscht.

Nach dieser Rede vollzog Graf Starhemberg feierlich die Streichung des Namens Nádasdy aus dem Adelsbuche des Reiches.

Nach diesem feierlichen Zeremoniell wandte sich der Statthalter abermals an Nádasdy und sagte: „Deine hohen Würden hast du für immer verloren, bist nur mehr ein Majestätsverbrecher und Hochverräter! Güter, Vorrechte, Titel, alles hast du verloren, sogar deinen Namen, den deine Familie nicht mehr führen darf."

„Exzellenz, ich habe elf Kinder. Ich bitte, daß man ihnen wenigstens den Namen läßt, denn sie sind alle unschuldig."

Graf Starhemberg aber tat den Einwand ab: „Sie wissen als ehemaliger Vizepalatin und Judex curiae des Königreiches selbst, daß solche Maßnahmen nicht nur die Väter, sondern auch die Söhne treffen. Ihre Söhne haben sich ab jetzt ‚von Kreutz' zu nennen. Für den Lebensunterhalt der Kinder wird der Hof aus der Masse der konfiszierten Besitzungen aufkommen."

Dann wandte sich der Statthalter an einen Beamten des Provinzialständehauses und forderte diesen auf, den aller Ehren beraubten ehemaligen Grafen hinauszuwerfen, denn er habe im Provinzialständehaus nichts mehr verloren. Ein kräftiger Mann trat an Nádasdy heran, ergriff ihn von hinten am Kragen seines Oberrockes und stieß ihn zur Tür hinaus. Ein anderer Diener jagte ihn die Treppe hinab und der Torhüter stieß Nádasdy auf die Straße hinaus, auf der er, nach Durchschreitung eines Spaliers von Musketieren, wieder den geschlossenen Wagen bestieg. Nachdem auch Hauptmann von Leebenau in den Wagen gestiegen war, wurde Nádasdy vom Provinzialständehaus wieder in das Rathaus zurückgebracht. Im Hof wurde er wieder dem Kommandanten seiner Wache, Leutnant Paul Antonio Grosso, übergeben und von der Wache in seine Gefängnisstube zurückgebracht, in der er bereits von Pater Raphael und Pater Stephanus erwartet wurde.

Diese feierliche Degradierung, die Nádasdy über sich ergehen lassen mußte, hatte ihm arg zu schaffen gemacht, und die beiden Patres hatten lange zu tun, um ihn wieder zu beruhigen. Der Sturz aus solcher Höhe zerschmetterte ihn.

Der Titel seiner Söhne „von Kreutz" ging auf seinen Besitz, die Herrschaft „Creutz" (Deutschkreutz) zurück.

Urteilsvollstreckung an Nádasdy

Wien, 30. April 1671. In der Gefängnisstube Graf Nádasdys las Pater Raphael schon um fünf Uhr früh die Messe vom Leiden Christi. Pater Stephanus assistierte ihm dabei, denn es war die letzte Messe, die für den Delinquenten gelesen wurde, und Nádasdy wollte sich in dieser Gott als Brandopfer weihen. Der Heilige Vater hatte Nádasdy auf die Bitten der Serviten Lorettos, der Augustiner von Lockenhaus und der

Augustiner der Landstraße und die Fürsprache seines Intimus, des Raaber Bischofs Graf Széchenyi, die Generalabsolution erteilt. Als Graf Nádasdy diese empfing, hielt er in der linken Hand ein Kruzifix und in der rechten eine geweihte brennende Kerze. Mit „gebogenen Knien" nahm er die Generalabsolution durch den in vollem Meßornat vor ihm stehenden Augustiner entgegen.

Nach dieser Messe dankte Nádasdy seinem Beichtvater und dem Karmeliter Stephanus, den er an diesen Tagen auch noch bemüht hatte, für die mit ihm gehabte Mühe. Dann bat der Graf die beiden Geistlichen, daß sie nach seinem Tode bei Hofe deponieren mögen, daß er sich in ihrer Gegenwart untertänigst von Kaiser Leopold verabschiedet und sich für das milde Urteil bedankt habe. Er bat auch alle, die er nur mit dem geringsten Gedanken beleidigt haben könnte, um Verzeihung und verzieh seinerseits allen, die ihn je beleidigt hatten. Dieser Erklärung fügte er hinzu: „Ich sinne nicht nach Rache. Und wenn ich noch hundert Jahre zu leben hätte, so würde ich freiwillig keine Rachegefühle in mir aufkommen lassen." Nach dieser Beurlaubung von der Welt brach Nádasdy ohnmächtig zusammen. Die Geistlichen legten ihn auf sein Bett und labten ihn mit Balsam und aromatischen Gerüchen seltener Kräuter. Als der Graf endlich wieder zu sich kam, redete ihm Pater Raphael zu, doch etwas zu essen. Nádasdy aber beharrte darauf, fastend vor den Richterstuhl Gottes treten zu wollen. Letztlich aber gelang es seinem Beichtvater doch, ihn dazu zu bewegen, wenigstens für Gottvater, Gottsohn und den Heiligen Geist je drei in Wein getauchte Bissen Biskottenbrot zu essen. Das tat er dann und verbrachte die letzten ihm noch verbleibenden Stunden vor der Exekution in geistlichen Gesprächen und dem Gebet des schmerzhaften Rosenkranzes.

Inzwischen war in der Bürgerstube des Rathauses alles für die Hinrichtung des verräterischen Magnaten vorbereitet worden, und der Stadtrichter selbst überwachte die Ausführung der von ihm getroffenen Anordnungen. Auf einem Podest waren mehrere Bänke für die Beisitzer des Stadtgerichtes aufgestellt worden, die von diesem erhöhten Platze aus die Exekution beobachten sollten. Vor dem Podeste, am Fußboden der Bürgerstube, waren große schwarze Tücher aufgebreitet worden, und mitten auf diesen Tüchern war ein Leinenstuhl für den Delinquenten aufgestellt worden. Das deshalb, weil Pater Raphael, der Beichtvater Nádasdys, den Stadtrichter darum gebeten hatte. Er hatte ihm gesagt: „Graf Nádasdy ist durch die schwere Sorge, sein dreitägiges Fasten und durch die schlaflosen Nächte so geschwächt, daß er nicht imstande ist, das Urteil stehend anzuhören und anschließend die Enthauptung kniend zu erleiden. Ich ersuche Sie daher, Herr Stadtrichter, mit den hiefür zuständigen Stellen einvernehmlich zu erwirken, daß Nádasdy das Urteil und den Todesstreich sitzend erwarten darf." Der Stadtrichter hatte diese Rücksprachen durchgeführt und hierauf den Leinenstuhl für den Delinquenten aufstellen lassen. Vor dem schwarzen Tuch war ein kleiner Altar aufgestellt worden, damit Nádasdy noch ein letztes Mal andächtig beten konnte.

Um halb neun versammelten sich die Herren Georg Moser, der Stadtrichter von Wien, der Doktor der Rechte Jakob Löhr, Johann Wiech als Gegenhandler des Gerichts, Johann Andree von Liebenberg, Simon Stephan Schuster, der Doktor der Rechte Magnus Schmutz, Matthias Prean von Zallautzen, Matthias Jakob Olber, Michael Pyhr, Johann Martin Drach, Johann Heinrich und Daniel Focky in der Bürgerstube.

In der Stadt draußen aber waren, zur Abwendung von Unruhen, mit denen bei solchen Anlässen gerechnet werden mußte, umfangreiche Sicherheitsvorkehrungen getroffen worden. Den Wienern wurde befohlen, in Behältern Wasser auf den Dachböden bereitzustellen, um allenfalls ausbrechende Brände bekämpfen zu können.

In den frühen Morgenstunden war die Ordinari-Hauptwacht auf dem Peter und bei Hof verstärkt und der Graben, der Hohe Markt und der Judenplatz besetzt worden. Die Stadttore waren gesperrt und zur Sicherung der Tore bei diesen starke Wache aufgezogen worden.

Vom Piischen Regiment zu Fuß wurden unter dem Kommando des Obrist-Wachtmeisters Ottavio Graf Nigrelli vier Kompanien, die von den Hauptleuten Johann Baptista Chizola, Karl Siegmund von Tschernaus, Hektor Ferdinand von Kornfail und Hektor Graf von Thurn befehligt wurden, und vom Heisterschen Regiment zu Pferd unter dem Kommando des Obrist-Wachtmeisters Johann Sack zwei Kompanien, die die Rittmeister Graf Agrigetti und Daniel Pach befehligten, zur Verstärkung der Wiener Garnison in die Stadt verlegt. Sie waren durch das Stubentor in die Stadt eingerückt.

Die Kompanie zu Fuß des Hauptmanns Graf Thurn und die Kompanie zu Pferd des Rittmeisters Graf Agrigetti stand am Hof, die Kompanie zu Fuß des Hauptmanns von Tschernaus und die Kompanie zu Pferd des Rittmeisters Pach auf dem Neuen Markt, die Kompanie zu Fuß des Hauptmanns Chizola auf dem Lugeck und die Kompanie zu Fuß des Hauptmanns von Kornfail auf dem Plätzl bei den Jesuiten.

Aber auch die wehrhafte Bürgerschaft war unter Waffen gerufen worden, zernierte das Rathaus und spannte vor diesem schwere Ketten. Im Hof des Rathauses standen weitere 100 Mann unter dem Kommando eines Hauptmannes in Reserve, und im Rathaus selbst wurde Nádasdy von Leutnant Paul Antonio Grosso und 50 Mann der Stadt-Guardia bewacht. In der Bürgerstube waren letztlich zwei Korporalschaften der Bürgerwehr und Stadt-Guardia zur Sicherung der Exekution aufgestellt worden.

Durch Aufrufe wurden die Wiener aufgefordert, am Vormittag des 30. April in ihren Häusern zu bleiben. Bei den Richtern der einzelnen Stadtteile wurden Bewaffnete in Bereitschaft versetzt.

Kurz vor neun Uhr wurde Graf Nádasdy von Leutnant Paul Antonio Grosso und seiner Wache in die Bürgerstube eskortiert. Der Delinquent wurde von den beiden Patres und seinem Pagen auf seinem letzten Weg begleitet. Vor dem Betreten der Bürgerstube blickte Nádasdy kurze Zeit zur Decke empor, dann betrat er den Raum. Auf dem Weg hierher hatte er, in einer Hand das Kruzifix seines Beichtvaters und in der anderen den Rosenkranz, Satz für Satz das Sterbegebet, das ihm Pater Raphael vorgesprochen hatte, nachgebetet. Nádasdy wurde von den Patres zu dem für ihn vorbereiteten Leinenstuhl geführt und nahm auf diesem Platz. Die Beisitzer des Stadtgerichtes hatten am Podest Platz genommen und die Kopfbedeckungen aufbehalten.

In einer kurzen Ansprache verkündete der Stadtrichter dem Delinquenten, daß ihm jetzt das Urteil vorgelesen werden würde. Anschließend werde der Stab zerbrochen werden und dann folge die Exekution. Er forderte ihn auf, den Tod mannhaft zu erleiden.

Nach den Worten des Stadtrichters trat der Schrannenschreiber des Gerichtes, Georg Schober, an den Rand des Podestes und begann mit der Urteilsverlesung:

„In der auf Befehl ihrer kaiserlichen auch zu Ungarn und Böhmen königlichen Majestät wider Franciscum Nádasdy wegen Rebellion und Hochverrat allergnädigst anbefohlenen Inquisitionssache und dem ex officio vorgenommenen Kriminalprozeß.

Nachdem besagter Franz Nádasdy, wie aus den gegen ihn durchgeführeten Erhebungen, seiner selbst eingereichten eigenen schriftlichen Bekenntnisse freiwillig zugegeben und gestanden hat, wie also aus seinen eigenhändigen Schreiben und anderer wider ihn während der Inquisition eingelaufenen schriftlichen Zeugnisse hervorgeht, ist er dessen klar und genügend überwiesen, daß er, trotz aller von ihrer kaiserlichen Majestät und deren glorwürdigen Vorfahren empfangenen großen Ehren, Würden, Dignitäten und anderer hoher kaiserlicher, königlicher und landesfürstlicher Gnaden, ungeachtet des von ihm Seiner Majestät geleisteten Eides, undankbar und seine Pflicht vergessend aus unzulässiger Ambition, verbotenem Ehrgeiz und verdammter Vermessenheit in folgenden Fällen das schwere Verbrechen des Hochverrates begangen hat:

indem er, zum Schaden und wider seinen gesalbten, natürlichen rechtmäßigen König und Landesfürsten, die römisch-kaiserliche auch in Ungarn und Böhmen königliche Majestät, unseren allergnädigsten Herrn, mit Verschiedenen mehrere höchstverbotene Bündnisse vermessen aufgerichtet; in einer wider ihre kaiserliche Majestät höchst gefährlichen Abschickung cooperiert und das Königreich Ungarn fremder Gewalt als Protektorat zu unterwerfen versucht hat; die geschlossenen Bündnisse nicht allein mit einem schrecklichen, zwar ganz ungültigen und zu höchster Unehr des Allmächtigen gereichenden Eidschwur bekräftigt, sondern auch andere zu diesem schweren abscheulichen Verbrechen verleitet und zu deren Über-

redung an verschiedenen heimlichen Zusammenkünften persönlich teilgenommen oder durch seine Vertreter anwesend gewesen und dabei in Fortsetzung seines hochverräterischen Beginnens den ungarischen Adel und
die Gespanschaften hiefür gewonnen und zu deren Gewinnung allerhand
Mittel vorgekehrt und vorgesorgt, wie der Einfall in das Königreich Ungarn wirklich durchzuführen sei und welche kaisertreue Persönlichkeiten
bei diesem Einfall gefangenzunehmen wären und wessen Güter geplündert werden sollten und hat diese von ihm geplanten Anschläge mit
anderen Mitgliedern der Verschwörung beraten; hat den wider ihrer
allerhöchsten kaiserlichen Majestät Person gemachten Anschlag so lange
verschwiegen, bis ihre kaiserliche Majestät dies durch andere erfahren
hat; hat die kaiserliche Post, unter der sich geheime, von ihrer Majestät
anbefohlene Korrespondenz befand, wirklich überfallen, geplündert, die
kaiserlichen Schreiben erbrochen und gelesen und dieselben an sich genommen; die kaiserlichen, von den Bergstädten nach Wien zu bringenden
frisch geprägten Gelder auf öffentlicher Straße anzugreifen sich entschlossen und hat durch von ihm bestellte Helfershelfer diese Geldtransporte
berauben lassen wollen und dazu alle Anstalten gemacht; hat ein im
Geheimen Rat vernommenes Geheimnis zum Schaden ihrer allerhöchsten
Majestät seinen Mitrebellen eröffnet und diesen aufgetragen, das Gehörte
weiterzuverbreiten; hat zur Hinrichtung einer unschuldigen Person geraten und aufrührerische hochabscheuliche Aufrufe an die vier Stände des
Königreiches Ungarn aufgesetzt und noch viele andere Verbrechen, die in
den Prozeßakten aufscheinen, begangen, deren er durch eigene Bekenntnisse, durch ihm vorgewiesene und von ihm recognoszierte Schriften
überwiesen ist. Er betont auch mehrere Male, daß er seine schweren
Verbrechen nicht rechtfertigen könne.
Es ist durch das von ihrer kaiserlichen Majestät eingesetzte Gericht
nach reifer Erwägung der eingelaufenen Schriften ein gerechtes Urteil gefällt, vom Geheimen Rat begutachtet und von ihrer kaiserlichen Majestät
bestätigt worden, damit der Gerechtigkeit freier Lauf gelassen werde.
Franz Nádasdy ist mit Leib und Leben, Ehr und Gut in ihrer kaiserlichen Majestät Strafe gefallen. Nach dieser soll er aller Ehren und
Würden entsetzt, seine Güter konfisziert, sein Gedächtnis vor der Welt
ausgetilgt und endlich seine Person dem Freimann oder Scharfrichter
überantwortet werden, welcher ihm am End und Ort, wie es sich gebührt,
die rechte Hand mit dem Kopf zugleich abschlagen und ihn so vom Leben
zum Tod hinrichten soll. Das ist für Nádasdy die gerechte Strafe und
geschieht anderer, Seinesgleichen, zu einem Greuel als abscheuliches
Exempel. Pupliziert, Wien den 30. April 1671."
Hierauf verkündete der Stadtrichter dem Delinquenten die letzte
kaiserliche Gnade, nämlich, daß ihm das Abhauen der rechten Hand
nachgesehen werde.
Nádasdy, der während der Verlesung des Urteiles unaufhörlich gebetet

hatte, kniete jetzt vor dem Altar nieder und dankte Kaiser Leopold für die letzte Gnade. Hierauf nahm er, gestützt von seinem Pagen, wieder auf dem Leinenstuhle Platz.

Hierauf erhob sich der Stadtrichter von Wien und hob feierlich und mit beiden Händen den Stab empor, zerbrach ihn und warf diesen Nádasdy vor die Füße.

Nach diesem letzten Zeremoniell trat Gorffy, der Page des vornehmen Delinquenten an seinen Herrn heran, öffnete ihm den Oberrock und verband ihm mit einem Tuch die Augen, indem er ihm zugleich die Haare auf- und zusammenband, damit diese nicht den Schwerthieb mindern würden. Als Gorffy zurückgetreten war, trat Michael Langmayer, der Scharfrichter, vor und hob sein scharfgeschliffenes schweres Richtschwert. Nádasdy preßte indessen das Kruzifix und den Rosenkranz an seine Brust und schrie in Todesangst siebenmal: „Jesus, Maria, Joseph!" Beim siebenten Mal schlug der Scharfrichter zu. Sein Hieb war so präzis und mit solcher Wucht geführt, daß der Körper· des Delinquenten am Leinenstuhl sitzenblieb, während der Kopf über das schwarze Tuch am Boden rollte.

Zu dieser Exekution war auch der türkische Gesandte aus Ofen, Hagi Ibrahim, mit dem kaiserlichen Dolmetsch Franz de Mesgnien Meninski gekommen und war über sein Verlangen, nachdem er sich als Chiauß ausgewiesen hatte, in die Bürgerstube eingelassen worden, um der Urteilsvollstreckung beiwohnen zu können. Der kaiserliche Dolmetsch übersetzte ihm nach der Exekution: „Jetzt hat er seinen wohlverdienten Lohn, den er so lange gesucht hat."

Während sich die Beisitzer des Stadtgerichtes erhoben und gemeinsam mit Pater Raphael und Pater Stephanus ein Gebet für die arme Seele des Gerichteten sprachen, traten vier vermummte Personen an den Leichnam heran, nahmen ihn vom Stuhl und legten diesen und den am Boden liegenden Kopf in den Sarg, den sie mitgebracht hatten. Dieser Sarg mit der Leiche des Magnaten wurde in den Hof des Rathauses getragen.

Erst in den Abendstunden wurde der Leichnam Nádasdys in das Augustinerkloster auf der Landstraße und am nächsten Tag vom Schwiegersohn des Toten, von Graf Draskovich, in die Familiengruft der Familie Nádasdy, die unter der Kirche von Lockenhaus errichtet worden war, überführt und vom Raaber Bischof Graf Széchenyi in aller Stille beigesetzt.

In Wien aber waren nach der Vollstreckung des Urteiles die Stadttore wieder geöffnet worden, und die ausgerückten Truppen zogen wieder in ihre Kasernen. Die Bürgerwehr hatte ihre Waffen wieder in den Zeughäusern deponiert, und das Leben begann wieder seinen gewohnten Gang zu nehmen.

Die Hinrichtungen in Wiener Neustadt, Preßburg und Graz

Vorbereitungen zur Exekution

Wiener Neustadt, 27. April 1671. In den späten Nachmittagsstunden trafen die kaiserlichen Kommissäre Hofrat Abele und Dr. Molitor in Wiener Neustadt ein und begaben sich zum Rat seiner kaiserlichen Majestät, Herrn Matthias Eyerl von Eyersperg, dem Bürgermeister, bei dem sie den P. Guardian der Wiener Neustädter Kapuziner, Pater Otto, antrafen. Pater Otto war der Beichtvater der in der Burg inhaftierten Gafen Peter Zrinyi und Franz Frangepan. Als sich Pater Otto beim Eintreffen der Kommissäre verabschieden wollte, ersuchte ihn Hofrat Abele zu bleiben, denn er und Dr. Molitor wären in einer sehr wichtigen Angelegenheit gekommen und es träfe sich sehr gut, daß gerade er, der Beichtvater der beiden Grafen, hier sei, denn man bedürfe seiner sehr. Hierauf ersuchte Hofrat Abele den Bürgermeister nach dem Stadtrichter und kaiserlichen Rat, Herrn Johann Paul Pleyer von Pleyern, und dem kommandierenden Hauptmann in der Burg, Herrn Ernst Freiherr von der Ehr, zu senden, und als diese im Rathaus eintrafen, eröffnete Herr Christoph von Abele den Versammelten, daß er und Dr. Molitor gekommen seien, um den inhaftierten Grafen Zrinyi und Frangepan das Todesurteil zu verkünden, was am nächsten Tag, dem 28. April, in den Nachmittagsstunden geschehen solle. Die Exekution der Grafen, die für den 30. April anberaumt worden war, würde von ihm und Dr. Molitor überwacht werden. Hofrat Abele überreichte hierauf Herrn Eyerl von Eyersperg und Herrn Johann Paul Pleyer von Pleyern die Anweisungen des Kaisers, die die Vorkehrungen für die Hinrichtung der Magnaten enthielten. Als Pater Otto einwarf, daß Graf Frangepan mit seiner baldigen Freilassung rechne, weil er der Meinung sei, seine Verfehlungen durch die fast schon ein Jahr während Haft gebüßt zu haben, bat Dr. Molitor den Kapuziner, die Gefangenen aufzusuchen und diesen davon zu erzählen, daß Herr Hofrat Abele und er als kaiserliche Kommissäre in der Stadt eingetroffen wären. Die Grafen würden dann gewiß fragen, was die Herren für eine Zeitung gebracht hätten, und dann möge er andeuten, daß sie die Urteile des kaiserlichen Sondergerichtes mitgebracht haben dürften und daß ihnen diese wahrscheinlich in Kürze bekanntgegeben werden würden. Der Guardian möge sie auch darauf vorbereiten, daß sie die Urteile, wie immer sie lauten mögen, mit Fassung annehmen und sich in den Willen Gottes und den seiner kaiserlichen Majestät fügen sollten. „Und wenn mich die Grafen fragen, wann ihnen ihre Urteile verkündet werden würden, soll ich ihnen dann den 28. April nennen?" „Ja", erwiderte Hofrat Abele, „die Nachmittagsstunden, denn wir wollen Ihnen, Pater, Zeit lassen, das den Magnaten andeuten zu können."

Nach der Urteilsverkündung sollten die Grafen sofort, ohne noch einmal auf ihre Zimmer zurückgehen zu können, in das bürgerliche Zeughaus überstellt werden. Im Hof des Zeughauses sollte am 30. April um neun Uhr vormittags die Exekution stattfinden. Bis dahin hatte der Stadtrichter im Hof des Zeughauses eine Bühne aufzubauen, auf der die Enthauptung der Grafen erfolgen sollte. Er hatte auch den Freimann und seinen Mitmeister aus Ödenburg anzuweisen, die entsprechenden Vorkehrungen zu treffen. Hauptmann von der Ehr aber und Bürgermeister Eyerl von Eyersperg waren für die erforderlichen Sicherungsmaßnahmen und die Beistellung von Wagen und Eskorte verantwortlich. Nach der Exekution sollten die Magnaten im Domfriedhof, an der Dommauer beigesetzt werden. Den Delinquenten war im Zeughaus in der Brüdergasse ein Zimmer zu geben, in dem nur ein Bett, ein Tisch, ein Stuhl und ein Gebetbuch zu sein hatten. Die beiden Zimmer sollten durch ein leeres Zimmer voneinander getrennt sein. Starke Wachen waren bereitzustellen.

Wiener Neustadt, Burg, 28. April 1671. Schon um acht Uhr wurde Graf Zrinyi Hofrat Abele und Dr. Molitor vorgeführt. Hofrat Abele fragte ihn abermals über seine Verfehlungen und ob er noch Komplizen angeben wolle oder könne. Der Ban hätte zum letzten Mal Gelegenheit, Dinge anzugeben, die er bisher nicht vorgebracht habe und sofern sie neu und geeignet wären, das bereits feststehende Urteil einer Revision zu unterziehen, müsse das jetzt erfolgen. Vor allem wurde Zrinyi wegen des Attentates auf Kaiser Leopold befragt, aber er wich aus: „Alles, was ich zu sagen hatte, habe ich schon früher Fürst Lobkowitz und dem Kommissär Rothal entdeckt." Vitnyédy, der einmal 50 Pferde von ihm verlangt habe, hätte er einen Narren gescholten und weggeschickt. Erst von Graf Rothal wollte der Ban gehört haben, daß Vitnyédy vorgehabt haben soll, den Kaiser vor Schottwien zu überfallen und zu entführen. Es sei aber nicht wahr, daß er, der Banus von Kroatien, Vitnyédy gesagt habe, daß dieser den Kaiser umbringen solle. „Ich habe das nicht einmal gedacht!" hatte er sich empört. Nach den Namen der übrigen Verschwörer befragt, erwiderte Zrinyi, daß er von keinen anderen Genossen als von den mit ihm angeklagten Verbündeten wisse. „Vielleicht", räumte er ein, „hat Nádasdy den Bischof von Veszprém für die Sache gewonnen, aber der ist ein Säufer." Befragt, ob auch Graf Draskovich von der Verschwörung seines Schwiegervaters gewußt habe, verneinte Zrinyi. „Draskovich weiß nichts. Er hat bei unserer Zusammenkunft mit dem französischen Gesandten Grémonville bei Achau in Büchsenschußweite im Wäldchen die Pferde gehalten. Einmal hat er mich gefragt, was da vorgehe. Das war, als er seine Schwägerin fortführte. Darauf habe ich ihm aber nur gesagt, daß die Türken im Anzuge seien, und wenn mich Seine Majestät jetzt verlasse, dann werde ich mich den Türken ergeben. Das hat auch Draskovich für richtig befunden." Nach abermaligem Drängen, er möge doch Namen von Verschworenen nennen, gab Zrinyi an, daß von den Oberungarn die Grafen Bocskay, Szuhay und Szepessi zu den Genossen gehört haben, daß aber der Kaiser dies ohnehin wisse. Hierauf hielt ihm Hofrat Abele vor, daß er von Grémonville zweimal 6000 Gulden angenommen habe. „Von Grémonville habe ich nur einmal 6000 Gulden bekommen. Die zweiten 6000 waren von Nádasdy." Zur Stellungnahme in der Causa Tattenbach verhalten gab Zrinyi zu: „Graf Tattenbach hat mir durch meinen Stallmeister Lahn mitteilen lassen, auf welche Art er Pettau und Graz überrumpeln wolle." Und in bezug auf das Versprechen, daß der Ban dem Steirer gegeben habe, nämlich das Herzogtum Cilli Tattenbach als Belohnung zukommen zu lassen, beschwor der Ban, daß das Gegenteil der Fall sei. Tattenbach habe ihm das Fürstentum Cilli und den Fürstenhut anbieten lassen. Er, Zrinyi, habe aber davon nichts gehalten und Tattenbachs Anerbieten als Großsprecherei abgetan. Dr. Molitor kam daher zu dem Schluß, Zrinyi leugne manches, gestehe nur, was man ihm beweisen könne und beschönige alles. Während dieser letzten Einvernahme rannen Zrinyi mehrmals Tränen in den Bart. Daß er aber noch immer nicht an das Sterben dachte, erkannten die Räte daran, daß sich der Ban alle an ihn gerichteten Fragen notierte, ganz so als würde er meinen, daß er diese später noch brauchen würde. So dauerte das Verhör bis zum zwölf Uhr.

Anschließend begaben sich die Bevollmächtigten des Sondergerichtshofes zu Graf Frangepan und stellten auch mit ihm ein letztes Verhör an. Auch ihn fragte Hofrat Abele, ob er Dinge, die ihn entlasten könnten und bisher noch nicht bekannt seien, vorbringen wolle und ob er nicht doch noch Namen von Mitverschworenen nennen würde. Frangepan brachte nichts Wesentliches mehr vor und war auch nicht bereit, Mitverschworene zu nennen. Der Markgraf war empört, daß man ihn schon bald ein Jahr lang in Haft halte. Das sei Strafe genug für einen Mann von seinem Rang und seinem Stand und schloß: „Ich ersuche Sie, meine Herren, für die eheste Aufhebung meiner Haft zu sorgen, damit ich endlich wieder auf meine Güter zurückkehren kann." Julia de Narro, seine Frau, könne nicht auf noch längere Zeit mit der Verwaltung und Vorsorge seiner Besitzungen belastet werden. Außerdem verwies Frangepan darauf, daß er bereits zu allem, was ihm die Anklage vorwerfe, Stellung genommen habe und diesen Ausführungen nichts mehr hinzuzufügen habe. Er habe dabei bekannt, was er getan hätte.

Als die Kommissäre gegangen waren, kam der Guardian der Kapuziner zu Frangepan und fragte ihn, ob die Bevollmächtigten eine böse Zeitung gebracht hätten. „Es war wieder ein Verhör", zürnte der Graf. „Haben Euch denn die Bevollmächtigten nicht angedeutet", setzte Pater Otto behutsam fort, „ob Ihr mit einem Pardon rechnen dürft?"

„Ob ich mit einem Pardon rechnen darf?" entrüstete sich Frangepan. „Ist denn das nicht selbstverständlich, Pater?"

„Nun ja, es könnte ja sein, daß es mit dem von Euch erhofften Pardon doch nicht seine Richtigkeit hat. Und wenn es zu einem strengen Urteil gekommen sein sollte, so würde ich mich an Eurer Stelle in den Willen Gottes und den Kaiser Leopolds fügen."

„Was heißt das, Pater?" brauste Frangepan auf. „Wißt Ihr mehr?"

„Ich habe davon gehört, daß die Kommissäre die Urteile des kaiserlichen Sondergerichtes mitgebracht haben und sie Euch und Graf Zrinyi heute Nachmittag verkünden werden."

„Die Herren werden mich gefaßt finden", lächelte Frangepan, als der Guardian ging.

Vor Einbruch der Dunkelheit wurden drei der vier Stadttore geschlossen und für den allgemeinen Verkehr gesperrt. Das Wiener Tor blieb offen und wurde von einer starken Wache besetzt.

Wie vorgesehen, fuhren die kaiserlichen Kommissäre zwischen vier und fünf Uhr in die Burg. Für jeden der beiden Delinquenten war inzwischen im bürgerlichen Zeughaus eine Stube mit der gewünschten Ausstattung eingerichtet worden, in der diese bis zur Exekution zu verbleiben hatten.

Hauptmann Ernst von der Ehr stand mit 50 Mann des Piischen Regiments zur Begleitung bereit, und die Stadt hatte eine Kutsche bestellt, in der die Grafen einzeln in das Zeughaus gebracht werden sollten.

Im Beisein des Stadtrichters und aller Beisitzer des Stadtgerichts verkündete Hofrat Abele dem ihm zuerst vorgeführten Grafen Peter Zrinyi das Todesurteil:

„Höret Ihr! Ihr werdet Euch gehorsamst zu erinnern wissen, welche abscheuliche und grausame Taten und Laster Ihr wider die von Euch so schwer beleidigte römisch kaiserliche auch zu Ungarn und Böhmen königliche Majestät, Erzherzog zu Österreich, uns und Euch von Gott gegebenen und gesalbten, allergnädigsten, mildesten und gütigsten Kaiser, König und Herrn in vielen Fällen vermessen und in unverantwortlicher Weise begangen habt. Obwohl ihre kaiserliche Majestät Euch auf Grund eurer Eingeständnisse und eigenen Schreiben und der von Anfang an bekannt gewesenen Tatsachen mit Fug, Recht und Macht ohne Anhörung, Verantwortung und Vernehmung hätte bestrafen können, wie dies in dergleichen Fällen geschieht, hat ihre kaiserliche und königliche Majestät in ihrer Milde angeordnet, gegen Euch und Eure Mitverschwörer durch einen Prokurator vor einem für diesen Fall eingesetzten Sondergericht die Anklage erheben zu lassen und hat damit Euch und euren Mitverschwörern die Gelegenheit zur Verantwortung und zur Inanspruchnahme einer Verteidigung durch die namhaftesten Juristen gelassen. Der Kriminalprozeß gegen Euch, Frangepan, Nádasdy und andere wurde in einem ordentlichen Verfahren abgeführt. Das kaiserliche Sondergericht hat jedes Für und Wider mit Fleiß geprüft und ein Urteil gefällt. Dieses Urteil wurde, nach einem Einspruch der Verteidigung und zur Vorsicht noch einmal vom Geheimen Rat des Kaisers begutachtet und dieses Gutachten Seiner kaiserlichen Majestät untertänigst vorgetragen. Seine kaiserliche Majestät hat sich nach langem Bedenken entschlossen, das von seinem Gericht gefällte Urteil zu sanktionieren und der Gerechtigkeit ihren Lauf zu lassen. Ihre kaiserliche Majestät hat uns beide, Doktor Molitor und mich, beauftragt, Euch das Urteil zu verkünden. Es lautet, daß Ihr vom Leben zum Tod gerichtet werden sollt und daß die Exekution an Euch übermorgen, am 30. April, um neun Uhr vormittags, hier in der Neustadt gewiß und unfehlbar zu vollstrecken ist. Bis dahin habt Ihr Zeit, Euch auf den Tod und die Ewigkeit vorzubereiten. Gott sei Euch und Eurer Seele gnädig."

Dann wandte sich Herr von Abele an den Hauptmann: „Hauptmann von der Ehr, überstellt den Delinquenten in das bürgerliche Zeughaus und übergebt ihn dem Stadtrichter zur Vollstreckung des Urteils!" Graf Zrinyi erbleichte. Er war vom Todesurteil derart betroffen, daß er nicht imstande war, auch nur ein Wort hervorzubringen. Er mußte, wie er war, dem Hauptmann folgen und durfte nicht mehr in sein Zimmer zurückgehen. Pleyer von Pleyern und Hauptmann von der Ehr nahmen den Delinquenten in ihre Mitte. Zrinyi bestieg mit ihnen wortlos den bereits wartenden Wagen. Inzwischen war es dunkel geworden, und bald erreichte der Wagen, von der Eskorte des Piischen Regiments bedeckt, das Zeughaus, in dem Zrinyi in die für ihn vorgesehene Stube gebracht wurde. Vor dem Eingangstor, der Stubentür und dem Fenster waren starke Wachen postiert worden. Zur persönlichen Betreuung erlaubte Hofrat Abele den beiden Delinquenten Kapuzinerpatres.

Als Graf Zrinyi im Zeughaus verwahrt worden war, kehrten Hauptmann von der Ehr und der Stadtrichter Pleyer von Pleyern in die Burg zurück. Hierauf ordnete Hofrat Abele an, daß ihm nun Graf Frangepan vorgeführt werde. In ähnlichem Wortlaut verkündete Herr von Abele auch diesem Delinquenten das Todesurteil. Der noch viel jüngere Frangepan wurde leichenblaß, denn er hatte nicht mit einem solchen Urteilsspruch gerechnet. Er wollte aufbegehren und mit den kaiserlichen Kommissären diskutieren, aber Hofrat Abele schnitt ihm das Wort energisch ab und fuhr ihn an: „Ihr habt zu parieren! Begebt Euch an den bestimmten Ort!" Und an Hauptmann von der Ehr gewandt, setzte der Hofrat fort: „Hauptmann von der Ehr, bringt auch diesen Delinquenten in das bürgerliche Zeughaus und übergebt ihn dem Stadtrichter zur Urteilsvollstreckung!" Wortlos folgte nun Graf Frangepan dem Hauptmann und dem Stadtrichter, und die Eskorte nahm zum zweiten Mal den Weg zum Zeughaus. Frangepans Stube war ebenso spartanisch eingerichtet worden wie die Graf Zrinyis.

Die persönliche Habe der beiden Delinquenten wurde über Auftrag Hofrat Abeles beschlagnahmt und die in den Zimmern der Magnaten vorgefundenen Papiere von Johann Baptista Podestá, einem kaiserlichen

Sekretär, der die kroatische und ungarische Sprache beherrschte, eingehend geprüft.

Während Graf Zrinyi auf dem Weg zum Zeughaus weder mit dem Stadtrichter noch mit Hauptmann von der Ehr ein Wort gesprochen hatte, sagte Graf Frangepan zu Pleyer von Pleyern: „Der Termin am Pfinztag ist zu eilfertig. Ich kann mich nicht so schnell zum Sterben disponieren! Ich bitte Sie, Herr Stadtrichter, sagen Sie Herrn von Abele, daß ich ihn bitten lasse, zu mir zu kommen."

Als Pleyer von Pleyern dem Hofrat die Bitte Frangepans überbrachte, erwiderte ihm der: „Sagen Sie Frangepan, daß ich nicht allein zu ihm gehen darf. Dr. Molitor und ich haben Befehl, nur dann zu ihm zu kommen, wenn er Seiner kaiserlichen Majestät noch etwas anzuzeigen oder zu hinterbringen hat. Von einer Gnade wissen wir nichts."

Graf Frangepan aber wollte sich mit dieser Abweisung nicht zufriedengeben und bat: „Herr Stadtrichter, gehen Sie noch einmal zu Herrn von Abele. Sagen Sie ihm, der Termin zum Sterben ist mir zu kurz! Ich will vor meinem Tod eine Generalbeichte ablegen und Dispositionen für meine Gemahlin und meine Seele treffen."

Hofrat Abele schickte den Bürgermeister mit folgender Post zu Frangepan zurück: „Die Exekution kann nicht aufgeschoben werden. Er hat noch fast zwei Tage Zeit, sich auf den Tod vorzubereiten. Das ist lang genug. Dispositionen für seine Gemahlin darf und hat er nicht mehr zu treffen, denn seine Güter sind konfisziert worden und der Krone anheimgefallen. Wegen seines Seelenheiles kann er sich in einem Schreiben an Seine Majestät, den Kaiser, wenden. Frangepan darf mit der Milde Kaiser Leopolds rechnen. Ich zweifle nicht daran, daß Seine Majestät Frangepans Aufwendungen für religiöse Anliegen genehmigen wird."

Frangepan bat, der Verzweiflung nahe, Pleyer von Pleyern ein drittes Mal, zu Hofrat Abele zu gehen und beide Herren Kommissäre zu bitten, zu ihm zu kommen, und der Bürgermeister erzählte hierauf Hofrat Abele und Dr. Molitor, wie ungern sich Frangepan auf den Tod vorbereite.

Abele beriet nun mit Molitor, wie sie sich verhalten sollten, und sie kamen überein, trotz der vorgerückten Stunde, es war schon elf Uhr in der Nacht, zu Frangepan in das bürgerliche Zeughaus zu fahren, um seine Bitten zu vernehmen und ihn zu trösten.

„Nun sagt", begann Abele, als er mit Dr. Molitor und Pleyer von Pleyern die Stube Frangepans betreten hatte, „was Ihr uns noch zu sagen habt."

Frangepan begann: „Ich bin ein unglückseliger Mensch und bedaure zutiefst meine derzeitige Situation und meinen Tod. Es ist mir unmöglich, meine Herren, mich in so kurzer Zeit auf meinen Tod vorzubereiten. Bedenken Sie meine Jugend und daß ich der letzte meines Namens und meines Stammes bin. Ich bitte ihre kaiserliche Majestät, daß sie mir nur diesmal noch das Leben schenkt. Ich werde mein ganzes Leben nicht mehr sündigen! Ich bitte Sie, meine Herren, lassen Sie mich das in einem untertänigsten Schreiben den allergnädigsten Kaiser bitten."

Dagegen hatten die kaiserlichen Kommissäre nichts einzuwenden und ordneten an, daß beiden Delinquenten Papier und Feder gebracht werden dürfe. Frangepan hoffte, daß Abele mit der Exekution zuwarten würde, bis eine Antwort Kaiser Leopolds käme. Aber auch Abele ahnte den Gedankengang Frangepans, erriet, worauf es diesem ankam, und antwortete ihm vorweg: „Bedenkt, Graf, daß Ihr mit eurer Bitte auch den Kaiser in eine sehr delikate Lage bringt. Kaiser Leopold hat eure Sache begutachten lassen, ehe er das von seinem Gericht gefällte Todesurteil bestätigte und sich entschloß, der Gerechtigkeit freien Lauf zu lassen. Das Urteil orientiert sich an eurer Schuld. Wir beide, Graf Frangepan, Dr. Molitor und ich, bedauern Euch wegen eurer Jugend und wegen eures vornehmen Standes. Wir empfinden für Euch, Graf, ein herzliches und hohes Mitleid, und wir beide wünschten, daß Ihr nie in dieses Unglück geraten wäret. Allein, es ist geschehen, und Ihr müßt mit eurem Tod für eure Taten büßen. Dieser Tod ist, wenn man ihn mit euren schweren Verbrechen vergleicht, als Strafe zuwenig. Seine Majestät, Kaiser Leopold, hat, als er das Todesurteil bestätigte, nicht mit Schärfe, sondern eher mit Milde gehandelt. Ihr habt noch Zeit genug, Graf, um Euch auf den Tod vorzubereiten. Obwohl Ihr auf keine Gnade hoffen dürft, wollen wir euer untertänigstes Schreiben entgegennehmen und sobald als möglich an ihre kaiserliche Majestät absenden. Eurem Schreiben wird aber keine Gnade folgen, denn das Stäbl ist, wie man zu sagen pflegt, bereits über eurem Haupte zerbrochen worden, und wir beide haben den Befehl, die Exekution nicht über den vorgesehenen Termin hinaus aufzuschieben. Ihr habt Euch darnach zu richten. Sorgt für eure Seele vor, daß Ihr nicht auch noch für diesen Mangel in der Ewigkeit zu büßen habt."

Frangepan aber setzte sehr erregt fort: „Ich bitte auch deshalb um Gnade, weil ihre kaiserliche Majestät keinen von denen, die jetzt mit mir durch den Scharfrichter sterben müssen, gleich zum ersten Mal wegen ihrer Rebellion bestraft, sondern ihnen das erste Mal verziehen und sie alle wieder in Gnaden aufgenommen hat. Der Kaiser wird auch mir meine erste Missetat verzeihen und auch mir das Leben schenken wollen."

Abele entgegnete ihm: „Die Kommission muß dem nachkommen, was ihr aufgetragen worden ist. Es ist gewiß, daß ihre kaiserliche Majestät Euch, Graf Frangepan, und allen euren Komplizen aus der ihr angeborenen Milde heraus lieber Pardon gewähren würde, wenn nicht Gottes Ehre und die allgemeine Sicherheit sowie die Wohlfahrt so vieler christlicher Länder ein anderes erfordern würde. Das Euch verkündete Urteil mußte Seiner Majestät förmlich abgerungen werden. Es ist kein Grund für eure Begnadigung vorhanden, deshalb dürft ihr auch auf keine Gnade hoffen und noch weniger eine solche erwarten. Ihr habt nicht mehr viel Zeit, Graf, laßt sie nicht umsonst verstreichen, sondern nützt sie noch für euer Seelenheil."

Es war nicht mehr weit auf Mitternacht, als die kaiserlichen Kommissäre die Stube Frangepans verließen. Am Gang des Zeughauses aber wartete ein Kapuziner und berichtete Hofrat Abele, daß auch Graf Zrinyi um seinen Besuch bitte. Sie kamen auch diesem Wunsche nach. Graf Zrinyi aber bat nur, daß man seinen Pagen Georg Tarrody freundlich weiterrekommandieren solle, denn er sei verläßlich gewesen und habe mit der Rebellion nichts zu tun gehabt. „Das, glaube ich, bin ich diesem braven Menschen schuldig. Für mich bitte ich um nichts."

Der Guardian erzählte den Komissären dann aufgeregt, daß Zrinyi bereit sei, nicht erst am 30. April, sondern auch schon am 29. zu sterben. Er habe sich dem Urteil unterworfen. Frangepan aber verzeihe er alles, wenn dieser ihn auch in dieses Unglück gebracht habe. Was solle er sonst auch noch mit ihm anfangen? Frangepan erleide ja das gleiche wie er. „Graf Zrinyi", schloß der Guardian, „fügt sich ‚in tapferer Resignation' seinem Schicksal."

Graf Frangepan begann indessen mit einem Schreiben an Kaiser Leopold:

„Allergnädigster Kaiser, König und Herr.

Vor Zittern über das ganz unverhofft am heutigen Nachmittag empfangene Urteil des schrecklichen Todes, kann ich kaum die Feder regen. Es mangeln mir die Kräfte, allergnädigster Kaiser, nach Schuldigkeit ein demütiges Schreiben zu machen, womit ich einen Funken der kaiserlichen Sanftmut und christliches Mitleid erwecken könnte. Daher bitte ich allerdemütigst, dieses mit schwachem Geist verfaßte Anbringen mit deren angeborenen Güte zu lesen. Mit gebogenen Knien falle ich nieder vor dem durchlauchtigsten Thron Eurer Kaiserlichen Majestät und mit herabfließenden Zähren und unaufhörlichem Seufzen bitte ich durch die fünf Wunden Christi, durch die Verdienste der Jungfrau Gottesgebärerin und aller Heiligen Eure Kaiserliche Majestät, zu geruhen, meine Verbrechen meiner allzu hitzigen Jugend und die Übertretungen meinem unzeitigen Verstand zu vergeben. Sie sehen an, Allergnädigster Kaiser, mit Ihren gnädigsten Augen, mein blühendes Alter, welches ich vor der Zeit verlieren muß. Sie betrachten, Allergnädigster Kaiser, mich armseligen und noch einzig Übrigen von meiner Familie, welche seit unzählbaren Jahren Eurem hochlöblichen Erzhaus und der ganzen Christenheit mit unfehlbarer Treue und Aufopferung allzeit gedient hat und was hierzu von meiner Voreltern Verdiensten, auch meinen Eurer Kaiserlichen Majestät (ich bezeuge es mit Gott) getreuest geleisteten Diensten nicht erklecklich, das wolle Eurer Majestät unvergleichliche und in aller Welt berühmte Milde und Barmherzigkeit erfüllen und mich bereits Toten wiederum in das Leben setzen. Ich scheue den Tod nicht zur Vollziehung Eurer Majestät Befehls und zur Bezeugung meiner unveränderlichen Devotion gegen meinen Allergnädigsten Herrn, denn ich war allzeit willig und bereit, auf Eurer Kaiserlichen Majestät mindesten Wink den letzten Blutstropfen zu vergießen. Aber, Allergnädigster Kaiser, ich erzittere allein in Betrachtung des schmählichen Hintritts aus diesem Leben durch die Hand des Scharfrichters. Ach, ich armer und unglückseliger Mensch. O wollte Gott, daß ich nie geboren oder schon vorher aus der Zahl der Lebendigen ausgelöscht worden wäre.

Allergnädigster Kaiser, der Kaiser Carolus Magnus pflegte zur Bezeigung seiner überaus großen Güte und Barmherzigkeit aufzuschreien: ‚Ich möchte auch die Toten wiederum zum Leben erwecken!‘ Eine nicht mindere Milde hat man in Eurer Majestät jederzeit erkannt und erfahren. Nun, Allergnädigster Kaiser, wollen Sie Ihre glorwürdigste Großmütigkeit in Wiederlebendigmachung meiner elendigst sterbenden Person gnädigst üben. Ich will es erkennen, daß ich mein Leben und meine Wesenheit (ich verspreche es hoch und teuer) Eurer Kaiserlichen Majestät Barmherzigkeit schuldig bin, und fortan will ich nicht mehr mir, sondern Eurer Kaiserlichen Majestät treu ergebenst leben. Gnade, Milde, Barmherzigkeit, Allergnädigster Kaiser! Ich bitte nur allein für diesmal durch die heiligste Dreifaltigkeit, daß dieser bittere Kelch von mir hinweggenommen werde, denn es ist unmöglich, Allergnädigster Kaiser, daß ich an Kräften und Geist Verlassener in etlichen Stunden meinem Seelenheil genügende Vorsehung tun könnte. Allergnädigster Kaiser, Sie glauben, meine weinende Bitt' gnädigst aufzunehmen und die Gnad' des Lebens in eine andere Strafe, sei es was es für eine wolle, zu verändern. Ich wollte gern noch mehr schreiben und um Barmherzigkeit bitten. Aber ich Elender kann es vor Schwäche nicht tun. Ich schließe und will mein Leben und das Ende meines Lebens Eurer Kaiserlichen Majestät Güte und Barmherzigkeit unterwerfen und übergeben, verlangend zu leben und zu sterben.

Eurer Kaiserlichen Majestät demütigster Diener und getreuester Untertan.

Ein Schatten des Todes
Franz Frangepan

P.S.: Am Erchtag (Dienstag), um 6 Uhr abends, bin ich der Gewalt des bürgerlichen Stadtgerichts übergeben worden und werde nächstkünftigen Donnerstag zum Tod gehen, wenn nicht Gott und Eurer Kaiserlichen Majestät Gnade in diesen noch übrigen Stunden mich davon bewahren werden.

Neustadt, den 28. April 1671, um elf Uhr in der Nacht."

Wiener Neustadt, 29. April 1671. Schon um sieben Uhr früh berichtete der Stadtrichter den kaiserlichen Komissären, daß Graf Frangepan sich bald nach ihrem Abschied und der Erkenntnis, daß er nicht mehr auf die Gnade des Lebens hoffen dürfe, mit seinem Tode abgefunden habe, auf sein Sterben vorbereite und heute bis zehn Uhr seine General-beichte ablegen wolle. Auch Graf Zrinyi wolle um zehn Uhr in seiner Stube eine heilige Messe hören und die heilige Eucharistie empfangen.

Nachdem auch die kaiserlichen Kommissäre einer Messe beigewohnt hatten, begaben sie sich in das Zeughaus und ließen Graf Zrinyi durch einen Kapuziner sagen, daß sie im Hause seien und daß sie, wenn er es wünsche, bereit wären, ihn zu trösten und ihm beizustehen. Hierauf ließ Graf Zrinyi die kaiserlichen Kommissäre in seine Stube bitten und erklärte sich Herrn von Abele gegenüber bereit, zur Entlastung seines Gewissens ihm noch einige Sachen anvertrauen zu wollen. Hofrat Abele erwiderte: „Das ist gut. Ich werde darüber referieren, Graf. Schreibt die Dinge nieder, über die Ihr mehr wißt, noch ist Gelegenheit dazu. Auch ich darf Euch Trost spenden. Ihr habt, wie Frangepan, für Euch um die Suffragia Animae gebeten. Sie wird Euch zuteil werden."

Hierauf verließen sie Zrinyi, denn der Guardian Pater Otto war gekommen und hatte gebeten, daß sie zu Graf Frangepan kommen soll-ten. Graf Frangepan hatte bis zwölf Uhr mit seiner Generalbeichte und seinen geistlichen Exerzitien gebraucht. Erst nach zwölf Uhr hatte Pater Otto bei ihm die heilige Messe gelesen. Nun war es schon zwei Uhr nachmittags, als sie zu Frangepan in die Stube traten, und dieser be-gann sofort mit einer großmütigen Rede: „Ich nehme jetzt Urlaub von meinem allergnädigsten Kaiser." Dann kniete er nieder und setzte fort: „Tief bewegt und mit Tränen in den Augen bitte ich ihre kaiserliche Majestät wegen meiner Verfehlungen um Abbitte. Alle Schuld führe ich auf mein allzu hitziges jugendliches Alter zurück. Ich bitte um die Suffragia. Die Kapuziner aber empfehle ich, wegen der mir erwiesenen getreuen Assistenz, einem Almosen aus meinem Vermögen." Dann fragte er die Kommissäre: „Wissen Sie etwas von meiner Gemahlin? Ich bitte um die Erlaubnis, mit einem Schreiben von ihr Abschied nehmen zu dürfen. Für meinen Pagen Bernardino Viniero bitte ich um eine Abfer-tigung, weiters bitte ich um die Bezahlung der ausständigen Besoldung meiner Diener und um die Befriedigung meiner Kreditoren. Sie, meine Herren Kommissäre, bitte ich darum, jenen kaiserlichen Ministern, die mir Gutes getan haben, meinen Dank abzustatten und jene, die ich be-leidigt habe, bitte ich um Verzeihung. Meinen Vetter Orpheus Frange-pan rekommandiere ich Ihrer Majestät wärmstens. Oder hat auch er gegen Ihre kaiserliche Majestät gesündigt? Und letztlich möchte ich auch Ihnen, meine Herren Kommissäre, denen ich soviel Mühe verursacht habe, danken." Damit erhob sich der Delinquent wieder, und Hofrat Abele ging nun Punkt für Punkt auf die Anliegen Frangepans ein:

„Wir beide, Graf, sind durch Ihre tapfere Resignation nicht wenig er-baut. Eure Ergebung in den göttlichen Willen ist ein unfehlbares Zeichen für die Erlangung der ewigen Seligkeit. Über Euren Urlaub, den Ihr von ihrer kaiserlichen Majestät genommen habt, werde ich Kaiser Leopold und den kaiserlichen Ministern referieren. Ich versichere Ihnen, daß Ihnen ihre kaiserliche Majestät Ihre Verfehlungen längst in ihrem gütigen Herzen vergeben hat, denn Kaiser Leopold hat es nicht gern gesehen, daß es zu dieser Strafe gekommen ist. Wegen der angesprochenen Suffragien darf ich Euch mit der Milde ihrer Majestät trösten, Kaiser Leopold wird auch die Kapuziner mit einem guten Almosen aus Eurem Besitz bedenken, ebenso Euren Pagen, Eure Bediensteten und Eure Kreditoren. Was Eure Gemahlin betrifft, haben wir Nachricht. Sie ist auf venezianisches Gebiet geflohen. Ihre kaiserliche Majestät ist ein gütiger Herr und es wird daher auch Eure Gemahlin von seiner Güte einiges zu erwarten haben. Eurer Gemahlin könnt Ihr einen Brief schreiben und uns zur Weiterbeförderung übergeben lassen. Euren Vetter Orpheum betreffend darf ich Euch mitteilen, daß auch ihm die Gnadenpforte nicht verschlossen sein wird, wenn er mit zerknirschtem Herzen Verzeihung erbittet, denn auch er gehörte den Rebellen an und ist der gleichen Verfehlungen schuldig wie diese. Die kaiserlichen Minister werden Euren Dank und Eure Abbitte entgegennehmen. Bei uns beiden aber habt Ihr Euch wegen unserer Mühewaltung nicht zu bedanken, denn wir wären froh, wenn unsere Kommission eine freundlichere gewesen wäre. Wir haben als treue Diener nur zu vollziehen, was uns befohlen wird. Eure Rede und unsere Antworten sind aber so kläglich gewesen, das Mitleid so groß, daß unter den Anwesenden wohl keiner gewesen ist, der nicht in seinem Herzen geweint hätte."

Auf diese freundliche Antwort des Hofrates Abele schwärmte Frangepan: „Jetzt, da ich weiß, daß mir mein Kaiser vergeben hat, sterbe ich noch einmal so gern. Im ersten Augenblick, den ich in der Ewigkeit sein werde, werde ich Gott für ein langes gesundes Leben des Kaisers und dessen glückliche Regierung bitten."

Hofrat Abele und Dr. Molitor sahen sich vielsagend an. Dann aber wollte Frangepan wissen, auf welche Weise er sterben solle. Dr. Molitor wies auf einen Wink Hofrat Abeles auf die schweren Verbrechen hin und las aus dem Urteil vor, daß er durch das Abschlagen des Kopfes und der rechten Hand sterben solle. Hierauf bat Graf Frangepan entsetzt darum, daß die Kommissäre erwirken möchten, daß ihm das Abhauen der rechten Hand erlassen werde, denn er wolle seine Hand bei seinem Leibe wissen und nicht noch verstümmelt in die Ewigkeit eingehen müssen. Als die Kommissäre versprochen hatten, zu versuchen, daß ihm das Abschlagen der rechten Hand erlassen werde, fuhr Frangepan sehr erregt fort: „Erlauben Sie mir, Herr Hofrat, daß ich jetzt noch eine Bitte vorbringe. Ich bitte Sie darum, daß ich von meinem Schwager, Graf Zrinyi, noch heute persönlich Abschied nehmen kann."

Hofrat Abele besprach sich kurz mit Dr. Molitor und eröffnete Frangepan: „Eure Bitte wird bewilligt, wenn Ihr dies in unserer und in Gegenwart Eures Beichtvaters und des Hauptmanns von der Ehr in deutscher Sprache tun wollt."

Damit war Graf Frangepan einverstanden, und als ein Kapuzinerpater eintrat und Hofrat Abele aufmerksam machte, daß ihn Graf Zrinyi noch sprechen wolle, verließen sie die Stube Frangepans und wiesen ihn an, inzwischen das „Urlaubsbriffel" an seine Gemahlin zu schreiben.

Frangepan schrieb: „Meine allerliebste Julia, weil ich nun nach dem Willen des Himmels und göttlicher Disposition zur Abbüßung meiner Missetaten, die ich gegen meinen Allergnädigsten Kaiser, König und Herrn begangen habe, von diesem zum anderen Leben gehen muß. Ich möchte Dich durch diese wenigen Zeilen herzlich umfangen und Dir das letzte Adio sagen. Durch die Wunden Christi bitte ich Dich, meine liebe Julia, daß Du mir verzeihst, daß Du wegen meiner Missetaten genötigt wurdest, so viele Widerwertigkeiten und Betrübnisse zu erleiden. Ingleichen bitte ich Dich auch, daß Du mir auch die geringste Beleidigung vergibst, die Du während unserer Ehe von mir erfahren hast, und auch ich will Dir alles verzeihen, denn ich hätte von Dir nur inbrünstige pure Liebe erwarten dürfen.

Ich nehme auch von meinen Freunden letzten Urlaub und empfehle mich ihnen mit der Bitte, daß sie mir, um der Liebe willen, ein Requiem für meine arme Seele opfern, die mit der Hilfe und dem göttlichen Beistand in wenigen Stunden das Angesicht des ewigen Gottes schauen wird.

Meine liebe Julia, ich möchte Dir gerne und aus meiner ganzen Seele, zum Gedächtnis meiner treuen Liebe etwas hinterlassen. Aber ich bin arm geworden, aller Sachen beraubt und habe ihre Majestät, den Kaiser, gebeten, Dir in der ihr angeborenen Güte und Milde aus meinem ehemaligen Besitz großzügig und freimütig meinen Dank erweisen zu lassen. Ich habe keinen Zweifel, daß Du die Großmut ihrer kaiserlichen Majestät erfahren wirst.

Auch von Orpheo Frangepan nehme ich lieben Urlaub. Ich bitte ihn, mir die Fehler zu verzeihen, durch die ich ihn beleidigt haben könnte und beschwöre ihn durch die Liebe, die er mir gegenüber immer gehabt hat, daß er, wenn er ihre kaiserliche Majestät beleidigt haben und in Ungnade gefallen sein sollte, sich ihrer kaiserlichen Majestät unterwerfen und um Verzeihung bitten möge. Es wird ihm, wenn er sich ihrer kaiserlichen Majestät zu Füßen wirft, die Gnadenpforte nicht versperrt sein, und er darf mit der Freigebigkeit und der Gnade des Kaisers rechnen. Ich habe auch selbst den Kaiser gebeten, Orpheo seine Milde zu bekunden, da ich es selber nicht mehr kann. Adieu, meine liebe Julia! Adieu! Adieu! Meine liebste Ehegemahlin, ich habe auf dieser Welt Dir meine Liebe gelebt und will auch in der anderen, bei ihrer göttlichen

Majestät, dein allergetreuester Fürsprecher sein. Meine liebe Julia, ich bleibe zu jeder Zeit Dein geneigter und getreuer Ehegemahl

Franz Frangepan

Neustadt, 29. April, Anno 1671

P.S.: Wenn mein Page Bernardino zu Dir kommen sollte, so erweise mir die Gnade und lasse ihn, mir zuliebe und wegen der mir treu erwiesenen Dienste, Dir empfohlen sein."

Als die kaiserlichen Kommissäre in Graf Zrinyis Stube eingetreten waren, begann dieser: „Ich möchte Sie, meine Herren Kommissäre, noch einmal fragen, ob ich den auf gar keine Gnade hoffen darf. Es wäre ja besser, wenn mich ihre kaiserliche Majestät am Leben ließe, denn ich könnte und würde noch gute Dienste tun."

Hofrat Abele entgegnete ihm: „Von diesen Diensten ist es zu spät zu reden, Graf. Es ist keine Zeit mehr zu fernerem Dienen vorhanden, wohl aber zum Sterben noch einige übrig. Ihr habt auf keine Gnade mehr zu hoffen."

„In Gottes Namen", flüsterte Zrinyi, „ich sterbe, nur ist es hart, so zu sterben."

„Das ist leicht zu glauben", pflichtete ihm Hofrat Abele bei. „Aber bedenkt, daß wegen Euch auch viele andere Herren diesen Weg jetzt gehen müssen. Gott hat Euch bereits den Weg zum Himmel vorgezeichnet."

Darauf eröffnete ihm der Graf: „Mir ist noch etwas über meine Komplizen eingefallen. Es ist hier aufgezeichnet."

Hofrat Abele nahm das Papier entgegen und erwiderte: „Ich rühme an Euch, daß Ihr imstande seid, Euer Gewissen so zu entbinden. Es ist eine große Gnade von Gott, wenn man das kann. Ihr werdet morgen hiedurch viel eher in die ewige Glorie eingehen. Das mir Anvertraute werde ich untertänigst und getreuest ihrer kaiserlichen Majestät hinterbringen."

Hierauf übergab Zrinyi den Kommissären ein Verzeichnis über das, was er gerne nach seinem Tod ad pias causas gehabt hätte, und einen Zettel, auf dem er Anordnungen wegen seiner zwei Säbel traf, und was mit seinem Pusikan*) geschehen sollte.

Hofrat Abele ließ Dr. Molitor die Papiere verwahren und sagte zu Zrinyi: „Ihr könnt keine Dispositionen mehr treffen, Graf. Alle eure Güter sind ihrer kaiserlichen Majestät anheimgefallen."

Zrinyi schwächte ab und erklärte: „Es sollen ja keine Dispositionen sein. Ich stelle alles ihrer kaiserlichen Majestät anheim. Was ich aufgeschrieben habe, soll nur zum Ausdruck bringen, was ich gerne verfügt hätte, wenn es hätte sein können. Ich bitte aber ihre kaiserliche Majestät innigst darum, daß ich ihr meine Gemahlin Katharina, meine Tochter Aurora-Veronika und meinen Sohn Johann Anton mit Wärme emp-

---

*) Deutscher Ausdruck für Buzogany (= prunkvoller Morgenstern).

fehlen darf. Die Kinder vor allem sind unschuldig an allem. Und zum Schluß bitte ich Sie, meine Herren, mir zu sagen, welchen Tod ich auszustehen haben werde. Ich bilde mir ein, daß man meine Leiche vierteilen wird oder daß man sie sonst argen Plagen aussetzen wird."

„Ihr habt zwar", holte Hofrat Abele aus, „wegen eurer schweren und grausamsten Laster und Missetaten einen sehr scharfen und zumalenden Tod verdient, den das Gesetz für Rebellen und Hochverräter vorsieht, aber ihre kaiserliche Majestät hat abermals der Schärfe die Güte vorgezogen und das Urteil auf den geringsten Tod, nämlich auf die Abschlagung des Kopfes und der rechten Hand, gemildert. Das ist ein besonderer Gnadenerweis, Graf."

Hierauf brachte auch Zrinyi die Bitte vor, daß die beiden Kommissäre erwirken möchten, daß ihm das Abhauen der rechten Hand erlassen werde.

Die Kommissäre sagten zu, das versuchen zu wollen, könnten jedoch keine diesbezügliche Zusage machen. Sie ließen auf diese Weise beide Delinquenten bis knapp vor der Urteilsvollstreckung zwischen Furcht und Hoffnung bangen, obwohl sie schon die unterfertigten Gnadenakte, die den Rebellen das Abschlagen der rechten Hand erließen, in ihrem Reisegepäck hatten. Das Erlassen dieser Strafe sollte den Rebellen erst knapp vor der Enthauptung bekanntgegeben werden, damit diese noch in der letzten Stunde meinen sollten, dem Kaiser dankbar sein zu müssen. Außerdem sollte ihnen auf diese Art auch das Sterben leichter fallen.

So wurde es sieben Uhr abends. Hofrat Abele löste nun seine Zusage ein und ließ Graf Frangepan in die Stube Graf Zrinyis holen. Mit Graf Frangepan kamen auch Pater Otto und Hauptmann von der Ehr. Frangepan redete Zrinyi beim Betreten der Stube in deutscher Sprache an: „Herzliebster Herr Schwager. Weil es Gott so gefallen, daß wir wegen unserer großen Sünden und Verbrechen durch das gerechte Urteil unseres allergnädigsten Kaisers, Königs und Herrn morgen miteinander sterben müssen, habe ich die hier anwesenden kaiserlichen Räte und Kommissäre um die Gnade gebeten, daß ich noch vor meinem Tod meinen Schwager sehen darf, damit wir voneinander Abschied nehmen können. Ich bitte Sie liebster Schwager, um Verzeihung, wenn ich Sie mit dieser oder einer anderen Aktion beleidigt habe. Ich wünschte mir nur, daß ich Ihnen mit meinem Tod Ihr Leben erhalten könnte. Ich hoffe, daß Sie, mein Schwager, der Sie ein großer Held sind, den Tod nicht scheuen, der uns beiden, nach den Reden der Kommissäre, zum besten gemeint ist. Deshalb wollen wir auch den Tod durch den Scharfrichter mit Freuden ausstehen. Nehmen wir nun voneinander Abschied und hoffen wir, daß wir uns morgen in der ewigen Seligkeit wiedersehen."

Hierauf knieten die beiden Delinquenten nieder und umarmten sich. Sie küßten sich innig und Frangepan verfiel abermals in eine heftige

Gemütsbewegung: „Adieu, Zrinyi, ich hoffe, daß wir uns morgen in einer besseren Welt zufriedener umarmen werden."

„Ich hoffe es auch", sagte Zrinyi leise. Hierauf erhoben sich die beiden Grafen, und Zrinyi fuhr fort: „Ich danke Dir, liebster Schwager, daß Du noch einmal zu mir gekommen bist. Ich verzeihe Dir alles." Dann fügte er in kroatischer Sprache hinzu: „Weil wir für die Freiheit Ungarns sterben, sterbe ich gern. Wir sind die Saat auf diesem blutigen Acker, auf dessen Krume einst die Blume der Freiheit blühen wird." Und in deutscher Sprache sagte er noch: „Nun geh und stirb wie ein Held." Nach einer langen Umarmung, bei der Zrinyi diese Worte in seiner Muttersprache Frangepan ins Ohr geflüstert hatte, verließ Frangepan mit undurchdringlicher Miene wieder Zrinyis Stube.

Die Kommissäre vereinbarten, nachdem sie Zrinyi verlassen hatten, daß der Stadtrichter nach der Urteilsverlesung einen Boten zu ihren Sitzen senden und fragen lassen möge, ob den Delinquenten das Abhauen der rechten Hand erlassen worden sei. Hierauf würden sie dem Boten das für den betreffenden Delinquenten vorgesehene Dekret ausfolgen, das diese letzte Gnade zum Inhalt haben würde.

Graf Zrinyi hatte inzwischen auch seinen Abschiedsbrief an seine Gemahlin geschrieben, die bei den Dominikanerinnen in Graz inhaftiert worden war und dort bis zu ihrem Lebensende bleiben sollte: „Mein liebes Herz. Du darfst Dich über dieses Schreiben nicht entsetzen. Der göttlichen Verordnung nach werden sie mir morgen um zehn Uhr, gemeinsam mit Deinem Bruder, den Kopf abschlagen. Heute haben Frangepan und ich herzlich voneinander Abschied genommen, und jetzt habe ich nur mehr Dir auf dieser Welt ein letztes Valete zu sagen. Ich bitte Dich, wenn ich Dich auch beleidigt habe, verzeihe es mir. Gelobt sei Gott. Ich bin zum Sterben wohl disponiert und der Tod entsetzt mich nicht. Ich hoffe, daß Gott, der mich in die Welt gesetzt, sich jetzt meiner erbarmen wird. Ich werde Ihn, zu dem ich morgen zu kommen hoffe, bitten, daß wir uns vor seinem heiligen Thron wiederfinden dürfen.

Von unserem Sohn Johann Anton weiß ich nichts. Ich kann Dir deshalb über ihn nichts berichten. Ich kann auch, wegen unserer beklagenswerten Armut, keine Dispositionen mehr treffen. Ich habe diese dem göttlichen Willen anheimgestellt. Sei nicht betrübt, es hat alles so kommen müssen.

In der Neustadt, am vorletzten Tag meines Lebens, den 29. April anno 1671.

Gott wolle Dich und Aurora-Veronika, meine Tochter, benedeien.

Peter Graf von Zrin"

In Österreich unter der Enns war es so gebräuchlich, daß kein Herr und Landmann zur Exekution geführt werden durfte, ehe er nicht aus der Landmannschaft ausgeschlossen worden war. Deshalb hat der Landmarschall, ihrer kaiserlichen Majestät wirklicher Geheimrat und Kämmerer, Herr Ferdinand Maximilian Graf von Sprinzenstein den Ausschluß Graf Zrinyis in dessen Abwesenheit und den Grafen Nádasdys in dessen Anwesenheit beim adeligen Kriminalgericht erwirkt und die Streichung der Namen der Grafen aus dem Adelsbuche im Haus der Stände in Wien veranlaßt. Graf von Sprinzenstein hat Georg Achatzius Dornhoffer noch am 29. April mit dem Dekret für Graf Zrinyi nach Wiener Neustadt geschickt. Dornhoffer sollte das Dekret Zrinyi noch an diesem Tag vorlesen, aber Hofrat Abele und Dr. Molitor lehnten das Begehren Dornhoffers mit dem Hinweis ab, daß man Zrinyi heute nicht mehr aufregen dürfe, denn er sei sehr schwach, weil er schon drei Tage nichts gegessen und getrunken habe. Zrinyi wollte fastend sterben. Die Kommissäre bestimmten, daß Dornhoffer Zrinyi das Dekret des Landmarschalls am 30. April in den ersten Morgenstunden verlesen solle.

Georg Achatz Dornhoffer, der Sekretär des Adeligen Kriminalgerichtes, begab sich daher mit den kaiserlichen Kommissären am 30. April um sieben Uhr früh zu Graf Zrinyi in das Zeughaus. Dornhoffer las Zrinyi das Dekret über seinen Ausschluß aus der Landmannschaft feierlich vor.

Zrinyi, der gefaßt zugehört hatte, fragte: „Trifft dieser Ausschluß und die Streichung meines Namens aus dem Adelsbuche auch meinen unschuldigen Sohn?"

Hierauf legte Hofrat Abele dem Grafen das Gesetz aus und erklärte ihm, daß bei einem Vorliegen eines Majestätsverbrechens wegen Rebellion und Hochverrats das Gesetz von Rechts wegen die Strafe der Ehrberaubung auch auf die Söhne, seien sie schuldig oder unschuldig, ausdehne. Das erregte den schon stark geschwächten Grafen derart, daß er ohnmächtig zusammenbrach.

Der Guardian, der hinzugetreten war und die letzte Szene mitangesehen hatte, ergänzte Abeles Worte: „Die Väter haben so bittere Weintrauben gegessen, daß sich die Zähne der Kinder noch deswegen entsetzt haben."

Als Graf Zrinyi, durch Balsam und Alkermes gelabt, wieder das Bewußtsein erlangte, tröstete ihn Dr. Molitor: „Euer Ausschluß aus der Landmannschaft und der eures Sohnes Johann Anton ist jetzt nicht mehr die Hauptsache, sondern nur mehr eine äußere Formalität. Ich zweifle nicht, daß ihre kaiserliche Majestät euren Sohn später wieder die Aufnahme in das Adelsbuch gestatten wird, wenn er darum bittet."

Hierauf bedankte sich Zrinyi noch einmal bei den kaiserlichen Kommissären, dann verabschiedeten sich diese von ihm und Frangepan und begaben sich auf ihre Plätze im Hof des Zeughauses, wo die Bühne für die Hinrichtung aufgestellt und mit schwarzen Tüchern bedeckt worden war.

Für das Stadtgericht und die etwa 100 Zuschauer waren Sitzbänke aufgestellt worden.

Zrinyis und Frangepans Tod

Wiener Neustadt, 30. April 1671. Die Neustadt gleicht einer belagerten Stadt. Heute war auch das vierte Stadttor, das Wiener Tor, gesperrt worden. Die wehrhafte Bürgerschaft war mit ihren vier Fähnlein unter Waffen getreten und hatte sich am Hauptplatz postiert.

Hauptmann Ernst Freiherr von der Ehr hatte eine Korporalschaft des Piischen Regiments und eine Korporalschaft der Musketiere zur Bewachung der Rebellen in das Zeughaus abkommandiert. Patrouillen der Heisterschen Dragoner ritten in kriegsmäßiger Bewaffnung durch die Gassen und Straßen. Die übrigen Truppen in der Burg waren in Alarmbereitschaft versetzt worden und harrten weiterer Befehle.

Im äußeren Hof des Zeughauses hatten sich schon kurz nach acht Uhr früh die kaiserlichen Kommissäre Hofrat Abele und Dr. Molitor, der Bürgermeister von Wiener Neustadt Eyerl von Eyersperg, der Stadtrichter Johann Paul Pleyer von Pleyern sowie die Beisitzer des Stadtgerichts und die Mitglieder des Stadtsenates versammelt. Es waren dies: der Gerichtsschreiber Maximilian Haan sowie die Herren Michael Märkl, Martin Beer, Felix Trimel, Thomas Solinger, Benedikt Mayr, Gottfried Tauscha, Fian Thuan, Adam Seydl, Johann Christoph Gerubel, Johann Kaspar Rueß, Martin Unruh, Anton Kläffel, Magnus Schwinghammer, Johann Philipp Reinisch, Johann Pichler, Hans Ludwig Keuch, Wolf Jakob Fayrabend, Johann Christoph Morlin, Georg Wagenhoffer, Elias Sperger und Georg Köffer.

Im Obergeschoß des Laubenganges im äußeren Hof des Zeughauses waren für diese Zeugen der Exekutionen und das Stadtgericht Bänke, die mit türkischen Teppichen belegt worden waren, aufgestellt worden. Im inneren Hof des Zeughauses, der vom äußeren Hof durch eine Mauer getrennt war, war das Blutgerüst errichtet worden, auf dem nur zwei Hackstöcke und zwei Hacken in einer Ecke standen, die für das Abhauen der rechten Hände der Delinquenten vorgesehen waren. Die Delinquenten sollten kniend den Todesstreich empfangen. Um das Blutgerüst waren zwei Bühnen für das Stadtgericht und die geladenen 100 Zuschauer aufgestellt worden, die zu dieser Zeit ebenfalls schon ihre Plätze einnahmen. Hofrat Abele gebot dem Stadtrichter, mit den Exekutionen zu beginnen und als ersten den Delinquenten Peter Zrinyi dem versammelten Gericht vorführen zu lassen. Hierauf wurden die Beisitzer des Stadtgerichtes Michael Märkl und Hans Christoph Gerubel beauftragt, dies Zrinyi anzuzeigen.

Schon kurz darauf wurde Peter Zrinyi gebracht. An der Spitze des kleinen Zuges gingen die beiden Gerichtsbeisitzer, gefolgt von etlichen Musketieren, dann kam Zrinyi mit seinem Beichtvater und seinem Pagen und hinter diesen die Eskorte, bestehend aus Hauptmann von der Ehr und einer Korporalschaft des Piischen Regiments.

Als der Delinquent vor dem Gericht stand und zum Obergeschoß des Laubenganges emporblickte, richtete Pleyer von Pleyern eine kurze Ansprache an ihn. Er kündigte ihm an, daß jetzt sein Urteil verlesen werde, daß nachher das „Stäbl über seinem Haupt zerbrochen werden würde" und daß er im Anschluß daran mannhaft sterben möge. Dann gab der Stadtrichter seinem Gerichtsschreiber ein Zeichen und Maximilian Haan begann mit der Verlesung des Urteiles:

„In der auf Befehl ihrer kaiserlichen auch zu Ungarn und Böhmen königlichen Majestät wider deren Erbvasallen Peter von Zrin wegen der Majestätsverbrechen der Rebellion und des Hochverrates allergnädigst anbefohlenen Inquisitionssache und dem bereits abgeschlossenen, zu Ende gebrachten und der Ordnung nach kollationiertem Kriminalprozeß:

Nachdem besagter Zrin, wie aus den gegen ihn durchgeführten Erhebungen, seiner selbst eingereichten eigenen schriftlichen Bekenntnisse freiwillig bekannt und gestanden hat, wie also aus seinen eigenhändigen Schreiben und anderer wider ihn während der Inquisition eingelaufenen schriftlichen Zeugnisse hervorgeht, ist er dessen klar und genügend überwiesen, daß er trotz aller von ihrer kaiserlichen Majestät und deren glorwürdigen Vorfahren empfangenen großen Ehren, Würden, Dignitäten und anderer hoher kaiserlicher, königlicher und landesfürstlicher Gnaden, ungeachtet des seiner Majestät von ihm geleisteten Eides, undankbar und seine Pflicht vergessend aus unzulässiger Ambition, verbotenem Ehrgeiz, in verdammter Vermessenheit aus Rachgier in folgenden Fällen die vorsätzlichen Majestätsverbrechen des Hochverrates begangen hat:

Er hat sich mit anderen eingelassen, zum Schaden und wider seinen gesalbten, natürlichen, rechtmäßigen König und Landesfürsten, die römisch kaiserliche, auch zu Ungarn und Böhmen königliche Majestät, unseren allergnädigsten Herrn, in höchst verbotswidriger Weise, trotz des ihm schon einmal gewährten Pardons, neuerlich strengstens verbotene Machinationen angesponnen und zur Verwirklichung seines rebellischen Vorhabens gewisse Personen als Gesandte in uns feindlich gesinnte Staaten geschickt, zu Csakathurn gegen die zu seiner Ergreifung anrückenden kaiserlichen Soldaten seine Geschütze auf den Basteien und Wällen auffahren lassen, gegen die deutschen Christen Wachen aufgeboten, in seinem rebellischen Anschlag Oberungarn zur Erhebung aufgefordert, zur Vollziehung seines verdammten Beginnens andere bewogen, mit ihm Bündnisse wider ihre kaiserliche Majestät zu schließen und so die protestantischen Stände an sich gezogen, Franz Frangepan (nachdem er ihn zur Erhöhung seiner Familie und seines Ansehens diese höchst strafbaren Verträge und Anschläge und die zur leichteren Erreichung seiner Ziele erfolgte Entsendung von Gesandten mit Freuden entdeckt hatte) das Direktorium zur Vollziehung seines entsetzlichen Beginnens übertragen, um mit ihm in der Folge ihrer kaiserlichen Majestät Erbkönigreich und

Land erbärmlich und unchristlich anzugreifen, zu überfallen und beschlossen, es einer fremden Gewalt als Protektorat zu unterwerfen und war hiezu eifrig am Werke gewesen. Zu diesem Zwecke hat er an verschiedenen Orten, besonders aber in der Türkei, um die Entsendung osmanischer Kriegsvölker und Geldhilfen gebeten, einen hohen kaiserlichen Offizier auf seine Seite gebracht und die kaiserliche Festung Kopreinitz angegriffen und unter falschem Vorwand aus dem kaiserlichen Gehorsam brechen und in seine Gewalt bringen wollen. Zrin hat im März 1670 auf der zu Neusohl gehaltenen Kommission und Zusammenkunft mit Briefen etliche vornehme Abgeordnete aufgefordert, keine Vereinbarung mit der kaiserlichen Kommission einzugehen, hat diesen dann sein gottloses Vorhaben eröffnet und diese angetrieben, schleunigst zu den Waffen zu greifen und gegen ihre kaiserliche Majestät in offener Rebellion aufzustehen. Die Abgeordneten der Stände haben hierauf die protestantischen Gespanschaften zu den Waffen gerufen, viele Feindseligkeiten verübt und unschuldiges Blut vergossen. Zrin hat auch die Walachen und ihren vermeintlichen Bischof zu einem Bündnis gegen ihre kaiserliche Majestät aufgefordert und gewonnen. Überdies hat er eine gewisse Person mit einer infamen schmählichen Instruktion gegen ihrer kaiserlichen Majestät eigene Person, ihr Erzhaus und ihre Regierung an einen gewissen Ort abgeschickt, den im steirischen Unterland begütert gewesenen Hanns Erasmus Tattenbach überredet, sein Vorhaben zu unterstützen und für den Plan, mit ihm gemeinsam in die Steiermark einzufallen, gewonnen und ihm hiefür die Fürstenwürde in Aussicht gestellt und in der Folge zugesagt, die Krone Ungarns dem König von Frankreich für einem seiner Söhne angeboten, ganz so, als ob er über diese verfügen könnte und, wie aus den Akten des Prozesses hervorgeht, noch zahlreiche andere Verbrechen begangen, deren er teils durch seine eigenhändigen Schreiben, teils durch eigene Geständnisse und anderer in den Akten befindlicher Probationen überwiesen worden ist. Zrinyi konnte die schweren Verbrechen, trotz der ihm gestatteten Verteidigung nicht rechtfertigen und bekannte das wiederholt. Der gegen Zrinyi wegen der hier erwähnten schweren Verbrechen und des Crimen laesae Majestatis & Perduellionis von ihrer Majestät zugelassene Prozeß ist abgeschlossen und über Befehl ihrer Majestät, vom Geheimen Rat ihrer Majestät begutachtet worden. Zrinyi konnte seine Verbrechen deshalb nicht rechtfertigen, weil sie unentschuldbar sind. Das vom Gericht ihrer kaiserlichen Majestät gefällte Urteil besteht zu recht und wurde von ihrer kaiserlichen Majestät bestätigt, damit der Gerechtigkeit ihr Lauf gelassen werde.

Peter Zrin ist mit Leib und Leben, Ehr und Gut ihrer kaiserlichen und königlichen Majestät Strafe verfallen. Dieser Strafe gemäß soll er aller Ehren entsetzt, seine Güter konfisziert, sein Gedächtnis vor aller Welt ausgetilgt und endlich seine Person dem Freimann oder Scharfrichter überantwortet werden, welcher ihm am End und Ort, wie es sich gebührt, seine rechte Hand und den Kopf zugleich abschlagen und ihn so vom Leben zum Tod hinrichten soll. Dies sei für Zrinyi die wohlverdiente Strafe und geschehe Seinesgleichen zum Greuel als abscheuliches Exempel. Pupliziert, Neustadt den 30. April 1671."

Während der Verlesung des Urteiles durch den Gerichtsschreiber betete Zrinyi, ein Kruzifix in den Händen haltend, unaufhörlich.

Nachdem Maximilian Haan das Pergament eingerollt hatte, erhob sich der Stadtrichter Pleyer von Pleyern, hielt mit beiden Händen einen Stab in die Höhe, zerbrach ihn und warf diesen vom Obergeschoß des Laubenganges hinab in den Hof, vor die Füße Zrinyis.

Hierauf blickte Zrinyi zum Obergeschoß des Laubenganges empor und fragte den Stadtrichter: „Ist mir keine Gnade gewährt worden?"

Der Stadtrichter erwiderte ihm, daß er die kaiserlichen Kommissäre befragen lassen wolle, und sandte den Gerichtsdiener Michael Stocker zu Hofrat Abele, der einige Bänke von ihm entfernt saß. Abele überreichte Stocker hierauf ein verschlossenes Schreiben, dessen Siegel der Stadtrichter erbrach und dann dem Gerichtsschreiber zur Verlesung reichte. Es lautete: „Ihre kaiserliche Majestät haben obgenanntes Urteil aus puren kaiserlichen und königlichen Gnaden dahin limitiert, daß ihm der Kopf abzuschlagen und ihm die Abhauung der rechten Hand nachgesehen werde. Laxenburg, den 29. April Anno 1671."

Zrinyi verbeugte sich hierauf seinem Dank an den Kaiser Ausdruck verleihend vor dem Stadtgericht und den kaiserlichen Kommissären.

Auf ein Zeichen des Stadtrichters wurde das bisher verschlossene Tor zum inneren Hof des Zeughauses geöffnet und Zrinyi auf das sechs Klafter lange und vier Klafter breite, mit einem schwarzen Tuch bedeckte Blutgerüst geführt. Auf dem Weg dorthin betete ihm sein Beichtvater das Sterbegebet vor und Zrinyi betete dieses Satz für Satz nach. Er stieg dann begleitet von seinem Beichtvater und seinem Pagen Tarrody auf das Blutgerüst hinauf, und die Eskorte der Musketiere nahm mit schußbereiten Gewehren um das Blutgerüst herum Aufstellung. Die kaiserlichen Kommissäre Hofrat Abele und Dr. Molitor aber begaben sich mit den Mitgliedern des Stadtgerichtes und des Stadtsenates auf die für sie freigehaltene zweite Bühne, um der Hinrichtung zuzusehen. Das Volk auf der zweiten Bühne verstummte.

Als Zrinyi mit Pater Otto und seinem Pagen das Blutgerüst betreten hatte, auf dem in einer Ecke bereits der Scharfrichter Mohr mit seinem mächtigen Richtschwert stand, gab er das auf den Weg hierher noch in den Händen gehaltene Kruzifix dem Guardian zurück, legte wortlos seinen Oberrock ab und gab diesen seinem Pagen. Tarrody hatte ihm schon am Abend vorher den Unterrock um den Hals herum ausgeschnitten und verband Zrinyi jetzt mit einem goldgestickten Schnupftuch die Augen, indem er ihm gleichzeitig auch mit diesem Schnupftuch die Haare auf- und zusammenband, damit diese nicht den Schwerthieb in seiner Wucht mindern würden. Hierauf kniete sich Zrinyi, ohne sich um das Volk oder die Beisitzer zu kümmern, nieder, und Tarrody trat, den Oberrock seines Herrn im Arm, mit Tränen in den Augen zurück und blieb bei Pater Otto stehen.

Als der Scharfrichter Mohr, eine Kapuze vor dem Gesicht, hinter den Grafen getreten war, betete Zrinyi laut: „In Deine Hände, Herr, empfehle ich meinen Geist!" Dann blitzte das scharf geschliffene Schwert auf und Mohr schlug zu. Der Hieb war aber ungenau geführt und traf nicht so, wie er hätte treffen sollen, weshalb Mohr rasch zu einem zweiten Schlag ausholte, und mit diesem zweiten Hieb schlug er Zrinyi den Kopf ab.

Das Volk murrte wegen des zweiten Hiebes, den Zrinyi erleiden mußte. Indessen stiegen vier schon vorher bestimmte „ehrliche Personen" auf das Blutgerüst und trugen die Leiche des Magnaten herab, legten sie neben dem Blutgerüst auf den Boden und bedeckten diese mit einem schwarzen Tuch. Da beim Heruntertragen des Toten dessen Blut aus den Schlagadern „wie aus einer großen Röhrn" hervorschoß und die Treppe verfärbte, mußten der Richtplatz auf dem Gerüst und die Treppe mit anderen schwarzen Tüchern überdeckt werden.

Während das geschah, wandte sich Zrinyis Beichtvater an die Beisitzer des Stadtgerichts, die Mitglieder des Stadtsenats und das Volk und forderte alle Anwesenden auf, nach seinem Gebet für den Toten ein Amen zu sprechen. Seinen Schlußworten: „Gott gebe ihm die ewige Ruhe", folgte ein dumpfes „Amen".

Nach der Exekution Zrinyis begaben sich die Gerichtszeugen mit den kaiserlichen Räten und Kommissären wieder in den äußeren Hof des Zeughauses und nahmen wieder im Obergeschoß des Laubenganges Platz. Pleyer von Pleyern ordnete an, daß man dem Gericht jetzt Frangepan, den zweiten Delinquenten, vorführen möge. Hierauf wurde dieser wieder von der Eskorte Hauptmanns von der Ehr vorgeführt. Als Frangepan im Hof des Zeughauses stand und zum Obergeschoß des Laubenganges emporblickte, erhob sich der Stadtrichter und richtete auch an ihn eine kurze Ansprache, in der er ihn letztlich ermahnte, mannhaft zu sterben. Hierauf verlas der Gerichtsschreiber das Urteil. Es lautete:

„In der auf Befehl ihrer kaiserlichen auch zu Ungarn und Böhmen königlichen Majestät wider deren Erbvasallen Franciscum Christophorum Frangepani wegen Rebellion und Hochverrats allergnädigst anbefohlenen Inquisitionssache und dem bereits abgeschlossenen und zu End gebrachten, der Ordnung nach kollationiertem Kriminalprozeß:

Nachdem besagter Frangepan, wie aus den gegen ihn durchgeführten Überprüfungen, seiner selbst eingereichten eigenhändig geschriebenen Bekenntnisse er freiwillig bekannt und gestanden hat, wie also aus seinen eigenhändigen Schreiben und anderer wider ihn während der Inquisition eingelaufenen schriftlichen Zeugnisse hervorgeht, ist er dessen klar und

zur Genüge überwiesen, daß er trotz aller ihm von ihrer kaiserlichen
Majestät und deren glorwürdigen Vorfahren erwiesenen großen Ehren,
Würden und hoher kaiserlicher, königlicher und landesfürstlicher Gnaden,
ungeachtet des von ihm geleisteten Eides, undankbar und seine Pflicht
vergessend aus unzulässiger Ambition, verbotenem Ehrgeiz, in verdammter Vermessenheit und Rachgier in folgenden Fällen absichtlich das
Majestätsverbrechen des Hochverrates begangen hat:

Obwohl er, Frangepan, Wissenschaft davon hatte, welch entsetzliche
rebellische Bündnisse und Machinationen Zrinyi mit den Türken und
anderen angesponnen, hat er diese ihrer kaiserlichen Majestät verschwiegen und ist selbst ein Bündnis mit Zrinyi gegen ihre kaiserliche Majestät
eingegangen; hat er sich, sich der Gewalt Zrinyis unterordnend, von
diesem mit der Direktion der Rebellion betrauen lassen und diese Direktion angenommen; hat er sich durch Abfassung eines mit 9. März 1670
datierten verdammten Briefes an den Hauptmann Tschollonitsch mit
Verachtung über die kaiserlichen Waffen und die ganze deutsche Nation
geäußert und diesem seine feindselige Einstellung gegen ihre kaiserliche
Majestät in üblen Worten eröffnet und sich an den Anschlägen Zrinyis
führend beteiligt; hat er durch den öffentlichen Versuch die Stadt Agram
und die geistlichen und weltlichen Stände Kroatiens zum Abfall von ihrer
kaiserlichen Majestät zu bewegen und Zrinyi, ihrem bisherigen Banus als
ihrem Herrn zu huldigen strafbar gehandelt, wobei er 200 Mann seiner
Truppen in die Stadt legte und sich so der Stadt Agram bemächtigen
wollte; hat er die für die petrinischen Grenzer bestimmten kaiserlichen
Proviantschiffe auf der Save überfallen und beraubt; hat er ebenfalls Gesandte um verbotene Hilfe in die Türkei entsandt; hat er versucht, die
Walachen und ihren Herrscher, ihren vermeintlichen Bischof, zum Abfall von ihrer kaiserlichen Majestät und zu einem Bündnis mit Zrinyi
zum Nachteil ihrer kaiserlichen Majestät, zu überreden, die dann ein
solches Bündnis mit Zrinyi wirklich eingegangen sind; hat er durch eine
von ihm gemeinsam mit anderen verfaßte Schmähschrift wider ihrer kaiserlichen Majestät eigene höchste Person diese mit abscheulichen und un-
erhört ärgerlichen Schmachworten beschimpft und diese Schmähschrift in
die wälische Sprache übersetzt und verbreitet und auch sonst noch in vielen aus den Prozeßakten ersichtlichen Verbrechen ehrvergessen gehandelt.

Da Frangepan aller hier erwähnten schweren Verbrechen und wegen
des Majestätsverbrechens des Hochverrates überführt wurde, ist das von
ihrer kaiserlichen Majestät zugelassene Verfahren abgeschlossen worden.
Frangepan hat diese schweren Verbrechen, trotz der ihm gestatteten Verteidigung, nicht entkräften und rechtfertigen können, weil sie nicht ent-
schuldbar sind. Er ist durch das von ihrer kaiserlichen Majestät eingesetzte
Gericht verurteilt worden. Das Urteil besteht zu recht, es wurde von
ihrer kaiserlichen Majestät, nach der Begutachtung durch den Geheimen
Rat, bestätigt, damit der Gerechtigkeit ihr Lauf gelassen werde.

Franz Frangepan ist mit Leib und Leben, Ehr und Gut in ihrer kaiserlichen Majestät Strafe gefallen. Demnach soll er aller Ehren entsetzt, seine Güter konfisziert, sein Gedächtnis vor der Welt ausgetilgt und endlich seine Person dem Freimann oder Scharfrichter überantwortet werden, welcher ihm am End und Ort, wie es sich gebührt, seine rechte Hand samt dem Kopf zugleich abschlagen und ihn so vom Leben zum Tod hinrichten soll. Dies ist die wohlverdiente Strafe für Frangepan und geschieht Seinesgleichen zum Greuel als abscheuliches Exempel. Publiziert, Neustadt den 30. April 1671."

Während der Verlesung des Urteiles hat Frangepan mit meist geschlossenen Augen ziemlich laut gebetet und das Kruzifix, das er in den Händen hielt, mehr als hundertmal geküßt.

Nach der Verlesung des Urteiles erhob sich der Stadtrichter abermals, hob abermals einen Stab mit beiden Händen in die Höhe, allen sichtbar, zerbrach ihn und warf ihn in den Hof hinab, Frangepan vor die Füße.

Hierauf fragte ihn auch Frangepan: „Gibt es eine Gnade für mich?" Abermals schickte der Stadtrichter seinen Amtsdiener zu Hofrat Abele und dieser reichte Stocker für den Stadtrichter ein Schreiben, das auch für Frangepan eine Abänderung des Urteiles vorsah und ihm das Abhauen der rechten Hand erließ.

Frangepan zeigte sich über diese Gnade erfreut und sagte laut: „Ich danke ihrer kaiserlichen Majestät, meinem allergnädigsten Herrn, für diese von mir unverdiente Gnade untertänigst!"

Das Tor zum inneren Hof des Zeughauses wurde nun zum zweiten Mal geöffnet und Frangepan so wie vor ihm Zrinyi auf das Blutgerüst geführt. Auf dem Weg zu diesem und auf der Richtstätte betete er länger als eine Viertelstunde in lateinischer Sprache: „Ach Gott, verzeihe mir alle, ja, alle meine Sünden. Ach Gott, Du weißt, daß ich durch meine große Missetaten einen noch schärferen Tod verdient habe. Aber Du hast diesen durch die Güte meines allergnädigsten Kaisers und Herrn soweit herabgemildert, daß ich sie noch erleiden kann. Dafür bleibe Dir die ewige Glorie, Lob und Ehr. Ich bitte Dich auch, mein Gott, durch Dein bitteres Leiden und Sterben, wenn ich wider Verhoffen in den Examinibus Constitutis, meinen schriftlichen Verantwortungen, Dich zum Zeugen angerufen oder in den Beichten etwas verschwiegen haben sollte, wodurch ich Dich, meinen liebsten Herrn, beleidigt haben könnte, daß Du das nicht meinem Willen oder Vorsatz, sondern der Vergeßlichkeit und Schwäche meines schon gebrechlichen menschlichen Gedächtnisses vergibst. Ich bitte Dich, mein getreuer Gott, stehe mir jetzt, in meiner letzten Stunde, in meiner Todesangst mit Deiner kräftigen Hilfe bei. Verzeih mir meine Missetaten und nimm meine arme Seele in die ewige Freude und Seligkeit auf."

Nach diesem eher großmütigen Gebet, bei dem er keine Träne vergossen hatte, legte Frangepan seinen Oberrock ab und reichte ihn seinem

Pagen Bernardino. Auch dieser hatte ihm den Unterrock schon am Vorabend um den Hals herum ausgeschnitten und verband seinem Herrn jetzt mit einem Schnupftuch die Augen und band ihm gleichzeitig die schulterlangen Haare auf und zusammen, damit diese nicht die Wucht des Schwerthiebes mindern konnten. Doch Frangepan riß sich das Schnupftuch noch einmal von seinen schon verbundenen Augen, ergriff erneut das Kruzifix, das er dem Guardian schon zurückgegeben hatte, und wandte sich an die Zuschauer auf den Bühnen und begann in lateinischer Sprache: „O Ihr, die Ihr gegenwärtig seid und mein Elend seht, spiegelt Euch und nehmt Euch an mir ein Beispiel. Liebet Gott und ihre kaiserliche Majestät, seid ihnen treu und untertan. Flieht und haltet Euch fern von gottlosem und verdammtem Ehrgeiz, denn der hat mich in dieses äußerste Verderben gebracht und gestürzt. Adieu! Betet für mich ein andächtiges Requiem. Ich gehe in den Tod und werde schon bald bei Gott euer Fürsprecher sein. Adieu! Adieu!"

Hierauf ließ er sich von Bernardino abermals die Augen verbinden, und als der Scharfrichter hinter ihn trat, kniete er nieder und schrie wiederholt: „Jesus, Maria! Jesus, Maria!" Wieder blitzte das schwere Richtschwert in der Sonne. Aber der Hieb, den Mohr führte, war noch schlechter als bei Zrinyi. Er traf Frangepan nur in die rechte Schulter. Frangepan fiel nach vorne, wollte sich aber wieder erheben, drehte sich dabei um, erhob noch einmal seinen Kopf und schrie in ungeheuren Schmerzen noch einmal auf: „Jesus, Maria!" Im Aufstehen aber traf ihn der zweite Hieb des Scharfrichters, der ihm den Kopf vom Leibe trennte.

Die Zuschauer auf den Bühnen waren von diesem abermaligen Versagen des Freimannes empört, und der Stadtrichter ließ den anscheinend betrunkenen Mohr von den das Blutgerüst umstehenden Musketieren in Haft nehmen und in das Stadtgefängnis werfen.

Als der Freimann abgeführt war, wurden die Körper und Köpfe der hingerichteten Grafen dem Volke gezeigt und darnach in die für die Toten bereitgestellten Särge gelegt. Jeder der Särge wurde dann von acht Männern in einem gemeinsamen Trauerzug in den Friedhof der Domkirche getragen. Hauptmann von der Ehr begleitete die beiden Särge mit einer ganzen Kompanie des Piischen Regiments, um die unbehinderte Beerdigung der Toten zu gewährleisten, denn vor dem Zeughaus hatten sich inzwischen Tausende Menschen angesammelt.

Am Friedhof wurden die Toten von Herrn Michael Agricola Offiziali unter Assistenz des Chormeisters Jakob Bürgisser und der Benificato Christoph Gruntzinger, Adam Pogner, Johann Heinrich Bürgisser, Andreas Jakob und Johann Egger mit zwei Windlichtern empfangen, eingesegnet und nebeneinander an der Mauer der Domkirche beigesetzt.

Nach der Beerdigung der beiden Toten verliefen sich die Leute wieder. Alle vier Stadttore wurden geöffnet und für den Verkehr freigegeben.

Die beiden kaiserlichen Kommissäre aber verabschiedeten sich sofort von den Exekutionszeugen und begaben sich mit ihrer Kutsche nach Laxenburg, um Kaiser Leopold den Vollzug der Exekutionen zu melden. Dr. Molitor meinte während der Fahrt nachdenklich, daß es doch seltsam sei, daß der letzte Frangepan in jener Stadt gestorben sei, vor deren Mauern ein Frangepan den letzten Babenberger erschlagen habe.

Kaiser Leopold genehmigte für jeden der drei Grafen, für Nádasdy, Zrinyi und Frangepan, 2000 Messen.

Der Chronist vermerkte: „Und dies ist nun der endliche Ausgang dieser Drei, welcher der ganzen Welt zum Beispiel hinterlassen. *Discite iustitiam moniti & non temnere reges.* Lehret ihr die Gerechtigkeit, die ihr ermahnet seid und die Könige nicht zu verachten. Wien, den 20. Mai 1671."

Kaiser Leopold gestattete später den Stadtvätern von Wiener Neustadt am St.-Michaels-Karner, der zur Friedhofsmauer um die Domkirche gehörte, für die dort bestatteten Magnaten eine Grabplatte mit der Aufschrift *„Hoc in tumulo iacent comes Petrus Zrinius Banus Croatiae et marchio Franciscus Frangepany ultimus familiae qui quia caecus caecum duxit ambo in hanc foveam ceciderunt discite mortales et casu discite nostro observare fidem regibus atque deo. Anno domini MDCLXXI die 30 aprilis hora IX ambitionis meta est tumba"* anzubringen. Nachdenklich las Graf Leopold Kollonitsch, der neue Bischof von Wiener Neustadt, dem die Magnaten sein Bistum in Neutra verleidet hatten und der am Grabe vorbeikam, für seine Begleiter in deutscher Sprache: „Hier unter diesem Hügel ruhen Graf Peter Zrinyi, Banus von Kroatien, und Markgraf Franz Frangepan, der letzte seines Stammes, die, weil ein Blinder den anderen führte, beide in diese Grube stürzten." Die Ratsherren meinten aus seiner Stimme so etwas wie Schadenfreude zu hören.

Hierauf ließ die Stadt auch auf dem Richtschwert, mit dem Niklas Mohr die Exekutionen ausgeführt hatte, das Distichon mit dem Hinweis, wozu das Schwert gedient hatte, anbringen: *„Hicce rebelle vindex demessvit / Frangepane tibi, Petre tibique Zrini"*, was besagen wollte: „Diese Rächerschwert hat Dir, Frangepan, und Dir, Peter Zrinyi, das rebellische Haupt abgemähet. — Frangepan und Peter Zrinyi fielen unter diesem Schwerte, dieser war Graf, jener Markgraf", *Frangepan et Petrus gladio cecidere sub isto / Zrinius iste comes marchio et alter erat.*

Karl Hasch, der Waffenschmied von Wiener Neustadt, der das Richtschwert 1639 hämmerte, widmete diesem, das Leben und Sterben betreffend den Spruch: *„Der findt es verlore wirdt und kavft es vel wirdt der stirbt eh das er kranckh wirdt."*

Dem Scharfrichter Mohr wurde schon vier Tage nach der Hinrichtung der Magnaten Zrinyi und Frangepan der Prozeß gemacht. Er wurde am 5. Mai 1671 zu einem halben Jahr Zwangsarbeit im Wiener Stadtgraben verurteilt und wurde nach der Verbüßung der Strafe des Landes verwiesen.

Mohr war es nicht gelungen, den Vorwurf zu entkräften, daß er sich am Morgen des Hinrichtungstages im Gasthaus „Zum schwarzen Adler" in der Wiener Straße, gemeinsam mit dem Scharfrichter von Ödenburg, mit Branntwein betrunken habe.

Hinrichtung des Grafen Bonis

Der Prozeß gegen Graf Bonis war vom judicium delegatum, dem delegierten Gericht des Königs, für 20. März 1671 festgelegt worden. Er sollte in Preßburg stattfinden, wo Bonis und viele andere in der Burg gefangengehalten wurden. Da aber Martin Bolff, sein Verteidiger, erkrankte, mußte der Prozeßbeginn auf den 4. April verschoben werden. Bei seiner ersten Einvernahme am 4. April erklärte Bonis, daß er sich nicht schuldig fühle, und bat, ihn auf freien Fuß zu setzen, denn er habe nichts getan, was seine Haft rechtfertigen würde. Seine Bitte wurde abgewiesen, und am 6. April wurde vom Staatsanwalt Georg Liphart die Anklageschrift gegen Bonis verlesen. Am 8. April wurde dann bis um sieben Uhr abends verhandelt und die Verhandlung am nächsten Tag weitergeführt. Martin Bolff berief sich in seiner Verteidigung für Bonis auf die ungarische Verfassung und verschiedene Gesetzesartikel, nach denen es nicht nur das Recht, sondern sogar die Pflicht des ungarischen Adels sei, Einquartierungen von Soldaten, die des Kaisers nicht ausgenommen, in Ungarn zu verhindern. Mit den Türken habe sein Mandant kein Bündnis geschlossen. Bonis habe nur weitererzählt, was ihm Kazinczy Peter mitgeteilt habe. Truppen habe er auch nicht angeworben, denn jene, an deren Spitze er sich gestellt habe, waren Soldaten Rákóczys, die er gegen die Türken führen wollte. Auch in Kaschau wäre Bonis nicht als Gesandter Rákóczys gewesen, sondern nur als Begleiter des Gesandten Chernel. Er habe auch nicht Gelder des Königs, sondern nur solche von Kaufleuten sicherstellen wollen. Bonis sei auch nicht bei der Gefangennahme Starhembergs in Patak dabeigewesen.

Das Urteil gegen Graf Bonis wurde am 10. April verkündet, nachdem der Ankläger in allen Punkten anderer Meinung gewesen war und Beweismaterial vorgelegt hatte. Liphart forderte die Enthauptung des Beschuldigten und die Konfiszierung aller seiner Besitzungen wegen Hochverrats und Majestätsbeleidigung.

Bonis wurde zum Tod verurteilt, weil er es nicht verabscheute, auf böse und abtrünnige Art zu erklären, daß Seine Majestät in Hinkunft nicht mehr König von Ungarn sein wird, daß Ungarn dem türkischen Kaiser untertänig sein und diesem Tribut zahlen werde. Weiters, weil er bei der Anwerbung von Rebellentruppen mitgewirkt und diesen aus eigenen Mitteln Sold zahlte, weil er — entgegen der Anweisung Seiner Majestät — mit türkischer Hilfe gedroht, als Gesandter der Rebellen in Kaschau gewesen und dort königliche Gelder und Gelder königlicher

Untertanen für Zwecke der Rebellion beschlagnahmen wollte, Oberungarn gegen das Heer Seiner Majestät aufgewiegelt, selbst Infanteristen
für den Aufstand angeworben und durch diese verabscheuungswürdigen
Taten seinen christlichen Glauben verlassen und seine Pflicht gegenüber
seinem Herrn und König vergessen habe; weil er den Aufstand und Widerstand geplant und zusammen mit seinen rebellischen Genossen
— ohne Angst vor der Strafe für seine bösen Taten — zur Gefährdung
seines Herrn und Königs, zur Gefahr der christlichen Religion und zum
Verderben vieler Millionen christlicher Seelen sich mit den Tüken verbinden wollte. Damit habe er als Rebell die Verbrechen des Hochverrates und der Majestätsbeleidigung begangen. Der Urteilsspruch stütze
sich auf das 51. Kapitel des 2. Buches der Gesetze des heiligen Stephans,
auf Anfang und Ende des 1. Dekretes des Königs Sigismund, auf Abschnitt 1 des staatlichen Rechtsbuches, Artikel 13, 14 und 49, und auf den
2. Abschnitt dieses Buches, Artikel 12 und 57. Gemäß dieser Satzun-
gen werde er zum Verlust des Kopfes und seines gesamten Vermögens
verurteilt, damit seine verdiente Strafe seinen Nachkommen zur ewigen
Trauer und anderen, die bereit wären, Ähnliches zu begehen, als ab-
schreckendes Beispiel diene.

Ankläger und Verteidiger hatten sich harte Rededuelle geliefert.
Bolff behauptete, daß der Adel aufgestanden sei, weil deutsche Truppen
ins Land gekommen seien, und Liphart entgegnete ihm, daß die deutschen Truppen deshalb ins Land gekommen seien, weil sich der Adel nach
einer geheimen Verschwörung offen gegen seinen rechtmäßigen König
erhoben und zu den Waffen gegriffen habe, wie dies die im Prozeßver-
lauf aufgezeigten Überfälle und Kämpfe mit den im Lande stationierten
Truppen hinlänglich beweisen.

Bonis wurde am 29. April davon verständigt, daß er am nächsten
Tag, dem 30. April, hingerichtet werden würde. Er sollte zur gleichen
Stunde wie Zrinyi, Frangepan und Nádasdy sterben. Am Marktplatz
von Preßburg, vor dem Tor des Rathauses, war ein Blutgerüst aufgebaut worden. Die Stadttore waren geschlossen worden, und zwei
Kompanien deutscher Reiterei nahmen um dieses Blutgericht Aufstellung. Zwei seiner Diener führten Bonis hinauf und verbanden ihm die
Augen und nahmen ihm die Oberkleider ab. Der Scharfrichter schlug
hierauf so fest zu, daß der Kopf des Delinquenten vom Gerüst hinab
auf die Erde rollte und dort drei oder vier Sprünge machte. Den an-
geblichen Versuch der Jesuiten, ihn vor seiner Hinrichtung dazu zu
bringen, daß er zum katholischen Glauben zurückkehre, habe Bonis
standhaft abgewiesen. Er blieb bei seinem helvetischen Bekenntnis und
wollte für die Lehre Kalvins als Märtyrer sterben.

Munkács. Schon wenige Tage nach den Hinrichtungen in Wiener Neustadt wurde Franz Rákóczy die Nachricht vom Tode Zrinyis und Frangepans überbracht. Fast gleichzeitig erfuhr der Fürst auch von der Hin-

richtung Nádasdys. Es war wahr geworden, was niemand glauben wollte: Die Magnaten hatten die Verschwörung gegen ihren Landesherrn und König mit dem Tod gebüßt. Graf Tattenbach war ebenfalls zum Tod verurteilt worden. Mit seiner Enthauptung war in den nächsten Tagen zu rechnen.

Tiefe Trauer erfüllte Ilona Zrinyi. Die stolze Frau war durch den Tod ihres Vaters, der nach ihrer Meinung auf dem Schafott den Heldentod für die Freiheit Ungarns gestorben war, zutiefst erschüttert. Für sie war ihr Vater ein Held und es würde die Zeit kommen, wo er von der Nation als solcher verehrt werden würde. Das wußte sie, daran glaubte sie.

Während Sophia Bathory die Nachricht erwartet hatte, zehrte der Tod der Mitverschwörer an der Gesundheit Rákóczys. Er, der Befehlshaber der Theißarmee, war geschont worden, er, der in Wahrheit allein militärische Erfolge gegen seinen König errungen hatte. Bekümmert sah auch die Fürstin, daß sich ihr Sohn kränkte. Sie traf heimlich alle Vorbereitungen, um ihm die Rückkehr auf sein Lieblingsschloß zu ermöglichen. Dort würde er sicher wieder aufleben, wieder froher und freier werden. Dort würde er wieder träumen, träumen von der Krone Siebenbürgens, gewiß . . .

Nachwehen der Hinrichtungen

Verschieden, von Heftigkeit und Mitgefühl bestimmt, waren die Reaktionen auf die Hinrichtung der vier ungarischen Grafen Zrinyi, Frangepan, Nádasdy und Bonis in Ungarn und Österreich. In den österreichischen Kronländern pflichtete man allgemein der Auffassung des Chronisten Wagner bei, der darüber schrieb: „Wenige finden sich, die die Verschwörer beklagen, denn die Offenkundigkeit und Größe ihrer Verbrechen läßt kein Gefühl des Erbarmens aufkommen." Besonders von Nádasdy glaubten viele, daß er mehr und noch größere Sünden hatte, als aus seinem Urteil hervorging, und daß er, hätte er es vermocht, bereit gewesen wäre, das ganze Reich in Brand zu stecken. Er hatte lange die Rolle eines Doppelagenten gespielt und war letztlich entlarvt worden. Dieses Doppelspiel verzieh ihm niemand, wenn auch ihm Gutgesinnte davon redeten, daß er auch deshalb habe sterben müssen, weil er zu reich und zu mächtig gewesen sei. Den Mächtigen zu reich zu sein, war zu allen Zeiten gefährlich. Allgemein wurden aber die elf Kinder Nádasdys mehr bedauert als ihr Vater. Besonders gerührt erzählten die Damen beim Kaffee, daß die Gräfin Klesl dem erst vier Jahre alten Sohn Nádasdys mit den Worten: „Nehmen Sie, Graf", Zuckerl angeboten und der Jüngste des Hingerichteten geantwortet habe: „Ich bin kein Graf, nur eine arme Waise."

Aber auch in Ungarn gingen die Meinungen stark auseinander. Unter den Anhängern der hingerichteten Magnaten herrschten Bestürzung und Entsetzen, denn die Zrinyis und die Frangepans zählten zu den ältesten kroatischen und die Nádasdys zu den mächtigsten Geschlechtern Ungarns. Wähnte man, daß Zrinyi einem teuflischen Plan des Wiener Hofes zum Opfer gefallen, weil er erst, nachdem er in seinen Briefen das Geheimnis verraten gehabt, hingerichtet worden wäre, so brachte man ihm, dem Banus von Kroatien, trotzdem keine großen Sympathien entgegen. Vor allem bezichtigten ihn die Protestanten der Doppelzüngigkeit und daß er nur ihnen habe schaden wollen. Die Anhänger Rákóczys aber wurden vor allem in Siebenbürgen, von den Parteigängern Apafys, als Feinde angesehen. Franz Rákóczy selbst wurde von den meisten Ungarn als Verräter bezeichnet, weil sie auf sein Wort hin zu den Waffen gegriffen hatten und weil er in höchster Gefahr zur Rettung seines eigenen Kopfes und seiner immensen Besitzungen mit dem Kaiser einen Sonderfrieden schloß und alle, die sich auf sein Geheiß an dem Aufstande beteiligt hatten, einfach ihrem Schicksal überließ.

Paul Szepessy erzählte von der Hinrichtung Zrinyis, seines ehemaligen Herrn, daß dort, wo das Haupt des Helden zu Boden gefallen ist, jeden Tag zur Sterbestunde Blut hervorquelle, weil der Banus, außerhalb der Grenzen Ungarns, auf fremdem Boden, ohne Beachtung der ungarischen Gesetze, wenn nicht gar ohne jedes Gesetz von ihm vielleicht feindlich gesinnten Richtern zum Tod verurteilt worden war. Diese Worte wurden bald wie eine Heiligenlegende im Volke erzählt, denn die Bevölkerung kannte weder die Anklagen gegen die Verschwörer noch das Beweismaterial und die Geständnisse, die im Verlauf des Prozesses wiederholt behandelt wurden. Man erzählte, der Hof halte alles geheim, weil den Magnaten Unrecht zugefügt worden sei. Tatsächlich aber hatte Kaiser Leopold unter dem Titel „Ausführliche und Wahrhafftige Beschreibung Wie es mit denen Criminal-Prozessen Und darauff erfolgten Executionen wider die drey Graffen Frantzen Nadaßdi, Peter von Zrin und Frantz Christophen Frangepan eigentlich hergangen" schon am 20. Mai 1671 eine umfangreiche Dokumentation verfassen und an alle europäischen Fürstenhöfe versenden lassen. Diese Dokumentation schloß mit den Worten: „Und dises ist nur der endliche Außgang diser Dreyen, welche der gantzen Welt zum Beyspiel ermahnendt hinterlassen. Discite Justitiam moniti & non temnere Reges. Lernet ihr die Gerechtigkeit, die ihr ermahnet seyet, und die Könige nicht zu verachten." Darüber aber berichtete die Fama in Ungarn nichts, und so machte die Nation keinen Unterschied zwischen dem „gelehrten klugen" Nádasdy und dem „ungarischen Achilles" Zrinyi, die von ihr als Märtyrer des Vaterlandes angesehen wurden. Allgemein glaubte man in der Öffentlichkeit, daß Zrinyi und Nádasdy die Gnade Seiner Majestät zugesichert worden wäre und daß ihre Strafen in keinem Verhältnis zu ihren Vergehen stünden, ja, daß nach ungarischer Auffassung überhaupt keine solchen Vergehen vorgelegen hätten. Sogar die Überprüfung der Urteile durch deutsche Universitäten, denen Leopold diese vor seiner Bestätigung zur Beurteilung auf die Rechtmäßigkeit hatte vorlegen lassen, wurde vom nationalen Lager angezweifelt, weil die Urteile von der deutschen Jurisprudenz als gerecht und angemessen betrachtet worden waren. Den Universitäten wurde parteiisches Verhalten vorgeworfen und unterstellt. Fürst Lobkowitz warfen die nationalen Kreise vor, daß er die Gnadengesuche der Delinquenten unterschlagen und nicht an Kaiser Leopold weitergeleitet habe. Flugblätter erschienen, auf denen der „feige Leopold" das Urteil, das von der unwissenden Ruchlosigkeit gefällt wurde, bestätigte. Ihr Text: „Gehe Wanderer, du hast bereits die Werke österreichischer Tyrannei gesehen" und „Sättige dich in ungarischer Grafen Blut, denen du raubtest Hab und Gut" sowie die Ankündigung der Rache: „Zittere, denn ungarisches Blut fließt nicht umsonst, es raucht, kocht und hat einen fürchterlichen Dunst". Die gleichen Kreise verübelten es dem Kaiser sehr, daß er der strafenden Gerechtigkeit nicht in den Arm gefallen und seiner Pflicht freien Lauf gelassen, obwohl er gewußt habe, was sich am Vorabend in den Todeszellen der Gefangenen in Wiener Neustadt, Wien und Preßburg abgespielt habe. Er habe erfahren, daß Zrinyi und Nádasdy sich mit ihrem Schicksal abgefunden hätten, daß aber dieser „romanisierte Kroate" Frangepan nicht sterben wolle. Leopold habe ihnen nur gewünscht, daß ihnen der Himmel gnädig sein möge, habe aber im übrigen nichts mehr von der Sache hören wollen.

Drei Wochen nach der Hinrichtung Nádasdys, am 24. Mai 1671, ließ Kaiser Leopold dem Heiligen Stuhl auf dessen Intervention für den Magnaten von seinem Hofe in halboffizieller Form antworten. In diesem Schreiben korrigierten die Minister die Redewendung des Papstes im Schreiben an Leopold, mit der er ihn als „Herrn der göttlichen Gerechtigkeit" apostrophiert hatte, und brachten Rom zur Kenntnis, daß sich der Kaiser nicht als „Herr der göttlichen Gerechtigkeit", sondern als deren Diener verstehe, daß er aber einen Mann nicht begnadigen konnte, der gegenüber Gott und seinem König so undankbar gewesen ist, der, wenn er einst auch etwas für den katholischen Glauben getan, jetzt im Begriffe war, diesem einen noch größeren Schaden zuzufügen, als er sich mit den heidnischen Türken, Lutheranern, Kalvinern und Ketzern verbündete und sogar soweit ging, daß er an den Primas Hand anlegen ließe und diesen gefangengenommen hätte, wenn die göttliche Vorsehung sein Ränkespiel nicht auf so wunderbare Weise aufgeklärt hätte. Weiters wurde in der halboffiziellen Note festgestellt, daß der Papst mit dem Bittschreiben für Nádasdy hintergangen worden sein müsse, denn weder die hohe Geistlichkeit noch der Hochadel Ungarns habe für ihn interveniert. Dies könne nur durch Kumpane Nádasdys geschehen sein. Dies würden aber die Stände Ungarns noch selber kundtun.

Da aber andererseits doch feststand, daß der Brief an den Papst von einer hochgestellten geistlichen Persönlichkeit verfaßt worden sein mußte, die aber nicht eruiert werden konnte, richtete sich die Note auch nur allgemein an die Kirche und verbat sich, „daß sich die Kirche in weltliche Angelegenheiten einmische, weil sie selbst in die Verschwörungen der letzten Jahre gegen den Kaiser verwickelt war und daher, wie die anderen, ihre Privilegien verspielt habe. Wenn der Briefschreiber (gemeint war der Papst) aber seinen Glaubenseifer beweisen wolle, dann möge er verkünden, daß alle Macht von Gott kommt und daß Seiner Majestät blind zu gehorchen ist, damit diese die Sünden der Vergangenheit gnädig verzeihe; daß es nicht gestattet werden könne, unter dem Vorwande der Privilegien die Macht jenes Fürsten einzuschränken, der mit seinen Nachbarn in Frieden lebt, alle seine Feinde besiegt hat und über ein großes Heer verfügt, mit dem es nicht ratsam ist, die Klingen zu kreuzen." Diese kühne Sprache verstand man nicht nur in Rom, sondern in ganz Europa.

Martiniz, der königliche Statthalter in Prag, schrieb am 12. Mai an Graf Szelepcsényi, den Primas von Ungarn, in einem Glückwunschschreiben anläßlich des Pfingstfestes, was bereits Ferdinand II., das „Orakel Ungarns", sagte: „. . . daß er nicht einmal den besten Ungarn trauen solle; diese rebellische Nation brauche ein Joch, damit sie nicht zu einer ständigen Gefahr der christlichen Sache werde." Martiniz lobte „den Gehorsam und die Bereitschaft des Primas, dem Kaiser zu geben, was des Kaisers, und Gott, was Gottes ist, und betonte, daß es nicht ratsam ist, sich den Befehlen des Kaisers zu widersetzen, dessen Macht groß genug ist, die Krone Polens ebenso vor den mächtigen Schweden zu schützen wie Brandenburg und Dänemark; der den türkischen Halbmond bei St. Gotthard besiegte und der neulich die gaunerischen Juden aus Wien vertrieben hat, obwohl sie mehr als 100.000 Gulden für ihr Verbleiben in der Stadt angeboten haben. Wer würde nicht diesen mächtigen, ruhmreichen und guten Kaiser lieben, verehren und fürchten? Es wird erzählt, daß die meisten Ungarn eher bereit sind, Türken zu werden als ihrem gekrönten König Tribut zu zahlen, obwohl die Ungarn nach Gott nur noch dem König zu verdanken haben, daß sie noch existieren." Abschließend fügte Martiniz, so als ob er die Grenzen der Sanftmut verletzt habe, seinem Schreiben noch hinzu: „Eine Wunde, von Freundeshand geschlagen, ist besser als der Kuß der Schmeichler. Ihr, Eminenz, seid der Mann, der die Situation beurteilen kann, und wenn Ihr auch zürnt, so wißt Ihr, daß die Nachricht (von der Hinrichtung der Magnaten) in jenem, der ein reines Gewissen hat, nicht Haß, sondern Liebe entstehen lassen wird."

Auf den Primas hatten die Ereignisse der letzten Jahre und die darauffolgenden Exekutionen einen nachhaltigen Eindruck gemacht. Alles, was die Magnaten Ungarns bisher an Privilegien für sich namhaft machten, war einfach beiseite geschoben worden. Seine Haare waren grau geworden, aber er vertrat mannhaft und aufrecht die strengen Maßnahmen der Regierung und die Bestrafung der Schuldigen.

Streng urteilte auch das königliche Lager. Am 10. Juni 1671 wurde von Georg Szechényi, dem Bischof von Raab, gemeinsam mit den geistlichen und weltlichen Ständen ein Schreiben an Kaiser Leopold verfaßt. In diesem erklärten sie, daß sie mit Befremden wahrnehmen, daß irgendwer im Namen des Landes den Papst um seine Fürbitte für Nádasdy gebeten habe. Sie haben zu so einer Bitte nie ihre Zustimmung erteilt. Sie bitten, daß Seine Majestät eine Untersuchung zur Klärung dieses Falles einleiten und feststellen lassen solle, wer der Unverschämte gewesen ist, der diese Bittschrift im Namen des Landes verfaßt hat. Unterzeichnet wurde dieser Brief von Szechényi selbst, von Sennyey Istvan, dem Bischof von Veszprém, von Gubasóczy, Pongracz György, Bischof von Vácz, dem Erzabt vom Martinsberg und Korompai von den geistlichen und von Forgách Adam, Palffy Miklos, Illesházy György, Paul Esterházy, Zichy Istvan, Majthényi und anderen weltlichen Herren. Die Stände Ungarns hatten sich damit entschieden dagegen verwahrt, daß man sie verdächtige, für Nádasdy interveniert zu haben.

Georg Szechényi, der Bischof von Raab, hütete sich fürderhin, geheime Interventionen durchzuführen. Er wurde als Briefschreiber nie eruiert, gab sich aber ab jetzt nicht mehr als Intimus seines hingerichteten Freundes aus.

Nach den Hinrichtungen von Zrinyi, Frangepan, Nádasdy und Bonis war in Ungarn befürchtet worden, daß jetzt auch die kleinen Sünder unter den in Preßburg inhaftierten Gefangenen auf das Schafott kommen würden, weil die Gerichte unablässig amtierten. Deren Arbeit verlief aber unblutig und die Prophezeiungen vom Tod durch Schwert, Rad, Strang und Scheiterhaufen erfüllten sich nicht.

Bonis wurde bald vergessen. Er war zwar ein gläubiger Protestant, der sein Vaterland liebte, war aber doch nur ein einfacher königlicher Tafeldiener gewesen. Zrinyi und Frangepan aber gehörten zu den ältesten Familien Kroatiens, die schon bedeutende Staatsmänner hervorgebracht hatten, und viele redeten davon, daß mit ihren toten Leibern nicht auch ihre Schatten in die Gräber sinken würden. Ihr Geist würde weiterleben und den Habsburgern noch viel zu schaffen machen. Seltsam war aber doch, daß das Schicksal Nádasdys den Protestanten näherzugehen schien als das Zrinyis, obwohl er sie auf seinen vielen Besitzungen in den Komitaten Eisenburg, Ödenburg und Neutra mit aller Schärfe verfolgt hatte. Sogar vor seinem Grabe klagten sie ihn noch an, daß er den Glauben seiner Väter wegen einer Frau verleugnet habe. Unter den Protestanten wurde erzählt, daß ihr verstorbener Superintendent Franz Nádasdy, als dieser von seinem Vater an dessen Sterbebett gebracht worden sei, damit ihn der Sterbende segne, prophezeit worden sein soll, daß dieser am Schafott enden werde.

Nach der Hinrichtung Graf Nádasdys wurde Graf Adam Forgách vom König mit der vorläufigen Führung der Agenden des Landrichters betraut. Sein administrativer Wirkungsbereich konnte daher eingeschränkt werden. Forgách war nicht mehr berechtigt, den Reichstag im eigenen Wirkungsbereich zur Palatinswahl einzuberufen. Seine definitive Ernennung zum Judex curiae wurde auf einen späteren Zeitpunkt verschoben. Erst sieben Jahre später, 1678, sah sich der Wiener Hof, wahrscheinlich durch den Tökölyaufstand, veranlaßt, Graf Forgách zum Landrichter zu ernennen.

Graf Forgách hatte seine Treue zur Krone unter Beweis gestellt, hatte er doch durch seine Schreiben vom März und April 1670 den Hof ebenfalls auf den bevorstehenden Aufstand aufmerksam gemacht und damit erheblich dazu beigetragen, die militärischen Vorbereitungen zur Niederschlagung der Rebellion zu veranlassen. Der von ihm gemeldete Ausruf der Unzufriedenen „Zu den Waffen!" war aber keine bewußte Panikmacherei, sondern das Alarmschlagen in höchster Gefahr. Die kurz darauf erfolgte Gefangennahme Graf Starhembergs in Sáros-Patak, die Belagerung der Festung Tokaj, die Besetzung der Dreißigstämter, der Überfall auf die drei Dragonerkompanien im Walde von Gombasi, die aufrührerischen Komitatsversammlungen im ganzen Lande und das Aufstellen von Truppen durch Bocskay und andere bewiesen das in der Folge wohl hinreichend genug. Behaupteten die Ungarn, daß sie zu den Waffen gegriffen hätten, um die Deutschen, also die Truppen des eigenen Königs, nicht ins Land zu lassen, so konnte Wien ebenso für sich in Anspruch nehmen, Truppen nach Ungarn geschickt zu haben, um den bereits ausgebrochenen Aufstand niederzuschlagen. So war es auch in Kroatien. Bukovatzky war mit Truppen, die er im Auftrag Zrinyis und mit Genehmigung der Hohen Pforte auf türkischem Boden aufgestellt hatte, in königliches Gebiet eingefallen, wobei seine Streitmacht noch durch eine türkische Streifschar verstärkt wurde. Bukovatzky hatte die kaiserliche Grenzfestung Petrinia gemeinsam mit den Türken überfallen und zur Kapitulation genötigt, der Woiwode Szily hatte mit Zrinyis Truppen Kopreinitz angegriffen und Frangepans Leute hatten auf der Save die kaiserlichen Proviantflöße für Petrinia aufgebracht. Auch die Frage, ob der Verzicht auf das 1663 von den Türken eroberte Neuhäusl, dessen Verlust nicht ausschließlich auf das Verschulden des Wiener Hofes zurückgeführt werden kann, es rechtfertigte, daß die Magnaten dem König von Frankreich für die erbetene Waffenhilfe gegen den eigenen König die Krone Ungarns, die immerhin Leopold I. trug, für einen seiner Söhne anbieten und mit der Hohen Pforte wie souveräne Herren verhandeln und paktieren durften, darf wohl nach den schweren Kämpfen der österreichischen Armee bei Mogersdorf und dem hohen Blutzoll österreichischer Truppen verneint werden, die dort 1664 auch für Ungarn im Felde gelegen hatten. In diesem Lichte gesehen, durfte von den kaiserlichen Ministern doch auch die Frage geprüft werden, ob im Widerstandsrecht des ungarischen Adels gegen seinen eigenen König (Artikel XXXI der Goldenen Bulle König Andreas' II. von 1222) das Abschließen von Militärbündnissen mit dem feindlichen Ausland eine rechtliche Deckung fände.

Daß mit der Hinrichtung des Landrichters, der Beseitigung der Person Nádasdys, der Weg für die absolutistischen Pläne Wiens, wie man später zu sagen pflegte, frei wurde, ist zwar erwiesen, hängt aber nicht nur mit der Leopold I. vorgeworfenen Ernennung Szelepcsényis zum Palatin-Statthalter zusammen, also einer Verletzung von Verfassungsgesetzen, sondern schlechthin auch mit der Sicherheit Österreichs und den schweren Opfern, die es lange Zeit hindurch für die Erhaltung der Freiheit und der Befreiung Ungarns erbracht hat. Daß der König, dessen Erbländer ständig auch für Ungarn schwerste Lasten zu ertragen hatten, sich dafür nicht dauernd von den ein Gegengewicht zu ihm bildenden Palatinen bevormunden lassen konnte und wollte, hat man in Ungarn aber erst eingesehen, als es Leopold in den späteren großen Türkenkriegen, bei denen Tököly auf türkischer Seite kämpfte, gelang, ganz Ungarn mit kaiserlichen, also vorwiegend österreichischen Truppen, in schwersten Kämpfen vom Joch der Fremdherrschaft zu befreien. Gewiß hat es den nationalen Kreisen Ungarns zutiefst in der Seele weh getan, daß sich ein beachtlicher Teil des ungarischen Adels in der habsburgischen Partei zusammenschloß und offen zu seinem rechtmäßigen König bekannte.

Wenn dem Wiener Hof vorgeworfen wurde, die Wahl Nádasdys zum Palatin durch die Verweigerung der Einberufung des Reichstages und die Ernennung Szelepcsényis zum Palatin-Statthalter vereitelt zu haben, so durfte der Hof doch auch zur Rechtfertigung dieser Maßnahme darauf verweisen, daß es in Wien nicht unbekannt geblieben war, daß Nádasdy zu den führenden Köpfen der Verschwörung zählte. Daß man Leopold I. zumuten durfte, einen Verschwörer zum Palatin wählen zu lassen, ist wohl weit hergeholt. Die Magnaten haben es dem Hof nicht schwer gemacht, ihr Verhalten vor aller Welt als Hochverrat hinzustellen und zu ahnden.

Laxenburg. Lobkowitz, Hocher, Rothal, Montecuccoli und die Generale Sporck, Heister und Spankau konferierten. Kaiser Leopold hatte seine Minister beauftragt, einen neuen Plan auszuarbeiten, nach dem Ungarn in Zukunft verwaltet werden sollte. Montecuccoli grollte: „Diese unbändige und unbotmäßige Nation kann nur mit eiserner Strenge im Zaum gehalten werden. Hierzu bedarf es der rechten Gesetze und der Waffen, denn Gesetze ohne Waffenandrohung haben keine Kraft und Waffen ohne Gesetze entbehren der Billigkeit."

Man kam überein, das Amt des Palatins nicht zu besetzen und abzuschaffen. Ungarn sollte durch einen Gouverneur verwaltet werden, dem man einen mehrköpfigen Rat, bestehend aus ungarischen und österreichischen Herren zur Seite geben wollte. Die römisch-katholische Religion ist die Staatsreligion. Eine andere wird, um die Glaubensspaltung zu beenden, nicht mehr zugelassen. Eine Reihe strategisch wichtiger Plätze wird in starke Festungen umgewandelt. Die Grenzschlösser des Adels werden konfisziert oder geschleift. In Oberungarn soll ein deutsches Heer in der Stärke von 9000 Mann stationiert bleiben und dessen Unterhalt von den Ständen Ungarns aufgebracht werden.

Es wird dem Kaiser zur Ehre gereichen, wenn er Ungarn eine erbliche starke Regierung gibt, es von der Ketzerei reinigt und es wirklich wieder zur Vormauer der ganzen Christenheit und seiner Erbländer macht.

Die Nachricht des Palatin-Statthalters Szelepcsényi, daß die nach Siebenbürgen geflohenen Ungarn sich unter dem Namen Exulanten militärisch vereinigen, ließ erkennen, daß die Kämpfe weitergehen würden. Auf die Schreiben von Graf Forgách Bezug nehmend, sagte der Kaiser: „Das Attentat der ungarischen Stände erscheint mir wie ein böser Traum. Aber es ist kein Traum, sondern blutige Wirklichkeit. Sie haben an die Waffen appelliert. Die Waffen haben entschieden." Die Aufhebung der ungarischen Verfassungsgesetze wurde vorbereitet. Dazu kam, daß die gefürchteten Generale Cob und Caraffa die Kommandogewalt in Kaschau und Eperjes übernommen hatten und mit grausamer Härte für die Wiederherstellung jener Autorität sorgten, die nach ihrer Meinung Leopold zukäme. Graf Rothal amtierte als Präsident des königlichen Sondergerichtes weiter, und die noch auf freiem Fuß lebenden Beteiligten am Aufstand befürchteten das ärgste.

Kaiser Leopold aber diktierte seinem Sekretär am 22. Mai 1671 in einem Brief an Graf Pötting nach Madrid: „Die ungarischen Angelegenheiten haben eine günstige Wendung genommen. Ich will die Gelegenheit ergreifen und dem ungarischen Staatswesen eine andere Gestalt geben."

Prozeß Tattenbach

Während dieser Zeit saß Graf Tattenbach länger als ein Jahr gefangen auf dem Grazer Schloßberg, ohne über sein Schicksal Kenntnis erlangt zu haben. Obwohl die Untersuchung und der Prozeß gegen ihn in erster Instanz längst abgeschlossen waren, ließ man ihn im ungewissen. Vom Hofkriegsrate in Wien war schon nach dem ersten Verhör am 30. März der Befehl eingelangt, „einen ordentlichen Proceß" gegen Tattenbach durchzuführen. Nachdem die Aussagen Graf Frangepans und Rudolfs von Lahn die Mitschuld Tattenbachs außer Zweifel stellten, nahm die innerösterreichische Regierung nach dem letzten Verhör am 3. Juli die Verhandlung sogleich auf, und in 14 Sitzungen wurde diese nach drei Monaten beendet. Präsident der Regierung war der Statthalter Graf Georg Saurau. Seine Räte: Graf Stubenberg, Freiherr Stürk, Seifried Graf Dietrichstein, Graf Auersperg, Freiherr Türndl, von Jannerberg, Rehbach, Argento, Hirschfeld, Markovits, Calunize, Decriguis, Freiherr von Frantlezy und von Kellersperg. Präsident der Kammer war Graf Gottlieb Breuner. Die Formen, welche die steirische Landgerichtsordnung Ferdinands III. vorschrieb, wurden genau eingehalten: die innerösterreichische Regierung stellte einen Ankläger auf, hörte den Verteidiger und das Urteil der ersten Instanz kam an den Geheimen Rat in Graz. Dieser Geheime Rat bestand aus den Herren: Graf Johann Max Herberstein, Gottlieb Graf Breuner, Graf Wolf Rindsmaul, Graf Georg Rosenberg, dem innerösterreichischen Hof-Vizekanzler Würzburger und dem Sekretär Dr. Schrott. Der Bericht und das Gutachten des Geheimen Rates wurden dem Kaiserhofe vorgelegt. Der öffentliche Ankläger Doktor Megerle, Kammerprokurator von Innerösterreich, sagte in seiner Anklage: Das Bündnis Tattenbachs sei gegen Seine Majestät gerichtet, weil er Zrinyi versprochen, ihm gegen jedermann mit Rat und Tat beizustehen; er habe von Zrinyis Verschwörung gewußt und schon im Jänner 1670 zu jemandem gesagt, daß es im Frühling wunderbar hergehen werde und daß er bei dieser Gelegenheit etwas erhaschen wolle; er habe die Briefe des Zrinyi verheimlicht, verbrannt, Zrinyi in Kranichsfeld festlich empfangen, ihn als einen unbesiegbaren Heerführer gepriesen und seine Gesundheit vor der Seiner Majestät ausgebracht; er habe Zrinyi noch vor der Ankunft des Stallmeisters Rudolf von Lahn in Kranichsfeld am 16. März geschrieben, ihn von den Zuzügen unterrichtet und gewarnt, mit dem Beisatze, daß er selbst kommen würde, aber er fürchte, von seinen eigenen Leuten verraten zu werden; zur selben Zeit, am 13. März, habe er dem Grafen Breuner angeboten, alles durch den Stallmeister erforschen zu wollen, und sei deswegen abgereist; Breuner habe ihn auch aufgefordert, Zrinyi abzuraten und ihn an den schlechten Ausgang der böhmischen Rebellion zu erinnern. Die Aussagen des Stallmeisters Rudolf von Lahn sprechen gegen Tattenbach. Megerle klage ihn nach gemeinem Recht auf Hochverrat. Die Verteidigung Tattenbachs war sehr schwach, obwohl er den tüchtigsten Advokaten von Graz, seinen alten Freund Dr. Pfeiffer gewählt hatte. Dr. Pfeiffer erwiderte dem Ankläger Dr. Megerle: Zrinyi habe erst 14 Tage früher dem Grafen Frangepan anvertraut, daß er sich gegen den Kaiser erheben wolle; ein Gleiches sei bei Tattenbach der Fall; die Liga sei nur eine Versicherung der brüderlichen Freundschaft und unter Edelleuten gebräuchlich; wenn Graf Tattenbach sich schuldig gefühlt hätte, würde er gewiß seine Familie, Geld und Schmuck nach Venedig gerettet haben. Im Verfahren gegen seinen Mandanten sei nichts Wichtiges herausgekommen, vor allem aber nichts, was das Verbrechen des Hochverrates begründen würde. Aus diesem Grunde dürfe Graf Tattenbach zu keiner ordentlichen Strafe verurteilt werden, doch verdiene er eine außerordentliche Strafe, weil er sich mit einem Privaten außer Landes eidlich verbunden, weil er Zrinyi in seiner bösen Absicht bestärkt habe, weil er einen strafwürdigen Wandel geführt und das „Faschingsbüchel" habe drucken lassen, mit dem er die ganze Gemeinde verärgerte, und eine strafwürdige Verbrüderung mit Graf Thurn eingegangen sei.

Die zweite Instanz, der Geheime Rat von Innerösterreich, erkannte jedoch in seinem Urteil vom 1. April 1671 nicht wie die erste Instanz auf eine hohe Geldstrafe und Haft, sondern auf das Verbrechen des Hoch- und Landesverrates: er habe seinem Eid und seiner Pflicht zuwider gehandelt, um so mehr, als er wirklicher innerösterreichischer Regimentsrat, Kämmerer und Landstand sei; er habe sich mit Zrinyi in ein Bündnis gegen Kaiser und Vaterland eingelassen, über einen Krieg gegen Seine Majestät beratschlagt, dem Zrinyi Graz, Radkersburg und Pettau ausliefern wollen und habe das Bündnis zwischen Wesselényi, Zrinyi und Nádasdy gekannt.

Trotz verzweifelter Bemühungen Dr. Pfeiffers wurde Graf Tattenbach am 1. April 1671 des Verbrechens der Majestätsbeleidigung schuldig befunden und wegen Hoch- und Landesverrates zum Abschlagen der rechten Hand und des Hauptes verurteilt. Der Gerichtshof verfügte darüber hinaus die sofortige Konfiskation der Güter Tattenbachs.

Gegen das Urteil der zweiten Instanz legte nun Dr. Pfeiffer Berufung ein, worauf dieses dem vom Kaiser ernannten Sondergerichtshof in Wien zur Entscheidung vorgelegt wurde.

Am 23. November bestätigte dieses Höchstgericht das Urteil des Geheimen Rates von Innerösterreich.

Zwei Tage später, am 25. November, entsandte Hocher die königlichen Kommissäre Hofrat Abele und Molitor, die schon die Vollstreckung der Todesurteile in Wiener Neustadt überwacht hatten, nach Graz ...

Tattenbachs Ende

Graz, 28. November/1. Dezember 1671. Es war ein nebliger Tag. Pater Sägl von der Jesuitenuniversität kam von der Frühmesse zurück.

Ein Soldat der Wache, die Tattenbachs Gefängnisstube beaufsichtigte, erwartete den Pater. Sägl war der Beichtvater Graf Tattenbachs, und Tattenbach verlangte nach ihm.

„Ich komme, sobald es mir möglich ist." Hierauf begab er sich zum Rektor Pater Püttner und erzählte ihm, daß Tattenbach nach ihm verlange.

„Er könne sich das denken", erwiderte der Rektor, „denn schon gestern seien die kaiserlichen Kommissäre Hofrat Abele und Dr. Molitor in Graz eingetroffen."

„Was wollen die Herren in Graz?" erkundigte sich Sägl.

„Sie sind gekommen, um Tattenbach das Todesurteil zu verkünden und die für 1. Dezember vorgesehene Hinrichtung zu überwachen. Davon darf Tattenbach aber erst durch die Kommissäre selbst erfahren. Ich habe dem Hofrat gesagt, daß du sein Beichtvater bist und für diese Tage zur Verfügung stehst."

Um elf Uhr sandte Hofrat Abele um Pater Sägl. Er solle sofort mit Umhang und Pallium zu ihm kommen.

„Geht zu Tattenbach, Pater", forderte ihn Hofrat Abele auf, „bereitet ihn darauf vor, daß er sich in Gottes Willen fügt."

„Das ist mir so schwer geworden, daß es mir die Tränen in die Augen trieb", erzählte Pater Sägl später dem Rektor. „Ich habe es nicht gewagt, dem Grafen das Urteil zu verraten."

Es war Nachmittag, nach zwei Uhr, gewesen, als Pater Sägl in Gedanken versunken den Schloßberg hinaufging.

„Warum kommt Ihr erst jetzt, Pater?" empfing Tattenbach seinen Beichtvater. „Die Zeit ist ungewöhnlich wie Eure Verspätung."

„Der Rektor hat mir für den Burggrafen eine Botschaft aufgetragen. Graf Breuner ist aber nur am Nachmittag hier, und da dachte ich, ich könnte beide Anliegen auf einmal erledigen", erzählte Pater Sägl so harmlos wie möglich.

Tattenbach sah den Pater mißtrauisch an, und weil gerade die Speisen gebracht wurden, lud Tattenbach seinen Beichtvater ein, mit ihm zu essen. Dabei bedrängte der Graf den Pater nochmals mit der Frage, was es für Hindernisse gegeben habe. „Am Morgen, als ich zum Fenster hinaussah, habe ich einen Boten der Grazer Kammer im Hofe gesehen. Da ist es mir gleich ganz anders geworden."

Als Pater Sägl das hörte, begann er in seiner Kutte entsetzlich zu schwitzen. „Auch ich", erwiderte Sägl, „bin in diesen Tagen sehr erschreckt worden. In der Stadt wimmelt es von seltsamen Gerüchten." Pater Sägl sah, daß Tattenbach leichenblaß wurde.

„Was sind das für Gerüchte? Betreffen sie mich? — Seid ehrlich!" drängte Tattenbach.

„Ja, Graf, sie betreffen Euch. Man befürchtet, daß Ihr in nächster Zeit an Leib und Leben Schaden nehmen werdet."

Als Graf Tattenbach dies vernahm, stürzte er ohnmächtig zu Boden. Unter Aufbietung aller Kräfte hob ihn der Pater auf und legte ihn auf sein Bettgestell. Dann begab sich Sägl zurück zu Püttner und erzählte ihm, was vorgefallen war.

„Bis zur Exekution wirst du an seiner Seite schwere Stunden zu verbringen haben."

Es war gegen Mitternacht, als ein Soldat an der Pforte klopfte und Pater Sägl wecken ließ. Er werde vom Burggrafen gesendet. Pater Sägl möge sofort zu Graf Tattenbach kommen. „Graf Breuner hat angeordnet, daß Ihr an der Seite Tattenbachs bleiben sollt!" meldete der Soldat.

Pater Sägl ging wieder schweren Herzens den Schloßberg hinauf und fand Graf Tattenbach in großer Aufregung.

„Ich halte es allein nicht mehr aus, Pater. Ihr müßt bei mir bleiben, denn es könnte sein, daß sich diese Gerüchte bewahrheiten!" schrie er atemlos.

„Ja, Graf, ich bleibe bei Euch", besänftigte ihn der Jesuit. „Aber laßt uns gemeinsam beten, daß uns Gott die Kraft gibt, daß wir uns in seinen Willen fügen können, wie immer er sein mag." Dazu war Tattenbach bereit und nach langem Beten schlief er, von Müdigkeit übermannt, ein.

Um vier Uhr früh hörte der Pater Schritte, die sich der Tür zu Tattenbachs Stube näherten. Abele, Molitor und Breuner traten in das Gemach. Abele faßte den Pater am Ärmel und fragte leise: „Wie sollen wir es anstellen, wir kommen, um dem Grafen sein Urteil zu verkünden. Ihr müßt ihn wecken."

Sägl rüttelte Tattenbach und sagte ihm, daß die kaiserlichen Kommissäre da seien. Tattenbach richtete sich auf, während die Kommissäre in die Mitte des von einigen Kerzen erhellten Zimmers traten. Pater Sägl zog sich bis zur Tür zurück.

„Vernehmt mannhaft das Urteil des Sondergerichtshofes Seiner Majestät, des Kaisers des Heiligen Römischen Reiches", begann Abele. „Das Sondergericht hat das Urteil der zweiten Instanz, des Geheimen Rates von Innerösterreich, bestätigt, mit welchem Ihr des Hoch- und Landesverrates für schuldig befunden wurdet, weil Ihr an der Verschwörung, die der verstorbene Palatin Wesselényi angezettelt und der Ban von Kroatien, Graf Peter Zrinyi, fortgeführt hat, teilgenommen habt, deren Ziel es war, das Haus Habsburg in Ungarn seiner legitimen Rechte zu berauben und abzusetzen. Ihr habt Euch in vermessenem Ehrgeiz und unzulässiger Ambition in einem wechselseitigen Eidbündnis mit Zrinyi verpflichtet, den Aufstand der Magnaten zu unterstützen, habt Euch das Fürstentum Cilli für Eure Hilfe von Zrinyi versprechen lassen, habt den Görzer Landeshauptmann, Graf Thurn, zu einem wechselseitigen Eidbündnis gegen den Landesherrn überredet, das dieser tatsächlich mit Euch abgeschlossen hat und habt die Grundholden Eurer Güter Gobonitz, Stettenberg, Windisch-Landsberg, Triebeneck, Gallhofen, Hebenstreit, Nieder-Pamstorf und der Herrschaft Kranichsfeld in auffälliger Weise bewaffnet, um mit Zrinyi und anatolischer Reiterei über Radkersburg nach Pettau zu marschieren, Pettau selbst und in der Folge Graz und Fürstenfeld zu überfallen, und habt damit ein Majestätsverbrechen begangen. Ihr werdet dafür mit Blut und Leben, Ehr und Gut büßen. Euer Name wird aus der steirischen Adelsmatrikel gestrichen, Eure steirischen und schlesischen Güter und alle bewegliche Habe verfallen dem Fiscus. Der Termin der Urteilsvollstreckung wird Euch noch bekanntgegeben werden."

Tattenbach verfiel in starke Weinkrämpfe und bat: „Ich bitte um die Gnade, nicht durch Abhauen des Kopfes, sondern durch Erwürgen oder das Öffnen meiner Adern sterben zu dürfen."

„Ich bin nicht befugt, Graf, das Urteil abzuändern. Ich bin gekommen, um es Euch zu verkünden und die im Urteil vorgesehene Vollstreckung zu überwachen", entgegnete ihm Abele. Dann verabschiedeten sich die Kommissäre durch eine leichte Verbeugung und verließen den Raum.

Nach einiger Zeit, als Tattenbach aus seiner Ohnmacht wieder erwachte, in die er nach der Urteilsverkündung gefallen war, zogen ihn Soldaten der Wache aus dem Bett. Er wurde angekleidet und, weil er zu schwach war, um selber gehen zu können, auf einen Tragsessel gesetzt und in den Burghof zu einem dort schon auf ihn wartenden Wagen getragen. Weil Tattenbach sich weigerte, in den Wagen einzusteigen, wenn sein Beichtvater nicht auch einsteigen dürfe, bewilligte Hofrat Abele dies. Hauptmann Berthold, der Kommandant der Burgwache, begleitete den Wagen mit einer starken Eskorte.

Tattenbach weinte still vor sich hin und lag während der Fahrt in den Armen seines Beichtvaters. Als die Eskorte die Stadtgrenze erreichte, verließ Hauptmann Berthold den Wagen, während der Stadtrichter in den Wagen stieg.

Auf dem Weg zum Rathaus säumte viel Volk die Straßen der Stadt. Tattenbach wurde wieder in einem Tragsessel in die für ihn vorbereitete Stube im ersten Stock getragen.

In der Stube Tattenbachs mußte sein Beichtvater für ihn einen Brief schreiben und dem Grafen die Generalbeichte abnehmen. Gegen acht Uhr konnte Sägl den Grafen auf einige Stunden verlassen, um Pater Püttner berichten zu können.

Erst am nächsten Tag, am 29. November, durfte Sägl wieder zu Tattenbach. Der Graf hatte diesmal nach ihm und nach dem Rektor verlangt.

Tattenbach bat die beiden Jesuiten, ihm bei der Abfassung eines Briefes an die Geheimräte des Kaisers zu helfen und ihn zu beraten, wie er sie milde stimmen könnte. Tattenbach hoffte noch immer, sein Leben retten zu können.

Pater Püttner war mit dem verfaßten Brief zu Hofrat Abele gegangen. Der beim Graf zurückgebliebene Sägl führte mit ihm lange geistliche Gespräche. Als Püttner endlich zurückkehrte und dem Grafen eröffnete, daß die Vollstreckung des Urteiles angeordnet sei, verfiel er in eine starke Frenesis.

Nach neun Uhr wurde Graf Tattenbach durch einen Weisboten seine und seines Sohnes Vertreibung aus der Provinz vorgelesen.

Um halb ein Uhr zelebrierte Pater Sägl eine Messe und spendete dem Grafen die Eucharistie. Mit einem Epulum hat er ihn letztlich aufgerichtet.

„Ich bekenne", erzählte der Jesuit später, „niemals von einem Geistlichen oder Mönch so fromme Reden gehört zu haben. Ich mußte ihn beruhigen, weil er so aufgeregt betete. Nach dieser Messe beteten wir bis zwei Uhr nachts weiter."

Inzwischen hatte die Freiin Susanne von Triebeneck, Tattenbachs Frau, erlesene Speisen geschickt, und der Graf bestand darauf, daß sein Beichtvater mit ihm speise. Er selbst wollte allerdings nichts essen. Er sagte, er habe während der heiligen Messe den Leib des Herrn empfangen und es wäre unanständig, nachher profane Speisen zu sich zu nehmen. Graf Tattenbach wollte mit hungrigem Magen zum Herrn Jesus kommen.

Pater Sägl, der auf kurze Zeit weggerufen wurde, weil Hofrat Abele mit ihm sprechen wollte, erzählte, daß er die Bewacher schmausen sah, als er zurückkam.

Erst über eine sehr ernste Ermahnung, daß er noch seine Kräfte brauchen werde, brachte es der Beichtvater des Grafen zuwege, daß dieser einige Bissen aß.

Nach dieser Stärkung begann Tattenbach gleich wieder mit geistlichen Gesprächen. Von Pater Sägl ermahnt, ließ Tattenbach aber auch noch die weltlichen Angelegenheiten erledigen, alles, was er meinte nach seinem Gewissen noch erledigen zu müssen.

Nach vier Uhr, es war am späten Nachmittag, wurde es schon dunkel. Hofrat Abele besuchte den Grafen. Sie führten ein privates Gespräch, und als um etwa fünf Uhr sein Sohn Anton bat, zu seinem Vater vorgelassen zu werden, bewilligte der Hofrat das.

Es war ein bewegender Abschied des Sohnes vom Vater, und niemand war in der Stube, der nicht reichlich Tränen vergossen hätte. Weinend umarmten sich beide, und unter Tränen segnete der Vater den Sohn.

Als Anton gegangen war, befahl Pater Sägl allen Anwesenden zu gehen, damit der Graf noch ungestört mit seinem Herrgott Zwiesprache führen könne.

Tattenbach war bereit, sich in Demut, Reue und Treue dem Herrn Jesus zu unterwerfen, und bat den Pater, jene zu warnen, die nach Macht streben. Ruhm und Größe tanzen über tiefem Abgrund, auf schmalem Grat den Todestanz.

„Anschließend gaben wir uns der Devotion hin. Ich selbst war so ergriffen", erzählte der Pater, „daß ich nach elf Uhr den Grafen bat, sich zu beruhigen. Um das zu erreichen, mußte ich dem Grafen versprechen, bis zu seinem Tode nicht mehr von seiner Seite zu weichen. Unter heißen Gebeten legte er endlich sein Obergewand ab und schlief dann erschöpft ein."

Aber schon nach einer halben Stunde riß es ihn aus seinem Schlafe, und Pater Sägl mußte einen Brief an den Kaiser schreiben, den er nach dem Tod des Grafen persönlich nach Laxenburg bringen sollte. In diesem Schreiben hieß es „... Allergnädigster, unbesiegbarer und mildester

Kaiser und Herr. Nachdem die göttliche Allmacht nach ihrem unerforschlichen Ratschluß und die römisch-kaiserliche Majestät in ihrem milden und gerechten Urteil bestimmt haben, mich durch die Hand der Gerechtigkeit aus diesem in das jenseitige Leben zu senden, erkenne ich, daß es mein Teil ist, dem Willen Gottes und meines Kaisers zu folgen. Ich werde es glücklich und treu tun. Da es aber dem Vater zusteht, vor seinem Tod für seinen Sohn vorzusorgen, obwohl mir durch die Gesetze der Weg verlegt ist, bitte ich Eure kaiserliche Majestät als den Vater des Vaterlandes und aller Witwen und Waisen, mir die Gnade zu gewähren, meinen Sohn — trotz der von mir verübten Delikte — zu schonen. So empfehle ich mein verlassenes Söhnlein der Milde und Gnade meines Kaisers, damit auch der ewige Gott in seinem Mitleid später einmal dem Kaiser gnädig sein werde.

... weiters will ich den Jesuiten so viel von meinem Vermögen zukommen lassen, daß sie für mich 2000 Messen lesen können.

Ich bitte und bitte immer wieder, durch die heiligen Wunden Christi, daß durch meine Verbrechen nicht mein Sohn und nicht meine Familie befleckt wird. Ich bleibe Eurer Majestät untertänigster, zum Tod verurteilter Graf Tattenbach. Graz, an meinem Todestag."

Nachdem Pater Sägl diesen Brief geschrieben hatte, widmeten sich der Graf und der Jesuit wieder dem Gebet. Während der Pater aus der Heiligen Schrift vorlas, betete Tattenbach das Breviarium des heiligen Andreas. Der letzte und einzige Trost des Grafen waren die Gebete. Von den Anstrengungen übermannt, verfiel er neuerlich in eine Ohnmacht. Sägl meinte schon, daß der Graf sterben werde. Aber er kam nach einiger Zeit wieder zu sich und beide setzten die geistlichen Gespräche und Gebete fort, und dann glaubte der Graf wieder, daß die Zeit seines Todes noch nicht da sei. Wieder mußte ihn der Pater beruhigen.

So verging die Nacht.

Pater Sägl notierte sich gewisse Punkte und Bitten, die er im Namen des Grafen dem Hofrat Abele bezüglich seines Gewandes für die Hinrichtung, sein Begräbnis, Almosen und andere Sachen vorlegen sollte. Unter anderem bat er auch um die Erlaubnis, daß am nächsten Tage, dem Tag des heiligen Andreas, von allen Kanzeln in Graz das Volk gesegnet und für ihn bei Gott Abbitte geleistet werde und daß man ihm, wenn er jemanden beleidigt oder jemandem Schaden zugefügt hätte, verzeihen möge. Er bat Gott, daß er ihn am Tage des heiligen Andreas so stark mache, daß er den Tod so mutig wie dieser ertragen könne.

„Um acht Uhr des 30. November habe ich Hofrat Abele die Bitten des Grafen vorgetragen. Er stimmte allen Wünschen zu. Besonders aber hat er Wert darauf gelegt, daß die öffentliche Abbitte durch das Volk geleistet worden ist. Bei dieser Gelegenheit erfuhr ich von Hofrat Abele, daß dem Grafen vor der Enthauptung die rechte Hand abgeschlagen werden sollte. Er ersuchte mich, dies dem Grafen beizubringen.

Dies verursachte mir mühevolle Verhandlungen, weil wir bis dahin glaubten, daß nur der Kopf abgeschlagen werden sollte."

Pater Sägl kehrte zu seinem Grafen zurück.

Während Tattenbach wieder den Tisch für die heilige Messe herrichtete, begann der Pater wieder sehr stark zu schwitzen und starrte den Grafen an. Tattenbach bemerkte das und schöpfte Verdacht. Er fragte seinen Beichtvater nach dem Grund seines Schwitzens. Pater Sägl antwortete ihm: „Ich schwitze deshalb, weil ich noch nicht genau weiß, welcher Termin für die Hinrichtung vorgesehen ist. Außerdem weiß ich nicht, ob Verhandlungen wegen dem Abhauen der rechten Hand stattfinden werden."

Tattenbach erschrak sehr, als er vom Abhauen der rechten Hand hörte.

„Tröstet Euch, Graf", sagte der Pater, „dem Tod folgt die Gnade."

„Durch dieses Gespräch", erzählte der Jesuit später, „habe ich den Grafen so umwandeln können, daß er bereit gewesen wäre, beide Hände zur Ehre Gottes und zu seinem Seelenheil dem Henker zu bieten. Zwischen Hoffnung und Furcht stehend, rief ich Hofrat Abele herbei, und als ich ihn, vor meinem Grafen, um die Todesart fragte und ob im Urteil auch das Abhauen der rechten Hand vor dem Abschlagen des Kopfes vorgesehen sei, bestätigte er dies."

Nachdem Abele gegangen war, bereiteten wir wieder den Tisch für die heilige Messe, denn der Graf war begierig, für sein Seelenheil noch etwas zu tun. Er ließ aber dem Stadtrichter auch sagen, daß das Volk am 1. Dezember, um neun Uhr, für ihn beten solle. Für alle, die für ihn zu dieser Zeit beten würden, wolle er einen Teil seines Vermögens aufwenden.

Die ganze folgende Nacht war wieder innigen Gebeten gewidmet.

„Um drei Uhr früh, während sich Graf Tattenbach mit dem Trauergewand für die Hinrichtung ankleidete, bat er mich, dieses Gewand mit Weihwasser zu besprengen und zu segnen, damit an ihm kein teuflisches Versuchen Schaden anrichten könne. Dann spendete ich dem Grafen die letzte heilige Ölung. So wurde es fünf Uhr, und ich habe meinem Grafen die letzte heilige Eucharistie gereicht. Graf Tattenbach war nun so gestärkt, daß er die Zeit seines Todes herbeisehnte, um endlich bei Christus sein zu können. Er sagte mir, mit fröhlich heiterem Geist, daß er, wenn ihm die Gnade der Freiheit angeboten würde, diese beiseiteschieben und den Tod verlangen würde, denn für das, was er bisher gemacht habe, habe er schon zweimal den Tod verdient. Wenn er aber schon damals, als er den Tod zum ersten Mal verdient habe, gestorben wäre, so wäre er der ewigen Verdammnis nicht entgangen. So aber glaube er fest, daß er den ewigen Ruhm erlangen werde.

Nach neun Uhr hörten wir vom Richter, daß die Zeit der Exekution da sei. Diese Botschaft, lang erwartet, empfingen wir mit fröhlichem Geist. Ich sagte zum Grafen: ‚Nun werdet Ihr von Gott gerufen.'

Wir sammelten uns und dann führte ich ihn mit heroischem Geist in den Hof des Rathauses zu dem dort errichteten Blutgerüst, das mit schwarzem Tuch bedeckt war.

Der Graf nahm auf einem schwarzen Sessel Platz, dann las ihm der Stadtschreiber das Urteil vor. Während der Verlesung des Urteiles habe ich ihn, damit er sich nicht mehr aufzuregen brauchte, mit geistlichen Sprüchen zerstreut.

Nach dem Ende der Urteilsverlesung wurde dem Grafen mitgeteilt, daß ihm das Abhauen der rechten Hand erlassen werde.

Hierauf hielt der Stadtrichter eine kurze Rede und forderte den Grafen auf, dem Tod mutig entgegenzusehen. Dann brach der Stadtrichter über dem Haupte Tattenbachs den Stab entzwei und fragte den Grafen, ob er etwas sagen oder vorbringen wolle. Aber ich überredete ihn, nichts mehr vorzubringen und zu sagen, sondern sich jetzt mit seinem Heiland Jesus Christus, der auch immer geschwiegen habe, zu vereinigen. Und Tattenbach schwieg, und ich erteilte ihm die Absolution. Dann haben wir uns fröhlich, wenn auch nicht ohne Tränen, Lebewohl gesagt. Ich reichte meinem Grafen mein Kruzifix und trat einen Schritt zurück."

Während Tattenbach das Haar aufgebunden wurde, haben wir den Glauben, die Hoffnung und die Liebe und die heiligen Engel und Patrone angerufen, die Wegbegleiter zur Ewigkeit, und er übergab seinen Geist, unter dem Anrufen von Jesus und Maria, Gott.

Alle Anwesenden baten um die Milde Gottes für die Seele des Toten, denn der Henker mußte dreimal zuschlagen, ehe sich das Haupt vom Rumpfe trennte.

Den Körper des Toten wollte niemand berühren, weil der Graf durch die Hand des Henkers gestorben war. Letztlich legten vier Patres der Gesellschaft Jesu den Leichnam Tattenbachs in den Sarg.

Mit vom Blute durchtränkten Kleidern wurde die Leiche bis zur Dämmerung dem Volke zur Schau gestellt.

In der Zwischenzeit begann um die Bestattung Tattenbachs ein richtiges Feilschen, denn niemand wollte den Ehrunwürdigen auf seinem Friedhof haben. Erst auf das eindringliche Bitten des Paters Sägl stimmten die Dominikaner der Beerdigung des hingerichteten Grafen auf ihrem Gottesacker zu. Hierauf wurde die Leiche, es war mittlerweile sechs Uhr abends geworden, zur Annakapelle des Klosterfriedhofes gebracht und in aller Stille beigesetzt.

Nach der Vollstreckung der Exekution an Graf Tattenbach kehrten die Bevollmächtigten des Sondergerichtshofes, Hofrat von Abele und Dr. Molitor, nach Wien zurück. Hofrat Abele studierte während der Fahrt die Aufzeichnungen über das letzte Verhör mit dem Hingerichteten vom 30. November. Tattenbach hatte gestanden, daß das von ihm mit Karl von Thurn geschlossene Bündnis ähnlich dem mit Zrinyi abgefaßt worden war, daß er Thurn aber nur anvertraut habe, daß Zrinyi mit dem König von Frankreich gut stehe. Er habe Thurn zwar von seiner Liga mit Zrinyi nichts erzählt, wohl aber von der Liga zwischen Zrinyi und Nádasdy. Tattenbach hatte auch geglaubt, daß, wenn der Aufstand in Gang gekommen wäre, Thurn als sein guter Freund, sich der Rebellion angeschlossen hätte. Der bereits verstorbene Waidmannstorff habe ihm die erste Nachricht davon zukommen lassen, daß sich Zrinyi in den Schutz der Türken begeben habe. Auch Locatelli habe von der Sache gewußt und habe insgeheim Husaren für Zrinyi angeworben. Tattenbach hatte Hofrat Abele aber gebeten, dem Thurn keinen Schaden zuzufügen, denn dieser sei von ihm verführt worden und ganz berauscht gewesen. Tattenbach war aber nicht bereit gewesen, das Gesprochene niederschreiben zu lassen und zu unterfertigen. Vergebens hatten ihm auch die Jesuiten zugesprochen und ihm versichert, daß er bei Gott wegen seiner Aussagen nichts zu leiden haben werde, denn er täte ja nur, was er zu tun schuldig sei. Weder sie noch die Herren Abele und Dr. Molitor hatten aus ihm weiteres herausgebracht. Um drei Uhr nachmittags hatte dann der Geheime Rat auf Antrag Abeles beschlossen, daß die Stadttore und Läden geschlossen werden mußten und die Bürgerschaft sich in Waffen aufzustellen habe, weil der „Pöbel" sehr über Tattenbach aufgebracht sei. Tattenbach dürfe wohl der Welt Abbitte leisten, aber nicht vom Prozeß und der Ursache seines Todes reden. Sollte er dies, so wären die Trommeln zu rühren.

Nachdenklich schloß Hofrat Abele seine Aktenmappe und versuchte, die schrecklichen Hinrichtungen aus seinem Gedächtnis zu drängen. Aber es gelang ihm nicht, denn an diesem 30. November war der Scharfrichter erst am Abend aus Radkersburg gekommen und hatte erzählt, daß er dort mit einigen Hexen beschäftigt gewesen sei.

Kaiser Leopold diktierte seinem Sekretär am Tag nach der Hinrichtung Graf Tattenbachs: „Ich hab' es nit gern getan, allein ‚ne Hungari possunt credere Germanis omnia condonari, illos solum plecti‘, damit die Ungarn nicht glauben könnten, den Deutschen werde alles verziehen, bloß nur jene geschlagen, und damit auch die Erblande ein Exempel haben, hab' ich es müssen geschehen lassen."

Konfiszierung der Güter der Verschwörer

Die Güter des verstorbenen Palatins Wesselényi und seiner Witwe waren noch 1670 beschlagnahmt worden. Maria Széchy wurde für ihren Unterhalt eine Rente zuerkannt.

Auch die 22 Güter Nádasdys wurden noch in diesem Jahr konfisziert und seine Verwalter von der Hofkammer beauftragt, die Besitzungen für den Fiscus weiterzubewirtschaften. Sie sollten nach und nach verkauft werden, denn mit dem Erlös sollten die Kriegskosten hereingebracht werden. Die Nádasdyschen Besitzungen standen bis zur Urteilsvollstrekkung unter provisorischer Verwaltung durch den Fiscus, weil erst im Urteil die Konfiskation ausgesprochen worden war. Der erboste Güterpräfekt Nádasdys Kövér Gábor und der Obereinnehmer Dugovics György wurden in ihrem Amte bestätigt und hatten der Hofkammer vierteljährlich Rechnung zu legen. Die Übernahme der Besitzungen ging ohne Schwierigkeiten vonstatten. Nur Dömölky András, der Kastellan der Nádasdy-Burg Sarvár, verwehrte am 12. September 1670 dem Freiherrn von Seeau, der mit der Konfiskation der Güter beauftragt war, den Kommissionsmitgliedern Georg Martón, Paul Medyansky und den 140 deutschen Soldaten, die vom Infanterieregiment Pio als Konvoi für den Freiherrn abgestellt worden waren, den Einlaß in die Burg mit dem Bemerken, daß er von Graf Nádasdy den strengsten Befehl habe, zur Nachtzeit niemanden einzulassen. Hierauf mußte der ganze Konvoi im gleichnamigen Ort, dem Markte Sarvár, nächtigen. Erst am darauffolgenden Morgen erklärte sich der Kastellan bereit, das von Seeau mitgebrachte Schreiben Nádasdys zu lesen. Nádasdy hatte in diesem Dömölky angewiesen, den kaiserlichen Kommissären keinen Widerstand zu leisten und die Festung zu übergeben. Erst hierauf ließ Dömölky den Konvoi in die Burg ein. Die Offiziere Nádasdys wurden auf Kaiser Leopold vereidigt, die aus 38 Mann bestehende Besatzung aber am 15. September entlassen und durch 70 Mann des Konvois ersetzt.

Die Herrschaften Deutschkreutz, Lockenhaus und Klostermarienberg wurden zunächst Objekt eines Tauschgeschäftes, bei dem die Hofkammer die dem Grafen Nikolaus Draskovich verpfändete Herrschaft Ungarisch-Altenburg einlöste. Am 30. März 1672 schloß dann die Hofkammer mit dem Schwiegersohn Nádasdys einen Kontrakt, in dem Draskovich für die Abtretung der Herrschaft Ungarisch-Altenburg, Deutschkreutz, Lockenhaus und Klostermarienberg um 142.000 Gulden auf vier Jahre überlassen wurden. Nach Ablauf dieser Zeit verkaufte die Hofkammer diese drei Herrschaften um 205.000 Gulden an Graf Paul Esterházy. Die Herrschaften Sarvár und Heiligenstein kaufte Graf Draskovich 1677 um 326.520 Gulden. Diese Gelder wurden größtenteils zur Bezahlung der Schulden Nádasdys an die vielen kleinen Gläubiger, die sich nach seinem Tode meldeten, und zur Versorgung seiner Waisen aufgewendet.

Von der Hofkammer wurden für die standesgemäße Haft Nádasdys (Essen, Trinken, Kleidung und Brennmaterial) 2353 Gulden ausgegeben. Der Scharfrichter Michael Langmayer in Wien, welcher „dem Rebellen Nádasti den Kopf abgeschlagen", erhielt 1671 vom Hofzahlamt für seine Arbeit 50 Gulden ausbezahlt.

Die Herrschaft Kapuvár, die vorerst 1675 dem Grafen Raimund Montecuccoli für seine Verdienste um den Hof als „gnadensrecompens" auf ein Jahr übergeben worden war, wurde 1680 um 155.000 Gulden ebenfalls von Paul Esterházy erworben. Die Herrschaft Belatinc wurde bis 1682 von der ungarischen Kammer verwaltet und wurde in diesem Jahre bis 1694 an Graf Georg Széchényi, den Erzbischof von Gran, verpfändet. 1725 kaufte sie Graf Georg Csáky. Die Herrschaft Csejte und das Gut Beckó wurden 1695 von Anton Christoph Erdödy um 200.000 Gulden gekauft.

Die Herrschaft Hornstein wurde bis 1676 vom Administrator Christoph Lucas Seiwicz verwaltet und war von 1676 bis 1684 dem Grafen Gottlieb von Windischgrätz verpfändet. Der ursprüngliche Plan, die Herrschaften Pottendorf und Hornstein der Burgvogtei von Wiener Neustadt zu unterstellen und die Oberinspektion dem niederösterreichischen Vizedomat zu übertragen, mußte fallengelassen werden, weil wohl Pottendorf als zu Niederösterreich gehörig betrachtet, Hornstein hingegen als dem Königreich Ungarn reinkorporiert angesehen worden war. Schließlich wurde doch ein Ausweg gefunden. Für beide Herrschaften wurde der Administrator Seiwicz bestellt, der beide Güter von Pottendorf aus verwaltete. Dem Administrator wurde für Rechtsfragen ein Präfekt zur Seite gegeben. Während die Herrschaftsabgaben aus den Nádasdyschen Gütern von Beauftragten der niederösterreichischen Hofkammer eingehoben wurden, mußte die Portensteuer an die ungarische Hofkammer abgeliefert werden. Auf diese Weise wurde aber der zollfreie Handel mit den Gemeinden jenseits der Leitha unterbunden. Das traf die Kaufleute vor allem hart. Bald wurde die Einfuhr des ungarischen Steinsalzes nach Niederösterreich unter Androhung von Geldstrafen und Konfiszierung des Salzes verboten. Dies führte zu Beschwerden der Krämer.

War den Hornsteiner Bauern die Robot zu hoch, so klagten die Leithaprodersdorfer und Wimpassinger, daß nur sie allein die urbarialen Verpflichtungen zu erfüllen hätten, während anderen Orten durch die Erlaubnis, eine Kontraktsteuer zu entrichten, eine Bevorzugung eingeräumt worden sei. So wurde vor allem der Zehent der ganzen Herrschaft in Fuhren und Garben in Hornstein zusammengeführt, mußte hier von den Hornsteinern gedroschen werden, um dann als Stroh und Getreide weitertransportiert zu werden. Das leidige Transportproblem erboste wieder die Viertellehner, weil sie den Halblehnern gleichgestellt und ab jetzt wie diese zu Spanndiensten herangezogen wurden. Klagten die Leithaprodersdorfer, daß ihnen der Handel verboten worden war, obwohl sie in allen anderen Belangen wie Österreicher behandelt würden, so empörten sich die Stotzinger über das häufige Gewähr-Lesen, weil sie dafür jedesmal etwas zahlen mußten. So führte die getrennte Verwaltung zu zahllosen Schwierigkeiten.

Da Graf Gottlieb von Windischgrätz aber große Geldsummen an die kaiserliche Finanzkammer verborgt hatte, verpfändete ihm der Kaiser am 16. August 1676 die Herrschaft Hornstein vorerst bis 1. Oktober 1684. Auf diese Weise kamen die Märkte Hornstein und Loretto sowie die Dörfer Pöttelsdorf und Stinkenbrunn (Steinbrunn) wieder in die Hände eines mächtigen österreichischen Geschlechtes, das auch in Trautmannsdorf und Götzendorf sehr begütert war.

Hatten sich die Freiherren von Stotzing einst durch die Ortsgründungen von Stotzing und Wimpassing eine bleibende Erinnerung in der Herrschaft Hornstein geschaffen, so Graf Nádasdy durch die Gründung von Neufeld (zwischen 1648 und 1653), denn es hieß in einem Bittschreiben der Neufelder an die niederösterreichische Hofkammer unter anderem, „wissent, das dieses dörfel erst gar vor wenig jahren von dem Nädästiser auf gruener haydt zu erbauen angefangen".

Zwei Jahre nach der Übernahme der Pfandherrschaft durch Graf Windischgrätz ließ sein Verwalter den Meierhof von Hornstein mit Steinen des öden Schlosses ausbessern, und die Hofkammer schlug vor, „an Stelle des Spaltenzaunes, der von dem unpändigen Croatenvolckh jährlich ruiniert werde", eine Steinmauer zu errichten.

Von 1684 bis 1695 wurde Hornstein dem Graner Erzbischof Széchényi und von 1695 bis 1702 dem Grafen Johann Michael von Althan verpfändet und in diesem letzten Jahre um 265.000 Gulden vom Palatin Fürst Paul I. Esterházy gekauft. 1712 wurden dem Fürsten die Herrschaften Alsóllendva und Nempti durch königliche Schenkung übertragen. Letztlich ging die Herrschaft Pottendorf, die bis 1702 von kaiserlichen Administratoren verwaltet worden war, in diesem Jahre an die Grafen Starhemberg über, wurde aber später ebenfalls von der Familie Esterházy erworben. Da die Esterházy schon in der ersten Hälfte des 17. Jahrhunderts mit dem Erwerb der Herrschaften Landsee-Lackenbach, Forchtenstein und Eisenstadt in Westungarn Fuß gefaßt hatten und außer den gekauften Nádasdyschen Gütern auch noch Kobersdorf und andere Besitzungen erwerben konnten, nannten sie bald den größten Teil im nördlichen Westungarn ihr Eigen. Da sie königstreu und politisch verläßlich waren, wurden sie für die Politik des Wiener Hofes in Westungarn zu einem stabilisierenden Faktor höchsten Ranges. Die Zuverlässigkeit des Palatins Paul Esterházy bewährte sich denn auch im Türkenjahr von 1683 in absoluter Loyalität zum Kaiserhaus.

Das Kastell Draßburg letztlich samt allen Wirtschaftsgebäuden und dem dazugehörigen Untergut, das Franz Nádasdy am 26. Juni 1663 um 44.000 ungarische Gulden und 1000 Reichstaler einschließlich anderer kleinerer Besitzungen von Sigismund Megyery rückgelöst hatte, wurde am 30. März 1672 mit königlichem Dekret, im Tausche gegen die im Komitat Neusohl liegende größere Herrschaft Lipcse, die der Fiscus übernahm, Graf Stefan Zichy zugesprochen und von diesem am 17. April 1673 übernommen. Zichy wurde vorgeworfen, daß er von der Verschwörung in Ungarn wohl gewußt, es aber geflissentlich unterlassen habe, diese dem König anzuzeigen, wie es als Präsident der ungarischen Kammer seine Pflicht gewesen wäre. Als er wegen grober Pflichtverletzung unter Anklage gestellt wurde, legte er seine hohe Funktion zurück und verzichtete auf 61.000 Gulden, die ihm der Fiscus schuldete. Hierauf wurde mit Zustimmung des Kaisers der Prozeß gegen ihn niedergeschlagen und Graf Leopold Kollonitsch, der Bischof von Wiener Neustadt, 1671 zum Präsidenten der ungarischen Kammer ernannt. Zichy, der das Kastell Draßburg nur mit einem Wert von 20.000 Gulden einschätzte, fand in der Tatsache einen Trost, daß er Zagersdorf schon als Pfandgut besaß, im Markte Rust mehrere Weingärten erworben hatte und nun in der Verwaltung mit Draßburg vereinen konnte. Durch die Übergabe an Zichy wurde Draßburg aus dem Herrschaftskomplex Sarvár ausgegliedert, zu dem es bisher verwaltungsmäßig gehört hatte. Anfang 1670 hatte Nádasdy noch in Tokaj einen Freihof erworben. Dieser und die Herrschaft Füzér, die an Graf Bonis Ferencz verpfändet gewesen war, wurden der Zipser Kammer, die in Kaschau ihren Sitz hatte, unterstellt. Auch die Besitzungen Egervár, Csókahö, Dombovár, Szentgyörgyvár und Pölöske wurden nach und nach verkauft.

Der Wert der von der Kommission beschlagnahmten Schätze aus den Schatzkammern von Sarvár (89.251 Gulden) und Pottendorf (8066 Gulden) betrug 97.317 Gulden. Sie wurden im Gewölbe des Vizedomamtes in Wien eingelagert, geschätzt und ebenfalls verkauft.

Das Schicksal der Kinder

Von den 16 Kindern, die Anna-Juliana Esterházy Franz III. Nádasdy gebar, lebten bei seiner Hinrichtung noch elf. Die drei ältesten Töchter Christina, Maria-Magdalena und Anna Theresia waren bereits verheiratet. Christina mit Graf Nikolaus Draskovich, Maria Magdalena mit Graf Johann Draskovich und Anna Theresia mit Graf Johann Pálffy. Drei Töchter waren noch minderjährig, Theresia, Juliana und Marianna Franziska. Stefan, der älteste der Söhne, studierte in Paris. Franz, Ladislaus, Thomas und Nikolaus waren noch minderjährig.

Die sieben minderjährigen Kinder erhielten jährlich zusammen 6000 Gulden für ihre Erziehung, ihren Unterhalt etc. Später wurde diese Summe auf 8000 Gulden aufgestockt.

Stefan wurde Obergespan des Eisenburger Komitates. Mit kaiserlicher Resolution vom 4. Dezember 1677 erhielten die vier minderjährigen Söhne jeder 15.000 Gulden und die drei minderjährigen Töchter jede 10.000 Gulden Abfertigung zuerkannt.

Die drei minderjährigen Töchter traten in den Orden der Ursulinerinnen ein, zwei davon in Preßburg und eine in Klagenfurt. Von den Söhnen starben Stefan und Nikolaus noch in jungen Jahren. Ladislaus trat in seinem 15. Lebensjahre in den Paulinerorden ein, wurde 1710 Bischof von Tschanad und später Dompropst von Raab. Tomas, der mit Christina Draskovich vermählt war, wurde Kronhüter und starb 1734 ohne Nachkommen. Franz IV., der wieder den Namen Nádasdy führen durfte und mit Rosa Schrattenbach vermählt war, pflanzte die Familie weiter fort.

Reorganisation Ungarns

Schon 1672 fiel ein 15.000 Mann starkes Heer der Exulanten, das diese in Siebenbürgen aufgestellt hatten, in Oberungarn ein. Damit war offenkundig geworden, daß es den Geheimräten Leopolds trotz der spektakulären Hinrichtungen der Führer der Rebellion nicht gelungen war, die Aversion gegen das katholische Kaiserhaus zu ersticken.

Wieder hatte Ludwig XIV., der nach der Ermordung des holländischen Staatsmannes Johann Witt durch Bestechungen den Zerfall der Tripelallianz beschleunigt und England sowie Schweden auf seine Seite gezogen hatte, den Widerstand der in Siebenbürgen lebenden Verbannten aktivieren können, um Leopold zu hindern, Wilhelm von Oranien mit allen Kräften zu Hilfe kommen zu können. Ludwig XIV. griff bei Ausbruch der Kämpfe in Oberungarn die Niederlande unverzüglich an, denn er meinte, die Zeit sei günstig, die stolze Republik zu demütigen. Und die Exulanten spielten wieder das Spiel des Sonnenkönigs gegen das Haus Habsburg mit. Aber Kaiser Leopold schickte den Exulanten General Cob mit zuverlässigen deutschen Regimentern entgegen, und schon im ersten Treffen warf dieser erprobte Haudegen die Madjaren nach Siebenbürgen zurück. An einen Abzug der kaiserlichen Regimenter aus Ungarn und deren Verlegung in die Niederlande war aber nicht mehr zu denken, denn eine Schwächung der habsburgischen Streitkräfte in Ungarn hätte nur den abermaligen Einfall der Exulanten zur Folge gehabt.

Den Einfall der Exulanten in Oberungarn nahm Kaiser Leopold zum Anlaß, um am 27. Feber 1673 die Verfassung des Königreiches Ungarn aufzuheben. Die Reorganisation Ungarns wurde in Angriff genommen. Kaspar von Ambringen, der regierende Großmeister des Deutschen Ritterordens, wurde zum Gouverneur Ungarns ernannt.

Der Deutsche Ritterorden hatte damit in Ungarn Wache gegen den vordringenden Islam bezogen.

Dem mit allen Vollmachten ausgestatteten Gouverneur stand ein aus den ungarischen Mitgliedern Fürstprimas Palatin-Statthalter Georg Szelepcsényi, der mit den Geschäften des Judex curiae betraute Adam Forgách, der königliche Personal Johann Majthényi und der neuernannte Präsident der ungarischen Kammer, Erzbischof Leopold Kollonitsch, und den deutschen Mitgliedern Graf Sebastian Pöttig, General Spankau und den Herren Erhard und Hoffmann gebildeter Rat zur Seite. Caspar von Ambringen übte die Regierungsgewalt im Lande aus. Alle geistlichen und weltlichen Behörden, Beamte und alle Bewohner Ungarns, ohne Rücksicht auf ihren Stand, hatten den Befehlen der Statthalterei zu gehorchen. Als erste Maßnahme führte der Gouverneur die Besteuerung des Adels ein. Das traf die Magnaten am härtesten, weil sie sich ihrer Privilegien, vor allem der ihnen in der Goldenen Bulle zugesicherten Steuerfreiheit, beraubt sahen. Schon aus diesem Grunde war Caspar von Ambringen bald der meistgehaßte Mann im Königreiche, denn die Magnaten sahen nicht ein, daß sie für den von ihnen angerichteten Schaden aufkommen sollten. Ambringen ließ daher die Kirchen und Schulen der Protestanten schließen. Sein in Preßburg tagendes Tribunal enthob 450 protestantische Geistliche und Lehrer ihrer Ämter und verurteilte 67 weitere, die von den Kanzeln herab den Sieg des Islams und den Untergang des katholischen Kaiserhauses erfleht hatten, zu Galeerenstrafen. Noch einmal hatte die Rekatholisierung Ungarns, die sogenannte Gegenreformation, mit aller Schärfe und allen Konsequenzen eingesetzt.

Caspar von Ambringen regierte Ungarn wie ein Protektorat und war der Meinung, daß die Niederwerfung der Rebellion und die Abwehr der Türken zwei Aufgaben seien, die sein Orden im Interesse der katholischen Kirche und des Hauses Habsburg zu lösen habe. Der Gouverneur wurde hierbei nicht nur von den Ordensrittern, sondern auch von den ihm zur Seite gestellten ungarischen und deutschen Räten tatkräftigst unterstützt.

Indessen gingen aber die Meinungen über die Ungarnpolitik und die Sicherung der habsburgischen Interessen in Ungarn am Wiener Hofe verschiedene Wege. Drängten der Kanzler Hocher und Feldmarschall Montecuccoli, bestürmt von Franz Paul de Lisola, dem österreichischen Meisterdiplomaten und Gesandten Leopolds in den Niederlanden, dem Herzog von Oranien raschest zu Hilfe zu kommen, so wußte dies Lobkowitz, der Hofkriegsratspräsident, erfolgreich zu hintertreiben. Er hatte, fasziniert von Ludwig XIV., schon 1671 einen geheimen Neutralitätsvertrag mit Frankreich geschlossen. Hatte Franz Paul de Lisola geraten, mit Brandenburg, Dänemark und Spanien gemeinsam gegen Ludwig XIV. militärisch aufzutreten, um diesen zu zwingen, in der Sache einzulenken, so vertrat Lobkowitz die Auffassung, durch ein Arrangement mit Frankreich selbst Österreichs Stellung in Ungarn und gegenüber der Pforte besser sichern zu können. Der von Montecuccoli angestrebte Feldzug gegen Frankreich mußte daher vorerst unterbleiben.

Nur dem Mute Wilhelms von Oranien, seiner Energie und vor allem seiner tapferen Flotte war es zu danken, daß das verspätete, aber letztlich doch erforderliche Eingreifen Leopolds nicht den Untergang der Republik Holland verschuldete. Lisola war es gelungen, aufzudecken, daß Lobkowitz von Ludwig XIV. genauso fasziniert sei, wie es sein Vorgänger Graf Auersperg gewesen war. Das gab den Ausschlag. Leopold ordnete an, gegen Ludwig XIV. militärisch vorzugehen. Der von Lobkowitz 1671 zuwege gebrachte geheime Neutralitätsvertrag mit Frankreich wurde ihm jetzt als Intrige gegen das Haus Habsburg angelastet. Der Hofkriegsratspräsident wurde verdächtigt, im Solde Ludwigs XIV. zu stehen. Seine Stellung war schwer erschüttert.

Széchenyi an den Kaiser

Bischof Széchenyi, den weder die Hinrichtung der Magnaten noch das vergebliche Eintreten Clemens X. abschreckte, richtete am 12. April ein Schreiben an Leopold I. als König von Ungarn, im Geiste der ungarischen Verfassung und im Namen der Nation: „Mit einer alleruntertänigsten Bitte trete ich an Eure Majestät heran und flehe, geruhen Eure Majestät die erlassene Steuerverordnung zu suspendieren und außer Kraft zu setzen, bis die dem allerhöchsten Hause getreuen Räte ihre Meinung und auch andere ihre Bitten vorgetragen haben werden, denn sonst müssen die Bewohner dieses zugrundegerichteten Landes, in Jammer ausbrechend, ihre Hände zum Himmel erheben, vereint mit den unzähligen schluchzenden Waisen und Witwen die Rache des Himmels herabflehen auf die Urheber der tiefzubeklagenden Verordnungen, welche — wie Eurer Majestät bekannt ist — nicht von Eurer Majestät herrühren. Ich kenne die bewundernswürdige Gottesfurcht, die sich in den Urteilen der kaiserlichen und königlichen Majestät offenbart. Ich weiß, daß Eure Majestät den Segen des gerechten und erbarmenden Gottes, sich, Eurer Gemahlin und auf die Nachkommen herabwünscht, durch welche, wenn sie gottesfürchtig sein werden, die Unsterblichkeit zu erhoffen ist. Bei der Verehrung für die göttliche Majestät, bei der Furcht vor deren wunderbarem Urteil, bei der Liebe Eurer Majestät zu Ihren Kindern, bei der Hoffnung auf zahlreiche Nachkommen, bitte ich Eure Majestät, eine Frist, wenn auch nur auf kurze Zeit, zu gewähren und das bereits Verordnete nicht zum Vollzuge bringen zu lassen. Die ungarische Nation hat sich um die Dynastie nicht geringe Verdienste erworben. Jedermann weiß, wieviel Blut sie für die Wohlfahrt der Dynastie vergossen hat. Auch gegenwärtig erleiden die Ungarn Feuersbrunst, Wunden und Tod, während die benachbarten Nationen, vor dem Feinde geschützt, sich des Friedens erfreuen, weil die Ungarn gleichsam in erster Reihe kämpfend, den Ansturm des wilden Feindes für sie aufhalten. Auch zur Zeit Ferdinands und Maximilians gab es Majestätsverbrecher. Diese wurden nach Verdienst bestraft. So mögen auch jetzt, die es verdienen, büßen. Doch wollen Eure Majestät in Eurer Weisheit bedenken, ob es billig ist, die Sünden weniger der ganzen Nation als Last aufzubürden. Die Türken werden nimmer ruhen. Der im besten Alter stehende und ruhmbegierige Großvezier trachtet, die Grenzen des osmanischen Reiches auszudehnen. Wer wird aber, um dies zu verhindern, bereit sein, sein Blut zu vergießen, wenn man ihm in der Zeit des Friedens das mit blutigem Schweiß erworbene Geld raubt? Meine Stimme versagt, indem ich diese Worte ausspreche, meine Hand zittert und Tränen entströmen meinen Augen, indem ich sie niederschreibe, denn ich sehe vorher, welches Elend derartige Steuern in unabsehbarer Reihenfolge nach sich ziehen werden. Ich liebe den erhabenen Kaiser und König. Ich wünsche von Herzen, daß das Land auf ewig sein bleibe. Gott helfe Eurer Majestät!

Georg Széchenyi, Bischof von Raab"

Mit wenigen Ausnahmen galten die Ungarn als Rebellen. Das Bittschreiben des Raaber Bischofs Georg Széchenyi, den Magnaten die Steuern zu erlassen, beantwortete der Kaiser mit dem Hinweis, „daß er über die Rebellen noch weit schwerere Strafen hätte verhängen können und daß sie gut beraten wären, wenn sie ihre Verbrechen durch schleunigen Gehorsam gutmachen würden ..."

Franz Rákóczy tot

1676. Ein langer Winter, den Franz Rákóczy mit Ilona und seinen Kindern in seinem Schloß Markovica verbracht hatte, ging zu Ende. Der Fürst dachte daran, seinen zehnten Hochzeitstag festlicher zu begehen. Obwohl er sich aus dem politischen Geschehen zurückgezogen hatte, wollte er für den 1. März die wenigen Freunde, die es wagten, wieder mit ihm zu verkehren, zu diesem Feste einladen, um Ilona eine Freude zu bereiten, denn sie hatte mit ihm all die trostlosen Jahre seines zurückgezogenen Lebens geteilt, ohne zu murren. Ilona tat seinen Freunden leid, denn drei Jahre nach der Hinrichtung ihres Vaters in Wiener Neustadt war ihre Mutter, die im Kloster wahnsinnig geworden war, in Graz gestorben. In ohnmächtigem Haß brannte ihre Seele. Und dennoch mußte sie seit Jahren auch um das Leben ihres Gemahls bangen, der unter den Geschehnissen des Jahres 1671 litt und die letzten Monate dahinsiechte. Mit dem Frühlingsanbruch erholte sich Franz Rákóczy, und Ilona verfolgte aus diesem Grunde die Festvorbereitungen des Fürsten mit stiller Anteilnahme. Es schien, als würde ihr Gemahl bei den Festvorbereitungen aufleben, doch da geschah, für alle doch unerwartet, das Unfaßbare: Franz Rákóczy verstarb plötzlich ... Der Fürst war erst dreißig Jahre alt gewesen.

Ilona blieb nichts erspart. Sie wußte auch, daß ihr Sophia Báthory, die Mutter des verstorbenen Fürsten, wegen der Politik ihres Vaters zürnte und die fixe Vorstellung hatte, daß Zrinyi die Heirat seiner Tochter mit ihrem Sohn nur deshalb angestrebt habe, um das Haus Rákóczy und dessen riesige Besitzungen in den Dienst der Rebellion stellen zu können.

Ilona setzte, um die Fürstin Báthory nicht noch mehr zu vergrämen, deren Wunsch, Franz Rákóczy in der Krypta des Kaschauer Domes beizusetzen, keinen Widerstand entgegen, obwohl sie ihren Gemahl lieber in der Kapelle seines Lieblingsschlosses bestattet hätte. Wegen der Unruhen im Lande sollte der Fürst aber erst in der Schloßkapelle aufgebahrt und später nach Kaschau überführt werden. Sie schwieg, obwohl Sophia Báthory ihrem Beichtvater wieder freie Hand zur Rekatholisierung der Rákóczyschen Besitzungen gegeben hatte und Pater Kiss mit Feuereifer daranging, diese durchzuführen.

Um sich selbst bereichern zu können, versuchten einflußreiche Kreise zu verhindern, daß Kaiser Leopold Ilona Zrinyi, die Witwe des Fürsten Rákóczy, zum Vormund ihrer Kinder bestellte und ihr die Verwaltung der Rákóczyschen Güter übertrug. Wieder hatte Pater Kiss seine Hand im Spiele. Leopold unterfertigte aber trotzdem am 12. August 1676 die Bestellungsurkunde, mit der die Mutter der Waisen Rákóczys mit diesen Rechten ausgestattet wurde. Die stolze und sehr schöne Gräfin hatte einen großen Erfolg erzielt, weil sie fortan über die riesigen Güter der Familie Rákóczy verfügen konnte und somit zu einer der reichsten Magnatinen Ungarns geworden war.

Bald schon verfügte die neue Herrin von Markovica, daß die Rekatholisierung der Rákóczyschen Güter nur mehr gewaltlos erfolgen dürfe, und nach und nach hörte sie ganz auf. Der Einfluß der Jesuiten war wieder dahin ...

Neuer Großvezier

1676 starb Achmed Köprili, der kriegerische Großvezier Mohammeds IV., der militärische Gegenpart Montecuccolis. Der Sultan ernannte Kara Mustapha, einen noch gefährlicheren Mann, zu seinem neuen Großvezier, und dieser machte kein Hehl daraus, daß er die Scharte von 1664 auswetzen wolle. Diesmal sollte der Traum der Osmanen vom „goldenen Apfel" in Erfüllung gehen, das gelobte er bei seiner Amtseinsetzung feierlich. Wien, die Hauptstadt des Heiligen Römischen Reiches deutscher Nation, sollte endlich erobert werden.

Dieses Gelöbnis des neuen Großveziers war Wasser auf die Mühlen der in Siebenbürgen lebenden Exulanten. Apafy fand bei Kara Mustapha offene Ohren, als er ihn bat, an die Spitze der Verbannten treten zu dürfen, denen er gestatten wollte, mit französischer Finanzhilfe in Siebenbürgen ein Heer von 15.000 Mann aufzustellen und zu unterhalten.

Diese Vorhaben fügten sich nahtlos in den noch von Achmed Köprili mit Ludwig XIV. erneuerten Beistandspakt, der 1673 paraphiert worden war.

Frankreich hatte sich erbötig gemacht, mit französischem Geld in Polen Truppen anzuwerben und das aufgestellte Kontingent mit erfahrenen französischen Offizieren auszustatten, um es dann, zur Unterstützung der Exulanten, ebenfalls in Oberungarn einfallen zu lassen. Ludwig XIV. sagte den Exulanten auch zu, daß er bereit sei, vorläufig 20.000 Taler zur Aufstellung des von Apafy vorgeschlagenen Heeres zur Verfügung zu stellen, und daß er nach Ausbruch der Feindseligkeiten jährlich, bis zur gemeinsamen Beendigung des Krieges, weitere 100.000 Taler zur Deckung der Kriegskosten der Exulanten zahlen wolle. Er ließ die Kuruzzen, wie sich die Exulanten zu nennen begannen, wissen, daß er auch bereit sei, in einem künftig abzuschließenden Friedensvertrag mit Leopold I. festlegen zu lassen, daß auch Ungarn und die Exulanten in Siebenbürgen in diesen Vertrag einzubeziehen seien.

Damit waren die Voraussetzungen für die militärischen Operationen der Exulanten gegeben, und Graf Teleky, der an deren Spitze getreten war, wollte versuchen, im Schatten der französisch-türkischen Allianz das Waffenglück an die Fahnen der Kuruzzen zu heften.

Verstärkt durch ein vom französischen Gesandten Graf Béthune in Polen angeworbenes Söldnerheer in der Stärke von 6000 Mann, das der General Ludwigs XIV. Boham befehligte, fielen die Kuruzzen abermals in Oberungarn ein. Am 27. Mai 1677 hatte der französische Gesandte das Bündnis mit den Exulanten und Apafy für seinen König unterfertigt. Es war von Apafy, der offiziell an die Spitze der Kuruzzen getreten war, und von seinem Stellvertreter Graf Teleky gegengezeichnet worden. Es enthielt die bereits ausgehandelten Zugeständnisse und Forderungen.

Den Anlaß zur Eröffnung der Feindseligkeiten gab den Kuruzzen General Cob, der zum Oberkapitän des Kaschauer Gebietes ernannt worden war. Cob hatte auf dem Hauptplatz von Kaschau 40 Gefangene köpfen und weitere 24 pfählen lassen. Empörung und Entsetzen verschmolzen zu einem Aufschrei des Schmerzes und der Rache.

Hatte General Cob gemeint, auf diese Weise jedweden weiteren Willen zum Widerstand zu ersticken, so sah er sich durch seine eigenen Maßnahmen um den Erfolg gebracht, denn die Kuruzzen und General Boham blieben in mehreren Treffen ungeschlagen. Die Feindseligkeiten selbst aber nahmen den leidenschaftlichen Charakter eines Religionskrieges an, und Freund und Feind überboten sich an Grausamkeiten. Hatten die Kaiserlichen den Lutheranern im Zuge der Rekatholisierung unermeßliches Unrecht zugefügt, so zahlten es ihnen die Kuruzzen heim, wenn ihnen katholische Priester, Mönche oder aktive Laien in die Hände fielen.

Justiztribunale auf beiden Seiten sorgten für jenen blutigen Dialog, der diese Zeit in Pannonien charakterisiert. In dieser Wüste des Hasses boten nur die freien Städte den Verfolgten beider Seiten Schutz und Obdach, wobei sich die übrigen Städte auf das Mutterrecht von Ödenburg berufen konnten.

Daß jeder Lutheraner von den Räten des Gouverneurs als Hochverräter angesehen wurde und unter den Protestanten das Sprichwort „Lieber türkisch als papistisch!" die Runde machte, signifizierten nur die völlig verfahrene Situation. Dazu kam, daß sich der in Eisenburg auf zwanzig Jahre geschlossene Friede zwischen Mohammed IV. und Leopold I. terminmäßig seinem Ende näherte und Ludwig XIV. seinen Beistandspakt mit der Hohen Pforte erneuert und verlängert hatte.

Nur vor diesen großen kausalen Zusammenhängen der Politik der europäischen Fürstenhöfe ist das provozierende Verhalten Kara Mustaphas, des neuen Großveziers, verständlich, der es Apafy, dem ergebensten Vasallen des Sultans, erlaubte, an die Spitze der Exulanten zu treten, um vorläufig gemeinsam mit den von Frankreich bezahlten Söldnern General Bohams die kaiserlichen Truppen in Ungarn zu befehden.

Ereignisse von gesamteuropäischer Bedeutung warfen ihre Schatten voraus . . .

Und wer führte Regie? Ludwig XIV.? Mohammed IV.? Kaiser und Papst?

Markovica/Kaschau. 1677. Bis zum Sommer hatten die Unruhen angehalten. Endlich schien das Land befriedet zu sein, und Sophia Báthory bestand darauf, nun Franz I. von Markovica in die Familiengruft der Rákóczy nach Kaschau zu überführen. Für 18. August wurde die feierliche Beisetzung des Fürsten anberaumt.

General Schmith, der deutsche Stadtkommandant von Kaschau, an den sich Ilona Zrinyi gewandt hatte, teilte ihr mit, daß er nichts gegen die Begräbnisfeierlichkeiten einzuwenden habe. Da er aber dem kaiserlichen Hof für die Sicherheit von Kaschau verantwortlich sei, müsse er darauf bestehen, daß nur sie und die zum Begräbnis geladenen Herren mit ihrer Dienerschaft die Stadt betreten. Zur Verteidigung der Stadt werde er an den Stadttoren seine gepanzerten Reiter Aufstellung nehmen lassen und selbst an deren Spitze stehen. Alle Teilnehmer am Begräbnis haben die Stadttore zu Fuß zu passieren, auch die Damen müßten ihre Kutschen verlassen. Der Termin solle nur den Teilnehmern bekanntgegeben werden, um den Zulauf des Volkes zu vermeiden. General Schmith befürchtete, daß sich Kuruzzen unter das Volk mischen und die kaiserlichen Truppen angreifen könnten. Dem wollte er vorbeugen.

Am 18. August erreichte der Leichenzug Kaschau. Die Stadttore wurden geöffnet. Das Gefolge der Fürstinnen sah von den Strapazen der Reise ziemlich mitgenommen aus.

Hinter den schwarzen Fahnen wurden die Fahnen der Familie Rákóczy getragen. Diesen folgten die Bischöfe, die Prälaten und Jesuiten mit brennenden Kerzen, Kreuzen und Kirchenfahnen. Dem Zinnsarg, der von acht Adeligen getragen wurde, folgten die Mutter und die Frau

Rákóczys in Trauerkleidern. Junge Adelige flankierten den Sarg. Hinter den Frauen wurde als einziges Pferd der weiße Schlachthengst des Fürsten, geschmückt mit seinem Wappen, geführt. Als der Trauerzug das Stadttor passiert hatte, wurde dieses sofort geschlossen. Nach einem feierlichen Requiem wurde Franz I. beigesetzt. Auf einem Zinnepitaph hatte Sophia Báthory die Worte eingravieren lassen, daß ihr Sohn erwählter Fürst Siebenbürgens gewesen sei, aber seinen katholischen Glauben höher geschätzt habe als das weltliche Szepter . . .

Thurn und Locatelli

Thurn, dem wegen seinem wechselseitigen Eidbündnis mit Tattenbach, das sich gegen Kaiser Leopold I. gerichtet hatte, die Gefangennahme und ein Prozeß drohte, war geflohen. Ihm, dem ehemaligen Landeshauptmann von Görz, wurden Unterschleif, Meineid, Ehebruch, Blutschande, Totschlag und Hochverrat vorgeworfen. Die Güter des Flüchtigen wurden konfisziert.

Als Thurn von Venedig aus versuchte sein Vermögen zu retten und sich letzlich als venezianischer Kaufmann verkleidet nach Görz zurückwagte, wurde er erkannt, gefangengenommen und nach Graz gebracht, wo ihm der Prozeß gemacht wurde. Thurn wurde zu lebenslanger Haft verurteilt und starb 1689 im Gefängnis am Schloßberg.

Auch Locatelli, der in den Schriften Tattenbachs wiederholt aufschien, war Anfang Mai verhaftet und in das Gefängnis am Schloßberg eingeliefert worden. Da Locatelli aber anfangs weder von Zrinyi noch von Tattenbach belastet worden war und selbst jedwede Mitwisserschaft und Teilnahme am Aufstand bestritt, wurde er letzlich von der innerösterreichischen Regierung gegen eine Kaution auf freien Fuß gesetzt. Selbst als Tattenbach Oberstleutnant Locatelli kurz vor seinem Tode der Mitwisserschaft und der Teilnahme bezichtigte, wurde dies nur als Versuch Tattenbachs gewertet, sich selber zu retten, und Locatelli blieb weiter ungeschoren. Locatelli wurde als Narr betrachtet, der, wie Zrinyi gesagt hatte, sein Vermögen vertan habe und in dem Tattenbach erst nur einen Speivogel*) gesehen haben wollte. So entging Locatelli dem Prozeß.

Preßburg, Frühjahr 1678. Beunruhigt durch die Erneuerung des Bündnisses zwischen dem allerchristlichsten der Könige und dem Sultan sowie der umfangreichen Rüstungen der Kuruzzen, drängte Hocher, der treue Kanzler, den Monarchen, einen ehrenhaften Vergleich mit den Magnaten anzustreben. An eine Verlängerung des in wenigen Jahren ablaufenden Eisenburger Friedens wäre, wegen der Einkreisungspolitik Ludwigs XIV., nicht zu denken.

*) Konfident

Auch Wien wußte die Zeichen zu deuten. Im nächsten Krieg würde Leopold die geballte Macht der Pforte zu spüren bekommen, wenn er nicht gar mit einem Zweifrontenkrieg zu rechnen habe. Es war völlig offenkundig, weshalb sich Ludwig XIV. mit den Osmanen verbündete. Der Weg zur Größe Frankreichs, zur ersten Kontinentalmacht Europas, führt nur über ein zerbrochenes Kaisertum, das zerschlagene Heilige Römische Reich deutscher Nation. Das, nicht mehr und nicht weniger, galt es zu verhindern. Ludwig XIV. konnte sein sich selbst gestecktes Ziel nur mit türkischer Hilfe erreichen und war bereit, dafür alle Vorwürfe in Kauf zu nehmen. Ein neuer Türkenkrieg würde Leopold nötigen, die westlichen Gebiete des Reiches militärisch zu entblößen, und ihm würde es daher ein leichtes sein, bis an den Rhein und weiter vorzustoßen. Hocher war von den kaiserlichen Diplomaten bestens informiert worden und wollte die Absichten der Gegner durchkreuzen, indem er die Reichsfürsten zum militärischen Beistand verpflichtete, ein Bündnis mit Polen und dem Vatikan anstrebte und die verworrene Lage in Ungarn bereinigen wollte.

Auf den Rat seines Kanzlers lud Leopold die Magnaten nach Preßburg und betraute Hocher mit der Leitung der Beratungen über die anstehenden Probleme. Die Vertreter der habsburgischen und der nationalen Partei erschienen, ebenso die Gesandten Apafys, die die Interessen der Exulanten wahrnehmen wollten.

Um ein günstigeres Verhandlungsklima zu schaffen, hatte sich der Kaiser entschlossen, General Cob von seinem Posten als Oberkapitän von Kaschau abzuberufen und den gemäßigten Grafen Wrbna auf dessen Posten zu berufen.

Es kommt zum Bruch

Hocher versuchte, den versammelten Magnaten die Gefahr eines neuen Krieges vor Augen zu führen, und forderte sie auf, sich geschlossen auf die Seite ihres Königs zu stellen, damit — mit vereinten Kräften — das christliche Abendland und dessen Religion erhalten bleiben würden. Nur durch eine demonstrativ gezeigte Einigkeit könne die Weiterverbreitung des Islams in Europa verhindert und Kara Mustapha von einem Eroberungskrieg abgehalten werden.

Während die beschwörenden Ausführungen des Kanzlers von der habsburgischen Partei, die sich um den Fürstprimas und Esterházy gruppierte, mit Beifall aufgenommen wurden, stellte Thomas Pálffy, der Bischof von Neutra, Bedingungen. Er sagte: „Es ist, trotz der Kämpfe mit den Exulanten, die Ansicht der der nationalen Partei angehörenden Magnaten, daß erst die kaiserlichen Truppen aus Ungarn abgezogen, die ungesetzliche Besteuerung des Adels aufgehoben, die Verfassung wieder in Kraft gesetzt, das Amt des Palatins wieder besetzt und die Religionsfreiheit hergestellt werde, ehe man über die Vorschläge des Kanzlers reden könne. Die leerstehenden Kirchen wären den Protestanten aber sofort zurückzugeben. Wenn dem König wirklich an einem Ausgleich mit der ungarischen Nation gelegen ist, dann kann er diese brennenden Probleme nicht wegen eines von Wien befürchteten Türkenkrieges beiseite schieben wollen."

Hocher erblaßte. War es möglich, daß sich Ungarn, angesichts eines neuen Krieges, abermals auf die Seite des Feindes stellen würde? Würden die Magnaten wieder, wie Zrinyi, Nádasdy und Frangepan, gemeinsam mit den Osmanen gegen den eigenen König ziehen? Es sah so aus. Gallig gab er zur Antwort: „Das ist Landesverrat und Rebellion! Genügt es denn in diesem Lande nicht, wenn eine solche Rebellion niedergeschlagen wird?"

Totenstille . . .

Eisig entgegnete Thomas Pálffy: „Wir wissen, daß die deutsche Regierung in der ungarischen Nation nur einen Haufen von Rebellen erblickt. Eine so allgemein gehaltene Verdächtigung ist eine Beleidigung Ungarns! Die Verbrechen einzelner können nicht der Nation als Gesamtheit angelastet werden. Nennen Sie jene beim Namen, die Sie für Rebellen halten! Ist es denn den Untertanen des Königs verboten, über die Rechte des Vaterlandes zu reden? Und ist es ein Verbrechen, die Wiederherstellung jener Freiheiten zu wünschen, die sich unsere Vorfahren, als sie das Herrscherhaus auf den Thron des Königreiches beriefen, vorbehalten haben? Sie haben das damals für sich und ihre Nachkommen getan! Wünscht man denn, daß keine Klage laut werde, daß sich niemand rührt, während sich in unserem Lande Fremde an unserem Hab und Gut vergreifen? Muß man allem zustimmen, alles mit Beifall aufnehmen, Billiges und Unbilliges, Gesetzliches und Ungesetzliches, nur weil es der Kanzler des Wiener Hofes sagt? Vom Gerechtigkeitsgefühl des Königs haben wir eine bessere Meinung als von jenem seiner Räte!"

Empört, so falsch interpretiert worden zu sein, rief Hocher dem Bischof zu: „Der Kaiser würde sich glücklich schätzen, wenn er unter zehn Angehörigen der nationalen Partei auch nur einen Getreuen fände! Die Konspiration ist Ihr Geschäft!"

Ebenso heftig erwiderte Pálffy: „Niemand ist nur deshalb ein Majestätsverbrecher, weil er dem Willen der kaiserlichen Geheimräte zuwiderhandelt! Unter allen Deutschen ist Leopold der einzige, den wir als König anerkennen! Doch so wie wir sind auch Sie nur sein Diener! Wir wollen nicht in Deutschland den Deutschen vorgezogen werden, aber wir werden auch nicht dulden, daß uns Deutsche in Ungarn vorgezogen werden!" Und als Pálffy den Kanzler einen Schurken nannte, verließ Christoph Batthyány mit den Worten: „Entfernen wir uns von hier, meine Herren!" den Saal. Die Angehörigen der nationalen Partei und die Gesandten Apafys folgten dem Magnaten. Einige Mitglieder der habsburgischen Partei aber suchten Hocher durch ihre Loyalitätsversprechen zu beruhigen. Allen war aber klar geworden, daß der Appell des Kanzlers an die nationale Partei der Magnaten wirkungslos verhallt war, daß die Magnaten seine guten Absichten haßerfüllt entstellten.

Während die Erneuerung der Verträge mit Polen, dem Papst und die Bundeshilfe der Reichsfürsten wunschgemäß erfolgten, ging die Entwicklung der Dinge in Ungarn andere Wege.

Emmerich Tököly tritt auf den Plan

Tököly als Exulantenführer

Die Kämpfe zwischen den in Ungarn einfallenden Exulanten und kaiserlichen Truppen gingen unvermindert weiter. An Stelle des unbeliebten Grafen Teleky, der bisher an der Spitze der Exulanten gestanden war, wählten diese den evangelischen Grafen Emmerich Tököly, der vor der Kapitulation der Burg Arva, als Polin verkleidet, nach Siebenbürgen geflüchtet war. Er war inzwischen 21 Jahre alt geworden.

Emmerich Tököly war ein Truppenführer von großer persönlicher Tapferkeit, war sehr klug, gewandt und umsichtig, erfahren für seine Jahre und erprobt im Waffenhandwerk. Er war eine stattliche Erscheinung, der ungarischen, deutschen, lateinischen und türkischen Sprache in gleicher Fertigkeit mächtig. Tököly war im Hasse gegen das Haus Habsburg erzogen worden.

Unter der Führung dieses beliebten und tatkräftigen Mannes schlugen die Kuruzzen General Leslie. Tököly eroberte Murany, Rosenberg, Arva, das Stammschloß seiner Familie, und Likava. Ohne nennenswerten Widerstand fielen ihm hierauf die Bergstädte in die Hände. Die Beute war groß: 180.000 Gold- und zahllose Silberbarren! Damit hatte er die finanziellen Mittel für einen längeren Krieg. Tököly ließ sofort Münzen prägen, die auf der einen Seite seinen Namen und auf der anderen Seite die Aufschrift trugen: „pro libertate et justitia". 1678, als Tököly schon Preßburg bedrohte, kam es auf die Vermittlung Szelepcsényis zu einem Waffenstillstand. Tököly beherrschte das Gebiet bis an die Waag.

Bei einem Höflichkeitsbesuch im Schloß Markovica hatte Tököly Ilona Zrinyi, die Witwe Rákóczys, kennengelernt und war von der Schönheit dieser jungen Frau zutiefst beeindruckt. Da Ilona Zrinyi politisch sehr engagiert war, hatten sie sehr viel Gemeinsames, und bald stellte sich heraus, daß die Zuneigung, die sie bereits verband, immer größer wurde, und Tököly entschloß sich, um ihre Hand zu bitten. „Und Eure Verlobung mit der Gräfin Teleky?" fragte Ilona den Grafen. „Die werde ich lösen. Ich werde der Gräfin den Ring zurückschicken."

348

Auch Gräfin Teleky, die Witwe Niklas Apafys, sandte Tököly hierauf den Verlobungsring zurück.

Sophia Báthory schrieb an Kaiser Leopold, daß Tököly um die Hand ihrer Schwiegertochter werbe. Sie vertrat die Meinung, daß, wenn diese Verbindung zustande kommen sollte, Tököly wohl von seinen kriegerischen Unternehmungen abgelenkt werden würde. Aber Leopold, der an und für sich sehr mißtrauisch war, sprach sich gegen diese Verbindung aus, weil er meinte, daß durch diese Ehe nur Tökölys Position verstärkt würde. Außerdem würde Tökölys habsburgfeindliche Einstellung durch die Ilonas vervielfacht.

Als Sophia Báthory Tököly über Ilona hievon in Kenntnis setzte, brachen die Kämpfe erneut aus, denn Emmerich Tököly war nicht der Mann, der sich vor Leopold widerspruchslos gebeugt hätte. Als Antwort auf das Verhalten Leopolds intensivierte der Kuruzzenführer seine Beziehungen zur Pforte. Indessen aber kam es im Westen zu einem Waffenstillstand zwischen Frankreich und Holland, und Feldmarschall Montecuccoli konnte dem Kaiser vorschlagen, mehrere deutsche Regimenter vom Rhein abzuziehen und nach Ungarn zu verlegen. Ludwig XIV. hatte sein Versprechen, Ungarn in die Verhandlungen mit dem Kaiser einzubeziehen, nicht gehalten.

Was war im Westen geschehen? Den Heeren Ludwigs XIV., die unter den Generalen Turenne und Prinz Condé 1672 in die vereinigten Niederlande eingefallen waren, war nur geringer Widerstand geleistet worden. Eine Stadt nach der anderen öffnete kampflos die Tore. Erst vor Amsterdam stießen die Franzosen auf Widerstand; die Amsterdamer hatten die Dämme durchstochen und überfluteten das Land. Prinz Wilhelm von Oranien war zum Statthalter ausgerufen worden und organisierte den Widerstand. Er brachte ein Bündnis mit Spanien, dem Kurfürsten Friedrich von Brandenburg und dem Kaiser zuwege, war aber bitter enttäuscht, als Montecuccoli, der mit 17.000 Mann zu den Brandenburgern gestoßen war, keine Schlacht mit den Franzosen annahm. Der Marschall hatte vom Hofkriegsratspräsidenten den Auftrag erhalten, den Franzosen nur die Truppen des Kaisers zu zeigen. Gleichzeitig hatte Lobkowitz den Kurfürsten von Mainz aufgefordert, weder den kaiserlichen noch den brandenburgischen Truppen den Marsch über den Rhein zu gestatten. Mit dieser eigenartigen, wenn nicht hinterhältigen Politik waren alle Kriegsunternehmungen Montecuccolis gelähmt worden. Als hierauf der Kurfürst von Brandenburg wegen des unverständlichen Verhaltens des Kaisers mit Ludwig XIV. einen Neutralitätsvertrag abschloß, trat der Herzog von Lothringen in den Bund ein und wurde mit dem Oberbefehl der alliierten Truppen betraut. Feldmarschall Montecuccoli hatte aber, nachdem der Winter zu Ende gegangen war, mit seinen Märschen Prinz Condé in eine sehr mißliche Lage gebracht und ging, weil Lobkowitz auch jetzt jedes Treffen untersagte, mit seiner

Armee über den Rhein zurück, vereinigte sich mit Wilhelm von Oranien und eroberte mit diesem gemeinsam Bonn, ohne sich noch um die Weisungen des Hofkriegsratspräsidenten zu kümmern. Dadurch hatten die Franzosen ihre Verbindung zu den frankophilen Rheinfürsten verloren und waren gezwungen, fast alle Plätze in den Niederlanden zu räumen. Köln, Münster und England, die mit Ludwig XIV. bisher verbündet gewesen waren, schlossen hierauf mit Holland Frieden. Ludwig XIV. war als Aggressor in die Schranken verwiesen worden.

Nach wochenlangen Märschen erreichten die vom Rhein abgezogenen deutschen Regimenter Ungarn. Bei Szent-Kereszt wurde Tököly geschlagen und über die Theiß zurückgeworfen. Die so wichtigen Bergstädte wechselten abermals ihren Besitzer.

Als Ludwig XIV. durch Grémonville erfuhr, daß Leopolds Truppen Tökölys Exulanten zu Paaren treiben, bot er dem Grafen Geld an, damit dieser seine dezimierten Streitkräfte wieder auf volle Stärke bringen könne. Und Tököly kroch ihm gerne wieder auf den goldenen Leim ...

Lobkowitz fällt

Lobkowitz, durch die Geheimabkommen des Neutralitätsvertrages mit Frankreich Ludwig XIV. verpflichtet, hatte es nur vorerst vermocht, die militärische Aktivität Montecuccolis, zu der sich Leopold I. nach langem Zögern doch durchgerungen, in den Ansätzen zu ersticken. Das Ausscheren des Kurfürsten von Brandenburg aus dem gemeinsamen Bündnis gegen Frankreich, die Weisungen des Hofkriegsratspräsidenten an den Kurfürsten von Mainz, weder den kaiserlichen noch den brandenburgischen Truppen den Übergang über den Rhein zu gestatten, und letztlich die Weisungen an Montecuccoli, keine Schlacht anzunehmen und den Franzosen nur die Anwesenheit der kaiserlichen Truppen zu zeigen, hatten zu massiven Vorstellungen des Prinzen von Oranien beim Kaiser geführt. Lobkowitz geriet dadurch in das vernichtende Feuer der öffentlichen Kritik, und als den Geheimräten bekannt wurde, daß er vom Kaiser selbst sehr geringschätzig rede und in Gesprächen mit ausländischen Diplomaten Leopold „eine Statue genannt habe, die er hinstellen könne, wohin er wolle", war das Maß voll. Hocher konnte darüber hinaus noch durch vertrauliche Informationen in Erfahrung bringen, daß Lobkowitz ein Pensionär Colberts, des französischen Finanzministers, sei.

Kaiser Leopold bestellte hierauf eine Kommission, die die Anschuldigungen gegen den Hofkriegsratspräsidenten zu untersuchen hatte. Sie bestand aus dem Fürsten Schwarzenberg, dem Grafen Lamberg, Montecuccoli und Hocher. Das Protokoll führte Christoph Abele. Das Ergebnis war, daß die beleidigenden Reden des Hofkriegsratspräsidenten erwiesen wurden, daß er Staatsgeheimnisse an den französischen Gesandten in

Wien weitergegeben und die Beschlüsse des Kaisers nicht so ausgeführt hatte, wie dieser es wollte.

Es gelang Lobkowitz nicht, glaubhaft zu machen, daß er durch seine frankophile Politik den Interessen des Hauses Habsburg in Ungarn besser gedient habe, weil Ludwig XIV. wiederholt die Magnaten fallengelassen und nie darauf bestand, diese in einen Frieden mit Leopold I. einzubeziehen.

Lobkowitz, als Franzosenfreund entlarvt, fiel, wie vor ihm Graf Auersperg, in Ungnade. Er wurde mit Erlaß vom 16. Oktober 1674, der ihm schon am 17. Oktober, also am nächsten Tag, ausgefolgt wurde, binnen drei Tagen nach Raudnitz, seinem Schloß an der Elbe, verbannt.

Mit dieser Entscheidung Leopolds war der kometenhafte Aufstieg des „Herzogs von Sagan" jäh beendet worden. Mit Wenzel Eusebius Lobkowitz trat ein Mann von der politischen Bühne Österreichs ab, der viele Jahre für die kaiserliche Politik gegenüber der Pforte und die kaiserlichen Maßnahmen in Ungarn verantwortlich zeichnete. Gefürchtet wie sein Sarkasmus waren seine politischen Intrigen.

Hatte Lobkowitz am Sturz seines Vorgängers im Hofkriegsratspräsidentenamte in aller Stille mitgewirkt, so war er jetzt, wie Graf Auersperg, wegen seines frankophilen Kurses abgesetzt worden. Graf Auersperg, der auf seinem Schloß Seißenberg in Krain in Verbannung lebte, war für den geheimen Teilungsvertrag über das „spanische Erbe" verantwortlich gewesen. Für seine Nachgiebigkeit bei diesen Verhandlungen hatte später Ludwig XIV. beim Papst interveniert und vorgeschlagen, Graf Auersperg zum Kardinal zu ernennen. Durch eine Rückfrage des Kaisers beim Papst kam die Sache auf und der „heimliche primado" war erledigt. Beide, Auersperg und Lobkowitz, waren dem Kaiser am nächsten gestanden, beide krochen Ludwig XIV. auf seinen goldenen Leim und beide stürzten aus schwindelnder Höhe in Verbannung auf Lebenszeit.

Der Schatzraub in Munkács

Munkács, 1680. Drei Jahre waren seit dem Tod und der feierlichen Beisetzung Franz Rákóczys in Kaschau vergangen, Jahre voller Sorgen, und die Mutter des verstorbenen Fürsten welkte dem Grabe entgegen. Jadriga Luptovska, die Schwester der Fürstin, und Pater Kiss hatten die Fürstin anscheinend überredet, ihr am 13. Dezember 1678 verfaßtes Testament zugunsten der Jesuiten von Kaschau, Száthmar, Szentmiklos und Patak abzuändern. An einem kalten Febertag, man schrieb den 25. Feber 1680, gab die Fürstin dem ständigen Drängen ihrer geistlichen

Betreuer nach und willigte ein, ein neues, zweites Testament abzufassen. In diesem vermachte sie Kaiser Leopold 10.000 Gulden und weitere 10.000 Gulden dem Jesuitenkloster Kaschau. Die kostbaren Goldgefäße und Edelsteine aus dem Rákóczyschen Familienschatz sollten bis zur Großjährigkeit Franz' II. von den Jesuiten in Kaschau verwahrt werden. Nach erlangter Großjährigkeit sollte Franz II. diese Schätze um weitere 10.000 Gulden auslösen können. Für den Fall, daß Franz II. eher sterben sollte, würden diese Schätze dem Orden gehören und als Messegeld für die verstorbenen Familienmitglieder des Hauses Rákóczy zu betrachten sein.

10.000 Gulden vermachte die Fürstin den Jesuiten von Száthmar und das Gut Barkoczyuradalom bis zur Großjährigkeit des Erben den Jesuiten von Patak. Die Güter von Bors hingegen und 1000 Schafe für den gleichen Zeitraum den Jesuiten von Szentmiklos. Der großjährig gewordene Franz II. sollte auch diese Güter jeweils gegen 10.000 Gulden zurückerwerben. Für ihre Schwester Jadriga setzte die Fürstin 5000 Gulden und für ihren Beichtvater 10.000 Gulden ein.

Als Ilona Zrinyi, die Witwe des verstorbenen Fürsten, durch eine ihr ergebene Kammerfrau der Fürstin von diesen Vorgängen in Munkács erfuhr, entschloß sie sich, mit ihren beiden Kindern nach Munkács zu reisen und die Pflege der zusehends schwächer werdenden Fürstin selbst zu übernehmen. Ihr Brief, in dem sie dies Sophia Báthory ankündigte, wurde von Pater Kiss der Fürstin vorenthalten. Er hätte es lieber gesehen, wenn Ilona mit ihren Kindern auf dem Schlosse Markovica geblieben wäre, denn er befürchtete, daß die Kranke unter dem Einfluß Ilona Zrinyis und ihrer Kinder ihr Testament abermals ändern könnte.

Katja, die Kammerfrau, hatte Ilona aber auch hinterbracht, daß sogar die Morgengabe, die ihr ihr verstorbener Gemahl aus dem Rákóczyschen Familienschatz bei der Hochzeit in Sáros-Patak überreichte, im zweiten Testament aufscheine und daß Pater Kiss wolle, daß diese, Stück für Stück, wie sie im Verzeichnis aufscheine, von Ilona zurückerstattet werde, damit auch diese Gold- und Silbergefäße in Kaschau mitverwahrt werden könnten.

Eines Tages, es war im März 1680, erschien Ilona Zrinyi mit ihren Kindern, Franz II. und Juliana, ihrem Beichtvater, dem Jesuitenpater Ordódy, und ihren Kammerfrauen, ohne den genauen Tag ihrer Ankunft noch einmal angekündigt zu haben, in Munkács, für Pater Kiss daher noch immer überraschend, ebenso wie für Jadriga Luptovska.

Noch während sie im neuen Trakt der Burg Wohnung bezog, stellte Kiss, seiner gewalttätigen Art entsprechend, vor dem Krankenzimmer Sophia Báthorys eine Wache auf und befahl den Hejduken, niemanden, außer dem Arzt, Jadriga Luptovska und ihm, zur Fürstin einzulassen. Den Burghauptmann der Fürstin aber ärgerten die Maßnahmen des hochfahrenden Paters schon lange und er wies seinerseits die Wachen an, daß sie auch Ilona Zrinyi und deren Kinder zur Fürstin vorzulassen hätten. Als Pater Kiss und Schwester Jadriga sich im Krankenzimmer aufhielten und leise berieten, wie sie Ilona Zrinyi und deren Kinder weiter von der Fürstin fernhalten könnten, trat diese, trotz des Verbotes des Paters mit Franz und Julianna in das Zimmer und begab sich an das Krankenbett der Fürstin, die von dem plötzlichen Besuch völlig überrascht war. Sophia Báthory war nicht gemeldet worden, daß ihre Schwiegertochter mit den Kindern eingetroffen war. Die Kranke freute sich über das unerwartete Wiedersehen mit den Enkeln und nahm das Angebot Ilonas, sie zu pflegen, an. Ilona Zrinyi, die genau wußte, daß die Wache vor dem Zimmer der Fürstin nur ihr gegolten hatte, eröffnete Sophia Báthory, daß sie schon gerne früher gekommen wäre, um sie zu betreuen, doch hätte sie sehr lange auf eine Antwort auf ihren Brief gewartet und sei jetzt, in großer Sorge, daß die Fürstin vielleicht zu müde sei, um noch schreiben zu können, mit den Kindern einfach hergekommen. Als aber Sophia Báthory erwiderte, daß sie nichts von einem solchen Schreiben wisse und daß dieses wohl erst kommen werde, wußte Ilona genug. Sie durchbohrte Pater Kiss mit zornigen Blicken und eröffnete ihm und Jadriga Luptovska: „Ab jetzt übernehme ich die Pflege der Fürstin. Sie, Pater, und Sie, ehrwürdige Schwester, können sich ab nun wieder Ihrem geistlichen Berufe widmen. Ich danke Ihnen. Wenn ich Sie brauche, werde ich Sie rufen lassen!" Als Sophia Báthory gegen diese Weisung Ilonas keinen Einspruch erhob, blieb den überlisteten Ratgebern der Fürstin nichts anderes übrig, als das Feld zu räumen. Sie taten es mit haßerfüllten Blicken.

Auf dem Weg in sein Gemach traf Pater Kiss mit dem Burghauptmann zusammen und fuhr ihn an: „Habe ich nicht verboten, daß Ilona Zrinyi zur Fürstin darf? Ihr habt den Wachen aber eine gegenteilige Weisung erteilt!"

Mit gespieltem Erstaunen fragte der Hauptmann: „Weshalb denn das, Pater?"

„Weil dies der ernste Gesundheitszustand der Fürstin erforderlich gemacht hat! Es war eine strenge Weisung des Arztes! Das werdet Ihr büßen!" zischte der Jesuit.

Das war dem Hauptmann zuviel: „Erbschleicher!" grollte er. „Habt Ihr Angst, daß die Fürstin ihr zweites Testament abändert? Kümmert Euch um das Seelenheil der Báthory, für ihre Sicherheit bürge ich! Für die Sicherheit beider Fürstinnen, Pater, merkt Euch das wohl! Und noch eines, die Hejduken unterstehen mir, nicht Euch! Ich menge mich auch nicht in Eure dunklen Geschäfte, laßt die Finger von den meinen!"

„Die Hölle über Euch!" donnerte der Jesuit.

„Und über Euch!" brüllte auch der Hauptmann erbost. „Verdient habt Ihr sie redlich! Aber sollten wir uns in der Hölle sehn, dann werde ich vor Eure Leidenszelle einen Hejduken stellen!" Der Hauptmann unterrichtete Ilona Zrinyi vom zweiten Testament. Die alte Katja, die Kammerfrau der Fürstin, hatte ihm alles erzählt. Diese behauptete nicht mehr und nicht weniger, als daß Pater Kiss dieses zweite Testament ohne Wissen der Fürstin verfaßt habe und diesem Testament auch das Rákóczysche Siegel beigesetzt hätte. Katja behauptete auch, daß Pater Kiss die willenlose Hand der Kranken geführt habe, als diese dem Testament ihre Unterschrift hinzufügte.

Den Burghauptmann und den Verwalter der Rákóczyschen Güter, die Freunde waren, hatte es seit langem geärgert, daß der Jesuit so mächtig geworden war und seine Aufgaben als Beichtvater völlig anders verstand als sie. Besonders ärgerte sie aber, daß dem Pater in letzter Zeit auch die Kontrolle über die Verwalter anvertraut wurde und daß er das Siegel der Fürstin in Verwahrung hatte. Kein wichtiges Dokument konnte in Kraft treten, ohne daß es Pater Kiss, wegen der Beisetzung des Siegels, nicht zu sehen bekommen hätte. So kam es, daß Pater Kiss auf alle Dinge Einfluß hatte, während der Burghauptmann und die Verwalter nur seine Aufträge, die er zwar im Namen der Fürstin erteilte, zu vollziehen hatten. Das „Jawohl, Hochwürden!" der Hejduken drang dem Hauptmann jedesmal wie ein Dolchstoß in die Brust.

Die Tage der Fürstin aber waren gezählt. Obwohl sich ihr Arzt und ihre Kammerfrauen um sie bemühten, begann an einem Sommertag der Todeskampf der großen Magnatin. Auf die Frage Ilona Zrinyis, was aus den Kindern wohl werden würde, hatte ihr die Fürstin wiederholt versichert, daß sie die Kinder in ihrem Testament reich bedacht habe.

Während Sophia Báthory in Agonie lag, schickte Ilona Zrinyi nach Pater Kiss und Schwester Jadriga. Sie wollte, daß Pater Kiss, der der Beichtvater der Fürstin gewesen war, ihr die letzte Ölung spende und die Sterbegebete spreche. Katja fand aber weder den Pater noch die Schwester. Hierauf begab sich Pater Ordódy, Ilonas Beichtvater, auf die Suche nach beiden. Er suchte in der ganzen Burg und kam letztlich auch an der Schatzkammer vorbei. Da sah er, daß die Siegel der Fürstin erbrochen waren und die Türe zur Schatzkammer offenstand. Pater Kiss und Schwester Jadriga verpackten die Rákóczyschen Schätze, während sie vom Diener des Paters und einer Novizin auf einen bereitgestellten Pferdewagen verladen wurden. Auf seine erstaunte Frage: „Dürft Ihr denn das?" zeigte ihm der Pater eine Zweitschrift des Testamentes der Fürstin, aus dem hervorging, daß der Schatz der Rákóczy nach dem Tod der Fürstin im Kloster der Jesuiten von Kaschau zu verwahren sei. Auf die Feststellung Ordódys, daß die Fürstin aber erst im Sterben liege und daß er als ihr Beichtvater doch kommen möge, um ihr die letzte heilige Ölung zu spenden und die Sterbegebete zu sprechen, wies ihn Pater Kiss schroff an, dies einstweilen für ihn zu tun. Er müsse jetzt den letzten Willen der Fürstin vollziehen, ehe Unberufene dies verhindern würden. Wenn er dies getan habe, werde er kommen. „Über unsere Tätigkeit hier in der Schatzkammer habt Ihr zu schweigen, damit wir nicht gestört werden! Das ist ein Befehl!"

Dieses seltsame Gehaben des Beichtvaters der Fürstin ließ in Pater Ordódy den furchtbaren Verdacht aufsteigen, daß es da wohl nicht mit rechten Dingen zugehen könne. Als er sich mit der Bemerkung entfernte, daß er Ilona Zrinyi und den Burghauptmann von diesem voreiligen Testamentsvollzug verständigen werde, überwältigten ihn Pater Kiss und sein Diener, fesselten und knebelten ihn und sperrten ihn in eine Kammer. Dann setzten sie den „Testamentsvollzug" in aller Eile fort. Erst nach dem Abtransport der kostbaren Schätze begaben sich Pater Kiss und Jadriga Luptovska in das Kranken- und Sterbegemach der Fürstin.

Inzwischen aber war Sophia Báthory, unter deren Regierung die Rekatholisierung auf den ausgedehnten Besitzungen der Rákóczy mit Feuer und Schwert von den Jesuiten erzwungen worden war, ohne geistlichen Beistand gestorben. Auf die vorwurfsvolle Frage Ilonas, wo er denn so lange gewesen sei, erwiderte der Pater zweideutig, daß er durch einen Auftrag der Verstorbenen, den er ausgeführt habe, daran gehindert worden sei, früher zu kommen.

Voller Mißtrauen ließ Ilona Zrinyi zu, daß der Pater die letzten Dienste an der Toten vollzog.

Pater Ordódy wurde erst am nächsten Tag von einer zufällig an seiner Kammer vorbeikommenden Wache gehört, als er mit den gebundenen Beinen gegen die Türe stieß. Sofort nach seiner Befreiung meldete Pater Ordódy seine furchtbaren Erlebnisse dem Schloßhauptmann und Ilona Zrinyi. Empört befahl diese dem Hauptmann, Pater Kiss und Schwester Jadriga Luptovska festzunehmen und die ihrer Meinung nach geraubten Schätze sicherzustellen. Vergebens. Pater Kiss und Jadriga Luptovska hatten noch in der Nacht Munkács verlassen. Auch die ausgesandten berittenen Patrouillen kehrten auf zwar schweißbedeckten Pferden, aber mit leeren Händen in die Burg zurück. Der Vorsprung der Geflohenen war zu groß gewesen.

Der Prozeß, den Ilona Zrinyi auf Grund der Zeugenaussagen gegen die Jesuiten anstrengte, endete letztlich mit einem für sie noch immer günstigen Vergleich. Szelepcsényi, der Fürstprimas, und Gubasoczy, der Kanzler, und der Bischof von Neutra, vermittelten zwischen den streitenden Parteien und prangerten die Vorgangsweise des ständig zu Gewalttaten neigenden Beichtvaters der verstorbenen Magnatin an.

Der Ordensgeneral trat hierauf, wegen der seltsamen Umstände, von den reichen Schenkungen beider Testamente zurück. Die Art, wie Pater Kiss sich den Vollzug des letzten Willens der Magnatin gedacht hatte, war auch dem Schwarzen Papst zu schmutzig gewesen. Er verurteilte das ehrlose Verhalten von Imre Kiss, der mit diesem voreiligen „Testamentsvollzug" das Ansehen dieses großen Ordens so besudelt hatte.

Oktober 1680. Hoftrauer: schwarze Fahnen in Laxenburg und Wien. Am 16. Oktober 1680 starb Raimund Montecuccoli in Linz. Er war Reichsgraf, Fürst, Generalfeldmarschall, Oberster Land- und Hauszeugmeister, Geheimrat, Kämmerer und Ritter des Ordens vom Goldenen Vlies gewesen. Montecuccoli, der am 21. Feber 1609 auf dem Stammschloß der Familie, dem Schloß Montecuccolo im Apennin, geboren worden war, war im kaiserlichen Dienst zu höchsten Ehren gelangt und hatte 1664 die unter den kaiserlichen Fahnen vereinigten Truppen Europas in der Abwehrschlacht gegen die Türken bei Mogersdorf kommandiert. Montecuccoli, der sich aber auch in den Rheinfeldzügen als Feldherr bewährt hatte, war, gerade wegen der Erfahrungen, die er bei Mogersdorf und am Rhein gemacht hatte, der Befürworter eines stehenden Heeres gewesen. Zur Begründung für die Aufstellung und den Unterhalt eines stehenden Heeres hat er meisterhaft mit der Staatswaage des Laurentii Medici argumentiert, indem er den geringen Kampfwert der buntzusammengewürfelten Hilfskriegsvölker auf die eine Schale und deren Kosten für Quartier und Verpflegung sowie die Widerspenstigkeit der einzelnen Anführer dieser Kontingente auf die andere Schale der Waage legte und auf diese Weise anschaulich den Beweis für ein schlagkräftiges stehendes Heer, das jederzeit einsatzbereit zu sein hätte, erbrachte.

Sein Plan für die Befriedung Ungarns aber hatte ihm bei den dem Herrscherhaus aufsässigen Magnaten nur Ablehnung und Haß eingebracht. Dies störte den treuen Marschall des Kaisers aber in keiner Weise. Auch er kannte die Magnaten, und das besser als diesen lieb war. Er warf ihnen offen vor, daß sie selbst die Schuld am Fall der Festung Neuhäusl hatten, daß die Konspiration zu ihrem Geschäft gehöre und daß sie bereit gewesen seien, sich zu jeder Zeit mit Türken und Franzosen gegen den eigenen König zu verbünden, wenn sie nur meinten, auf diese Art besser zu fahren. Der grenzenlose Egoismus der Magnaten war ihm verhaßt. Die Tatsache, daß in der Geschichte der Ungarn immer Fremde für die Kosten der Verteidigung ihres Landes aufkommen sollten, ließ das Ansehen der Magnaten bei ihm tief sinken.

Daß die Magnaten nie bereit waren, Steuern zu zahlen, um so wenigstens finanziell zur Verteidigung Ungarns beizutragen, und daß sie, ehe sie auf diese Privilegien verzichteten, lieber gegen den eigenen König aufstanden und sich auf Artikel 31 ihrer Verfassung beriefen, ärgerte den greisen Generalissimus sehr. Ein geflügeltes Wort Montecuccolis hatte gelautet: „Zum Krieg braucht man Geld, Geld und wieder Geld!" Und das Verhalten der Magnaten stand diesem Grundsatz des Marschalls diametral entgegen.

Der Tod des Marschalls, der dem Kaiser bis zum letzten Atemzug in Treue ergeben gewesen war, wurde am Hofe Leopolds als echter Verlust empfunden. Mit Montecuccoli war ein großer Soldat und ein aufrechter Mensch von der Bühne der österreichischen Politik abgetreten.

Kaiser Leopold ernannte seinen Schwager, Herzog Karl von Lothringen, zum Oberbefehlshaber seiner Truppen. Auch der Herzog war ein erfahrener Soldat, der schon unter Montecuccoli bei Mogersdorf an der Spitze seiner gefürchteten Kürassiere gefochten und sich durch besondere Tapferkeit ausgezeichnet hatte.

Zum Hofkriegsratspräsidenten bestellte der Kaiser den Markgrafen Hermann von Baden-Hochberg, der ebenfalls schon 1663 die burgundischen Kreistruppen in Ungarn kommandiert hatte und mit den Verhältnissen in Ungarn bestens vertraut war. Gleichzeitig ernannte ihn der Kaiser zum Gouverneur von Raab.

Mit diesen beiden Männern waren neue Kräfte in den engen, entscheidungsberechtigten Kreis um den Kaiser getreten.

Reichstag in Ödenburg

Ödenburg, Ende April 1681. Unter dem Einfluß seines neuen Großveziers Kara Mustapha ordnete Mohammed IV. an, daß Apafy den Grafen Tököly bewaffneten Beistand zu leisten habe. Diese Maßnahme war notwendig geworden, weil sich nicht nur die mächtige Familie Teleky, sondern auch Apafy wegen der Lösung der Verlobung Graf Tökölys mit der Witwe Niklas Apafys gekränkt fühlten und insgeheim seinen Untergang herbeiwünschten. Die gleiche Order erließ Kara Mustapha jedoch auch an Ibrahim, den Pascha von Ofen. Damit verschärfte sich die politische Lage im pannonischen Raum erheblich. Dazu kam, daß alle Bemühungen des Wiener Hofes, den Frieden von Eisenburg, der 1664 auf die Dauer von zwanzig Jahren geschlossen worden war, zu erneuern, scheiterten.

Kara Mustapha hatte mit gewaltigen Rüstungen begonnen, und der kaiserliche Gesandte aus Konstantinopel berichtete, daß der neue Großvezier dem Sultan gelobt habe, ihm den goldenen Apfel — damit war Wien gemeint — zu Füßen zu legen. Nur durch die Unruhen in Persien werde Kara Mustapha davon abgehalten, schon jetzt den Frieden von Eisenburg zu kündigen. Der Gesandte berichtete weiter, daß sich die Pforte mit der Absicht trage, Tököly als Kuruzzenkönig anzuerkennen, und daß ihm der Sultan das ersehnte Athname verleihen wolle. Die Situation wäre bedeutend ernster als zur Zeit Zrinyis.

Die Bedrohung des Reiches, der römisch-katholischen Kirche und der Erblande der Habsburger nahm konkrete Formen an. Der Kanzler

Hocher machte den Kaiser eindringlich darauf aufmerksam, daß das Heilige Römische Reich deutscher Nation schweren Zeiten entgegengehe, einer Bewährungsprobe, deren Ausgang völlig offen sei, weil man mit dem Aufmarsch der gesamten osmanischen Heeresmacht rechnen müsse und auch Ludwig XIV. seinen Beistandspakt mit der Pforte erneuert habe. Einen solchen Zweifrontenkrieg könne das Reich allein nicht bewältigen, weshalb er einen Beistandspakt mit Polen und Spanien vorschlage. Auch der Papst müsse bewogen werden, dem Reiche in dieser schweren Epoche mit seinem gesamten Einflusse beizustehen, und versuchen, Ludwig XIV. zur Neutralität zu überreden.

Unter dem Eindruck dieser deprimierenden Berichte aus Konstantinopel lenkte der Kaiser ein und war bereit, den Forderungen der Magnaten, die der Bischof von Neutra in Preßburg so scharf präzisiert hatte, zu entsprechen. Die ungarischen Stände wurden zu einem Reichstag nach Ödenburg geladen. Gleichzeitig beauftragte Leopold den Bischof von Siebenbürgen, Andreas Sebestény, nach Eperjes zu Tököly zu reisen und zu erkunden, unter welchen Bedingungen dieser bereit sei, Frieden zu halten.

Als der Bischof nach Eperjes kam, hielten sich gerade die Gesandten Mohammeds IV. dort auf und verhandelten mit dem Grafen über dessen Ernennung zum König von Ungarn. Andreas Sebestény trug dem Grafen vor, was der Kaiser ihm aufgetragen habe. Nach einigem Nachdenken nannte Tököly seine Bedingungen. Er war bereit, gegen die Rückgabe seiner väterlichen Güter und die Erlaubnis, die Witwe Ilona Zrinyi heiraten zu dürfen, Frieden zu halten. Hocher riet, angesichts der heiklen Lage, zur Annahme der Bedingungen, um wenigstens die Wirren in Ungarn beilegen zu können. Aber der Kaiser, der nach der Entlassung des Fürsten Lobkowitz allen mißtraute, konnte sich nicht dazu entschließen. Leopold gab ausweichende Antworten, und die Verhandlungen mit Tököly verliefen im Sande. Der Graf aber hatte die Waffen nicht abgelegt. In seinem Lager traf ein türkisches Hilfsheer ein, an dessen Spitze der Vezier von Ofen stand. Auch Apafy traf mit einem starken Truppenkontingent im Lager Tökölys ein. Kaschau fiel ihm in die Hände. Die Bewohner der Stadt hatten sich während des Angriffes der Kuruzzen erhoben und die kaiserliche Besatzung wurde aufgerieben. An der Seite Tökölys ritt diesmal die Gräfin Zrinyi in die Stadt ein. Den Jesuiten standen schwere Zeiten bevor, und Pater Kiss versuchte, sich nach Preßburg abzusetzen. Tökölys Truppen huldigten der Fürstin Rákóczy! Ilona besuchte den Dom und kehrte dann auf ihre Residenz nach Munkács zurück.

Die im Kloster der Jesuiten verwahrten Kleinodien der Rákóczyschen Schatzkammer wurden, soweit sie noch da waren, nach Munkács zurückgebracht, denn mit der Rückgabe der Schätze hatte sich Pater Kiss trotz des Übereinkommens mit Ilona Zeit gelassen.

Inzwischen war der ungarische Reichstag in Ödenburg, zu dem Graf Tököly trotz einer Einladung nicht erschienen war, zusammengetreten. Die wichtigsten Beschlüsse, die dort gefaßt wurden, waren: „Krönung der Kaiserin Eleonore zur Königin von Ungarn; Wahl des Grafen Paul Esterházy zum Palatin; Abschaffung der Statthalterwürde für alle Zeiten; Wiedereinsetzung eines Banus von Kroatien; allgemeine Amnestie; Abschaffung der neueingeführten Abgaben und Tribute; die Verleihung von Ämtern und geistlichen Würden nur an verdiente Eingeborene; Verbot, daß der königliche Fiscus aus eigener Machtvollkommenheit Güter einziehen könne; Abschaffung der Gerichte, welche die Feldobersten übten; Maßregeln gegen den Unfug der deutschen Truppen; Wiederherstellung und Bewaffnung der ungarischen Grenzmiliz; die Bestimmung, daß bei Verhandlungen mit den Türken auch Ungarn zur Beratung beigezogen werden sowie daß der kaiserlichen Gesandtschaft in Konstantinopel auch ein Ungar beigegeben werde, der wie der Gesandte zu achten und zu betrachten sei."

Auch die Angelegenheiten zwischen Katholiken und Protestanten kamen zur Sprache, und beide Parteien reichten Klageschriften ein, die voll von den furchtbarsten Anklagen, ja Grausamkeiten waren. Es schien unglaublich, daß Christen gegen Christen so handeln konnten. Der auch hierüber gefaßte Beschluß des Kaisers bildete die Grundlage für das spätere Verhalten zwischen beiden Konfessionen. Die wesentlichsten Punkte waren: „Es können sämtliche Stände katholischer, augsburgischer oder helvetischer Konfession ohne alle Störung ihre Religion ausüben. Jene, welche diese Verfügung übertreten, werden, ohne Rücksicht auf ihre Religionszugehörigkeit, strengstens bestraft. Es ist nicht erlaubt, Seelsorger oder Prediger zu entfernen, zu vertreiben oder zu stören. Kircheneroberungen sind verboten. Die Magnaten und Adeligen augsburgischer und helvetischer Konfessionen dürfen Kapellen und Bethäuser errichten. Ebenso die Katholiken. Künftige Beschwerden in Glaubenssachen werden nicht mehr durch Waffen, sondern durch den König, nach Anhörung beider Parteien, geschlichtet. Die Stände sowie alle Landeseinwohner haben sich aller Verunglimpfung und Verspottung aller einem anderen Glaubensbekenntnisse angehörenden Personen bei Ungnade seiner Majestät zu enthalten!"

Der Ausgleich mit Ungarn schien nahe, aber Tököly hetzte die Protestanten auf, den Reichstag zu verlassen. Der Vorwand war, daß sie wegen des Termines 1670, jenes Jahres, das als Zeitpunkt des Besitzes der Kirchen angenommen worden war, den Exodus herbeiführten.

In Gegenwart Kaiser Leopolds war Graf Paul Esterházy am 13. Juli 1681 von den in Ödenburg versammelten Ständen Ungarns zum Palatin des Königreiches gewählt worden. Graf Georg Szelepcsényi, der Fürstprimas Ungarns, hatte dem Reichstag vorgeschlagen, Graf Esterházy für dieses höchste Amt zu nominieren, und Graf Adam Forgách, der

Landesoberrichter Ungarns und Nachfolger Graf Nádasdys in diesem Amte und Graf Franz Kéry setzten die Wahl Esterházys, unterstützt von den Grafen Christoph Batthyány und Nikolaus Draskovich, durch.

Die erste Tätigkeit des Palatins war, daß er ein Schreiben an Graf Tököly richtete. In diesem forderte er den Kuruzzenführer auf, mit den Gesandten des Königs zu verhandeln, damit der derzeitige Waffenstillstand, der sich schon seinem Ende nähere, rechtzeitig verlängert werden könne. Auch er, Esterházy, wolle bei König Leopold vorstellig werden und dessen Zustimmung zur Verlängerung der Waffenruhe erwirken. Außerdem lud Esterházy Graf Tököly abermals ein, vor dem Reichstag zu erscheinen, und bot ihm als Sicherheit seinen Sohn Michael als Geisel an. Ebenso forderte ihn der Palatin auf, die protestantischen Stände zur Rückkehr in den Reichstag zu bewegen.

Der Kuruzzenführer aber dachte nicht daran, den Waffenstillstand zu verlängern. Er wurde vom französischen Gesandten zum aktiven Widerstand ermuntert und genoß schon jetzt mit dem ihm vom Sultan in Aussicht gestellten Athname den militärischen Schutz der Hohen Pforte. Er erklärte deshalb in seinem Antwortschreiben, daß der Reichstag — betreffend die Religionsfrage — keine befriedigende Lösung gebracht habe und daß weder er noch seine Parteigänger weiterhin am Reichstag teilnehmen wollten.

Kaiser Leopold empfing in Ödenburg auch eine Abordnung des Marktes Rust, die ihn bat, ihre Marktgemeinde in den Rang einer königlichen Freistadt zu erheben. Leopold willigte ein, und Rust entrichtete für die Erhebung zur königlichen Freistadt 60.000 Gulden in Gold und 500 Eimer erlesensten Ausbruchs, des köstlichsten Weines des Seegebietes. Damit hatte Rust Sitz und Stimme im ungarischen Reichstag und die Blutgerichtsbarkeit erlangt.

Hochzeit des Palatins

Eisenstadt, 18. August 1682. Die ganze Stadt hatte Blumenschmuck angelegt. Überall Girlanden, in der Herrengasse, der Klostergasse und auf der Brandstatt um die Kirche des heiligen Martins. Der Palatin, dessen erste Frau Orsicska*) schon vor Jahresfrist verstorben war, vermählte sich mit Gräfin Eva, der jüngsten Schwester Emmerich Tökölys, des Kuruzzenkönigs. Graf Georg Szelepcsényi, der Fürstprimas Ungarns, war gekommen, um den Palatin mit der jungen Gräfin zu trauen. Graf Adam Forgách, der Landesoberrichter, war ebenfalls erschienen und mit ihm die Grafen Franz Kéry, der Taufpate der Kinder des Palatins aus erster Ehe, Christoph Batthyány und Nikolaus Draskovich. Eine besondere Ehre aber war es für den Palatin, seine junge Frau und für

*) Ursula

Eisenstadt, daß Kaiser Leopold und die Kaiserin mit ihrem engeren Hofstaat nach Eisenstadt gekommen waren, um an den Vermählungsfeierlichkeiten teilzunehmen. Eisenstadt und das Schloß Esterházy erlebten ein Fest, wie es nur Fürsten gaben. Auf der breiten Altane des Schlosses hatten die prominenten Gäste Platz genommen, als die prächtig gekleideten Husaren Esterházys, die dieser aus eigenen Mitteln unter Waffen hielt, vor ihrem obersten Kriegsherrn, ihrem König und Kaiser, vorbeidefilierten. Und als der spanische Gesandte im Namen seines Königs dem Palatin das Goldene Vlies überreichte, kannte der Jubel keine Grenzen mehr. Für einen Tag schienen alle Sorgen vergessen zu sein, der Reichstag von Ödenburg und die militärische Bedrohung Ungarns und des Reiches durch die Osmanen.

Was Küche und Keller des großartigen Schlosses bieten konnten, das wurde geboten, und auch die Bürger der Stadt feierten das große Ereignis des Tages in stolzer Freude.

Die Katastrophe von 1683 zeichnet sich ab

Kaiser Leopold hatte gehofft, daß die am Reichstag zu Ödenburg Gesetz gewordenen Reskripte sowohl den Katholiken wie auch den Protestanten die Gewißheit vermitteln würden, daß er das Beste aller wolle. In diesem Sinne ließ er noch im September 1681 durch Philipp Saponara, dem Kommandanten in Patak, Tököly Friedensvorschläge unterbreiten. Kaiser Leopold wollte, das war der Inhalt seines Angebotes, die Wünsche der Ungarn im besonderen und vor allem die der Kalviner erfüllen. Leopold hoffte daher, Tököly werde zur Treue zurückkehren und bei der Erneuerung des Friedens mit der Türkei hilfreich seine Hand bieten. Dafür wollte der Kaiser die konfiszierten Güter der Exulanten zurückgeben und der Vermählung Tökölys mit Ilona Zrinyi, der reichen Witwe Franz Rákóczys, zustimmen. Tököly wollte mehr. Er freute sich zwar über die verheißene Gewährung seines dem Kaiser vorgetragenen Wunsches, die Witwe Rákóczys zu ehelichen, wollte aber andererseits sein bereits sehr eng gewordenes Verhältnis zur Hohen Pforte nicht lösen und tat daher so, als ob er bereit wäre, sich seinem gekrönten Landesherrn wieder zu unterwerfen. Er forderte, daß die Konstitution Ungarns wiederhergestellt, die evangelische Kirche abermals in ihre Rechte eingesetzt, die Exulanten und all seine Anhänger ihre Besitzungen zurückerhalten und daß Leopold ihm die einst von Rákóczy besessenen Güter und Gespanschaften überläßt und ihm den Titel „Herr einiger Teile Ungarns" verleiht. Binnen sechs Wochen sollte der Kaiser dies anerkennen, erst dann könne er entscheiden, ob er sein Verhältnis zur Pforte, das er nicht schlechthin abbrechen könne, aufgeben werde. Da ihm die Teleky wegen seiner Vermählung mit Ilona Zrinyi bitterböse seien, Tököly hatte die Verlobung mit der Tochter Telekys gelöst, müsse er durch Gesandte bei der Pforte sicherstellen, daß ihm Apafy nicht schaden könne. Er erklärte sich bereit, den Frieden zu fördern, und es kam in der Folge zu einem Waffenstillstand, der Anfang Dezember unterfertigt wurde.

War Tököly wirklich zum Frieden bereit? Er war sich des politischen und militärischen Beistandes der Türkei sicher, und König Ludwig XIV. hatte Vernay-Boucauld, seinen Gesandten in Polen, angewiesen, Tököly mit Geld reichlich zu unterstützen. Der Magnat konnte sich daher den kühnsten Hoffnungen hingeben und seinen politischen Ambitionen freien Lauf lassen. Im November schrieb er daher an den französischen Gesandten in Warschau unter anderem: „General Caprara hat uns bei der Verkündung des Waffenstillstandes völlige Genugtuung verheißen und Oberst Harsányi versprochen, daß Seine Majestät jede weggenommene Kirche zurückgeben und den Wünschen der Exulanten entsprechen werde. Daher müßten wir uns, sagte Caprara, bekehren, denn wir würden keinen Grund zu fernerem Kriege haben. Da Tököly keinen Frieden wollte, suchte er, nachdem er mit der Witwe Rákóczys die Heirat vereinbart hatte, nach Ausflüchten und tat, als befürchte er, daß Leopold den Waffenstillstand nur dazu nützen wolle, um seine Streitmacht zu vermehren, ihm seine Anhänger abspenstig zu machen und ihn letztlich, nach der Erneuerung des 1664 auf 20 Jahre geschlossenen Friedens um so leichter erdrücken zu können. Aus diesen Gründen müsse er für sich und seine Glaubensgenossen im Bunde mit der Pforte das sicherstellen, was man ihm friedlich nicht zugestehen wolle. Er schickte daher noch Ende 1681 Stefan Géczy, Andreas Radics und Samuel Tunyogi zu Kara Mustapha, dem allmächtigen Großvezier, um die Absendung eines Hilfsheeres zu beschleunigen.

Am 9. Jänner 1682 wurden die Gesandten Tökölys vom Sultan in Audienz empfangen. Mohammed IV. sagte seine Hilfe zu. Khunitz, der kaiserliche Gesandte in Konstantinopel, erfuhr von der Vorsprache der Gesandten und erstattete dem Wiener Hof Bericht. Beunruhigt über diese Nachricht wurde Albert Caprara, der Bruder des Generals, am 3. Feber, also sofort, nach Konstantinopel entsandt.

Als die kaiserlichen Unterhändler Graf Saponara und Bischof Sebestyén im April im Lager Tökölys eintrafen, waren auch türkische Gesandte anwesend. Er studierte das Schreiben des Hofes und beauftragte seinerseits die Gesandten, mehrere Punkte zu klären, und erweckte den Anschein seiner Friedensbereitschaft. In Wirklichkeit wollte er aber nur seinen bereits feststehenden Entschluß, gemeinsam mit den Türken den Krieg fortzusetzen, nur noch verheimlichen. Am 28. April begab er sich schon mit mehreren ihm ergebenen Exulanten nach Ofen, um mit dem Vezier einen Pakt und den Plan für den bevorstehenden Feldzug festzulegen. Einige Exulanten hätten aber noch immer einen

Ausgleich mit dem Kaiser einem Bündnis mit den Türken vorgezogen. Paul Szalay war einer von ihnen. Er schrieb am 30. April an General Strassaldo: „Die türkische Hilfsarmee steht bereit. Alles hängt an einem Haare. Aus dem Lager wird noch eine Erklärung folgenden Inhaltes an den Kaiser ergehen: Wenn die Wünsche des Landes hinsichtlich der Religionsfreiheit und seiner übrigen Rechte erfüllt werden, wenn das Volk Bürgschaft erhält, daß es künftig nach seinen eigenen Gesetzen und den Krönungsdiplomen so vieler Könige regiert werden wird, wenn Tököly und die Pforte Genugtuung erlangen, so löst sich das Heer auf, ansonsten ist Krieg die Losung. Das will ich Ew. Exellenz unverhohlen melden. Ich bitte Euch Herren um Gottes willen, verderbet die Sache nicht durch Zögern und Hinschleppen. Verschweigt dem Kaiser nicht, verachtet nicht, was ich schreibe. Du, Herr, bist Christ und des Kaisers treuer Ratgeber. Dir sage ich, wir schweben, so wahr mir Gott helfe, in äußerster Gefahr. Dagegen könnt Ihr, wenn Ihr ernstlich unterhandelt, dem Kaiser das Land erhalten und den Angriff der Türken von Euch abwenden. Weigert Euch nicht, an die Pforte jährlich eine gewisse Summe zu zahlen. Es ist dies auch früher geschehen. Welche Dienste Graf Tököly Seiner Majestät noch leisten kann, brauche ich wohl nicht zu erwähnen."

Salays Schreiben war vergeblich, denn schon einige Tage später unterschrieb Tököly den mit Koka Arnaut Uzun Ibrahim ausgehandelten Vertrag in Ofen, ohne auf die Wünsche jener auch nur noch einzugehen, die einen Ausgleich mit Wien anstrebten. Gemäß diesem Vertrag sollte er von der Pforte zum Fürsten Oberungarns erhoben werden. Die Pforte versprach für die Heerfolge Tökölys, die Oberungarn betreffenden Friedensartikel von 1664 zu bestätigen, die Ungarn und Kroaten in ihren Rechten zu erhalten und zu schützen, alles den Deutschen, wenn auch mit ihrer Hilfe abgenommene Gebiet den Ungarn zu überlassen, ohne sie mit dem Kaiser nicht Frieden zu schließen und ihre Gesandten so zu achten wie die anderer Staaten. Dafür sollte Ungarn jährlich einen Tribut in der Höhe von 40.000 Dukaten an die Pforte entrichten.

Der Vezier von Ofen beantwortete die Friedensangebote des Kaisers, die Albrecht Caprara auf seiner Reise nach Konstantinopel in Ofen deponiert hatte, mit folgenden Forderungen: Leopold müsse Ungarn in jenen Zustand zurückversetzen, in dem es sich vor 25 Jahren befunden habe, jährlich 500.000 Gulden Tribut entrichten, vollständige Glaubensfreiheit gewähren, die Festungen von Guta und Leopoldstadt schleifen, den Exulanten deren Güter zurückgeben und ihnen Amnestie gewähren und Tököly als Herrn jener Ländereien anerkennen, die Rákóczy einst besessen habe.

Albrecht Caprara kam am 12. Mai nach Konstantinopel. Er wurde aber erst am 9. Juni zu einer Audienz befohlen, bei der ihm Mohammed IV. auf die Wünsche des Kaisers, den Eisenburger Frieden zu verlängern, nur antwortete: „Sehr wohl, sehr wohl." Kara Mustapha hatte auf Betreiben des Veziers von Ofen den Krieg bereits durchgesetzt und erwirkt, daß Ibrahim Pascha Tököly mit einem Hilfsheer unterstützen dürfe. Zu diesem Zwecke wurden der Statthalter von Bosnien, die Beglerbege von Rumili, Temesvár, Erlau und Großwardein, die Sandschake von Silistria und Nikolpolis, der Generalleutnant der Janitscharen mit 18 Regimentern, die zwei untersten Rotten der Sipahi und der Fürst von Siebenbürgen dem Befehl des Veziers von Ofen unterstellt.

Nach der Rückkehr Tökölys aus Ofen versammelten sich seine Anhänger am 18. Mai in Munkács. Sie beschlossen, die Gespanschaften zum Aufstand aufzufordern, die Widerspenstigen mit Gewalt zur Teilnahme an diesem zu zwingen und nach der Vermählung Tökölys, die am 15. Juni stattfinden würde, am 24. Juni die Truppen im Lager von Haranyód zu versammeln und gleichzeitig den Waffenstillstand zu kündigen. Die Hoffnungen der kaiserlichen Minister, Tökölys Durst nach Macht werde durch die Heirat mit der Witwe Rákóczys gestillt werden, erfüllten sich nicht. Die riesigen Besitzungen der Rákóczy, die ihm durch diese Heirat zufielen, ermöglichten es ihm erst recht, den Krieg in noch größerem Ausmaße vorzubereiten. Ilona Zrinyi teilte seine Ansichten, denn sie wollte die Hinrichtung ihres Vaters Peter Zrinyi und ihres Oheims Frangepan rächen. Schon am 25. Juni eröffnete Peter Madács die Feindseligkeiten und besetzte Rosenau. Er gebot den Bergstädten, daß sie, wenn ihnen ihr Hab und Gut wert sei, binnen zwei Wochen Abgeordnete zum Fürsten zu entsenden hätten. Aber auch Strassaldo forderte die Zipser auf, dem König treu zu bleiben, vor den Banden Tökölys in den Städten Schutz zu suchen und diese nicht zu unterstützen. Widrigenfalls würden auch sie als Rebellen behandelt. Paul Esterházy, der Palatin, der sich wenige Tage vorher mit Eva Tököly vermählt hatte, bot am 7. Juli die Insurrektion auf, „damit der Feind, der für die Freiheit zu kämpfen vorgibt, in der That aber dieselbe vernichtet, ausgerottet werde".

General Herberstein, der nach Kaschau wollte, fiel den Truppen Tökölys in die Hand und wurde gefangengenommen. In der Nacht vom 19. auf den 20. Juli wurde Kaschau von Andreas Szirmay überfallen und die Festung erobert. Am 14. August fiel auch die Stadt, die Oberst Lamb, trotz des Verlustes der Zitadelle, gehalten hatte, weil die Bevölkerung gegen ihn aufstand und ein türkisches Heer vor den Mauern stand.

In einem Manifeste vom 26. Juni hatte Tököly seine Handlungsweise gerechtfertigt und erklärt, die Zeit, in der man parteilos bleiben durfte, sei abgelaufen. Jetzt müsse jedermann aufstehen. Die Truppenkontingente der Magnaten und Komitate haben am 5. August in seinem Lager einzutreffen, wenn sie nicht ihre Köpfe und ihr Vermögen riskieren wollten. Nach dem Fall von Kaschau fielen auch Eperjes und Leutschau, Szadvár und Tokaj ergaben sich. Fülek aber, das von Stefan Kohary verteidigt wurde, leistete erbitterten Widerstand. Mehr als 3000 Mann, darunter 1000 Türken, fielen in den Kämpfen, ehe sich die zerschossene Festung ergab. Kohary spuckte Tököly ins Gesicht und nannte ihn einen Verräter. Hierauf wurde er nach Unghvár gebracht und in schwerster Haft gehalten.

Tökölys Oheim Graf Petroczy fiel in Schlesien ein, nahm Bielitz ein und brandschatzte es. Hierauf wurde er von der in Schlesien stationierten kaiserlichen Reiterei zum Kampf gestellt, vernichtend geschlagen und floh nach Oberungarn zurück. Am 17. September überreichte Ibrahim, der Vezier von Ofen, Tököly Fahne, Keule und Mütze als Insignien. Er war laut des am 10. August ausgestellten Athname König von Oberungarn geworden.

Caprara schrieb am 31. Oktober aus Adrianopel: „Wenn ich hundert Hände hätte und mit jedem Pulsschlag einen Brief schreiben könnte, könnte ich nur immer und immer schreiben, daß Ew. Majestät keine andere Wahl übrig bleibt, als zum Schwert zu greifen und Ihre Monarchie nebst der ganzen Christenheit zu verteidigen; es ist keine Aussicht auf Frieden."

Durch die bisherigen Kämpfe in Oberungarn war es offensichtlich geworden, daß die Türkei den Frieden brechen würde. Am 7. Oktober 1682 wurde daher Graf Seifried Christoph Breuner zum Obrist-Feldkriegskommissär ernannt und der Präsident des Hofkriegsrates, Markgraf Hermann von Baden, mit der sofortigen Inspizierung der Festungen im Osten beauftragt. Ihr Zustand war alles andere als erfreulich. Überall ging man nun daran, die Werke auszubessern und Munition zu beschaffen. Vor allem aber fehlte es, wie immer, am Geld. Am 11. Jänner 1683 wurde eine eigene Kommission zur Errichtung und Sicherung der Defension Ungarns und für die Armeeverproviantierung eingesetzt und Graf Kapliers, der Vizepräsident des Hofkriegsrates, an ihre Spitze berufen.

Zu der von Tököly für den 26. Mai 1683 nach Tálya einberufenen Versammlung waren die Abgeordneten von 19 Komitaten erschienen. Abermals redete Tököly vom Frieden, verlangte aber, um allen Eventualitäten gewachsen zu sein, das persönliche Aufgebot des Adels zu beschließen. Außerdem verlangte er vom Adel, daß dieser sein 20.000 Mann starkes Heer zwei Monate verpflege. Die Komitate machten Einwände geltend und gaben zu bedenken, daß solche Maßnahmen nicht dem Frieden dienen würden. Und als sie, die jetzt durch die Ernennung Tökölys zum Fürsten von Ungarn, doch auch mißtrauisch geworden, Einsicht in das ihm vom Sultan verliehene Athname verlangten, weil sie befürchteten, daß Tököly ganz Ungarn den Heiden verkauft habe, lachte er sie aus und erklärte, daß er das Athname nicht mit sich herumtrage. Als die Komitate Tököly hierauf nur 800 Wagen, 4000 Kübel Getreide und 600 Rinder für die Versorgung seines Heeres bewilligten, geriet er in hellen Zorn. Er schrie sie an: „Seit zwölf Jahren lebe ich im Exil! Es wird jeder, der jetzt nicht aufsitzt, nicht nur mit seinem Vermögen, sondern auch mit seinem Leben büßen! Haltet Ihr mich denn noch immer für ein Kind? Ich werde Euch allen zeigen, daß ich erwachsen und der Herr und Fürst dieses Landes bin! Ich selbst werde bestimmen, was jedes Komitat zu liefern hat! Meine Kommissäre werden ab morgen 1400 Wagen, 1400 Stück Rinder und 14.000 Kübel Getreide aufbringen! Jetzt geht nach Hause und stellt bereit, was ich angeordnet habe!"

Die Komitate gehorchten widerwillig. Tökölys Popularität war dahin. Wer konnte, schlug sich noch auf die Seite des Palatins, wer es nicht mehr konnte, folgte ihm in stummem Gehorsam, während Tököly, neuerlich im Besitz der Bergstädte, wieder Münzen mit einem bloßen Schwerte prägen ließ.

Ibrahim, der Pascha von Ofen, und Apafy kehrten in ihre Gebiete zurück. Ein Teil der anatolischen Reiterei blieb aber Tököly weiter unterstellt.

Schon am 2. Jänner 1683 aber waren vor dem Palast Mohammeds IV. die in Blut getauchten Roßschweife gegen Ungarn ausgesteckt worden. Der kaiserliche Gesandte an der Hohen Pforte, der zum Dolmetscher des Sultans nach wie vor gute Beziehungen unterhielt, meldete hierauf nach Wien, daß das Ausstecken der blutigen Roßschweife gegen Ungarn die Kriegserklärung an Kaiser Leopold bedeutete. Mit dieser Maßnahme sei der Eisenburger Friede von 1664 hinfällig geworden. Kara Mustapha, der seit 1676 — seit dem Tode Köprilis — die Politik der Hohen Pforte bestimmte, wollte seinem Sultan endlich Wien, den goldenen Apfel, zu Füßen legen. Der kaiserliche Gesandte erfuhr auch vertraulich, daß Kara Mustapha am 31. März von Adrianopel mit mehr als 200.000 Mann und etwa 300 Kanonen nach Ungarn aufbrechen und am Marsch nach Wien die am Balkan und in Ungarn stationierten türkischen Besatzungstruppen und die Streitkräfte der Vasallenfürsten an sich ziehen wolle. Auf diese Weise werde das türkische Heer eine Gesamtstärke von etwa 250.000 Mann erreichen. Erprobte Truppenführer wie der Pascha Hussein von Mesopotamien, Hassan von Damask, Ibrahim, der Vezier von Ofen, und die Paschas von Erlau, Großwardein und Rumili würden Kara Mustapha begleiten und die osmanischen Streitkräfte kommandieren.

Hocher brachte auf diese Nachricht aus Konstantinopel die ganze kaiserliche Diplomatie in Europa auf Hochtouren. Papst Innozenz XI. forderte über die dringende Vorstellung Leopolds I. den König von Frankreich auf, den Kaiser in dieser schweren Auseinandersetzung mit den Türken nicht weiter zu bedrängen, denn Ludwig XIV. hatte auf Grund der Gutachten der Reunionskammern im Westen des Reiches Straßburg besetzt. Ludwig XIV. versicherte hierauf dem Papst, daß er sich in dem

Leopold I. bevorstehenden Streit ab nun neutral verhalten wolle. Es gelang auch der kaiserlichen und päpstlichen Diplomatie zwischen Leopold I. und Johann Sobieski, dem König von Polen, einen Beistandspakt wider den Erbfeind der Christenheit zustande zu bringen, nach welchem sich Sobieski verpflichtete, dem Kaiser mit 40.000 Mann zu Hilfe zu kommen. In seltener Einmütigkeit hatten die Kurfürsten von Bayern und Sachsen und der ganze Adel des Reiches zugesagt, an der Spitze der von ihnen angeworbenen Truppen vor Wien zu erscheinen, um der jahrhundertelangen Bedrohung des Reiches und des Christentums ein Ende zu bereiten.

Vorerst sollte versucht werden, die Raablinie zu halten, mit deren Instandsetzung der Vizegeneral zu Raab, Graf Johann Esterházy, eilends betraut wurde. Im Geiste des kaiserlichen Patentes über die „Defensionsveranstaltungen wider die Türken" wurden in den deutschen Grenzkomitaten Westungarns Eisenstadt, Forchtenstein, Bernstein und Kobersdorf als „Fluchtörter" bestimmt und angeordnet, daß vom „Steinpüchel zu Gschieß (Schützen am Gebirge), bei Eisenstadt, Kreutschüsse abzufeuern seien, um der ganzen Gegend das Herannahen der feindlichen Heere anzuzeigen. Damit waren die alten Warnungsgenerale*) wieder in Kraft gesetzt, und am 18. März wurde im kaiserlichen Ungarn der allgemeine Krieg gegen die Türkei proklamiert.

Über Order des Kaisers ließ der Oberbefehlshaber der kaiserlichen Truppen, Herzog Karl von Lothringen, die Armee in der Ebene von Kittsee versammeln, denn Leopold wollte eine große Heerschau veranstalten, um sich persönlich von der Schlagkraft seiner Regimenter überzeugen zu können. In den ersten Maitagen sammelten die deutschen Regimenter und die Miliz des Palatins Paul Esterházy im Lager von Kittsee. Der Herzog inspizierte schon am 5. Mai die Truppen. Er hatte im Schloß Esterházys in Kittsee auf Einladung des Palatins Quartier genommen. Am 6. Mai erschien Kaiser Leopold, begleitet von der Kaiserin, der Erzherzogin Maria Antonia und Max Emanuel, des Kurfürsten von Bayern, im Lager. Im Gefolge des Kaisers befanden sich, inkognito, zahlreiche Botschafter und Gesandte. Die kaiserlichen Kavallerieregimenter hatten eine Stärke von 19.000 Mann, die Fußvölker von 13.000 Mann und die Miliz des Palatins eine Stärke von über 6000 Mann. Auch die kaiserliche Artillerie war mit 55 Geschützen von Wien nach Kittsee verlegt worden. Nachdem der Erzbischof von Gran eine Messe zelebriert hatte, inspizierte Leopold Regiment für Regiment und überzeugte sich selbst von der feldmäßigen Ausrüstung seiner Truppen.

Die Musketierregimenter hatten sich schon um sieben Uhr früh in Bewegung gesetzt, die Reiterregimenter um acht Uhr mit dem Exerzieren begonnen. Die Artillerie war mit zahlreichen Batterien aufgefahren.

*) Kundmachung

Zahllos aber waren die Zuschauer, die teils mit dem Kaiser aus Preßburg gekommen und teils aus Wien herbeigeeilt waren, um die kaiserliche Armee zu sehen, ehe diese nach Ungarn in Marsch gesetzt werden
würde.

Graf Leslie, der den Rang eines Feldzeugmeisters innehatte, kommandierte die Fußvölker, der Markgraf Ludwig von Baden die Reiterregimenter; die Husarenregimenter des Palatins, die in ihren prächtigen
Uniformen malerisch aussahen, kommandierte Oberst Graf Kéry. Über
den Einsatz der Artillerie bestimmte der Herzog selbst. Sie wurde im
Einvernehmen mit Graf Leslie auf die wirksamste Weise zur Unterstützung der Infanterie verteilt.

Die Stimmung der Truppen war ausgezeichnet, denn die Soldaten
hatten ihren Sold schon einen Monat im voraus erhalten, und allen Teilnehmern an den bevorstehenden Türkenkriegen war vom Erzbischof
im Namen des Papstes ein genereller Ablaß erteilt worden.

Am nächsten Tag, dem 7. Mai, hielt die kaiserliche Armeeführung,
unter dem Vorsitz des Kaisers, im Lager von Kittsee einen Kriegsrat
ab, auf dem der Kriegsplan zur Verteidigung Westungarns und der Erbländer festgelegt wurde. Nach diesem Plan sollte die „Raablinie" mit
den Schwerpunkten Raab, Sarvár und Körmend gehalten werden.
In Raab würde Graf Johann Esterházy, der Vizegeneral, in Sarvár Graf
Draskovich und in Körmend Graf Batthyány kommandieren. Die Abwehrschlacht sollte nach dem Muster der Schlacht von Mogersdorf, aber
unter günstigeren Voraussetzungen, unter der Einbeziehung der Festung
Raab und ihrer Festungsartillerie unter den Mauern der Festung geschlagen werden. Es sollten jeweils über die Raab, die hier sehr breit
war, vordringende feindliche Truppen aufgerieben und nach einer Ab-
nützungsschlacht die Türken zum Abzug veranlaßt werden. Die Batthyá-
nyschen Grenzer hatten den Südabschnitt zu verteidigen und alle Furten unpassierbar zu machen und die Truppen Graf Draskovichs den
Mittelabschnitt zu halten und die Furten unbrauchbar zu machen. Die
Truppen, die die westlich der Raab liegenden Gespanschaften zu stellen
hatten, wurden auf die Streitkräfte Draskovichs und Batthyánys verteilt. Graf Draskovich wurde sogar ein Ingenieur zugeteilt, der die
Zerstörung der Furten überwachen und leiten sollte. Graf Draskovich
hatte diese Art der Verteidigung der Raablinie vorgeschlagen, und sie
war vom kaiserlichen Generalstab gebilligt worden. Die Mobilmachung
der Truppen der Gespanschaften westlich der Raab war bereits erfolgt,
und die Truppen rückten bereits in ihre Frontabschnitte ein.

Schon am 11. Mai rückte die gesamte kaiserliche Armee über Raab
gegen Komorn vor, und der Herzog von Lothringen begann den Feldzug mit der Belagerung der Festung Neuhäusl. Das war eine freundliche
Geste Kaiser Leopolds den Magnaten gegenüber, die die Wiedereroberung
von Neuhäusl seit 1664 forderten, seit jenem Frieden, der in Eisenburg

geschlossen worden und von den Ungarn als Verzichtsfrieden ausgelegt und erbittert bekämpft worden war. Der damalige Verzicht auf Neuhäusl, in dessen Umgebung die Magnaten viele Güter hatten, hatte ja zur Verschwörung der Magnaten geführt.

Aber auch Mohammed IV. begleitete die riesigen Armeen Kara Mustaphas bis Belgrad und überreichte dort seinem kriegerischen Großvezier, inmitten seiner Heerführer, die aus dem ganzen osmanischen Reich aufgeboten worden waren, vor unübersehbaren Kriegsvölkern, die grüne Fahne des Propheten . . .

Literaturverzeichnis

Allgemeine Landestopographie des Burgenlandes. 2/1. Bearb. vom Bgld. Landesarchiv. Eisenstadt 1963.

Ausführliche und Wahrhaftige / Beschreibung / Wie es mit denen / Criminal - Processen, / Und darauf erfolgten / Executionen / Wider die drey Graffen / Franßen Nadaßdi / Peter von Zrin / und / Franß Christophen Fran= / gepan / eigentlich hergangen. Wien 1671.

Baumstark, Reinhold: Kaiser Leopold I. (Slg. hist. Bildnisse). Freiburg i. Breisgau 1873.

Bolldorf-Reitstätter, Martha: Schloß Kobersdorf. Wien 1976.

Bubics, Zsigmund: Herczeg Esterházy Pal, Nádor. Bearb. von Merényi Lajos. Budapest 1896.

Csuday, Eugen: Die Geschichte der Ungarn. I/II. Übers. von M. Darvai. Wien 1898.

Fessler, Ignaz Aurelius: Geschichte von Ungarn. 4. Bearb. von Ernst Klein. Leipzig 1877.

Gaal, Moses: MAGYAR NÖK. ATHENEUM. Budapest 1897.

Halmer, Felix: Burgen und Schlösser Niederösterreichs. I/2. Wien 1968.

Jankovich, Miklós: ÚJABB FORRÁSOK A WESSELÉNYI-FÉLE HÜTLENSÉGI PER TÖRTÉNETÉHEZ. Levéltári Közlemények, Negyvenhatodik Evfolyam 2. Szám, Akadémiai Kiadó. Budapest 1975.

Katona, Stephano: HISTORIA CRITICA REGUM HUNGARIAE. STIRPIS MIXTAE EX FIDE DOMESTICORUM ET EXTERORUM. SCRIPTORUM COCINATA. Buda MDCCXC.

Kroyer, Rudolf: Franz III. Nádasdy. In: Burgenländische Heimatblätter 20, 2 (1958) 78—82.

Lengyel, Balázs: A török Magyarországon. Magyarország a XVI—XVII. Században. Budapest 1975.

Maurer, Joseph: Cardinal Leopold Graf Kollonitsch, Primas von Ungarn. Sein Leben und Wirken. Innsbruck 1887.

Mohl, Adolf: Der Gnadenort Loretto in Ungarn. Eisenstadt 1894.

Mohl, Adolf: Hornstein und seine Besitzer. Übersetzt von Adolf Bogati. Szárvkö és Urai. Szazadok 1903.

Nagy, Ivan: MAGYARORSZÁG CSALÁDAI. CZIMEREKKEL ÉS NEMZÉKRENDI TÁBLÁKKAL. Pest 1863.

Nuntiaturberichte vom Kaiserhofe Leopolds I. (1657 Februar—1669 Dezember). Hrsg. von Arthur Levison (Archiv für österr. Gesch. 103/II.). Wien 1913.

Peball, Kurt: Die Schlacht bei St. Gotthard-Mogersdorf 1664 (Militärhistor. Schriftenreihe. 1.). Wien 1964.

Pauler, Gyula: WESSELÉNYI FERENCZ NÁDOR ES TARSANIAK ÖSSZEESKÚVÉSE I/II KÖTET 1664—1671. A MAGYAR TUDOMÁNYOS AKADÉMIA, KÖNIVKIADO-VÁLLALATA. Budapest 1876.

Prickler, Harald: Burgen und Schlösser Burgenlands. Wien 1972.

Prickler, Harald: Aus der Geschichte des Kastells von Donnerskirchen. In: Burgenländische Heimatblätter 37, 2 (1975) 98—115.

Prickler, Harald: Aus Großhöfieins Vergangenheit. In: Burgenländische Heimatblätter 38, 3 (1976) 131—144.

Prickler, Clara: Kirtagsbräuche und Schützenwesen aus Burgenlands Vergangenheit. In: Burgenländische Forschungen, Sonderheft 2. Eisenstadt 1969.

Probst, Franz: (Festschrift) Deutschkreutz als Zentrum pannonischer Kultur. Hrsg. Großgemeinde Deutschkreutz. Mattersburg 1974.

Ratz, Alfred: (Festschrift) 750 Jahre Deutsch-Schützen-Eisenberg. Hrsg. von Günter Unger. Eisenstadt 1971.

Scheichl, Franz: Leopold I. und die österreichische Politik während des Devolutionskrieges 1667—1668. Leipzig 1888.

Schermann, Aegyd: Geschichte von Lockenhaus. Pannonhalma 1936.

Schlag, Gerald: (Festschrift) Hornstein 1271—1971. Ein Gang durch die Geschichte. Hrsg. Marktgemeinde Hornstein. Eisenstadt 1971.

Tobler, Felix: Die Konfiskation der Nádasdyschen Güter. HA. Eingereicht am Institut für österr. Geschichtsforschung. 1974.

Von einem Steiermärker: Die Gallerin auf der Rieggersburg. 2. Teil. Die Huldigung und die Verschwörung. Darmstadt 1845.

Wagner, Georg: Das Türkenjahr 1664, eine europäische Bewährung. (Burgenländische Forschungen. 48.) Eisenstadt 1964.

Wolf, Adam: Fürst Wenzel Lobkowitz, erster geheimer Rath Kaiser Leopolds I. 1609—1677. Sein Leben und Wirken. Wien 1869.

Verzeichnis der wichtigsten Personen

Abele, Christoph, Hofrat, Geheimsekretär des Hofkanzlers Hocher und kais. Kommissär 264, 275, 289 f., 327 f.

Apafy, Michael (Woiwode), Fürst von Siebenbürgen (1662—1690) 45 f., 68 f., 70, 93 f., 147, 165, 223, 347

Auersperg, Joh. Weikhard, Fürst, erster Min. Leopold I. von 1665—1669, wurde wegen seines frankophilen Kurses abgesetzt und auf sein Seißenberg in Krain verbannt 145, 150 f., 273, 351

Báthory, Sophia, Witwe nach Georg II. Rákóczy, des Fürsten von Siebenbürgen, Mutter des Rebellen Franz I. Rákóczy, eifrige Konvertitin 67, 77, 243 f., 316, 344 f., 352 f.

Bethlen, Miklos, Gesandter des siebenbürgischen Fürsten Kemeny Janos an den französischen Hof, Neffe Niklas Zrinyis 43 f., 70

Bocskay, István (Stefan), Graf, Rebell 214, 216 f., 239 f.

Bonis, Ferencz (Franz), Graf, Rebell, am 30. April 1671 in Preßburg enthauptet 238 f., 314

Borkovich, Martinus, Bischof von Agram, agiert als Gesandter des Grafen Peter Zrinyi, des Führers der Rebellen öfters am Wiener Hof 170 f., 179, 189 f.

Breuner, Graf, Präs. der innerösterr. Hofkammer (Landprofoß von Steiermark) und Burghauptm. von Graz 123, 176, 184, 207 f., 257

Bukovatzy, kroat. Edelmann, Sekretär, Gesandter und Truppenführer Peter Zrinyis, überfällt die Grenzfestung Petrinia 165 f., 182 f., 194, 230, 312

Coligny-Saligny, Jean, Graf, Generalleutn., 1664 Kommdt. der franz. Hilfskorps bei Mogersdorf 8 f., 16, 40

Csáky, Ferencz (Franz), Graf, Oberst, königl. Stadthptm. von Sepesvár und Kapitän von Oberungarn 96, 125, 133, 241

Draskovich, Niklas (Nikolaus), Graf, Schwiegersohn Franz III. Nádasdy und nach dessen Enthauptung Vormund der Kinder Nádasdys 258, 337, 360, 368

Esterházy, Anna-Julia, Schwester Graf Paul I., Gemahlin Franz III. Nádasdy, verhindert Giftmord an Kaiser Leopold I. in Pottendorf 112 f., 133, 231

Esterházy, Paul, Graf und Fürst de Galantha, ewiger Graf von Forchtenstein, 1652—1713; 1. Gemahlin: seine Cousine Orsicska (Ursula) Esterházy, 2. Gemahlin: Eva Tököly; einer der reichstbegüterten Magnaten Ungarns, Statthalter (königl. Personal); wird 1682 am Reichstag von Ödenburg zum Palatin gewählt; 1687 in den Fürstenstand erhoben; Obersthofmeister; Generalmajor; Schwager Franz III. Nádasdy; Führer der habsburg. Partei und des Königl. Lagers in Ungarn 34, 60 f., 100, 157, 359, 367

Forgách, Adam, Graf, Verteidiger von Neuhäusl (1663); mit Judith Revay, der Mutter Franz III. Nádasdy (2. Ehe der Revay) vermählt; nach der Enthauptung Franz III. Nádasdy Landrichter des Königreiches Ungarn 36, 135, 208 f., 272 f., 321

Forstall, Augustinermönch, Beichtvater und Gesandter Peter Zrinyis 189 f., 195 f., 266, 273

Frangepan, Franz, Markgraf des Küstenlandes, Schwager Peter Zrinyis; führendes Mitglied der Verschwörung; am 30. April 1671 in Wiener Neustadt enthauptet 51, 76, 166, 179, 200 f., 305 f.

Frangepan, Katharina, Schwester des Markgrafen des Küstenlandes; Gemah-

wird Österreich zur Weltmacht. Beginn des Heldenzeitalters 7 f., 20, 101, 156, 174, 184, 276, 222, 361, 367

Lippay, Georg, de Zombor, Graf, Erzbischof von Gran (Amtssitz in Preßburg); Primas von Ungarn; mit Nikl. Zrinyi und dem Palatin Wesselényi Mitbegründer des ersten Geheimbundes der Magnaten zum Schutze der ungar. Verfassung; lehnt den Frieden von Eisenburg (Vasvár) ab 30 f., 59 f.

Lisola, Franz Paul de, erfolgreichster Diplomat Leopold I. 146, 339

Lobkowitz, Wenzel, Eusebius (böhm. Adel), Herzog (Fürst) von Sagan; Hofkriegsratspräsident; erster geheimer Rat Leopold I., für den diplom. Verkehr mit der Hohen Pforte zuständig; ist mit Auersperg für das Zustandekommen des geheimen Teilungsvertrages über das spanische Erbe und dem Neutralitätsvertrag mit Ludwig XIV. verantwortlich gemacht worden; behinderte, auf Grund dieser Verträge, Montecuccolis Rheinfeldzug 1672/73; Gegner der Jesuiten; strenger Absolutist; wegen seines Sarkasmus unbeliebt; wird seines Amtes enthoben und auf sein Schloß an der Elbe verbannt 34, 54 f., 129 f., 154, 161 f., 192, 227 f., 255, 273, 350 f.

Locatelli, Oberstltn., Stabschef Peter Zrinyis; führt die Annäherung zwischen dem Banus und Graf Tattenbach herbei 85 f., 102, 345

Ludwig XIV. (Haus Bourbon), 1643 bis 1715 König von Frankreich (Sonnenkönig); viele Staatsmänner und gekrönte Häupter werden durch Bestechungen seine Pensionäre; er ist der Gegenspieler Leopold I., seines Schwagers; sein Lehrmeister war Kardinal Mazarin; absoluter Monarch; entsendet 1664 unter Coligny-Saligny ein Hilfskorps gegen die Türken und rächt so die Beleidigung des franz. Gesandten (Ohrfeige) an der Hohen Pforte; versöhnt sich 1673 wieder mit den Türken. Seine Raubkriege: 1667/68, 1672—1678, 1688—1697, 1701—1714. Von den Ungarn als „Conservator Hungariae" gefeiert; strebt nach Hegemonie, wird aber letztlich vom Kaiser (Prinz Eugen v. Savoyen) in die Schranken verwiesen

19, 32, 50 f., 71, 78 f., 145 f., 164, 227, 346, 358

Montecuccoli, Raimund (1609—1680), Graf, Fürst, Reichsgraf; Generalleutnant und Feldmarschall; Oberster Land- und Hauszeugmeister; Geheimer Rat; Ritter des Ordens vom Goldenen Vlies; 1664 Oberkommandierender der alliierten Truppen bei Mogersdorf; Rheinfeldzüge; Verf. militär. Schriften; verurteilt Nikl. Zrinyis Winterfeldzug; von diesem als Cunctator und böser Kuckuck bezeichnet 7 f., 23 f., 40, 53 f., 89, 172 f., 322, 356

Nádasdy, Franz III., Graf, Judex Curiae (Oberster Landrichter) und Vizepalatin; mit Anna-Julia, der Schwester Paul Esterházys vermählt (elf Kinder); Obersthofmeister; Obergespan; Geheimer Rat des Kaisers; stellt 1664 auf eigene Kosten ein Korps von 4500 Mann auf; Montecuccoli setzt dieses zur Aufklärung ein, es kämpft aber bei Mogersdorf nicht mit; will unbedingt Palatin werden und setzt, als der König das Amt vakant hält, alles aufs Spiel; verfaßt Aufrufe gegen den Kaiser; will Leopold I. am 5. April 1668 bei einem Fischerfest in Pottendorf vergiften; wird als einer der Rädelsführer bei der Verschwörung entlarvt, am 3. Sept. 1670 in Pottendorf verhaftet und nach einem Hochverratsprozeß am 30. April 1671 in Wien enthauptet 12 f., 59 f., 76, 81, 115, 132, 147, 154 f., 258 f., 262, 273, 333 f.

Nádor, in Ungarn gel. Bezeichnung für den Palatin 52, 97 f.

Palffy, Thomas, Bischof von Neutra (nach Kollonitsch); ungar. Kanzler; bestreitet die Zuständigkeit des vom Kaiser eingesetzten Sondergerichtshofes im Hochverratsprozeß gegen die Verschwörer 229, 347

Panajotti, Großdragoman (Oberdolmetscher) und Vizeaußenminister der Hohen Pforte, der den Großvezier auf seinen Kriegszügen begleitet und dem Sultan unabhängig berichtet. Er leitet den Schriftverkehr auf diplom. Gebiet; steht im „klingenden Einverständnis" mit Reninger 93, 115, 149, 162

374

Pignatelli, Nuntius am Kaiserhof, eskaliert Streit Rom—Wien 149 f.

Rákóczy, Franz I. (1645—1676); Sohn Georg II. Rákóczy und der Sophia Báthory, zu Lebzeiten Georg II. zum Fürsten von Siebenbürgen gewählt; mit dem Tod seines Vaters, 1660, der gegen die Türken kämpft, verliert er den Fürstentitel; zieht sich auf die riesigen Rákóczyschen Besitzungen zurück und hält in Sarospatak und Markovica fürstlich Hof. Seine Mutter bekehrt ihn zum kath. Glauben; am 1. März 1666 heiratet Franz I. Zrinyi Ilona, Peter Zrinyis Tochter. Er wird in die Verschwörung verwickelt, erobert mehrere feste Plätze und Städte; nimmt Starhemberg gefangen; wird von Peter Zrinyi (aus der Haft) beschworen, die Waffen niederzulegen und kann sich letztlich nur durch die Fürsprache seiner Mutter, der Jesuiten und einer hohen Lösegeldsumme retten 67, 77, 216, 225, 240, 317, 341 f.

Reninger, Simon, bevollm. Resident des Kaisers bei der Hohen Pforte; muß Köprili auf dessen Kriegszug begleiten und führt nach der Schlacht bei Mogersdorf den Frieden von Eisenburg herbei 19, 28, 33 f., 68

Riebel, Balthasar, verräterischer Kammerdiener Graf Tattenbachs 156 f., 175

Rothal (Rottal), Graf, königl. Kommissär für Ungarn, treuer Diener des Kaisers 95, 109, 121, 162 f., 208 f., 254, 278

Schwarzenberg, Ferdinand, Fürst, Geheimer Rat 173, 229

Souches, Louis-Ratuit, Graf de, erobert 1664 Levencz und zerstört die Brücke von Párkány 23, 40, 128, 277

Spankau, Paris, Feldwachtmeister; vor ihm flüchtet Peter Zrinyi aus Csakathurn 21, 26, 197, 207, 247 f., 269 f.

Sporck, Johann, 1664 (nach Mogersdorf) Reichsgraf, kais. Feldmarschall; 1670 kommandiert er das Korps zur Niederschlagung der Rebellion in Oberungarn 10 f., 231 f., 240, 249 f.

Starhemberg, Rüdiger, Graf; Oberst und Kdt. der Festung Tokaj 213 f., 226, 241

Széchényi, Georg, Graf, Bischof von Raab; Freund Nádasdys 134 f., 140 f., 273 f., 336, 340 f.

Széchy, Maria, Gemahlin Wesselényis; Gräfin; politisch ambitioniert; genannt die „Venus von Murany" 30 f., 52, 62 f., 97 f., 134, 336

Szélépcsényi, Georg, Graf, Erzbischof von Kalocsa; Palatinstatthalter; Fürstprimas von Ungarn (nach Lippay); Zielscheibe der Pamphlete Nádasdys; treuer Diener Leopold I. 67, 101, 115, 141, 272

Szili, Truppenführer Zrinyis; belagert Kopreinitz 183

Tattenbach, Johann Erasmus, Graf, steirischer Regimentsrat und reichster Grundbesitzer der Südsteiermark; verehrt die Gemahlin des Banus, wird von diesem in die Verschwörung einbezogen und am 1. Dez. 1671 in Graz enthauptet 72 f., 85 f., 103, 129 f., 146, 176 f., 323 f.

Tököly, Imre (Emmerich), Graf, Protestant; Exil in Siebenbürgen; tritt 1678 an die Spitze der Exulanten (Kuruzzen); nennt sich „Fürst und Herr einiger Teile Ungarns"; Vasall Mohammed IV., heiratet Ilona, die Witwe des 1676 verstorbenen Franz I. Rákóczy und gelangt so in den Besitz des riesigen Vermögens dieser Familie; kann die Hohe Pforte durch den Vezier von Ofen zum Krieg von 1683 bewegen, will damit auch den Untergang der Familie Zrinyi rächen, geht selbst dabei unter und stirbt in Kleinasien im Exil 257, 348 f.

Turenne, Vicomte de, franz. Marschall, Gegner Montecuccolis (Rheinfeldzug); Oberster Chef der militär. Angelegenheiten 42, 477

Vitnyédy, István (Stefan) (1612—1670); Sohn eines Hofbeamten der Nádasdy; Privatsekretär Franz III. Nádasdy; Stadtnotar von Ödenburg; Führer des mittl. und kleinen protest. Adels in Ungarn; Feind der Deutschen; eines der geistigen Häupter der Verschwörung; wollte im Nov. 1666 den Kaiser gefangennehmen und entführen; treibende Kraft bei den Verhandlungen mit Grémonville; starb knapp vor seiner Verhaftung am 13. Feber 1670 44, 77, 79 f., 89 f., 115 f., 148 f., 264

Wesselényi, Franz, Graf; Palatin des Königreiches Ungarn; wurde als ranghöchster Beamter Ungarns den Verhandlungen über den Abschluß des Friedens von Eisenburg (Vasvár), der mit 10. August 1664 datiert, aber erst im September ratifiziert und zugestellt wurde, nicht beigezogen; ist über den Abschluß, den Verzicht auf Neuhäusl, sowie über die Vorgangsweise der kaiserl. Minister in Wien empört, protestiert gegen diesen Frieden und bringt gegen den König (Leopold I.) eine Klage wegen Verfassungsbruch ein. W. schließt mit Graf Niklas Zrinyi (Banus von Kroatien) und Graf Georg Lippay de Zombor, Erzbischof von Gran und Fürstprimas Ungarns einen Geheimbund zur Wahrung der ungarischen Verfassung. Nach dem frühen Ableben dieser gewinnt er den Grafen Peter Zrinyi, Franz Frangepan, Franz III. Nádasdy und Franz I. Rákóczy für den Geheimbund. W. bleibt auf dem Boden der Verfassung. Nach seinem Tod am 28. März 1667 gehen die anderen verhängnisvolle Wege. W. hat als königl. Hptm. von Fülek für seine spätere Gemahlin Maria Széchy in einem nächtl. Handstreich die Festung Murany erobert und wurde durch diese Tat mit einem Schlage berühmt 30 f., 51 f., 95 f.

Zrinlich, Aga (türk. General); streift mit Bukovatzky 182, 186

Zrinyi, Niklas (Nikolaus), Graf, 1618 bis 1664, Banus von Kroatien (kroat. Adel); vermählt mit der Wienerin Sophie Löbl; Enkel des Verteidigers von Szigetvár, kämpft 1646 im kaiserl. Heer gegen die Schweden; Dichter und Meister des Kleinkrieges; militär. Schriften; Verfechter der Freiheit der Stände; lehnt den Frieden von Eisenburg (Vasvár) ab; Mitbegründer des Geheimbundes zum Schutz der ungar. Verfassung; stirbt bei einem Jagdunfall am 18. Nov. 1664 12, 29 f., 40, 51

Zrinyi, Peter, 1611—1671, Graf, Verteidiger von Karlstadt, nach dem Tod seines Bruders Niklas Zrinyi Banus von Kroatien; Sprecher der Opposition in Wien; vermählt mit Katharina, der Schwester des Markgrafen der Küstenlande; verurteilt den Frieden von Eisenburg (Vásvár) und verlangt den Abzug der deutschen Truppen aus Ungarn; verhandelt mit Grémonville und mit den Türken; fordert ein türk. Hilfsheer an; will (nach Vertreibung der Habsburger) ganz Ungarn der Hohen Pforte als Protektorat unterstellen; begehrt für sich die Königskrone von Kroatien und für Franz I. Rákóczy die Fürstenkrone Siebenbürgens; von den Türken im Stich gelassen, flieht er aus Csakathurn und reitet nach Wien; Hochverratsprozeß; wird, wie Frangepan, am 30. April 1671 in Wiener Neustadt enthauptet 51, 54, 68, 76, 115, 123 f., 129, 165, 199, 213, 227, 257, 289, 305 f.